전면개정2판

인사권의 정당성 요건과 구제절차 · 심판실무 완벽정리!!

노동법과 인사권

공인노무사/법학박사 조 정 구 공저
변호사/공인노무사 안 태 환

(주)중앙경제

조정구(趙正昫) 공인노무사/법학박사
고용노동부 여수지청장

〈저자약력〉

- 동국대학교 졸업(상학사)
- 동국대 경영대학원 졸업(경영학석사)
- 호남대학교 대학원 졸업(법학박사/노동법)
- 한국노동연구원 노사관계고위지도자과정 수료
- 고용노동부 서울서부고용센터 소장
- 전남지방노동위원회 사무국장
- 중앙노동위원회 심판담당 사무관/조정담당 서기관
- 고용노동부(본부 사무관), 서울·부산·중부·광주 고용노동청 등 지방관서에서 근로감독과장·산업안전과장·고용센터장 역임
- 한국장학재단 한국인재멘토링 지도자급 멘토
- 호남대학교·한국노동교육원 노동법 강사

〈저서·논문 등〉

- 인사관리솔루션(저서, 2008)
- 신노동판례요약집(기획, 2008)
- 판정·판결 추적분석집(기획, 2008)
- 부당노동행위 구제명령의 실효성 확보방안(논문, 2012년)
- 복수노조시대의 부당노동행위제도와 행정적 구제제도개선방안에 관한 연구(박사, 2013년)

안태환(安泰煥) 변호사/공인노무사
중앙노동위원회 사무관

〈저자약력〉

- 한국외국어 대학교 졸업
- 한국외국어대 대학원(노동법/석사과정)
- 중앙노동위원회 법무지원과(행정소송)
- 중앙노동위원회 심판담당 조사관
- 고용노동연수원·지방노동위원회공익위원 워크숍 강사
- 노동위원회 조사관·지방자치단체 노정업무담당공무원 강의

노동법과 인사권

초 판 발 행 | 2008년 9월 8일
전면개정2판 | 2014년 12월 22일

지 은 이 | 조 정 구 · 안 태 환
펴 낸 이 | 김 희 성
펴 낸 곳 | (주)중앙경제
편집·디자인 | 한 지 희

주 소 | 서울시 중구 다산로 11길 19(신당2동 355-8) 백석빌딩 신관 4층
전 화 | 02-2231-7293
팩 스 | 02-2235-5344
홈 페 이 지 | www.elabor.co.kr
출 판 등 록 | 80. 6. 21 제 2-66호

I S B N | ISBN 978-89-7017-321-4 (93330)
정 가 | 38,000원

노동법과 인사권

공인노무사/법학박사 조 성 구
변호사/공인노무사 안 태 환 공저

(주)중앙경제

머리말

우리 나라의 노사관계가 성숙단계에 진입하기 위해서는 사회적 합의를 바탕으로 한 자본과 노동의 「갈등 · 대립관계」를 말끔히 청산하고, 「협력 · 상생관계」를 정립하여야 한다.

또한, 모든 사업장에서는 사용자가 인사권을 행사함에 있어서 정당성 요건을 준수함으로써 근로자의 권리를 침해하지 않고, 근로권과의 조화와 균형을 이루어야 한다.

이 책은 사용자가 인사권을 행사하는데 있어서 근로자의 근로권, 즉 정당한 이유 없는 사용자의 해고 등으로부터 근로자지위를 확보할 수 있는 「근로자지위유지권」과 「조화 · 균형」을 이루기를 바라는 간절함에서 출발하였다.

저자는 30여 년간 고용노동부의 근로감독관 · 근로감독과장, 노동위원회의 조사관 · 사무국장, 지청장으로 근무하면서 쌓아 온 경험과 지식을 토대로 하여 「인사권 행사의 정당성」에 대한 해법을 심층적으로 분석 · 제시하고자 한다.

이 책은 4편으로 나누어,

제1편에서는, 인사권의 기본원리와 종류, 정당성 판단기준, 근로자의 헌법상 권리인 근로권, 즉 근로자지위유지권의 의미와 인사권과의 관계를 개관하였고,

제2편에서는, 채용단계에서 근로관계 종료(해고)에 이르기까지 30여 종류의 인사권에 대한 정당성 요건을 판례 등을 토대로 심층적으로 분석 · 정리하였으며,

제3편에서는, 노동위원회의 구제절차와 심판실무 사례를 중심으로 설명하는 한편, '이유서 · 답변서의 작성기준', '바람직한 대리인의 역할', '심판실무에서 인용되는 판례' 를 다양하게 수록하여 실무적 이해를 높였고,

제4편에서는, 부록으로 노동위원회 구제절차에 필요한 각종 표준서식, 실제 심판사건에 제출된 이유서와 답변서 작성사례를 게재하여 심판실무에서 구체적으로 활용할 수 있도록 하였다.

저자가 이 책에서 제시한 인사권 행사의 정당성 요건은 「법리 · 판례 · 사례」를 종합하여 분석 · 정리한 것으로 사용자와 근로자 및 노동조합, 그리고 실제 심판사건을 대리하는 공인노무사들에게 도움을 줄 뿐 아니라, 궁극적으로는 사업장의 노사관계 안정과 근로자의 권리보호에도 기여할 것이다.

끝으로, 이 책은 저자 등이 발간한 「인사관리 솔루션(2008년, 중앙경제)」을 법리와 내용 등에 이르기까지 전면 보완한 것으로, 공동저자로 참여하신 중앙노동위원회 안태환 사무관(변호사)께서 〈관련판례〉와 〈심층정리〉 등에 대하여 꼼꼼하게 정리해 주신데 대하여 감사를 드린다.

2014년 10월

조 정 구

목 차

제1편 인사권의 기본원리

제2편 올바른 인사권 행사

제3편 노동위원회 구제절차와 심판실무

제4편 부 록

3. 노동위원회규칙 별지서식

4. 이유서 · 답변서 작성 사례

■ 법령 약어표

약 어	법 령
기간제법	기간제 및 단시간근로자 보호 등에 관한 법률
근기법	근로기준법
근기법 시행령	근로기준법 시행령
근기법 시행규칙	근로기준법 시행규칙
근참법	근로자 참여 및 협력증진에 관한 법률
노위법	노동위원회법
노위법 시행령	노동위원회법 시행령
노위법 시행규칙	노동위원회법 시행규칙
노위규칙	노동위원회 규칙
노조법	노동조합 및 노동관계조정법
노조법 시행령	노동조합 및 노동관계조정법 시행령
노조법 시행규칙	노동조합 및 노동관계조정법 시행규칙
남녀고평법	남녀고용평등과 일 · 가정양립지원에 관한 법률
파견법	파견근로자 보호 등에 관한 법률

■ 노동위원회 명칭 · 관할구역 및 연락처

명 칭	관할구역	연락처
중 앙 노 동 위 원 회	전 국	044-202-8226
서울지방노동위원회	서울특별시	02-3218-6078
부산지방노동위원회	부산광역시 · 울산광역시	051-559-3700
경기지방노동위원회	경기도 · 개성공단	031-259-5001
충남지방노동위원회	대전광역시 · 충청남도 · 세종시	042-520-8090
전남지방노동위원회	광주광역시 · 전라남도	062-975-6100
경북지방노동위원회	대구광역시 · 경상북도	053-667-6500
경남지방노동위원회	경상남도	055-239-8020
인천지방노동위원회	인천광역시	032-430-3100
강원지방노동위원회	강 원 도	033-269-3404
충북지방노동위원회	충청북도	043-299-1260
전북지방노동위원회	전라북도	063-240-1600
제주특별자치도지방노동위원회	제주특별자치도	064-710-7990

제1편

인사권의 기본원리

제1장 인사권의 보장과 정당성

제1절 인사권의 보장

1. 인사권의 개념

인사권이란 용어는 노동법에 규정되어 있지 않으나, 기업의 인사노무 관리 또는 노동법 실무에서 경영권 · 징계권과 함께 관용적으로 사용되고 있다. 인사권은 ① 재산권에 내포된 경영권에 속하는 권리, ② 징계권을 포함하는 권리, ③ 근로자와 근로계약 체결에 따른 권리로 해석된다.[1)]

따라서 인사권은 사용자가 근로자를 채용하여 직무를 부여하고, 노무제공을 명령하며, 이동배치 · 승진 등 지위변동과 정직, 해고 등 각종 인사처분을 할 수 있는 권리이다.[2)] 이러한 인사권은 사용자가 사업의 효율적인 운영을 위해서 근로자들을 채용하고, 사용할 수 있는 권리로서, 개별 근로자들에게 여러 형태의 인사처분으로 나타난다.

판례는 인사권에 대하여 원칙적으로 사용자의 권한으로서 업무상 필요한 범위 안에서 상당한 재량권을 인정하며, 근로자에게 불이익한 인사처분의 종류와 행사방식에 따라 정당성 판단을 달리하고 있다.[3)]

2. 인사권의 인정근거

가. 경영권과의 관계

헌법 제23조는 재산권을 보장하고 있다. 경영권은 헌법 해석에 따라 그 실체성을 인정할 수 있는데, 대법원은 「헌법에서 보장된 재산권 규정을 통해 경제활동의 영역에서 구체적으로 계약을 체결하고, 영업을 수행하는 등 경제적 활동을 할 수 있는 경제적 자유권」이라는 취지로 해석하고 있다.[4)]

---

1) 조정구 외, 「인사관리솔루션」, 중앙경제, 2008, 35-36쪽.
2) 대법원 2000.9.29 선고 99두10902 판결.
3) 대법원 1998.4.28 선고 97누19953 판결.
4) 대법원 2003.7.8 선고 2002도7225 판결.

또한, 경영권은 구체적으로 물적자산과 근로자의 노동력과 같은 인적자산의 결합체로서의 사업체를 소유하고, 사업을 운영할 수 있는 의사 결정권인데, 경영권 중에서 인적자산의 채용 및 이용에 관한 사항이 인사권에 해당한다.[5)]

나. 징계권과의 관계

취업규칙과 단체협약에서는 인사권과 징계권을 분리해서 규정하거나 같이 취급하기도 한다. 판례는 인사권과 징계권이 별도로 규정되어 있지 않은 사업장에 대하여 '인사에 관한 사항' 에 '징계해고' 를 포함시켜 해석하고 있다.[6)]

인사권은 개별 근로자들에게 신분상 또는 생활상 유리하거나 불리한 처분으로 나타나게 되는데, 불리한 인사처분으로 대표되는 것이 징계권이다.

징계권은 기업질서를 유지할 목적으로 근로자들의 기업질서 위반행위에 대하여 책임을 묻는 질서벌로서, 사업의 효율적 운영을 위해 불리한 인사처분을 행사하는 것이기 때문에 인사권에 포함시킬 수 있다.

징계가 징계사유와 징계절차를 규범화시켜서 행사하는 제도화된 불이익처분이라는 점에서 징계 이외의 불이익처분과 구별된다. 그러나 징계 이외의 불이익처분도 불이익이라는 측면에서는 징계와 동일하며, 오히려 징계에 비해 절차적 신중성을 기대하기 어렵기 때문에 징계보다 더 불리할 수 있으므로 실질적 징계라 할 수 있다.

---

5) 박홍규, 「고용법 · 근로조건법」, 삼영사, 2005, 288쪽.
6) 대법원 1995.3.10 선고 94다33552 판결.

〈인사권과 징계 · 경영 · 재산권과의 관계〉

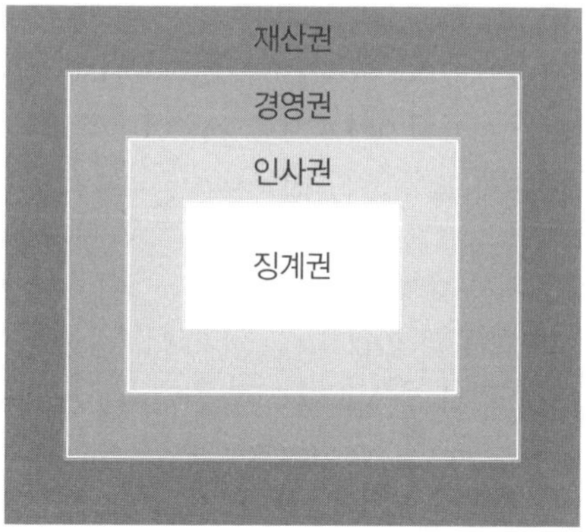

다. 근로계약과의 관계

사용자의 인사권은 근로계약을 체결한 근로자들을 사업의 효율적 운영을 위해 조직하고, 사용할 수 있는 권리이므로 근로계약에 따라 당연히 인정되는 권리이다.

근로자가 사용자와 체결한 근로계약은 근로자 자신의 노동력을 사용자의 지휘 · 관리권에 속하게 하는 포괄적 합의가 내포되어 있으므로, 사용자는 이러한 포괄적 합의에 근거하여 인사권을 행사한다.

인사권이 근로계약의 합의에 의해 인정되는 것이므로 취업규칙 등에 규정된 인사권 규정을 변경하기 위해서는 근로자와 합의 또는 집단적 동의 절차가 필요하다. 또한, 인사권 행사의 정당성은 근로관계를 형성하고 있는 근로자들의 근로권 보장에 대한 합리적인 해석을 통해 결정되어야 한다.

〈인사권과 근로계약과의 관계〉

근로자 ▶▶ 노동력의 지휘 · 관리권을 위임 ▶▶ 사용자

관련판례

☞ **인사명령은 원칙적으로 인사권자인 사용자의 고유권한에 속는 것이고, 근기법에 반하거나 권리남용이 아닌 한 사용자에게 상당한 재량이 인정된다.**

기업이 그 활동을 계속적으로 유지하기 위해서는 노동력을 재배치하거나 그 수급을 조절하는 것이 필요 불가결하므로, 대기발령을 포함한 인사명령은 원칙적으로 인사권자인 사용자의 고유권한에 속한다 할 것이고, 따라서 이러한 인사명령에 대하여는 업무상 필요한 범위 안에서 사용자에게 상당한 재량을 인정하여야 하며, 이것이 근로기준법 등에 위반되거나 권리남용에 해당하는 등의 특별한 사정이 없는 한 위법하다고 할 수 없다(대법원 1997.7.22 선고 97다18165, 18172 판결; 1999.8.20 선고 99두1984 판결; 2002.12.26 선고 2000두8011 판결).

☞ **출장명령은 사용자의 업무명령권에 속하므로 근기법 위반이나 권리남용이 아닌 한 근로자는 이에 따를 의무가 있다.**

출장명령은 사용자의 업무명령권에 속하는 것으로 업무상 필요하다고 인정되는 상당한 범위 안에서는 사용자에게 재량이 인정되어야 하고 그것이 근로계약에 위반되거나 권리의 남용이라고 인정되는 등의 특별한 사정이 없는 한 근로자는 이에 따라야 할 성실의무 및 노무제공의무가 있다(대법원 1992.3.13 선고 91누5020 판결).

☞ **전보발령의 업무상 필요성이 있고, 입사 당시 전보에 대한 동의를 이미 받은 경우 생활상 불이익이 있더라도 정당한 인사권 행사이다.**

전보발령이 경영상 필요에 의한 것으로서 업무상 필요성이 인정되고 입사 당시 전보에 대한 동의를 받은 경우 전보로 인하여 생활상 불이익이 있다 하더라도 전보발령은 정당한 인사권의 행사로서 유효하다(대법원 1993.9.14 선고 92누18825 판결).

☞ **버스운전사에 대한 승무정지나 대기기사 발령이 노동부 진정에 대한 일종의 보복수단으로 행해진 경우 인사권 남용으로 위법하다.**

버스회사의 운전사에 대한 승무정지조치나 대기기사로서의 발령이 특별한 경영상의 필요나 업무수행의 합리적인 이유에 기인한 것이 아니고 운전사가 회사를 상대로 근로기준법 위반 혐의를 들어 노동부에 진정을 한 것에 관련하여 일종의 보복 내지는 징벌로 행해진 것으로 보여 지고, 또한 운전사로 하여금 승무를 전혀 하지 못하도록 하거나 또는 고정기사로 계속 승무할 수 없도록 함으로써 금전상의 불이익까지 입도록 하게 하였다면 이는 인사권의 남용으로서 위법하다(대법원 1991.3.22 선고 90다18944 판결).

제2절 인사권 행사의 정당성

1. 인사권과 근로권과의 관계

헌법 제32조 제1항에는 근로의 권리, 즉 근로권을 규정하고 있다.[7] 이에 따라 국가는 근로자의 고용증진에 노력할 의무를 부담하며, 이미 근로관계를 형성하고 있는 근로자의 일할 환경에 관한 권리도 보장할 의무를 진다.[8]

같은 조 제3항에는 국가가 인간 존엄성이 보장되는 근로조건의 보장을 법률[9]로 정하도록 천명하고 있는데, 이러한 근로권의 내용은, ① 재산상 권리(임금, 근로시간, 휴가, 안전보건, 재해보상, 근로조건의 최저기준 보장 등), ② 인격적인 권리(인간의 존엄, 균등처우, 강제근로 금지 등), ③ 근로관계 지위유지의 권리(해고 등의 제한)등으로 나누어진다.[10]

사용자의 인사권과 근로자의 근로권은 근로계약을 통해 형성되고, 근로관계 속에서 밀접한 영향을 맺고 있기 때문에 그 권리의 실현이나 제한에 따라 기본권이 서로 충돌한다는 견해가 통설이다.[11] 따라서 근로관계를 직접 규율하는 근로기준법(§23①)에 사용자의 인사권 행사에 대하여 '정당한 이유' 를 요구하고 있다.

---

7) 헌법 §32① 모든 국민은 근로의 권리를 가진다. ③ 근로조건의 기준은 인간의 존엄성을 보장 받도록 법률로 정한다.

8) 헌법재판소 2007.8.30 선고 2004헌마670결정("…근로권리는 '일할 자리에 관한 권리' 만 아니라, '일할 환경에 관한 권리' 도 포함하며, 후자는 근로자들의 건강한 작업환경, 정당한 보수, 합리적인 근로조건 보장 등을 요구할 수 있는 권리 등을 의미)

9) 근로기준법 외에 최저임금법, 임금채권보장법, 산업안전보건법, 퇴직급여보장법, 산업재해보상보험법, 「남녀고용평등과 일 · 가정양립지원에 관한 법률」등이 제정.

10) 김성진, "인사권 행사의 정당성", 동북아법연구 제7권 제2호(2013.9.), 전북대학교 동북아법 연구회, 2013, 138~139쪽.

11) 대법원 1996.4.23 선고 95다6823 판결(사용자는 특별한 사정이 없는 한 근로자와 사이에 근로계약 체결을 통하여 자신이 업무지휘권 · 업무명령권의 행사와 조화를 이루는 범위 내에서 근로자가 참다운 인격의 발전을 도모함으로써 자신의 인격을 실현시킬 수 있도록 배려하여야 할 신의칙상 의무를 부담하므로 사용자가 근로자 의사에 반하여 정당한 이유 없이 근로자의 근로계약을 계속적으로 거부하는 것은 이같은 근로자의 인격적 법익을 침해하는 것이다).

2. 근로기준법(§23①)의 '정당한 이유'

근로기준법은 이미 근로관계가 형성된 근로자들의 근로권을 구체적으로 보장하고 있으며, 특히, 근로권의 내용 중에서 '근로자의 근로관계 지위 유지권'은 근로기준법 제23조 제1항(사용자는 '정당한 이유 없이' 해고, 휴직, 정직, 감봉, 그밖의 징벌을 하지 못한다)에 의해 보장된다. 이 규정은 사용자의 해고 등 인사상 불이익처분에 대하여 근로자를 보호하기 위한 일반조항으로서 경제상 · 생활상 불이익까지 모두 포함한다.

여기서 '정당한 이유'란 사용자의 입장에서는 '업무상 필요성'이 있는 경우를 말하며, 이러한 업무상 필요성은 구체적 · 개별적 · 직접적인 사정이 있어야 그 정당성을 인정받을 수 있다.

구체적으로 살펴보면, ① 근로자의 불이익이 경미한 경우에는 사용자의 업무상 필요성이 큰 경우에 한해서 정당성이 인정되고, 모두 경미한 경우에는 인사권 행사의 정당성이 인정될 수 없다. ② 근로자의 불이익이 중대한 경우로써 사용자의 업무상 필요성이 경미하면 정당성이 부정된다. ③ 근로자의 불이익 및 사용자의 업무상 필요성이 각기 중대하고 명백한 경우에는 일반적으로 사용자의 권리가 후퇴되어야 한다. 다만, 예외적으로 사용자가 인사권을 행사할 수 없는 결과로 인해 향후 사업의 유지 · 존속에 중대한 영향을 끼칠 수 밖에 없는 특별한 사정이 있는 경우에는 인사권 행사의 정당성이 인정될 수 있다.

따라서 근로기준법 제23조 제1항에 의한 사용자의 인사권 행사가 그 정당성을 인정받기 위해서는 실체적 정당성뿐만 아니라 헌법 해석상 인정되는 절차적 정당성도 인정되어야 한다.

3. 정당성 위반의 효과

사용자가 인사권을 행사하면서 '정당한 이유'가 없거나 법령 등의 규정을 위반하면 근로자는 노동위원회에 구제신청 또는 법원에 해고 등의 무효확인, 손해배상, 임금지급 청구와 같은 민사소송을 제기할 수 있다.

노동위원회는 사용자의 인사처분이 부당하다고 판단되는 경우에는 사용자에게 근로자의 원직복직(또는 징계취소) 및 해고 등이 없었다면 받을 수 있는 임금상당액의 지급명령을 내린다. 이에 대해 사용자가 노동위원회의 구제명령을 이행하지 않으면 노동위원회는 1회 최대 2천만 원까지 4회에 걸쳐 이행강제금을 부과할 수 있으며, 만일 확정된 구제명령을 이행하지 않을 경우에는 사용자에게 이행강제금을 부과하는 것과 별도로 사용자를 고용노동부 지방관서(근로감독관)에 고발하게 된다.

법원은 민사소송을 통해서 인사권 행사가 무효라고 판단하는 경우 사용자에게 인사처분의 해고 등 무효확인과 임금지급 및 손해배상 의무를 부과하는 판결을 하게 된다.

또한, 사용자가 근로자에 대하여 해고의 시기제한 규정(근기법 §23②)을 위반하여 해고하는 경우에는 고용노동부 지방관서(근로감독관)로부터 3천만 원 이하의 벌금에 처해 진다(근기법 §107).

부당해고 등 (근기법 §23①)	▶근 로 자▶	구제신청	노동위원회	원직복직 및 임금상당액 지급
		민사소송	민사법원	해고등 무효확인 및 손해배상
시기위반해고 (근기법 §23②)	▶ 근로감독관 ▶	검찰 ⇒ 형사법원		벌금 등(3천만원 이하)

제2장
인사권의 종류와 정당성 판단

제1절 인사권의 유형과 종류

1. 인사권 행사의 다양성

사용자가 행사하는 인사권은 근로자의 채용단계로부터 근로관계를 종료하는 해고 등 퇴직단계에 이르기까지 그 성질에 따라 5가지 유형에 30여 종류로 분류되는 등 아주 다양하다.

2. 인사권의 종류

가. 채용단계

채용단계에서 행사하는 인사권의 종류는, ① 채용을 결정한 후 채용을 취소하는 채용내정 취소, ② 시용근로자에 대하여 근로자로서 업무능력 부족이나 근무태도 불량을 이유로 한 본채용 거절, ③ 근로계약의 체결 내용과 다른 업무부여 또는 근무배치 등이 있다.

나. 이동배치

이동배치는 사용자가 기업의 합리적 운영을 위하여 근무장소, 업무내용, 직책 등을 변경하거나 다른 기업에 파견 또는 소속을 변경하는 인사권을 말하며, 사내 이동배치와 사외 이동배치로 나뉜다.

사내 이동배치는 업무상 필요에 따라 사업장 내에서 근로자의 근무장소, 업무내용, 직책 등을 변경하는 것으로 ① 동일 직종·동일 사업장에서의 이동배치하는 전배, ② 간부직원의 업무를 변경하는 선보, ③ 다른 지역에 있는 사업장으로 이동배치하는 전근, ④ 다른 직종으로 업무전환하는 전직 등이 있다.

사외 이동배치는 소속 근로자를 일정기간 다른 사용자의 사업장에 근무하게 하거나 영구적으로 다른 사용자의 근로자로 소속을 변경하는 것으로써 ① 계열사 등으로 소속을 변경하는 전적, ② 복귀를 전제로 일정기간 관련 사업체로 소속을 변경하는 전출, ③ 소속 변경없이 일정기간 관련 사업체에서 근무하는 파견 등이 있다.

다. 징 계

징계권은 사용자의 인사권에 속하는 권리로서 기업경영 또는 근로계약의 본질상 사용자에게 인정되는 것이다. 징계는 근로자에게 불이익한 인사권 행사이므로 근로기준법(§23①)에서 "사용자는 근로자에 대하여 정당한 이유 없이 해고 · 휴직 · 정직 · 전직 · 감봉 그 밖의 징벌(이하 '해고 등' 이라 함)을 하지 못한다"라고 규정하여 사용자의 징계권을 제한하고 있다.

징계권의 종류로는 ① 잘못을 지적하여 재발방지를 촉구하는 경고, ② 잘못에 따른 경위서를 제출하게 하고, 엄중히 경고하는 견책, ③ 임금을 일정기간 감액하는 감급, ④ 직책 · 직급 · 호봉을 하향 조정하는 강임, ⑤ 일정기간동안 출근을 정지하거나 임금지급을 중단하는 정직 등이 있다.

라. 해 고

해고는 근로자와의 근로관계를 종료하는 가장 불이익한 처분으로써 실제 불리는 명칭이나 절차에 관계 없이 근로자의 의사에 반하는 사용자의 일방적인 의사표시에 의해 근로관계가 종료되는 것을 의미한다.

해고의 종류는 ① 근로자의 비위행위에 대하여 징계절차 등을 통해 근로관계를 종료시키는 징계해고, ② 단체협약 또는 취업규칙에 의해 일정한 사유가 발생하는 경우 징계절차 없이 퇴직처리하는 직권면직, ③ 사망이나 정년도래, 채용결격사유에 해당하여 근로관계를 더 이상 지속할 수 없어 퇴직처리하는 당연면직, ④ 사업계속을 전제로 긴박한 경영상 필요에 의한 경영상해고, ⑤ 근로자의 일신상 문제로 정상적인 근로제공이 어려운 경우 또는 사용자가 사업폐지 단계에서 행하는 통상해고 등이 있다.

마. 기 타

근로자에게 불이익을 주거나, 인사명령으로서의 성격을 갖고 있는 기타 인사권의 종류로는 ① 보직을 부여하지 않고 특정 장소에 대기토록 하는 대기발령, ② 부여된 직위를 해제하여 업무에 종사하지 못하게 하는 직위해제, ③ 일시적으로 근로제공을 중단하는 휴직, ④ 일시적인 사업계속의 어려움으로 노무수령을 중단하는 휴업, ⑤ 기간제 근로자에 대한 근로계약갱신을 거절하는 갱신거절 등이 있다.

〈인사권의 유형과 종류〉

유 형	종 류
채용단계	① 채용내정의 취소, ② 시용후 본채용 거절, ③ 근로계약내용과 다른 업무부여
이동배치	① 전배, ② 전보, ③ 전직, ④ 전적, ⑤ 전출, ⑥ 파견
징 계	① 경고, ② 견책, ③ 감급, ④ 강임, ⑤ 정직
해 고	① 징계해고, ② 직권면직, ③ 당연면직, ④ 정리해고, ⑤ 통상해고
기 타	① 대기발령, ② 직위해제, ③ 휴직, ④ 휴업, ⑤ 갱신거절

3. 인사권의 명칭과 혼용

취업규칙에는 인사권의 종류와 그에 대한 정당성 판단기준을 규정하고 있으나, 아래와 같은 인사권의 경우에는 대부분의 사업장에서 그 명칭과 의미를 혼용하고 있다.

노동위원회나 법원은 혼용하고 있는 인사권에 대하여 그 성격에 따라 정당성 판단기준을 달리 적용하기 때문에 구별해야 할 실익이 있다.

가. 시용과 수습

대부분의 사업장에서 수습과 시용을 같은 의미로 사용하고 있으나, 인사권 행사의 정당성 여부를 판단하는데 있어서는 요건을 달리하고 있으므로 구별하여 사용하여야 한다.

시용은 정식근로자로 본채용을 하기 전에 일정기간 근로자로서의 적격성 유무를 판단하기 위해 시험적으로 사용하는 것이고, 반면 수습은 정식근로자로 채용한 후 그 근로자의 직업능력을 양성하고, 교육을 목적으로 일정기간을 설정하는 것을 의미한다.

따라서 "'수습' 기간 중에 교육훈련 성적이 불량하거나 적성에 부합하지 아니할 경우에는 정규직원으로 임용하지 아니한다."라고 규정한 경우에는 '수습'이라는 표현에도 불구하고 '시용'을 의미한다.

나. 전직 · 전보 · 전배 · 전근

보통 전직이나 전보 또는 배치전환으로 통칭되는데, 판례에서 "근로자에 대한 '전직 · 전보'는 근로자가 제공하여야 할 근로의 종류와 내용, 장소에 변경을 가져온다는 점에서…"[12], 또한 "근로자에 대한 배치전환은 근로자가 제공하여야 할 근로의 종류와 장소 등에 변경을 가져온다는 점에서…"[13]라고 판시함으로써 그 의미를 같이 사용하고 있다.

다. 대기발령과 직위해제

대기발령은 보통 징계가 아닌 인사명령으로서 성격을 띄고 있으나, 이에 반해 직위해제는 불이익한 처분으로서 제재의 성격을 지닌다.

인사노무관리 실무에서는 직위해제 후 대기발령을 함께 명령하는 경우가 많아 양자를 엄격하게 구별하지 않고 사용하는 경향이 있다.

〈인사권의 명칭과 혼용〉

명 칭	의미의 혼용
시용 · 수습	• 사업장에서는 수습을 시용의 의미로 혼용하고 있으나, 노동위원회와 법원은 구분하여 사용하고 있음. • 수습은 정식채용 후 근로자의 직업능력 양성과 교육을 위해 설정된 기간. • 시용은 본채용 전에 정식근로자로서의 적격성 판단을 위해 일정기간 사용. • 교육훈련 성적이 불량하거나 적성에 부합하지 아니할 경우에는 정규직원으로 임용하지 않는다는 규정은 '수습'이란 명칭에도 불구하고 '시용'을 의미.
전직 · 전보 전배 · 전근	• 판례에서는 '전직' · '전보' · '배치전환'으로 통칭하여 사용하고 있음. – "전직이나 전보는 근로자가 제공하여야 할 근로의 종류와 내용, 장소에 변경을 가져온다는 점", " 배치전환은 근로자가 제공하여야 할 근로의 종류와 내용, 장소에 변경을 가져온다는 점"과 같이 동일하게 사용.
대기발령 직위해제	• 대기발령은 제재가 아닌 인사명령, 직위해제는 제재의 성격을 갖고 있음. • 실무에서는 직위해제 후 대기발령을 명하는 경우가 많아 양자를 엄격하게 구별하지 않고 사용하고 있음.

12) 대법원 1991.9.24 선고 90다66 판결.

13) 대법원 1998.12.22 선고 97누5435 판결.

제2절 인사권 행사의 정당성 판단기준

1. 총 설

헌법 제103조에는, "법관은 헌법과 법률에 의하여 그 양심에 따라 독립하여 심판한다."라고 규정하고 있으며, 이에 따라 법관은 헌법과 법률에 근거하여 사법해석으로서의 재판을 수행한다.

노동위원회법 제15조 제3항 · 제4항[14]에는, 노동위원회가 근로기준법 · 「노동조합 및 노동관계조정법」 · 「근로자참여 및 협력증진에 관한 법률」 · 「기간제 및 단시간근로자 보호 등에 관한 법률」 · 「파견근로자 보호 등에 관한 법률」에 의해 부당해고 · 부당노동행위 및 차별적 처우시정 등에 관한 판정업무 등을 수행하도록 규정하고 있다.

따라서 노동위원회나 법원은 해고 등 사용자의 인사권을 판단함에 있어 근로기준법 등과 같은 법령, 관련 판례, 민 · 형법상 일반원칙, 취업규칙 · 단체협약, 근로계약 및 노사관행 등을 정당성 판단기준으로 삼고 있다.

특히, 노동위원회는 소관 법률에 근거하여 행정해석권을 갖고 있는 일반 행정기관과 달리 독자적 행정해석권을 갖지 않는데, 이는 중립적이고, 공정한 판정을 수행해야 하는 3자 합의제행정기관[15]으로서의 성격을 나타내는 것이라 하겠다.

---

14) 노동위원회법 제15조【회의의 구성 등】③ 심판위원회는 심판담당공익위원 중 위원장이 지명하는 3인(위원장 또는 상임위원 1인을 포함하여야 한다)으로 구성하며, 「노동조합 및 노동관계조정법」 · 근로기준법 · 「근로자참여 및 협력증진에 관한 법률」, 그 밖의 법률에 따라 노동위원회의 판정 · 의결 · 승인 또는 인정 등을 받도록 규정된 사항을 처리한다.
④ 차별시정위원회는 차별시정담당공익위원 중 위원장이 지명하는 3인(위원장 또는 상임위원 1인을 포함하여야 한다)으로 구성하며, 「기간제 및 단시간근로자 보호 등에 관한 법률」 또는 「파견근로자보호 등에 관한 법률」에 따른 차별시정과 관련된 사항을 처리한다.

15) 노동위원회는 근로자위원 · 사용자위원 · 공익위원의 3자로 구성된 합의제 행정기관이며, 부당해고등에 대한 심판은 3명의 공익위원으로 이루어진 심판위원회에서 담당한다. 근로자위원과 사용자위원에게는 심판위원회에 참석해서 심문을 하거나 판정에 대해 의견을 개신하는 의견진술권이 부여된다.

2. 정당성 판단기준

가. 법 령

(1) 근로기준법(§23①②, §24, §27)

근로기준법(§23①)은 사용자의 인사권 행사에 대하여 '정당한 이유'를 요구하고 있다. 이는 사용자의 해고 등 인사상 불이익처분으로부터 근로자를 보호하기 위한 일반조항으로서의 정당성 판단기준이다.

여기서 '정당한 이유'란 구체적 · 개별적 · 직접적인 사정이 있는 사용자의 업무상 필요성, 즉 실체적 정당성뿐만 아니라 법령해석에 따라 요구되는 절차적 정당성도 인정되어야 한다는 것을 의미한다.

또한, 같은 조 제2항(해고의 시기제한)은, 근로자가 업무상 부상 또는 질병 요양으로 휴업한 기간과 그 후 30일 또는 산전 · 후(産前 · 後) 여성의 휴업기간과 그 후 30일 동안은 해고하지 못하도록 해고시기를 제한하고 있고, 같은 법 제24조(경영상 이유에 의한 해고제한)는, 긴박한 경영상 필요성 · 해고회피의 노력 · 합리적이고 공정한 해고기준의 설정 · 근로자대표와 50일 전 협의를 하도록 경영상 해고요건을 엄격히 규정하고 있다. 특히, 같은 법 제27조(해고사유 등의 서면통지)는 해고사유와 해고시기를 서면으로 통지하여야만 해고의 효력을 인정하는 절차적 정당성을 담보하기 위한 특별규정을 두고 있다.

(2) 민 법

해고 이외의 기타 근로계약의 종료에는 임의사직 · 합의해지 · 계약기간의 만료 · 정년도래 · 당사자의 사망(소멸) 등이 있다. 이들은 원칙적으로 해고라고 볼 수 없으므로 민법의 계약법리를 원용하여야 한다.[16)]

임의사직은 근로자의 일방적인 사직의 의사표시로 근로계약을 해지하는 것으로, 그 사직의 의사표시의 시기 등을 둘러싸고 근로관계 해지의 정당성 여부가 문제된다. 이 경우 민법 제660조(기간의 약정이 없는 고용의 해지통고) 및 제661조(부득이한 사유와 해지권)는 정당성 판단의 근거가 된다.

16) 위와 같이 표면적으로는 해고 이외의 형태를 띠고 있을지라도, 실질적으로는 사용자의 일방적 의사에 의해 근로관계를 종료시킨 때에는 해고제한의 법리가 적용된다.

합의해지는 근로자의 자발적 의사 또는 사용자의 권유에 따라 근로자가 사용자에게 근로계약 해지를 요청하고, 사용자가 승낙함으로써 근로계약이 해지되는 것으로 의원사직, 권고사직, 명예퇴직 등이 있다.

근로자의 사직의사와 표시가 불일치하거나 하자가 있을 경우 부당해고에 해당하는데, 민법 제107조(진의 아닌 의사표시), 제108조(통정한 허위의 의사표시), 제109조(착오로 인한 의사표시), 제110조(사기, 강박에 의한 의사표시), 제111조(의사표시의 효력발생시기) 등은 정당성 판단의 근거가 된다.

근로계약기간의 만료는 기간의 정함이 있는 근로계약으로 민법 제152조에는 그 종기가 도래한 때부터 효력을 잃는다고 규정되어 있다. 그러나 근로자의 근로계약 갱신기대권이 인정되는 경우 계약기간의 만료를 이유로 한 사용자의 일방적 퇴직처리는 부당해고에 해당할 수 있다.

정년도래는 근로자가 일정한 연령에 도달하면 근로자의 근로할 의사나 능력을 불문하고 근로계약을 종료시키는 것이다. 정년제도에 대하여 근로기준법이나 민법에 규정된 바가 없으므로 노동위원회나 법원은 취업규칙 또는 단체협약의 일반적 해석에 따라 판단하고, 그 규정이 헌법이나 근로기준법 또는 「남녀고평법」에 위배되는지 여부를 아울러 판단한다.

당사자의 소멸은 근로자 또는 사업주의 소멸에 따라 근로관계가 종료되는 것을 말한다. 근로계약은 근로자가 사망함으로써 자동 종료되고, 민법 제657조(권리의무의 전속성)에 의해 상속인에게 승계되지 않는다. 다만, 임금채권 또는 손해배상채권은 상속인에게 승계된다.

(3) 상 법

기업변동은 기업조직이나 기업경영의 변화를 의미하는데, 이에 따라 근로관계의 승계, 해고 문제가 발생한다. 이처럼 근로자들의 근로관계에 영향을 미치는 기업변동에는 기업합병 · 기업분할 · 영업양도 · 영업임대 및 경영위임 등이 있다.

노동위원회와 법원은 기업변동에 따른 근로관계의 승계와 해고에 대해서 기업합병 · 기업분할은 상법의 규정을 적용하고, 영업양도 · 영업임대 및 경영위임 등은 판례 등에 의해서 그 정당성 여부를 판단한다.

상법 제235조(기업합병)와 제530의10(기업분할 또는 분할합병)의 경우에는 근로관계가 당연히 승계되므로 신설회사에서 근로자의 고용승계를 거부하면 부당해고에 해당한다.

나. 판 례

법원은 사용자의 인사권 행사에 대한 정당성 여부를 판단함에 있어서 인사권의 유형에 따라 1요건(실체적 정당성)에서 5요건(실체적 · 절차적 정당성, 서면 통보, 형평성과 양정)에 이르기까지 정당성 판단기준을 적용하고 있다.

인사권의 유형에 따른 정당성 판단기준을 보면, ① 채용단계의 정당성(1요건: 실체적 정당성), ② 이동배치의 정당성(3요건: 실체적 정당성, 절차적 정당성, 기타), ③ 징계의 정당성(4요건: 실체적 정당성, 절차적 정당성, 형평성과 양정), ④ 해고의 정당성(5요건: 실체적 정당성, 절차적 정당성, 서면통보, 형평성과 양정), ⑤ 대기발령의 정당성(3요건: 실체적 정당성, 생활상 불이익, 형평성) 등으로 인사처분의 불이익 정도에 따라 그 요건을 달리하고 있다.

즉, 근로자의 채용단계에서는 매우 완화된 정당성 판단기준을 적용하는 반면, 징계 또는 근로자와 근로관계를 더 이상 유지할 수 없어 근로자 지위를 상실하게 되는 해고에 대해서는 아주 엄격한 기준을 적용하고 있다.

이 같이 징계 및 해고에 대한 정당성 판단기준을 엄격하게 적용하는 것은 근로자의 근로권, 특히 근로관계 지위유지권을 사용자의 인사권으로부터 보장 받기 위하여 근로기준법에 규정된 정당성 판단기준의 취지를 반영한 것이다.

〈판례상 정당성 판단기준〉

<table>
<tr><th rowspan="3">유형</th><th rowspan="3">종 류</th><th colspan="8">정당성 판단기준</th></tr>
<tr><th colspan="3">실체적 정당성</th><th colspan="2">절차적 정당성</th><th colspan="3">기타 정당성</th></tr>
<tr><th>업무상 필요성</th><th>사유 해당성</th><th>합리적 이유</th><th>○ 협의
◎ 동의</th><th>취업규칙 규정준수</th><th>생활상 불이익과 균형</th><th>다른 근로자 와형평</th><th>양정 적정성</th></tr>
<tr><td rowspan="3">채용 단계</td><td>채용내정 취소</td><td></td><td></td><td>○</td><td></td><td></td><td></td><td></td><td></td></tr>
<tr><td>시용후 본채용 거절</td><td></td><td></td><td>○</td><td></td><td></td><td></td><td></td><td></td></tr>
<tr><td>근로계약과 다른 업무부여 등</td><td></td><td></td><td>○</td><td></td><td></td><td></td><td></td><td></td></tr>
</table>

유형	종 류	정당성 판단기준							
		실체적 정당성			절차적 정당성		기타 정당성		
		업무상 필요성	사유 해당성	합리적 이유	○ 협의 ◎ 동의	취업규칙 규정준수	생활상 불이익과 균형	다른 근로자 와형평	양정 적정성
이동 배치	전배	○			○		○		
	전보	○			○		○		
	전근	○			◎		○		
	전직	○			◎		○		
	전적	○			◎		○		
	전출	○			◎		○		
	파견	○			○		○		
징계	경고		○			○		○	○
	견책		○			○		○	○
	감급		○			○		○	○
	강임		○			○		○	○
	정직		○			○		○	○
해고	징계해고		○			○		○	○
	통상해고			○					
	정리해고		경영상 사정		대표자에게 통지, 협의, 회피노력		대상자 선정의 공정한 기준 및 이에 따른 선정		
	직권면직		○	○				○	○
	당연면직		○	○				○	○
기타	대기발령	○					○	○	
	휴직	○		○				○	
	휴업		○		○				
	승진누락			○				○	
	갱신거절			○					

다. 민 · 형법의 일반원칙

(1) 민법의 일반원칙

노동위원회와 법원은 민법의 일반원칙을 인사권 행사의 정당성 여부를 판단하는데 중요한 기준으로 삼고 있다. 주로 언급되고 있는 원칙으로는 신의성실의 원칙, 권리남용금지의 원칙, 실효의 원칙, 금반언의 원칙, 사회적 합리성과 상당성의 원칙 등이 있다.

신의성실의 원칙은 신의칙이라고도 하며, 권리행사와 의무이행은 신의에 좇아 성실히 하여야 한다는 것이다(민법 §2①). 이는 당사자의 신뢰관계를 기반으로 채권관계에서 발생 · 발전한 법리이다.

권리남용의 금지(민법 §2②)의 원칙도 실질적으로 권리행사에 있어서 신의성실에 반하는 경우로 신의칙의 적용을 받아야 한다.

대법원은 전보에 대한 정당성 요건을 판단하면서 "…전보처분의 업무상 필요성과 근로자의 생활상 불이익을 비교교량하고, 전보처분 과정에서 신의칙상 요구되는 절차를 거쳤는지 여부를 종합적으로 고려하여 결정하여야…",[17] 또한 "업무상 필요에 의한 전보 등에 생활상의 불이익이 근로자가 통상 감수해야 할 정도로 현저하게 벗어난 것이 아니라면 이는 정당한 인사권의 범위 내에 속하는 것으로서 권리남용에 해당하지 않는다."[18]라고 판시한다. 따라서 법원은 신의칙에 반하거나 권리남용은 강행규정에 위배되는 것이므로 당사자의 주장이 없더라도 직권에 의해서 판단할 수 있다.[19]

여기서 '권리남용의 금지'는 소극적인 제한을 의미하고, 근로기준법상 '정당한 이유'는 적극적인 제한을 의미한다. 즉, 민법(§2②)의 '권리남용의 금지'는 사용자에게 권리행사의 자유를 전제하면서 예외적으로 남용을 금지하는 것이지만, 근로기준법(§23①)은 사용자의 인사권 행사는 일반적으로 제한하되, 정당한 경우에 한해 예외적으로 허용되어야 한다는 의미이다.[20]

실효의 원칙은 장기간 권리를 행사하지 아니하여 상대방이 권리를 행사하지 않을 것이란 정당한 기대를 갖게 되는 경우 그 권리행사는 권리남용으로서 허용되지 않는다는 원칙이다. 금반언(禁反言)의 원칙과 그 취지가 같다. 즉, 해고 후 회사가 변제공탁한 퇴직금 등을 조건 없이 수령하고, 동종업체에 취업하여 3년 가까이 지나 제기한 해고무효확인청구 소송은 실효의 원칙, 즉 금반언의 원칙에 위반된다.[21]

17) 대법원 2005.2.18 선고 2003다63029 판결.
18) 대법원 2009.3.12 선고 2007두22306 판결.
19) 대법원 1995.12.22 선고 94다42129 판결.
20) 강희원, "해고등 법원의 체계를 위하여", 노동법학 제10호, 한국노동법학회, 292쪽.
21) 대법원 1990.11.23 선고 90다카25512 판결.

(2) 형법의 일반원칙

사용자의 징계권은 형벌구조와 유사하기 때문에 노동위원회와 법원은 징계사유와 절차, 시효 등에 있어서 형법 등의 일반원칙을 원용하고 있다. 죄형법정주의의 원칙, 법률불소급의 원칙, 절차적 정의의 원칙, 공소시효 등이 여기에 해당한다.

죄형법정주의의 원칙은 '법률이 없으면 범죄도 없고, 형벌도 없다'는 형법상 기본이념으로서 어떠한 행위가 범죄가 되고, 어떻게 처벌한 것인지 여부가 법률에 근거가 있어야 한다는 원칙이다.

근로기준법 제96조에서, '제재에 관한 사항'을 취업규칙의 필요적 기재사항으로 규정한 것은 이러한 원칙을 선언한 것이다. 즉, 취업규칙의 사유해당성은 징계권을 행사하기 위해서 취업규칙에 근거가 있어야 하며, 취업규칙에 규정되어 있지 않은 사유나 절차에 의한 징계처분은 무효이다.

단체협약에 특정한 징계사유 외에는 징계하지 못하도록 규정하고 있는 경우 취업규칙에 따로 정한 징계사유로는 징계할 수 없으며, 취업규칙에 징계사유를 제한적으로 규정하고 있는 경우에는 취업규칙에서 정한 징계사유 이외의 사유로는 징계할 수 없다.[22)]

죄형법정주의의 파생원칙으로 형벌불소급의 원칙 즉, 징계권에 있어서는 소급징계의 금지원칙이라 할 수 있다.

일단 징계처분이 결정된 뒤에는 동일한 사실에 대하여 다시 징계처분을 하거나 징계처분 없이 지나간 사실을 뒤에 다시 징계처분으로 삼을 수 없다. 사용자는 행위 시의 취업규칙에 징계사유로 되어 있지 않을 경우 그 이후 개정된 규정에 의하여 처벌할 수 없다.

다만, 근로자의 권리회복이나 이익을 부여하는 소급조치는 그로 인해 손해를 입은 근로자가 없는 한 부당하다고 할 수 없다.

대법원은 "...징계사유의 유무에 관한 결정은 근로자에게 불이익한 처분이므로 행위 시에 시행되고 있던 취업규칙에 따라 행하여야 할 것이다."라고 하여 소급징계를 금하고 있다.[23)]

절차적 정의의 원칙은 징계권에 있어서 절차적 정당성에 해당한다. 징계권은 직

22) 대법원 1999.3.26 선고 98두4672 판결 외.
23) 대법원 1994.12.13 선고 94다27960 판결.

장질서를 유지하기 위한 질서벌이므로 공정성과 합리성을 담보하기 위해서는 단체협약이나 취업규칙에 규정된 징계절차를 준수해야 한다. 다만, 취업규칙 등에 제재에 관한 절차규정이 있으면 효력요건에 해당하지만, 징계혐의 사실의 고지, 변명의 기회부여 등에 관한 절차가 규정되어 있지 않은 경우 절차를 밟지 아니하여도 징계처분의 효력에는 영향이 없다.

공소시효란 검사가 범죄행위의 종료 후 일정기간 동안 공소를 제기하지 않으면 범죄에 대한 소추권 및 형벌권이 소멸되는 제도이다. 징계권의 경우 징계시효는 정당성 판단의 중요한 기준이다. 근로자가 중대한 비위행위를 하였더라도 취업규칙에서 규정한 징계시효기간이 지났거나, 사소한 징계절차를 위반하는 경우에도 징계처분의 정당성이 없다.[24)]

기타 원칙으로, 징계는 근로자의 행위를 대상으로 하여야 하며, 타인의 행위로 인하여 징계처분을 받지 않는다는 자기책임의 원칙, 전례(前例)의 징계처분은 후례(後例)의 처분을 구속한다는 균등대우의 원칙 등이 있다.

상당성의 원칙은 징계사유의 유무, 징계사유의 선택, 징계양정의 재량 등이 객관적으로 상당한 것이어야 하며, 형평에 어긋나지 않아야 한다. 따라서 참작의 여지가 있는데 적용하지 않거나 경미한 위반행위에 대하여 과중한 처분을 하는 경우, 사용자에게 귀책사유가 있는데 근로자의 위반행위만을 문제 삼는 것은 상당성의 원칙에 반한다.

균형성의 원칙은 사용자가 어떠한 징계처분을 선택할 것인지는 징계권자의 재량에 속한다고 하면서도 이러한 재량은 징계권자의 자의적이고 편의적인 재량에 맡겨져 있는 것이 아니며, 징계사유와 징계처분과의 사이에 사회통념상 상당하다고 보여지는 균형의 존재가 요구되고, 경미한 징계사유에 대하여 가혹한 제재를 가하는 것은 권리남용으로서 무효로 보고 있다.[25)]

라. 취업규칙 · 단체협약 및 근로계약

인사권은 취업규칙 또는 근로계약에 따라 인정되는 권리이기도 하므로 취업규칙이나 근로계약에 규정된 내용이 정당성 판단기준이 된다.

---

24) 대법원 2001.4.10 선고 2000두7605 판결 외.
25) 대법원 1992.1.11 선고 90다카21176 판결.

취업규칙에 징계사유, 절차 등이 규정되어 있는 경우 사용자가 근로자를 징계할 때는 취업규칙에 규정된 근거에 따라야 한다. 또한, 근로계약서에 취업장소와 직종 등이 특정되어 있는 경우에는 근로자의 취업장소와 직종 변경을 위해서는 원칙적으로 근로자의 동의가 필요하다.

그리고 노사간 합의한 단체협약에 근거하여야 그 정당성을 인정받을 수 있다. 예를 들면, 단체협약에 해고사유를 제한적으로 규정한 경우에는 그 한도 내에서만 해고가 가능하다.

마. 노사관행

기업의 내부에 존재하는 특정의 관행이 근로계약의 내용을 이루고 있다고 인정받기 위해서는 그러한 관행이 일반적으로 기업의 근로관계를 규율하는 규범적 사실로서 명확히 승인되거나 기업의 구성원에 의하여 아무도 이의를 제기하지 아니한 채 당연한 것으로 받아들여져서 기업 내에서 사실상의 제도로 확립되어 있다고 할 수 있을 정도의 규범의식에 의하여 지지되고 있을 경우에는 정당성 요건이 된다.[26)]

26) 대법원 2002.4.23 선고 2000다50701 판결.

제3장

인사권 행사에 대한 구제*

제1절 노동위원회의 행정적 구제

제2절 법원에 의한 사법상 구제

제3절 주요 국가의 구제제도

* 조정구, "복수노조시대의 부당노동행위제도와 행정적 구제제도 개선방안에 관한 연구", 호남대학교 박사학위 논문, 2013, 15~31쪽.

제1절 노동위원회의 행정적 구제

근로자나 노동조합에 대한 근로권과 노동3권을 보호하기 위해서는 그 성질상 구제절차의 신속성 · 간이성 · 전문성이 요구되며, 이를 위하여 1989.3.29. 노동위원회에 의한 행정적 구제제도가 도입되었다. 이에 근로자 또는 노동조합은 사용자의 부당해고 등 불이익처분이나 부당노동행위에 대하여 노동위원회에 구제신청을 할 수 있다.

부당해고 등에 대한 형사처벌은 폐지되었으나,[27] 부당노동행위의 경우 근로자 또는 노동조합이 민사소송이나 노동위원회에 구제신청을 하지 않고, 고용노동부 지방관서(근로감독관)에 사용자의 처벌을 요구하는 형사처벌제도(노조법 §90, 2년 이하 징역 또는 2천만원 이하 벌금)가 있다. 이 같은 형사처벌제도는 사용자가 스스로 또는 근로감독관의 권유에 의해 부당노동행위를 철회 · 취소하는 간접적인 구제방법으로 형사처벌 대상자는 사용자 중에서 행위자와 사업주가 해당된다.

노동위원회는 사용자의 부당한 인사처분에 대해서는 그 종류와 성격을 불문하고 모두 구제대상으로 삼는다. 일부에서는 근로기준법 제23조 제1항에 규정된 '징벌'을 '징계'로 해석하여 노동위원회의 구제대상이 제재로서의 '징계'에 국한된다는 주장도 있으나, 법원은 본채용 거절, 전보, 대기발령, 기간제 근로자의 갱신거절, 사직서 수리 등과 같이 '징계'가 아닌 인사처분까지 노동위원회의 구제대상으로 인정해 오고 있다.

27) 근로기준법 개정(2007.7.1.)으로 부당해고 등에 대한 형사처벌죄가 폐지되고, 이행강제금 제도와 고발제도가 도입되어 확정된 구제명령을 이행하지 않을 경우 1년 이하 징역 또는 1천만원 이하 벌금에 처하도록 하였다(근기법 §111).

제2절 법원에 의한 사법상 구제

근로자 또는 노동조합은 부당해고 등과 같은 사용자의 부당한 인사권 행사나 부당노동행위에 대하여 법원에 민사소송을 제기할 수 있다. 부당해고 등 및 부당노동행위를 금지하는 근로기준법 제23조 제1항과 노조법 제81조의 금지규정은 공법상 행정법규이므로 사법적 구제가 인정된다.

이와 같이 공법상 금지규정을 위반한 행위가 법률행위인 때에는 무효가 되고, 사실행위인 때에는 불법행위로서 위법성이 인정된다. 예를 들어, 부당한 인사처분인 해고나 징계처분 등은 무효가 되고, 사실행위로 나타나는 각종 지배 · 개입행위(조합원에 대한 임금인상 차별이나 배차차별 등) 등은 불법행위가 될 수 있다. 따라서 무효행위에 대해서는 무효확인소송을 제기할 수 있으며, 불법행위는 손해배상청구가 가능하다.

법원에 의한 사법상 구제제도는 판단시점에서의 권리 · 의무관계를 확정하는 정적인 특성을 갖고 있는 반면, 노동위원회의 구제제도는 사용자의 부당한 인사처분이나 부당노동행위로 인한 근로권 내지 노동3권의 침해가 노사관계 속에서 그 영향이 확산되는 동적인 성격을 갖고 있으며, 이와 더불어 구제절차의 신속성 · 간이성 · 전문성을 특성으로 하는 점에서 볼 때 노동위원회에 의한 행정적 구제제도의 필요성은 더욱 강조되어야 한다.

제3절 주요 국가의 구제제도

우리나라와 주요 국가의 구제제도를 비교하면, 독일에서는 독립된 노동법원을 설치하여 개별적 분쟁 및 집단적 분쟁에 대하여 재판으로 해결하는 3심제를 채택하고 있는 반면, 영국과 일본은 우리나라에서 운영하고 있는 행정기관과 법원의 혼합형과 동일한 형태를 취하고 있다. 다만, 심급단계가 우리나라의 5심제에 비해 4심제라는 점에서 차이가 있다.[28)]

〈우리나라와 주요 외국의 구제제도 비교〉

구 분	우리나라	독 일	영 국	일 본
근 거 법 령	근로기준법	해고보호법, 민법	고용권리령	노동기준법
담 당 기 관	노동위원회, 법원	노동법원	고용심판소(ET) 조정중재기구(ACAS)	노동위원회, 노동심판소(법원산하)
분 쟁 해 결	조정 · 심판 · 재판	재판	조정 · 심판 · 재판	조정 · 심판 · 재판
심 급 단 계	5심제	3심제	4심제	4심제
	① 지노위 ② 중노위 ③ 행정법원 ④ 고등법원 ⑤ 대법원	① 지방노동법원 ② 주노동법원 ③ 노동대법원	① 고용심판소 ② 고용항소심판소 ③ 항소법원 ④ 대법원	① 노동위(화해전치) ② 지방법원 ③ 고등법원 ④ 대법원
관 할 분 쟁	• 개별적 분쟁 • 집단적 분쟁	• 개별적 분쟁 • 집단적 분쟁	• 개별적 분쟁: 법원 • 집단적 분쟁: 행정기관	• 개별적 분쟁: 법원 • 집단적 분쟁: 행정기관
적 용 대 상	• 불이익 인사처분	• 6월 이상 근무자	• 1년 이상 근무자	• 불이익 인사처분

28) 이성희, "노동분쟁해결기구 국제비교 및 노동위원회 기능강화방안", 한국노동연구원, 2012, 2~6쪽.

제2편

올바른 인사권 행사

제1장
인사권 행사의 중요성과 선결조건

제1절 인사권 행사의 중요성

제2절 인사권 행사의 선결조건

제1절 인사권 행사의 중요성

1. 합리적인 노사관계의 구축

최근 5년간 근로자 또는 노동조합의 노동위원회에 대한 구제신청은 2배 가까이 증가하였다.[29] 「기간제법」의 개정 · 시행[30]에 따라 노동위원회는 기간제 등 비정규직 근로자에 대한 사용자의 차별적 처우가 고의적이고 반복되는 경우 그 근로자에게 발생한 손해액의 3배까지 사용자에게 금전배상명령과 동시에 취업규칙, 단체협약 등의 제도개선을 명령할 수 있다(기간제법 §13①②). 또한, 고용노동부장관은 차별시정명령이 확정된 경우 차별시정을 신청한 근로자 이외에 다른 비정규직 근로자에게도 차별적 처우가 있는지 조사하여 그 시정을 요구할 수 있다(기간제법 §15의3).

이에 따라 기간제 등 비정규직 근로자를 다수 고용하고 있는 대기업의 협력업체에서 이들의 고용보장과 권리보호 등을 목적으로 한 노동조합의 조직 활동은 더욱 규모화 · 첨예화될 것으로 보인다.

특히, 노동법에 대한 이해가 부족한 중소기업에서 인사권 행사의 근거가 되는 취업규칙이 사업특성을 반영하지 못하거나 법령에 반하는 내용을 담고 있는 경우 인사권 행사를 둘러싼 노동위원회 또는 법원을 통한 분쟁은 기업경영에 큰 부정적 요인으로 작용할 수 있다.

앞으로 노사관계의 중심축은 대기업 · 이익분쟁에서 기간제 등 비정규직 근로자들을 다수 고용하고 있는 협력업체 및 중소기업 · 권리분쟁으로 이동 내지 확산될 것으로 보이기 때문에 노사분쟁을 사전 예방하고, 노사신뢰를 바탕으로 한 합리적인 노사관계를 구축하기 위해서는 올바른 인사권 행사가 그 어느 때보다 중요하다.

29) 전국 노동위원회에 근로자 또는 노동조합이 제기한 부당해고 등 및 부당노동행위 구제신청건수는 2007년 9,389건에서 2013년 14,323건으로 5년 동안에 2배 가까이 증가하였다(중앙노동위원회, 주요통계자료, 2013년).

30) 기간제 등 비정규직 근로자의 차별적 처우를 예방하고, 이를 억제하기 위한 「기간제 및 단시간근로자 보호 등에 관한 법률」의 개정 · 시행(2014.9.19.)에 따라 노동위원회는 사용자의 차별적 처우가 고의적 · 반복적인 경우 그 손해액의 3배까지 배상하는 '징벌적 금전배상제' 및 '단체협약 · 취업규칙 등의 개선명령제' 와 차별시정이 확정되면 고용노동부장관이 다른 근로자의 차별적 처우를 조사하여 그 시정을 요구하는 '확정된 차별시정명령의 효력확대제' 가 각각 도입되었다.

2. 구제명령에 대한 이행강제

노동위원회는 해고 등 사용자의 인사권 행사가 부당하다고 판단되는 경우에는 원직복직(또는 징계취소)과 정상적으로 근로하였다면 받을 수 있었던 임금상당액을 지급하라는 구제명령을 내린다.

노동위원회의 구제명령에 대한 이행강제 수단으로 2007.1.26. 이행강제금제도가 도입되면서 근로기준법 제23조의 처벌규정이 삭제되고, 확정된 구제명령 불이행에 대한 처벌규정이 신설되었다.

노동위원회는 구제명령을 이행하지 아니한 사용자에게 해고의 경우 1회 최대 2천만 원까지 이행강제금을 부과하며, 구제명령이 이행될 때 까지 매년 2회의 범위에서 최대 2년까지 부과한다(근기법 §33①④). 그리고 구제명령이 확정되었음에도 사용자가 이행하지 아니하면 사용자를 고용노동부 지방관서(근로감독관)에 고발하며, 검사는 노동위원회에 고발을 요청할 수 있다(근기법 §112①②). 이 경우 사용자는 1년 이하의 징역 또는 1천만 원 이하의 벌금에 처하게 된다.(근기법 §111).

이행강제금제도는 구제명령의 이행을 위한 행정처분의 실효성 확보수단이고, 고발은 구제명령을 이행하지 않은 행위에 대한 제재적 성격을 갖는 행정형벌로서 그 제도의 취지와 성격이 다르다. 따라서 확정된 구제명령을 이행하지 않는 경우 이행강제금 부과와 고발을 동시에 하더라도 이중처벌(헌법 §13①)에 해당되지 않는다.[31)]

이행강제금제도가 시행된 이후 구제명령에 대한 이행강제금의 부과와 고발을 통한 이행강제가 강화됨에 따라,[32)] 사용자의 올바른 인사권 행사는 그 중요성이 강조된다 할 것이다.

---

31) 건축법상 이행강제금과 형사처벌을 병과하는 것은 이중처벌에 해당되지 않는다(대법원 2005.8.19 선고 2005마30 판결).

32) 노동위원회는 2007.7.1.부터 이행강제금을 부과해 왔으며, 2007년 1억5,500만원(7건, 20명), 2008년 25억9,100만원(158건, 599명), 2009년 39억500만원(267건, 809명), 2010년 38억1,700만원(276건, 667명), 2011년 29억1,000만원(270건, 466명), 2012년 52억8,300만원(438건, 1,034명), 2013년 83억5,400만원(498건, 1,445명)을 각각 부과하였다(중앙노동위원회, 주요통계자료, 2013년).

제2절 인사권 행사의 선결조건

1. 기업특성에 맞는 취업규칙의 제정

사용자의 인사권은 대부분 취업규칙에 근거하여 구체적으로 구현되는 것이므로 올바른 인사권을 행사하기 위해서는 기업규모, 사업종류 및 기업이념과 목적에 적합한 취업규칙을 제정·시행하여야 한다.

그러나 상당수 기업들이 취업규칙의 중요성을 간과한 채 기업규모, 사업종류, 고용형태 등의 특성을 고려하지 않고 다른 기업의 취업규칙을 모방하여 형식적으로 제정하는 경향이 있다.

이 같이 제정된 취업규칙은 기업특성에 맞지 않기 때문에 시행하는 과정에서 준수하기 어렵고, 결국 취업규칙을 위반하는 인사권을 행사함으로써 그 정당성을 인정받을 수 없는 결과가 초래된다.

2. 근로조건을 반영한 근로계약의 체결

사용자가 근로자와 체결한 근로계약의 내용도 취업규칙과 같이 인사권 행사의 중요한 근거이며, 취업규칙의 작성·신고의무가 없는 10인 미만의 소기업에서는 유일한 판단기준이 된다. 특히, 기간제 등 비정규직의 경우 불명확한 근로계약으로 인한 분쟁을 예방하기 위하여 주요 근로조건[33]은 반드시 서면으로 명시하도록 의무화하고 있다.

그런데 이른바 '표준근로계약서'를 활용하여 일률적으로 작성하거나 구두로 계약내용을 정하는 경우에는 그 근거가 명확하지 않고, 근로조건도 정확하게 반영할 수 없게 된다. 따라서 이에 근거한 인사권 행사는 노동위원회나 법원에서 그 정당성을 인정받기 어렵기 때문에 근로계약의 체결은 정확하게 반영한 근로조건을 서면에 명시하는 방법으로 이루어져야 한다.

---

33) 근로계약을 체결할 때 서면으로 명시해야 할 주요 근로조건은 근로계약기간, 근로시간·휴게, 임금의 구성항목·계산방법 및 지불방법, 휴일·휴가, 취업장소와 종사업무이고, 단시간 근로자의 경우 근로일 및 근로일별 근로시간 등이며, 이를 위반하면 500만 원 이하의 과태료가 즉시 부과된다(2014. 8월부터 적용).

제2장
취업규칙과 근로계약

제1절 취업규칙의 작성

제2절 취업규칙의 불이익 변경

제3절 근로계약의 체결

제1절 취업규칙의 작성

1. 의 의

취업규칙은 사업장에서의 근로자에 대한 복무규율과 근로조건에 관한 구체적인 사항을 정한 준칙으로서[34] 사용자가 일방적으로 작성하는 내부규칙이다(근기법 §96, §97).

근로기준법은 근로자들의 기본적 생활을 보장 · 향상시키려는 목적으로 취업규칙의 작성을 강제하며, 법 규범성과 함께 사용자의 신고의무, 근로감독관의 심사, 고용노동부장관의 취업규칙 변경명령권을 인정하고 있다.

취업규칙은 사업장의 근로관계를 규율하는 규범이라는 점에서 근로계약, 단체협약과 공통점이 있으나, 사용자에 의해 일방적으로 작성된다는 점에서 근로관계 당사자가 작성하는 근로계약 및 단체협약과 구별된다.

2. 취업규칙의 명칭과 형식

취업규칙은 '복무규율'과 '임금 등 근로조건'에 관한 준칙의 내용을 담고 있으면 그 명칭을 불문한다.[35] 취업규칙의 형식에 있어 하나의 서면으로 할 필요는 없으며, 단시간 근로자 등 근로조건이 현저하게 다른 경우에는 일부 근로자에게만 적용되는 별도 취업규칙을 작성할 수도 있다.[36]

임금규정, 외근직 규정, 지사규정 등 근로조건, 근로형태, 작업장소 등에 따라 복수의 취업규칙을 작성하는 것도 가능하다. 각 규정은 그 이름과 관계없이 취업규칙의 일부에 불과하므로 모두가 고용노동부 지방관서(근로감독관)에 신고대상이 된다.[37] 다만, 복수의 취업규칙은 법령이 규정한 차별금지규정(근기법 §6 등)과 퇴직금차등제도 금지규정을 위반해서는 안 된다.[38]

34) 대법원 1998.11.27 선고 97누14132 판결.
35) 대법원 2002.6.28 선고 2001다77970 판결.
36) 대법원 1996.2.27 선고 95누15698 판결.
37) 대법원 1994.3.11 선고 93다27413 판결.
38) 대법원 1997.11.28 선고 97다24511 판결.

그 명칭에도 불구하고 판례에서 취업규칙으로 인정된 사례는, ① 상여금, 휴가비 등의 반납을 내용으로 하는 자구계획서, ② 사고처리규정, ③ 징계위원회의 운영기준, ④ 조작노역계약서, ⑤ 노사공동결의서 등 다양하다.

3. 취업규칙 작성 · 신고 의무

상시 10인 이상의 근로자를 사용하는 사용자는 취업규칙을 작성하여 고용노동부 지방관서(근로감독관)에 신고하여야 하며, 이를 위반한 사용자에게는 500만 원 이하의 과태료를 부과한다(근기법 §93①, §116①).

취업규칙을 작성 · 변경할 때에는 해당 사업 또는 사업장에 근로자의 과반수로 조직된 노동조합이 있는 경우에는 그 노동조합, 근로자의 과반수로 조직된 노동조합이 없으면 근로자 과반수의 의견을 들어야 하며, 이를 위반하면 500만 원 이하의 벌금에 처한다(근기법 §94, §114).

취업규칙의 작성 · 신고의무 규정은 효력요건이 아니므로 그 내용이 법령 또는 단체협약에 위반되지 않는 경우 신고절차를 이행치 아니하였더라도 형사상 책임은 별론으로 하고 취업규칙으로서의 효력은 인정된다.

4. 취업규칙의 기재사항

근로기준법 제93조는 취업규칙의 기재사항을 열거하고 있으며, 그 중에 법정근로조건에 관한 사항, 사용자의 경영판단이나 사업장의 특성, 또는 노사합의에 의하여 시행여부가 결정되는 임의적 근로조건에 관한 사항도 다수 포함되어 있다. 여기서 임금, 근로시간, 휴게시간, 휴일 등 법정근로조건에 관한 사항은 취업규칙에 반드시 기재하여야 하는 절대적 기재사항이고, 교대근로, 가족수당, 식비 등과 같은 임의적 근로조건에 관한 사항[39]은 상대적 기재사항으로 해당 사업장에서 이를 시행하고 있을 경우에만 취업규칙의 필요적 기재사항에 속한다.

---

39) 임의적 근로조건은 교대근로에 관한 사항(1호), 승급에 관한 사항(2호), 가족수당에 관한 사항(3호), 근로자의 식비 · 작업 용품에 관한 사항(6호), 상여금에 관한 사항(5호), 근로자의 교육시설에 관한 사항(7호), 근로자의 성별 · 연령 또는 신체적 조건 등의 특성에 따른 사업장 환경개선에 관한 사항(9의2호), 업무 외의 재해부조에 관한 사항(10호), 표창에 관한 사항(11호) 등이다.

취업규칙의 절대적 기재사항 중 일부가 기재되지 않거나 흠결이 있는 경우에도 취업규칙의 효력은 인정되나, 기재되지 않은 부분은 법령, 단체협약, 근로계약 등에 정한 조건에 따른다. 그리고 해당 사업장에서 시행되지 않는 임의적 근로조건은 취업규칙에 기재하지 않았다 하더라도 사용자의 취업규칙의 작성 · 신고의무를 위반한 것은 아니다.

〈취업규칙에 포함될 사항(근기법 §93)〉

1. 업무의 시작과 종료시각, 휴게시간, 휴일, 휴가 및 교대 근로에 관한 사항
2. 임금의 결정 · 계산 · 지급 방법, 임금의 산정기간 · 지급시기 및 승급에 관한 사항
3. 가족수당의 계산 · 지급 방법에 관한 사항
4. 퇴직에 관한 사항
5. 「근로자퇴직급여 보장법」 제8조에 따른 퇴직금, 상여 및 최저임금에 관한 사항
6. 근로자의 식비, 작업 용품 등의 부담에 관한 사항
7. 근로자를 위한 교육시설에 관한 사항
8. 산전후휴가 · 육아휴직 등 근로자의 모성 보호 및 일 · 가정 양립 지원에 관한 사항
9. 안전과 보건에 관한 사항

9의2. 근로자의 성별 · 연령 또는 신체적 조건 등의 특성에 따른 사업장 환경의 개선에 관한 사항

10. 업무상과 업무 외의 재해부조(災害扶助)에 관한 사항
11. 표창과 제재에 관한 사항
12. 그 밖에 해당 사업 또는 사업장의 근로자 전체에 적용될 사항

5. 취업규칙의 변경 · 신고의무

사용자는 취업규칙 변경 시 근로자의 과반수를 대표하는 노동조합 또는 근로자 과반수의 의견을 청취(불이익 변경 시 동의)하였음을 증명하는 서면을 첨부하여 고용노동부 지방관서(근로감독관)에게 신고하여야 하며, 이것을 위반한 경우 500만 원 이하의 과태료가 부과된다(근기법 §93, §116①).

의견청취는 취업규칙의 효력요건이 아니기 때문에 그 절차를 거치지 않았다 하더라도 취업규칙은 유효하다.

또한, 취업규칙의 불이익변경이 아닌 단순변경인 경우 근로자 과반수 의견을 들으면 되고, 사용자에게 협의 또는 합의의무가 있는 것은 아니므로 근로자 과반수의 반대의견을 수용하지 않았더라도 의견청취의무 위반은 아니다.

6. 취업규칙의 주지의무와 효력

취업규칙의 효력은 원칙적으로 근로자가 주지할 수 있는 상태에 있을 때 발생하나,[40] 별도로 효력발생시기를 규정하고 있을 때에는 그에 의한다.

사용자는 취업규칙을 근로자가 자유롭게 열람할 수 있는 장소에 항상 게시하거나 갖추어 두어 근로자에게 널리 알려야 하며, 이를 위반한 경우 500만 원 이하의 과태료를 부과한다(근기법 §14①, §116①).

취업규칙에 의하여 발생하는 구체적인 권리의무는 법령이나 해당 사업장에서 적용되는 단체협약에 위반되지 아니하는 한 준수되어야 한다.[41] 따라서 근로자의 행위가 회사운영을 위태롭게 하는 등 미치는 영향이 크더라도 취업규칙에 해임절차가 규정되어 있는 이상 그 절차를 거치지 않으면 해임할 수 없다.[42]

7. 법령 · 단체협약 · 근로계약과의 관계

취업규칙은 법령이나 해당 사업 또는 사업장의 단체협약과 어긋나서는 안 된다(근기법 §96). 사용자가 취업규칙에 단체협약 소정의 해고사유와 무관한 새로운 해고사유를 규정하는 것은 단체협약에 반하는 것이 아니다.[43] 그러나 단체협약에 징계사유를 규정하면서 그 단체협약의 규정에 의하지 아니하고는 징계할 수 없다고 규정되어 있으면, 취업규칙에 새로이 정한 징계사유는 단체협약에 반하는 것으로 그 사유로는 징계할 수 없다.[44]

한편, 취업규칙 기준에 미달하는 근로조건을 정한 근로계약은 그 부분에 한해서 무효가 되며, 무효된 부분은 취업규칙에 정한 기준을 따라야 한다(근기법 §97).

---

40) 대법원 2004.2.12 선고 2001다63599 판결.
41) 대법원 1980.9.9 선고 77다2030 판결.
42) 대법원 1988.11.8 선고 87다카683 판결.
43) 대법원 1999.3.26 선고 98두4672 판결.
44) 대법원 1994.6.14 선고 93다62126 판결.

제2절 취업규칙의 불이익 변경

1. 의 의

취업규칙의 불이익변경은 사용자가 일방적으로 새로운 취업규칙의 작성 · 변경을 통하여 근로자가 종전에 가지고 있던 기득의 권리나 이익을 박탈하여 근로조건을 낮추거나 복무규율을 강화하는 것을 의미한다.[45)]

취업규칙을 근로자에게 불이익하게 변경하는 경우에는 근로자 과반수로 조직된 노동조합이 있으면 그 노동조합, 그렇지 않은 경우에는 근로자 과반수의 동의를 받아야 하며, 이를 위반하는 경우 500만 원 이하의 벌금에 처한다(근기법 §94① 단서, §114제1호).

취업규칙 변경의 불이익변경 판단의 기준시점은 취업규칙의 변경이 이루어진 시점[46)]이며, 불이익하게 변경되었다고 주장하는 자는 그 불이익의 정도를 입증[47)] 하여야 한다.

2. 불이익 여부의 판단기준

가. 근로조건 기준

근로조건이 일방적으로 하향되는 경우에는 불이익한 변경으로 판단하여야 하지만, 변경되는 근로조건을 구성하는 요소들의 상향과 하향이 동시에 이루어지는 경우에는 그 구성요소들을 종합적으로 비교하여 전체적으로 근로조건이 하향되었는지 여부를 기준으로 불이익 여부를 판단한다.

나. 근로자 기준

취업규칙의 변경이 일부 근로자에게 유리하고 일부 근로자에게 불리하여 근로

45) 대법원 2001.1.5 선고 99다70846 판결.
46) 대법원 2000.9.29 선고 99다45376 판결.
47) 서울고등법원 1978.4.6 선고 77나2947 판결.

자 상호간 유 · 불리에 따른 이익이 충돌하는 경우에는 전체적으로 보아 근로자에게 불리한 것으로 보며,[48] 일부 내용이 근로자에게 불리할지라도 다른 요소가 유리하게 변경된 경우에는 그 대가관계나 연계성이 있는 여러 상황을 종합적으로 고려하여 변경조항의 유 · 불리를 판단하여야 한다.[49]

3. 불이익 변경의 동의권자

사용자가 취업규칙을 불이익 변경할 경우에는 근로자의 과반수로 조직된 노동조합이 있으면 그 노동조합, 그러한 노동조합이 없는 경우 근로자의 과반수 동의를 받는 것이 원칙이다.

근로자의 과반수로 조직된 노동조합이 있는 경우에는 법령, 단체협약, 노동조합규약 등에 의해 노동조합 대표권이 제한되었다고 볼만한 사정이 없는 한 노동조합의 대표가 서명하면 별도로 개별 근로자나 조합원 과반수의 동의를 받을 필요는 없다.

근로자의 과반수로 조직된 노동조합이 없는 경우에는 근로자의 집단적인 의사결정방식 내지 회의방식에 의해 과반수의 동의를 받아야 한다. 다만, 특정장소에서 회의방식에 의한 동의절차가 불가능한 경우 근로자간 의견교환이 있었고, 사용자의 간섭이나 개입이 배제된 상태에서 의견집약이 이루어졌다면 근로자집단의 동의로 인정하고 있다.

그러나 소극적으로 이의를 제기하지 않는 것만으로 묵시적 동의가 인정되지 않으므로,[50] 취업규칙이 불리하게 변경된 이후 노동조합 또는 근로자들로부터 아무런 이의를 제기하지 않았다는 것으로 집단적 동의를 거쳤다고 볼 수는 없다.

가. 일부 근로자에게만 적용되는 경우

사업장 내 근로자가 여러 집단으로 구분되어 근로자 집단별로 적용되는 근로조건이나 취업규칙이 달라 노무관리가 별개로 이루어지고 있고, 취업규칙 변경이

48) 대법원 1993.5.14 선고 93다1893 판결.
49) 대법원 1984.11.13 선고 84다카414 판결.
50) 대법원 1991.9.24 선고 91다17542 판결.

일정 근로자 집단을 대상으로 하고 있는 경우에는 사용자의 자의적 근로조건 변경을 막고 이해관계의 의견을 최대한 반영하기 위하여 전체 근로자가 아닌 '취업규칙 변경 대상이 되는 근로자집단' 의 동의를 받아야 한다.

예를 들면, 하나의 사업장에서 정규직과 비정규직, 생산직과 관리직으로 나누어 노무관리를 별도로 하고 있는데, 비정규직 혹은 관리직에 대하여 취업규칙을 변경하는 경우 해당 근로자 집단이 불이익 변경의 동의주체가 된다.

또한, 사업장에 전체 근로자의 과반수를 대표하는 노동조합이 있다고 하더라도 '취업규칙 변경대상이 되는 근로자집단' 이 가입할 수 없는 등 노동조합이 적용대상 근로자집단 과반수를 대표하고 있다고 볼 수 없는 경우에는 그 동의 주체가 될 수 없다

다만, 노무관리가 별개로 이루어지지 않으면서, 전체 근로자 중 일부에게 영향을 주게 되는 취업규칙의 변경이 있을 경우, 즉 임신 근로자에 대한 육아휴직기간 변경 등에는 원칙적으로 전체 근로자의 과반수를 대표하는 노동조합 내지 전체 근로자 과반수의 동의를 받아야 한다.

나. 산업별 노동조합에 가입되어 있는 경우

취업규칙의 동의주체로 인정하고 있는 근로자 과반수를 대표하는 노동조합은 기업별 단위노조이든 산업별 단위노조이든 관계 없이 설립신고된 노동조합을 의미한다. 따라서 설립신고가 되지 않는 산업별노조의 지부 · 분회와 같은 산하조직은 취업규칙 변경에 관한 권한을 위임 받지 않은 이상 원칙적으로 취업규칙 변경의 동의 주체가 될 수 없다.

그러나 독자적인 규약 및 집행기관을 갖고 독립된 조직체로서 활동하는 지부에 대하여 독자적 단체교섭권 및 단체협약권이 있음을 인정하고 있으므로[51] 산업별 노조의 지부 · 분회의 경우 설립신고가 되지 않거나 취업규칙 변경에 관한 권한을 위임받지 못하였더라도 독자적 규약과 집행기관을 갖고 독립된 조직체로서 활동하고 있다면 불이익 변경의 동의 주체가 될 수 있다.

---

51) 대법원 2001.2.23 선고 2000도4299 판결.

4. 근로자집단 동의절차 위반의 효과

사용자가 취업규칙의 불이익 변경에 대한 근로자들의 집단적 동의절차를 위반한 경우에는 500만 원 이하의 벌금에 처하게 되며, 변경된 부분의 취업규칙은 무효가 되어 변경 전의 취업규칙이 적용된다.

무효가 된 취업규칙은 개인적으로 찬성한 근로자에게는 구속력이 없고, 반면 동의절차를 거친 경우에는 이에 찬성하지 않은 근로자에게도 구속력이 미친다.

다만, 취업규칙을 개정한 후 사정변경에 의하여 기존 근로자들의 기득의 이익을 침해하지 않게 된 경우에는 변경에 대한 동의절차가 없었더라도 기존 근로자들에게 변경된 취업규칙이 적용된다.[52)]

취업규칙의 불이익 변경 시 동의를 받도록 한 근로기준법의 규정은 강행규정이므로 동의절차를 거치지 않은 불이익 변경에 대한 이의를 제기하지 않고 있다가 10여 년이 경과하여 그 변경의 부당함을 다투는 것은 금반언의 법리에 반하지 않는다.[53)]

5. 동의절차 없는 취업규칙의 효력

가. 사회통념상 합리성이 인정되는 경우

취업규칙의 불이익 변경은 근로자의 집단적 동의절차를 거쳐야 하지만, 사회통념상 합리성이 인정되는 범위 내에서 동의절차 없이 불이익 변경된 취업규칙도 효력이 인정된다.[54)]

법원은 경영악화 등 여러 사정상 취업규칙의 변경이 반드시 필요하고 그 내용도 합리적이라고 인정되는데 집단적 동의절차를 받지 못했다는 이유만으로 변경된 취업규칙의 효력을 부인한다면 경영권이 심각하게 침해될 수 있다는 사정을 고려

---

52) 대법원 1997.8.26 선고 96다1726 판결.

53) 대법원 1991.9.24 선고 91다17542 판결.

54) 대법원 2001.1.5 선고 99다70846 판결(대법원은 초기에는 '1978.9.12 선고 78다1046 판결; 1988.5.10 선고 87다카2853 판결' 에 의해 불이익변경이 아니라는 취지로 판시하였으나, 사회통념상 합리성이 인정되는 범위 내에서 근로자의 동의 없이도 그 취업규칙의 변경이 유효하다는 취지로 판시하고 있다).

한 것이다.

사회통념상 합리성의 유무는 ① 취업규칙의 변경에 의해 근로자가 입게 되는 불이익 정도, ② 사용자측 변경필요성의 내용과 정도, ③ 변경 후의 취업규칙 내용의 상당성, ④ 대상조치 등을 포함한 다른 근로조건의 개선상황, ⑤ 노동조합 등과 교섭경위 및 노동조합이나 다른 근로자의 대응, ⑥ 동종사항에 관한 국내 일반적인 상황 등을 종합적으로 고려하여 판단하여야 한다.

나. 단체협약에 의한 사후 추인

사용자가 근로자들의 집단적 의사결정방법에 의한 동의 없이 취업규칙을 근로자에게 불리하게 변경한 후 노동조합과 체결한 새로운 단체협약에 따라 취업규칙을 재개정한 경우 그 취업규칙은 유효하다.[55]

또한, 정식 단체교섭이 아닌 노사협의회 합의사항을 서면으로 작성하여 노동조합과 사용자 쌍방의 대표자가 서명날인한 경우 단체협약으로 보아 이러한 단체협약에 의해 추인하거나,[56] 일부 근로자들에게 불이익한 변경 후에 설립 또는 불이익을 입는 근로자들이 전혀 가입되어 있지 않은 노동조합의 단체협약에 의한 추인도 가능하다.[57]

한편, 법원은 "노동조합이 취업규칙이 무효인 사정을 모른 채 단체협약 부칙에 협약에 명시되지 아니한 사항은 관행에 따르기로 한다고 규정한 것만으로 그 취업규칙을 추인한 것은 아니다."라고 하였으나, 그 이후에는 "이를 알았는지 관계없이 모든 근로자에게 효력이 미친다."[58]는 입장을 보이고 있다.

그러나 불이익 변경된 취업규칙의 효력은 과반수 노동조합 또는 과반수 근로자들의 집단적 동의가 적극적으로 인정되어야 하므로 소극적 태도만으로 추인을 인정하기는 어려울 것이다.

단순히 불이익 변경된 취업규칙에 관하여 근로자들이 이의를 제기하지 않은 경우,[59] 노동조합이나 직원들이 단체협약 체결 당시 시행하고 있던 보수규정이 유효

55) 대법원 1997.6.10 선고 95다34316 판결.
56) 대법원 2005.3.11 선고 2003다27429 판결.
57) 대법원 1995.4.21 선고 93다8870 판결.
58) 대법원 1997.8.22 선고 96다6967 판결; 2005.3.11 선고 2003다27429 판결.
59) 대법원 1994.5.24 선고 93다14493 판결.

하다고 여겼고, 그 보수규정에 의한 퇴직금을 받은 직원들로부터 이의가 없는 경우,[60] 종전보다 불리하게 보수규정이 개정되고, 그 내용이 신문지상을 통하여 보도되었음에도 근로자들이 명시적인 반대의사를 표시한 사실이 없는 경우에는[61] 근로자들의 묵시적 동의 내지 추인을 인정하기는 어렵다.

60) 대법원 1993.8.24 선고 93다17898 판결.
61) 대법원 1993.1.26 선고 92다49324 판결.

관련판례

① 취업규칙 일반

☞ **취업규칙은 일종의 법 규범이다.**

취업규칙은 근기법이 근로자의 지위를 보호 · 강화하여 그들의 기본적 생활을 보장 · 향상시키려는 목적의 일환으로 사용자에게 그 작성을 강제하고 이에 법 규범성을 부과한 것이다(대법원 1977.12.27 선고 77다1378 판결).

☞ **취업규칙의 작성 · 변경권은 사용자에게 있다.**

- 취업규칙의 작성 · 변경에 관한 권한은 원칙적으로 사용자에게 있으므로 사용자는 그 의사에 따라 취업규칙을 작성 · 변경할 수 있다(대법원 1992.12.22 선고 91다45165 전원합의체 판결).
- 취업규칙의 작성 · 변경에 관한 권한은 원칙적으로 사용자에게 있다(대법원 1994.12.23 선고 94누3001 판결).
- 취업규칙의 작성, 신고의무를 부담하는 사용자는 직장규율이나 근로조건의 결정 또는 실시 등 취업규칙의 내용을 이루는 사항에 관해서 실질적인 권한과 책임을 갖는 사용자를 말한다(대법원 1992.12.24 선고 92노2341 판결).

☞ **취업규칙의 효력이 발생되기 위해서는 근로자들에게 알리는 주지 절차가 필요하다.**

- 신설 또는 변경된 취업규칙의 효력이 생기기 위해서는 반드시 근기법에서 정한 방법에 의할 필요는 없지만, 적어도 법령의 공포에 준하는 절차로서 그것이 새로운 기업 내 규범인 것을 널리 종업원 일반으로 하여금 알게 하는 절차 즉, 어떠한 방법이든지 적당한 방법에 의한 주지가 필요하다 (대법원 2004.2.12 선고 2001다63599 판결).
- 참가인이 이와 같이 단체협약과 사규를 소속근로자들로 하여금 주지할 수 있도록 조치를 한 이상 이를 원고에게 별도로 고지하지 아니하였다거나 가사 원고가 실제로는 그 내용을 알지 못하였다고 하여도 원고는 그 무효를 주장하거나 그 적용을 거부할 수 없는 것이라고 할 것이다 (대법원 1992.6.23 선고 92누4253 판결).

☞ **취업규칙 시행 당시에 이미 퇴직한 직원에게까지 소급 적용되지 않는다.**

회사가 1988.7. 인사관리규정을 개정하여 일반직 직원의 정년을 만 55세로 변경(연장)하여 이를 시행해 오고 있는 사실은 인정할 수 있으나, 피고 회사의 인사관리규정과 같은 취업규칙은 이를 시행하고 있는 당시에 근무하고 있는 근로자에게만 적용되는 것이고, 취업규칙 시행 당시에 이미 퇴직한 직원에게까지 소급하여 적용되는 것은 아니라고 할 것이므로 원고의 위 주장도 이유 없다 (대법원 1991.4.9 선고 90다16245 판결).

☞ **퇴직 당시 유리하게 개정된 인사규정이 적용된다.**

퇴직 당시의 인사규정이 근로자에게 더 유리하게 개정되었다면, 당해 근로자의 해외연수비용상환의무를 면제받는 의무복무기간은 개정된 인사규정에 따라야 한다(대법원 1994.5.10 선고 93다30181 판결).

☞ **영업양도에 의해 근로관계가 포괄적으로 승계되는 경우 승계전 취업규칙이 더 유리하다면 기존의 취업규칙이 적용된다.**

영업양도 등에 의하여 근로계약관계가 포괄적으로 승계된 경우에는 근로자의 종전 근로계약상의 지위도 그대로 승계되는 것이므로, 승계 후의 퇴직금 규정이 승계 전의 퇴직금 규정보다 근로자에게 불리하다면 근로기준법 제95조 제1항 소정의 당해 근로자집단의 집단적인 의사결정 방법에 의한 동의 없이는 승계 후의 퇴직금 규정을 적용할 수 없는 것이다 (대법원 1991.9.24 선고 91다17542 판결; 2001.4.24 선고 99다9370 판결 등).

☞ **회사의 합병에 의해 근로관계가 포괄적으로 승계된 경우 특별히 정한 바가 없다면 퇴직금 관계는 종전의 내용으로 승계된 것으로 보아야 한다.**

회사의 합병에 의하여 근로관계가 승계되는 경우에는 종전의 근로계약상의 지위가 그대로 포괄적으로 승계되는 것이므로(해산회사의 퇴직금규정이 흡수회사의 퇴직금규정보다 근로자들에게 불리하다고 하더라도) 합병 당시 취업규칙의 개정이나 단체협약의 체결 등을 통하여 합병 후 근로자들의 근로관계의 내용을 단일화하기로 변경 · 조정하는 새로운 합의가 없는 한 합병 후 흡수회사는 해산회사에 근무하던 근로자들에 대한 퇴직금 관계에 관하여 종전과 같은 내용으로 승계하는 것이라고 보아야 한다 (대법원 2001.4.24 선고 99다9370 판결).

☞ **단협에 취업규칙 작성 등의 경우 노조의 동의 또는 상호 협의규정이 있다고 하더라도 취업규칙의 불이익 변경이 아닌 한 그러한 동의, 협의 절차를 거치지 않았더라도 작성, 변경된 취업규칙은 유효하다.**

단체협약에서 취업규칙의 작성 · 변경에 관하여 노동조합의 동의를 얻거나 노동조합과의 협의를 거치거나 그 의견을 듣도록 규정하고 있다 하더라도 원칙적으로 취업규칙상의 근로조건을 종전보다 근로자에게 불이익하게 변경하는 경우가 아닌 한 그러한 동의나 협의 또는 의견청취절차를 거치지 아니하고 취업규칙을 작성 · 변경하였다고 하여 그 취업규칙의 효력이 부정된다고 할 수 없다 (대법원 1994.12.23 선고 94누3001 판결; 1999.6.22 선고 98두6647 판결; 1999.11.12 선고 99다30743 판결).

② 취업규칙의 불이익 변경 여부의 판단

☞ **급여규정의 변경으로 불리하게 변경된 요소와 유리하게 변경된 요소가 있는 경우 제반 요소를 종합하여 취업규칙 개정의 유 · 불리를 판단해야 한다.**

취업규칙의 일부를 이루고 있는 급여규정 개정의 유 · 무효를 판단함에 있어서 우선 퇴직금 지급률이 전반적으로 인하되어 그 자체가 불리한 것이라고 하더라도 그 지급률의 인하와 함께 다른 요소가 유리하게 변경된 경우에는 그 대가관계나 연계성이 있는 제반 상황(유리하게 변경된 부분 포함)을 종합적으로 고려하여 과연 그 퇴직금에 관련한 개정 조항이 유리한 개정인지 불리한 개정인지를 밝혀서 그 유, 불리를 함께 판단하여야 할 것이다(대법원 2001.1.5 선고 99다70846 판결).

☞ **취업규칙 변경의 유 · 불리 판단의 기준 시점은 그 개정이 이루어진 시점이다**(대법원 2000.9.29 선고 99다45376 판결).

☞ 변경된 취업규칙에 의하여 근로자 상호간에 유 · 불리에 따른 이익이 충돌되는 경우에는 전체적으로 보아 근로자에게 불리한 것으로 취급하여야 한다(대법원 1997.8.26 선고 96다1726 판결).

☞ 정년제 규정의 신설은 근로자가 가지고 있는 기득의 권리나 이익을 박탈하는 불이익한 근로조건을 부과하는 것에 해당한다(대법원 1997.5.16 선고 96다2507 판결).

☞ 정부 방침에 의한 취업규칙의 일방적 불이익변경은 무효이다(대법원 1994.5.24 선고 93다14493 판결).

③ 불이익 변경 시 동의주체인 '근로자 과반수' 및 '근로자 과반수로 조직된 노동조합'의 의미

☞ 취업규칙의 작성 · 변경에 관한 권한은 원칙적으로 사용자에게 있으므로 사용자는 그 의사에 따라서 취업규칙을 작성 · 변경할 수 있고, 다만 취업규칙의 변경에 의하여 기존 근로조건의 내용을 일방적으로 근로자에게 불이익하게 변경하려면 종전 취업규칙의 적용을 받고 있던 근로자 집단의 집단적 의사결정방법에 의한 동의를 요하는 것인바, 그 동의방법은 근로자 과반수로 조직된 노동조합이 있는 경우에는 그 노동조합의, 그와 같은 노동조합이 없는 경우에는 근로자들의 회의방식에 의한 과반수의 동의가 있어야 하고, 여기서 말하는 근로자의 과반수라 함은 기존 취업규칙의 적용을 받는 근로자 집단의 과반수를 뜻한다(대법원 2008.2.29 선고 2007다85997 판결 등).

☞ 근로자의 과반수로 조직된 노동조합이란 기존 취업규칙의 적용을 받고 있던 근로자 중 조합원 자격 유무를 불문한 전체 근로자의 과반수로 조직된 노동조합을 의미하고, 종전 취업규칙의 적용을 받고 있던 근로자 중 조합원 자격을 가진 근로자의 과반수로 조직된 노동조합을 의미하는 것이 아니므로, 정년퇴직 연령을 단축하는 내용으로 취업규칙의 기존 퇴직규정을 변경하고 이에 관하여 기존 퇴직규정의 적용을 받던 근로자 전체의 과반수로 구성된 노동조합의 동의를 얻은 경우 그 취업규칙의 변경은 적법 · 유효하여 일정 직급 이상으로서 노동조합에 가입할 자격은 없지만 기존 퇴직규정의 적용을 받았던 근로자에게도 그 효력이 미친다(대법원 2008.2.29 선고 2007다85997 판결 등).

☞ **노조가입 대상 아닌 근로자의 근로조건 변경에 대한 노조의 동의권**

정년퇴직 연령을 단축하는 내용으로 취업규칙의 기존 퇴직규정을 변경하고 이에 관하여 기존 퇴직규정의 적용을 받던 근로자의 과반수로 구성된 노동조합의 동의를 얻은 경우 위 변경 개정은 적법 · 유효하므로, 일정 직급 이상으로서 노동조합에 가입할 자격은 없지만 기존 퇴직규정의 적용을 받았던 근로자에게도 그의 개별적 동의 여부와 관계없이 당연히 적용된다(대법원 2008.2.29 선고 2007다85997 판결).

☞ **이사회 결의 및 간부직원들의 동의 여부**

보수규정을 불이익하게 변경하면서 집단적 의사결정방법에 의한 동의 대신에 이사회의 결의와 간부 직원들의 동의를 얻은 경우, 이를 취업규칙의 불이익변경에 대한 근로자 측의 동의를 얻은 것으로 볼 수는 없다(대법원 1994.4.12 선고 92다20309 판결).

☞ **복수의 근로자 집단이 있는 경우 불이익변경 동의 주체**

여러 근로자 집단이 하나의 근로조건 체계 내에 있어 비록 취업규칙의 불이익변경 시점에는 일부 근로자 집단만이 직접적인 불이익을 받더라도 그 나머지 다른 근로자 집단에게도 장차 직급의 승급 등으로 변경된 취업규칙의 적용이 예상되는 경우에는 일부 근로자 집단은 물론 장래 변경된 취업규칙 규정의 적용이 예상되는 근로자 집단을 포함한 전체 근로자 집단이 동의주체가 되고, 그렇지 않고 근로조건이 이원화되어 있어 변경된 취업규칙이 적용되어 직접적으로 불이익을 받게 되는 근로자 집단 이외에 변경된 취업규칙의 적용이 예상되는 근로자 집단이 없는 경우에는 변경된 취업규칙이 적용되어 불이익을 받는 근로자 집단이 동의주체가 된다(대법원 2009.5.28 선고 2009두2238 판결).

☞ **집단적 의사결정방법에 의한 동의방식**

- 사업장이 전국에 산재하고, 직원 수가 많다 하더라도 취업규칙을 불이익하게 변경하기 위해서는 근로자집단의 동의가 필요하다(대법원 1995.7.11 선고 93다26168 판결).
- 다만 근로자가 여러 사업장에 분산되어 있는 등의 사정으로 회의가 불가능한 경우에는 근로자가 한시에 한자리에 집합하여 회의를 개최하는 방식만이 아니라, 한 사업장의 기구별 또는 단위부서별로 사용자 측의 간섭이나 개입이 배제된 상태에서 근로자 상호간에 의견을 교환하여 찬반의견을 집약한 후 이를 전체적으로 취합하는 방식도 허용 된다(대법원 1992.2.25 선고 91다25055 판결).
- 사용자 측의 간섭이나 개입이라 함은 사용자측이 근로자들의 자율적이고 집단적인 의사결정을 저해할 정도로 명시 또는 묵시적인 방법으로 동의를 강요하는 경우를 의미하고 사용자측이 단지 변경될 취업규칙의 내용을 근로자들에게 설명하고 홍보하는 데 그친 경우에는 사용자 측의 부당한 개입이나 간섭이 있었다고 볼 수 없다 (대법원 2003.11.14 선고 2001다18322 판결).

☞ **불이익하게 변경된 취업규칙의 신규채용 근로자에 대한 효력**

취업규칙의 작성, 변경의 권한은 원칙적으로 사용자에게 있으므로 사용자는 그 의사에 따라 취업규칙을 작성, 변경할 수 있고, 사용자가 취업규칙을 변경한 경우에 취업규칙의 변경이 기존의 근로자에게 불이익한지 여부를 불문하고 취업규칙의 변경은 유효하여 현행의 법규적 효력을 가진 취업규칙은 변경된 취업규칙이므로, 그 변경 후에 근로관계를 갖게 된 근로자에 대하여는 변경된 취업규칙이 적용된다고 할 것이다(대법원 1999.11.12 선고 99다30743 판결; 1996.4.26 선고 94다30638 판결; 1996.9.10 선고 96다3241 판결; 1996.9.10 선고 95다15414 판결).

☞ **취업규칙의 불이익 변경에서의 사회통념상 합리성의 판단**

취업규칙의 불이익 변경에서의 사회통념상 합리성의 유무는 취업규칙의 변경에 의하여 근로자가 입게 되는 불이익의 정도, 사용자측의 변경 필요성의 내용과 정도, 변경 후의 취업규칙내용의 상당성, 대상조치 등을 포함한 다른 근로조건의 개선상황, 노동조합 등과의 교섭 경위 및 노동조합이나 다른 근로자의 대응, 동종 사항에 관한 국내의 일반적인 상황 등을 종합적으로 고려하여 판단하여야 하며, 근로자집단의 동의를 대신할 만한 사회통념상의 합리성이 있는지를 판단함에 있어서는 개정 당시의 상황을 근거로 하여야 한다(대법원 2004.7.22 선고 2002다57362 판결; 2001.1.5 선고 99다70846 판결).

④ **집단적 동의 없이 불이익하게 변경된 취업규칙의 효력을 인정한 경우**

☞ 개정 인사규정이 포괄적 · 추상적으로 규정되어 있던 개정 전 인사규정의 징계사유와 징계종류를 세목화하여 상세히 규정한 것에 불과하다는 이유로 근로자에게 불이익하게 변경된 것이 아니다(대법원 1999.6.22 선고 98두6647 판결).

☞ 인사규정의 내용 중 면직사유의 하나로 금고 이상의 형의 선고유예를 받고 그 선고유예기간 중에 있는 자를 추가하여 변경 규정한 것은 취업규칙의 불이익한 변경이 아니다(대법원 1988.5.10 선고 87다카2853 판결).

☞ 무계출 또는 부득이한 사유가 없는 결근이 7일을 초과한 경우를 자연면직 사유로 하는 조항은 사회통례상 합리성이 있는 것으로 보기 어렵다(대법원 1989.5.9 선고 88다카4277 판결).

☞ 정년제 규정의 신설과 관련해서는 이를 사회의 일반 통례에서 벗어난 불합리한 제도가 아니라고 판단한 판례(대법원 1978.9.12 선고 78다1046 판결)와 근로자가 가지고 있는 기득의 권리나 이익을 박탈하는 불이익한 근로조건을 부과하는 것에 해당한다(대법원 1997.5.16 선고 96다2507 판결).

☞ 연구원의 퇴직금 지급에 있어 누진율이 지나치게 높아 특별상여금 등을 퇴직금 산정의 기초가 되는 기준급여에서 제외한 경우 사회통념상 합리성이 인정된다(대법원 2002.6.11 선고 2001다16722 판결).

⑤ **취업규칙과 단체협약과의 관계**

☞ 면직기준에 관하여 단체협약이 취업규칙보다 근로자에게 더 불리하게 개정된 경우, 취업규칙의 적용은 배제된다(대법원 2002.12.27 선고 2002두9063 판결).

☞ 사용자가 취업규칙에 단체협약 소정의 해고사유와 무관한 새로운 해고사유를 규정하는 것이 단체협약에 반하는 것은 아니다(대법원 1999.3.26 선고 98두4672 판결).

☞ 동일한 징계사유에 관하여 취업규칙은 단체협약에 저촉될 수 없는 것이므로 회사의 취업규칙에 '형사사건으로 기소되어 형의 선고를 받았을 때'와 '범법행위를 하여 형사상 소추를 받은 자'를 해고사유로 규정하고 있다고 할지라도 위와 같은 취업규칙상의 규정을 근거로 단체협약상의 '유죄판결'을 미확정 유죄판결도 포함하는 것으로 해석할 수는 없다(대법원 1997.7.25 선고 97다7066 판결).

☞ 단체협약에서 "해고에 관하여는 단체협약에 의하여야 하고 취업규칙에 의하여 해고할 수 없다"는 취지로 규정하거나 "단체협약에 정한 사유 외의 사유로는 근로자를 해고할 수 없다"고 규정하는 등 근로자를 해고함에 있어, 해고사유 등을 단체협약에 의하도록 명시적으로 규정하고 있거나 동일한 징계사유에 관하여 단체협약상의 규정과 취업규칙 등의 규정이 상호 저촉되는 경우에는, 사용자는 단체협약 소정의 징계사유에 의하여만 근로자를 징계할 수 있다(대법원 1995.2.14 선고 94누5069 판결).

☞ 단체협약상에 명문으로 징계규정을 별도로 제정하기로 한 경우라도, 사용자가 구체적인 징계규정의 내용을 정함에 있어 다시 노사간의 합의가 있어야 하는 것은 아니다(대법원 1994.9.30 선고 94다21337 판결).

제3절 근로계약의 체결

1. 의 의

근로계약이란 근로자가 사용자에게 근로를 제공하고 사용자는 이에 대해 임금지급을 목적으로 체결된 계약이다(근기법 §2①).

즉, 근로계약은 쌍무계약의 성질을 갖고 있기 때문에 사용자와 근로자는 서로에게 권리와 의무를 동시에 갖는다.

사용자는 근로자의 노동력을 이용할 수 있는 권리를 갖는 동시에 근로자에게 근로의 대가인 임금지급의무를 부담하며, 근로자는 사용자에게 노무제공의무를 부담하는 반면에 노무제공의 대가인 임금지급청구권을 취득하게 된다.

2. 근로계약의 서면 체결

근로기준법은 사용자는 근로계약을 체결할 때 근로자에게 ① 임금(구성항목 · 계산방법 · 지급방법), ② 소정근로시간, ③ 휴일, ④ 연차유급휴가 등을 서면으로 명시하고, 명시된 서면을 근로자에게 교부하도록 규정하고 있다(근기법 §17). 이를 위반하면 500만 원 이하의 벌금에 처함으로써(근기법 §114), 사실상 서면에 의한 근로계약 체결을 강제하고 있다.

법원은 묵시적으로 체결된 근로계약에 대하여 근로관계의 성립을 인정하는 입장이다.[62] 묵시적 의사표시는 사회통념상 그 행위와 태도에 근로계약 체결의 의사가 포함되어야만 채용의 의사표시로 인정하는 등 엄격하게 판단하기 때문에 근로계약 성립여부와 관련 당사자 간 분쟁소지가 있다.

특히, 묵시적 근로계약은 사용자가 해고 등 인사권을 행사하는데 있어서 서면에 의한 해고통지의무를 무시하거나 소홀히 하여 정당한 해고사유의 존재에도 관계없이 절차위반을 이유로 노동위원회 또는 법원으로부터 해고의 정당성을 인정받지 못하는 경우가 빈번하게 발생한다.

---

62) 대법원 1999.7.9 선고 97다58767 판결.

3. 근로조건의 명시 및 교부

사용자는 근로자와 근로계약을 체결할 때 아래와 같은 근로조건을 명시적으로 포함시켜야 하며(근기법 §17①), 그 중에서 임금(구성항목 · 계산방법 · 지급방법), 소정근로시간, 휴일, 연차유급휴가 등이 명시된 서면을 근로자에게 교부하여야 한다(근기법 §17②).

〈근로계약에 명시할 근로조건(근기법 §17)〉

① 임금(구성항목 · 계산방법 · 지급방법)
② 소정근로시간
③ 휴일(근기법 §55)
④ 연차유급휴가(근기법 §60)
⑤ 기타 근로조건(근기법 §8)
1. 취업장소 · 업무
2. 취업규칙 작성 · 신고(근기법 §93 제1호~제12호)
3. 기숙사 규칙에서 정한 사항
⑥ 취업규칙의 작성 · 신고(근기법 §93 제1호~제12호) 관련
1. 업무시작과 종료시각, 휴게시간, 휴일, 휴가 및 교대근로에 관한 사항
2. 임금결정 · 계산 · 지급 방법, 임금 산정기간 · 지급시기 및 승급사항
3. 가족수당의 계산 · 지급 방법에 관한 사항
4. 퇴직에 관한 사항
5. 「근로자퇴직급여 보장법」 제8조에 따른 퇴직금, 상여 및 최저임금에 관한 사항
6. 근로자의 식비, 작업 용품 등의 부담에 관한 사항
7. 근로자를 위한 교육시설에 관한 사항
8. 산전후휴가 · 육아휴직 등 여성 근로자의 모성 보호에 관한 사항
9. 안전과 보건에 관한 사항
10. 업무상과 업무 외의 재해부조(災害扶助)에 관한 사항
11. 표창과 제재에 관한 사항
12. 그 밖에 해당 사업 또는 사업장 근로자 전체에 적용될 사항

4. 근로계약의 기간

근로계약의 기간은 기간제법의 시행[63]에 따라 2007.7.1.부터 자유롭게 설정할 수 있다.

그동안 근로기준법에서 근로자의 퇴직할 자유가 부당하게 구속되는 것을 방지하기 위하여 "...기간의 정함이 없는 것과 사업완료에 필요한 기간을 정한 것을 제외하고 그 기간이 1년을 초과하지 못하도록 제한"하였으나, 기간제법은 기간제 근로자로 2년 이상 계속 근로하는 경우, 기간의 정함이 없는 근로계약으로 간주되기 때문에 기간제한의 필요성이 상실되어 2007.6.30. 폐지되었다(근기법 부칙 §3).

따라서 근로계약의 기간은 ① 근로계약 기간의 정함이 없는 경우, ② 일정한 사업완료에 필요한 기간을 정한 경우, ③ 기간제 2년 이내에서 일정기간을 정한 경우 등 3가지 유형이 존재한다.

〈근로계약 기간의 유형〉

① 근로계약 기간의 정함이 없는 경우
- 정년까지 근무할 것을 약정하는 계약

② 일정한 사업완료에 필요한 기간을 정한 경우
- 일반적으로 '한시적 근로계약'이라고 하며, 근로계약 기간의 만료일이 어느 정도 불확정적인 경우에도 가능
  (예: 건설공사 완료일을 확정할 수 없는 경우 "공사완료 때까지"로 기재)

③ 기간제 2년 이내에서 일정기간을 정한 경우
- '기간제 근로계약'이라고 함

5. 취업규칙의 근로계약 기능

근로계약은 당사자 일방의 청약과 승낙에 의해 성립하는 낙성계약이므로 근로계약의 내용은 근로자와 사용자가 개별적인 교섭에 의하여 확정하는 것이 원칙이다.

그러나 다수 근로자를 고용하고 있는 기업은 개개의 근로자들과 일일이 근로계약의 내용을 약정하기보다는 계약내용이 되는 근로조건 등을 취업규칙, 단체협약에 의해 정형화하여 집단적으로 규율하는 것이 일반적이다.

---

63) 「기간제 및 단시간 근로자 보호에 관한 법률(2007.7.1. 시행)」.

6. 근로기준법 위반의 효력

사용자와 근로자 사이의 근로계약은 사적자치 영역에 속하여 원칙적으로 근로계약의 내용은 당사자의 의사에 따라 결정하게 된다.

그러나 사회적 · 경제적으로 우월적 지위에 있는 사용자가 그 지위를 이용하여 불공정한 근로계약을 체결하는 것을 방지하기 위해 근로기준법에 위반되는 근로계약은 무효가 되고, 무효로 된 계약부분은 근로기준법의 기준에 따르도록 규정하고 있다(근기법 §15).

심층정리 연봉제와 노동관계법 적용

1. 개 념

연봉제는 임금의 전부 또는 상당부분을 근로자의 능력 · 실적 및 공헌도 등을 평가하여 연단위로 결정하는 제도이다. 연봉제는 기본연봉과 업적연봉의 배분에 따라 「단일연봉제(업적연봉)」, 「기본연봉+업적연봉」, 「기본연봉(직능급)+업적연봉」, 「기본연봉(직능급+직무급)+업적연봉」 등으로 구분된다.

2. 근로계약과의 관계

연봉제는 임금액이 매년 새롭게 결정되기 때문에 외형상으로는 해마다 새로운 근로계약이 체결되는 것과 유사하다. 그러나 연봉제 계약은 근로계약의 기간과 관계 없이 임금액의 산정을 연단위로 하여 그 금액을 매년 변경하는 것에 불과하다. 따라서 연봉제 실시와 별개로 기간의 정함이 있는 근로계약을 체결하지 않는 이상, 연봉계약 기간의 종료가 곧 바로 근로계약기간의 종료를 의미하는 것은 아니다.

또한, 사용자가 연봉제 규정과 합리적인 인사고과의 결과에 따라 연봉액을 책정하더라도 명시 또는 묵시적인 연봉계약 체결이 없는 한 그 효력은 없다. 다만, 규정 및 인사고과 결과에 따라 합리적으로 결정된 연봉금액에 대하여 근로자가 합리적인 이유 없이 연봉계약 체결을 거부하는 경우에는 사용자는 종전의 연봉계약의 유효기간이 만료된 이후 근로계약의 해지를 요구할 수 있을 것이다(근로기준팀-1115, 2005.11.11.)

3. 도입대상과 방법

가. 도입 대상

근기법상 근로자가 아닌 임원 등은 노동관계법의 제한을 받지 않으며, 노조법상 사용자에 해당되는 부장 등은 단체협약 적용대상이 아니므로 근로계약 또는 취업규칙으로 도입이 가능하다.

근로시간 등에 관한 규정의 적용이 제외되는 관리 · 감독자의 경우 근기법상 근로시간, 휴게 · 휴일에 관한 적용이 배제되므로 야간근로 가산수당만 발생한다.

연구업무 등 재량근로에 종사하는 자는 사용자와 근로자대표가 서면합의로 정한 시간이 근로시간으로 간주되므로 서면합의 내용에 따라 근로시간 등에 대한 규정이 적용된다.

나. 도입 방법

(1) 근로계약 체결

근로계약서에 연봉의 구성항목 · 계산방법 · 지급방법에 관한 사항이 서면으로 명시되어야 한다. 이러한 방법은 주로 취업규칙이 없는 사업장에서 활용되며, 취업규칙이나 단체협약이 있는 사업장에서는 연봉계약 내용이 취업규칙이나 단체협약보다 유리할 경우에 활용된다.

(2) 취업규칙 변경

연봉제가 기존 임금제도에 비해 근로자에게 유리한 경우에는 해당 사업장에 근로자의 과반수로 조직된 노동조합이 있으면 그 노동조합, 없는 경우에는 근로자의 과반수의 의견을 들으면 된다.

취업규칙이 불이익하게 변경되는 경우에는 연봉제가 일부 근로자에게 적용되더라도 근로자의 과반수로 조직된 노동조합, 과반수로 조직된 노동조합이 없으면 근로자의 과반수 동의를 얻어야 한다.

다만, 연봉제 적용대상이 되는 일부 근로자가 노동조합의 조직대상이 아닌 간부급에 한정되는 경우에는 해당 근로자의 과반수 동의와 과반수로 조직된 노동조합 또는 근로자의 과반수 의견을 청취하면 된다.

취업규칙 변경이 근로자에게 전체적으로 유리한지 불리한지를 객관적으로 평가하기 어렵고, 취업규칙 변경에 의하여 근로자 상호간에 이해충돌이 되면 불이익 변경에 준하여 판단한다.

(3) 단체협약 갱신

노동조합이 있는 사업장은 단체협약 변경을 통한 연봉제의 도입이 가능하다. 단체협약은 원칙적으로 조합원에 한해 적용되기 때문에 비조합원에게 적용하기 위해서는 별도 취업규칙 변경절차가 수반되어야 한다.

단체협약 갱신을 통한 연봉제 도입은 해당 사업장에 근로자 과반수로 조직된 노동조합이 있고, 그 적용대상이 조합원 근로자(일반적 구속력이 적용되는 경우 포함)인 경우에 유용하다.

(4) 노사협의회 협의

노사협의회가 구성된 상시 30인 이상 사업장은 노사협의회에서 연봉제 도입에 대한 협의가 가능하다. 다만, 노사협의회에서 의결하더라도 근로조건을 변경하는 직접적인 효력은 없으므로 취업규칙의 개정, 단체협약의 갱신 등이 수반되어야 한다. 노사협의회에서 의결한 것이 실질적으로 단체협약 체결의 요건을 갖춘 때에는 단체협약으로서의 효력이 발생한다.

또한, 노사협의회의 근로자위원이 근로자의 과반수로 조직된 노동조합이나 근로자의 과반수에 의해 동의권을 위임받은 경우에는 취업규칙의 불이익 변경에 대한 적법한 동의권을 가진다고 볼 수 있다.

4. 법정수당과 퇴직금

가. 법정수당

연봉제는 임금결정기간이 연단위이지만, 임금지급은 통화불, 전액불, 직접불 및 정기불원칙이 준수되어야 한다.

그리고 연장 · 야간 · 휴일근로 등에 대한 법정수당도 지급되어야 한다. 다만, 포괄임금제가 유효하게 도입되어 연봉액에 이러한 임금 및 가산수당이 포함되어 있는 것으로 볼 수 있다. 이러한 경우에도 미리 예정된 연장 · 야간 · 휴일근로를 초과하여 근로한 경우에는 임금 및 가산수당이 정산 · 지급되어야 한다.

나. 통상임금

기존에 지급되던 상여금과 각종 수당들이 통폐합되어 연봉액이 책정된 경우 통상임금이 증가하는 효과가 발생할 수 있으나, 개별적 임금항목이 통상임금이나 평균임금에 해당되는지 여부는 각 개별 임금항목이 갖는 성격에 따라 판단한다.

다. 퇴직금

퇴직금이란 퇴직으로 인하여 비로소 발생하는 것이므로 사용자와 근로자가 매월 지급받는 임금 속에 퇴직금이라는 명목으로 일정액을 지급하기로 약정하고 사용자가 이를 지급하였더라도 근기법상 퇴직금 지급으로서 효력은 없다(대법원 2002.7.12 선고 2002도2211 판결).

따라서 연봉제에서도 「근로자퇴직급여보장법」상 퇴직금 규정이 동일하게 적용된다. 다만, 연봉액에 퇴직금을 분할 지급하는 중간정산이 유효하게 이루어지기 위해서는 다음 요건이 충족되어야 한다.

① 연봉액에 포함될 퇴직금의 액수가 명확히 정해져 있어야 하며, 매월 지급받은 퇴직금 합계가 중간정산 시점을 기준으로 「근로자퇴직급여보장법」 제8조 제1항 규정에 의해 산정된 금액보다 적지 않아야 한다.

② 근로계약서 · 연봉계약서 이외에 퇴직금을 중간정산 받고자 하는 근로자의 별도 요구가 있어야 하며, 매월 분할하여 지급한다는 내용이 명확하게 포함되어 있어야 한다.

③ 중간정산 대상기간은 중간정산 시점을 기준으로 기왕에 계속 근로를 제공한 기간만 해당된다. 그러므로 1년 미만 근속 근로자는 법정 퇴직금 지급대상이 아니므로 중간정산 대상자가 아니다.

라. 연차유급휴가 미사용수당

연차유급휴가청구권은 근로자의 재직기간 및 출근률에 따라 결정된다. 또한, 연차유급휴가 미사용수당 청구권도 연차유급휴가의 사용여부에 따라 발생여부가 결정되며, 근로자의 휴가청구권이 소멸된 후 지급청구가 가능하다.

그러나 포괄임금제 형태로 당사자가 미리 소정의 근로제공을 전제로 연차유급휴가 미사용수당을 매월 임금액에 포함시켜 지급하는 것이 불가능한 것은 아니지만, 이 같이 연차유급휴가 미사용수당이 미리 지급되었다고 하더라도 근로자의 휴가청구권 자체가 없어지는 것은 아니며, 사용자는 근로자가 휴가를 청구하는 경우 이를 거부할 수 없다.

관련판례

① 근로계약의 성립을 인정하는 경우

☞ 보수액이 합의되지 않았어도 고용계약은 성립한다.

원고와 피고가 보수액에 관한 합의를 하지는 못하였으나, 고용계약의 체결을 전제로 하여 그 협의를 하였던 것이며, 피고가 비록 원고의 근무지 이탈보고에 따른 행정제재를 회피하기 위한 것이기는 하나, 병원에 출근하여 근무하면서 원고에게 성실히 근무하겠다는 취지의 각서를 제출하고, 원고도 이러한 피고의 근로제공을 수령하여 피고에게 그 급여를 제공하기까지 하였으며, 또한 기록에 의하면 피고는 위 병원에서 근무를 마친 다음, 원고에게 고용되어 근로를 제공하였음을 전제로 하여 원고를 상대로 위 근무기간 동안의 급료청구의 소를 제기하고 그 소송에서 강제조정이 성립되었음을 알 수 있는바, 이러한 사실관계에 비추어 볼 때 피고가 1993.11.17. 위 병원에 출근하여 노무를 제공하고 원고가 이를 수령함에 있어 그들 사이에 보수 지급의 약정이 있었다 할 것이고, 다만 그 액수에 관한 합의에 이르지 못하였을 뿐이라고 봄이 상당하므로 원고와 피고 사이에 고용계약은 성립되었다고 할 것이다(대법원 1999.7.9 선고 97다58767 판결).

☞ 노무도급도 실질적인 근로계약관계

건축공사의 일부분을 하도급받은 자가 구체적인 지휘 · 감독권을 유보한 채, 재료와 설비는 자신이 공급하면서 시공 부분만을 시공기술자에게 재하도급하는 경우와 같은 노무도급의 경우, 그 노무도급의 도급인과 수급인은 실질적으로 사용자와 피용자의 관계에 있다(대법원 1997.4.25 선고 96다53086 판결).

☞ 건설회사와 수급인 근로자 사이의 근로계약관계

회사가 근로자를 산업재해보험에 가입시키고, 일당의 형식으로 매월 2회씩 계속적으로 임금을 지급하여 왔으며, 공사에 필요한 제반장비 및 시설을 제공함은 물론 수급인을 통하여 작업을 지휘 · 감독하여 온 경우, 비록 회사와 근로자 사이에 수급인이 개재되어 있다 하더라도 근로자는 실질적으로 회사와 고용계약을 맺은 것으로서 그들 간에 종속적 · 계속적으로 근로자와 사용자의 관계에 있는 것으로 봄이 마땅하다(대법원 1986.8.19 선고 83다카657 판결).

☞ '소사장 기업' 형태에서 기존 기업과의 근로관계 인정

기존 기업 중 일부 생산부문의 인적 조직이 이른바 '소사장 기업'이라는 별개의 기업으로 분리된 경우 그 소사장 기업에 고용된 채 기존 기업의 사업장에서 기존 기업의 생산업무에 종사하는 자를 기존 기업의 근로자로 보기 위해서는, 그가 소속된 소사장 기업이 사업주로서 독자성이 없거나 독립성을 결여하여 기존 기업의 한 부서와 동일시할 수 있는 등 그 존재가 형식적, 명목적인 것에 지나지 아니하고, 사실상 당해 근로자는 기존 기업과 사용종속관계에 있다고 평가될 수 있어야 한다.

소사장 법인들은 사업주로서 독자성이 없거나 독립성이 결여되어 주식회사 A의 한 부서와 다를 바 없어 그 존재가 형식적, 명목적인 것에 지나지 아니하므로, 그 소속 근로자는 사실상 주식회사 A의 관리 · 감독 아래 주식회사 A에 근로를 제공하고 임금도 주식회사 A로부터 지급받는 사용종속관계에 있다고 보지 않을 수 없다(대법원 2002.11.26 선고 2002도649 판결).

☞ 사내하도급(하청)업체에 소속된 근로자들과 원(원청)사업체의 직접적인 근로관계 인정

원고용주에게 고용되어 제3자의 사업장에서 제3자의 업무에 종사하는 자를 제3자의 근로자라고 할 수 있으려면, 원고용주는 사업주로서의 독자성이 없거나 독립성을 결하여 제3자의 노무대행기관과 동일시 할 수 있는 등 그 존재가 형식적, 명목적인 것에 지나지 아니하고, 사실상 당해 피고용인은 제3자와 종속적인 관계에 있으며, 실질적으로 임금을 지급하는 자도 제3자이고, 또 근로제공의 상대방도 제3자이어서 당해 피고용인과 제3자간에 묵시적 근로계약관계가 성립되어 있다고 평가될 수 있어야 한다.

○○기업은 형식적으로는 피고 회사와 도급계약을 체결하고 소속 근로자들인 원고들로부터 노무를 제공받아 자신의 사업을 수행한 것과 같은 외관을 갖추었다고 하더라도, 실질적으로는 업무수행의 독자성이나, 사업경영의 독립성을 갖추지 못한 채, 피고 회사의 일개 사업부서로서 기능하거나, 노무대행기관의 역할을 수행하였을 뿐이고, 오히려 피고 회사(00조선)가 원고들로부터 종속적인 관계에서 근로를 제공받고, 임금을 포함한 제반 근로조건을 정하였다고 봄이 상당하므로, 원고들과 피고 회사 사이에는 직접 피고회사가 원고들을 채용한 것과 같은 묵시적인 근로계약관계가 성립되어 있었다고 보는 것이 옳다(대법원 2008.7.10 선고 2005다75088 판결).

② 근로계약의 성립을 부정하는 경우

☞ 아파트관리 위탁계약은 근로계약이 아니다.

아파트 입주자 대표자회의와 주택관리회사 사이에 체결된 위수탁관리 계약은, 그 계약서의 내용을 살펴보면, 기본적으로 아파트에 대한 관리업무를 주택관리회사에게 위탁하고, 주택관리회사는 수탁업무를 아파트 입주자의 비용부담 하에 그의 책임으로 그의 직원을 사용하여 수행하고 보수로서 평당 30원씩의 수탁비를 지급받기로 하는 내용의 약정으로서, 비록 그 계약서에 아파트관리기구의 조직과 인원에 대하여 아파트 입주자 대표자회의의 승인을 얻어야 하고, 각 직원의 임명, 직원의 급여와 퇴직급여의 지급, 관리비 부과 및 모든 경비의 지출에 있어 아파트 입주자 대표자회의의 동의 혹은 승인을 받아야 하며, 직원에 대한 아파트 입주자 대표자회의의 해임요구에 즉시 응하고, 매월 경비 집행과 자금관리에 관한 사항을 보고하여야 한다는 규정 등을 두고 있다고 하여도, 위 계약이 형식상의 위수탁관리계약에 불과하고 아파트 입주자 대표자회의가 실질적으로 아파트의 관리사무소에 근무하는 직원들에 대한 인사권, 업무지휘명령권 등을 행사한다는 내용의 것이라고 볼 수는 없다(대법원 1999.7.12 결정 99마628).

③ 근로계약 체결 시 근로조건 명시

☞ **시용기간의 적용과 근로조건의 명시**

취업규칙에 신규채용하는 근로자에 대한 시용기간의 적용을 선택적 사항으로 규정하고 있는 경우에는 그 근로자에 대하여 시용기간을 적용할 것인가의 여부를 근로계약에 명시하여야 하고, 만약 근로계약에 시용기간이 적용된다고 명시하지 아니한 경우에는 시용근로자가 아닌 정식 사원으로 채용되었다고 보아야 할 것이다(대법원 1999.11.12 선고 99다30743 판결).

☞ **근로조건 명시와 전직 · 전보명령**

근로자에 대한 전직이나 전보는 원칙적으로 사용자(인사권자)의 권한에 속하므로 업무상 필요한 범위 안에서는 상당한 재량을 사용자에게 인정하여야 할 것이나, 그것이 근로기준법 제27조(현행법 제23조)제1항 또는 제105조(삭제)에 위반하거나 권리남용에 해당하는 등 특별한 사정이 있는 경우에는 허용되지 않는다고 할 것이고, 또 근로계약상 근로의 장소가 특정되어 있는 경우에 이를 변경하는 전직이나 전보명령을 하려면 근로자의 동의가 있어야 한다(대법원 1992.1.21 선고 91누5204 판결.)

☞ **근로조건 명시와 전적(轉籍)**

근로기준법 제22조(현행법 제17조)와 같은 법 시행령 제7조(현행법 제8조) 제1호에 의하면 사용자는 근로계약 체결 시에 근로자에 대하여 임금, 근로시간, 취업의 장소와 종사하여야 할 업무에 관한 사항 등의 근로조건을 명시하도록 한 규정의 취지에 비추어 볼 때, 사용자가 기업그룹 내의 전적에 관하여 근로자의 포괄적인 사전 동의를 받는 경우에는 전적할 기업을 특정하고(복수기업이라도 좋다) 그 기업에서 종사하여야 할 업무에 관한 사항 등의 기본적인 근로조건을 명시하여 근로자의 동의를 얻어야 된다(대법원 1993.1.26 선고 92누8200 판결).

☞ **근로조건 명시와 포괄산정임금제**

근로기준법 제22조(현행법 제17조), 제46조 내지 제48조(현행법 제53조 내지 제55조) 등에 의하면 사용자는 근로계약 체결 시 근로자에 대하여 임금, 근로시간 기타의 근로조건을 명시하여야 하고, 임금은 기본임금 외에 시간외 근로, 야간 및 휴일근로 등에 따르는 각종 수당을 지급하도록 규정하고 있으므로 근로계약에 의하여 기본임금을 결정하고 이에 따르는 제 수당은 계산하여 합산하여야 함이 원칙이나, 근로시간 및 근로형태와 그 업무의 성질 등을 참작하여 근로자의 승낙 하에 제 수당을 미리 기본임금에 합산한 일정액을 월급여액으로 지급하는 내용의 계약을 체결하였다고 하더라도 단체협약이나 취업규칙에 비추어 근로자에게 불이익이 없고, 제반 사정에 비추어 정당하다고 인정될 때에는 그 계약은 유효하다고 할 것이다(대법원 1992.2.28 선고 91다30828 판결).

④ 취업규칙에 의한 근로계약 내용의 결정

☞ 근로계약은 낙성계약으로 청약에 따른 승낙으로 성립하므로 그 계약의 내용은 사용자와 근로자가 개별적인 교섭에 의하여 확정하는 것이 원칙이지만, 오늘날 다수의 근로자를 고용하고 있는 기업은 개개의 근로자들과 일일이 계약 내용을 약정하기보다는 근로계약의 내용이

되는 근로조건 등을 단체협약, 취업규칙에 정하여 근로관계를 정형화하고 집단적으로 규율하는 것이 보통이므로, 근로계약 체결 시 계약내용을 취업규칙의 내용과 달리 약정하는 등 특별한 사정이 없는 한 근로계약을 체결한 근로자와 사용자 사이에는 취업규칙에 정하는 바에 따라 근로관계가 성립한다고 할 것이다(대법원 1999.1.26 선고 97다53496 판결).

⑤ 근로계약상 근로자의 의무

☞ 고용계약상 피용자(근로자)의 의무와 책임

피고는 고용계약상의 피용자로서 사용자인 원고에게 그 지시명령에 따라 성실하게 노무를 제공하여야 할 의무를 부담하고, 그 의무의 불이행 내지 불완전한 이행 시에는 채무불이행으로 인한 손해배상책임을 부담한다(대법원 1999.7.9 선고 97다58767 판결).

☞ 근로제공의무를 이행하지 못하게 된 경우 정당성 요건

근로자가 근로계약에 의하여 사용자에게 부담하는 근로제공의무를 이행하지 못하게 된 경우 이를 정당화하기 위하여는 사용자의 사전 또는 사후의 승인을 요하고 근로자의 일방적 통지에 의하여 근로제공의무의 불이행이 정당화될 수는 없다(대법원 2002.12.27 선고 2002두9063 판결; 1997.4.25 선고 97다6926 판결; 1992.4.24 선고 91다17931 판결).

☞ 근로자의 성실의무와 명예훼손 금지의무

근로자는 사용자의 이익을 배려해야 할 근로계약상의 성실의무를 지고 있으므로 근로자가 직장의 내부사실을 외부에 공표하여 사용자의 비밀, 명예, 신용 등을 훼손하는 것은 징계사유가 되고, 구체적인 경우에 있어서 그 해당 여부는 공표된 내용과 그 진위, 그 행위에 이르게 된 경위와 목적, 공표방법 등에 비추어 판단할 것이다(대법원 1999.9.3 선고 97누2528, 2535 판결).

☞ 영업비밀 침해 금지와 정당성 요건

영업비밀 침해행위를 금지시키는 것은 침해행위자가 침해행위에 의하여 공정한 경쟁자보다 유리한 출발 내지 시간절약이라는 우월한 위치에서 부당하게 이익을 취하지 못하도록 하고, 영업비밀 보유자로 하여금 그러한 침해가 없었더라면 원래 있었을 위치로 되돌아갈 수 있게 하는 데에 그 목적이 있으므로 영업비밀 침해행위의 금지는 공정하고 자유로운 경쟁의 보장 및 인적 신뢰관계의 보호 등의 목적을 달성함에 필요한 시간적 범위 내로 제한되어야 하고, 그 범위를 정함에 있어서는 영업비밀인 기술정보의 내용과 난이도, 영업비밀 보유자의 기술정보 취득에 소요된 기간과 비용, 영업비밀의 유지에 기울인 노력과 방법, 침해자들이나 다른 공정한 경쟁자가 독자적인 개발이나 역설계와 같은 합법적인 방법에 의하여 그 기술정보를 취득하는 데 필요한 시간, 침해자가 종업원(퇴직한 경우 포함)인 경우에는 사용자와의 관계에서 그에 종속하여 근무하였던 기간, 담당 업무나 직책, 영업비밀에의 접근 정도, 영업비밀보호에 관한 내규나 약정, 종업원이었던 자의 생계 활동 및 직업선택의 자유와 영업활동의 자유, 지적재산권의 일종으로서 존속기간이 정해져 있는 특허권 등의 보호기간과의 비교, 기타 변론에 나타난 당사자의 인적 · 물적시설 등을 고려하여 합리적으로 결정하여야 한다(대법원 1998.2.13 선고 97다24528 판결).

☞ **사업장 밖에서의 성실의무**

시위 등이 비록 근로시간 외에 사업장 밖에서 이루어졌을지라도 근로자가 사용자의 이익을 배려해야 할 근로계약상의 성실의무는 거기까지도 미친다고 보아야 할 것이다(대법원 1994.12.22 선고 93다23152 판결).

⑥ 근로계약상 사용자의 의무

☞ **근로계약과 임금지급**

사용자는 근로자와의 사이에 일단 근로관계가 성립되면 근로의 대가로 임금을 지급하여야 한다는 것은 너무나도 당연한 의무라 할 것이다(대법원 1988.2.9 선고 87도2509 판결).

☞ **근로제공의 수령거부의 효력**

사용자는 특별한 사정이 없는 한 근로자와 사이에 근로계약의 체결을 통하여 자신의 업무지휘권 · 업무명령권의 행사와 조화를 이루는 범위 내에서 근로자가 근로제공을 통하여 이와 같이 참다운 인격의 발전을 도모함으로써 자신의 인격을 실현시킬 수 있도록 배려하여야 할 신의칙상의 의무를 부담한다고 할 것이다.

따라서 사용자가 근로자의 의사에 반하여 정당한 이유 없이 근로자의 근로제공을 계속적으로 거부하는 것은 이와 같은 근로자의 인격적 법익을 침해하는 것이 되어 사용자는 이로 인하여 근로자가 입게 되는 정신적 고통에 대하여 배상할 의무가 있다고 할 것이다(대법원 1996.4.23 선고 95다6823 판결).

☞ **사용자의 보호의무 위반 시의 책임**

사용자는 근로계약에 수반되는 신의칙상의 부수적 의무로서 피용자가 노무를 제공하는 과정에서 생명, 신체, 건강을 해치는 일이 없도록 인적 · 물적 환경을 정비하는 등 필요한 조치를 강구하여야 할 보호의무를 부담하고, 이러한 보호의무를 위반함으로써 피용자가 손해를 입은 경우 이를 배상할 책임이 있다(대법원 2001.7.27 선고 99다56734 판결; 2002.11.26 선고 2000다7301 판결).

⑦ 근로기준법에 위반되는 근로계약의 효력

☞ **근로기준법에 미달하는 근로계약의 효력**

근로기준법에 정한 기준에 달하지 못하는 근로조건을 정한 근로계약은 그 부분에 한하여 무효이므로 그것이 단체협약에 의한 것이라거나 근로자들의 승인을 받은 것이라고 하여 유효로 볼 수 없다(대법원 1990.12.21 선고 90다카24496 판결; 1993.5.27 선고 92다24509 판결).

☞ **상여금 등 임금채권 포기약정의 효력**

이미 구체적으로 그 지급청구권이 발생한 임금(상여금 포함)이나 퇴직금은 근로자의 사적 재산영역으로 옮겨져 근로자의 처분에 맡겨진 것이기 때문에 노동조합이 근로자들로부터 개별적인 동의나 수권을 받지 않는 이상, 사용자와 사이의 단체협약만으로 이에 대한 포기나 지급유예와 같은 처분행위를 할 수는 없다.

그러나 그 지급사유에 해당하는 일정기간의 근무를 시작하기 이전에 그에 따른 상여금을 지급하지 않기로 한 합의는 근로기준법에서 정하고 있는 임금의 통화지급, 직접지급, 전액지급, 정기지급 원칙에 위반된다고 볼 수 없다(대법원 2000.9.29 선고 99다67536 판결.)

☞ **퇴직금청구권 포기 약정의 효력**

퇴직금은 사용자가 일정기간을 계속근로하고 퇴직하는 근로자에게 그 계속근로에 대한 대가로서 지급하는 후불적 임금의 성질을 띤 금원으로서 구체적인 퇴직금청구권은 계속근로가 끝나는 퇴직이라는 사실을 요건으로 하여 발생되는 것인바, 최종 퇴직시 발생하는 퇴직금청구권을 사전에 포기하거나 사전에 그에 관한 민사상 소송을 제기하지 않겠다는 부제소특약을 하는 것은 강행법규인 구 근로기준법(1997.3.13. 법률 제5305호로 폐지되기 전의 법률)에 위반되어 무효이다(대법원 1998.3.27 선고 97다49732 판결).

제3장

채용단계와 정당성

제1절 총 설

근로자의 채용에서 퇴직까지 인사관리의 전 과정에 걸쳐 그 성패를 좌우하는 가장 중요한 요소는 사용자가 경영목적에 적합한 인재를 선발하여 적재적소에 배치하는 것이다.

채용과정을 살펴 보면, 사용자가 필요로 하는 인재를 널리 모집하고, 입사 지원자를 상대로 면접 등 전형절차를 거쳐 채용을 결정한다. 그리고 임금 · 근무부서 · 업무내용 등을 정하여 근로계약을 체결하며, 일정기간 동안 수습 또는 시용근로자로 사용한 후 정식직원으로 인사발령을 한다.

사용자가 채용단계에서 행사할 수 있는 인사권은 채용결정 후 '졸업의 실패', '건강악화' 등 사유에 의한 「채용내정 취소」, 시용근로자의 업무능력 부족이나, 근무태도 불량 등을 이유로 한 「시용 후 본채용 거절」, 그리고 사정변경에 따른 「근로계약 내용과 다른 업무부여 또는 근무배치」 등이 있다.

이 처럼 채용단계에서 행사하는 인사권의 경우에도 그 정당성을 갖추지 못하면 헌법상 보장된 근로자의 근로권을 침해할 수 있으므로 인사권의 종류에 따른 정당성 요건이 적법하게 충족되어야 한다.

인사권의 종류	정당성 요건	위반 효과
「채용내정 취소」	정당한 이유 존재	부당해고와 동일
「시용 후 본채용 거절」	합리적 이유 존재, 사회적 상당성 요구	부당해고와 동일
「근로계약 내용과 다른 업무 부여」	사정변경 등 합리적 이유 존재	근로자의 계약해지, 손해배상청구권

제2절 「채용내정 취소」와 정당성 요건

1. 의 의

채용내정이란 근로자를 정식으로 채용하기 전에 채용할 자를 미리 결정하는 것을 의미한다. 즉, 학교졸업예정자를 채용시험에 합격시키고, 졸업 후 채용한다는 의사표시를 하는 경우가 대표적이다.

사용자는 근로자에게 채용내정을 통보하였더라도 정식 근로자로서 채용의무가 발생하는 것이 아니고, 근로자가 기재한 경력 · 기간 · 나이 · 담당업무 등을 종합적으로 고려하여 정식채용 여부를 결정한다.

2. 법적 성격

채용내정은 민법상 취소권 또는 해약권을 사용자에게 유보한 특수한 계약관계이다.[64]

즉, 사용자가 정식 근로자로 채용하기까지 사이에 부적격자를 가려내어 채용을 취소할 수 있는 권리라고 할 수 있다.

채용내정자는 사용자가 통보한 근무개시일이 경과하면 유효한 근로계약관계가 성립되어 근로자의 지위를 갖게 되며, 사용자에게 임금지급의무가 발생한다.

3. 「채용내정 취소」와 해고와의 구분

「채용내정 취소」는 다음과 같은 점에서 해고와 구별되기 때문에 정당성 요건도 달리한다.

첫째, 「채용내정 취소」는 근로관계를 소급적으로 취소시켜 무효화하지만, 해고는 장래의 근로관계를 소멸시킨다. 둘째, 「채용내정 취소」는 채용일로부터 일정한 기간 내에서만 취소가 인정되고, 해고는 근로관계가 존속하면 언제든지 근로계약을 해지할 수 있다. 셋째, 채용취소 사유는 '졸업의 실패' 등과 같이 주로 근로계

64) 대법원 2000.11.28 선고 2000다51476 판결.

약 당시 존재하나, 해고사유는 대부분 근로계약 이후에 발생한다.

4. 정당성 요건

「채용내정 취소」는 해고와 달리 사용자에게 유보된 근로계약의 취소권 또는 해약권을 행사하는 것이므로, 해고절차를 따를 필요는 없으나, 채용내정을 취소하기 위해서는 정당한 사유가 존재하여야 한다.

즉, 확정된 근로자를 전제로 하는 징계해고나 정리해고와 다르기 때문에 징계해고의 절차, 서면에 의한 해고 통지(근기법 §27), 정리해고의 요건(근기법 §24) 등의 규정은 적용받지 않으며, 정식 근로자로 채용하기까지의 사이에 '졸업의 실패', '건강의 악화', '직무수행 능력의 부족', '중요경력의 허위기재' 등과 같은 사유가 존재하는 경우 채용내정 취소의 의사표시가 상대방에게 도달하면 정당성 요건을 갖추었다고 보아야 한다.

제3절 「시용 후 본채용 거절」과 정당성 요건

1. 의 의

시용이란 사용자가 정식채용하기 전에 근로자로서의 적격성 여부를 판단하기 위하여 일정기간 동안 시험적으로 사용하는 것을 말한다.

시용과 수습은 개념적으로 구별되지만, 실무에서 혼용하는 경우가 일반적이다. 좁은 의미의 수습은 근로자를 정식채용한 후 직업능력 또는 적응능력 등을 키우기 위한 것으로 근로자로서의 적정성 여부에 대한 평가가 없다는 것이 시용과 다르다.

2. 법적 성격

시용계약의 법적 성격은 근로자의 업무부적격을 이유로 시용관계를 해지할 수 있는 권리를 유보하고 있는 해약권유보부 근로계약이다.[65]

이러한 시용계약도 근로관계가 성립된 이상, 시용기간 중인 근로자를 해고하거나 시용 후 본채용 거절은 해고에 해당한다.

3. 정당성 요건

시용기간 중에 있는 근로자를 해고하거나 시용기간의 만료 시 본채용을 거절하는 것은 사용자에게 유보된 해약권 행사로서 징계절차는 적용되지 않지만, 이 경우에도 객관적으로 합리적인 이유가 존재하여야 한다. 다만, 시용기간 중에 있는 근로자의 해고와 시용 후 본채용 거절의 경우에는 그 정당성 요건에 있어서 차이가 있어야 타당하다.

---

65) 대법원 2006.2.24 선고 2002다62432 판결.

가. 합리적인 이유의 존재

시용기간 중에 있는 근로자를 해고하거나 시용기간이 만료된 근로자에 대한 본채용 거절은 사용자에게 유보된 해약권 행사로서, 근로자의 업무능력, 자질, 인품, 성실성 등 업무적격성을 관찰·판단하려는 시용제도의 목적에 비추어 보통의 해고보다 넓게 인정되지만, 객관적으로 합리적인 이유가 존재하여 사회통념상 상당하다고 인정되어야 한다.[66)]

시용 후 본채용 거절에 대한 합리적 이유는 기간제 근로자의 갱신거절에서의 합리적 이유와 유사한 형태로서, 시용근로자가 징계사유에 준하는 비위행위를 저질렀다거나, 직무수행능력 부족, 직무수행태도 불량, 긴박한 경영상의 필요성이 있는 경우 등에는 합리적 이유가 있다고 할 것이다.

나. 시용기간의 만료 시 결정

시용기간은 근로자의 적격성 판단에 필요한 최소한의 기간(통상 3개월 이내)에 한정되어야 하고, 채용 당시 예측하지 못한 질병이나 휴업사유의 발생 등 근로자의 적격성 여부를 평가할 수 없었던 특별한 사정이 없는 한 시용기간 연장 또는 갱신은 불가능하다.

따라서 시용 후 본채용 거절은 시용기간의 만료 시에 가능하며, 시용기간 중에 본채용을 거절하거나 시용기간을 일방적으로 단축하여 본채용을 거절하는 것은 부당해고에 해당한다.

다. 취업규칙에 필수사항 규정

취업규칙에 신규 채용근로자에 대하여 시용기간의 적용을 선택적 사항, 예를 들면 "회사는 필요한 경우에 3개월 이내의 시용기간을 둘 수 있다"고 규정되어 있는 경우에는 그 근로자에게 시용기간을 적용할지 여부를 근로계약에 명시하여야 한다. 만약 근로계약에 시용기간의 적용을 명시하지 아니하면 해당 근로자는 시용 근로자가 아닌 정식사원으로 채용된 것으로 보아야 한다.[67)]

---

66) 대법원 2006.2.24 선고 2002다62432 판결.

67) 대법원 1999.11.12 선고 99다30743 판결.

4. 채용내정 · 시용 · 수습의 구분

인사노무관리 실무에서는 채용내정, 시용과 수습에 대한 정확한 개념과 정당성 요건에 대한 이해가 부족하다. 특히, 시용과 수습의 경우 혼용하는 사례가 많으나, 법적 성격, 정당성 요건에 있어서 차이가 있기 때문에 구별해야 할 필요가 있다. 이를테면, 수습근로자는 정식 채용된 것이므로 그 기간을 단축하여 정식발령을 내는 것은 근로자에게 유리하므로 허용되나, 시용근로자는 시용기간의 만료 시 정식채용 여부를 결정하여야 하므로 그 기간을 단축하거나 변경하여 본채용을 거절하면 해고에 해당한다.

채용내정 · 시용 · 수습에 대하여 정리하면 다음과 같이 구분할 수 있다.

〈채용내정 · 시용 · 수습의 구분〉

구 분	채용내정	시 용	수 습
근로계약 성립	○	○	○
근로제공 여부	−	○	○
정식채용 여부	−	−	○
정식 채용의 적정성 평가	채용취소사유	○	−
정당성 요건	정당한 사유	합리적 이유	징계해고 요건

관련판례

① 채용내정과 취소

☞ **채용내정의 법적 성격**

- 대기업인 피고회사가 대학졸업예정자들을 상대로 신입사원을 모집하는 것은 근로계약 청약의 유인이라 볼 것이고, 피고회사가 신입사원 채용절차로써 정하고 요구하는 서류전형 및 면접절차에 원고가 응하는 것은 근로계약의 청약에 해당한다고 보아야 하며, 이에 따라 피고회사가 서류전형과 면접 및 신체검사를 거친 후 1997.11월경 원고에게 최종합격통지를 한 이른바 채용내정통지는 이로써 근로계약의 승낙의 의사표시를 한 것으로 보아야 할 것이다(대법원 2002.12.10 선고 2000다25910 판결).
- 신규 채용된 자들의 채용내정 시부터 정식발령일까지 사이에는 사용자에게 근로계약의 해약권이 유보되어 있다고 할 것이다(대법원 2000.11.28 선고 2000다51476 판결).
- 채용 내정된 근로자들이 채용내정의 취소에 관하여 일체의 법적 청구를 하지 않기로 합의했다 하더라도 입사예정일부터 채용내정이 취소될 때까지의 임금청구권은 해고와 관계없이 당연히 발생하는 권리이므로 위 임금청구권을 포기한 것으로 볼 수는 없다(대법원 2002.12.10 선고 2000다25910 판결).

☞ **채용내정 후 신규채용 취소통보는 실질적인 해고에 해당한다.**

피고회사가 1997.8월경 원고들을 포함한 대학졸업자 또는 졸업예정자들로부터 채용신청서류를 제출 받은 뒤 1997.9.29.경 서류전형 합격통보를, 1997.10.24.경 면접 합격통보를, 1997.11월경 최종합격통보를 각 한 사실, 1997.11.30. 열린 입사예정자 소집 간담회에서 신입사원 입사교육계획 일정과 늦어도 1998.4.6.까지는 모두 입사일이 지정되어 근무가 시작될 것임이 고지된 사실, 그 후 1997.11월경부터 IMF 구제금융을 받게 되는 경제위기가 도래하자 피고는 1997.12월경부터 시작될 예정이었던 입사교육을 연기하고 1998.2월경 당초의 입사 일정이 추후 별도로 결정될 것임을 알리는 안내문을 송부하였고, 1998.6.11.과 12일 개최된 신입사원간담회에서 마침내 신규채용의 취소를 통보한 사실 등을 인정한 후, 피고가 1997.11월경 원고들에게 최종합격통보를 해 줌으로써 원고들과 피고 사이에 근로계약관계가 유효하게 성립되어 늦어도 1998.4.6. 이후에는 원고들이 피고회사의 근로자가 되었다고 할 것이므로 그 후 피고가 원고들에게 한 신규채용의 취소통보는 실질적으로 해고에 해당한다(대법원 2000.11.28 선고 2000다51476 판결).

☞ **채용내정 취소와 손해배상책임**

학교법인이 원고를 사무직원 채용시험의 최종합격자로 결정하고 그 통지와 아울러 "1989.5.10.자로 발령하겠으니 제반 구비서류를 5.8.까지 제출하여 달라"는 통지를 하여 원고로 하여금 위 통지에 따라 제반 구비서류를 제출하게 한 후, 원고의 발령을 지체하고 여러 번 발령을 미루었으며, 그 때문에 원고는 위 학교법인이 1990.5.28. 원고를 직원으로 채용할 수 없다고 통지할 때까지 임용만 기다리면서 다른 일에 종사하지 못한 경우 이러한 결과가 발생한 원인이 위 학교법인이 자신이 경영하는 대학의 재정형편, 적정한 직원의 수, 1990년도 입학정원의 증감 여부 등 여러 사정을 참작하여 채용할 직원의 수를 헤아리고 그에 따라 적절한 수의 합격자 발표와 직원채용통지를 하여야 하는데도 이를 게을리 하였기 때문이라면 위 학교법인은 불법행위자로서 원고가 위 최종합격자 통지와 계속된 발령 약속을 신뢰하여 직원으로 채용되기를 기대하면서 다른 취직의 기회를 포기함으로써 입은 손해를 배상할 책임이 있다(대법원 1993.9.10 선고 92다42897 판결).

② 시용계약과 본채용 거절

☞ 시용계약의 법적 성격

시용(試用)기간 중에 있는 근로자를 해고하거나 시용기간 만료 시 본계약(本契約)의 체결을 거부하는 것은 사용자에게 유보된 해약권의 행사이다(대법원 2006.2.24 선고 2002다62432 판결).

☞ 시용계약의 법적 성격과 본채용 거절의 정당성 요건

- 시용(試用)기간 중에 있는 근로자를 해고하거나 시용기간 만료 시 본계약(本契約)의 체결을 거부하는 것은 사용자에게 유보된 해약권의 행사로서, 당해 근로자의 업무능력, 자질, 인품, 성실성 등 업무적격성을 관찰 · 판단하려는 시용제도의 취지 · 목적에 비추어 볼 때 보통의 해고보다는 넓게 인정되나, 이 경우에도 객관적으로 합리적인 이유가 존재하여 사회통념상 상당하다고 인정되어야 한다(대법원 2006.2.24 선고 2002다62432 판결).
- 원고가 피고 회사의 정식기사로 취업하기 위하여 구비서류를 제출하고 피고 회사의 단체협약과 취업규칙이 정한 수습기간 내의 기간 중 일당제 대무운전기사로 근무하여 온 것이라면 원고와 피고 회사 사이의 근로관계를 단순히 일용근로계약관계가 반복적으로 발생한 것이라고 할 수는 없고, 시용기간 중에 업무부적격성 등 별다른 취업장애 사유가 발견되지 아니하면 정식기사로 채용하기로 하는, 근로기준법의 적용을 받는 계속적 근로계약관계가 성립된 것이라고 보아야 할 것이다. 그러한 경우 시용제도의 목적에 비추어 볼 때 정식채용 여부는 통상의 근로자에 대한 해고와 동일한 기준에 따라야 한다고 볼 수는 없는 것이어서 합리적인 이유가 존재하면 피고 회사는 정식채용을 거절할 수 있다고 해석할 것이다(대법원 1994.1.11 선고 92다44695 판결.)

☞ 시용기간의 적용요건

- 취업규칙 중 시용기간의 적용에 관한 규정이 근로자에 대한 시용기간의 적용을 선택적 사항으로 규정하고 있으므로 근로자를 신규채용 하는 경우에는 그 근로자에 대하여 시용기간을 적용할 것인가의 여부를 근로계약에 명시하여야 한다(대법원 1991.11.26 선고 90다4914 판결).
- 취업규칙에 신규 채용하는 근로자에 대한 시용기간의 적용을 선택적 사항으로 규정하고 있는 경우에는 그 근로자에 대하여 시용기간을 적용할 것인가의 여부를 근로계약에 명시하여야 하고, 만약 근로계약에 시용기간이 적용된다고 명시하지 아니한 경우에는 시용근로자가 아닌 정식 사원으로 채용되었다고 보아야 할 것이다(대법원 1999.11.12 선고 99다30743 판결).

제4절 「근로계약내용과 다른 업무부여」와 정당성 요건

1. 의 의

사용자가 근로자와 근로계약을 체결하고, 실제로 근로자에게 업무부여 등의 인사권을 행사함에 있어서는 근로계약에 명시한 근로조건(임금, 근로시간 · 장소, 기타 근로조건)의 내용과 달리하는 것을 말한다.

예를 들면, 사무직으로 모집 · 채용한 근로자를 생산직에 발령하거나, 근로계약서에 근무장소가 서울 본사로 되어 있는 근로자를 부산공장으로 발령하는 경우, 그리고 근로계약을 채결할 때 결정한 임금을 기술부족 등을 이유로 낮추어 지급하는 경우가 있다.

2. 법적 성격

근로자는 근로계약에 명시된 근로조건이 사실과 다를 경우 근로조건의 위반을 이유로 손해배상청구와 즉시 근로계약을 해제할 수 있으며, 손해배상청구는 노동위원회에 신청한다(근기법 §19). 이 처럼 노동위원회에 손배배상신청권을 부여한 것은 근로계약관계의 구속에서 벗어나기 어려운 근로자의 입장을 고려하여 강제근로를 방지하고 근로자를 신속히 구제하려는데 그 취지가 있다.

한편, 근로자의 손해배상청구권은 계약상 채무불이행으로 인한 손해배상청구권을 확인하는 의미를 갖고 있으며, 근로계약상 원래 채권과 동일성을 유지하면서 그 내용만 변경되는 것이다.[68)]

3. 정당성 요건

근로자의 손해배상청구는 사용자가 근로계약에 명시한 근로조건을 위반하여 근로자에게 손해를 입힌 사실이 전제되어야 하고, 근로계약상 원래 채권은 동일성을 유지하면서 그 내용만 변경되는 것이므로, 「근로계약과 다른 업무부여 등」이 인사권을 행사하는데 있어서는 근로자의 동의가 있어야 그 정당성을 인정받을 수 있다.

---

68) 대법원 1997.10.10 선고 97누5732 판결.

관련판례

☞ **노동위원회에 대한 손해배상청구의 요건**

근로자가 노동위원회에 구 근로기준법 제23조(현행법 제19조) 소정의 손해배상청구를 하려면 사용자가 근로자와 근로계약 체결 시 근로자에 대하여 명시한 근로조건(임금, 근로시간, 기타의 근로조건)을 위반하여 근로자에게 손해를 입힌 사실을 전제로 하여야 하는 것이다(대법원 1989.2.28 선고 87누496 판결).

☞ **명시된 근로조건 위반 시 손해배상청구권의 법적 성격**

구 근로기준법(1996.12.31. 법률 제5245호로 개정되기 전의 것) 제23조(현행법 제19조) 제1항이 규정하는 손해배상청구권은 근로계약상의 채무불이행으로 인한 손해배상청구권을 확인하는 의미를 가지는 것이고, 계약상 채무불이행으로 인한 손해배상채권은 원래의 채권과 그 동일성을 유지하면서 그 내용만 변경된 것이다(대법원 1997.10.10 선고 97누5732 판결).

☞ **명시된 근로조건 위반 시 손해배상청구권의 취지 및 소멸시효기간**

구 근로기준법(1996.12.31. 법률 제5245호로 개정되기 전의 것) 제22조(현행법 제17조), 제23조(현행법 제19조)의 규정 취지는 근로계약 체결 시에 사용자가 명시한 근로조건이 근로계약 체결 후에 사실과 다른 것을 알게 되었음에도 근로계약관계의 구속에서 벗어나기 어려운 근로자의 입장을 고려하여 취업 초기에 근로자가 원하지 않는 근로를 강제당하는 폐단을 방지하고 근로자를 신속히 구제하려는 데에 있는 것이라 할 것이므로 같은 법 제23조에 정한 계약의 즉시해제권은 취업 후 상당한 기간이 지나면 행사할 수 없다고 해석되며, 같은 손해배상청구권의 소멸시효 기간은 위와 같은 법 규정의 취지와 규정 내용 등에 비추어 근로조건의 내용 여부를 묻지 않고 같은 법 제41조(현행법 제49조)에 정한 임금채권에 준하여 3년이라고 보아야 한다(대법원 1997.10.10 선고 97누5732 판결).

제4장 이동배치와 정당성

제1절 총 설

사용자는 업무의 효율성 제고, 조직변경, 직장질서의 유지 · 회복, 근로자 간의 인화도모 등 기업의 합리적 운영을 위하여 근로자의 근무장소, 업무내용, 직책 등을 변경할 수 있다.

인사권은 사용자의 권한에 속하므로 업무상 필요한 범위 안에서 상당한 재량권이 인정되는 것이 원칙이나, 인사권 행사로 인한 근로자의 불이익 정도에 따라 그 정당성 요건을 달리한다.

제4장 이동배치와 정당성에서는 사내 이동배치와 사외 이동배치로 분류하고, 근로조건의 변경 정도가 가벼운 이동배치에서 무거운 이동배치의 순서로 살펴보기로 한다.

사내 이동배치는 업무상 필요에 따라 사업장 내에서 근로자의 근무장소, 업무내용 · 직책 등을 변경하는 것으로 ① 동일직종 · 동일사업장에서의 이동 배치하는 전배, ② 간부직원의 업무를 변경하는 전보, ③ 다른 지역의 사업장으로 이동배치하는 전근, ④ 다른 직종으로 업무전환하는 전직이 있다.

사외 이동배치는 소속 근로자를 일정기간 다른 사용자의 사업장에 근무하게 하거나 영구적으로 다른 사용자의 근로자로 소속을 변경하는 것으로 ① 계열사 등으로 소속을 변경하는 전적, ② 복귀를 전제로 일정기간 관련 사업체로 소속을 변경하는 전출, ③ 소속 변경없이 일정기간 관련 사업체에서 근무하는 파견 등이 있다.

제2절 사내 이동배치와 정당성 요건

사내 이동배치는 업무상 필요에 따라 사업장 내에서 근로자의 근무장소, 업무 내용 · 직책 등을 변경하는 것을 말한다. 사내 이동배치는 전배, 전보, 전근, 전직 등 4가지 종류가 있다.

1. 전 배

가. 의 의

전배(轉配)란 사업장 내에서 직종의 변경 없이 부서간 또는 부서내 이동배치하는 것을 말하며, 배치전환이라고도 한다.

나. 사 례

제조업은 한울타리 내에 있는 제1공장에서 제2공장으로, 생산1과에서 2과로, 생산1과 A반에서 B반으로 배치하는 경우, 택시업이나 버스업은 고정차량을 바꾸어 배차하는 경우 등이 있다.

다. 정당성 요건

전배 또는 배치전환은 그 업무성격이나 업무장소의 변동이 없으므로 사내 이동배치 중에서 사용자의 재량권이 가장 넓게 인정되는 인사권이라 할 것이다. 따라서 업무상 필요성만 인정된다면 권리남용에 해당하는 등 특별한 사정이 없는 한 정당한 인사조치로 인정받을 수 있다.[69]

---

69) 대법원 1995.8.11 선고 95다10778 판결.

2. 전 근

가. 의 의

전근(轉勤)이란 직종 변경은 없으나 지역을 달리하는 사업장으로 이동배치하는 것을 말한다.

여기서 "지역을 달리하는 사업장"이라 함은 이동배치로 인해 생활권이 달라지거나 동일 생활권이라고 하더라도 출퇴근 시간 · 비용이 달라지는 등 근로자의 생활상 불이익이 초래될 정도의 거리에 있는 사업장을 말한다.

나. 사 례

서울영업소에서 부산영업소로 발령하는 것과 같이 생활권이 달라지는 경우가 전형적인 사례이다. 동일 생활권이라고 하더라도 지하철을 이용할 때에 30분 이내 출퇴근할 수 있었으나, 전근으로 인해 100분 이상 소요되고, 교통비도 추가되는 경우이다.

다. 정당성 요건

전근은 근무장소의 변경으로 근로자에게 불이익이 초래될 수 있으므로 업무상 필요성 외에 근로자와 성실한 협의를 필요로 한다.

또한, 업무상 필요성이 전근으로 인하여 근로자가 감내해야 할 생활상 불이익보다 커야 하며, 근로계약에 근무장소가 특정되어 있는 경우에는 해당 근로자의 동의가 요구된다.[70)]

---

70) 대법원 1997.7.22 선고 97다18165 판결.

3. 전 직

가. 의 의

전직(轉職)이란 동일한 기업 내에서 근로자의 근로계약상 지위(근로의 종류, 장소)를 장기간에 걸쳐 변동시키는 인사권을 의미한다.[71)]

"다른 직종의 업무"인지 여부에 대해서는 사업체의 규모, 사업의 종류 등에 따라 그 기준이 다를 수 있으므로 근로계약과 취업규칙에 의해 정한 내용, 사업체의 인사관행 등을 기준으로 판단하여야 한다.

근로계약에 직종이 특정되어 있다면 그 직종과 다른 직종으로 업무를 부여하는 경우 전직에 해당하며, 직종이 특정되어 있지 아니한 경우에는 취업규칙과 인사관행 등을 종합하여 판단한다.

나. 사 례

근로계약에 직종이 특정되어 있으나, 취업규칙에 직종에 관한 규정이 없는 경우 생산직에서 영업직으로, 영업직에서 사무직으로, 운전직에서 정비직으로 이동배치 하는 것이 전형적인 사례이다.

근로계약에 특정직군으로 정해 놓았거나 직종을 특정하지 아니하고, 취업규칙에 직군을 분류해서 직군 내에서의 이동을 원칙으로 하고 있는 경우에는 직군을 달리하여 배치하는 것이 전직에 해당될 수 있다.

다. 정당성 요건

전직은 업무성격과 내용의 변경을 가져오는 것이므로 중요한 근로조건 변동에 해당되어, 업무상 필요성과 근로자의 생활상 불이익을 비교 · 교량하여야 하며, 원칙적으로 근로자의 동의가 필요하다.[72)]

그러나 근로계약에 직종이 특정되어 있지 아니하고, 취업규칙과 인사관행에 따라 직종 · 직군 간 순환배치해 왔다면 해당 근로자와 성실한 협의만으로 가능하다.

---

71) 대법원 2000.4.11 선고 99두2963 판결.
72) 대법원 1992.1.21 선고 91누5204 판결.

4. 전 보

가. 의 의

전보(轉補)란 대규모 사업장에서 간부 또는 직책이 부여된 근로자에게 기존 직책과 동일한 수준의 다른 직책을 부여하는 것을 말한다. 그러나, 실무상으로는 전배 · 전근 · 전직을 포괄하는 의미로 사용된다.

나. 사 례

본래적 의미로서의 전보는 생산1과장에서 생산2과장, 인사과장에서 총무과장으로 이동배치하는 것을 들 수 있다.

다. 정당성 요건

본래적 의미의 전보는 간부사원들에게 국한되므로 배치전환과 유사한 수준으로 사용자의 재량권이 넓게 인정된다. 따라서 업무상 필요성이 있고, 사회적 타당성이 인정된다면 정당한 인사권 행사로 인정받을 수 있다.

전보 등에 있어서 근로자 본인과 성실한 협의절차를 거쳤는지 여부는 정당한 인사권의 행사인지 여부를 판단하는 하나의 요소라고 할 수 있으나, 그러한 절차를 거치지 아니하였다는 사정만으로 전보 등이 권리남용에 해당하여 당연히 무효가 된다고 할 수 없다.[73)]

다만, 경력 근로자를 간부사원으로 채용하면서 근로계약에 특정한 직책을 명시한 경우에는 해당근로자의 동의가 필요하다.

---

73) 대법원 1995.10.13 선고 94다52928 판결.

관련판례

① **업무상 필요성**

☞ 근로자측 사유: 상사의 지시거부 및 동료 근로자와의 불화 등을 해결하기 위한 경우는 전보의 필요성이 인정된다(대법원 1994.5.10 선고 93다47677 판결).

☞ 사용자측 사유: 사업장 이전이 불가피한 경우(대법원 1991.7.12 선고 91다12752 판결), 그리고 기술혁신, 적자누적 및 업무외주 등으로 인력을 감축해야 할 경우, 경영사정 변화로 인하여 근로자의 담당 업무가 소멸하거나 소속 부서가 없어지게 된 경우, 경영상 해고회피 노력의 일환인 경우 등은 전보의 필요성이 인정된다(대법원 2004.11.26 선고 2002두7715 판결).

② **생활상 불이익**

☞ 생활상 불이익은 통근의 소요시간, 노동 강도, 임금 차이 등 근로조건상의 불이익은 물론, 주거생활 수준이나 가족 · 사회생활 등 근로조건 이외의 불이익도 포함되고, 나아가 정신적 요소도 고려대상이다(서울고법 2005.9.2 선고 2004누11581 판결).

☞ 교통 · 자녀교육 · 부부생활 등에서 생활상 불이익이 있고 서울에서 제주로 전보할 필요성이 인정되지 않는 경우 부당전보에 해당한다(대법원 1997.12.12 선고 94다36316 판결).

☞ 장기간 거주하던 지역에서 노모를 부양하며 자녀를 중 · 고등학교에 보내고 본인도 대학에 다니는 근로자를 다른 지역으로 전직하더라도, 업무상 필요성이 있고 숙소 및 근무수당과 식사의 제공, 대외호칭의 상향조정 등 불이익 감소를 위한 배려를 한 경우에는 정당한 전보에 해당한다(대법원 1997.7.22 선고 97다18165 판결).

③ **업무상 필요성과 근로자의 생활상 불이익의 비교 · 교량**

☞ 근로자에 대한 전보나 전직은 원칙적으로 인사권자인 사용자의 권한에 속하므로 업무상 필요한 범위 내에서 사용자는 상당한 재량을 가지며 그것이 근로기준법 등에 위반되거나 권리남용에 해당되는 등의 특별한 사정이 없는 한 무효라고 할 수 없고, 전보처분 등이 권리남용에 해당하는지의 여부는 전보처분 등의 업무상의 필요성과 전보 등에 따른 근로자의 생활상의 불이익을 비교 · 교량하고 근로자 측과의 협의 등 그 전보처분 등의 과정에서 신의칙상 요구되는 절차를 거쳤는지 여부를 종합적으로 고려하여 결정하여야 할 것이다(대법원 1996.4.12 선고 95누7130 판결; 1996.12.20 선고 95누18345 판결; 2000.4.11 선고 99두2963 판결 등).

☞ 업무상 필요성이 있는 이상, 전보명령에 근로자의 동의를 필요로 한다고 할 수 없고, 또한 전보명령의 업무상 필요성과 근로자가 그로 인하여 입게 되는 생활상의 불이익을 비교 · 교량하여 보더라도 근로자가 입게 되는 위와 같은 생활상의 불이익이 사회통념상 통상의 전보에 따르는 정도를 현저히 넘어서 근로자가 이를 감당하는 것이 부당하다고 볼 수 없다면, 전보명령이 권리남용에 해당한다고 할 수 없다(대법원 1995.8.11 선고 95다10778 판결; 1996.12.2 선고 95누18345판결).

☞ 직장질서의 유지나 회복, 근로자간의 인화 등 기업의 합리적인 운영을 위한 전보나 전직도 업무상의 필요성이 있다(대법원 1999.9.3 선고 97누2528, 2535 판결).

④ 본인과의 성실한 협의는 전보처분의 유효요건이 아니다.

☞ 전보처분 등을 함에 있어서 근로자 본인과 성실한 협의절차를 거쳤는지 여부는 정당한 인사권의 행사인지 여부를 판단하는 하나의 요소라고 할 수 있으나, 그러한 절차를 거치지 아니하였다는 사정만으로 전보처분 등이 권리남용에 해당하여 당연히 무효가 된다고는 할 수 없다(대법원 1995.10.13 선고 94다52928 판결; 1997.7.22 선고 97다18165, 97다18172 판결).

⑤ 전보 · 전직에 있어서 근로자의 동의

☞ **근로계약에서 근로의 종류나 내용, 근무장소 등을 특정한 경우 근로자의 동의**

근로자에 대한 전직이나 전보는 원칙적으로 사용자(인사권자)의 권한에 속하므로 업무상 필요한 범위 안에서는 상당한 재량을 사용자에게 인정하여야 할 것이나, 근로계약상 근로의 장소가 특정되어 있는 경우에 이를 변경하는 전직이나 전보명령을 하려면 근로자의 동의가 있어야 한다(대법원 1992.1.21 선고 91누5204 판결).

☞ 근로계약상 근로의 종류나 내용, 근무장소 등을 특별히 한정하고 있는 경우 전보는 근로계약의 변경에 해당하므로 당해 근로자의 동의가 있어야 한다(대법원 2010.6.10 선고 2010다972 판결).

☞ **단체협약과 인사이동의 한계**

회사의 운전기사들 전원이 입사 시 단체협약 및 취업규칙을 준수할 것을 서약하였고, 단체협약에 의하면 조합원의 제반 인사문제는 회사의 전권사항으로 되어 있고, 취업규칙에 의하면 회사는 업무상 필요에 따라 사원에게 이동보직을 명할 수 있고 담당직무를 변경할 수 있으며, 위 명령을 받은 자는 지체 없이 이를 이행하도록 되어 있다고 하더라도 그와 같은 사정만으로는 전직처분에 관하여 포괄적으로 동의를 한 것으로 볼 수는 없다(대법원 1994.6.28 선고 93누22463 판결).

⑥ 기타 사내 이동배치의 정당성

☞ 근로자에 대한 전출명령이 무효가 아니라면 근로자로서는 이에 따라야 할 의무가 있다. 그 전출명령에 따른 부임을 거부하는 근로자를 해고한 것을 무효라고 할 수 없다(대법원 1991.9.24 선고 90다12366 판결).

☞ 전직명령이 정당한 이상 근로자가 이에 불응하여 장기간에 걸쳐 계속 결근한 것은 위 단체협약 소정의 해고사유인 "무계결근 7일 이상 계속하거나 통산 1월에 무계결근 10일 이상 결근한 자"에 해당한다(대법원 1996.4.12 선고 95누7130 판결).

☞ 상당한 기간 동안 유능한 기자로 활동한 근로자들을 사전 동의나 협의 없이 일반직으로 전직 발령한 것은 부당하다(대법원 2000.4.11 선고 99두2963 판결).

☞ 근로자는 약제과장에서 약사로 보직이 변경되어 직무와 정년 등에서 현저한 불이익을 받는 반면에 경영 혁신의 차원에서 그 정년을 단축하려고 하였다는 주장만으로는 그 처분을 하여야

할 업무상의 필요성이 있었다고 인정하기 어렵다(대법원 1998.1.20 선고 97다29417 판결).

⑦ 사내이동과 부당노동행위

☞ 근로자의 승진이 사용자의 부당노동행위 의사에 의하여 이루어진 것인지의 여부는 승진의 시기와 조합활동과의 관련성, 업무상 필요성, 능력의 적격성과 인선의 합리성 등의 유무와 당해 근로자의 승진이 조합활동에 미치는 영향 등 제반 사정을 고려하여 판단하여야 한다(대법원 1998.12.23 선고 97누18035 판결).

☞ 근로자에 대한 회사의 전보명령이 업무상의 필요에 의한 것으로서 그로 인한 생활상의 불이익이 근로자가 통상 감수하여야 할 범위를 크게 벗어난 것이라고 할 수 없는 이상, 부당노동행위에 해당하지 않는다(대법원 1996.12.20 선고 95누18345 판결).

☞ 전출명령이 조합업무의 효과적인 수행 등 경영상의 필요에 의한 정당한 인사권의 행사라기보다는 근로자가 회사의 노조 탈퇴 권유에 불응하면서 노동조합에 계속 가입하고 있는 것을 혐오하여 그에 대한 보복조치로서 이루어졌다면, 이는 부당노동행위에 해당한다(대법원 1993.2.23 선고 92누11121 판결).

☞ 전보처분이 업무상 필요에 따른 것으로서 노동조합활동에 대한 보복조치가 아니고, 당해 근로자의 조합간부 임명사실을 통지받지 못한 사용자로서는, 조합간부에 대한 인사는 조합과 사전합의하여 결정한다는 단체협약에 의한 절차를 거칠 필요가 없는 점 등에 비추어 위 전보처분에는 정당한 이유가 있다(대법원 1992.5.22 선고 91다22100 판결).

제3절 사외 이동배치와 정당성 요건

사외 이동배치는 소속 근로자를 일정기간 다른 사용자의 사업장에 근무하게 하거나 영구적으로 다른 사용자의 근로자로 소속을 변경하는 것을 말한다. 사외 이동배치는 전적, 전출, 파견 등 3가지 종류가 있다.

1. 전 적

가. 의 의

전적(轉籍)은 원래 소속기업과의 근로계약관계를 종료하고 다른 기업에서 새로운 근로계약을 체결하여 그 업무에 근무하는 것을 말한다. 즉, 전적은 다른 기업으로 옮겨 그 기업의 업무에 종사하게 하는 것으로서, 종래에 종사하던 기업과의 사이에 근로계약을 합의해지하고 이적하게 될 기업과 새로운 근로계약을 체결하거나 근로계약상 사용자의 지위를 양도하는 것이다.[74)]

나. 사 례

전적은 원래 기업과의 근로계약를 합의해지하거나 전적기업과의 근로계약을 새로이 체결 또는 근로계약상 사용자 지위의 양도를 통해 이루어지며, 주로 기업집단에서 계열사 간에 행해진다.

다. 정당성 요건

전적은 사용자의 변경이 있게 되므로 근로계약의 일신전속성(민법 §657)에 비추어 해당 근로자의 동의가 있어야 한다. 다만, 다른 계열기업으로 근로자를 전적시키는 관행이 있고, 그와 같은 관행이 기업 내에서 사실상 제도로 확립되어 있어 근로계약의 내용을 이루는 것으로 인정되는 경우 근로자의 구체적인 동의를 얻지

74) 대법원 1996.4.26 선고 95누1972 판결.

아니하고, 다른 계열기업으로 전적시킬 수 있다.[75)]

유효한 전적이 이루어진 경우 특별한 사정이 없는 한 해당 근로자의 종전기업과의 근로관계는 단절되는 것이 원칙이다. 그러나 당사자 사이에 종전기업과의 근로관계를 승계한다는 특약이 있거나 이적하게 될 기업의 취업규칙 등에 종전기업에서의 근속기간을 통산하도록 하는 규정이 있는 경우에는 이적기업이 해당 근로자의 종전 기업과의 근로관계를 승계하게 된다.[76)]

2. 전 출

가. 의 의

전출(轉出)이란 일정기간 동안 원래의 소속기업과의 근로계약관계를 종료하고 다른 기업과 새로운 근로계약을 체결하여 그 기업업무에 종사하다가 원래기업으로 복귀하는 조건의 이동배치이다.

전출은 그 성격상 복귀 조건부 전적이라고 할 수 있으나, 일반적으로 전적에 포함되는 개념으로 본다.

나. 사 례

전출은 주로 다른 기업으로부터 새로운 기술을 도입하거나 다른 기업에 전수하는 과정에서 발생한다.

국내법인 소속의 근로자가 개성공단에 파견되어 현지법인에 소속되어 근무하다가 국내 법인으로 복귀하는 경우를 예로 들 수 있다.

또 다른 사례로는 사용자가 사업의 일부분을 일정기간동안 제3자에게 임대하는 것을 들 수 있는데, 이 경우 근로자는 임대기간 동안 임차인 소속으로 변경되었다가 임대기간이 만료되면 원 소속으로 복귀하게 된다.

---

75) 대법원 1996.5.10 선고 95다42270 판결.
76) 대법원 1996.5.10 선고 95다42270 판결.

다. 정당성 요건

전출도 전적과 같이 사용자, 근무장소 등 근로조건의 중대한 변경을 초래하므로 해당 근로자의 동의가 있어야 한다.

따라서 근로자의 동의나 자의에 의한 것이 아니라, 회사의 경영방침에 따라 모회사에서 자회사로, 다시 자회사에서 모회사로 전출되는 경우에는 퇴직금을 지급받았더라도 계속 근로관계는 단절되지 않는다.[77]

3. 파 견

가. 의 의

파견(派遣)이란 원래의 소속기업에 적을 두고 소속기업에서 임금을 받으며 일정기간 동안 다른 기업의 업무에 종사하다 다시 원래의 기업으로 복귀하는 소선의 이동배치이다.

일정기간 동안 다른 기업에 근로를 제공한다는 점에서 전출과 같으나, 소속을 원래기업으로 한다는 점이 다르다. 또한, 근로자가 소속된 기업이 파견을 목적으로 하는 업체가 아니라는 점에서 파견법상 파견과는 다르다.

나. 사 례

파견은 기계류 등 새로운 제품을 출시한 기업이 이를 구매한 기업에게 그 기계 작동과 관련한 기술지도를 위하여 소속 근로자를 제품을 구매한 기업에서 근무하게 하는 것을 예로 들 수 있다.

다. 정당성 요건

파견은 근무장소의 변경, 소속이 다른 근로자들과 근무하게 되는 등 근무환경에 변화를 가져오는 것이므로 해당 근로자와의 성실한 협의 또는 근로계약에 근무장소가 특정되어 있는 경우에는 동의가 필요하다.

77) 대법원 1997.3.28 선고 95다51397 판결.

관련판례

① **전적의 의미**

☞ 전적은 근로자를 그가 고용된 기업으로부터 다른 기업으로 적을 옮겨 다른 기업의 업무에 종사하게 하는 것으로서, 종래에 종사하던 기업과 근로자 사이의 근로계약을 합의 해지하고 이적하게 될 기업과 근로자 사이에 새로운 근로계약을 체결하는 것이거나 근로계약상의 사용자의 지위를 양도하는 것이다(대법원 1996.4.26 선고 95누1972 판결).

② **전적의 유효요건으로서의 근로자의 동의**

☞ 동일기업 내의 인사이동인 전근이나 전보와 달리, 전적은 원칙적으로 근로자의 동의를 얻어야 효력이 생기는 것이다.
구 근로기준법 제22조(현행법 제17조)와 같은 법 시행령 제7조(현행법 제8조) 제1호에 의하면 사용자는 근로계약 체결 시에 근로자에 대하여 임금, 근로시간, 취업의 장소와 종사하여야 할 업무에 관한 사항 등의 근로조건을 명시하도록 한 규정의 취지에 비추어 볼 때, 사용자가 기업그룹 내의 전적에 관하여 근로자의 포괄적인 사전동의를 받는 경우에는 전적할 기업을 특정하고(복수기업이라도 좋다) 그 기업에서 종사하여야 할 업무에 관한 사항 등의 기본적인 근로조건을 명시하여 근로자의 동의를 얻어야 된다(대법원 1993.1.26 선고 92누8200 판결).

☞ 전적은 동일기업 내의 인사이동인 전근이나 전보와 달리, 사용자가 근로자의 동의를 얻지 아니하고 다른 회사로 전적시키는 관행이 있어서 그 관행이 근로계약의 내용을 이루고 있다는 등의 특별한 사정이 없는 한 근로자의 동의를 얻어야 효력이 생기는 것이다(대법원 1996.4.26 선고 95누1972 판결).

☞ 근로자를 그가 고용된 기업으로부터 별개의 기업체인 다른 기업으로 적(籍)을 옮겨 그 다른 기업의 업무에 종사하게 하는 전적(轉籍)은 원칙적으로 근로자의 동의를 얻어야 효력이 생기는 것이고, 다만 다양한 업종과 업태를 가진 계열기업들이 자본, 임원의 구성, 영업활동 등에 있어서 어느 정도 밀접한 관련성을 갖고 경제활동을 전개하는 기업그룹 내의 계열기업 사이의 전적에 있어서는, 미리 전적할 계열기업을 특정하고 그 기업에서 종사하여야 할 업무에 관한 사항 등의 기본적인 근로조건을 명시하여 사전동의를 얻은 경우나, 기업그룹 내에서 근로자의 동의를 얻지 아니하고 다른 계열기업으로 근로자를 전적시키는 관행이 있어서 그와 같은 관행이 기업 내에서 일반적으로 근로관계를 규율하는 규범적 사실로 명확하게 승인되거나 기업의 구성원이 일반적으로 아무런 이의를 제기하지 아니한 사실로 명확하게 승인되거나 기업의 구성원이 일반적으로 아무런 이의를 제기하지 아니한 채 당연한 것으로 받아들여 기업 내에서 사실상의 제도로 확립되어 있어 근로계약의 내용을 이루는 것으로 인정되는 경우 처럼, 특별한 사정이 있는 경우에 한하여 근로자의 구체적인 동의를 얻지 아니하더라도 근로자를 다른 계열기업으로 유효하게 전적시킬 수 있다 할 것이다(대법원 1996.5.10 선고 95다42270 판결; 1996.12.23 선고 95다29970 판결).

③ **전적의 효과(근로관계의 승계여부)**

☞ 전적은 종전 기업과의 근로관계를 합의해지하고 이적하게 될 기업과의 사이에 새로운 근로계약을 체결하는 것이므로 유효한 전적이 이루어진 경우에 있어서는 당사자 사이에 종전 기업과의 근로관계를 승계하기로 하는 특약이 있거나 이적하게 될 기업의 취업규칙 등에 종전 기업에서의 근속기간을 통산하도록 하는 규정이 있는 등의 특별한 사정이 없는 한 당해 근로자의 종전 기업과의 근로관계는 단절되는 것이고, 이적하게 될 기업이 당해 근로자의 종전 기업과의 근로관계를 승계하는 것은 아니라 할 것이다(대법원 1996.5.10 선고 95다42270 판결).

☞ 그룹 내 다른 계열사로의 전적을 명하면서 종전 기업에서의 근속연수만을 기초로 하여 산정한 퇴직금을 수령할 것인지 또는 그 퇴직금을 이적하게 될 기업으로 이체, 적립하여 근속기간의 통산을 받을 것인지를 근로자에게 선택하도록 하였는데 근로자가 자의에 의하여 퇴직금을 수령하는 쪽을 선택한 경우, 근로자의 종전 기업에서의 퇴직은 근로자의 자유로운 의사에 의하여 결정된 것으로서 그 종전 기업에서의 근로관계는 퇴직금 수령으로 종결되고 달리 특별한 사정이 없는 한 전적 후 기업으로 승계되어 계속된다고 보기 어렵다(대법원 1996.12.23 선고 95다29970 판결).

☞ 유효한 전적이 이루어진 경우에 있어서는 당해 근로자의 종전 기업과의 근로관계는 단절되고 이적하게 될 기업이 당해 근로자의 종전 기업과의 근로관계를 승계하는 것은 아님이 원칙이나, 당사자 사이에 종전 기업과의 근로관계를 승계하기로 하는 특약이 있거나 이적하게 될 기업의 취업규칙 등에 종전 기업에서의 근속기간을 통산하도록 하는 규정이 있는 등의 특별한 사정이 있는 경우에는 당해 근로자의 종전 기업과의 근로관계는 단절되지 않고 이적하게 될 기업이 당해 근로자의 종전 기업과의 근로관계를 승계한다(대법원 1997.12.26 선고 97다17575 판결).

④ **전출의 효과 (근로관계의 계속여부)**

☞ 근로자의 자의에 의한 종전회사와의 근로관계가 단절되는 경우가 아닌, 회사의 일방적인 방침에 의한 전출의 경우 종전 기업과의 근로관계가 단절되지 않는다.
근로자가 모회사로부터 자회사로, 다시 자회사로부터 모회사로 전출되는 경우에 근로자가 자의에 의하여 계속근로관계를 단절할 의사로써 모회사 또는 자회사에 사직서를 제출하고 퇴직금을 지급받은 다음 자회사 또는 모회사에 다시 입사하였다면 전자와의 근로관계는 일단 단절될 것이지만, 그것이 근로자의 자의에 의한 것이 아니라 모회사의 경영방침에 의한 일방적인 결정에 따라 퇴직과 재입사의 형식을 거친 것에 불과하다면 이러한 형식을 거쳐서 퇴직금을 지급받았더라도 근로자에게 근로관계를 단절할 의사가 있었다 할 수 없고 따라서 계속근로관계도 단절되지 않는다고 할 것이다(대법원 1997.3.28 선고 95다51397 판결).

제5장 징계권 행사와 정당성

제1절 총 설

1. 의 의

징계란 사용자가 기업질서를 유지하고 경영목적에 부합하는 근로제공을 받기 위하여 근로자의 기업질서 문란행위, 불성실 근로 등으로 인한 경영상 장애에 대하여 근로자에게 불이익을 주는 인사권의 행사이다.

징계는 징계사유와 징계절차를 규범화시켜서 행사하는 제도화된 불이익처분이라는 점에서 징계 이외의 불이익처분과 구별된다. 그러나 징계 이외의 불이익처분도 불이익이라는 측면에서는 징계와 동일하며, 오히려 징계에 비해 절차적 신중성을 기대하기 어렵기 때문에 징계보다 더 불리할 수 있으므로 실질적 징계라 할 수 있다.

2. 징계권의 법적 성격

인사권은 사용자의 고유권한이며, 징계권도 그 인사권 범위에 속하는 권한으로서 기업운영 또는 근로계약의 본질상 사용자에게 인정되는 권한이다.[78]

이 같이 징계권은 기업질서를 유지할 목적으로 근로자들의 기업질서 위반행위에 대하여 책임을 묻는 질서벌로서, 사업의 효율적 운영을 위해 불리한 인사처분을 행사하는 것이기 때문에 인사권에 포함된다.

3. 정당성 판단기준

노동위원회나 법원은 해고 등 사용자의 인사권을 판단함에 있어서 근로기준법 등과 같은 법령, 관련 판례, 민 · 형법상 일반원칙, 취업규칙 · 단체협약, 근로계약 및 노사관행 등을 정당성 판단기준으로 삼고 있다.

근로기준법 제23조 제1항에는 사용자의 인사권 행사에 대하여 '정당한 이유'를 요구하고 있다. 이는 사용자의 해고 등 인사상 불이익처분으로부터 근로자를

78) 대법원 2000.9.29 선고 99두10902 판결.

보호하기 위한 일반조항으로서의 정당성 판단기준이다.

여기서 '정당한 이유'란 구체적 · 개별적 · 직접적인 사정이 있는 사용자의 업무상 필요성, 즉 실체적 정당성뿐만 아니라 법령 해석에 따라 인정되는 절차적 정당성도 인정되어야 한다는 것을 의미한다.

같은 조 제2항(해고의 시기제한)에는, 근로자가 업무상 부상 또는 질병 요양으로 휴업한 기간과 그 후 30일 또는 산전 · 후(産前 · 後) 여성의 휴업기간과 그 후 30일 동안은 해고하지 못하도록 해고시기를 제한하고 있고, 같은 법 제24조(경영상 이유에 의한 해고제한)에는, 긴박한 경영상의 필요성 · 해고회피의 노력 · 합리적이고 공정한 해고기준의 설정 · 근로자대표와 50일 전 협의를 하도록 경영상 해고요건을 엄격히 규정하고 있다. 특히, 같은 법 제27조(해고사유 등의 서면통지)에는 해고사유와 해고시기를 서면으로 통지하여야만 해고의 효력을 인정하는 절차적 정당성을 담보하기 위한 특별규정을 두고 있다.

따라서 사용자는 징계권을 행사하는데 있어서 근로기준법 등을 비롯한 관련법령과 판례, 사법상 일반원칙, 취업규칙 · 단체협약, 근로계약 및 노사관행 등에 의한 정당성 판단기준을 준수함으로써 그 정당성이 담보될 수 있다. 다만, 취업규칙의 작성 · 신고의무가 없는 상시 10인 미만 근로자를 사용하는 사업장의 경우에는 민법의 권리행사에 관한 일반원칙에 따라 근로자들의 직장질서 위반행위에 대한 징계권을 행사할 수 있을 것이다.

제2절 징계처분의 절차

징계권 행사에 대한 일반적인 절차는 아래와 같다. 사실관계의 확인이 필요한 경우와 사실관계가 명백한 경우에 따라 절차를 진행하여야 한다.

〈징계처분의 절차도〉

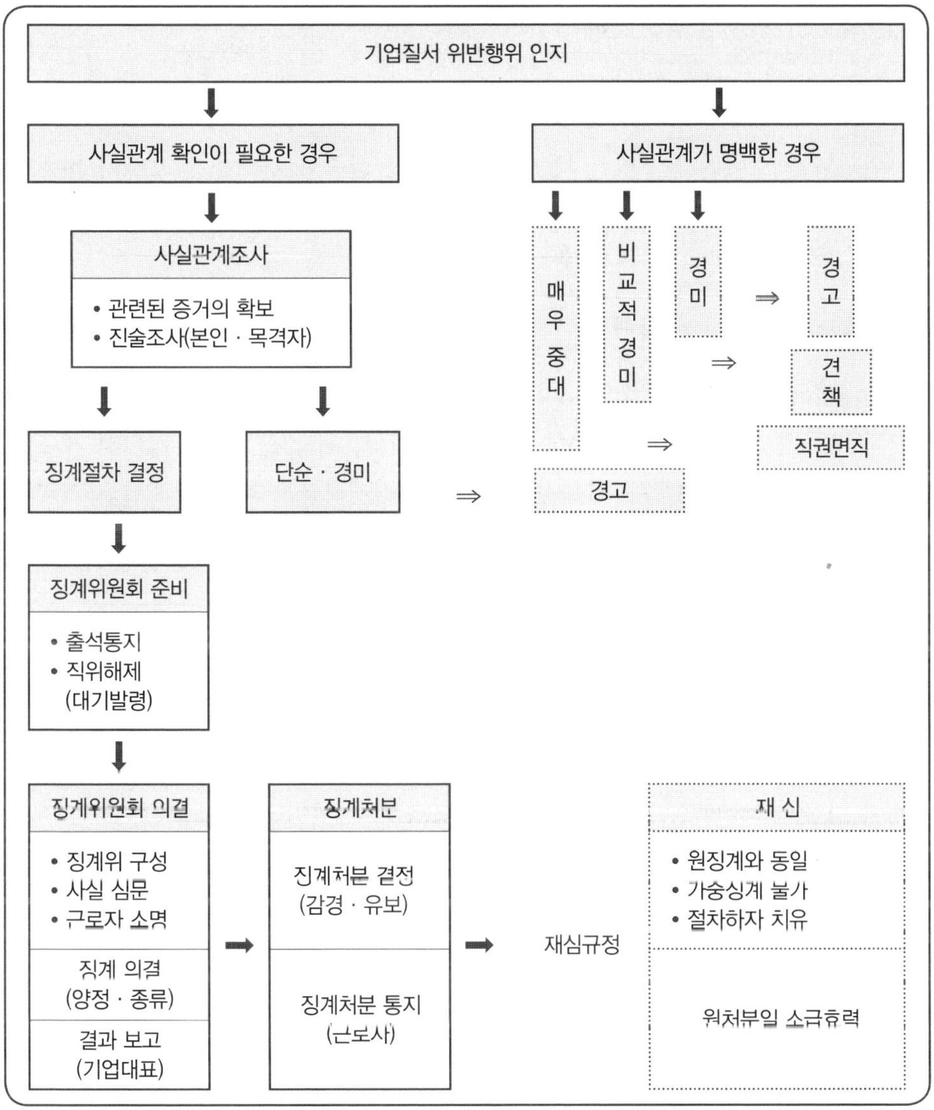

1. 비위행위의 인지

근로자의 기업질서 위반 비위행위란 근로자가 근로계약, 취업규칙 등을 위반하여 기업질서를 훼손 또는 경영상 손실을 초래하는 것을 말한다. 이러한 비위행위를 발견하거나 알게 되었을 경우에는 그 사실에 대한 추가적인 사실관계를 확인하여야 할지 여부를 결정하여야 한다.

가. 사실관계가 명백한 경우

(1) 경미한 비위행위

비위행위가 경미한 경우에는 해당 근로자에게 엄중한 경고를 함으로써 비위행위의 중단과 재발방지를 촉구한다. 서면에 의한 경고는 다른 비위행위에 대한 징계 시 참작자료로 활용할 수 있다.

(2) 비교적 경미한 비위행위

비위행위가 비교적 경미한 경우에는 해당 근로자에 대하여 경위서를 작성하여 제출하도록 하고, 서면으로 엄중히 경고한다. 만약, 해당 근로자가 경위서 제출을 거부하는 경우에는 '정당한 업무지시 거부' 를 징계사유로 하여 징계위원회에 회부할 수 있다.

(3) 매우 중대한 비위행위

비위행위가 매우 중대한 경우에는 취업규칙의 직권면직 사유에 해당 하는지 여부를 판단하여 직권면직을 할 수 있다. 그러나 취업규칙에 직권면직 규정이 없거나 직권면직 사유에 해당하지 아니한 경우에는 징계절차 규정에 따라 징계처분을 하여야 한다.

나. 사실관계 확인이 필요한 경우

근로자의 비위행위에 대하여 사실관계가 명백하게 증명되지 아니하면 증거확보 또는 해당 근로자나 목격자 등을 상대로 사실조사를 진행한다.

2. 사실관계의 조사

비위행위에 대한 조사는 그 내용과 성격에 따라 사실규명에 효과적인 방법을 선택해야 한다. 조사방법에는 공개조사와 비공개조사, 직접조사와 간접조사 등이 있다.

가. 공개조사와 비공개 조사

공개조사는 근무 중 폭행, 업무지시 거부, 무단결근 등과 같이 그 비위행위가 외부로 드러난 경우에 실시한다.

먼저 근로자가 소속된 부서에서 목격자 진술과 증거를 수집한 후 인사부서에서 관련자들을 상대로 진술조서를 작성한다.

비공개 조사는 업무상 배임 · 횡령 또는 성희롱 혐의 등과 같이 은밀한 조사를 통하여 혐의사실을 확보할 필요가 있는 경우에 실시한다.

인사부서 또는 감사부서에서는 제보자의 진술을 확보하고, 그와 관련된 증거자료의 수집, 관련자에 대한 진술조서 작성, 그리고 최종적으로 해당 근로자를 상대로 진술조서를 작성하는 방법으로 진행한다.

나. 직접조사와 간접조사

직접조사는 비위행위 근로자를 상대로 하여 증거자료 수집 및 제보자, 업무상 해당 근로자와 관련이 있거나 피해자 또는 목격자 등에 대하여 조사하는 것을 말한다. 직접조사는 해당 근로자가 비위사실을 스스로 인정하여야 한다는 한계가 있으므로 간접조사를 우선하는 것이 효과적인 조사가 될 수 있다.

3. 징계절차의 결정

근로자의 비위행위에 대한 사실관계조사가 종료되면 조사결과를 정리하여 경영담당자에게 보고한다. 경영담당자는 해당 근로자의 비위행위 정도에 따라 징계위원회에 회부할 것인지 여부를 결정한다.

즉, 비위행위가 단순 · 경미하면 경고 또는 견책에 처분하고, 비위행위가 단순 · 경미하지 아니하여 견책보다 중한 처분이 필요한 경우이거나 해당 근로자가 비위혐의를 부인하는 경우에는 징계위원회에 회부하고, 해당 근로자가 조사에 불응하는 경우 역시 징계위원회에 회부한다.

4. 징계위원회의 개최 준비

비위행위에 대한 조사결과 징계위원회에 회부하기로 결정한 경우에는 징계위원회 개최예정일을 정하여 해당 근로자에게 알려야 하며, 취업규칙에서 정한 규정에 따라 징계위원회 위원을 구성하여, 그 위원들에게 징계심의안 및 사실조사 관련 자료를 송부한다.

취업규칙 또는 단체협약에서 징계위원회 개최에 따른 준비절차를 명시적으로 규정하고 있다면 반드시 그 규정에 따라야 한다. 징계준비 절차도 절차적 정당성 요건에 해당하므로 징계준비 절차가 취업규칙이나 단체협약에 위배되는 경우에는 징계사유를 살펴볼 필요 없이 부당한 징계에 해당한다.[79)]

가. 근로자에게 출석통지

사용자가 근로자를 징계위원회에 회부하기로 결정하면 징계사유와 취업규칙의 근거 규정, 징계위원회 개최일시 · 장소를 기재한 징계위원회 출석 통지서를 해당 근로자에게 송부하여 소명의 기회를 부여하여야 한다.

징계절차의 정당성에 관한 논란이 제기될 수 있으므로 취업규칙에 정한 징계위원회 개최 통지기한을 준수하여야 하며, 출석통지서를 근로자에게 전달되는 것도 중요하다.

징계위원회 출석통지서는 내용증명 우편으로 송부하되, 사내 메일을 이용하여 통보하거나 휴대전화 문자메시지를 보내고 그 내용을 출력하여 보관해 둔다. 출석통지서가 반송될 때에는 해당 근로자에게 직접 교부하고 수령증을 받아 놓으면 준비절차에 대한 다툼을 예방할 수 있다.

징계위원회는 사용자의 징계권 행사에 대한 노동위원회 또는 법원의 판단에 앞서 그 정당성 여부를 결정하는 중요한 과정이므로 해당 근로자에게 소명할 기회

79) 대법원 2001.4.10 선고 2000두7605 판결.

를 적극적으로 부여하고, 이에 근로자도 충분한 소명을 함으로써 올바른 인사권 행사는 가능할 것이다.

나. 직위해제 및 대기발령

사용자는 해당 근로자에게 징계위원회 참석을 통보하면서 그 근로자의 직위를 해제하고 사업장 내 장소 또는 자택에 대기발령을 내는 것이 바람직하다. 이는 해당 근로자의 계속근무에 따른 업무장애를 예방하고, 중대한 비위행위에 대한 증거의 인멸이나 조작을 사전에 방지하기 위하여 사용자가 행사하는 인사권이다.

① 직위해제 · 대기발령이란 직무수행능력 부족, 근무태도 · 근무성적 불량, 징계절차 진행, 형사기소 등으로 인해 예상되는 업무상 장애를 예방하기 위한 잠정적 조치로 과거 근로자의 비위행위에 대하여 기업질서 유지를 목적으로 행하여지는 징벌적 제재로서의 징계와는 그 성질이 다르다.

② 취업규칙에 명시되어야 한다는 견해가 있으나, 직위해제 사유가 취업규칙에 명시되어 있지 아니한 경우에도 가능한 것으로 해석되어야 한다. 다만, 직위해제 · 대기발령을 징계종류로 규정하고 있는 경우에는 취업규칙에 직위해제 사유가 명시되어 있어야 한다.

③ 직위해제 · 대기발령은 사용자의 인사권애 해당되지만, 합리적인 이유가 없거나 부당하게 장기간 하는 경우에는 권리남용이 될 수 있다. 따라서 직위해제 처분 시 그 사유와 기간을 명시하는 것이 바람직하다. 이를테면 '징계처분 시까지' 또는 '사고조사 완료 시까지' 등 불특정 기간으로 하는 것도 가능하다.

다. 징계위원회의 구성 및 안건 송부

징계위원회의 구성도 중요한 절차적 정당성 요건에 해당한다. 취업규칙 또는 단체협약에 징계위원회 구성에 대하여 명시적으로 규정되어 있는 경우에는 반드시 그 규정에 따라 징계위원회를 구성해야 한다.

단체협약에 징계위원회를 노사동수로 구성하도록 규정된 경우에는 그 규정에 따라야 하지만, 노동조합 측에 징계위원 선정의 기회를 부여하였음에도 정당한 이유 없이 이를 거부하였다면 사용자 측 위원만으로 징계의결을 하더라도 유효하다.[80]

80) 대법원 1999.3.26 선고 98두4672 판결.

비위행위 근로자로부터 피해를 당하거나 이해관계가 있는 자를 징계위원으로 할 수 없도록 규정하고 있는 경우에는 반드시 이에 따라 이해관계자를 배제해야 한다.[81]

또한, 징계위원들에게 심의안건과 그와 관련된 자료들을 미리 송부하여 충분한 검토가 이루어지도록 하는 것도 절차적 정당성에 대한 불필요한 다툼을 예방하는 데 있어서 바람직하다.

5. 징계위원회의 의결

근로자에 대한 징계위원회 출석통보, 소명기회 부여, 징계위원회 구성, 징계위원들에게 회의 소집통보 · 자료송부 등의 징계준비 절차가 완료되면 출석통보서에 기재된 일시 · 장소에서 징계위원회를 개최하여야 한다.

징계위원회에서 해당 근로자에게 일방적인 자백만을 강요하고 잘못을 비난하면서 소명기회를 방해하거나 사실관계 확인을 소홀하게 하는 경우에는 징계절차의 정당성을 인정받기 어렵다.

가. 사실관계의 심문

징계위원회는 비위행위 조사과정에서 확인하지 못하였거나 근로자가 부인하는 사항에 대하여 심문을 통해 확인한다. 근로자가 부인할 경우 또는 관련된 증인이 있는 경우에는 증인을 미리 대기시켜 놓는 것도 정확한 사실관계의 확인을 위해 필요하다.

징계처분에 관하여 사용자에게 기본적인 입증책임이 있으므로[82] 비위행위를 입증하는데 추가증거가 필요하거나 근로자가 부인하는 경우에는 관련 증거를 확보하기 위하여 2차 징계위원회를 개최할 수 있으며, 또한 징계위원회 회의내용을 녹음함으로써 불필요한 분쟁에 대비할 수도 있다.

---

81) 대법원 1994.10.7 선고 93누20214 판결.
82) 대법원 1996.9.10 선고 95누16738 판결.

나. 소명기회의 부여

근로자에게 충분한 소명의 기회를 부여하여야 하고, 근로자가 제출하는 자료를 받아 주어야 한다. 근로자의 소명은 사건의 본질을 정확하게 파악하는데 도움이 되고, 나아가 징계양정의 적정성을 기할 수 있다.

근로자에게 징계위원회 출석을 통보할 때 소명 자료의 제출을 통보하지 아니하거나 소명기회를 충분히 부여하지 아니한 경우에는 징계의 절차적 정당성을 인정받기 어렵다.

근로자는 징계위원회의 소명을 통해 자신의 비위행위가 징계사유에 해당하지 않는다는 주장과 입증을 하거나, 설사 징계사유에 해당된다고 하더라도 고의 또는 중대한 과실이 아닌 경미한 부주의에 의한 행위임을 주장하면서 선처를 구하는 기회로 활용할 수 있어야 한다.

다. 징계양정의 결정

징계위원들의 사실심문과 근로자의 소명이 끝나면 근로자로부터 최종 진술을 듣고, 근로자를 퇴장시킨다. 징계양정은 근로자가 퇴장한 가운데 징계위원들이 어떠한 징계종류를 선택할 것인가에 대하여 심의 · 결정한다.

징계양정은 비례와 형평의 원칙에 따라 이루어져야 한다. 비례의 원칙은 비위행위에 따른 기업질서의 훼손 또는 사용자의 손실의 정도와 징계의 내용이 균형을 이루는 것을 말하며, 형평의 원칙은 다른 근로자의 유사한 비위행위에 대하여 행한 징계처분과 해당 근로자에 대하여 행한 징계처분사이에 균형을 이루는 것이다.

취업규칙에 양정기준이 마련되어 있다면 반드시 그 기준에 따라 징계 양정을 결정해야 한다

라. 징계의결

징계위원들은 어떠한 징계종류를 선택할 것인가에 대하여 충분한 토론과정을 통해 의견을 개진하고, 표결로써 징계종류와 내용을 결정한다.

징계에 대한 의결은 일반적으로 재적 징계위원 과반수의 참석에 참석 징계위원 과반수의 찬성으로 하지만, 취업규칙 · 단체협약에 별도의 규정을 두고 있다면 이

에 따라야 한다.

징계위원회가 노사동수로 구성되어 있는데, 노동조합 측이 참석을 거부하거나 표결권을 남용하는 경우에는 의결정족수에 미달하더라도 정당한 징계결정으로 인정될 수 있다. 다만, 노사관계의 안정이나 징계 수용성을 고려하여 결정을 유보하고, 다시 회의를 개최하여 결정하는 것도 필요할 것이다. 징계위원회에서 징계가 결정되면 사용자인 경영담당자(기업대표 또는 업무집행권이 있는 인사담당 이사)에게 그 결과를 보고한다.

6. 징계처분

사용자(경영담당자)는 징계위원회에서 징계에 대한 의결결과를 보고 받으면 징계회의록 등 관련 자료를 검토하고, 노사관계 등 기업에 미칠 영향 등을 고려하여 징계처분을 결정한다.

가. 징계처분의 결정

징계위원회의 의결은 내부의사결정에 속하지만 취업규칙 또는 단체협약 징계위원회의 개최를 명시하고 있는 경우에는 사용자(경영담당자)의 징계처분 결정은 징계위원회의 의결에 기속된다.

따라서 사용자(경영담당자)는 징계위원회에서 의결한 내용보다 가중한 징계처분을 결정할 수 없다. 징계위원회에서의 의결결과보다 가중한 징계처분을 하고자 할 때에는 다시 징계위원회를 개최하여야 한다.

다만, 징계처분을 유보하거나 징계위원회에서의 의결내용보다 가벼운 징계를 하는 것은 무방하다.

나. 징계처분의 통지

사용자(경영담당자)가 징계처분을 결정하면 해당 근로자에게 그 내용을 통지하여야 한다.

징계처분 통지서에는 징계사유와 비위행위, 취업규칙 또는 단체협약의 근거규정, 징계처분의 내용 및 처분일을 명시하여야 한다.

해고를 제외한 징계처분의 통지는 구두로도 유효하나, 징계의 정당성에 관한 입증책임은 사용자 측에 있으므로 서면으로 하는 것이 바람직하다.

특히, 해고의 경우에는 근로기준법 제27조에 해고사유와 시기를 서면으로 통지하여야 효력이 있다고 규정하고 있으므로 구두로 통지하는 경우에는 해고사유의 정당성 여부를 살펴 볼 필요없이 부당한 해고가 된다.

징계통지와 관련하여 유의사항을 정리하면 다음과 같다.

① 징계처분의 통지는 일정기간 동안 근로계약 내용에 변경을 가하거나 근로계약을 해지한다는 의사표시이므로 당사자에게 도달하여야 효력이 생긴다(민법 §111). 따라서 징계처분을 우편으로 통지하는 경우에는 우편물 송달기간을 고려하여 징계처분일을 정하여야 한다.

징계위원회 개최일을 처분일로 하여 징계처분통지서를 내용증명으로 발송하는 경우가 있는데, 원칙적으로는 근로자가 통지서를 수령한 날이 징계처분일이 된다.

② 징계처분의 정당성에 관한 입증책임이 사용자에게 있으므로 징계처분의 통지는 내용증명 우편으로 하는 것이 바람직하며, 근로자의 소재가 불명할 경우에는 사내게시판에 게시할 필요가 있다(민법 §113).

7. 징계재심

재심은 근로자가 원징계처분에 대하여 이의가 있어 재검토를 요청하는 것으로 징계위원회에서 재심사하여 원징계처분을 변경 또는 확정하는 절차를 말한다.

취업규칙이나 단체협약에 재심절차에 대한 명시적인 규정이 있다면 원 징계처분에 불복하여 근로자가 청구한 재심에 대하여 반드시 재심절차를 진행하여야 한다.

가. 재심의 성격

재심절차는 원래의 징계절차와 함께 전부가 하나의 징계절차를 이루는 것으로 그 절차의 정당성도 원처분에서 징계재심결정에 이르는 징계 과정의 전부에 대하여 판단하여야 할 것이므로 원징계의 절차상 하자가 재심징계 절차에서 보완되었

다면 절차상 하자는 치유된다.[83)]

재심절차는 원징계처분에 대한 근로자의 구제절차 내지는 원징계처분을 확정하는 절차로서의 기능을 가지고 있다.

만약, 사용자가 재심절차를 생략하거나 재심절차에 중대한 하자가 있는 경우 또는 재심절차를 부당하게 지연하면 그 징계처분은 절차적 정당성을 인정받지 못한다.[84)]

나. 재심과 원처분의 효력

재심절차는 원징계처분에 대한 구제절차이므로 원징계처분은 그 효력을 발생한다. 재심에서 원징계처분이 취소 · 감경된 경우에는 소급하여 징계처분이 없던 것이 되거나 그 내용이 변경될 뿐이다.[85)]

다만, 단체협약이나 취업규칙에서 재심신청이 제기되는 경우에는 징계 효력이 정지된다는 취지의 규정이 존재한다면 재심에 의해 징계의 효력이 발생한다.

다. 재심에서 추가된 징계사유의 효력

원징계처분에서 징계사유로 삼지 아니한 징계사유를 재심절차에서 추가하는 것은 추가된 징계사유에 대한 재심기회를 박탈하는 것이므로 원칙적으로 허용되지 않는다.[86)]

라. 원징계보다 가중된 재심처분의 효력

원징계보다 가중된 재심처분은 재심절차를 근로자에 대한 구제절차의 하나로 보는 판례[87)]에 비추어 허용되지 않는 것으로 해석된다.

다만, 원징계처분에 대해 근로자뿐만 아니라 사용자에게도 재심신청권이 부여된 경우에는 원징계처분보다 가중된 재심징계도 가능하다고 본다.

---

83) 대법원 1999.3.26 선고 98두4672 판결.

84) 대법원 2002.12.26 선고 2002다57201 판결; 1994.1.14 선고 93다968 판결.

85) 대법원 1993.5. 11 선고 91누11698 판결.

86) 대법원 1998.5. 22 선고 98다2365 판결.

87) 대법원 1993.5. 11 선고 91누11698 판결; 1993.10.22 선고 92다49935 판결.

제3절 징계권의 종류

사용자가 근로자의 기업질서 위반 행위 등에 대하여 행사할 수 있는 불이익처분으로서 징계는 경고, 견책, 감급, 강임, 정직과 징계해고 등이 있다.

1. 경 고

경고(警告)는 근로자의 기업질서 위반행위를 지적하면서 금지와 재발방지를 촉구하는 것을 말한다.

경고는 경위서(시말서)가 제출되지 않는다는 점에서 견책과는 다르며, 경고의 경우에도 취업규칙에 정하는 승진제한, 하향전보 등 인사상 불이익이 수반된다.

만약, 경고가 취업규칙에 징계종류로 규정되어 있지 않고, 인사상 불이익이 수반되지 않는다면 징계로 볼 수 없다.

2. 견 책

견책(譴責)은 근로자의 기업질서 위반행위에 대하여 경위서를 제출토록 하여 엄중히 경고하는 것을 말한다.

견책은 승진제한, 하향전보 등 인사상 불이익이 수반되며, 경위서 제출을 거부하는 경우에는 정당한 업무지시 위반을 징계사유로 추가할 수 있다.

3. 감 급

감급(減給)은 근로자의 기업질서 위반행위에 대한 제재로서 임금의 일정액을 공제하는 불이익 처분을 말한다.

근로기준법 제95조에서는 "취업규칙에서 근로자에 대하여 감급의 제재를 정할 경우에 그 감액은 1회의 금액이 평균임금 1일분의 2분의 1을, 그 총액은 1임금지급기의 임금 총액의 10분의 1을 초과하지 못한다"라고 규정하고 있다.

4. 강 임

강임(降任)은 강격 또는 강급이라고도 하며, 직급이나 직책을 낮추어서 인사발령을 하는 것을 말한다. 즉, 부장에서 과장으로, 4급 사원에서 5급 사원으로 직책을 낮추거나 10호봉에서 9호봉으로 강급하는 경우이다.

강임은 근로자에게 주는 정신적 충격이 크고, 그것이 지속될 경우에는 임금상 불이익도 매우 크므로 정직보다 더 무거운 징계처분일 수 있다.

5. 정 직

정직(停職)은 출근정지라고도 하며, 일정기간 동안 사업장에 출근하지 못하게 하여 그 기간 동안 임금지급을 중지하는 것을 말한다.

정직은 통상 징계해고 다음으로 무거운 징계에 속하며, 근로자가 정직에 이어 같은 종류의 기업질서 위반행위를 하는 경우에는 해고할 수도 있다.

6. 징계해고

가. 의 의

징계해고는 근로자의 비위행위가 매우 중대하여 더 이상 근로관계를 지속할 수 없는 경우에 근로관계를 단절하고 해당 근로자를 경영조직에서 축출하는 것을 말한다.

일반적으로 징계해고라고 표현하지만, 징계파면, 징계해임, 징계면직 등 기업에 따라 달리 표현하는 경우도 있다.

나. 당연퇴직 · 자동면직 · 직권면직과의 구분

징계해고는 비위행위에 대한 사실조사, 소명기회의 부여, 징계위원회의 심의를 거친다는 점에서 당연퇴직 · 자동면직 · 직권면직과 구분된다.

당연퇴직은 정년도래, 근로계약기간의 만료 등 근로관계의 소멸사유가 발생하여 퇴직처리하는 것이고, 자동면직은 취업규칙에서 정한 채용결격사유가 발생하거나, 업무실적 부진 등으로 대기발령이 되었다가 취업규칙에서 정한 일정기간 동안 보직을 부여받지 못한 경우 퇴직처리하는 것을 말한다.

직권면직은 근로자의 비위행위가 중대하고 명백하여 사실조사, 소명기회의 부여, 징계위원회의 심의를 거칠 필요도 없이 퇴직처리하는 것을 말한다.

그러나 기업에 따라서는 당연퇴직과 자동면직을 구분 없이 사용하기도 하며, 자동면직과 직권면직의 경우 징계위원회의 의결을 거치도록 규정하고 있는 기업도 있다.

7. 징계와 직위해제 및 대기발령

가. 의 의

직위해제는 근로자에게 부여된 직위를 일시적으로 해제하여 업무에 종사하지 못하도록 하는 것이고, 대기발령은 근로자의 거취를 특정장소로 제한하는 것을 말한다.

일반적으로 대기발령과 직위해제를 같은 개념으로 사용하기도 하며, 실제에 있어서 직위해제와 대기발령을 동시에 하거나 대기발령 없이 직위해제만 하는 경우도 있다.

나. 법적 성격

(1) 업무상 장애예방을 위한 잠정적 조치

직위해제와 대기발령이란 직무수행능력 부족, 근무태도·근무성적 불량, 징계절차 진행, 형사기소 등으로 인하여 예상되는 업무상 장애를 예방하기 위한 잠정적 조치로서 과거 근로자의 비위행위에 대하여 기업질서 유지를 목적으로 행하여지는 징벌적 제재로서의 징계와는 그 성질이 다르다.[88)]

다만, 직위해제나 대기발령이 징계를 위한 전 단계의 조치로 행해지는 경우가 많으며, 기업에 따라서는 징계의 한 종류로 운용하는 사례도 많다.

---

88) 대법원 1996.10.29 선고 95누15926 판결; 1997.9.26 선고 97다25590 판결.

(2) 사용자에게 상당한 재량권 인정

업무상 필요한 범위 내에서 사용자에게 상당한 재량이 인정되며, 취업규칙에 대기발령사유를 명시하지 아니하였거나 근로자와의 성실한 협의 등 신의칙상 요구되는 절차를 거치지 아니하였다는 이유로 권리남용에 해당된다고 할 수 없다.[89)]

(3) 노동위원회와 법원의 심사대상

직위해제처분을 받은 자는 어떠한 직무에도 종사하지 못하게 될 뿐만 아니라 승급, 승호, 보수지급 등에 있어서 불이익한 처우를 받게 되고, 나아가 일정한 경우에는 직위해제를 기초로 하여 직권면직처분을 받을 가능성까지 있으므로 노동위원회나 법원의 심사대상이 된다.[90)]

다. 정당성 판단기준

직위해제처분의 정당성은 근로자가 계속 직무를 수행할 경우 업무상 장애를 초래할 위험이 있는지 여부 등 해당 직위해제 사유가 존재하는지 여부나 직위해제에 관한 절차규정을 위반한 것이 해당 직위해제처분을 무효로 할 만한 것이냐에 의하여 판단할 것이고, 단지 직위해제처분이 근로자에게 가혹하고 다른 근로자의 유사한 비위행위에 대한 징계처분 등에 비추어 형평에 어긋난다는 사정만으로 그 정당성이 없는 것이라고 단정할 수 없다.[91)]

대기발령이 정당한 인사권의 범위 내에 속하는지 여부는 대기발령의 업무상 필요성과 그에 따른 근로자의 생활상 불이익과의 비교교량, 근로자와의 협의 등 대기발령을 하는 과정에서 신의칙상 요구되는 절차를 거쳤는지 여부 등에 의하여 결정되어야 한다. 다만, 근로자 본인과 성실한 협의절차를 거쳤는지 여부는 정당한 인사권의 행사인지 여부를 판단하는 하나의 요소라고는 할 수 있으나, 그러한 절차를 거치지 아니하였다는 사정만으로 대기발령이 권리남용에 해당되어 당연히 무효가 된다고는 볼 수 없다.[92)]

---

89) 대법원 2005.2.18 선고 2003다63029 판결; 2002.12.26 선고 2000두8011 판결.
90) 대법원 1992.7.28 선고 91다30729 판결.
91) 대법원 1996.10.29 선고 95누15926 판결.
92) 대법원 2002.12.26 선고 2000두8011 판결.

라. 효 력

직위해제는 직위해제 기간 또는 업무상 장애의 위험 등 직위해제의 사유가 존재하는 동안 효력이 있으며, 사유가 소멸하면 즉시 보직과 업무를 부여하여야 한다.[93)]

(1) 직위해제 사유와 같은 사유로 해임된 경우 직위해제의 효력

어떠한 사유에 의하여 근로자를 직위해제한 후 그 직위해제 사유와 동일한 사유를 이유로 근로자를 해임한 경우에는 그 해임처분으로써 원래의 직위해제처분은 그 효력을 상실하게 된다.[94)]

(2) 인사규정에 사유만 있고 절차가 없는 경우 대기발령의 효력

인사규정은 보직을 해임하고 대기발령을 할 수 있는 사유에 관하여 규정하고 있고, 대기발령의 형식 및 절차에 관하여는 인사규정은 물론 취업규칙, 단체협약 등에서도 아무런 정함이 없다면, 대기발령은 인사권자의 인사권에 속하는 사항이므로 그 사유를 명시하지 않았다고 하여 그 자체로 대기발령이 무효로 된다고는 할 수 없다.[95)]

마. 사 례

(1) 경기불황으로 지점 일부를 폐쇄하여 지점장을 보직해임한 것은 정당

사용자가 경기불황을 이유로 전국 판매매장 215개를 171개로 줄였을 경우에는 특별한 사정이 없는 한 사용자로서는 지점장으로 근무하던 일부 근로자에 대하여 사실상 보직을 해임할 수밖에 없었을 것이라는 점과 퇴직과 보직해임은 별도의 인사조치인 점을 감안한다면, 사용자가 지점장으로 근무하던 근로자를 퇴사시킨 것이 부당하다고 하여 당해 근로자를 지점장의 보직에서 해임하는 것까지 마찬가지로 부당하다고 단정할 수는 없다.[96)]

---

93) 대법원 1997.9.26 선고 97다25590 판결.
94) 대법원 1997.9.26 선고 97다25590 판결.
95) 대법원 2002.12.26 선고 2000두8011 판결.
96) 대법원 2002.5.31 선고 2000다18127 판결.

(2) 형사사건으로 기소되었다는 이유로 한 보직해임은 부당

단순히 일반 형사사건이 아닌 국가보안법위반으로 기소되었다는 이유만으로 한 직위해제처분은 재량권 남용 또는 일탈의 위법이 있다.[97)]

바. 징계처분으로서의 대기발령

취업규칙에서 직위해제를 징계의 한 종류로 규정하고 있는 경우에는 취업규칙에서 규정하고 있는 사유와 절차를 준수해야 한다.

(1) 직위해제 처분에 이은 당연면직처리의 경우 해고에 준하는 사유 필요

직위해제 후 일정기간 보직을 부여받지 못하면 당연면직하는 것으로 규정하고 있는 경우에는 이와 같은 직위해제 처분에 이은 당연면직 처리는 실질상 해고에 해당하므로 일단 대기발령이 인사규정 등에 의하여 정당하게 내려진 경우라도 일정한 기간이 경과 후의 당연퇴직 처리 그 자체가 인사권 내지 징계권의 남용에 해당하지 아니하는 정당한 처분이 되기 위해서는 대기발령 당시에 이미 사회통념상 당해 근로자와의 고용관계를 계속할 수 없을 정도의 사유가 존재하였거나 대기발령 기간 중 그와 같은 해고사유가 확정되어야 한다.[98)]

(2) 징계의 일종인 직위해제처분의 경우 절차상 하자는 무효

지역의료보험조합운영규정 제12조 제5항에 인사위원회의 심의사항에 대하여 이해관계가 있는 위원은 그 회의에 참석할 수 없다고 규정되어 있고 이는 강행규정이므로, 피징계자의 비위행위의 구체적 피해자가 위원장으로 참석하여 심의와 결정을 한 인사위원회는 그 구성에 중대한 잘못이 있으므로 그 인사위원회의 결의에 기하여 이루어진 직위해제처분은 절차상 중대한 하자가 있어 무효이다.[99)]

---

97) 대법원 1999.9.17 선고 98두15412 판결.
98) 대법원 2007.5.31 선고 2007두1460 판결.
99) 대법원 1994.8.23 선고 94다7553 판결.

제4절 징계와 정당성 요건

근로기준법 제23조 제1항에는 사용자의 인사권 행사에 대하여 '정당한 이유'를 요구하고 있다. 이것은 사용자의 해고 등 인사상 불이익처분으로부터 근로자를 보호하기 위한 일반조항으로서의 정당성 판단기준이다.

여기서 '정당한 이유'란 구체적 · 개별적 · 직접적인 사정이 있는 사용자의 업무상 필요성, 즉 실체적 정당성뿐만 아니라 법령 해석에 따라 인정되는 절차적 정당성도 인정되어야 한다는 것을 의미한다.

노동위원회와 법원의 판단에서 나타난 징계권의 정당성 요건은 징계의 종류에 따라 다소 차이가 있으나, 일반적으로 징계사유의 정당성, 징계절차의 적법성, 징계양정의 적정성, 기타 징계시효 · 면책합의에 있어서의 정당성 등이 있다.

1. 징계사유의 정당성

징계처분의 정당성을 확보하기 위해서는 우선 근로자의 비위행위가 존재하여야 하고, 그것이 원칙적으로 근로계약, 취업규칙, 단체협약에서 정한 징계사유에 해당하여야 한다.

가. 사용자의 징계사유 규정권

근로자에 관한 인사권은 사용자의 고유권한으로서 그 범위에 포함되는 징계권도 기업운영 또는 근로계약의 본질상 당연히 사용자에게 인정되는 권한이기 때문에 그 징계규정의 내용이 강행법규나 단체협약의 내용에 반하지 않는 한 사용자는 그 구체적 내용을 자유롭게 정할 수 있다.[100)]

나. 징계위원회의 징계사유 결정

취업규칙에 징계의 종류, 사유, 절차 등에 관하여 규정하면 사용자는 그 규정에 따라 징계권을 행사하여야 한다. 취업규칙에 징계위원회의 의결을 거쳐 징계를

---

100) 대법원 1994.9.30 선고 94다21337 판결.

행하도록 규정하고 있는 경우에는 그 징계처분의 정당성은 징계위원회에서 징계사유로 삼은 사유에 의하여 판단하여야 한다.[101)]

징계위원회가 징계사유로 삼았는지 여부는 징계처분통보서, 징계위원회 의결서, 회의록 등 구체적인 자료들을 통하여 결정된다.[102)]

또한, 근로자에게 다른 비위행위가 있었다 하더라도 사용자가 이를 징계사유로 삼지 아니한 경우 징계양정에 있어 참작자료로 삼을 수는 있지만 그것을 징계해고의 사유로 할 수는 없다.[103)]

다. 사용자의 입증책임

사용자는 징계사유의 존재와 그 정당성에 대한 입증책임이 있으며, 입증할 증거가 없다면 그 징계사유는 존재하지 아니하는 것으로 평가된다.[104)]

징계의 정당성에 관한 입증책임을 사용자에게 지우는 것은 근로기준법 제23조 제1항에서 사용자의 '정당한 이유' 없는 인사권 행사를 금지하는 형식으로 규정하고 있기 때문이다.

라. 행위시점에서의 취업규칙 적용

징계사유의 해당 여부는 행위시점을 기준으로 판단한다. 또한, 근로자의 위반행위 시점의 취업규칙과 징계처분 시점에서의 취업규칙이 변경이 있는 경우에는 징계사유는 변경되기 전의 취업규칙에 의하고, 징계절차는 변경된 취업규칙에 의한다.[105)]

마. 취업규칙과 단체협약과의 관계

단체협약에서 "해고에 관하여는 단체협약에 의하여야 하고 취업규칙에 의하여 해고할 수 없다."는 취지로 규정하거나 "단체협약에서 정한 사유 이외의 사유로

---

101) 대법원 1988.12.13 선고 86다204 판결.
102) 대법원 1996.9.20 선고 95누15742 판결; 1997.3.14 선고 95누16684 판결.
103) 대법원 2002.5.28 선고 2001두10455 판결.
104) 대법원 1996.9.10 선고 95누16738 판결.
105) 대법원 1994.9.30 선고 94나21337 판결.

는 근로자를 해고할 수 없다."라고 명시적으로 규정하는 경우 또는 동일한 징계사유 · 징계절차에 관하여 단체협약과 취업규칙의 규정이 서로 저촉되는 경우가 아니면, 사용자는 취업규칙에서 단체협약 소정의 해고사유와 관련 없는 새로운 해고사유를 규정할 수 있다.[106)]

그러나 해고사유 등에 대하여 단체협약에 의하도록 명시적으로 규정하고 있거나 동일한 징계사유에 관하여 단체협약의 규정과 취업규칙 등의 규정이 서로 저촉되는 경우에는 사용자는 단체협약에 정한 징계사유로만 징계할 수 있다.[107)]

2. 징계절차의 적법성

법원은 절차적 규정에 위반한 해고는 절차상 하자가 치유되는 예외적인 경우를 제외하고 무효라고 보고 있다. 절차규정은 징계제도의 합리적인 운영을 도모하기 위한 것으로 중요한 의미를 갖고 있으며, 이를 위반한 경우 해고사유가 인정되는 여부에 관계없이 절차에 있어서의 정의에 반하는 것으로서 무효이다.[108)] 따라서 근로자를 징계할 때에는 취업규칙 또는 단체협약의 징계절차에 관한 규정을 살펴서 절차규정을 충실하게 준수하여야 한다.

가. 적용 범위

징계절차 규정의 적용범위는 징계의 준비단계인 징계위원회의 출석통지에서 부터 징계처분의 통지에 이르는 전 과정을 대상으로 한다. 따라서 징계절차의 정당성은 징계대상 근로자에게 절차규정에 따라 소명기회의 실질적인 부여, 징계위원회의 구성 · 의결, 징계처분 통지 등의 징계과정에 걸쳐 합리적으로 준수되었을 때 인정받을 수 있다.

나. 취업규칙과 단체협약과의 관계

단체협약과 취업규칙에 서로 다른 내용이 규정된 경우 단체협약에 정한 징계절

106) 대법원 1999.3.26 선고 98두4672 판결.
107) 대법원 1995.2.14 선고 94누5069 판결.
108) 대법원 1991.7.9 선고 90다8077호 판결.

차에 위반하는 취업규칙의 규정은 무효이다.[109] 또한, 취업규칙과 근로계약이 단체협약보다 근로자에게 유리한 경우에도 단체협약이 우선 적용된다.[110]

취업규칙의 일부로 인정되는 인사규정상 징계절차 규정이 취업규칙에서 규정된 징계절차와 다른 경우에는 나중에 성립된 규정 또는 특별규정을 우선적으로 적용한다.[111]

다. 징계위원회와 적법 절차

(1) 징계위원회의 구성

징계위원회는 단체협약 · 취업규칙 등에서 규정하고 있다면 그 규정에 따라 징계위원회를 구성하여야 한다. 다만, 취업규칙에 그 구성과 절차에 대하여 별도 규정이 없거나 소규모 업체로서 간부들로 징계위원을 구성할 수 없는 경우에는 외부인을 징계위원으로 선정할 수 있다.[112]

징계위원회에 노동조합 대표자를 참여시키도록 되어 있는데, 그 대표자를 참여시키지 아니한 경우 부당징계에 해당한다.[113] 또한, 취업규칙 등에 '징계위원 가운데 징계사유와 이해관계가 있는 자는 그 사건 심의에 관여하지 못 한다' 라고 규정된 경우 이를 위반하면 징계사유의 해당 여부에 관련 없이 부당하나,[114] 취업규칙 등에 이해관계자에 대한 명문규정이 없는 경우, 이해관계 있는 위원이 참석한 것은 유효하다.[115]

한편, 징계위원회의 심의 · 의결을 거치도록 되어 있는데도 이사회 및 운영위원회를 개최하여 징계한 것은 징계절차상 중대한 위법이 있다.[116]

---

109) 대법원 2006.11.23 선고 2006두11644 판결.
110) 대법원 2002.12.27 선고 2002두9063 판결.
111) 대법원 1997.7.22 선고 97다18165 판결.
112) 서울행정법원 2006.5.16 선고 2005구합31696(대법원 2007두8300 심리불속행 판결).
113) 대법원 1994.4.12 선고 94다3612 판결.
114) 대법원 1994.10.7 선고 93누20214 판결.
115) 대법원 1995.5.23 선고 94다24763 판결.
116) 대법원 2006.2.24 선고 2005두14820 판결.

(2) 징계위원회의 의결

징계위원회의 의결정족수에 대하여 취업규칙 등에 규정되어 있지 않을 경우, 일반 의결정족수(재적위원 과반수 출석에 출석위원 과반수 찬성)에 따라 의결할 수 있다. 그러나 징계규정을 위반하여 구성된 상벌위원회의 결의로 징계 의결한 경우에는 무자격 위원을 제외하고도 의결정족수가 충족된다 하더라도 무효이다.

표결결과 가부동수의 경우 징계위원장이 결정권을 가진다는 명시적인 규정이 없는 한 부결된 것으로 보아야 한다.

(3) 노동조합의 징계위원회 참여

1) 노동조합의 의견청취 · 참작

단체협약에 조합원의 상벌에 관하여 노동조합의 의견을 참작한다고 규정된 경우 '의견참작'은 노동조합의 의견을 참고하기 위한 것에 지나지 아니하여 그 효력에는 영향이 없으므로 노동조합의 의견을 참작하지 않았더라도 무효는 아니다.[117)]

2) 노동조합과 사전협의

단체협약에 조합원을 징계할 때 노동조합과 '사전협의'하도록 규정하고 있는 경우, 이는 사용자의 자의적 인사권 행사로 인해 정상적인 노동조합 활동이 저해되는 것을 방지하려는데 그 취지가 있다.

그러나 '사전협의'는 공정성을 기하기 위하여 노동조합으로부터 제시된 의견을 참고자료로 하는 정도에 지나지 않기 때문에 사전협의를 거치지 아니하였다 하여 정당성을 상실하는 것은 아니다.

3) 노동조합과 합의 · 동의

단체협약에 노동조합과 합의하도록 규정되어 있는 경우에는 사용자는 노동조합의 사전 동의나 승낙을 얻어 의견합치를 통해 인사처분을 하도록 한 취지이므로 그 절차를 거치지 아니한 인사처분은 정당성을 인정받을 수 없다.[118)]

---

117) 대법원 1992.4.14 선고 91다4775 판결.
118) 대법원 1993.7.13 선고 92다45735 판결; 1993.9.28 선고 91다30620 판결.

그러나 단체협약에 '해고동의조항'이 포함되어 있는 경우에도 노동조합이 합의권을 포기하거나 남용하였다고 인정되는 때에는 동의를 거치지 않는 해고처분은 정당하다.

라. 징계절차와 소명기회 부여

(1) 의 의

징계절차에 있어서 '소명'이란 근로자가 징계혐의 사실에 대하여 자신의 입장을 밝히고, 증거자료를 제출하는 것을 말한다. '소명기회의 부여'는 징계대상 근로자에게 징계의 일정과 징계혐의 내용을 사전에 알리고, 혐의사실에 대하여 근로자의 입장을 밝힐 수 있는 기회를 제공하는 것이다.

소명기회의 부여는 근로자를 보호하기 위한 것으로 징계절차의 적법성을 보장하기 위한 핵심적인 규정이라고 할 수 있다.[119)]

(2) 소명기회의 부여내용과 방법

1) 소명기회의 부여내용

취업규칙 등에서 징계사유를 명시하여 사전에 징계대상자에게 통지해야 한다고 규정된 경우, 사용자는 징계위원회 개최일 뿐만 아니라 구체적인 징계혐의사실도 고지하여야 한다.

징계사유를 세세한 부분까지 명시하지 않더라도 징계사유의 발생일, 위반행위의 개요 등을 명시하여 근로자가 징계위원회가 열리기 전에 소명할 자료를 수집하거나 징계사유의 존재 여부를 알아볼 수 있는 기회를 주어야 한다.

만약, 징계사유의 기재가 지나치게 추상적이고 모호할 경우 이는 적법한 징계사유의 고지나 사전 통지의 요건을 갖추지 못한 것이므로 그 징계는 무효로 취급된다.

2) 소명기회의 부여방법

소명기회의 부여는 서면으로 하는 것이 바람직하다. 구두로 소명기회를 부여하는 경우에는 징계절차의 정당성에 대한 문제가 제기될 수 있다.

---

119) 대법원 1992.7.28 선고 92다14786호 판결; 1992.9.22 선고 91다36 판결.

징계절차의 통지는 징계대상 근로자에게 직접하여야 한다. 만약, 해당 근로자의 행방불명 등 부득이한 사정이 없음에도, 부서의 동료직원에게 통지한 경우 그 통지는 징계절차상 하자가 있는 것으로 간주된다.[120]

또한, 징계대상자가 구속 중에 있는 경우에도 그 근로자는 서면으로 자신을 변명할 수 있으므로 소명기회의 부여 절차를 생략할 수 없다.[121]

(3) 소명기회의 부여시기

단체협약 등에 소명기회의 시기를 특별히 규정하고 있는 경우 특별한 사정이 없는 한 그 시기를 반드시 준수하여야 한다. 또한, 소명기회를 부여한다고 규정한 경우에는 그 시기를 특별히 정하지 않더라도 전화나 구두 또는 서면에 의한 방법 등으로 소명자료를 준비할 수 있는 상당한 기간을 두고 통지가 이루어져야 한다. 만약, 이러한 시간적 여유를 주지 않고 촉박하게 통보하였다면 그 징계는 위법한 것으로 취급된다.[122]

징계위원회 개최통보서가 우체국의 사정으로 송달이 지체된 경우와 같이 사용자의 귀책사유가 아닌 경우,[123] 징계사유가 객관적으로 명확하다거나 다른 절차에서 자신의 행위에 대하여 그 정당성을 주장하였다 하더라도 사전통지를 하지 아니한 경우는 무효로 취급된다.[124]

다만, 소명기회의 부여가 촉박하게 이루어진 경우라도 징계절차가 진행되고 있다는 사실을 알고, 근로자가 징계위원회에 출석해서 이의를 제기하지 아니한 채 진술하거나 소명자료를 제출하였다면, 비록 사전통지가 징계규정에 위반되어 이루어졌다 하더라도 그 하자는 치유된다.[125]

(4) 소명권 행사의 포기

징계규정에 징계대상 근로자에게 진술기회를 부여하여야 한다고 규정되어 있다

120) 대법원 1993.7.13 선고 92다50263 판결.
121) 대법원 1992.7.28 선고 92다14786 판결.
122) 대법원 1991.7.9 선고 90다8077 판결; 1991.7.23 선고 91다13731 판결; 1991.11.26 선고 91다22070 판결; 1991.11.26 선고 91누4171 판결.
123) 대법원 2004.6.25 선고 2003두15317 판결.
124) 대법원 1992.7.28 선고 92다14786 판결.
125) 대법원 1993.7.16 선고 92다55251 판결; 1995.3.3 선고 94누11767 판결.

면 그 대상자에게 진술기회를 제공하면 되고, 반드시 근로자의 진술이 있어야 하는 것은 아니다.

만약, 징계대상 근로자에게 진술기회를 주었는데도 근로자가 진술하지 아니한 경우에는 그대로 징계절차를 진행할 수 있으며, 행방불명된 경우에는 사전통지나 진술기회를 제공하지 아니한 채 징계절차를 진행할 수 있다.[126)]

3. 징계재심과 적법 절차

가. 의 의

사용자는 원징계절차와 마찬가지로 취업규칙 등에 징계재심의 절차규정이 있는 경우에는 그 규정을 지켜야 한다.

원징계절차는 근로자를 보호하기 위한 것이며, 징계재심절차는 구제절차로서 원래의 징계절차와 전체적으로 하나의 징계절차를 이룬다.[127)]

따라서 원징계처분이 정당성 요건을 모두 갖추었다 하더라도 재심절차를 진행하지 아니하거나 재심절차에 중대한 하자가 있는 경우에는 정당성을 인정받을 수 없다.[128)] 또한, 원징계절차에서 다루지 아니한 징계사유를 재심징계절차에 추가하거나, 원징계보다 가중한 처분을 할 수 없다.[129)]

나. 재심절차의 효력

재심징계절차는 근로자의 구제절차에 불과하므로 원징계처분은 즉시 그 효력을 발생한다. 재심징계에서 원징계처분을 취소 또는 감경한 경우에는 소급하여 그 징계처분이 없었거나 감경된 것으로 된다.

---

126) 대법원 1993.9.28 선고 91다30620 판결; 1990.12.7 선고 90다6095 판결.
127) 대법원 1995.3.10 선고 94다33552 판결.
128) 대법원 1995.1.24 선고 93다29662 판결; 1997.9.30 선고 97다10956, 10963 판결.
129) 대법원 1998.5.22 선고 98다2365 판결; 1996.6.14 선고 95누6410 판결.

4. 징계절차 위반의 하자 치유

사용자가 단체협약에 규정된 여유기간을 두지 아니하고 징계회부를 통보하였으나, 징계위원회에 출석하여 통지절차에 대한 이의를 제기하지 아니하고 충분한 소명이 있을 경우, 또는 원징계처분에서 절차위반의 하자가 있더라도 재심과정에서 보완되었다면 절차위반의 하자는 치유된다.

한편, 사용자가 취업규칙에 징계절차 규정을 두지 아니하거나 임의규정 형식으로만 규정된 경우에는 절차규정을 준수하지 않았다하더라도 절차상 하자는 문제되지 않는다.[130)]

① 징계처분에 대한 재심청구를 이유 없이 반려한 채 징계결정을 확정한 후 재심기간을 상당히 경과하여 그 징계결정이 재심절차를 거치지 않아 무효라는 판결이 선고되자 인사위원회를 개최하여 재심청구를 기각하는 결정을 한 경우, 그 재심결정은 무효이다.[131)]

② 절차 위반의 하자가 있는 징계처분의 재심절차에도 역시 중대한 하자 등이 있어 재심의 효력을 인정할 수 없는 경우, 그 징계처분의 하자는 치유될 수 없다.[132)]

③ 원징계절차에 있어 징계위원회 구성상의 하자가 있는 경우 하자 있는 징계위원을 배제한 재심위원회에서 적법한 심의 · 의결을 거쳤다면 원징계절차의 하자는 치유될 수 있지만, 재심 인사위원회가 개최되지 않은 채 재심청구가 각하된 경우까지 그 하자가 재심 과정에서 보완되어 치유되었다고는 볼 수 없다.[133)]

④ 원징계처분이 그 요건을 모두 갖추었다고 하더라도 재심절차를 전혀 이행하지 않거나 재심절차에 중대한 하자가 있어 재심의 효력을 인정할 수 없는 경우에는 그 징계처분은 무효가 된다.[134)]

---

130) 대법원 1996.2.27 선고 95누15698 판결; 1994.9.30 선고 93다26496 판결.
131) 대법원 1997.9.30 선고 97다10956 판결.
132) 대법원 2002.12.26 선고 2002다57201 판결.
133) 대법원 1997.11.11 선고 96다23627 판결.
134) 대법원 1995.1.24 선고 93다29662 판결.

5. 징계양정의 적정성

가. 의 의

징계양정이란 근로자의 비위행위에 대하여 처분할 징계종류와 내용을 선택하는 것을 말하며, 이는 원칙적으로 징계권자의 재량에 맡겨진다.[135)]

나. 적정성의 판단기준

① 노동위원회나 법원은 징계양정의 적정성을 판단함에 있어 해당 사용자의 사업목적과 성격, 사업장의 여건, 해당 근로자의 지위와 담당직무의 내용, 비위행위의 동기 · 경위, 이로 인해 기업의 위계질서가 문란하게 될 위험성 등 기업질서에 미칠 영향, 과거의 근무태도 등 여러 가지 사정을 종합적으로 고려하여 판단한다.[136)]

② 면책합의가 되었거나 징계시효가 지난 비위행위에 대하여 징계양정의 판단자료로 금하는 것은 아니므로, 징계양정을 판단하는 자료로 삼을 수 있다.[137)]

이 같이 징계양정의 적정성은 종합적인 사정을 고려하여 판단하는 것에 비추어 사실상 노동위원회 심판담당 위원이나 법원 판사의 가치판단에 맡겨져 있다고 할 수 있다.

6. 징계시효와 면책합의 준수

징계처분에 대한 정당성이 인정되기 위해서는 징계사유의 정당성, 징계절차의 적법성과 징계양정의 적정성 등의 요건을 준수하여야 하며, 이외에 징계시효와 면책합의에 위배되지 않을 것이 요구된다.

가. 징계시효

(1) 의 의

징계시효란 취업규칙이나 단체협약에서 사용자가 징계사유 발생일로부터 일정

135) 대법원 2002.8.23 선고 2000다60890, 60906 판결.
136) 대법원 2002.5.28 선고 2001두10455 판결.
137) 대법원 1994.9.30 선고 94다4042 판결.

기간 동안만 징계권을 행사하도록 하는 규정을 말한다.

이러한 규정은 사용자가 근로자를 징계할 수 있음에도 상당기간 징계권을 행사하지 아니함으로써 근로자를 불안정한 지위에 있는 것을 방지하면서, 근로자도 사용자가 징계권을 행사하지 않으리라는 기대를 갖게 된 상태에서 새삼스럽게 징계권을 행사하는 것은 신의칙에 반하는 것이 되므로 사용자의 징계권행사에 제한을 가하려는 것이다.[138)]

취업규칙 등에 징계시효 규정을 두고 있는 경우 그 규정에 정한 기간이 지나서 징계처분을 하였을 때는 권한 없는 징계권 행사로서 그 정당성이 부인된다.

(2) 징계시효의 기산점

징계시효는 사용자의 징계권 행사를 제한하려는 것이므로 그 기산점은 원칙적으로 징계사유가 발생한 때이다. 인사규정에서 징계시효 기산점을 '징계사유 발생일'로 규정하고 있는 경우 징계사유 존부에 대한 사용자의 주관적 인식여부에 따라 그 징계시효의 기산점이 달라지지 않는다.

이와 달리 징계절차의 시효는 '재심위원회는 재심청구서를 접수한 때부터 30일 내에 심사하여야 한다' 등과 같이 징계절차와 관련하여 짧은 기간을 두는 경우를 말한다. 이는 (재)심사기간이므로 징계시효와 같이 엄격히 해석하기 보다는 완화하여 그 기간을 도과하였더라도 상당한 기간이 내라면 징계가 유효하다.

예컨대, '재심위원회는 재심청구서를 접수한 때에는 30일 이내에 이를 심사하여야 한다.'라고 재심사기간을 두는 것은 징계절차를 빨리 확정함으로써 근로자의 불안정한 신분상태를 조속히 해소하려는 데에 있다고 할 것이므로 단순한 훈시규정에 그친다고 할 수는 없지만, 그렇다고 강행규정이라고 볼 수도 없다. 따라서 상당한 기간이 내에 재심위원회를 열어 재심의결을 하였다면 재심사기간 경과만으로 무효라 할 수 없다.[139)]

(3) 징계시효의 판단시점

취업규칙 등에서 징계시효가 "판결확정일로부터 3개월 이내에 재징계절차를 취

---

138) 대법원 1995.3.10 선고 94다14650 판결.
139) 대법원 2005.11.25 선고 2003두8210 판결.

할 수 있다."라고 규정된 경우 그 기간 내 징계절차에 착수하면 된다는 의미이며, 반드시 그 기간 내에 징계절차가 마무리되어야 하는 것은 아니다.[140)]

이러한 경우 재징계절차의 개시시점은 재징계 절차에 착수한 사실을 징계대상자가 객관적으로 인식할 수 있는 때로 보아야 한다. 따라서 회사 내부에서 징계조사에 착수한 시점이나 또는 징계대상자에게 징계위원회 개최를 통보한 시점이 아니라, 인사권자가 징계심사위원회 개최를 요구한 시점이 징계시효에 대한 판단시점이 된다.

나. 면책합의

면책합의란 근로자의 비위행위에 대하여 징계하지 않기로 하는 합의를 말한다. 면책합의는 주로 노동조합이 조직되어 있는 기업에서 파업종식, 단체협약 체결 등 대타협을 이끌어 내는 전제조건으로 이루어지는 경우가 많다.

면책합의를 하는 경우 사용자가 징계권을 포기한 것이 되므로 면책합의에도 불구하고 징계처분을 한다면 그 징계처분은 권한 없는 행위이므로 정당성을 인정받을 수 없다.[141)] 다만, 면책합의 후 근로자가 합의조건을 위반하거나 '최대한 선처하겠다' 라고 합의한 경우에는 징계권을 행사할 수 있다.[142)]

7. 징계처분 취소와 재징계

(1) 징계처분 취소와 새로운 징계처분

사용자의 징계처분은 근로자의 기업질서 위반행위에 대한 제재벌이고, 자체의 재심절차에서도 징계처분을 취소할 수 있으므로 사용자가 징계절차의 하자나 징계사유의 인정, 징계양정의 부당 등에 잘못이 있음을 스스로 인정한 때에는 노동위원회의 구제명령이나 법원의 무효확인 판결을 기다릴 것 없이 스스로 징계처분을 취소할 수 있고, 새로이 적법한 징계처분을 하는 것도 가능하다.[143)]

---

140) 대법원 2012.3.15 선도 2011두32690 심리불속행 판결.

141) 대법원 1992.7.28 선고 92다14786 판결.

142) 대법원 1993.5.11 선고 93다1503 판결.

143) 대법원 1992.8.14 선고 91다43558 판결.

(2) 징계처분 취소 후 새로운 징계처분이 일사부재리원칙 또는 신의칙에 위배되는지 여부

징계해고가 취소되면 해고무효 확인판결이 확정된 것과 마찬가지로 소급하여 해고되지 아니한 것으로 보게 되므로, 그 후 새로이 같은 사유 또는 새로운 사유를 추가하여 다시 징계처분을 한다고 하여 일사부재리의 원칙이나 신의칙에 위배된다고 볼 수는 없다. 또한, 징계무효확인 판결이 선고된 뒤에 징계처분을 취소한다고 하여 법원의 판결을 잠탈하는 것도 아니다.[144)]

(3) 해고효력을 다투고 있는 근로자가 불법쟁의행위에 가담한 경우 징계사유로 삼을 수 있는지 여부

해고된 후 상당한 기간 내 해고의 효력을 다투고 있는 근로자는 쟁의행위에 가담할 수 있는 근로자의 지위를 가지고 있으므로, 쟁의행위에 관련된 회사의 규정이나 법령의 규정을 준수하여야 할 의무가 있다. 따라서 불법적인 쟁의행위에 참여한 행동은 후에 해고가 무효로 되어 근로자의 신분을 회복한 경우에는 징계사유가 될 수 있다.[145)]

---

144) 대법원 1993.5.11 선고 91누11698 판결.
145) 대법원 1992.5. 8 선고 91도3051 판결.

심층정리 징계절차 하자의 치유

1. 사전통지 위반의 하자 치유

징계대상자가 ① 징계위원회에 출석하여, ② 통지절차에 대한 이의를 제기하지 아니하고, ③ 충분한 소명을 한 경우에는 사전 통지와 관련한 절차하자는 치유된다.

징계위 개최 5일 전에 당사자에게 통보하여야 한다고 규정하고 있으나, 5일의 여유를 두지 아니하고 징계에 회부된 사실이 통보되었을 경우에도, ① 피징계자 스스로 징계위원회 출석하여, ② 출석통지 절차에 대한 이의를 제기하지 않고, ③ 충분한 소명을 한 경우에는 그와 같은 절차상의 하자는 치유된다(대법원 1999.3.26 선고 98두4672 판결 등).

그러나 징계대상자가 징계위원회에 출석하여 진술을 했더라도 스스로 징계에 순응하는 경우가 아닌 한 징계해고는 무효이다(대법원 1991.7.9 선고 90다8077 판결).

즉, 징계위원회에 출석하였더라도 절차에 대한 이의를 제기했다든지, 충분한 소명을 하지 못한 경우에는 하자가 치유되지 않는다.

2. 징계위원회 구성의 하자 치유

징계위원회 구성에 있어서 하자가 있더라도 재심위원회에서 그 하자있는 징계위원이 배제되고 적법한 심의 · 의결을 거쳤다면 원징계절차의 하자는 치유된다(대법원 1994.8.23 선고 94다7553 판결).

그러나 이 경우에도 재심위원회가 개최되지도 않은 채 재심청구가 각하되었다면 하자가 치유되었다고 볼 수 없다(대법원 1997.11.11 선고 96다23627 판결).

또한, 이사회 의결을 거치지 않은 파면이 부당하다는 취지의 법원판결이 선고되자 파면처분이 있은 후 2년이 지난 시점에서 행한 이사회 추인 의결만으로는 하자가 치유될 수 없다(서울고법 2007.4.26 선고 2005누30367 판결).

사전통보 위반의 하자는 피징계자가 충분한 진술을 하면 치유가 되나, 징계위원회 구성의 하자는 근로자에게 충분하게 변명권을 부여했다거나 근로자가 출석하여 의견을 진술했다는 사정으로 하자가 치유되지 않는다(대법원 1987.9.22 선고 87다카1187 판결).

3. 징계 재심절차 하자의 치유

징계처분에 대한 재심절차는 원래의 징계절차와 함께 전부가 하나의 징계처분 절차를 이루는 것이므로, 원래의 징계과정에 절차 위반의 하자가 있더라도 재심과정에서 보완되었다면 그 절차 위반의 하자는 치유된다(대법원 1999.3.26 선고 98두4672 판결).

원래의 징계과정에서 징계위원회 구성 하자 및 징계대상자에게 징계사유를 기재한 설명서를 교부하지 않은 하자가 있더라도, 재심절차에서 징계위원을 관계법령에 맞게 구성하고, 징계대상자에게 기일 출석통지를 하여 변명할 기회를 부여한 이상 징계절차상 하자는 치유된다(서울고법 2007.11.27.2007누9091 판결, 대법원 2007두26247 심리불속행).

징계재심위원회가 노조측 위원의 불참으로 사측위원 5명만이 참석한 상태에서 진행되어 舊 단체협약에 따르면 의사정족수 미달이라는 중대한 하자가 있으나, 新 단체협약에 의하면 징계재심위원회는 총장이 임명하는 사측 5명과 노측 4명 위원으로 구성하며 재적위원 과반수 출석에 출석위원 과반수 찬성으로 결의하게 되어 있으므로 노측 위원이 불참하였다 하더라도 징계재심위원회 개최나 진행에 어떠한 하자가 있다고 할 수 없어 징계절차상 하자가 재심과정에서 보완되었다(대법원 2009.2.12 선고 2008다70336 판결).

또한, 재심절차에서 반드시 출석하여 소명한 경우에만 하자가 치유되는 것은 아니고, 재심기회를 부여받았음에도 재심청구를 하지 아니하였다면 방어권을 포기한 것으로 볼 것이고, 더 이상 절차하자가 문제되지 아니한다(대법원 1994.3.11 선고 93다27413 판결).

그러나 재심징계기한을 현저히 도과하여(1년 7개월) 재심징계결정이 이루어진 경우에는 비록 재심절차에서 구제될 것을 희망하여 답변서를 제출하고 의견을 진술하였다는 것만으로 그 재심결정이 적법한 것으로 치유되는 것이 아니다(대법원 1987.9.22 선고 87다카1187 판결).

관련판례

① **징계권의 법적성질과 징계규정의 제정**

☞ 원래 근로자의 상벌 등에 관한 인사권은 사용자의 고유권한으로서 그 범위에 속하는 징계권 역시 기업운영 또는 노동계약의 본질상 당연히 사용자에게 인정되는 권한이기 때문에 그 징계규정의 내용이 강행법규나 단체협약의 내용에 반하지 않는 한 사용자는 그 구체적 내용을 자유롭게 정할 수 있고, 그 규정이 단체협약의 부속서나 단체협약 체결 절차에 준하여 제정되어야 하는 것은 아니다 (대법원 1994.9.30 선고 94다21337 판결).

② **징계사유의 특정**

☞ 어떤 비위행위가 징계사유로 되어 있느냐 여부는 구체적인 자료들을 통하여 징계위원회 등에서 그것을 징계사유로 삼았는가 여부에 의하여 결정되어야 하는 것이지 반드시 징계의결서나 징계처분서에 기재된 취업규칙이나 징계규정 소정의 징계근거 사유만으로 징계사유가 한정되는 것은 아니다(대법원 1996.9.20 선고 95누15742 판결).

③ **징계(종류, 양정)의 결정: 원칙적으로 사용자의 자유재량이나 사회통념상 타당성을 잃고 재량권을 남용하는 경우에는 위법한 징계권 행사이다.**

☞ 피징계자에게 징계사유가 있어서 징계처분을 하는 경우, 어떠한 처분을 할 것인가 하는 것은 징계권자의 재량에 맡겨진 것이고, 다만 징계권자가 재량권의 행사로서 한 징계처분이 사회통념상 현저하게 타당성을 잃어 징계권자에게 맡겨진 재량권을 남용한 것이라고 인정되는 경우에 한하여 그 처분은 위법하다고 할 수 있고, 그 징계처분이 사회통념상 현저하게 타당성을 잃어 재량권의 범위를 벗어난 위법한 처분이라고 할 수 있으려면 구체적인 사례에 따라 징계의 원인이 된 비위사실의 내용과 성질, 징계에 의하여 달성하려고 하는 목적, 징계양정의 기준 등 여러 요소를 종합하여 판단할 때에 그 징계 내용이 객관적으로 명백히 부당하다고 인정할 수 있는 경우라야 한다(대법원 1999.10.8 선고 99두6101 판결).

☞ 해고처분은 사회통념상 고용관계를 계속할 수 없을 정도로 근로자에게 책임 있는 사유가 있는 경우에 행하여져야 그 정당성이 인정되는 것이고, 사회통념상 당해 근로자와의 고용관계를 계속할 수 없을 정도인지의 여부는 당해 사용자의 사업의 목적과 성격, 사업장의 여건, 당해 근로자의 지위 및 담당직무의 내용, 비위행위의 동기와 경위, 이로 인하여 기업의 위계질서가 문란하게 될 위험성 등 기업질서에 미칠 영향, 과거의 근무태도 등 여러 가지 사정을 종합적으로 검토하여 판단하여야 할 것이다(대법원 1998.11.10 선고 97누18189 판결 등).

④ **통상해고에 대한 징계절차 적용여부: 통상해고는 징계가 아니므로 원칙적으로 징계절차 준수의무가 없다.**

☞ 당연퇴직, 직권면직 등 통상해고는 징계해고와는 그 성질이 다르므로 별도의 절차규정이 없는 이상, 징계절차에 관한 규정이 바로 적용되지 않는다(대법원 1992.5.8 선고 91누10480 판결 등).

☞ 비위행위가 단체협약의 징계해고사유 및 통상해고사유 양쪽에 모두 해당하는 경우 사용자가 통상해고의 방법을 취할 수도 있는데, 이 경우 절차적 보장의 취지가 회피되는 것을 방지하기 위하여 징계절차가 요구된다, 즉 징계해고사유로 통상해고를 하는 경우 징계절차를 생략할 수는 없다(대법원 1994.10.25 선고 94다25889 판결).

⑤ 징계절차규정 위반의 효과: 징계절차 규정을 위반한 징계는 무효이다.

☞ 단체협약 등에서 징계에 특별한 절차를 요하는 것으로 규정되어 있는 경우, 그러한 절차는 실체적 징계사유의 존부, 부당노동행위에의 해당 여부를 불문하고 사용자가 하는 징계처분의 유효요건이다(대법원 1986.7.8 선고 85다375, 85다카1591 판결; 1992.9.25 선고 92다18542 판결; 1993.10.22 선고 92다49935 판결, 대법원 1994.10.25 선고 94다25889 판결 등).

⑥ 징계절차 규정이 없거나 임의규정으로 되어 있는 경우: 징계절차 준수 의무가 없고, 징계절차에 의하지 않더라도 유효한 징계권 행사이다.

☞ 히사의 단체협약이나 취업규칙상 조합원 또는 종업원을 징계해고가 아닌 다른 사유로 해고함에 있어 인사위원회를 개최하여야 한다는 규정이 없다면, 이와 같은 절차를 거치지 않았다 하여 퇴직처분이 위법하게 되는 것은 아니다(대법원 1996.12.6 선고 95다45934 판결).

☞ 단체협약이나 취업규칙에서 '심의에 필요하다고 인정되는 관계자의 의견을 청취할 수 있다'는 규정만 있을 뿐 징계대상자에게 필요적으로 변명의 기회를 부여할 것을 규정하지는 않은 경우, 변명의 기회를 부여하지 않은 징계처분은 위법하지 않다(대법원 1993.7.13 선고 92다42774 판결).

⑦ 위반행위시와 징계처분시의 취업규칙 · 단체협약 등이 서로 다른 경우: 징계사유의 존재여부는 징계사유 발생 당시의 규정, 징계절차는 징계처분 시 규정에 의한다.

☞ 징계사유 발생 시와 징계처분 시 존재하는 규정이 다를 경우 징계권(징계사유)의 유무에 관한 결정은 징계사유 발생 시의 舊 단체협약 · 취업규칙에 따라야 할 것이나 절차는 징계처분 시의 新 단체협약 · 취업규칙 규정에 따라야 한다(대법원 1994.12.13 선고 94다27960 판결; 2005.11.25 선고 2003두8210 판결).

☞ 예컨대, 노조 측 위원 불참으로 사용자 측 위원 5인만이 참석한 징계위원회는 舊 단체협약에 의하면 의사정족수 미달이라는 중대한 하자가 있으나, 新 단체협약에 의하면 사용자가 임명하는 5인과 노조 측 4인으로 구성하고 재적위원 과반수 출석에 출석위원 과반수 찬성으로 결의하게 되어 있어 노조 측 위원이 불참하였더라도 징계위원회 개최나 진행에 하자가 없다(대법원 2009.2.12 선고 2008다70336 판결; 2012두12266 심리불속행 판결).

제5절 비위행위 유형별 정당성 요건

노동위원회나 법원은 사용자의 징계처분에 대하여 근로자의 비위행위가 취업규칙에서 정한 징계사유에 해당하는지, 그에 따른 징계양정이 적정한지 여부를 판단하게 된다. 제5절에서는 징계사유로 삼은 근로자의 비위행위를 유형별로 나누어 그 개념과 정당성 요건을 설명함으로써 사용자로 하여금 올바른 인사권을 행사할 수 있도록 하였다.

1. 이력서의 허위기재

가. 개 념

이력서 허위기재란 사용자가 근로자를 채용할 때 근로자가 작성 · 제출한 이력서에 학력 · 경력사항 등을 사실과 다르게 기재하는 것을 말한다.

허위기재는 저학력을 고학력으로, 근무한 사실이 없던 직장을 다닌 것으로 기재하는 것이며, 고학력을 저학력으로 기재하거나 일부 경력과 학력을 은폐 또는 특정 직장에서 근무한 기간을 다르게 기재하는 것도 포함된다.

나. 허위기재 이력서와 징계사유

사용자가 근로자에게 학력 · 경력을 기재한 이력서나 증명서를 요구하는 것은 근로자의 근무능력을 평가하는 목적 이외에 근로자의 지능과 경험, 교육정도, 정직성 및 직장 정착성 등의 전 인격적 판단을 거쳐 고용여부를 결정해야 할 필요성 때문에 그 판단자료로 삼기 위한 것이다.[146)]

또한, 이력서에 기재된 학력, 경력, 자격사항은 임금수준 및 직책 등을 결정하는데 참고자료로 활용되기도 한다.

따라서 이력서의 허위기재는 그 자체로서 근로자의 정직성에 대한 부정적인 요인으로 작용하며, 전 인격적 판단을 그르치게 한다.[147)]

---

146) 대법원 1999.3.26 선고 98두4672 판결.
147) 대법원 1999.3.26 선고 98두4672 판결.

그리고 사용자가 이력서 기재내용을 신뢰하여 임금수준을 결정하고 업무배치를 하는 경우에는 경제적 손실의 초래는 물론 경영상 장애가 발생될 수도 있기 때문에 징계사유가 된다.

다. 정당성 요건

대부분의 기업에서는 취업규칙 등에 이력서 허위기재를 해고, 정직 등 중징계사유로 규정하고 있다.

종전 판례[148]는 근로자가 입사할 때 이력서에 학력, 경력을 사칭 또는 은폐하여 채용된 후 근무하다가 그 사실이 발각되었을 경우, 채용할 당시 사용자가 허위기재 사실을 알았더라면 고용하지 않았거나 적어도 동일한 조건으로는 고용하지 아니하였을 것이므로, 해고사유에 해당한다고 판단하였다. 즉, 입사할 당시라는 과거시점에 고용하지 않았거나 동일한 조건으로 고용하지 않았을 것이라는 가정적 판단에 따라 허위이력서를 이유로 징계하는 것은 정당한 것으로 보았다.

최근 판례[149]는 과거시점의 가정적 판단이 아닌 고용할 당시의 사정뿐 아니라 고용된 이후 해고에 이르기까지 노사간 신뢰관계의 유지와 안정적 기업경영에 미치는 영향 등을 종합하여 그 정당성을 판단하고 있다. 이는 해고의 일반적인 정당성 판단기준인 '사회통념상 고용관계를 계속할 수 없을 정도'로 노사간 신뢰관계가 훼손되었는지에 대한 판단기준을 그대로 적용한 것이다.

다만, 입사할 때 이력서상 허위학력 · 경력사항이 작성자의 착오로 인한 것이거나 학교 이름만 조금 다르게 기재한 경우, 단순생산직 근로자로 채용되어 채용할 당시 학력이 문제되지 않은 경우, 사용자가 근로자의 학력 · 경력의 사칭 또는 은폐사실을 발견하여 해당 근로자로부터 자인하는 내용의 각서를 받고 계속 고용해 온 경우에는 더 이상 해고사유로 삼을 수 없다.[150]

허위기재 이력서의 정당성 판단기준에 대한 법원의 종전 판례와 최근 판례는 다음과 같다.

148) 대법원 1990.12.7 선고 90다카23912 판결; 1999.3.26 선고 98두4672 판결.

149) 대법원 1999.3.26 선고 98두4672 판결; 1995.3.10 선고 94다14650 판결.

150) 대법원 1988.12.13 선고 86다카1035 판결.

(1) 종전 기준[151)]

사전에 그러한 사실이 발각되었다면 사용자는 고용계약을 하지 아니하였거나 적어도 같은 조건으로는 고용계약을 하지 아니하였을 것으로 인정되는 정도의 것이라면 징계해고로 봄이 타당하다.

(2) 최근 기준[152)]

근로자가 입사할 당시에 제출한 이력서 등에 학력 등을 허위기재한 행위를 이유로 징계해고하는 경우, 고용 당시의 사정뿐 아니라, 고용 이후 해고 시까지 근로자의 근로내용과 기간, 허위기재한 학력 등이 정상적인 근로제공에 지장을 초래하는지 여부, 사용자가 학력 등의 허위기재사실을 알게 된 경위, 그 이후 근로자의 태도 및 사용자의 조치내용, 학력 등이 종전에 알고 있던 것과 다르다는 사정이 드러남으로써 노사간 및 근로자 상호간 신뢰관계의 유지와 기업경영과 질서유지에 미치는 영향 기타 여러 사정을 종합적으로 고려하여 판단할 것이다.

다만, 사용자가 이력서에 근로자의 학력 등의 기재를 요구하는 것은 근로능력 평가 이외에 근로자의 진정성과 정직성, 해당 기업의 근로환경에 대한 적응성 등을 판단하기 위한 자료를 확보하고, 나아가 노사간 신뢰관계의 형성과 안정적인 경영환경의 유지 등을 도모하고자 하는 데에도 그 목적이 있는 것으로, 이는 고용계약의 체결뿐 아니라 고용관계의 유지에 있어서도 중요한 고려요소가 된다. 따라서 취업규칙에 근로자가 고용할 당시 제출한 이력서 등에 학력 등의 허위기재 행위를 징계해고 사유로 명시하고 있는 경우, 이를 이유로 해고하는 것은 고용 당시 및 그 이후의 제반 사정에 비추어 보더라도 사회통념상 현저히 부당하지 않는다면 그 정당성이 인정된다.

라. 징계처분의 시기

사용자는 통상적으로 근로자가 이력서 등에 기재한 경력 등을 진실한 것으로 신뢰하는 것이므로 사용자에게 근로자의 이력서 등의 기재내용의 진실여부를 확인하여야 할 일반적인 의무가 있다고 할 수 없다. 따라서 허위경력 기재행위 내지

---

151) 대법원 1999.12.21 선고 99다53865 판결.

152) 대법원 2012.7.5 선고 2009두16763 판결.

경력은폐 행위가 징계사유로 규정되어 있는 이상 취업규칙 등에서 근로자의 시용기간 동안에만 이를 징계사유로 삼을 수 있다는 등의 특별한 규정이 없다면 시용기간 이후에도 징계사유로 삼을 수 있다.[153)]

153) 대법원 1995.3.10 선고 94다14650 판결.

관련판례

① 이력서 제출요구의 취지

☞ 사용자가 이력서에 근로자의 학력 등의 기재를 요구하는 것은 근로능력 평가 외에 근로자의 진정성과 정직성, 당해 기업의 근로환경에 대한 적응성 등을 판단하기 위한 자료를 확보하고 나아가 노사간 신뢰관계 형성과 안정적인 경영환경 유지 등을 도모하고자 하는 데에도 목적이 있는 것으로, 이는 고용계약 체결뿐 아니라 고용관계 유지에서도 중요한 고려요소가 된다고 볼 수 있다(대법원 2012.7.5 선고 2009두16763 판결 등).

② 허위 이력서 제출에 대한 해고의 정당성(기존 판례)

☞ 허위경력 기재는 그 자체로 정직성에 대한 부정적 요소가 되어 전 인격적 판단을 그르치게 하는 것이므로 기업 질서 문란의 현실적 결과가 발생하지 않았더라도 징계사유가 되고(대법원 1990.12.7 선고 90다카23912 판결; 1995.3.10 선고 94다14650 판결 등), 사전에 그러한 사실이 발각되었다면 사용자는 고용계약을 하지 아니하였거나 적어도 같은 조건으로는 고용계약을 하지 아니하였을 것으로 인정되는 정도의 것이라면 징계해고사유로 봄이 타당하다(대법원 1999.12.21 선고 99다53865 판결; 2000.6.23 선고 98다54960 판결 등).

③ 허위 이력서 제출에 대한 해고의 정당성(최근 판례)

근로자가 입사 당시 제출한 이력서 등에 학력 등을 허위로 기재한 행위를 이유로 징계해고를 하는 경우에도 마찬가지이고, 그 경우 사회통념상 고용관계를 계속할 수 없을 정도인지는 사용자가 사전에 그 허위기재 사실을 알았더라면 근로계약을 체결하지 아니하였거나 적어도 동일 조건으로는 계약을 체결하지 않았으리라는 등 고용 당시의 사정뿐 아니라, 고용 이후 해고에 이르기까지 그 근로자가 종사한 근로의 내용과 기간, 허위기재를 한 학력 등이 종사한 근로의 정상적인 제공에 지장을 초래하는지 여부, 사용자가 학력 등의 허위기재 사실을 알게 된 경위, 알고 난 이후 당해 근로자의 태도 및 사용자의 조치내용, 학력 등이 종전에 알고 있던 것과 다르다는 사정이 드러남으로써 노사간 및 근로자 상호간 신뢰관계의 유지와 안정적인 기업경영과 질서유지에 미치는 영향 기타 여러 사정을 종합적으로 고려하여 판단할 것이다.

다만, 사용자가 이력서에 근로자의 학력 등의 기재를 요구하는 것은 근로능력의 평가 외에 근로자의 진정성과 정직성, 당해 기업의 근로환경에 대한 적응성 등을 판단하기 위한 자료를 확보하고 나아가 노사간 신뢰관계의 형성과 안정적인 경영환경의 유지 등을 도모하고자 하는 데에도 그 목적이 있는 것으로, 이는 고용계약의 체결뿐 아니라 고용관계의 유지에 있어서도 중요한 고려요소가 된다고 볼 수 있다. 따라서 취업규칙에서 근로자가 고용 당시 제출한 이력서 등에 학력 등을 허위로 기재한 행위를 징계해고사유로 특히 명시하고 있는 경우에는 이를 이유로 해고하는 것은, 고용 당시 및 그 이후의 제반 사정에 비추어 보더라도 사회통념상 현저히 부당하지 않다면 그 정당성이 인정된다 할 것이다(대법원 2012.7.5 선고 2009두16763 판결 등).

2. 무단결근

가. 개 념

대부분 기업에서는 취업규칙에 근로자가 결근하는 경우 사전 결근계를 제출하여 승인을 받는 등의 절차를 규정하고 있다. 이러한 규정에도 불구하고 사전 아무런 연락도 없이 결근하거나, 출근한 이후 승인을 얻으려 하지 않는 경우, 결근사유를 입증하지 못하는 경우를 무단결근이라 한다.

나. 무단결근과 징계사유

근로자가 취업규칙 등의 규정에 따라 사전에 결근계를 제출하여 승인을 얻지 않거나 또는 소속 부서장에게 전화통화 등의 방법으로 알리고, 결근사유를 증명할 수 있는 자료를 제출하여 사용자의 승인을 얻어야 한다.

그런데 근로자가 아무런 조치 없이 무단결근을 하는 경우 사용자에게 업무상 손실을 초래할 뿐만 아니라 기업질서를 문란하게 하는 요인이 되므로 기업마다 무단결근을 중요한 징계사유로 규정하고 있다.

다. 정당성 요건

취업규칙 등에서 '7일 이상 무단결근 하였을 때'를 징계해고사유로 규정하고 있는 경우에는 일정한 시간적 제한 없이 합계 7일 이상의 무단결근을 의미하는 것이 아니라 상당한 기간 내에 합계 7일 이상의 무단결근을 의미한다고 제한적으로 해석하여야 하며,[154] 결근일수는 원칙적으로 역일(오전 0시부터 오후 12시 까지)에 의하여 계산한다.

이와와 같이 무단결근은 그 성격이나 정도에 따라 징계해고사유의 판단기준을 달리하고 있다.

(1) 연차휴가권 사용과 무단결근

취업규칙에 연차휴가청구에 관한 절차규정이 없는 경우 근로자가 결근을 연차

154) 대법원 1995.5.26 선고 94다46596 판결.

휴가로 처리해 달라는 전화를 하고 출근하지 아니하였다면 적법한 연차휴가권 행사이므로, 그 결근기간은 무단결근이라고 볼 수 없다.[155]

(2) 주휴일 · 교대제 비번일과 무단결근

주휴일은 근로자가 소정의 근로일수를 모두 근무하지 아니하였다 하더라도 보장되는 휴일이므로 주휴일 전후의 근로일을 결근한 경우에도 주휴일을 결근으로 처리할 수 없다. 그러나 교대제 비번일은 전날의 정상적인 근무 여부와 상관없이 인정되는 휴일이 아니라, 정상근무를 전제로 인정되는 휴일이므로 비번일을 결근일수에 포함할 수 있다.[156]

(3) 노동조합 전임자의 무단결근

노동조합 전임자도 사용자와의 사이에 기본적인 근로관계는 유지되는 것이므로 취업규칙이나 사규의 적용이 전면적으로 배제되는 것은 아니다. 따라서 단체협약에 전임자에 관해 특별한 규정을 두거나 특별한 관행이 존재하지 아니한 경우에는 취업규칙 등의 출 · 퇴근 규정을 적용받게 되는 것이므로 전임자가 임의로 노동조합 사무실에 출근하지 않은 것은 취업규칙에 규정된 무단결근에 해당한다.[157]

---

155) 대법원 1992.4.10 선고 92누404 판결.
156) 대법원 2004.6.25 선고 2002두2857 판결.
157) 대법원 2005.10.13 선고 2005두5093 판결.

관련판례

① **무단결근 규정의 해석**

☞ 무단결근을 이유로 한 징계해고의 경우 무단결근 합계일은 상당한 기간 내의 것이어야 한다.
단체협약 제26조 제1항 제1호도 "정당한 사유 없이 7일 이상 무단결근 하였을 때"를 징계위원회에 회부할 수 있는 사유로 규정하고 있는 바, 해고는 징계처분 중 가장 무거운 처분으로서 사회통념상 고용계약을 계속시킬 수 없을 정도로 근로자에게 책임이 있는 사유가 있는 경우에야 할 수 있는 것인 점에 비추어 인사위원회규정에 의한 징계해고사유인 "7일 이상 무단결근 하였을 때"란 일정한 시간적 제한이 없이 합계 7일 이상의 무단결근을 한 모든 경우를 의미하는 것이 아니라 상당한 기간 내에 합계 7일 이상의 무단결근을 한 경우를 의미한다고 제한적으로 해석하여야 할 것이다 (대법원 1995.5.26 선고 94다46596 판결).

② **질병 등의 사유로 인한 결근**

☞ 취업규칙 등에 질병 또는 부득이한 사유로 결근을 하고자 할 때에는 사전에 신고 또는 허가를 받거나 사후에 승인을 받도록 하는 규정이 있는 경우 이러한 절차를 밟지 않은 결근은 무단결근에 해당한다고 할 것이다(대법원 1990.4.27 선고 87다카5451 판결; 1995.1.24 선고 93다29662 판결).

③ **연차휴가권 사용과 무단결근**

☞ 회사가 연차시기변경권을 행사하지 않아 근로자의 정당한 연차휴가권 행사로 인정되는 경우와 주휴일은 무단결근일로 포함되지 않는다.
원고 회사의 취업규칙 제23조는 매주 일요일을 주휴일로 규정하고 있는 한편, 근로자가 연차휴가를 청구하는 절차에 관한 정함이 없는 사실과 1990.4.13. 당시 참가인이 갖는 연차휴가일수는 17일인 사실을 인정할 수 있고 달리 반증이 없으므로, 원심이 적법하게 인정한 바와 같이 참가인이 위와 같이 1990.4.13. 원고 회사의 차량계장인 장○○, 총무계장인 김○○에게 전화상으로 치료기간 중 계속 연차휴가를 실시한 것으로 처리하여 달라고 한 것은 적법하게 연차휴가를 청구한 것이고, 이에 대하여 원고 회사가 근로기준법 제48조 제3항 단서에 의한 시기변경권을 행사하였다고 볼 만한 자료가 전혀 없으므로, 참가인은 그가 출근하지 아니한 같은 달 13.부터 29.까지 중 일요일인 3일은 주휴일이어서 출근하지 아니한 것이고 그 나머지 14일 간은 연차휴가권을 행사한 것이어서 출근하지 아니한 것이라고 볼 것이지 결코 위 기간에 결근한 것이라고는 볼 수 없으므로, 결국 원심이 참가인이 위 기간 동안 출근하지 아니한 것은 무단결근이 아니라고 한 판시는 그 이유를 설시함에 있어 다소 미흡한 점이 없지 아니하나 결론은 옳다고 할 것이므로, 원심판결에는 소론이 주장하는 바와 같은 법리오해의 위법이 있다고 할 수 없다(대법원 1992.4.10 선고 92누404 판결).

④ **휴무일의 무단결근 일수 포함 여부**

☞ 단체협약서 근로기준법상 주휴일 제도는 근로자의 피로를 회복시킴으로써 노동의 재생산을 꾀하고 생산성을 유지하기 위하여 정신적 · 육체적 휴식을 취하는 데서 그치지 않고 나아가 근로자로 하여금 근로제공의무를 벗어나 사업장 이외의 장소에서 자유로운 시간을 갖도록 하려는 데에 그 취지가 있는 만큼 근로기준법 제54조 및 같은법 시행령 제25조 에서 사용자로 하여금 1주간의 소정근로일수를 개근한 근로자에게 1주일에 평균 1회 이상의 유급휴일을 주도록 한 규정은 1주일에 1회 이상의 휴일을 의무화하는 한편 성실근로를 유도 · 보상하기 위하여 소정의 근로일수를 개근하는 경우에 유급으로 할 것을 정한 것으로 해석하여야 할 것이므로 근로자가 소정의 근로일수를 모두 근무하지 아니하였다 하더라도 사용자에 대하여 유급휴일로 처리하여 줄 것을 청구할 수 없을 뿐 휴일 자체가 보장되지 않는다고 볼 수는 없다 할 것이어서 휴일 전후의 근로일을 결근하였다고 하여 휴일을 결근으로 처리할 수는 없다(대법원 2004.6.25 선고 2002두2857 판결).

☞ 교대제 근무기간 중의 비번일은 전날의 근무일에 정상적인 근무가 이루어진 경우에 인정되는 휴일일 뿐 전날의 정상적인 근무 여부와는 상관없이 인정되는 휴일이라 할 수는 없으므로, 원고의 취업규칙 제13조의2 제3항 중 그 전의 정상근무를 전제로 인정되는 휴일인 비번일을 결근일수에 포함시킨 부분은 유효하다고 할 것이나, 비번일과 별도로 월 5~6일씩 부여되는 주휴일은 그 전의 소정근로일수를 모두 정상근무한 것을 전제로 인정되는 것이 아니라 그 전의 정상근무와 상관없이 근로의무 자체가 없는 날이기 때문에 위 취업규칙 제13조의2 제3항 중 주휴일에도 근로의무가 있음을 전제로 하여 이를 결근일수에 포함시킨 부분은 유효한 것으로 보기 어렵다(위 판결).

⑤ **노조전임자의 무단결근**

☞ 노조전임자라 할지라도 사용자와의 사이에 기본적인 근로관계는 유지되는 것으로서 취업규칙이나 사규의 적용이 전면적으로 배제되는 것은 아니므로 단체협약에 조합전임자에 관하여 특별한 규정을 두거나 특별한 관행이 존재하지 아니하는 한 출 · 퇴근에 대하여 사규의 적용을 받게 된다. 원고가 노동조합 위원장의 사전 또는 사후 결재를 얻지 않고 임의로 노동조합 본부 사무실에 출근하지 않은 것은 참가인 회사의 취업규칙에 규정된 무단결근에 해당한다고 보아야 하고, 참가인 회사는 원고에 대하여 회사의 취업규칙의 출 · 퇴근에 관한 규정을 적용하여 징계할 수 있다고 함으로써 이 사건 징계처분은 정당하다(대법원 2005.10.13 선고 2005두5093 판결).

3. 근무태만

가. 개 념

근무태만은 근로자가 지각 · 조퇴 · 결근을 반복하거나 불성실한 근무태도로 인하여 업무실적이 저조한 경우, 복무규정에 명시된 근로자로서의 의무를 해태하는 경우, 근로계약에 의한 성실의무를 위반하는 경우 등을 말한다.

나. 근무태만과 징계사유

근무태만의 경우 근로자의 개개인의 행위나 태도는 비록 가벼운 것으로 보일 수 있으나, 그러한 일련의 태도 또는 행위가 다른 근로자의 사기를 떨어뜨리고, 근무기강을 해이하게 한다. 나아가 장기적으로는 기업경영에 나쁜 영향을 끼치게 되며, 실적부진 등으로 기업경영에 부정적인 결과를 초래하기 때문에 징계사유가 된다.

다. 정당성 요건

근무태만에 의한 징계는 불성실한 근무태도와 거기에서 비롯된 개개의 행위를 구체화하여 이러한 일련의 행위가 기업질서, 근무실적, 다른 근로자들에게 미친 영향 등을 종합적으로 고려하여 징계종류를 결정한다.

단순히 인사고과가 하위 일정비율에 속한다거나 업무실적이 부진하다는 이유만으로 근무태만을 징계사유로 삼을 수 없고, 불성실한 근무태도에 대하여 객관적이고 구체적인 근거를 제시하여야 한다.

만일, 근로자의 업무능력 부족으로 인해 그 업무실적이 부진한 경우에는 그것이 근로계약의 목적이 달성될 수 없는 정도에 이르렀다면 징계사유가 아닌 통상해고의 사유가 될 수 있다.

따라서 근무태만에 의한 업무실적 부진은 근로자의 근무태도와 거기에서 비롯된 개개의 행위를 구체적으로 판단하여야 하고, 단순히 다면평가에서 최하위를 기록하였다거나 업무실적을 기대하기 어려운 대기발령기간 중에 업무실적이 부진하다는 것은 그 징계의 정당성을 인정받을 수 없다.

(1) 무단외출과 근무태만

근로자가 3개월간 59회의 무단외출과 7일간의 지각을 하고도 반성하는 태도를 보이지 않는다면, 이를 이유로 한 해고는 정당하다.[158)]

(2) 대기발령기간의 업무실적

대기발령기간 중인 근로자에게 업무실적을 기대하기는 어려울 뿐 아니라 단순한 업무실적부진을 '고의 또는 과실'에 의한 직무상 장애 내지 분쟁을 야기하거나 회사에 손실을 초래한 경우에 해당한다고 보기 어렵고, 또한, 근로자의 고의 또는 과실에 기이한 것이라고 볼 아무런 자료도 없으므로 업무실적부진은 징계사유에 해당하지 않는다.[159)]

(3) 토요일 골프금지와 근무태만

근로자의 직책과 골프금지 지시를 고려하더라도, 토요일에 부하직원과 골프를 친 것을 이유로 해고한 것은 징계권의 남용에 해당한다.[160)]

(4) 노조전임자 지정과 무단이탈

회사가 근로자를 전임자로 인정하지 아니하였음에도, 회사의 경고를 무시한 채 계속하여 노동조합의 사무실에서 상근함으로써 자신의 작업장을 무단이탈한 행위는 노동조합의 업무를 위한 정당한 행위에 해당한다고 볼 수 없으므로, 회사가 근로자의 이와 같은 행위를 이유로 근로자를 해고한 것은 정당하다.[161)]

---

158) 대법원 1996.9.20 선고 95누15742 판결.
159) 대법원 2005.4.15 선고 2005두2568 판결.
160) 대법원 1996.4.23 선고 96다2378 판결.
161) 대법원 1993.11.9 선고 93다35384 판결.

4. 업무지시 · 명령에 대한 거부

가. 개 념

업무지시 또는 업무명령이란 사용자가 근로자의 노동력을 경영목적에 적합하게 활용하기 위하여 업무내용, 수행방법, 복무사항 등에 대한 직접 내지 간접적인 지시나 명령을 말한다.

업무지시는 근로자에게 하는 업무명령이나 근무태도에 관한 지시로부터 교육 · 훈련, 인사배치 등 인사명령까지 포함한다.

나. 업무지시 · 명령의 근거

사용자는 업무지시 · 명령을 통하여 근로자의 노동력을 경영 목적에 맞게 활용하며, 기업질서를 유지할 수 있다.

이러한 업무지시 · 명령권은 인사권에 포함된 사용자의 권한이며, 근로자가 근로계약에 따라 노동력의 사용권을 사용자에게 위임함으로써 인정되는 권한이기도 하다.

따라서 업무지시는 법령, 단체협약, 취업규칙, 근로계약의 범위 내에서 이루어져야 하며 기타 사회상규에 위배되지 않아야 한다.

다. 업무지시거부와 징계사유

근로자가 사용자의 업무지시 · 명령에 따르지 아니하는 것은 중대한 근로계약 위반행위에 해당하며, 나아가 기업질서를 문란하게 하여 기업존립에 위험을 초래할 수도 있으므로 중대한 징계사유가 된다.

취업규칙 등에 시말서를 제출하도록 규정되어 있음에도, 근로자가 징계처분에 따른 시말서를 제출하지 아니한 행위는 그 자체로서 사용자의 정당한 업무명령을 거부한 것으로 징계사유가 될 수 있다.[162)]

그러나 근로자의 비위행위를 조사하기 위한 사용자의 출석요구는 징계절차의 일환이므로 본래 의미의 업무명령에 해당하지 않으므로 이에 불응하였다고 하여

162) 대법원 1995.3.3 선고 94누11767 판결.

징계사유로 삼을 수 없다.

라. 정당성 요건

근로자가 사용자의 업무지시 · 명령을 거부한 것은 근로계약 위반행위에 해당하며, 나아가 기업질서를 문란하게 하는 중대한 징계사유가 된다.

업무지시 · 명령 위반에 대한 징계처분의 정당성은 첫째, 업무명령이 정당한 것인지 여부, 둘째, 근로자가 그 명령에 복종하지 않은 것에 부득이한 사유가 없었는지 여부, 셋째, 그에 대한 징계해고가 상당한 것인지 등을 구체적으로 판단해야 한다.

(1) 직무명령에 대한 단순 항의표시

상사의 직무 명령에 대하여 그 어려움을 호소하기 위하여 단순히 항의의 의사표시를 한 것은 업무상 지시 불응에 해당하지 않으므로 이를 업무상 지시 불응으로 보아 해고할 수 없다.[163)]

(2) 사죄문 요구에 대한 거부

시말서가 단순히 사건의 경위를 보고하는 데 그치지 않고 사죄문 또는 반성문을 요구하는 취지라면 헌법상 양심의 자유를 침해하는 것이므로 이러한 시말서의 제출을 거부했다 하더라도 징계사유가 될 수 없다.[164)]

(3) 부당 전보명령에 대한 거부

전보에 있어서 업무상 필요성이 있었는지 여부는 전보명령 전후의 사정을 살펴보아 판단할 수 있으며, 업무상 필요성을 인정하기 어려운 반면 전보로 인한 근로자들의 생활상 불이익이 큰 경우 전보명령 거부를 이유로 해고한 것은 부당하다.[165)]

---

163) 대법원 1990.12.7 선고 90다6095 판결.
164) 대법원 2010.1.14 선고 2009두6605 판결.
165) 대법원 2005.10.28 선고 2005두6706 판결.

(4) 운수업 종사자에 대한 배차지시

여객자동차운송사업체의 사용자가 승무직 근로자에 대한 배차행위 또는 배치지시는 기업목적의 수행을 위하여 근로계약이나 취업규칙 또는 · 단체협약에 기초한 통상적 업무수행명령이고, 기본적 의무이다. 따라서 질병 등으로 승무를 할 수 없는 사정이 있거나 운행차량이 아주 노후되어 승무업무수행이 운전기사의 안전을 해할 우려가 있는 경우, 또는 정당한 연월차휴가권을 행사하였다는 등의 특별한 사정이 없는 한 사용자의 배차지시에 따라 지정된 차량을 운행하여야 한다.

이러한 특별한 사정이 없음에도 사용자의 배차지시를 거부한 것은 근로계약에 따른 근로자의 본질적이고, 기본적인 의무인 근로제공의무를 이행하지 않는 것으로서 채무불이행이 되며, 일반적으로 해고사유가 된다.

나아가 운전기사의 배차지시 거부에 따라 여객운송이 중단되거나 또는 운송질서가 문란하게 된 경우에는, 그것이 배차지시를 받고 무단결근 또는 출근을 하였으면서도 거부하는 경우를 막론하고, 중대한 근로계약의 위반행위에 해당하며, 이는 단순한 무단결근의 성질과 달리하는 것으로 보아야 한다.[166)]

마. 부당한 업무지시 · 명령의 거부

근로자는 사용자의 정당한 업무지시를 따라야 할 의무가 있지만, 부당한 업무지시 · 명령은 거부할 수 있으므로 이를 거부한 경우 사용자는 원칙적으로 징계사유로 삼을 수 없다.

그러나 근로자가 사용자의 업무지시 · 명령에 의문을 갖는다고 하더라도 이에 대하여 항의하는 수단은 적정하여야 한다. 근로자의 거부나 항의가 그 정도가 지나쳐 사회적 상당성을 상실하는 경우에는 별도의 징계사유로 삼을 수 있다.

만약, 근로자가 사용자의 인사명령에 대한 거부의사의 표시명목으로 사업장 내 다른 직원에게 폭력을 행사하거나 허위사실을 유포하여 사용자의 명예를 훼손하고, 사용자가 이를 이유로 해고한 경우 해고의 정당성은 인사명령의 정당성과 폭력행위 또는 명예훼손행위에 대한 평가에 따라 달라지게 된다.[167)]

---

166) 대법원 1994.8.23 선고 93누21514 판결; 1994.9.13 선고 94누576 판결; 1994.12.23 선고 94누3001 판결; 1997.11.28 선고 97다33119 판결; 2000.6.23 선고 98다54960 판결.

167) 대법원 2004.2.12 선고 2003두13250 판결.

관련판례

① 인사명령 거부가 징계사유에 해당되는지 여부

☞ 노동조합이 정기총회 개최일에 체육행사 등을 실시함을 알면서도 상당기간 아무런 이의 제기 없다가 총회 전날에서야 총회 당일 오전 정상 근무를 하도록 한 사용자의 지시는 부당하고, 그 지시를 어긴 것을 징계해고사유로 삼을 수 없다(대법원 1990.12.7 선고 90다6095 판결).

☞ 근로자가 자신의 비위행위를 조사하기 위한 회사의 출석 요구에 불응했다 하더라도 이러한 출석요구 자체는 징계절차의 일환일 뿐 근로자가 수행하여야 할 본연의 업무명령에 해당한다고 볼 수 없으므로, 위 출석 요구에 불응하였다고 하여 독자적인 징계사유로 삼을 수 없다(서울고법 2001.9.6 선고 2000누16694 판결).

☞ 상사의 직무 명령에 대하여 그 어려움을 호소하기 위하여 단순히 항의의 의사표시를 한 것은 업무상 지시 불응에 해당하지 않으므로 이를 업무상 지시 불응으로 보아 해고할 수 없다(대법원 1990.12.7 선고 90다6095 판결).

☞ 시말서가 단순히 사건의 경위를 보고하는 데 그치지 않고 사죄문 또는 반성문을 요구하는 취지라면 이는 헌법상 양심의 자유를 침해하는 것이므로 이러한 시말서 제출을 거부했다 하더라도 징계사유가 될 수 없다(대법원 2010.1.14 선고 2009두6605 판결).

② 인사명령에 불복하며 결근 또는 작업거부 행위에 대한 징계의 정당성 여부는 인사명령의 정당성이 인정되는지 여부에 따라 결정된다.

☞ 근로자가 전직 등 인사명령의 경우 정당성에 다소 의문을 품는다 하더라도 유효한 전직처분에 불응하고 취업규칙에서 정한 사전 신고도 하지 않은 채 소속 부서에 8일 간이나 계속 출근하지 아니한 것은(그 동안 종전의 부서로 출근하려 한 적이 있다 하더라도) 무단결근에 해당하고, 항의의 수단으로서는 너무 지나쳐 적정하지 못하다 할 것이므로 무단결근을 사유로 징계해고한 것은 정당하다(대법원 1994.5.10 선고 93다47677 판결).

☞ 상당한 이유 없이 기능직 사원을 사무직으로, 다시 사무직에서 기능직으로 수시로 여러 차례 전직 처분을 하고, 다른 기능직 사원과 차별하여 연장근로 등을 시키지 않음으로써 급여가 감소된 데 대한 항의 내지 시정 요구의 수단으로 5일간 작업을 거부한 근로자를 해고한 것은 징계권 남용이거나 형평의 원칙에 위배하여 무효이다(대법원 1991.5.28 선고 90다8046 판결).

☞ 전보에 있어서 업무상 필요성이 있었는지 여부는 전보명령 전후의 사정을 살펴보아 판단할 수 있으며, 업무상 필요성을 인정하기 어려운 반면, 전보로 인한 근로자들의 생활상 불이익이 큰 경우 전보명령 거부를 이유로 해고한 것은 부당하다(대법원 2005.10.28 선고 2005두6706 판결).

5. 업무상 횡령 · 배임과 금품수수

가. 개 념

업무상 횡령이란 업무로 인하여 근로자에게 맡겨진 사업주의 재산을 자신 또는 타인의 소유로 삼거나 반환을 거부하는 행위를 말한다.

예컨대, 경리업무 담당자가 회사자금으로 자신의 주식을 매입하는 행위, 자재업무 담당자가 원자재를 몰래 반출하는 행위, 운전원이 운송수입금 일부를 사적인 용도로 사용하는 행위 등이다.

업무상 배임이란 근로자가 담당업무를 수행하면서 자기 또는 제3자를 위한 재산상 이익을 취득하고, 사업주에게 재산상 손해를 끼치는 것을 말한다. 예를 들면, 금융업에서 대출담당자가 담보물권의 가치를 실제보다 높게 책정하고 이를 근거로 대출함으로써 대출채권의 전액회수가 불가능하도록 하는 행위 등이다.

금품수수란 근로자가 자신의 직무와 관련하여 부정한 청탁을 받고 금품(재산상 이익 포함)을 받는 행위를 말한다. 이를 테면, 납품업자로부터 리베이트 또는 향응을 받고, 기준미달의 물품을 납품받거나 납품단가를 높게 책정하여 납품을 받는 행위 등이다.

나. 객관적인 증거자료

업무상 횡령 · 배임 · 금품수수를 이유로 징계할 때에는 무엇보다 객관적인 증거자료의 확보가 중요하다. 만약, 근로자가 혐의사실을 부인하며 제시한 반증자료에 대한 재반증을 하지 않는 상태에서 일단 확보된 증거와 관련되는 진술, 검찰에서의 기소 사실 등을 토대로 징계처분을 하는 경우에는 구제절차 과정에서 징계사유의 정당성이 부인될 수 있다.

따라서 증거인멸 등이 우려될 때에는 직위해제 및 대기발령을 하고 해당 근로자를 조사하면서 관련자들에 대한 조사와 징계도 병행되어야 한다.

다. 정당성 요건

법원은 횡령대상이 운송회사의 운송수입금, 용역회사의 수수료와 같이 기업의 본질적 수입원에 연결된 경우에는 엄격한 기준을 적용한다.

특히, 택시회사나 버스회사에서 영업 수익의 대부분을 차지하는 요금을 횡령한 행위는 그 횟수나 금액에 관계없이 노사간 신뢰를 훼손함은 물론 회사경영에 심각한 지장을 주게 되므로 해고사유로 보고 있다.

업무상 횡령 · 배임행위가 명백하고 중대한 경우에도 해당 근로자에 대한 징계가 관련자 또는 과거의 유사한 사례에 비하여 지나치게 가혹한 경우에는 징계 형평성에 저촉되어 정당성을 인정받지 못한다.

따라서 징계양정에 있어서 관련자들과의 형평성, 횡령의 동기, 횡령한 금품의 사용내용 등을 고려하여 결정한다.

(1) 운송수입금 미납과 징계

운송수입금 미납을 이유로 한 징계는 미납하게 된 동기와 경위, 미납액, 미납행위를 전후한 근로자의 태도 등을 종합적으로 고려하여 징계양정의 적정성을 판단하여야 한다.

버스회사의 경우에는 소액의 요금을 횡령하더라도 해고의 정당성이 쉽게 긍정되는데 반해, 택시회사의 운송수입금 횡령은 운송수입금 전액관리제 시행여부에 따라 해고의 정당성 여부를 달리 보고 있다. 즉, 시내버스의 운행 도중에 요금 5,000원을 횡령한 것을 이유로 한 해고가 정당하다고 판단하였으나,[168] 사납금제에서 사납금 초과금액은 월급명세서에서 누락시켜서 근로자에게 전액 반환하고, 미달하는 금액은 월급에서 공제하는 방식으로 운영되는 회사의 경우 운송수입금의 일부를 미납하더라도 징계할 수 없다고 판단하였다.[169]

(2) 금융기관 종사자의 횡령과 징계

금융기관의 경우 근로자가 수익증대 등을 목적으로 여신업무 수행과정에서 제반 규정을 위반한 것이 사용자 측에 손해가 크지 아니하고, 업무실적이 뛰어나다 하더라도 중대한 위반행위로 평가된다.

은행원이 여신규정을 위반하고 부동산에 대한 근저당을 임의로 해지하여 해고된 사건에서, 다른 금융기관 재직 시 업무상 배임죄로 700만원의 벌금형 선고 등

---

168) 대법원 1997.7. 8 선고 96누6431 판결.
169) 대법원 2002.2.22 선고 2000두9984 판결.

을 고려할 때, 금융기관 실무 책임자로서 요구되는 기본적인 윤리를 저버린 행위라고 판단하였다.[170]

또한, 은행원인 근로자가 50만원을 횡령한 사안에서, 금융기관 종사자들에게는 고도의 청렴성과 윤리의식이 요구되므로 소액의 금액이라도 고객에 대한 금융 부조리는 엄격하고 철저히 다루어야 한다고 판단하였다.[171]

(3) 기타 업무상 횡령 · 배임, 금품수수 행위와 징계

근로자가 공사현장의 감리업무를 담당하는 자로서 공정하고 성실하게 업무를 수행해야 함에도 불구하고, 시공회사에 대하여 향응 등의 제공을 적극적으로 요구하고, 두 차례에 걸친 비싼 술 접대와 휴가비를 수령한 행위는 건축물의 공사감리를 주 업무로 하는 사용자의 명예와 신용을 크게 손상한 것으로 더 이상 근로관계를 지속하기 어려운 정도의 잘못에 해당한다고 판단하였다.[172]

---

170) 대법원 2010.3.11 선고 2010두832 심리불속행 판결.

171) 대법원 2008.6.26 선고 2008두4923 심리불속행 판결.

172) 대법원 2005.4.19 선고 2004두14182 판결.

관련판례

① 운전자의 운송수입금 횡령행위는 그 금액의 다소를 불문하고 사회통념상 근로관계를 유지하기 어렵다.

☞ 시내버스 운행 도중 요금 5,000원을 횡령한 것을 이유로 한 해고가 정당하다(대법원 1997.7.8 선고 96누6431 판결).

☞ 시내버스 운전기사가 2,600원을 횡령한 사건에서 징계권 일탈 · 남용이 아니다(대법원 2004.4.28 선고 2004두2714. 심리불속행 판결).

☞ 전액관리제가 아닌 사납금제 하에서 초과 금액은 월급명세서에서 누락시키고, 이를 추가 입금이라는 형태로 근로자에게 전액 반환하고, 사납금에 미달하는 금액은 월급에서 공제하는 방식으로 운영되는 회사에서 운전수가 운송수입금 중 일부를 미납하였더라도 이를 가지고 징계할 수 없다(대법원 2002.2.22 선고 2000두9984 판결).

☞ 사납금제 하에서는 회사에 납부한 운송수입금액이 정해진 액수에 모자라더라도 월급에서 공제하면 되므로 미납금액이 소액(60여만 원)이라면 징계사유로 삼을 수 없다(대법원 2011.12.27 선고 2011두25715. 심리불속행 판결).

☞ 전액관리제 하에서 택시 기사가 미터기를 사용하지 않고 운송수입금을 횡령하였고, 이전에도 같은 사유로 3차례 징계처분을 받은 사실이 있다면, 해고사유가 된다(서울고법 2002.5.1 선고 2001누3060 판결).

② 금융기관 종사자의 경우 고도의 청렴성과 윤리의식이 요구된다.

☞ 은행원이 여신규정을 위반하고 부동산에 대한 근저당을 임의로 해지하여 해고된 사건에서, 다른 금융기관 재직 시 업무상 배임죄로 700만원의 벌금형 선고 등을 고려할 때, 금융기관 실무 책임자로서 요구되는 기본적인 윤리를 저버린 행위이다(대법원 2010.3.11 선고 2010두832. 심리불속행 판결).

☞ 은행원인 근로자가 50만원을 횡령한 사안에서, 금융기관 종사자들에게는 고도의 청렴성과 윤리의식이 요구되므로 소액의 금액이라도 고객에 대한 금융 부조리는 엄격하고 철저히 다루어야 한다(대법원 2008.6.26 선고 2008두4923. 심리불속행 판결).

③ 기타 업무상 횡령 · 배임, 금품수수 행위 관련

☞ 근로자가 공사현장의 감리업무를 담당하는 자로서 공정하고 성실하게 업무를 수행하여야 함에도 불구하고, 시공회사에 대하여 향응 등의 제공을 적극적으로 요구하고, 두 차례에 걸친 비싼 술 접대와 휴가비를 수령한 행위는 건축물의 공사감리를 주 업무로 하는 사용자의 명예와 신용을 크게 손상한 것으로서 더 이상 근로관계를 지속하기 어려운 정도의 잘못에 해당한다(대법원 2005.4.19 선고 2004두14182 판결).

☞ 자동차 영업사원인 근로자가 차량전매행위를 하여 판매수수료를 부당하게 취득하고 공금을 유용한 사안에서, 취득한 금원은 크지 않다고 하더라도 사용자의 자동차 판매질서를 교란하는 행위로서 결과적으로 사용자에게 재산적 손해뿐만 아니라 대외적 신용 및 명예를 훼손하는 행위이다(대법원 2008.4.28 선고 2008두3678. 심리불속행 판결).

6. 사업장 내외의 폭력행위

가. 개 념

폭력행위라 함은 단순한 욕설, 상대방 인격에 대한 모욕적인 언사, 상대방 신변에 대한 위협적인 발언·태도에서부터 구타, 상해 등 물리적인 폭력까지를 포함한다.

징계사유로서의 폭력행위는 사업장 내의 폭력행위만을 의미하지 않으며, 사업장 밖에서의 폭력행위라 할지라도 업무와 관련이 있거나 직장 내 질서 또는 기업의 명예를 훼손하는 결과가 초래되는 경우에는 징계사유로 삼을 수 있다.[173)]

나. 정당성 요건

폭력행위는 매우 다양한 모습으로 나타나며, 그 대상이 직장동료 또는 직장 상사일 수도 있다. 그 동기도 상대방의 도발적 행위에 기인하거나, 부당한 업무지시에 대하여 의견을 제시하는 과정에서 발생할 수 있으며, 계획적이고 고의적인 경우도 있다.

따라서 폭력행위를 사유로 한 징계처분은 폭력행위의 동기·경위, 전후의 사정을 종합하여 판단하여야 한다. 폭력행위를 일으킨 근로자에게 무조건적이고 일방적인 책임을 지우는 것은 그 정당성을 인정받을 수 없다.

상사폭행의 경우 근로자가 상사에게 폭력을 행사할 정도라면 그런 일이 벌어지게 된 특별한 사정이 있으므로 그 폭력행위가 발생한 경위에 대한 조사가 선행되어야 하며, 관련자들에 대한 균형 있는 징계처분이 따라야 그 정당성을 인정받을 수 있다.

(1) 징계해고의 정당성이 인정되는 폭력행위

① 회사 내에서 다른 종업원이 지켜보는데 대표이사와 상무에게 욕설, 폭행한 것은 회사의 경영질서 및 위계질서를 크게 해쳤다고 할 것이고, 이는 사용자와 근로자 사이의 고용관계를 계속시킬 수 없을 정도의 중대한 사유라고 인정된다.[174)]

173) 대법원 1994.12.13 선고 93누23275 판결.

174) 대법원 1995.6.30 선고 95누2548 판결.

② 사납금 미납행위로 승무정지 조치 후 징계에 회부되자 상사에게 협박, 폭언, 업무방해 등을 한 운전사에 대한 징계해고는 그 정당성을 인정할 수 있다.[175)]

③ 3차례에 걸친 폭력행위 전력이 있는 노동조합위원장인 근로자가 임금교섭과 관련하여 무단으로 사장실에 들어가 회사임원을 폭행하여 상해를 입힌 행위는 회사 내의 위계질서를 근본적으로 해친 행위로서 사회통념상 근로계약을 계속시킬 수 없을 정도에 해당한다.[176)]

(2) 징계해고의 정당성이 부인되는 폭력행위

① 회사 직원들과 술집에서 단합대회를 하던 중 술기운에 상사의 멱살을 잡아당기면서 옷이 찢겨지는 등의 폭행을 가한 근로자에게 징계면직 처분한 것은 징계권의 범위를 일탈한 처분으로서 무효이다.[177)]

② 상사가 먼저 근로자를 폭행함으로써 싸움이 유발되고, 그로 인해 해당 근로자는 약 4주 간, 상사는 약 10일 간의 각 상해를 입은 점 및 그 후의 수습과정 등에 비추어 볼 때, 상사폭행을 사유로 한 징계해고는 징계권을 남용한 것이다.[178)]

③ 직장상사를 폭행한 경우에도 폭력행위가 발생한 동기 · 배경, 폭력행위 후 상대방과의 원만한 합의 등 전후 제반사정을 고려할 때 해고는 양정이 과하여 부당하다.[179)]

7. 명예훼손, 비밀누설, 고소 · 고발

가. 개 념

(1) 명예훼손(신용훼손 · 모욕)

형법상 '명예훼손'은 타인과 관계되는 사실 또는 허위 사실을 다수인에게 공공연하게 알려 타인의 인격에 대한 사회적 평가를 떨어뜨리는 행위를 말한다. 예를

175) 대법원 1994.8.2 선고 94누1890 판결.
176) 대법원 2005.3.24 선고 2005두807 판결.
177) 대법원 1992.5.22 선고 91누5884 판결.
178) 대법원 1992.2.11 선고 91다25109 판결.
179) 대법원 2004.7.8 선고 2004두4765 판결.

들면, "우리 사장님과 김○○ 배우는 내연관계이다.", "우리 사장님은 아파트를 20채나 가지고 있다."

'신용훼손'은 허위사실을 유포하거나 속임수로 타인이 경제활동영역에서 가지고 있는 사회적 신뢰가치를 떨어뜨리는 행위를 말한다. 구체적 사실을 적시하지 아니한 채 인격적으로 부정적인 평가만을 하는 경우에는 '모욕'에 해당한다. 예를 들면, "우리 사장은 바람둥이다.", "우리 사장은 부동산 전문 투기꾼이다."라고 부정적으로 평가하는 것은 모욕에 속한다.

사용자가 징계사유로 삼고 있는 명예훼손은 형법상 명예훼손, 모욕, 신용훼손이 모두 포함되는 것으로 볼 수 있다.

(2) 비밀누설

사용자가 징계사유로 삼는 '비밀누설'은 업무상 알게 된 기업제품, 영업 등에 관한 비밀을 제3자에게 유출함으로써 경제적 손실, 신용훼손 등의 경영상 장애를 초래하는 행위를 말한다. 최근에는 회사의 명운을 좌우할 수 있는 첨단기술을 해외로 빼돌리는 사건이 자주 발생하고 있다.

(3) 고소 · 고발

형법상 '고소'는 피해자가 가해자를 처벌해 줄 것을 사법당국에 요구하는 것을 말하며, '고발'은 피해자 아닌 제3자가 범법자를 처벌해 달라고 요구하는 것을 말한다.

사용자가 징계사유로 삼고 있는 고소 · 고발은 근로자가 정당한 사유나 근거 없이 자신이 소속되어 있는 기업 또는 상사들을 사법당국에 고소 · 고발하거나 행정관청에 특정한 조치를 요구하는 '진정 · 청원 · 탄원' 등을 모두 포함하는 개념이다.

나. 정당성 요건

근로자가 직장의 내부사실을 외부에 공표하는 것은 공표된 내용과 그 진위, 그 행위에 이르게 된 경위와 목적, 공표방법 등에 따라서 사용자의 비밀 · 명예 · 신용 등을 훼손하는 행위로서 징계사유가 될 수 있다.

그러나 명예훼손행위가 존재하는 경우라 하더라도 사업의 성격, 비방 또는 고발의 경위, 반복 정도, 그로 인하여 회사가 입은 손해의 정도 등 제반사정을 구체적으로 살펴야 한다.

근로자에게 명예훼손의 고의가 없었더라도 관련된 내용이 회사의 운명이나 존속에 지장을 초래할 만한 중대한 사항에 대한 구체적 자료나 검토 없이 감독관청에 발설한 경우에는 해고사유로 삼을 수 있다.[180)]

다만, 근로자의 행위가 근로자들의 권익보호나 사용자의 부당한 처사에 대항하기 위하여 행하여진 경우에는 그 내용이나 표현방식이 다소 과격하여 명예훼손의 정도에 이른 경우라면 달리 취급하여야 한다.

(1) 고소 · 고발, 언론 유포행위

고소 · 고발 및 언론 제보 등이 진실이거나 상당한 근거가 있는 경우에는 징계사유에 해당하더라도 징계해고까지 하는 것은 재량권 일탈이고, 특히 공공성이 강한 경우에는 더욱 그러하다.[181)]

그리고 뚜렷한 자료없이 회사 대표를 고소 · 고발하거나 인격을 비난하는 진정서 등을 관련기관에 제출하는 행위, 공개석상에서 진실과 다른 내용으로 회사를 비방하는 행위 등은 징계사유가 된다.[182)]

(2) 내부고발

공표된 내용이 공익성과 관련 없는 극히 경미한 사항으로서 주로 사익적 목적이나 동기에서 비롯된 것이라면 징계사유가 된다.[183)]

그러나 의료원 직원이 의료원의 비정상적인 약품구입 절차를 조사하여 시정해달라는 내용으로 도지사에게 진정하고, 진정서 사본을 도의회 의원에게 제공한 행위를 이유로 파면처분한 것은 징계재량권 일탈이다.[184)]

---

180) 서울행정법원 2000.8.17 선고 2000구23 판결.
181) 대법원 1995.3.3 선고 94누11767 판결.
182) 대법원 1992.6.26 선고 91다42982 판결.
183) 대법원 1999.9.3 선고 97누2528,2535 판결.
184) 대법원 1999.12.21 선고 98두7787 판결.

(3) 청원권 행사

근로자는 헌법상 보장된 청원권을 행사할 수 있으므로 청원행위 자체에 대하여 징계할 수 없지만, 그 내용이 허위이거나 또는 사용자를 비방하는 것이면 징계사유가 된다.[185)]

(4) 소송제기

근로자가 회사를 상대로 소송을 제기하여 패소한 경우, 패소한 원인이 법률적 견해 차이에 기인하고, 사용자에게 손해를 입히려는 목적이 아니며, 사용자에게 소송비용 상환을 거부하였다 하더라도 민사상 채무에 불과할 뿐 직무상 의무는 아니므로 이러한 소송 제기와 소송비용의 상환거부를 이유로 징계할 수 없다.[186)]

(5) 회사 및 상사에 대한 비방

고도의 공공성을 갖는 공법인에 있어 그 업무가 무엇보다도 먼저 관련 법령 및 제 규정에 따라 적법하게 수행되어야 하고, 그 업무수행에 있어 위법행위는 공법인의 내 · 외부로터 감시, 견제되어야 할 필요가 있으므로 소속 직원에 의한 업무 관련 사실의 공표행위는 일반 사기업과 동일하게 평가되어서는 아니된다.[187)]

185) 대법원 1999.9.3 선고 97누2528,2535 판결.
186) 대법원 1999.9.3 선고 97누2528,2535 판결.
187) 대법원 1999.9.3 선고 97누2528 판결.

관련판례

① 고소, 고발, 언론 유포행위: 그 행위의 목적, 내용의 진실성 여부 등을 통하여 정당성을 판단

☞ 뚜렷한 자료 없이 사업체 대표자를 고소 · 고발하거나 인격을 비난하는 진정서 등을 관련 기관에 제출하는 행위, 공개 석상에서 진실과 다른 내용을 가지고 회사를 비방하는 행위 등은 징계사유가 된다(대법원 1992.6.26 선고 91다42982 판결; 1995.3.3 선고 94누11767 판결; 1996.3.12 선고 95다51403 판결).

☞ 그러나 고소 · 고발 및 언론 제보 등이 진실이거나 상당한 근거가 있는 경우에는 징계사유에 해당하더라도 징계해고까지 하는 것은 재량권 일탈이고, 특히 공공성이 강한 경우에는 더욱 그러하다(대법원 1995.3.3 선고 94누11767 판결).

② 내부에서의 고발

☞ 공익을 위한 내부 고발행위는 일부 사실이 다른 내용이 있더라도 전체적인 내용이 사실에 해당하고 목적이 정당하다면 해고사유로 삼을 수 없으나, 주로 사익적 목적이나 동기에서 비롯된 것이라면 징계사유가 된다(대법원 1999.9.3 선고 97누2528,2535 판결).

☞ 지방공사 의료원 직원이 의료원의 비정상적인 약품 구입절차를 조사하여 시정하여 달라는 내용으로 도지사에게 진정하고, 진정서 사본을 도의회 의원에게 제공한 행위를 이유로 파면처분한 것은 징계재량권 일탈이다(대법원 1999.12.21 선고 98두7787 판결).

☞ 사회복지법인 팀장으로 근무하는 자가 사용자의 비리혐의에 대하여 시 감사실, 시의회 홈페이지 게시판, 시민연대, 국민권익위원회 등에 제보한 사건에서 "근로자 주장 및 의혹에 일부 부합하는 사실이 인정된 이상, 비록 근로자가 시 및 관할 지방경찰청, 국가인권위원회 등으로부터 사용자에게 부패행위가 없다는 통지를 받았다고 하더라도 이러한 사정만으로 근로자가 자신의 신고 및 이의신청 내용이 허위라는 사실을 알았거나 알 수 있었다고 보기 어려우므로 근로자는 구 부패방지법에 정한 법적 보호를 받는다"(서울행정법원 2009.10.23 선고 2009구합1822 판결).

③ 청원권 행사

☞ 청원권은 국민의 기본권이므로 근로자도 사용자에 관한 사항으로서 널리 공공기관의 권한에 속하는 사항에 대하여는 청원할 수 있음은 당연하나, 다만 그 청원서의 내용이 허위의 사실이거나 사용자를 비방하는 것이라면 사용자의 인격, 비밀, 명예, 신용 등을 훼손하여서는 아니되는 성실의무에 반하여 징계사유가 된다(대법원 1999.9.3 선고 97누2528, 2535 판결).

④ 소송제기

☞ 근로자가 회사를 상대로 소를 제기하여 기각당했다고 하더라도 패소한 원인이 법률적 견해 차이에서 기인한 것이고, 사용자에게 손해를 입히려는 목적이 아니며, 사용자에게 소송비용 상환을 거부하였다 하더라도 민사상 채무에 불과할 뿐 직무상 의무는 아니므로 이러한 소송제기와 소송비용 상환 거부를 가지고 징계할 수 없다(대법원 1999.9.3 선고 97누2528,2535 판결).

⑤ 회사 및 상사에 대한 비방

☞ 근로자가 직장의 내부사실을 외부에 공표하는 것은 공표된 내용과 그 진위, 그 행위에 이르게 된 경위와 목적, 공표방법 등에 따라서는 사용자의 비밀, 명예, 신용 등을 훼손하는 행위로서 징계사유가 될 수 있지만, 고도의 공공성을 갖는 공법인에 있어서는 그 업무가 무엇보다도 먼저 관련 법령 및 제규정에 따라 적법하게 수행되어야 하고, 그 업무수행에 있어서의 위법행위는 널리 공법인의 내 · 외부로터 감시, 견제되어야 할 필요가 있으므로 소속 직원에 의한 업무관련 사실의 공표행위는 일반 사기업의 경우와 동일하게 평가되어서는 아니된다(대법원 1999.9.3 선고 97누2528, 2535 판결; 1999.12.21 선고 98두7787 판결).

☞ 근로자가 뚜렷한 증거 없이 소속 직장의 대표자를 고소 · 고발하거나 진정서를 제출한 것은 징계사유에 해당한다(대법원 1992.6.26 선고 91다42982 판결; 1995.3.3 선고 94누11767 판결; 1996.3.12 선고 95다51403 판결 등).

☞ 고소 · 고발하거나 언론에 제보한 내용이 진실한 것이거나 상당한 근거가 있는 경우에는 이를 이유로 근로자를 징계해고까지 하는 것은 재량권을 일탈한 것이다(대법원 1995.3.3 선고 94누11767 판결).

⑥ 회사정리 절차에 들어간 회사의 업무는 투명한 업무수행이 요구된다.

☞ 회사정리 절차에 들어간 회사의 업무는 일반 사기업의 경우와 비교하여 더욱 투명하고 적법하게 수행되어야 하고, 내부 직원들로부터도 감시 · 견제되어야 할 필요가 더 크다 할 것이므로 외부기관에 비밀을 유출하였다는 이유로 해고한 것은 부당하다(대법원 2005.7.29 선고 2005두4366 판결).

8. 직장 내 성희롱

가. 개 념

성희롱의 사전적 의미로는 "성적으로 장난하며 놀다"는 뜻이지만 영어적 표현으로는 'Sexual Harassment' 이다. 이를 직역하면 '성적 괴롭힘' 으로 해석할 수 있다.

「남녀고평법」에서 금지하고 있는 직장 내 성희롱은 "사업주 · 상급자 또는 근로자가 직장 내 지위를 이용하거나 업무와 관련하여 다른 근로자에게 성적 언동 등으로 성적 굴욕감 또는 혐오감을 느끼게 하거나 성적 언동 또는 그 밖의 요구 등에 따르지 아니하였다는 이유로 고용에서 불이익을 주는 것"을 의미한다(남녀고평법 §2제2호).

나. 성립요건

직장 내 성희롱의 주체는 남성뿐만 아니라 여성도 해당되며, 상사와 동료, 하급자도 여기에 해당된다.

직장 내 성희롱은 긴밀한 인간관계가 형성되는 과정에서 주로 이루어지기 때문에 피해자가 거부의사를 표시하기 어렵다. 따라서 가해 근로자의 성적인 언동을 통하여 피해 근로자가 성적 굴욕감 또는 수치심을 느꼈다면 성희롱이 되며, 성적인 언행에 대한 거부의사의 표시여부는 성희롱 성립에 영향을 미치지 아니한다.

특히, 상급자와 하급자 사이에는 성적행동이나 관계가 수 차례 이어지고, 하급자가 호응을 한 것으로 보이는 경우에도 직장 내 성희롱이 성립될 수 있다.

다. 직장내 성희롱과 징계사유

직장 내 성희롱은 피해 근로자에게 정신적 상처를 주며, 사내에서 알려질 경우에는 기업질서와 근무분위기에 부정적인 영향을 미친다. 또한, 사외로 알려질 경우 기업의 명예와 신용훼손이 될 수 있으므로 중한 징계사유로 취급되고 있다.

그리고 '직장 내 부적절한 남녀관계' 는 서로가 원하여 이루어져 가해자와 피해자가 존재하지 아니한다는 점에서 '직장 내 성희롱' 과 구분되지만, 사내에 알려질 경우 기업질서와 근무분위기에 부정적인 영향을 끼칠 수 있고, 사외로 알려질 경우 사업의 성격에 따라서는 기업의 명예와 신용도 훼손될 수 있으므로 징계사유로 삼을 수 있다.

라. 정당성 요건

법원은 대체로 성희롱을 중대한 비위행위로 보아 해고의 정당성 여부를 판단하는 경향이다.

직장 내 성희롱의 성립 여부는 가해 근로자로부터 성적언행이 있었는지, 이로 인해 피해 근로자가 성적 굴욕감이나 수치심을 느꼈는지 여부이다.

성적 굴욕감 또는 수치심을 느꼈는지 여부는 피해 근로자의 주관에 의존할 수밖에 없으나, 성적언행의 존재 여부는 사실관계에 관한 판단이므로 철저한 진실규명이 필요하다.

근로자가 성적언행의 사실을 부인하고 있고, 당시의 여러 상황을 종합해 볼 때 성적언행이 있었다고 보기 어려운 경우 피해 근로자의 주장에 의존하여 징계처분하더라도 그 정당성을 인정받을 수 없다. 징계의 정당성에 관한 입증책임은 사용자에게 있으며, 성희롱을 사유로 한 징계라고 해서 사용자의 입증책임이 면제되는 것은 아니기 때문이다.

(1) 성적인 언동 등의 의미

법원은 '성적인 언동 등'의 의미에 대해 남녀 간 육체적 관계나 남성 또는 여성의 신체적 특징과 관련된 육체적 · 언어적 · 시각적인 행위로서 사회공동체의 건전한 상식과 관행에 비추어 볼 때, 상대방과 같은 처지에 있는 일반적이고도 평균적인 사람에게 성적 굴욕감이나 혐오감을 느끼게 할 수 있는 행위를 의미하며, 행위 상대방이 성적 굴욕감이나 혐오감을 느꼈음이 인정되면 충분하고, 가해자의 성적 의도나 동기는 필요로 하지 않는다.

한편, 해당 행위가 성적 굴욕감을 느끼게 하는 행위인지, 상대방이 굴욕감을 느꼈다고 보아야 하는지는 당사자의 관계, 행위가 행해진 장소 및 상황,[188] 행위에

188) 법원은 "근무시간은 물론 회사가 비용을 지원한 공식적 회식이나 야유회, 체육대회, 그 밖의 객관적으로 이에 준하는 것으로 평가할 수 있는 회사임원 등 간부들이 공식적으로 주재하는 회식 등에서 일어난 성희롱 행위도 사용자 책임이 인정된다."라고 하였다(대법원 2009.2.26 선고 2008다89712 판결 등).

대한 상대방의 명시적 · 추정적인 반응의 내용, 행위내용 및 정도, 행위가 일회적 또는 단기적인 것인지 아니면 계속적인 것인지 여부 등 구체적 사정을 참작해야 한다.[189)]

(2) 성희롱 행위에 대한 징계권 남용의 판단

객관적으로 상대방과 같은 처지에 있는 일반적이고도 평균적인 사람의 입장에서 보아 어떠한 성희롱 행위가 고용환경을 악화시킬 정도로 매우 심하거나 또는 반복적으로 행해지는 경우, 사업주가 사용자 책임으로서 피해 근로자에 대해 손해배상책임을 지게 될 수도 있을 뿐 아니라 성희롱 행위자가 징계해고되지 않고 같은 직장에서 계속 근무하는 것이 성희롱 피해 근로자들의 고용환경을 감내할 수 없을 정도로 악화시키는 결과를 가져올 수도 있으므로 근로관계를 계속할 수 없을 정도로 근로자에게 책임이 있다고 보아 내린 징계해고처분은 객관적으로 명백히 부당하다고 인정되는 경우가 아닌 한 쉽게 징계권을 남용하였다고 보아서는 아니된다.[190)]

(3) 성희롱 및 '부적절한 관계'의 판단

같은 성희롱이라도 그 횟수(1회에 그치는 경우 우발적인 것으로 평가될 여지가 있으나, 일정 기간에 걸쳐 반복적으로 이루어졌다면 중대한 비위행위가 됨)나 피해자의 수(피해자가 다수라면 비난가능성이 큼)가 많다면 해고정당성이 쉽게 인정될 수 있다[191)]

비록 성희롱이 아니더라도 부서 관리자이고, 직장 상사의 지위에 있는 자로서 기혼임에도 불구하고 미혼의 부하 여직원에게 교제를 요구하며, 부적절한 관계를 오랜 기간 지속하여 온 것은 그 행위 자체가 사회적으로 비난받을 수 있는 것이고, 기업질서와 근무분위기에도 부정적인 영향을 미치는 것으로 비위행위 근로자를 해고한 것은 징계권을 남용한 것이라고 볼 수 없다.[192)]

---

189) 대법원 2008.7.10 선고 2007두22498 판결.
190) 대법원 2008.7.10 선고 2007두22498 판결.
191) 대법원 2008.7.10 선고 2007두22398 판결.
192) 서울행정법원 2006.2.10 선고 2005구합10576 판결.

관련판례

① **성희롱 행위에 대한 징계권 남용의 판단**

☞ 성희롱이 우리 사회의 왜곡된 사회적 인습, 직장문화에 기인한 것으로 보아 특별한 문제의식 없이 이루어진 것이라 하여 이를 가볍게 평가할 수는 없다(대법원 2008.7.10 선고 2007두22498 판결).

☞ 성희롱 행위가 고용환경을 악화시킬 정도로 매우 심하거나 반복적으로 행해지는 경우, 징계해고처분이 객관적으로 명백히 부당하다고 인정되는 경우가 아닌 한 쉽게 징계권이 남용되었다고 볼 수 없다(대법원 2008.7.10 선고 2007두22398 판결).

☞ 특히, 비위행위자가 성희롱을 방지해야 할 사업주이거나 사업주를 대신할 지위에 있는 자라면 더욱 엄격히 취급하여야 한다(대법원 2008.7.10 선고 2007두22498 판결).

☞ 같은 성희롱이라도 그 횟수(1회에 그치는 경우에는 우발적인 것으로 평가될 여지가 있으나, 일정 기간에 걸쳐 반복적으로 이루어졌다면 중대한 비위행위가 됨)나 피해자의 수(피해자가 다수라면 비난가능성이 더 큼)가 많다면 해고의 정당성이 쉽게 인정될 것이다(대법원 2008.7.10 선고 2007두22398 판결).

☞ 부서장으로서 부서 내 여러 여직원들을 대상으로 성희롱을 한 것은 그 비위의 정도가 결코 가볍다고 볼 수 없어 이를 이유로 한 해고는 정당하다(서울행정법원 2006.3.24 선고 2005구합13872 판결).

② **성희롱 및 부적절한 관계의 판단**

☞ 비록 직장 내 성희롱이 아니더라도 직장 내 구성원간의 부적절한 관계를 정리하는 과정에서 이를 원만히 해결하지 못하여 직장 내에서 허위진정으로 상대방에 대한 인사조치를 요구하는 등의 행위를 한 것은 기업질서를 훼손하고 근무 분위기를 해치는 것이므로 이에 대한 해고는 정당하다(서울행정법원 2005.11.4 선고 2004구합16430 판결).

☞ 노조 지회장의 지위를 이용하여 성희롱을 한 것만으로도 그 비위의 정도가 중하고, 문제제기를 한 피해자를 협박한 점, 외부에 알려져 회사의 명예와 신용이 실추된 점을 고려할 때 해고는 정당하다(서울행정법원 2005.9.29 선고 2005구합13582 판결).

☞ 비록 성희롱이 아니더라도 부서관리자이자 직장 상사의 지위에 있는 자로서 기혼임에도 불구하고 미혼의 부하 여직원에게 교제를 요구하며 부적절한 관계를 오랜 기간 지속하여 온 것은 그 행위 자체로서 사회적으로 비난받을 수 있는 것이고, 기업질서와 근무분위기에도 부정적 영향을 미치는 것으로서 비위행위 근로자를 해고한 것은 징계권을 남용한 것이라고 볼 수 없다(서울행정법원 2006.2.10 선고 2005구합10576 판결).

9. 고의 · 과실에 의한 손실

가. 개 념

근로자는 근로계약에 따라 사용자에게 근로제공의무를 부담하여야 하며, 신의에 좇아 성실하게 이를 이행하여야 한다(민법 §2).

근로자가 근로제공 과정에서 고의나 과실로 사용자에게 재산상 손실을 끼치고, 기업 신용을 떨어뜨리며 기업질서를 훼손시키는 경우가 발생한다.

여기서 고의에 의한 경우로는 업무지시 · 명령 위반, 폭력행위, 업무상 횡령 · 배임, 비밀누설 등이며, 과실은 업무수행 중 교통사고, 장비의 훼손, 원자재 또는 제품의 손괴 · 망실, 동료 근로자의 부상 등이다.

나. 고의 · 과실과 징계사유

근로자가 근로제공과정에서 고의 · 과실로 인하여 사용자에게 손실을 끼친 경우에는 민사상 손해배상책임이 있으며, 징계처분의 대상이 될 수 있다(민법 §750).

다. 정당성 요건

법원은 "사업성격과 규모, 사업시설의 상황, 근로자의 업무내용, 근로 조건이나 근무태도, 사고 당시의 상황, 사고 예방에 대한 사용자의 배려 정도 등 제반사정에 비추어 손해의 공평한 부담에 따른 손해배상권 또는 구상권을 행사할 수 있다"라고 하여 근로자의 책임을 경감하고 있다.[193)]

따라서 근로자에게 업무상 과실에 의한 배상이나 이를 이유로 근로자를 징계하는 경우에는 제반사정을 고려한 공평부담 원칙에 따라야 한다. 만일, 업무상 손해에 대하여 그 전체를 배상하라고 요구하며, 이에 불응하였다는 이유로 중징계를 하는 경우에는 그 정당성을 인정받을 수 없다.

(1) 과실에 의한 중대한 사고

취업규칙 등에 '과실로 중대한 사고'를 징계사유로 규정한 경우 중대한 과실로

---

193) 대법원 1996.4.9 선고 95다52611 판결.

사고를 일으키고 이로 인하여 인명피해나 물적 손해 등이 중대한 경우를 말하는 것으로 한정 해석해야 한다.

시내버스 운전사가 회사 주차장에서 브레이크 대신 가속페달을 밟아 동료를 사망하게 하고, 여러 대의 차량을 파손시킨 행위는 징계해고사유이며,[194] 또한, 원목수입 및 판매 담당자가 매출채권관리내규 등 제반규정에 따라 조치하지 아니하고 거래처와의 신용거래로 말미암아 결국 거래처의 부도로 회사에 중대한 손해를 발생시켰다면 징계해고사유에 해당한다.[195]

(2) 비행기의 활주로 이탈사고

비행기의 공항착륙 시 활주로 이탈사고가 근로자의 과실에서 기인한 것으로 밝혀지고, 과거에도 운행미숙, 승무원간의 협조부족 등 문제점으로 인하여 여러 차례 지적을 받은 사실이 있다면 더 이상 근로관계 지속하기 어려운 상태이므로 이를 이유로 한 해고는 정당하다.[196]

(3) 사용자의 정비불량 책임

정비불량이 사고발생의 한 원인이 되었을 가능성을 배제할 수 없는 상황에서 정비책임은 사용자에게 있으므로 근로자에게 사고발생에 관한 중대한 과실이 있다고 볼 수 없으며, 단체협약에서 '중대한 과실'의 경우에만 해고할 수 있도록 규정하고 있다면 다른 교통사고를 참작하더라도 해고할 수 없다.[197]

(4) 고의 · 과실이 아닌 교통사고

교통사고의 발생 원인이 안전거리 미확보, 차선 변경 시 주의의무 위반 등으로 근로자의 고의 또는 중과실로 인한 것으로 보이지 아니하고, 일부 교통사고의 경우에는 과실을 인정하기 어려운 경우라면 이를 이유로 중한 징계처분을 할 수 없다.[198]

194) 대법원 1997.4.8 선고 96다33556 판결.
195) 대법원 1997.4.25 선고 96누9508 판결.
196) 대법원 2004.12.9 선고 2003두12608 판결.
197) 대법원 2005.5.26 선고 2005두1152 판결.
198) 대법원 2006.6.30 선고 2006두5694 판결.

관련판례

☞ 시내버스 운전사가 회사 주차장에서 브레이크 대신 가속페달을 밟아 동료를 사망하게 하고, 여러 대의 차량을 파손시킨 행위는 징계해고사유이며(대법원 1997.4.8 선고 96다33556 판결), 또한, 원목수입 및 판매 담당자가 매출채권관리내규 등 제반규정에 따라 조치하지 아니하고 거래처와의 신용거래로 말미암아 결국 거래처의 부도로 회사에 중대한 손해를 발생시켰다면 징계해고사유에 해당한다(대법원 1997.4.25 선고 96누9508 판결).

☞ 비행기의 공항착륙 시 활주로 이탈사고가 근로자의 과실에서 기인한 것으로 밝혀지고, 과거에도 운행미숙, 승무원간의 협조부족 등 문제점으로 인하여 여러 차례 지적을 받은 사실이 있다면 더 이상 근로관계 지속하기 어려운 상태이므로 이를 이유로 한 해고는 정당하다(대법원 2004.12.9 선고 2003두12608 판결).

☞ 정비불량이 사고발생의 한 원인이 되었을 가능성을 배제할 수 없는 상황에서 정비책임은 사용자에게 있으므로 근로자에게 사고발생에 관한 중대한 과실이 있다고 볼 수 없으며, 단체협약에서 '중대한 과실'의 경우에만 해고할 수 있도록 규정하고 있다면 다른 교통사고를 참작하더라도 해고할 수 없다(대법원 2005.5.26 선고 2005두1152 판결).

☞ 교통사고의 발생 원인이 안전거리 미확보, 차선 변경 시 주의의무 위반 등으로 근로자의 고의 또는 중과실로 인한 것으로 보이지 아니하고, 일부 교통사고의 경우에는 과실을 인정하기 어려운 경우라면 이를 이유로 중한 징계처분을 할 수 없다(대법원 2006.6.30 선고 2006두5694 판결).

10. 형사상 유죄판결

가. 개 념

대부분의 사용자는 단체협약 또는 취업규칙에 근로자가 '형사유죄판결을 받은 경우'를 해고사유로 규정하고 있다.

여기서 '유죄판결'의 의미에 대하여 논란의 소지가 있는데, 첫째, 유죄판결을 받았으나 상소하여 판결이 확정되지 않은 경우에도 취업규칙 규정을 근거로 징계할 수 있는지, 둘째, 모든 유죄판결이 해당되는지 또는 근로의 계속제공이 불가능한 경우만을 의미하는지 여부가 문제된다.

나. 유죄판결과 징계사유

헌법은 유죄판결이 확정될 때까지는 무죄로 추정된다는 원칙을 천명하고 있으므로 유죄판결은 「유죄판결이 확정된 경우」로 해석하고 있다.[199]

따라서 취업규칙에 유죄판결을 '당연퇴직사유'로 규정한 경우에는, '실형판결로서 확정'된 경우를 의미하고, '징계해고사유' 또는 '직권면직사유'로 규정되어 있으면, '실형이 아닌 유죄확정판결'을 의미하는 것으로 볼 수 있다.[200]

이 같이 '실형이 아닌 유죄확정판결'의 경우에는 비위행위의 내용과 형의 종류 · 정도 등에 따라 적정한 징계의 종류를 선택할 수 있을 것이다.

다. 정당성 요건

근로자가 형사 처벌을 받으면 그로 말미암아 회사의 명예와 신용이 훼손되고, 사용자의 신뢰는 심각하게 상실될 수 있다.

그리고 범죄행위의 구속기간이 장기화되면 근로제공이 불가능하고, 이에 따라 근로계약의 목적 자체가 달성될 수 없으므로 근로계약을 해지하거나 휴직명령을 내려야 한다.

대부분의 기업들은 취업규칙이나 단체협약에 '형사사건으로 구속된 때', '형사

199) 대법원 1997.7.25 선고 97다7066 판결.
200) 대법원 1997.9.26 선고 97누1600 판결.

상 유죄판결을 받은 때', '형사사건으로 기소된 자가 금고 이상의 형의 판결을 받았을 때'를 휴직 또는 직권면직 · 당연퇴직 · 징계해고 등의 사유로 규정하고 있다.

따라서 '형사상 유죄판결'은 '유죄의 확정판결'만을 의미하는 것이므로 확정판결이 있기 전에 근로자를 징계하려면 유죄판결의 범죄행위가 취업규칙의 징계사유에 해당하는지 여부를 살펴야 한다.

또한, '유죄판결'을 징계해고사유나 직권면직사유로 규정한 경우에도 그 비위행위의 성격, 내용, 비위의 정도, 기업질서에 미친 영향 등을 종합적으로 고려하여야 한다.

(1) 유죄판결의 해석

단체협약상 유죄판결이 미확정 판결도 포함하는 것으로 볼 다른 특별한 사정이 없는 한 확정되지 아니한 유죄판결을 근거로 징계해고를 한 것은 위법하며, 취업규칙에 '형사사건으로 기소되어 형의 선고를 받았을 때'와 '범법행위를 하여 형사상 소추를 받은 자'를 해고사유로 규정하고 있다고 할지라도 취업규칙상 규정을 근거로 단체협약의 '유죄판결'을 미확정 유죄판결도 포함하는 것으로 해석할 수 없다.[201)]

(2) 형사판결의 범위

단체협약상 해고사유로, "회사의 이익을 위한 부득이 한 형사사건과 교통사고로 인하여 금고이상의 형의 판결을 받은 경우에는 징계위원회 또는 인사위원회에서 심의 의결하여야 한다."라고 규정하고 있으므로 인사규정에 따라 '금고이상의 형의 판결'을 받은 것을 이유로 직권면직하는 경우에는, 당연히 위 단체협약의 제한을 받게 될 것이나, 인사규정에서 "집행유예를 선고받고 2년이 경과하지 아니한 자"는 임용 결격자로서 당연퇴직 사유로 규정하고 있는 것과 균형 등을 고려하더라도 단체협약의 해고사유인 유죄판결이 실형판결만을 의미한다고 볼 수는 없을 뿐만 아니라, 인사규정의 직권면직 사유인 유죄판결이 실형판결만을 의미한다고 볼 수 없다.[202)]

---

201) 대법원 1997.7.25 선고 97다7066 판결.
202) 대법원 1997.9.26 선고 97누1600 판결.

11. 사생활의 비행

가. 개 념

사용자는 원칙적으로 근로자의 사생활 영역에서 발생하는 비행을 이유로 징계 또는 해고할 수 없다. 예컨대, 근로자가 다른 사업을 겸직하는 것은 근로자의 개인능력에 따른 사적공간에 속하므로, 기업질서나 근로제공에 지장이 없는 겸직까지 전면적 · 포괄적으로 금지하는 것은 부당하다.

나. 사생활 비행과 징계사유

사용자가 근로자에 대하여 징계권을 행사하는 것은 사업활동을 원활하게 수행하기 위하여 필요한 범위 내에서 규율과 질서를 유지하기 위한 데에 그 근거를 두고 있다.

사생활 비행은 원칙적으로 노동력 평가나 근로제공과 직접적 관련이 없는 사적공간에서 발생하는 것이므로 해고사유가 될 수 없으나, 사업활동에 직접 관련이 있거나 기업의 사회적 평가를 훼손할 염려가 있는 경우에는 정당한 징계사유가 될 수 있다.[203)]

다. 정당성 요건

징계사유가 되는 근로자의 사생활 비행이 '기업의 사회적 평가를 훼손할 우려'가 있다고 하기 위해서는 반드시 구체적인 업무저해의 결과나 거래상의 불이익이 발생하여야 하는 것은 아니고, 그 비행의 성질, 기업의 목적과 경영방침, 사업의 종류와 규모 및 그 근로자의 기업에 있어서의 지위와 담당 업무 등 제반 사정을 종합적으로 고려하여 그 비행이 기업의 사회적 평가에 미친 악영향이 상당히 중대하다고 객관적으로 평가될 수 있어야 한다.[204)]

---

203) 대법원 1994.12.13 선고 93누23275 판결.
204) 대법원 2001.12.14 선고 2000두3689 판결.

(1) 징계해고의 정당성이 인정되는 사생활 비행

① 고속버스 운전기사들이 취침시간을 어기고 술을 마시며 새벽 4시까지 도박행위를 하였다면, 그 동안 충실하게 근무해 왔고, 그 다음날 아무 사고 없이 운행을 완료했다하더라도 징계해고가 가능하다.[205]

② 동료 직원들의 대화 내용을 비밀녹음하여 형사고소 사건의 자료로 이용한 행위는 사생활의 비밀과 자유를 침해하고 직원 사이의 불신을 야기하여 직장 내 화합을 해하는 것이므로 징계해고사유가 된다.[206]

③ 쟁의행위를 하는 과정에서 천막 안에서 수 차례 음주, 도박 및 취사행위를 한 것과 족구, 야구 등을 한 것, 일부 직원들이 상의를 벗고 있었던 것 등은 사내 질서 문란으로 징계사유에 해당한다.[207]

④ 도시개발공사 직원의 부동산투기행위는 징계해고사유에 해당한다.[208]

(2) 징계해고의 정당성이 부인되는 사생활 비행

① 업무와 관련 없이 동료 교사들이 마련해 준 전근 축하회에서 우연히 도박에 가담하였다가 술기운에 액수가 큰 도박을 하였다는 이유로 해임처분한 것은 재량권 일탈에 해당한다.[209]

② 근로자가 다른 사업을 겸직하는 것은 근로자의 개인능력에 따른 사생활상의 범주에 속하므로, 기업질서나 노무제공에 지장이 없는 겸직까지 전면적 · 포괄적으로 금지하는 것은 부당하다.[210]

---

205) 대법원 1983.11.22 선고 83다카1243 판결.
206) 대법원 1995.10.13 선고 95다184 판결.
207) 대법원 2012.8.30 선고 2012두9314 심리불속행 판결.
208) 대법원 1994.12.13 선고 93누23275 판결.
209) 대법원 1985.3.26 선고 84누711 판결.
210) 서울고법 2002.7.4 선고 2001누13098 판결.

관련판례

① **징계해고의 정당성이 인정되는 사생활 비행**

☞ 고속버스 운전기사들이 취침시간을 어기고 술을 마시며 새벽 4시까지 도박행위를 하였다면, 그 동안 충실하게 근무해 왔고, 그 다음날 아무 사고 없이 운행을 완료했다하더라도 징계해고가 가능하다(대법원 1983.11.22 선고 83다카1243 판결).

☞ 동료 직원들의 대화 내용을 비밀녹음하여 형사고소 사건의 자료로 이용한 행위는 사생활의 비밀과 자유를 침해하고 직원 사이의 불신을 야기하여 직장 내 화합을 해하는 것이므로 징계해고사유가 된다(대법원 1995.10.13 선고 95다184 판결).

☞ 쟁의행위를 하는 과정에서 천막 안에서 수 차례 음주, 도박 및 취사행위를 한 것과 족구, 야구 등을 한 것, 일부 직원들이 상의를 벗고 있었던 것 등은 사내질서 문란으로 징계사유에 해당한다(대법원 2012.8.30 선고 2012두9314 심리불속행 판결).

☞ 도시개발공사 직원의 부동산투기행위는 징계해고사유에 해당한다(대법원 1994.12.13 선고 93누23275 판결).

② **징계해고의 정당성이 부인되는 사생활 비행**

☞ 업무와 관련 없이 동료 교사들이 마련해 준 전근 축하회에서 우연히 도박에 가담하였다가 술기운에 액수가 큰 도박을 하였다는 이유로 해임 처분한 것은 재량권 일탈에 해당한다(대법원 1985.3.26 선고 84누711 판결).

☞ 근로자가 다른 사업을 겸직하는 것은 근로자의 개인능력에 따른 사생활상의 범주에 속하므로, 기업질서나 노무제공에 지장이 없는 겸직까지 전면적 · 포괄적으로 금지하는 것은 부당하다(서울고법 2002.7.4 선고 2001누13098 판결).

제6절 노동조합 활동과 징계권 행사

1. 총 설

'노동조합 활동'이란 근로조건의 유지·개선과 근로자의 경제적·사회적 지위 향상을 위하여 노동조합의 주도로 이루어지는 행위로서 단결력 유지·강화를 위한 활동뿐만 아니라 단체교섭, 쟁의행위 및 이와 직접적인 관련이 있는 활동을 포함한 개념이다.[211]

노조법 제3조의 '단체교섭 및 쟁의행위', 같은 법 제81조 제1호의 '노동조합 업무를 위한 정당한 행위', 제5호의 '단체행위' 등은 모두 노동조합 활동에 속한다.

예컨대, ① 노동조합의 존립을 위한 조합원 모집·가입 권유활동과 조합비 징수, ② 노동조합의 운영을 위한 총회·대의원회 개최, 교육실시 및 참여 활동, ③ 노동조합의 단결력 유지·강화를 위한 단합대회, 체육행사, 각종 현수막·유인물 게시와 배포 등 홍보활동, ④ 노동조합의 목적 달성을 위한 단체교섭과 쟁의행위 등을 들 수 있다.

특히, 노동조합이 그 단결력을 유지·강화하기 위하여 행하는 통상적인 활동을 좁은 의미에서의 노동조합 활동으로 분류하기도 한다.

여기서는 편의상 ① 단결력 유지·강화를 위한 통상적인 노동조합 활동, ② 쟁의행위, ③ 준법투쟁으로 나누어 설명하고자 한다.

2. 노동조합 활동과 징계권 행사의 정당성

가. 개 념

노동조합이 그 단결력 유지·강화하기 위하여 통상적으로 행하는 제반 활동으로는, 노동조합의 존립을 위한 조합원 모집·가입 권유활동과 조합비 징수활동, 노동조합의 운영을 위한 총회·대의원회 개최, 교육실시 및 참여 활동, 노동조합의 단결력을 유지·강화를 위한 단합대회, 체육행사, 각종 현수막·유인물 게시

---

211) 대법원 1992.4.10 선고 91도3044 판결.

와 배포 등 홍보활동 등이 포함된다.

나. 노동조합 활동과 징계사유

통상적인 노동조합 활동에 있어서 사용자의 징계권 행사는 대체로 사용자와 노동조합 또는 노동조합 집행부와 반집행부의 갈등관계에서 일어나는 행위를 그 대상으로 하고 있다. 이러한 상황에서 사용자가 일방적으로 추진하는 징계는 노동조합 활동의 정당성 요건에 대한 객관적인 판단이 부족하고, 이로 인해 대량해고 등의 중징계 형태로 나타난다.

한편, 노동조합 활동이 정당한 경우에는 민 · 형사책임이 면제되고(노조법 §3, §4), 불이익취급이 금지된다(노조법 §81).

따라서 사용자의 정당한 노동조합 활동에 대한 징계는 위법 · 부당하여 그 정당성을 인정받을 수 없으며, 부당노동행위에 해당하기 때문에 위법한 경우에 한해 민 · 형사상 조치와 징계사유로 삼아야 한다.

다. 정당성 요건

노동조합 활동의 정당성은 사용자의 징계권 행사의 정당성과 직결되므로 노동조합 활동을 이유로 징계처분 할 때에는 우선적으로 노동조합 활동의 정당성 여부를 판단하여야 한다.

노동조합 활동의 정당성 요건에 대한 객관적이고 종합적인 판단이 필요하며, 아울러 헌법에서 노동3권을 보장한 취지, 사용자의 노무지휘권 · 시설관리권이 서로 조화를 이루는 범위 내에서 판단이 이루어져야 한다

근로자의 행위가 노동조합의 활동으로서 정당하다고 인정받기 위해서는 아래와 같은 정당성 요건을 충족시켜야 한다.[212)]

(1) 주 체

노동조합의 승인이나 지시에 근거한 활동이어야 한다. 노동조합의 규약이나 방침 등에 위반되는 조합원 개인의 활동은 원칙적으로 노동조합의 활동이 아니므로

---

212) 대법원 1994.2.22 선고 93도613 판결.

정당성이 없다.

다만, 조합원 개인의 행위라 하더라도 노동조합의 묵시적 수권 또는 승인이 있는 경우, 그 성질상 노동조합의 활동으로 볼 수 있는 노동조합 가입권유, 임원선거 등과 같은 조직 강화나 민주성을 확보하기 위한 행위는 노동조합 활동으로 볼 수 있다.

(2) 목 적

근로조건의 유지 · 개선이나 단결권 강화를 위한 목적은 정당한 노동조합 활동으로서 법적보호를 받을 수 있다. 정부나 정당 등에 관계되는 순수한 정치활동이나 경영권 변경 등은 정당한 노동조합 활동으로 볼 수 없다.

다만, 노동조합의 단결력 강화에 필요한 사회 · 문화 활동이나 근로자의 사회 · 경제적 지위향상과 관련 있는 입법이나 정책을 촉구하는 행위는 노동조합 활동으로 볼 수 있다.

(3) 시 기

노동조합 활동은 업무에 지장을 주지 않는 범위 내에서 수행되어야 하므로 근로시간 외에 행하는 것이 원칙이다. 근로시간 중의 노동조합 활동은 단체협약 또는 사용자의 승낙이 있어야 한다.

따라서 근로자가 일방적으로 근로시간 중에 보고대회, 규탄대회 등의 집회에 참여하는 것은 노무관리권 침해로서 정당성이 부인된다.

(4) 방 법

사업장 내의 노동조합 활동은 사용자의 시설관리권에 바탕을 둔 합리적인 규율이나 제약에 따라야 하며, 사용자는 업무상 필요성에 따라 사업장 출입을 제한할 수 있는 것이 원칙이다.[213] 해고자에 대해서는 사업장 출입을 제한할 수 있으나, 해고의 효력을 다투고 있는 경우에는 중앙노동위원회 재심판정 시까지 조합원의 자격이 유지되므로 정당한 노동조합활동을 위한 조합사무실 출입을 금지해서는 안 된다.

---

213) 대법원 1965.5.10 선고 96도419 판결.

상급단체 또는 단체교섭을 위임 받은 자가 단체교섭을 위해 조합 사무실이나 교섭 장소에 출입하는 것은 정당하다. 다만, 단체교섭 이외 출입목적이나 허락범위를 벗어난 장소에 출입하는 경우 이용금지 또는 퇴거요구 등도 가능하다.[214)]

또한, 근무시간 중에 집기를 부수는 행위 등과 같이 폭력과 파괴행위의 방법에 의하지 않는 것이어야 한다.

(5) 성실의무의 준수

노동조합 활동이 근로시간 외에 사업장 밖에서 이루어진 경우에도 근로자는 근로계약상 부수적인 의무인 성실의무를 준수하여야 하며, 사용자의 이익을 부당하게 침해하지 않아야 한다.

라. 노동조합 활동의 보장과 한계

(1) 사업장 내 조합활동의 보장

노조법에 사업장 내에서의 노동조합 활동권을 보장하는 명시적 규정은 없다. 그러나 노동조합 활동권은 보장해야 한다는 것이 통설이며, 그 학설의 근거는 다음과 같다.

1) 수인의무설

근로자가 노동조합 활동을 하면서 사용자로부터 편의를 제공받는 것은 헌법에서 보장된 단체행동권에 내재하는 권리이며, 사용자의 업무지휘권 및 시설관리권 등은 그 범위 내에서 제한되기 때문에 단체협약이나 사용자의 승낙 등이 없어도 시설을 이용할 수 있다는 설이다. 그러나 노조법의 면책특권은 정당한 노동조합 활동을 전제로 하는 방어적 권한에 속하는 것이므로 사용자의 수인의무를 인정하기는 어렵다.

2) 권리남용설

사용자가 동의한 경우에 비로소 기업시설을 이용할 수 있으나, 사용자가 동의하지 않는 것이 권리남용이 되어서는 안 된다는 설이다. 이는 시설관리권을 사용자

214) 대법원 2002.4.12 선고 2000도3485 판결.

의 배타적 권리로 접근하고 있는데, 조합활동은 헌법상 단체행동권에 근거들 두고 있어 기업별 노동조합에서는 기업의 시설을 이용하지 못하면 헌법상 단결권이 크게 제약을 받기 때문에 사용자의 배타적 권리로 인정하기는 어렵다.

3) 실질적 지장설

노동조합이 기업시설을 이용하려면 사용자의 동의가 있어야 하는 것이 원칙이다. 그러나 기업시설을 이용해야 할 노동조합 활동의 필요성이 있고, 그로 인해 업무운영이나 시설관리에 실질적으로 지장이 없다면 그 정당성을 부인할 수 없다는 설이다.[215] 이러한 실질적 지장설이 설득력을 지닌다.

(2) 노동조합 활동과 경영권과의 관계

노동조합 활동은 궁극적으로 단체교섭 또는 쟁의행위를 전제로 행하는 것이므로 사용자의 경영권 등과 충돌하게 된다.

노동조합의 조직형태가 산업별 노동조합으로 전환되는 경우에도 그 조합활동은 주로 사업장 내에서 이루어지고 있으며, 이에 따라 근로자의 노동조합 활동권과 사용자의 노무지휘권 및 시설관리권 등 경영권과의 사이에 조화와 균형이 필요하다.

1) 노무지휘권과 노동조합 활동

사용자는 근로자가 근로제공의무를 수행함에 있어서 근로자에게 근로의 종류 · 장소 및 시간 등을 지정하고, 지휘 · 감독할 수 있는 권리를 가지는데, 이를 사용자의 노무지휘권이라고 한다.

노동조합 활동은 노무지휘권을 침해해서는 아니 되므로 근로시간 외에 행하는 것이 원칙이다. 다만, 근로시간 중의 노동조합 활동이 단체협약, 취업규칙 등에 규정되어 있거나 노사관행에 의해 허용되는 경우 또는 사용자의 명시적인 승낙이 있는 경우에 한하여 인정될 수 있다.

그러나 단체협약이나 취업규칙, 노사관행 또는 사용자의 승낙이 없는 경우에도 해당 노동조합 활동의 필요성 및 긴급성 등과 노무지휘권의 침해 정도 등을 구체적 · 종합적으로 고려하여 근로시간 중의 노동조합 활동을 예외적으로 인정하기도 한다.

---

215) 이상윤, 「노동법」, 제4판, 559쪽.

판례는 조합원이 노조대의원 선거출마를 위해 부득이하게 결근한 경우, 정당한 근무시간 중의 정기총회에서 문화행사를 한 경우, 업무의 특수성 때문에 총회 등 노동조합 활동이 취업시간 외에 다른 방법이 없는 경우 등은 정당한 노동조합 활동으로 인정하고 있다.[216)]

2) 시설관리권과 노동조합 활동

사용자는 자신의 소유권 · 경영권에 근거하여 회사의 물적시설과 설비, 장소 등을 관리 · 사용할 수 있는 권한을 가지는데, 이를 시설관리권이라고 한다.

시설관리권은 본래 사용자의 권리에 속하므로 노동조합이 사업장 내에서나 또는 기업시설을 이용한 조합활동이 가능한지 여부가 문제된다. 예컨대, 기업 내의 유인물 게시, 현수막 부착, 강당 · 운동장에서의 집회 및 조합사무실의 설치 등이 이에 해당된다.

판례는 노동조합의 기업시설 이용이 사용자의 시설관리권의 행사 또는 업무수행에 지장을 주지 아니한 합리적인 범위 내에서 조합원은 기업시설을 이용할 수 있다고 본다.[217)]

마. 유형별 정당성 요건

(1) 조합원 개인의 행위

노동조합 활동은 노동조합의 주도로 이루어진 행위이어야 하지만, 조합원 개인의 행위가 노동조합 업무를 위한 정당한 행위에 해당될 때는 노동조합 활동에 해당된다.

조합원 개인의 행위라 하더라도, ① 노동조합의 규약 또는 방침에 위배되지 아니하고, ② 노동조합의 존립 및 활동목적에 부합하며, 조합을 위한 행위로서, ③ 노동조합의 결의 · 지시에 의하거나 묵시적인 수권 또는 승인을 받은 것으로 인정될 때는 노동조합 활동으로 볼 수 있다.

---

216) 대법원 1995.2.17 선고 94다44422판결.
217) 대법원 1992.4.10 선고 91도3044 판결.

(2) 유인물 배포 등 홍보활동

노동조합의 선전 및 홍보수단으로 유인물 배포, 대자보 · 현수막 게시 등이 자주 활용됨에 따라 사용자의 시설관리권이나 명예를 훼손할 수 있다.

유인물 배포, 벽보 · 현수막 부착 등의 홍보활동은 단체협약이나 취업규칙에 규정된 절차나 방법을 준수하여야 하고, 사용자의 시설관리권 및 노무지휘권을 침해하지 아니하는 범위 내에서 이루어져야 한다.

1) 내용 · 목적의 정당성

그 내용이나 목적에 있어서 근로조건 개선이나 복지증진 등 노동조합 본래의 목적을 도모하기 위한 것이어야 하고, 사실왜곡 또는 과장된 표현으로 직장질서를 문란하게 하지 않아야 하며, 회사 또는 타인의 명예, 신용과 비밀을 침해하지 않아야 한다.[218)]

다만, 유인물의 내용에 일부 사실과 다른 점이 있고 표현이 다소 과장되거나 과격한 점이 있더라도 기본적으로는 근로자의 근로조건의 개선과 복지증진을 도모하기 위한 것으로서 전체적으로는 그 내용이 진실한 것이라면 정당하다고 볼 수 있다.[219)]

2) 절차 · 방법의 정당성

유인물 배포 등은 사용자의 사건허가 또는 승인 등 단체협약 또는 취업규칙에 정해진 절차를 위반해서는 아니된다. 따라서 배포의 범위, 시기, 장소, 등이 노동조합의 유지 · 운영에 필요한지 여부, 시설 이용의 적정성 여부, 사용자의 업무지장 초래 정도 등을 종합적으로 고려하여 판단한다.

① 노동조합 활동의 정당성이 인정되는 경우

휴게시간에 대기실에 있는 운전기사들이나 버스정류장에 정차 중인 동료 운전기사들에게 단순히 유인물을 전달하였거나,[220)] 다른 근로자들의 취업이나 휴게시간의 자유로운 이용을 방해하지 않는 범위 내에서 유인물을 배포하였다면[221)] 정당

---

218) 대법원 2004.6.10 선고 2004두2882 판결.
219) 대법원 1997.12.23 선고 96누11778 판결.
220) 대법원 2001.4.27 선고 99두11042 판결.
221) 대법원 1991.11.12 선고 92누4164 판결.

한 노동조합 활동에 해당한다.

② 노동조합 활동의 정당성이 부인되는 경우

노동조합 전용 게시판이 설치되어 있음에도 병원 현관 앞 외벽에 임의로 현수막을 설치하였거나,[222] 회사의 승인 없이 공장 내의 식당과 정문 등지에 벽보를 부착한 행위[223] 등은 정당한 노동조합 활동이라 할 수 없다.

(3) 투쟁복 · 리본 등의 착용

노동조합은 단결력을 과시하거나 요구사항을 관철시키기 위하여 근무시간 중에 투쟁복을 착용하거나 리본 부착 또는 지정된 복장을 착용하고 근무하는 경우가 있다.

노동조합이 근무시간 중에 투쟁복을 착용하거나 리본을 패용하는 경우에 이를 정당한 조합활동으로 볼 수 있는지 여부는 사업의 특성, 근로자의 직무내용, 근로형태, 착용의 동기나 목적, 그 형태와 내용, 업무에 미치는 영향, 취업규칙 등에 지정된 복장 착용 등 품위유지 의무 여부, 복장 등이 업무수행과 직결되는지 여부 등을 종합적으로 고려하여 판단한다.

판례는 취업규칙 등에 지정된 복장을 착용하도록 규정하고 있는 경우 이를 위반한 행위는 징계사유에 해당한다는 입장이다.[224]

취업규칙에 규정되어 있지 않다고 하더라도 병원에서 간호사의 위생복, 무균실에서 특수작업복 등을 착용하지 아니한 행위는 환자에게 불안감을 주거나 제품의 불량을 초래하는 등 업무수행에 직접적인 영향을 주는 것이므로 정당한 조합활동으로 볼 수 없을 것이다.

(4) 정치활동

현행법에서는 노동조합의 정치활동을 금지하고 있지 아니하므로 노동조합도 정치활동을 할 수 있으며, 선거기간 중 특정후보의 지지 · 반대 등이 선거운동을 할 수 있다(공직선거법 §87).

222) 대법원 1996.4.23 선고 95누6151 판결.
223) 대법원 2000.6.23 선고 98다54960 판결.
224) 대법원 1996.4.23 선고 95누6151 판결.

그러나 노동조합의 정치활동은 단결권에 따라 보호되는 것이 아니라 개인이나 일반단체와 같이 행복추구권에 따라 보호되는 것이므로 정치활동이 정당한 노동조합 활동으로 인정된다는 의미는 아니다.[225]

따라서 노동조합 전임자의 공직선거 출마, 특정정당 가입 · 지지 · 반대 등 노동조합의 정치활동은 노동조합 활동에 해당하지 않는다.[226]

(5) 노동조합 전임자의 신분과 징계

노동조합 전임자는 사용자와 사이에 기본적 노사관계는 유지되고 근로자로서의 신분도 그대로 갖고 있지만, 휴직상태에 있는 근로자와 유사하여 근로제공의무가 면제된다. 따라서 사용자가 근로시간을 대체하여 근로자에 대하여 실시하는 교육 · 연수 · 훈련 등은 거기에 참가하는 것이 근로자의 의무로서 강제되는 한 근로제공과 다를 바 없으므로 단체협약 등에 달리 규정된바가 없다면 노동조합 전임자가 그러한 교육 등에 참가하지 않았다 하여 바로 잘못이라고 보기는 어렵다.[227]

3. 쟁의행위와 징계권 행사의 정당성

가. 개 념

'쟁의행위' 란 파업 · 태업 · 직장폐쇄 기타 노동관계 당사자가 그 주장을 관철할 목적으로 행하는 행위와 이에 대항하는 행위로서 업무의 정상적 운영을 저해하는 행위를 말한다(노조법 §2제6호).

나. 쟁의행위와 징계사유

정당성이 없는 쟁의행위에 참가하는 것은 "정당한 업무명령에 대한 고의적인 불복종"에 해당하여 해고사유로 삼을 수 있으며, 정당성이 없는 쟁의행위 참가는 업무명령 위반의 대표적인 유형이다.[228]

---

225) 헌법재판소 1999.11.25 결정 95헌마154.
226) 서울행정법원 2005.11.24 선고 2005구합18242 판결.
227) 대법원 1999.11.23 선고 99다45246 판결.
228) 대법원 1992.9.22 선고 91다4317 판결.

근로자는 쟁의행위의 기간 동안에는 근로제공의무가 정지되므로, 근로자들이 파업에 참가하여 회사에 출근하지 않았다 하더라도 무단결근에 해당하지 않는다.

또한, 근로자들이 출근하지 않으므로 다른 직원의 업무 부담이 가중되고, 그로 인해 회사의 업무에 지장을 초래하는 경우에도 근로자들이 정당한 쟁의행위인 파업에 참가한 것이므로 징계사유로 삼을 수 없다.[229)]

다. 정당성 요건

노조법에는 쟁의행위의 정당성 요건을 별도로 규정하고 있지 아니하다. 판례는, 근로자의 쟁의행위가 적법하기 위해서는 노조법 제1조(목적), 제4조(정당행위), 제37조(쟁의행위의 기본원칙), 제38조 내지 제46조(노동조합의 지도와 책임 · 쟁의행위의 제한과 금지 · 조정의 전치 등)에서 정한 규정에 따라 주체, 목적, 시기 · 절차, 수단 · 방법 등에 있어서 모두 정당하여야 한다는 입장이다.[230)]

(1) 주 체

노동조합은 단체교섭을 하거나 단체협약을 체결할 능력이 있는 노동조합이어야 한다. 따라서 노동조합의 하부단체인 분회나 지부가 독자적인 규약 및 집행기관을 가지고 독립된 조직체로서 활동하는 경우에는 그 분회나 지부가 노조법시행령 제7조에 의해 설립신고를 하지 않았다 하더라도 해당 조직이나 그 조합원의 고유한 사항에 대하여는 독자적으로 단체교섭하고 단체협약을 체결할 수 있는 주체가 될 수 있다.[231)]

다만, 복수의 노동조합이 조직되어 있은 경우에는 교섭대표노동조합이 주체가 된다.

(2) 목 적

쟁의행위에 의하여 달성하려는 요구사항이 근로조건의 향상을 위한 것으로서 단체교섭사항이어야 한다.

---

229) 서울행정법원 2003.10.21 선고 2003구합15171 판결.
230) 대법원 2001.10.25 선고 99도4837 전원합의체 판결.
231) 대법원 2001.2.23 선고 2000도4299 판결.

1) 쟁의행위의 일부 목적이 부당한 경우

쟁의행위에서 추구하는 목적이 여러 가지이고, 그 중 일부가 정당하지 못한 경우에는 주된 목적 내지 진정한 목적의 정당성 여부에 의하여 그 쟁의행위 목적의 정당성을 판단하여야 한다. 만일, 부당한 요구사항을 제외하였다면 쟁의행위를 하지 않았을 것이라고 인정되는 경우에는 그 쟁의행위 전체가 정당성을 갖지 못한다.[232)]

2) 평화의무의 위반과 정당성

단체협약을 체결할 권한은 노동조합(복수노조의 경우 교섭대표노조)의 대표자에게 있으며, 노동조합은 단체협약의 유효기간 중에 단체협약에서 정한 근로조건 등에 관한 내용의 변경이나 폐지를 요구하는 쟁의행위를 행하지 아니하여야 할 이른바 평화의무를 지고 있다. 따라서 단체협약이 체결된 후 조합원들이 자신들에게 불리하다는 이유만으로 단체협약의 무효화를 주장하면서 쟁의행위를 하는 경우 그 쟁의행위에 정당성이 있다고 할 수 없다.[233)]

(3) 시기 · 절차

사용자가 근로조건 개선에 관한 노동조합의 구체적인 요구에 대하여 단체교섭을 거부하거나 단체교섭에서 그러한 요구를 거부한다는 의사표시를 한 이후 노동쟁의 조정절차를 거쳐 조합원의 직접 · 비밀 · 무기명투표에 의한 결정에 따라 개시하여야 한다.

1) 초기업노조 지부 · 분회의 독자적 찬반투표

쟁의행위가 정당하기 위한 절차적 요건으로 조합원의 직접 · 비밀 · 무기명투표에 의한 찬성결정을 거치는 것은, 노동조합의 자주적이고 민주적인 운영을 도모하고, 쟁의행위에 참가한 근로자들이 사후에 그 쟁의행위의 정당성 유무와 관련하여 불이익을 받지 않도록 쟁의행위의 개시에 관한 신중한 의사결정을 기하는데 그 목적이 있다.

따라서 지역별 · 산업별 · 업종별 노동조합의 경우에는 총파업이 아닌 이상 쟁의

---

232) 대법원 2005.4.29 선고 2004두10852 판결.

233) 대법원 2007.5.11 선고 2005도8005 판결.

행위를 예정하고 있는 해당 지부 · 분회 소속 조합원의 과반수 찬성이 있으면 쟁의행위는 절차적으로 적법하다고 보아야 한다.[234)]

2) 노동위원회의 조정절차와 정당성 관계

노동조합이 노동위원회에 노동쟁의 조정신청을 하여 조정절차를 마치지 못하거나 조정이 종료되지 아니한 채 조정기간이 끝나면 노동조합은 쟁의행위를 할 수 있는 것으로 노동위원회가 반드시 조정결정을 한 뒤에 쟁의행위를 하여야지 그 절차가 정당한 것은 아니다.[235)]

(4) 수단 · 방법

근로제공의 정지 등 소극적인 행태로 사용자에게 경제적인 타격을 주는 것이어야 하며, 신의성실 및 공정성의 원칙과 사용자의 재산권과 조화를 이루어야 하며, 폭력이나 파괴행위를 수반해서는 아니된다.

1) 소수 근로자의 위법행위와 정당성

노동조합의 쟁의행위가 정당하기 위해서는 그 수단과 방법이 사용자의 재산권과 조화를 이루어야 할 뿐 아니라, 다른 기본적 인권을 침해하지 아니하는 등 그 밖의 헌법상 요청과 조화되어야 한다. 다만, 이 경우에도 해당 쟁의행위 자체의 정당성과 그 정당성을 구성하거나 그에 부수되는 개개 행위의 정당성은 구별되어야 하므로 일부 소수의 근로자가 폭력행위 등의 위법행위를 하였다고 하더라도 전체로서의 쟁의행위가 위법하게 되는 것은 아니다.[236)]

2) 안전보호시설 유지의무 위반과 정당성

노조법 제42조 제2항에 규정된 '안전보호시설'이라 함은 사람의 생명 또는 신체의 안전을 보호하는 시설을 말한다. 이에 해당 사업장의 성질, 시설의 기능 등 제반사정을 구체적 · 종합적으로 고려하여 판단하여야 할 것인데, 가연성 · 폭발성 · 유독성이 강한 석유화학제품을 생산 및 유지하기 위하여 진기, 증기 등의 동력을 생산하여 공급하는 동력부문은 '안전보호시설'에 해당한다. 따라서 이러한

234) 대법원 2004.9.24 선고 2004도4641 판결.
235) 대법원 2001.6.26 선고 2000도2871 판결.
236) 대법원 2003.12.26 선고 2003두8906 판결.

동력부분이 정상적으로 가동되지 못하는 경우에는 사람의 생명이나 신체의 안전이 구체적으로 위협받는다고 할 것이므로, 이를 위반한 경우에는 그 정당성을 인정받을 수 없다.[237)]

라. 준법투쟁과 정당성 요건

'준법투쟁' 이라 함은 노동조합의 통제에 의해 다수의 근로자들이 근로기준법 등 법령에 규정된 권리를 동시에 행사하거나 의무를 동시에 이행하여 사용자의 업무운영을 저해하는 것을 말한다.

노동조합이 그 주장을 관철할 목적으로 노동조합 통제에 의해 다수의 근로자들로 하여금 권리를 행사하거나 의무를 이행토록 하여 사용자의 업무의 정상적인 운영을 저해하는 결과를 초래하였다면 이는 쟁의행위에 해당한다. 따라서 그 정당성 요건을 구비하지 못한다면 징계사유가 되며, 민사상 불법행위와 형사상 업무방해에 해당될 수 있다.

(1) 안전투쟁형[238)]

1) 다소 무리한 임금인상을 요구한 경우

노동조합의 쟁의행위는 노동조합이 근로조건에 관한 주장의 불일치로 인하여 발생된 분쟁상태를 자기측에게 유리하게 전개하여 자기의 주장을 관철할 목적으로 행하는 투쟁행위로서 업무의 정상운영을 저해하는 것을 의미하므로, 단순히 노동조합이 사용자에게 다소 무리한 임금인상을 요구함으로써 분쟁이 발생하였으며, 또한, 노동조합의 쟁의행위 결과 사용자의 정상적인 업무수행이 저해되었다 하더라도 그것만으로 노동조합의 쟁의행위가 정당성을 결하는 것은 아니다.

2) 준법투쟁 3일 만에 단행한 직장폐쇄의 정당성

평균임금이 지역 내 택시회사 중 가장 높은 수준임에도 노동조합이 최고 수준의 임금인상을 요구하여 임금협상이 결렬되어 준법투쟁에 돌입하자 3일 만에 전격적으로 단행한 사용자의 직장폐쇄는 그 정당성이 인정되기 어렵다.

---

237) 대법원 2005.9.30 선고 2002두7425 판결.

238) 대법원 2000.5.26 선고 98다34331 판결.

(2) 권리행사형

1) 출근투쟁과 연가투쟁

조업시간 이전에 출근하여 조업준비를 하고 조업시각에 근무를 시작하도록 되어 있음에도 조업시각에 맞추어 출근하는 것, 연차휴가 · 월차휴가 · 생리휴가 등을 일제히 사용하는 것 등은 쟁의행위이므로 쟁의행위의 요건을 갖춘 경우에는 그 정당성이 인정되지만, 그렇지 아니한 경우에는 업무방해에 해당된다.[239)]

2) 연장 · 휴일근로 거부

단체협약 등에서 연장근로를 금지하고 있으나, 관행화되어 있는 경우, 단체협약 등에서 노동조합과 협의를 거치도록 규정하고 있으나 협의 없이 관행적으로 연장근로를 해 온 경우에는 쟁의행위로 보아 쟁의행위의 요건을 갖추는 경우에만 정당성이 인정된다.[240)]

3) 준법운행

준법운행은 도로 교통법규를 지키면서 운행을 하는 것으로, 이는 당연한 의무로서 쟁의행위로 볼 수 없지만, 제한 속도보다 훨씬 느리게 운행하는 등의 방법으로 사용자에게 손해를 끼치는 경우에는 쟁의행위에 해당되므로 쟁의행위로서의 요건을 갖추는 경우에만 정당성이 인정된다[241)]

4) 안전보건투쟁

산업안전보건법에서 규정하고 있는 근로자의 작업중지권 및 대피권을 남용하여 작업을 중지할 만한 정도의 긴박한 위험이 없는데도 사소한 안전보건 관련 기준에 미달 또는 위반됨을 이유로 작업을 중단하고 대피하는 것을 말하며, 대체로 쟁의행위의 정당성이 부인된다.

---

239) 대법원 1996.5.10 선고 96도419판결.
240) 대법원 1994.2.22 선고 92누11176 판결.
241) 대법원 1991.12.10 선고 91누636 판결.

마. 직장점거와 직장폐쇄의 정당성 요건

(1) 직장점거

① 직장 또는 사업장시설의 점거는 적극적인 쟁의행위의 한 형태로서 그 점거의 범위가 직장 또는 사업장 시설의 일부분이고 사용자측의 출입이나 관리지배를 배제하지 않는 병존적인 점거에 지나지 않을 때에는 정당한 쟁의행위로 볼 수 있다.

따라서 노동조합이 파업을 시작한 지 불과 4시간 만에 사용자가 바로 직장폐쇄 조치를 취한 것이 정당한 쟁의행위로 인정되지 아니하므로, 사용자측 시설을 정당하게 점거한 조합원들이 사용자의 퇴거요구에 불응하였더라도 퇴거불응죄가 성립하지 아니한다.

그러나 직장 또는 사업장 시설을 전면적 · 배타적으로 점거하여 조합원 이외 자의 출입을 저지하거나 사용자측의 관리지배를 배제하여 업무의 중단 또는 혼란을 야기하게 하는 것과 같은 행위는 이미 정당성의 한계를 벗어난 것이다.[242)]

② 쟁의행위의 일시 · 장소 · 참가인원 및 그 방법에 관한 서면신고의무는 쟁의행위를 함에 있어 그 세부적 · 형식적 절차를 규정한 것으로서 쟁의행위에 적법성을 부여하기 위하여 필요한 본질적인 요소는 아니므로, 신고절차의 미준수만을 이유로 쟁의행위의 정당성을 부정할 수는 없다.

(2) 직장폐쇄

사용자의 직장폐쇄는 노사간 교섭태도, 경과, 근로자측 쟁의행위의 태양, 그로 인해 사용자측이 받는 타격의 정도 등에 관한 구체적 사정에 비추어 근로자측의 쟁의행위에 대한 대항 · 방위 수단으로서 상당성이 인정되는 경우에 한하여 정당한 쟁의행위로 평가받을 수 있다.

따라서 사용자의 직장폐쇄가 정당한 쟁의행위로 인정되지 아니하는 경우에는 적법한 쟁의행위로서 사업장을 점거 중인 근로자들이 직장폐쇄를 단행한 사용자로부터 퇴거요구를 받고 이에 불응한 채 직장점거를 계속하더라도 퇴거불응죄가 성립하지 아니한다.[243)]

---

242) 대법원 2007.12.28 선고 2007도5204 판결.
243) 대법원 2007.3.29 선고 2006도9307 판결.

제7절 징계권 행사와 부당노동행위[244)]

1. 부당노동행위제도의 의의

징계권은 인사권에 포함된 권리로서 기업운영이나 근로계약의 본질상 사용자에게 인정되는 권리이다. 이에 사용자는 기업질서를 유지하고 경영목적에 부합하는 근로제공을 받기 위하여 근로자의 기업질서 문란행위나 불성실 근로에 대하여 근로자에게 인사상 불이익취급의 제재를 가하는 징계권을 행사하게 된다.

반면, 부당노동행위는 헌법상 보장된 근로자의 노동3권에 대한 자주적 행사를 방해하거나 개입하는 사용자의 행위로서 노조법 제81조에는 노동3권의 구체적 확보를 위하여 부당노동행위 금지규정을 두고 있으며, 이에 위반하는 경우 형사처벌과 노동위원회에 의한 신속한 권리구제를 받을 수 있도록 규정하고 있다.

따라서 사용자의 징계권은 근로자의 노동3권을 침해하지 않고, 조화와 균형을 갖출 때에만 그 정당성을 인정받을 수 있으며, 정당성을 인정받지 못할 경우에는 부당징계로서 효력이 없을 뿐만 아니라 불이익취급의 부당노동행위가 된다. 특히, 노조법에서는 해고된 조합원의 경우 부당노동행위 구제신청에 대한 중앙노동위원회의 재심판정 시까지 조합원 자격이 유지될 수 있도록 규정함으로써 정상적인 노동조합 활동을 보장하고 있다.

가. 노조법 제81조에 위반된 법률행위의 효력

노조법 제81조의 부당노동행위 금지규정은 헌법상 노동3권을 구체적으로 확보하기 위하여 처벌규정과 신속한 권리구제를 받을 수 있는 행정상 구제절차까지 규정하고 있는 점에 비추어 효력규정인 강행법규로 해석된다.

따라서 위 규정에 위반된 법률행위는 사법상 그 효력이 없고, 근로자에 대한 불이익취급의 법률행위가 부당노동행위로서 무효인 이상 근로기준법 제23조에 규정된 '정당한 이유'가 있는지 여부에 대해서는 판단할 필요가 없다.[245)]

---

244) 조정규, "복수노조시대의 부당노동행위제도와 행정적 구제제도 개선방안에 관한 연구", 호남대학교 박사학위 논문, 2013, 33~53쪽.

245) 대법원 1993.12.21 선고 93다11463 판결.

나. 해고처분이 무효인 경우 지급받을 수 있는 임금의 범위

해고처분이 무효인 경우 근로자가 지급 받을 수 있는 임금의 범위는 근로기준법 제18조에서 규정된 임금을 의미하므로 같은 법 제19조에서 말하는 평균임금산정의 기초가 되는 임금의 총액에 포섭될 임금이 전부 포함되고 통상임금으로 반드시 국한되는 것은 아니다.[246]

다. 부당해고는 정신적 고통을 가하는 불법행위 구성

사용자가 강행규정인 노조법 제81조의 불이익취급 금지규정을 위반하여 근로자를 부당하게 해고하거나 불이익처분을 함으로써 해고 등이 무효인 경우 불이익처분에 내세우는 사유가 표면상 사유에 불과하고, 그 징계권 남용이 건전한 사회통념이나 사회상규상 도저히 용인될 수 없음이 분명한 때에는 그 해고 등 불이익처분의 효력이 부정되는 데 그치는 것이 아니라, 위법하게 정신적 고통을 가하는 것이 되어 근로자에게 불법행위를 구성할 수 있다.[247]

2. 부당노동행위의 주체

가. 노조법상 사용자

노조법 제81조에서 규정한 부당노동행위 주체로서의 사용자는 원칙적으로 노조법 제2조 제2호에서 정한 사용자이다.[248] 노조법 제2조 제2호는 '사업주 · 사업의 경영 담당자 또는 그 사업의 근로자에 관한 사항에 대하여 사업주를 위하여 행위하는 자' 를 사용자로 규정하고 있다.

---

246) 대법원 1993.9.24 선고 93다21736 판결.

247) 대법원 1993.10.12 선고 92다43586 판결.

248) 일본은 우리나라와 같이 사용자에 관한 정의규정이 없고, 판례에 의하여 "피용자를 고용하고 그 노동력을 처분하는 자, 즉 스스로의 권한에 기초하여 노무를 적절히 배치 · 안배하여 일정한 목적을 달성하려고 하는 자이므로 고용계약상 고용주 이외에도 피용자의 인사 기타 근로조건 등 노동관계상 여러 이익에 대하여 이것과 똑 같은 지배력을 현실적, 특히 구제적으로 가진 자"를 사용자라고 한다(横濱지법, 소화 1947.10.24.).

(1) 사업주

사업주는 그 사업의 경영주체로서 근로자를 사용하여 사업을 하는 자를 말한다. 개인기업에서는 그 사업에 있어서 자본이나 시설의 투자를 하여 기업을 경영하는 자연인이 되고, 법인에서는 법인 자체가 되는 것이 원칙이다.

(2) 사업경영담당자

사업경영담당자는 사업경영 일반에 대하여 권한을 가지고 책임을 지는 자로서, 사업주로부터 사업경영의 전부 또는 일부에 대하여 포괄적인 위임을 받고 대외적으로 사업을 대표하거나 대리하는 자를 말한다.

민법상 법인의 이사, 주식회사의 대표이사,[249] 합명회사 및 합자회사의 업무집행 사원, 유한회사의 이사, 지배인, 회사정리절차 시작 이후의 관리인이 이에 해당하고, 미성년자 또는 금치산자를 사업주로 하는 경우에는 그 법정대리인이 이에 속한다.

(3) 근로자에 관한 사항에 대하여 사업주를 위하여 행위하는 자

사업주를 위하여 행위하는 자는 사업주를 위하여 근로자의 고용 · 해고 · 승진 또는 전직 등의 인사관리를 담당하거나 임금 · 근로시간 기타 대우 등 근로조건의 결정과 노무관리의 기획 또는 집행에 관여하는 자를 말한다. '사업주를 위하여'라 함은 반드시 '사업주의 이익을 위하여'로 해석되지는 않는다 할 것이고, 그 행위자가 권한을 남용하여 자신의 이익을 위해 행위한 결과 노동관계법을 위반하게 된 경우에도 그 책임을 면할 수 없다.

근로자에 관한 사항에 대하여 사업주나 사업경영담당자로부터 '근로조건의 결정' 또는 '업무상 명령이나 지휘 · 감독' 처럼 권한과 책임을 부여받은 자는 그러한 범위 내에서 사용자가 된다. 구체적으로는 이사회 또는 이와 유사한 기구의 구성원, 공장지배인, 인사 및 회계책임자, 비서와 인사회계 및 노동관계에 관한 기밀사무를 담당하고 있는 자, 대 · 내외 관계법규, 기타의 전문적 사항에 관한 기업의 정책결정 권한을 갖거나 혹은 이에 관여하는 자, 노무부서의 직원 등이다.

249) 법원은 형식상 대표이사는 아니나, 실권자이며 실제의 경영자라면 근로기준법상 체불임금의 책임이 있다고 한다(대법원 1989.4.25 선고 87도2129 판결).

나. 부당노동행위 금지대상으로서의 사용자

(1) 부당노동행위 금지명령의 수규자

노조법상 사용자는 모두 부당노동행위 금지명령의 수규자이다. 부당노동행위 금지명령의 수규자로서의 사용자는 사업경영담당자 또는 사업주를 위하여 행위하는 자, 근로자에 관한 사항에 대하여 권한을 부여받는 자로서 사업주 또는 사업경영담당자의 명확한 지시나 승인이 없어도 자신의 판단으로 업무를 지휘감독하는 위치에 있는 경영대리인 등이다.

(2) 부당노동행위 구제명령의 수규자

구제명령의 수규자는 원칙적으로 고용주인 사업주이다. 현실적으로 사업주에게 구제명령을 하는 것으로써 충분하며, 고용주는 실제로 그 명령을 스스로 이행할 의무를 지닌다. 경우에 따라 부당노동행위의 주체가 아니더라도 구제명령의 내용을 실현하는 사실상 권한과 능력을 가지는 한 피신청인이 될 수 있다.[250)]

따라서 고용주 자신이 부당노동행위를 한 경우 이를 즉시 시정하여 원상회복하여야 함은 물론, 고용주가 아닌 피신청인의 자격이 있는 자가 부당노동행위를 행한 경우에도 고용주는 이의 시정을 사용자에게 구체적으로 지시 · 명령하여야 한다.

(3) 부당노동행위 형벌부과의 대상자

형벌부과 대상자로서의 사용자는 구제명령의 이행자로서의 수규자와 반드시 일치하지 않는다. 부당노동행위 구제명령의 위반행위를 한 때에는 행위자도 처벌되므로 사업주의 경영담당자 또는 근로자에 관한 사항에 대하여 사업주를 위하여 행위하는 자도 그러한 한도 내에서 형벌부과 대상자가 될 수 있다. 법인의 대표자 또는 법인 및 개인의 대리인, 사용인, 기타 종업원이 그 법인 또는 개인의 업무에 관하여 구제명령에 대한 위반행위를 한 때에는 행위자도 처벌한다.

---

250) 대법원 2010.3.25 선고 2007두8881 판결.

3. 부당노동행위의 유형과 구제신청권

가. 부당노동행위의 유형

노조법에 규정된 부당노동행위의 유형에는 노동조합활동 등을 이유로 한 불이익취급, 비열계약, 단체교섭거부 · 해태 행위, 노동조합 운영에 대한 지배 · 개입행위 등이 있다(노조법 §81제1호~5호).

불이익취급은 근로자가 노동조합에 가입하거나 기타 정당한 조합활동을 이유로 하거나(제1호), 근로자가 정당한 단체행동에 참여한 것 또는 노동위원회에 대하여 사용자가 노조법 제81조의 규정에 위반한 것을 신고하는 등의 이유로(제5호) 그 근로자를 해고하거나 불이익을 주는 행위를 말한다.

나. 부당노동행위의 구제신청권

노동조합은 사용자의 부당노동행위(불이익취급)에 대하여 근로자의 구제신청권과는 별개의 독자적인 구제신청권을 가진다,

노동조합에게 구제신청권을 인정한 이유는 노동조합의 단결권 또는 그 지위와 기능의 보호 · 유지에 있고, 노조법 제5조에서 근로자의 노동조합 결성 및 가입의 자유를 보장하고 있다. 또한, 제81조 제1호에서 사용자가 노동조합에 가입한 근로자에게 불이익을 주는 행위뿐 아니라, 노동조합에 가입하려고 한 근로자에게 불이익을 주는 행위에 대하여도 부당노동행위로서 금지하고 있기 때문에 노동조합은 사용자의 부당노동행위가 있는 경우뿐만 아니라, 그 소속 조합원으로 가입하거나 가입하려고 하는 근로자에 대하여 노동조합의 권리가 침해될 수 있으므로, 노동조합은 자신의 명의로 부당노동행위 구제신청을 할 수 있는 권리를 가진다.[251)]

다. 부당노동행위 입증책임

사용자의 행위가 노조법상 부당노동행위에 해당하는지 여부는 사용자의 부당노동행위 의사의 존재 여부를 추정할 수 있는 모든 사정을 종합직으로 판단하여야 한다. 사용자에게 부당노동행위 의사가 존재하였는지 여부가 분명하지 아니하여

251) 대법원 2008.9.11 선고 2007두19249 판결.

그 존재 여부를 확정할 수 없는 경우에는 그로 인한 위험이나 불이익은 그것을 주장한 근로자 또는 노동조합이 부담할 수 밖에 없다.

이와 관련 사용자가 근로자에게 징계나 해고 등 기타 불이익한 처분을 하였지만 그 처분을 할만한 정당한 사유가 있는 것으로 밝혀졌다면 사용자의 그와 같은 불이익한 처분이 부당노동행위 의사에 기인하여 이루어진 것이라고 섣불리 단정할 수 없다.[252)]

따라서 부당노동행위가 인정되기 위해서는 근로자의 정당한 노동조합 활동이 있어야 하며, 사용자가 부당노동행위의 의사를 가지고 그 근로자에게 인사상 불이익 조치를 하여야 한다.

4. 부당노동행위의 유형별 판단기준

가. 불이익 취급

(1) 의 의

불이익 취급이란, "근로자가 노동조합에 가입 또는 가입하려고 하였거나 노동조합을 조직하려고 하였거나 기타 노동조합의 업무를 위한 정당한 행위를 한 것을 이유로 그 근로자를 해고하거나 그 근로자에게 불이익을 주는 행위(제1호)" 및 "근로자가 정당한 단체행위에 참가한 것을 이유로 하거나 또는 노동위원회에 대하여 사용자가 이 규정에 위반한 것을 신고하거나 그에 관한 증언을 하거나 기타 행정관청에 증거를 제출한 것을 이유로 그 근로자를 해고하거나 그 근로자에게 불이익을 주는 행위(제5호)"를 말한다.

(2) 성립요건

1) 정당한 노동조합 활동을 하였을 것[253)]

근로자의 행위가 노동조합의 활동으로서 정당하다고 인정받기 위해서는 주체 ·

---

252) 대법원 2007.11.15 선고 2005두4120 판결.

253) 노동조합 활동에 대해서는 「제5장 제6절 노동조합활동과 징계권 행사」의 "다. 정당성 판단기준"에서 자세히 설명하였다.

목적 · 시기 · 방법과 성실의무의 준수 등에 대한 객관적이고 종합적인 판단이 필요하며, 헌법상 노동3권을 보장한 취지, 사용자의 노무지휘권과 시설관리권이 서로 조화를 이루는 범위 내에서 판단이 이루어져야 한다.

만일, 사용자가 근로자를 징계해고한 이유가 근로자의 노동조합업무를 위한 정당한 행위가 아닌 다른 이유를 내세웠더라도 그 목적이 근로자가 조직한 노동조합을 혐오하여 그 활동을 방해하려는 의도에서 나온 것이라면 실질적으로는 노동조합조직 등 노동조합의 업무를 위한 정당한 행위를 이유로 한 것이므로 부당노동행위에 해당한다.[254)]

2) 노동조합 활동을 이유로 불이익 취급을 하였을 것

불이익 취급은 신분상 불이익, 경제적 불이익, 정신적 또는 생활상의 불이익, 조합활동상 불이익으로 분류할 수 있다.

① 신분상 불이익은 해고 등의 징계처분, 퇴직강요, 채용거부, 전근 · 전직 · 전보 · 휴직 등, ② 경제적 불이익은 차별적 승급 · 강급, 각종 수당의 차별적 지급, ③ 정신적 · 생활상 불이익은 대기발령, 취업거부, 시말서의 요구, 기숙사 퇴실 요구 등, ④ 조합활동상 불이익은 조합활동에 부적절한 부서로의 이동, 승진 등이 있다.

3) 부당노동행위 의사가 존재할 것

부당노동행위가 성립되기 위해서는 반 조합적 의도 내지 동기로 일컬어지는 이른바 부당노동행위의 의사(意思)가 필요하다.

부당노동행위 의사는 사용자의 내심의 의사에 속하므로 그 존재 여부에 대하여 사용자가 내세우는 해고사유와 근로자가 한 노동조합 업무를 위한 정당한 행위의 내용, 불이익취급의 시기, 사용자와 노동조합과의 관계, 동종의 사례에 있어서의 조합원과 비조합원에 대한 제재의 불균형 여부, 종래의 관행에 부합하는지 여부, 사용자의 노동조합에 대한 언동이나 태도 등 기타 부당노동행위 의사의 존재를 추정할 수 있는 제반 사정들을 종합적으로 고려하여 판단하여야 한다.[255)]

---

254) 대법원 1989.10.24 선고 89누4659 판결.
255) 대법원 1999.11.9 선고 99두4273 판결.

(3) 부당노동행위 의사와 징계사유의 경합

사용자가 표면적으로 내세우는 징계사유와는 달리 실질적으로는 근로자의 정당한 조합활동을 이유로 징계한 것으로 인정되는 경우에는 그 징계처분은 불이익취급의 부당노동행위에 해당한다.

그러나 징계사유의 정당성이 인정되는 경우에는 비록 사용자가 근로자의 조합활동을 못마땅하게 여긴 흔적이 있다거나 사용자에게 반 노동조합의 의사가 추정된다고 하더라도 그 징계사유를 단순히 표면상의 구실에 불과하다고 할 수는 없으므로 부당노동행위는 성립되지 않는다.[256)]

(4) 징계절차 위반과 부당노동행위

조합원인 근로자에 대한 징계가 단체협약에 규정된 징계절차를 위반한 경우에는 부당한 징계에 해당되지만, 그렇다고 당연히 부당노동행위가 성립되지는 않는다.

징계절차가 단체협약에 정하여진 규정에 위반되었다는 등의 사정이 사용자의 부당노동행위의사를 판단하는 하나의 자료가 될 수는 있다 하더라도 부당노동행위의 성립에 당연히 영향을 미치는 결정적인 요소가 되는 것은 아니다.[257)]

부당노동행위에 해당되는지 여부는 사용자측이 내세우는 해고사유와 근로자가 한 노동조합업무를 위한 정당한 행위의 내용, 징계해고한 시기, 사용자와 노동조합과의 관계, 기타 부당노동행위 의사의 존재를 추정할 수 있는 제반 사정을 비교검토하여 종합적으로 판단하기 때문이다.[258)]

(5) 복수노조와 불이익 취급

하나의 사업장에 친 사용자적 노조와 적대적 노조가 병존하는 경우 적대적 노조에 가입한 조합원에게 업무배치, 인사고과 등 근로조건에서 다양한 형태의 불이익이나 징계에 있어서도 차별이 있을 수 있다. 이러한 복수노조 하에서 불이익 취급은 비열계약 등의 부당노동행위와 경합되는 사례가 발생할 수도 있다.

---

256) 대법원 2004.6.10 선고 2004두2882 판결; 1997.7.8 선고 96누6431판결; 1996.4.23 선고 95누6151 판결.

257) 대법원 1992.2.28 선고 91누9572 판결.

258) 대법원 1993.1.15 선고 92누13035 판결.

나. 비열계약

(1) 의 의

노조법 제81조 제2호 본문은, "근로자가 어느 노동조합에 가입하지 않을 것, 또는 탈퇴할 것을 고용조건으로 하거나 특정한 노동조합의 조합원이 될 것을 고용조건으로 하는 행위"를 금지하고 있다. 이러한 계약을 비열계약, 조건부 고용계약 또는 황견계약이라고 한다.

비열계약은 조합조직을 부인하거나 약체화시키기 위하여 혹은 단체교섭을 회피하기 위한 수단으로 조합에 가입한 자를 그 조합으로부터 탈퇴할 것, 또는 어용조합을 만들어 새로 고용되거나 이미 고용된 자가 그 조합에 가입할 것, 이에 대한 대가로서 고용하는 것을 말한다.

(2) 비열계약의 내용과 효과

비열계약은 노동조합 불가입과 탈퇴를 고용조건으로 하는 내용을 규정하고 있지만, 조합활동을 하지 않겠다는 것을 고용조건으로 하거나, 사용자에 의해 지배되는 어용조합에 가입할 것을 고용조건으로 하는 계약도 포함된다. 이러한 고용조건은 근로계약 체결 당시에 약정하는 경우 뿐만 아니라 그 이후에도 고용계속의 조건으로 약정을 하거나, 어용노조에 가입강제 등도 비열계약의 형태이다.

단서에서 "다만, 노동조합이 당해 사업장에 종사하는 근로자의 3분의 2 이상을 대표하고 있을 때에는 근로자가 그 노동조합의 조합원이 될 것을 고용조건으로 하는 단체협약의 체결은 예외로 한다"라고 규정하여 일정한 조건 하에서 유니온 숍을 허용하여 부당노동행위 성립을 배제하고 있다.

(3) 복수노조와 유니온 숍

1) 적용 예외

복수노조 하에서는 조합원이 유니온 숍 협정이 체결된 노동조합을 탈퇴하여 새로이 노동조합을 조직하거나 다른 노동조합에 가입할 경우, 신분상 불이익한 행위를 할 수 없도록 하였다. 따라서 사용자와 유니온 숍 협약을 체결한 노동조합의 조합원이 다른 노동조합을 조직하거나 다른 노동조합에 가입하기 위해 노동소합을 탈퇴한 경우 사용자가 탈퇴한 근로자를 해고하면 부당노동행위에 해당한다.

2) 교섭대표노조와 유니온 숍

교섭대표노조에 소속한 조합원이 전체 근로자의 3분의 2 이상이 된다는 이유로 유니온 숍 협정을 단체협약에 포함시킬 수 있을지 여부는 근로자의 단결선택권을 제한하지 않는 범위 내에서 제한적으로 허용되어야 한다.

3) 개별교섭과 유니온 숍

사용자가 교섭대표노조의 결정절차를 반대하여 각 노동조합과 개별적으로 단체교섭을 하는 경우, 전체 근로자의 3분의 2 이상이 가입한 노동조합은 당해 노동조합의 단체협약에 유니온 숍 협정을 포함시킬 수 있으며, 이러한 경우 공정대표의무 위반은 되지 않는다. 사용자가 유니온 숍 규정을 이유로 특정한 노동조합에 가입할 것을 적극적으로 강제하고 이에 따르지 않는다는 이유로 불이익 처분을 한다면 부당노동행위에 해당할 수 있다.

다. 단체교섭의 거부 · 해태

(1) 의 의

노조법 제81조 제3호는 "노동조합의 대표자 또는 노동조합으로부터 위임을 받은 자와의 단체협약체결 기타의 단체교섭을 정당한 이유 없이 거부하거나 해태하는 행위"를 금지하고 있다. 단체교섭은 노동조합의 중요한 기능 가운데 하나이며, 단결권, 단체교섭권 및 단체행동권은 서로 밀접한 관련을 가지며 존재하고 있다.

사용자가 정당한 이유 없이 단체교섭을 거부하는 것은 노동조합의 존재를 부인하는 것과 같으므로 노동조합의 실질적 존재 의의를 해하는 것이 되고, 나아가 단결권의 침해가 되기 때문에 이것을 부당노동행위로서 금지하는 것이다. 그러나 사용자측에 정당한 사유가 있으면 단체교섭을 거부 또는 해태할 수 있으며, 이러한 경우에는 부당노동행위가 성립하지 않는다.

(2) 단체교섭 거부의 정당한 사유

① 근로자가 단체교섭의 정당한 주체가 아닌 경우에는 단체교섭을 거부할 수 있다.

노조법상 자주성이 결여된 노동조합인 경우, 단체교섭 당사자가 단체교섭권한이나 단체협약체결 권한을 갖지 않은 경우, 단체교섭 당사자의 자격 확정을 요구하고 확정될 때까지 단체교섭을 연기하는 경우 등이다

② 단체교섭대상이 사용자에게 처분권한이 없거나 그 근로조건과 근로자의 지위개선에 관계되지 않는 사항에 대하여는 단체교섭을 거부할 수 있다.

순수한 정치문제 · 구속자 석방 · 타 기업의 문제 등 금지교섭 대상이거나 인사 · 경영권 등 임의교섭 대상을 들 수 있다. 그러나 채용 · 배치전환, 징계 · 해고 등의 인사기준이나 절차 또는 사용자의 경영권이라 할지라도 근로자의 고용 · 해고와 밀접한 관계가 있는 경우에는 단체교섭 대상이 된다.

③ 단체교섭의 방법 · 태양 · 절차 등이 법령, 단체협약 · 취업규칙, 기타 노사합의에 반하는 경우에는 단체교섭을 거부할 수 있다.

근로자가 단체교섭의 개시 또는 진행을 위하여 폭력 · 폭언을 사용하는 경우, 불필요하게 많은 수의 근로자가 교섭에 입회할 것을 요구하여 정상적인 교섭이 어려운 경우, 장소가 사택 등 현저히 적절치 아니하는 경우 등이다.

(3) 단체교섭 거부와 불법행위 책임[259)]

1) 단체교섭 거부의 불법행위 구성요건

사용자의 단체교섭 거부행위가 원인과 목적, 과정과 행위 · 태양, 그로 인한 결과 등에 비추어 건전한 사회통념이나 사회상규상 용인될 수 없다고 인정되는 경우에는 부당노동행위로서 단체교섭권을 침해하는 위법한 행위로 평가되어 불법행위의 요건을 충족하게 된다.

2) 가처분결정과 단체교섭 거부의 불법행위

사용자가 '노동조합과의 단체교섭을 거부하여서는 아니된다' 는 취지의 가처분결정을 받기 전에 해당 노동조합과의 단체교섭을 거부한 것은 불법행위가 되지 않으나, 가처분결정 후에도 해당 노동조합과의 단체교섭을 거부한 것은 그 노동조합에 대하여 불법행위가 된다.

---

259) 대법원 2006.10.26 선고 2004다11070 판결.

(4) 인준투표와 단체교섭 거부[260)]

① 노조법 제33조 제1항 본문은 "노동조합의 대표자 또는 노동조합으로부터 위임을 받은 자는 그 노동조합 또는 조합원을 위하여 사용자나 사용자단체와 단체협약의 체결 기타의 사항에 관하여 교섭할 권한이 있다"고 규정하고 있는바, '교섭할 권한'이라 함은 사실행위로서의 단체교섭의 권한 외에 교섭한 결과에 따라 단체협약을 체결할 권한을 포함한다.

② 노동조합의 대표자 또는 수임자가 단체교섭의 결과에 따라 사용자와 단체협약의 내용을 합의한 후 다시 협약안의 가부에 관하여 조합원총회의 의결을 거쳐야만 한다는 것은 대표자 또는 수임자의 단체협약체결권한을 전면적 · 포괄적으로 제한함으로써 사실상 단체협약체결 권한을 형해화하여 명목에 불과한 것으로 만드는 것이어서 노조법 제33조 제1항의 취지에 위반된다.

(5) 복수노조와 단체교섭 거부

친 사용자적 노동조합이 다수 조합원을 차지하는 경우, 사용자는 친 사용자적 노동조합과 협의를 통하여 교섭창구단일화 절차를 거치게 될 것이므로 기존과 같은 단체교섭 거부 · 해태는 상정하기 어려울 것이다. 그러나 친 사용적 노동조합이 소수일 경우에는 적대적 노동조합(노조법 §81 제4호)이 교섭대표노조의 지위를 갖지 못하도록 친 사용자적 노동조합과 개별교섭을 진행하면서 적대적 노동조합보다 더 나은 근로조건으로 단체협약을 체결하고, 적대적 노동조합과는 교섭을 기피하거나 해태할 가능성이 높을 것이다.

라. 지배 · 개입

(1) 의 의

노조법 제81조 제4호는 "근로자가 노동조합을 조직 또는 운영하는 것을 지배하거나 이에 개입하는 행위와 노동조합의 운영비를 지원하는 행위"를 금지하고 있다.

다른 부당노동행위의 유형은 근로자의 자주적인 노동3권의 행사 자체를 직접

---

260) 대법원 1993.4.27 선고 91누12257 판결.

방해 · 침해할 위험이 있는 것인데 반해, 지배 · 개입은 근로자의 노동3권의 행사는 인정하되, 이를 사용자가 원하는 방향으로 움직이게 함으로써 간접적으로 노동3권의 행사를 침해하는 것이다.

(2) 지배 · 개입의 주체

지배 · 개입이 성립하기 위해서는 그 행위가 사용자의 행위로 볼 수 있어야 한다. 지배 · 개입의 주체인 사용자는 사업주 자신은 물론이고, 임원 · 지배인 · 지점장 · 공장장 및 영업소장 등 상급 감독자나 부장 · 과장 등 상급관리직 직원의 행위도 사업주의 명확한 위임 또는 수권이 없더라도 사용자에 해당된다.

또한, 계장 · 주임 및 반장 등의 하급관리자의 행위는 사용자의 지시 또는 명시적 · 묵시적 승인 하에 사용자의 행위로 간주된다.

(3) 지배 · 개입의 태양

지배 · 개입의 형태는 매우 다양하기 때문에 부당노동행위로서의 지배 · 개입은 조합의 자주성을 저해할 위험성이 있는 모든 행위가 해당된다. 따라서 개개의 행위 자체가 지배 · 개입이 되는 경우도 있고, 어떤 행위가 그 자체로서는 지배 · 개입이 되지 않지만, 그 행위에 관계되는 다른 행위 또는 일련의 사실을 종합할 경우 지배 · 개입이 되기도 한다.

1) 조합결성에 대한 지배 · 개입

근로자가 노동조합을 결성할 것인지 여부, 결성하는 경우에는 그 구성과 조직을 어떻게 할 것인가는 근로자가 자주적으로 결정해야 할 문제이기 때문에 사용자는 여기에 대해 방해 · 간섭을 하여서는 안 된다. 따라서 결성준비 활동에 대한 위압적 언동이나 중심 인물에 대한 전근 또는 해고, 결성대회 당일에 회사행사를 실시하여 대회성립을 방해하는 것은 지배 · 개입에 해당된다.

2) 조합조직에 대한 지배 · 개입

노동조합에의 가입조건이나 조합원의 자격요건은 노동조합이 자주적으로 결정할 문제인데, 사용자가 여기에 간섭한다든가 노동조합의 임원인사 또는 임원선거에 간섭하는 것은 지배 · 개입이 된다. 또한, 노동조합이 연합체를 조직 또는 가입하는 것, 상부단체에 가입 · 활동에 대하여 사용자가 간섭하는 것은 모두 지배 · 개입에 해당된다.

3) 노동조합운영에 대한 지배 · 개입

노동조합 운영에 대한 사용자의 지배 · 개입으로는 조합활동가의 해고, 배치전환, 정당한 조합활동의 방해 행위, 조합간부 회유를 위한 매수 · 향응, 조합의 회합 감시, 평상 시 또는 쟁의행위 중의 조합파괴 행위(탈퇴권유, 비판파에 대한 격려 · 원조), 임원선거 기타 조합내부 운영에 대한 개입, 별개 조합의 조직원조, 별개 조합의 우대 등을 들 수 있다. 조합 내 대립집단의 일방에 대한 지원이나 불이익처분도 조합운영에 있어서 지배 · 개입에 해당된다.

(4) 노동조합 전임자 급여지원 및 경비원조

1) 노동조합 전임자에 대한 급여지원

근로자는 단체협약으로 정하거나 사용자의 동의가 있는 경우에는 근로계약상 소정의 근로를 제공하지 아니하고 노동조합의 업무에만 종사할 수 있으며, 조합전임자는 그 전임기간 동안 사용자로부터 어떠한 급여도 지급 받아서는 아니된다. 만약, 사용자가 조합전임자에게 급여를 지원하는 경우에는 부당노동행위가 성립되어 처벌된다.

이와 같이 조합전임자에 대한 급여지원을 금지하는 취지는 사용자나 근로자의 의도 여하에 불구하고 교섭당사자로서의 노동조합의 자주성과 독립성을 저해할 우려가 있다고 보기 때문이다.[261)]

2) 경비원조(노동조합 운영비 원조)

사용자가 노동조합의 운영비를 원조하는 경우에는 부당노동행위가 성립한다. 다만, 근로자가 근로시간 중에 사용자와 협의 또는 교섭하는 것을 사용자가 허용하는 것은 무방하며, 또한, 근로자의 후생자금 또한 경제상의 불행 기타의 재해의 방지와 구제 등을 위한 기금의 기부와 최소한 규모의 노동조합사무소의 제공은 예외로 한다.

제도의 취지가 노동조합의 자주성과 독립성을 확보하려는데 있으므로 어느 경

---

261) 대법원 1991.5.28 선고 90누6392 판결.

우이거나 그 경비원조가 실질적으로 사용자에게 부당노동행위의 의사가 없고 자주성을 저해할 우려가 없는 경우에는 부당노동행위가 성립하지 않는다.

5. 공정대표의무와 부당노동행위

가. 공정대표의무

노조법 제29조의4에는, 교섭대표 노동조합과 사용자는 교섭창구 단일화 절차에 참여한 노동조합 또한 조합원간에 합리적인 이유 없이 차별하여서는 아니되며, 차별한 경우에 차별한 날로부터 3개월 이내 노동위원회에 시정을 요청할 수 있는데 이것이 공정대표의무이다. 공정대표의무에 위반하게 되면 동시에 부당노동행위에도 해당할 수 있다.

나. 노동조합간 차별

(1) 노동조합의 단체교섭과 관련한 차별

교섭단위를 분리하여 A교섭단위에는 교섭창구를 단일화하도록 하고, B교섭단위에는 개별교섭을 하자고 하는 경우, 또는 창구단일화 절차를 통해 교섭대표를 결정한 후에 그 교섭대표 결정 과정에 참여한 특정 노동조합과는 개별교섭을 통해 단체협약을 추진하는 경우 등이 있다.

(2) 교섭대표와 체결한 단체협약에 의한 차별

교섭대표노조와 사용자가 체결한 단체협약의 내용에 의해 노동조합간에 차별이 있거나 각각 다른 노동조합의 조합원간에 근로조건이나 복지후생이 다르게 적용되는 경우이다. 다른 노동조합에 속한 동종 유사한 근로자들이 다른 노동조합에 속해 있다는 이유만으로 교섭대표노조가 체결한 단체협약에서 근로조건을 차별하여 적용하도록 했다면 불이익 취급과 지배·개입에 해당할 수 있다.

또한, 노동조합에 사무실 등 비품제공, 근로시간 면제제도 적용, 단체교섭 등에 있어서 교섭위원의 수 또는 교섭시간에 대한 유급인정 여부, 게시판이나 강당 등의 시설을 사용하는데 차별하는 경우 등이다.

(3) 개별 교섭에 있어서 차별

사용자가 노동조합과 개별적으로 단체협약을 체결한 결과 조합원들에게 근로조건이나 복지후생에 차별이 있는 경우이다. 노동조합간 근로조건에 현격한 차이가 있고, 단체교섭 과정에서 사용자가 특정 노동조합에 대해서 근로조건 등의 인정에 강경한 입장을 보인 경우 지배·개입의 부당노동행위가 성립할 수 있다.

다만, 노동조합과 개별적으로 단체협약을 체결한 결과 노동조합 사무실의 제공 등의 채무적 부분에 차별이 있다 하더라도 사용자에게 노동조합을 차별한다든가 하는 반 조합적 의사가 있다고 추정되는 등의 특별한 사유가 없으면 노동조합간 차별이 있다는 이유로 지배·개입의 부당노동행위가 성립된다고 보기 어렵다.

(4) 단체협약 유무에 따른 차별

교섭창구단일화를 거쳐 교섭대표노조가 단체협약을 체결하면 단일화절차에 참여하지 못한 노동조합은 교섭대표노조의 지위가 유지되는 기간에는 독립적인 단체교섭권이 인정되지 않는다.

또한, 단체협약을 체결하지 않은 노동조합에게 근무시간 중의 노동조합 활동을 허용한다든가 회사의 시설을 사용하는 문제는 사용자가 그 노동조합의 단결권을 부인하는 의도로 행하여지는 것이 아니라면 노동조합의 요구를 거부하여도 부당노동행위에 해당하지 않는다.

다. 부당노동행위와의 관계

공정대표의무는 적법한 교섭창구단일화 과정에서 대표성을 갖는 노조가 그렇지 않는 노조에 대하여 단체협약이나 고충처리, 조합활동 등에서의 차별행위를 금지하는 것으로 노동3권을 침해하는 부당노동행위와는 구분된다. 그러나 부당노동행위제도는 노동3권의 침해행위를 보호하는 것이기 때문에 공정대표의무는 큰 틀에서 부당노동행위의 범위 안에 있다고 보아야 한다.

예를 들면, 사용자가 주도하여 결성한 노동조합이 교섭대표노조의 지위를 확보한 후 종전의 근로조건보다 하회하는 단체협약을 체결한 경우, 사용자가 주도하여 결성한 교섭대표노조가 소수노조의 단체교섭권을 박탈한 것으로 노동3권의 침해행위에 해당하므로 부당노동행위로 보아야 할 것이다.

심층정리 복수노조에 있어서 공정대표의무와 부당노동행위제도

1. 의 의

노조법 개정(2010.1.1)으로 2011.7.1.부터 사업장단위 복수노조 허용 및 교섭창구단일화 제도가 시행되고 있다. 이에 따라 사용자의 노조간 차별 등 부당노동행위와 사용자 또는 교섭대표노조의 공정대표의무 위반이 문제된다.

부당노동행위는 사용자의 노동3권에 대한 침해행위(노조법 §81)이며, 공정대표의무 위반은 교섭대표노조 및 사용자가 소수노조와 그 조합원을 합리적인 이유 없이 차별하는 불공정 행위를 말한다(노조법 §29의4).

2. 노동조합법의 위반 유형

가. 노동조합간 또는 조합원간 차별

사용자가 합리적 이유 없이 노조·조합원간 차별하는 경우 노동조합의 지배·개입 또는 불이익 취급으로서 부당노동행위가 되며, 공정대표의무위반도 지게 된다. 노동조합은 교섭대표노조 또는 교섭대표노조와 사용자를 상대로 관할 노동위원회에 공정대표의무 위반 시정신청을 할 수 있다.

나. 특정 노동조합의 가입 또는 탈퇴 종용

사용자가 특정노조의 가입 또는 탈퇴를 종용하거나 노조활동을 방해하는 경우 불이익 취급, 불공정 고용계약 또는 노동조합의 지배·개입에 해당한다.

즉, ▲ 특정노조에 가입·탈퇴하면 경제적·인사상 이익과 불이익을 주겠다고 하는 경우, ▲ 특정노조에 직접적인 불이익을 주거나 지원 등을 축소하여 간접적 불이익을 야기하는 경우, ▲ 신입사원에게 특정노조 가입 권유 또는 유도하거나 비정규직 근로자를 정규직으로 전환하면서 친 기업노조 가입을 유도하는 경우 등이 있다.

다. 창구단일화 절차지연 등 교섭거부·해태

사용자가 노조의 교섭요구에 대해 정당한 이유없이 창구단일화 절차 이행 등을 지연 또는 거부하는 경우에는 교섭거부·해태 또는 지배·개입에 해당한다.

즉, ▲ 정당한 이유 없이 창구단일화 절차공고를 하지 않거나 공고기간을 단축 또는 연장하는 경우, ▲ 전체 조합원 명부를 요구하며 교섭요구사실을 공고하지 않은 경우, ▲ 단체협약의 유일교섭단체 조항을 이유로 교섭요구를 거부하는 경우, ▲ 개별교섭 동의에도 불구하고 특정노조의 교섭요구을 거부한 경우, ▲ 특정노조에게 불리한 교섭요구안을 제시하면서 교섭지연을 초래하는 경우, ▲ 교섭일을 지정 · 교섭주기와 시간 · 참석자 직위 · 타결시기 등을 노조간 차별하는 방법으로 교섭 교착상태를 야기하는 경우 등이 있다.

라. 교섭대표노조의 교섭대표권한 침해

교섭대표노조의 지위를 확보한 상태에서 사용자가 신설노조 등 다른 노조와 교섭하고 단체협약을 체결한 경우에는 지배 · 개입에 해당한다. 즉, ▲ 교섭대표 노조가 결정된 이후 다른 노조와 교섭을 진행한 경우 등이 있다.

3. 부당노동행위와 공정대표의무 위반

가. 부당노동행위

(1) 불이익 취급

① 신설 복수노조 가입 근로자의 해고

복수노조인 신설노조에 가입하자 기존에 운행하던 신차를 노후차량으로 교체하고, 다시 노후화되었다는 이유로 매각하면서 생산부 인사발령에 항의하자 해고한 경우

② 조합원과 비조합원 간 차별

단수노조일 때는 조합원과 비조합원간 업무배치에 있어서 차별대우를 행하다가 복수노조인 신규노조가 설립되자 기존노조와 신규노조간 업무배치를 차별한 경우

③ 노동조합 간 차별

용역계약기간이 연장되었음에도 기존노조 소속 대부분의 근로자에게는 고용을 연장하였으나, 신설노조 근로자에 대하여만 정당한 이유 없이 근로계약을 해지한 경우

(2) 단체교섭 거부 · 해태

복수노조인 신설노조로부터 교섭요구를 받았음에도 교섭창구단일화 절차를 알지 못했다는 이유로 교섭요구사실을 공고하지 않는 등 정당한 이유 없이 단체교섭을 해태하면서 노조위원장 및 조합원에 대하여 노조탈퇴를 종용한 경우

(3) 노조운영 지배 · 개입

① 기존노조 탈퇴 및 신설노조 가입 유도

개인사정이 있는 경우 원하는 은행에 입금하던 관행을 깨고 기존노조 조합원들에게는 특정은행에 입금할 것임을 통보하고, 신설노조에 가입한 근로자는 원하는 금융기관에 입금하는 방법으로 기존노조 탈퇴종용과 신설노조 가입을 유도한 경우

② 고의적 임금체불을 통한 노조탈퇴 유도

신설노조 조합원은 일급제인데, 그중 유일한 월급제인 근로자에게 정당한 이유 없이 1

개월 임금을 2개월에 나누어 지급함으로써 노조 탈퇴를 유도한 경우

③ **노동조합 설립 방해**

제2노조를 설립하려던 근로자에게 복수노조를 설립하지 말도록 종용, 회유하는 등 노조설립을 방해하는 한편, 제2노조가 설립되자 노조위원장에게 복수노조를 운영하지 말도록 종용한 경우

④ **근로시간면제시간을 합리적 이유 없이 차별**

제2노조와 교섭하면서 제1노조와 단협을 체결, 제1노조에게 전체 근로시간면제 한도 2,000시간을 배정함으로써 합리적 이유 없이 근로시간면제시간을 차별하는 방법으로 제2노조의 조합활동을 위축하는 경우

나. 공정대표의무 위반

① **근로시간면제한도의 배분 차별**

사용자와 교섭대표노조가 합리적 이유 없이 일방적으로 정한 기준에 의해서 소수노조가 근로시간면제 한도를 제공받지 못한 경우는 노조간 자율배분 원칙에 어긋나며, 특별한 사정 없이 소수노조에 근로시간면제한도를 배분하지 않은 것은 합리성을 인정받기 어렵다.

따라서 교섭대표노조가 근로시간면제 한도배분에 대해 노조간 자율적 합의가 이루어지지 않았다는 이유로 소수노조에게 면제시간을 주지 않고 단독으로 계속 면제한도를 사용한 것은 적극적으로 공정하게 대표해야 할 공정대표의무 위반에 해당된다.

② **노동조합 편의시설의 제공 차별**

㉠ 노동조합 사무실

노조 사무실 제공은 사용자의 임의적인 편의제공으로서 교섭대표노조에게만 제공한 경우에는 그 경위, 편의제공을 둘러싼 단체교섭의 내용, 기업시설의 상황(조합사무실 추가 제공 여력 등) 등을 종합적으로 고려하여 그 차등이 사회통념상 합리적이라고 볼 수 있는 경우에는 공정대표의무 위반이라 할 수 없다.

다만, 사용자가 경영상태, 시설 · 형편 등 제반여건을 고려하여 설정할 사항으로 반드시 조합원 수에 따른 비례성 원칙을 적용할 수는 없으나, 노조 사무실 설치 · 사용에 대한 기준이 어느 일방에게만 유리하여 형평성이 없다면 불합리하므로 합리적 이유 없는 차별에 해당한다.

㉡ 체크오프

조합비 공제는 노조의 유지 · 활동에 필요한 기본적인 사항으로 노조의 규모나 조합원 수에 관계 없이 동일하게 대우해야 할 성질의 편의제공 사항이다.

㉢ 유니온숍 협정

복수노조 하에서도 유니온숍 협정 자체는 공정대표의무 위반이 아니다. 유니온숍 협정이 있는 경우 신규로 채용된 근로자는 일단 유니온숍 협정을 체결한 노조에 가입하여야 하지만, 가입 후에는 다른 노조에 가입하거나 새로운 노조를 설립하기 위해 가입한 노조에서 탈퇴할 수 있다.

③ 근무시간 중 조합활동의 인정 차별

노동조합의 회의 · 행사 · 교육 등 노조활동은 정상적인 업무를 저해하지 않도록 근무시간 외에 실시하는 것이 원칙이다. 부득이한 사유로 근무시간 중 노조활동을 하고자 할 때는 사용자의 승인이 있거나 단체협약이 정하는 절차와 방법에 의해 할 수 있다.

따라서 교섭대표노조와 사용자가 '근무시간 중 노동조합 활동' 을 교섭대표노조에게만 허용하는 단체협약을 체결하는 것은 소수노조의 조합활동을 전적으로 배제하는 내용이므로 소수노조를 배제할 수 있는 합리적인 이유가 있어야 한다.

한편, 근무시간 중 조합활동의 유급인정 인원을 조합원 수에 비례하여 구간별로 정한 경우 조합원 수의 증감에 따라 유급인원도 같이 변동한다면, 소수 노동조합의 유급인정 인원이 감소하더라도 교섭대표노조와 차별이 존재한다고 보기 어렵다.

그리고 신입사원에 대한 노동조합 교육시간은 신입사원이 어느 노조에 가입할지를 선택 하는데 있어 중요한 정보를 제공하는 것이므로 모든 노동조합에게 대등한 시간을 부여하는 것이 합리적이다.

④ 기타 노사 공동 목적사업의 차별

사용자가 일정금액을 노사 공동의 목적사업 추진 비용으로 지원하는 경우 노조의 운영비 원조나 개별 근로조건에 직결되지 않고 실제 집행도 이루어지지 않았다면 노조간 차별성 유무 판단의 비교대상으로 하기가 어려워 공정대표의무 위반에 해당하지 아니한다.

관련판례

① 정당한 노조활동을 이유로 한 해고는 부당노동행위에 해당한다.

☞ 사용자가 근로자를 징계해고한 이유로 내세운 것이 근로자의 노동조합업무를 위한 정당한 행위를 대상으로 한 것이 아니고 다른 이유를 내세웠더라도 그 목적이 위 근로자가 조직한 노동조합을 혐오하여 그 활동을 방해하고자 하는 의도에서 나온 것이라면 실질적으로는 노동조합조직 등 노동조합의 업무를 위한 정당한 행위를 그 이유로 한 것으로서 부당노동행위에 해당한다(대법원 1989.10.24 선고 89누4659 판결).

② 징계해고에 정당한 사유가 인정되는 경우 부당노동행위는 성립하지 않는다.

☞ 사용자가 근로자를 해고함에 있어서 표면적으로 내세우는 해고사유와는 달리 실질적으로는 근로자의 정당한 노동조합활동을 이유로 해고한 것으로 인정되는 경우에 있어서는 그 해고는 부당노동행위라고 보아야 할 것이지만, 정당한 해고사유가 있어 근로자를 해고한 경우에 있어서는 비록 사용자가 근로자의 노동조합활동을 못마땅하게 여긴 흔적이 있다거나 사용자에게 반 노동조합의사가 추정된다고 하더라도 당해 해고사유가 단순히 표면상의 구실에 불과하다고 할 수는 없을 것이므로, 부당노동행위에 해당한다고 할 수 없다(대법원 1997.7.8 선고 96누6431 판결; 2000.6.23 선고 98다54960 판결).

☞ 근로자 채용 시의 허위경력 기재행위 내지 경력은폐행위를 징계해고사유로 규정하는 취업규칙은 특별한 사정이 없는 한 정당한 해고사유를 규정한 것으로 유효하다 할 것이고(대법원 1995.3.10 선고 94다14650 판결; 1995.8.22 선고 95누5943 판결 참조), 징계해고에 정당한 이유가 있는 이상 그것이 부당노동행위에 해당한다고 할 수 없다(대법원 1997.8.29 선고 96누12672 판결; 1997.12.26 선고 97누11126 판결).

☞ 승차요금을 횡령한 버스기사를 해고하였다면, 이는 정당한 이유가 있고 부당노동행위에 해당하지 않는다(대법원 1997.7.8 선고 96누6431 판결).

③ 징계절차 위반은 부당노동행위에 당연히 영향을 미치는 것은 아니다.

☞ 징계절차가 단체협약에 정하여진 규정에 위반되었다는 등의 사정이 사용자의 부당노동행위의사를 판단하는 하나의 자료가 될 수는 있다 하더라도 그 징계절차위반이 해고무효사유가 되는지 여부는 별론으로 하고 부당노동행위의 성립에 당연히 영향을 미치는 결정적인 요소가 되는 것은 아니다(대법원 1992.2.28 선고 91누9572 판결; 1993.1.15 선고 92누13035 판결).

☞ 근로자에 대한 해고와 관련하여, 징계절차에 있어 단체협약에 위반하였다는 사유가 해고의 부당노동행위의 성부에 당연히 영향을 미치는 것은 아니다(대법원 1989.5.23 선고 88누4508 판결; 1990.12.26 선고 90누2116 판결; 1992.1.17 선고 91누2571 판결).

☞ 근로자에 대한 징계해고가 단체협약의 규정에 위배하여 이루어졌고, 유죄판결이 확정되지 않은 범죄를 징계사유로 삼았다는 등의 사유가 부당노동행위인지 여부에 당연히 영향을 미치는 것은 아니다(대법원 1990.12.26 선고 90누2116 판결).

☞ 근로자에게 변명의 기회를 주지 아니하였다거나, 해고절차가 단체협약에 위배되었다는 등의 이유는 해고무효사유가 되는 것은 별론으로 하고 부당노동행위가 되는지 여부에 당연히 영향을 미치는 것은 아니다(대법원 1989.5.23 선고 88누4508 판결).

④ 부당노동행위의 성립을 인정

☞ 해고처분이 실질적으로 노동조합을 조직하여 활동한 것에 대하여 불이익을 주기 위한 것인 경우 부당노동행위에 해당한다(대법원 2000.4.11 선고 99두2963 판결).

☞ 노조활동에 대한 보복조치로 최종학력 미기재 등의 사유를 표면적인 구실을 내세운 징계해고는 부당노동행위에 해당한다(대법원 1996.2.9 선고 94누9771 판결).

☞ 회사가 근로자를 징계해고함에 있어 발생한지 4 내지 8개월이 지난 사실들을 문제삼아 징계해고사유로 하였으나, 실제는 이를 핑계삼아 임금협상 시 강경한 입장을 취한 근로자의 노동조합활동을 혐오하여 부당해고 하였다고 인정된다(대법원 1990.8.10 선고 89누8217 판결; 1991.2.22 선고 90누6132 판결).

☞ 동일 내지 유사한 교통사고를 일으킨 운전사들 중 노동조합 탈퇴자 또는 미가입자에 대하여는 감봉처분을 하면서 노동조합 총무에 대하여는 징계사유로서는 미흡한 사유를 추가하여 징계해고처분을 한 것은 부당노동행위에 해당한다(대법원 1991.2.22 선고 90누6132 판결).

☞ 적극적인 노동조합 활동을 해 온 근로자에 대하여 야간근무 중 2시간 정도 무단이탈한 것을 이유로 한 징계해고는 부당노동행위에 해당한다(대법원 1990.11.27 선고 90누3683 판결).

☞ 노동조합을 설립하려고 추진하였음을 실질적 이유로 한 징계해고는 부당노동행위에 해당한다(대법원 1990.10.23 선고 88누7729 판결).

⑤ 부당노동행위의 성립을 부정

☞ 택시회사 노동조합의 조합장이 정당한 쟁의행위의 한계를 벗어나는 부당한 쟁의적 준법투쟁을 선동한 것은 정당한 징계해고 사유에 해당한다. 비록 참가인이 원심이 판시한 바와 같이 조합활동을 하여 왔다고 하더라도 원고가 실질적으로는 참가인의 조합활동을 혐오하여 그를 사업장에서 배제할 의도로 단순히 위에서 본 참가인의 행위를 표면적인 구실로 삼아 참가인을 면직하였다고는 할 수 없어 이를 부당노동행위라고 할 수는 없다(대법원 1996.7.30 선고 96누587 판결).

☞ 피징계자가 무단결근을 하였을 뿐만 아니라 회사에 납부하여야 할 운송수입금도 기준입금액에 미달하였고, 사무실에서 다수의 종업원이 있는 가운데 상사에게 욕설과 폭행을 하였다는 이유로 징계위원회의 결의를 거쳐 징계해고가 행해졌다면, 이는 부당노동행위가 아니다(대법원 1996.5.31 선고 95누2487 판결).

☞ 유인물과 대자보의 내용이 타인의 명예를 손상시키는 인신공격적이고 사생활에 관한 내용을 담고 있어서 노동조합의 업무를 위한 정당한 행위로 볼 수 없는 이상, 이를 이유로 한 해고처분은 부당노동행위에 해당하지 않는다(대법원 1992.2.28 선고 91누9572 판결).

제6장
해고와 정당성

제1절 총 설

1. 해고의 의의

근로계약의 종료사유는 근로자의 의사나 동의에 의해 이루어지는 퇴직, 근로자의 의사에 반하여 사용자의 일방적 의사에 의해 이루어지는 해고, 근로자나 사용자의 의사와 관계 없이 이루어지는 자동소멸 등으로 나눌 수 있다.

근로기준법 제23조에서 말하는 해고란 사업장에서 실제로 불리는 명칭이나 그 절차에 관계없이 근로자의 의사에 반하여 사용자의 일방적 의사표시에 따라 이루어지는 모든 근로계약관계의 종료를 의미한다.[262)]

2. 해고의 종류

해고는 사업의 종류·규모 또는 기업관행에 따라 그 명칭을 달리하기도 한다. 통상적으로 해고의 종류는 징계해고, 경영상해고, 직권면직, 당연면직(당연퇴직·자동면직), 통상해고 등으로 분류된다.

사용자가 근로자의 의사에 반하여 일방적으로 근로관계를 종료시켰다면 실질적으로 해고에 해당하므로 명칭에 관계 없이 모두 근로기준법에 따른 해고제한의 법리가 적용된다.

3. 해고 이외 근로관계 종료

해고 이외 근로관계 종료는 사직(임의퇴직)·합의해지, 기간제 근로계약 만료, 정년도래, 사망·청산종료 등과 같은 당사자 소멸, 기업변동에 따른 고용승계와 같이 근로자의 의사에 반하지 아니한 사유로 근로관계가 종료되는 것을 말한다.

이러한 해고 이외의 근로관계 종료는 근로계약서의 내용이나 민법 또는 상법이 적용되어야 할 것이다.

그러나 표면상으로는 해고로 볼 수 없는 경우에도, 사용자의 일방적인 의사에

---

262) 대법원 1993.10.26 선고 92다54210 판결.

의한 근로계약 종료가 문제가 될 때에는 해고제한의 법리가 적용되어야 한다. 예를 들면, 근로자에 대한 당연퇴직조치가 단체협약이나 취업규칙 등에 당연퇴직 사유로 규정되었다 하더라도 그 절차에 있어서 일반 해고절차와 구분하기 위하여 그 명칭을 달리한 것이라면 근로기준법 소정의 정당한 이유가 있어야 한다.[263)]

제2절 징계해고와 정당성 요건

징계해고에 대해서는 「제4장 · 제4절 징계의 정당성 요건」에서 자세하게 다루었기 때문에 제2절에서는 설명을 생략한다.

한편, 대법원은 징계해고와 관련 '조건부 징계해고'에 대해서도 징계절차를 밟아야 한다는 입장이다.

즉, 조건부 징계해임결의는 확정적 처분이 아니고, 취업규칙에 규정한 징계처분에 해당하지 아니하기 때문에 징계절차를 거칠 필요가 없다는 것이나, 인사관리규정에 의하면 징계해임 결의를 승복하여 사직원을 제출하면 형식상 징계해임은 하지 아니하고 사직원에 의한 의원면직 처리하도록 되어 있다. 따라서 사직원 제출을 해제조건으로 하는 징계처분을 인정하고 있음이 명백하므로 이러한 조건부 징계해임처분도 인사관리규정에 따른 징계절차를 밟아야 그 정당성을 인정받을 수 있다.[264)]

---

263) 대법원 1993.10.26 선고 92다54210 판결.

264) 대법원 1988.4.25 선고 87다카1280 판결.

제3절 경영상 해고와 정당성 요건

1. 총 설

가. 의 의

경영상 해고는 사용자가 경영상 사정을 이유로 근로자를 해고하는 것 이라 할 수 있다.

여기서 '경영상 사정'이란 "경제적 · 산업구조적 또는 기술적 원인으로 인한 경영합리화 계획에 따라 인원을 줄이거나 조직을 개편할 필요가 있는 경우"라고 할 수 있다.

경영상 해고는 기업을 유지 · 존속시키기 위하여 일부 근로자를 해고한다는 점에서 사업을 폐지하기 위한 청산과정에서 하는 통상해고와는 구분된다.[265)]

나. 연 혁

경영상 해고는 정리해고라는 명칭으로 법원에 의해 판례로 인정되어 오다가 1997.3.13. 근로기준법을 개정하면서 '경영상 이유에 의한 해고의 제한'으로 규정되었다.

다. 입법 취지

1990년대 후반에 이르러 급속한 산업구조의 변화와 기술혁신에 따라 산업구조의 조정이 필요하였고, 그 일환으로서 고용조정이 필요함에도 불구하고 법적기준 없이 노동위원회나 법원의 사후적 판단에만 의존함으로써 노사갈등이 초래되고 많은 사회적 비용이 발생하였다.

이러한 경제여건의 변화 속에서 경영상 이유에 의한 해고의 기준을 사전 설정함으로써 산업구조의 조정을 지원하는 동시에 근로자를 보호하고자 법제화하게 된 것이다.

---

265) 대법원 2003.4.25 선고 2003다7005 판결.

2. 정당성 요건

근로기준법 제24조는 사용자가 경영사정을 이유로 근로자를 해고하려면 "① 긴박한 경영상 필요성이 있어야 하고, ② 근로자 대표에게 50일 전에 통보하고 성실하게 협의하며, ③ 해고회피 노력을 하면서, ④ 합리적이고 공정한 해고대상자 선정기준을 세우고 그에 따라 공정하게 대상자를 선정하여 해고하여야 한다."라고 규정함으로써 그 사유와 절차에 대하여 엄격한 요건을 요구하고 있다.

그러나 법원은 각 요건의 구체적 내용은 확정적 · 고정적인 것이 아니라 구체적 사안에서 다른 요건의 충족 정도와 관련하여 유동적으로 정해지는 것이므로 구체적 사건에서 경영상 이유에 의한 해고가 각 요건을 갖추어 정당한지 여부는 그 개별적 사정들을 종합적으로 고려하여 판단하여야 한다고 판시하고 있다.[266)]

가. 긴박한 경영상 필요성

사용자가 경영상 이유에 의하여 근로자를 해고하고자 하는 경우 긴박한 경영상 필요가 있어야 한다(근기법 §24①).

'긴박한 경영상 필요'라 함은 본래 기업의 경영위기를 회피하기 위하여 고용조정이 필요한 경우라 할 수 있다.

이에 대해 판례는 기업의 경쟁력을 유지 · 강화하기 위한 신기술 도입 등 구조조정에 수반하여 객관적인 인원삭감이 필요한 경우까지 포함하는 개념으로 해석하고 있으며, 최근에는 '장래의 경영위기'까지 그 개념을 확대하고 있다.[267)]

① 경영상 사정으로 인정되는 사례는 생산중단 · 축소로 인한 작업부서 폐지, 적자가 계속되는 사업의 하도급 전환, 적자경영을 극복하기 위한 부서폐지, 경영합리화를 위한 직제개편, 신기계 또는 신기술 도입에 따른 인원조정 등이 있다.

② 경영상 사정으로 부인되는 사례는 파업으로 인한 일시적 경영난, 정리해고 후 신규 근로자 채용, 일부 영업부문에 국한된 경영적자, 경영 적자가 일시적인 경우 등이 있다.

---

266) 대법원 2002.8.27 선고 2000두6756 판결; 2002.7.9 선고 2001다29452 판결.
267) 대법원 2002.7.9 선고 2001다29452 판결.

나. 근로자 대표와의 협의

경영상 해고는 사용자의 일방적 사정에 의해서 이루어지며, 대량해고로 이어질 뿐 아니라, 해고 대상자가 특정되지 않은 상태에서 해고방침, 해고 대상자의 수와 선별기준이 마련되어야 한다.

이에 따라 근로기준법에서 "사용자는 경영상 사정으로 고용조정이 필요하다고 판단하는 경우에는 해고 예정일로부터 50일 전까지 근로자 대표에게 통보하고, 근로자 대표와 해고회피 방법, 대상자 선발기준 등을 성실하게 협의하여야 한다." 라고 규정하고 있다(근기법 §24③).

이러한 경우 근로자대표는 사업 또는 사업장에 근로자의 과반수로 조직된 노동조합이 있는 경우에는 그 노동조합, 그 노동조합이 없는 경우에는 근로자의 과반수를 대표하는 자를 말한다.

사용자로 하여금 50일 전까지 근로자대표에게 통보토록 한 취지는, 통보 대상의 소속근로자의 인원 수와 그 소재지에 따라 통보에 소요되는 시간, 각 근로자들이 그에 대처하는 시간 등 근로자대표가 모든 경우에 성실한 협의를 할 수 있는 기간으로 경영상 해고의 효력요건은 아니다. 따라서 통보 후 경영상 해고까지의 이와 같은 행위를 하는데 소요 시간이 부족하였다는 등의 특별한 사정이 없고, 그 밖의 요건이 충족되었다면 그 경영상 해고는 유효하다 할 것이다.[268)]

① 근로자의 과반수로 조직된 노동조합이 있는 경우 사용자가 그 노동조합과의 협의하는 외에 정리해고의 대상인 일정 급수 이상 직원들만의 대표를 새로이 선출하게 하여 그 대표와 별도로 협의를 하지 않았다고 하더라도 그 정리해고를 협의절차의 흠결로 무효라 할 수는 없다.[269)]

② 노동조합원이 아닌 일부 정리해고 대상자들과 해고에 앞서 성실한 협의를 거치지 않았다 하더라도 노동조합과 협의를 거쳤고, 나머지 정리해고의 유효요건을 충족시키고 있다면 전체적으로 볼 때 정리해고는 유효하다.[270)]

③ 단체협약상 노동조합의 해고협의 · 동의조항이 존재하는 경우 이러한 동의를 거치지 않은 해고의 경우 부당해고가 된다. 다만, 노동조합이 이러한 합의권 내지

268) 대법원 2003.11.13 선고 2003두4119 판결.
269) 대법원 2002.7.9 선고 2001다29452 판결.
270) 대법원 1992.8.14 선고 92다16973 판결.

동의권을 포기하거나 남용하였다고 판단되는 경우에는 이러한 절차 없이 행한 해고의 경우도 유효하다고 할 것이다.[271)]

다. 해고회피노력

사용자는 경영상 해고를 하기 전에 해고회피를 위한 노력을 다하여야 한다(근기법 §24②).

해고회피노력이란 사용자가 해고근로자의 수를 최소화하기 위하여 경영방침이나 작업방식의 합리화, 신규채용의 금지, 일시휴직 및 희망퇴직의 활용, 유·무급 휴직의 실시, 직업훈련, 교대제근로 전환, 전근 등 가능한 모든 조치를 취하는 것을 의미한다.[272)]

사용자의 해고회피노력의 여부는 일률적으로 판단할 수는 없고, 사업의 성격이나 규모, 경영상 필요성의 정도, 직급별 인원상황이나 인력구조 및 규모 등을 고려하여 구체적·개별적으로 판단할 수 밖에 없다.

나아가 사용자가 해고를 회피하기 위한 방법에 관하여 노동조합 또는 근로자대표와 성실하게 협의하여 경영상 해고에 관한 합의에 도달하였다면, 이러한 사정도 해고회피노력의 판단에 참작된다.[273)]

다만, 경영상 해고를 실시할 당시에 경영상태가 호전되어 가고 있었을 뿐만 아니라, 명예퇴직 후에 고임금 인력구조에 해당하는 직원의 승진인사를 단행하고, 대졸사원 등을 신규 채용한 것에 비추어 볼 때, 해고를 피하기 위한 노력을 다한 경우에 해당한다고 할 수 없다.[274)]

라. 합리적이고 공정한 대상자 선정기준

사용자는 다각적인 해고회피노력을 하였음에도 불구하고 감원요인이 해소되지 아니하는 경우 근로자 대표와 협의를 거쳐 합리적이고 공정한 해고 대상자 선정기준을 마련하고 이에 따라 해고대상자를 선정하여야 한다(근기법 §24②).

---

271) 대법원 1993.9.28 선고 91다30620 판결.
272) 대법원 1992.12.22 선고 92다14779 판결.
273) 대법원 2002.7.9 선고 2001다29452 판결.
274) 대법원 2004.1.15 선고 2003두11339 판결.

해고대상자의 선정을 위한 합리적이고 공정한 기준은 일률적으로 정할 수 없으므로 경영상 이유, 경영상 해고를 실시하는 사업 부문의 내용과 근로자의 구성, 경영상 해고 당시의 사회 · 경제상황 등 여러 가지 사정을 종합하여 개별적으로 마련하여야 한다.[275]

① 사용자가 해고 기준에 관하여 노동조합 또는 근로자대표와 성실하게 협의하여 해고기준에 합의한 경우 해고기준은 합리적이고 공정한 기준으로 인정된다.[276]

② 직원 상호간 업무능력과 대인관계 등을 알고 있는 상황에서 직제개편위원들이 노동조합의 동의로 선발된 이상, 그 직제개편위원회가 개최되기 하루 전에 이루어졌다하여 그 해고대상자 선정이 불합리하다고 볼 수는 없다.[277]

③ 단체협약상 경영상 해고의 근로자의 순위가 규정되어 있는데, 이러한 규정에 따르지 않는 것은 합리적이고 공정한 기준이라 할 수 없다. 또한 해고회피하기 위한 방법과 해고기준 등을 근로자의 과반수로 조직된 노동조합에게 해고를 실시하기 50일 전에 통보하고 성실하게 협의하였다고 보기 어려운 점 등에 비추어 보아, 경영상 해고는 위법하다.[278]

한편, 해고대상자 선정기준 · 대상자 선정과 관련해서 경영상 해고 대상 근로자의 선정기준이 단체협약이나 취업규칙에 정하여져 있다면 이에 따라야 하고,[279] 근로자의 연령, 가족관계, 근속연수, 재산관계, 재취업의 가능성, 건강상태 등 원칙적으로 근로자의 주관적인 사정에 해당하는 자료를 위주로 하여 상대적으로 더욱 보호받아야 할 근로자가 해고대상자에서 제외될 수 있도록 하여야 하며, 경영상 해고대상자를 선별함에 있어 선별 대상 근로자들의 주관적 · 개인적인 사정에만 의존할 수는 없고, 근무성적, 상벌관계, 경력, 기능 숙련도 등 사용자의 경영상 이해관계와 관련된 사정도 함께 참작하여야 형평의 원칙에 부합한다. 다만, 다른 사항을 아예 고려치 않고 오로지 징계전력만을 기준으로 삼는 것은 공정한 기준에 의한 것이라고 평가될 수 없다.

275) 대법원 2002.7.9 선고 2001다29452 판결.
276) 대법원 2003.9.26 선고 2001두10776 판결.
277) 대법원 2002.7.9 선고 2000두9373 판결.
278) 대법원 2006.7.28 선고 2004두1001 판결.
279) 대법원 2006.7.28 선고 2004두1001 판결.

3. 경영상 해고와 단체교섭 요구

노동조합이 조직되어 있는 사업장에서 경영상 사정으로 고용조정을 추진하는 경우 노동조합은 단체교섭을 요구하게 된다.

법원은 정리해고의 실시는 사용자의 경영권에 속하는 사항이므로 노동조합의 요구내용이 정리해고를 해서는 안된다는 취지라면 교섭대상이 될 수 없고 이를 이유로 쟁의행위를 하는 경우 정당성을 인정할 수 없다.[280] 또한, 단체협약에 정리해고 실시 여부를 노사합의 사항으로 규정하고 있더라도 이는 경영권이 부인되는 결과를 가져올 수 있으므로 합의 대상이 될 수 없으며, 협의의 취지로 해석하여야 한다는 입장이다.[281]

4. 경영상 해고와 부당노동행위

경영상 해고가 부당노동행위에 해당하는지 여부는, 사용자측이 내세우는 해고사유와 근로자의 노동조합 업무를 위한 정당한 행위의 내용, 사용자와 노동조합과의 관계, 해고 시기, 기타 부당노동행위 의사의 존재를 추정할 수 있는 제반 사정을 검토하여 종합적으로 판단하여야 한다.[282]

사용자가 경영상 해고를 하는데 있어서 급박한 경영상 필요성이나 합리적인 대상자 선정기준 등의 요건을 갖추지 못하여 정당한 이유가 없다는 것은 해고무효사유가 될 수 있어도 부당노동행위를 결정하는 판단기준이 될 수는 없다.[283]

---

280) 대법원 2003.2.28 선고 2002도5881 판결.
281) 대법원 2003.7.22 선고 2000도7225 판결.
282) 대법원 1993.12.10 선고 93누4595 판결.
283) 대법원 1990.10.23 선고 89누336 판결.

관련판례

① **경영상 해고의 의의**

☞ 기업이 파산선고를 받아 사업의 폐지를 위하여 그 청산과정에서 근로자를 해고하는 것은 위장폐업이 아닌 한 기업경영의 자유에 속하는 것으로서 정리해고가 아니라 통상해고이다. 파산자 회사의 단체협약상 해고수당에 관한 규정은 정리해고의 경우를 예상한 것으로서 통상해고의 경우에는 적용되지 않는다(대법원 2003.4.25 선고 2003다7005 판결).

☞ 청산과정에서 근로자를 해고하는 것은 정리해고가 아니다(대법원 2001.11.13 선고 2001다27975 판결).

② **경영상 해고의 정당성 기준**

☞ 정리해고가 정당하다고 하려면, 그것이 긴박한 경영상의 필요에 의한 것인지 여부, 사용자가 해고 회피를 위하여 상당한 노력을 하였는지 여부, 합리적이고 공정한 기준에 의하여 해고대상자를 선정하였는지 여부, 그 밖에 노동조합이나 근로자측과 성실한 협의를 거쳤는지 여부 등 여러 사정을 종합적으로 고려하여 그 해고가 객관적 합리성과 사회적 상당성을 지닌 것으로 인정될 수 있어야 한다 (대법원 2002.7.12 선고 2002다23 판결).

③ **정리해고 통보기간의 법적성격**

☞ 해고를 피하기 위한 방법과 해고의 기준을 해고실시 60일(현행 50일) 이전까지 근로자대표에게 통보하게 한 취지는 통보의 대상인 소속 근로자의 인원수와 그의 소재지의 원근 등 구체적 사정에 따라 그 통보를 전달하는 데 소요되는 시간, 그 통보를 받은 각 근로자들이 통보 내용에 따른 대처를 하는 데 소요되는 시간, 근로자대표가 성실한 협의를 할 수 있는 기간으로서 모자라지 않게 허용하기 위하여 모든 경우에 통용될 기간을 규정한 것이어서 60일 기간의 준수는 정리해고의 효력요건은 아니라 할 것이고, 구체적 사안에서 통보 후 정리해고 실시까지의 기간이 그와 같은 행위를 하는데 소요되는 시간으로 부족하였다는 등의 특별한 사정이 없으며, 정리해고의 그 밖의 요건은 충족되었다면 그 정리해고는 유효하다고 하겠다 (대법원 2003.11.13 선고 2003두4119 판결).

④ **긴박한 경영상 필요성**

☞ 긴박한 경영상의 필요라 함은 반드시 기업의 도산을 회피하기 위한 경우에 한정되지 아니하고, 장래에 올 수도 있는 위기에 미리 대처하기 위하여 인원삭감이 객관적으로 보아 합리성이 있다고 인정되는 경우도 포함되는 것으로 보아야 한다 (대법원 2002.7.9 선고 2001다29452 판결)

☞ 4년 가까이 계속된 적자 등으로 인한 경영난을 해소하기 위하여 해당 사업부문을 외부 하도급제로 운영하기로 함에 따라 잉여인력을 감축한 경우, 긴박한 경영상의 필요성이 있다고 보아야 한다(대법원 1995.12.22 선고 94다52119 판결).

☞ 긴박한 경영상의 필요라 함은 반드시 기업의 도산을 회피하기 위한 경우에 한정되지 아니하고, 장래에 올 수도 있는 위기에 미리 대처하기 위하여 인원삭감이 객관적으로 보아 합리성이 있다고 인정되는 경우도 포함되는 것으로 보아야 하고, 위 각 요건의 구체적 내용은 확정적 · 고정적인 것이 아니라 구체적 사건에서 다른 요건의 충족정도와 관련하여 유동적으로 정해지는 것이므로 구체적 사건에서 경영상 이유에 의한 당해 해고가 위 각 요건을 모두 갖추어 정당한지 여부는 위 각 요건을 구성하는 개별사정들을 종합적으로 고려하여 판단하여야 한다(대법원 2002.7.9 선고 2000두9373 판결).

☞ 노동조합의 파업으로 일시 정상적인 경영이 어려웠다는 사정만으로는 부득이 사업장을 폐쇄하여야 할 긴박한 경영상의 필요가 있다고 보기는 어렵다(대법원 1993.1.26 선고 92누3076 판결).

☞ 정리해고의 한 요건인 '긴박한 기업경영상의 필요성'이라는 것은, 기업의 인원삭감 조치가 영업성적의 악화라는 기업의 경제적인 이유뿐만 아니라 생산성의 향상, 경쟁력의 회복 내지 증강에 대처하기 위한 작업형태의 변경, 신기술의 도입이라는 기술적인 이유와 그러한 기술혁신에 따라 생기는 산업의 구조적 변화를 이유로 하여 실제 이루어지고 있고 또한 그럴 필요성이 충분히 있다는 점에 비추어 보면, 반드시 기업의 도산을 회피하기 위한 것에 한정할 필요는 없고, 인원삭감이 객관적으로 보아 합리성이 있다고 인정될 때에는 '긴박한 경영상의 필요성'이 있는 것으로 넓게 보아야 한다(대법원 1991.12.10 선고 91다8647 판결).

☞ 긴박한 경영상의 위기는 회사 전체의 경영사정을 종합적으로 검토하여 결정되어야 하고, 그 중 당해 근로자가 근무하는 일개 영업부문 내지 영업장소의 영업상의 수지만을 기준으로 하여야 할 것은 아니다(대법원 1990.3.13 선고 89다카24445 판결).

☞ 건물관리 회사가 경영상의 필요에 의하여 건물의 시설관리업무를 전문용역업체에 위탁함에 따라 직제가 폐지되는 근로자들을 수탁업체가 현 급여를 보장하면서 전원 인수하기로 합의한 경우, 이에 불응한 근로자에 대한 정리해고는 정당하다(대법원 1999.5.11 선고 99두1809 판결).

☞ 세입의 감소로 경영상의 어려움이 있을 것이 예상되자 이를 경영합리화 등을 통하여 극복하려고 노력해 보지도 않은 채 해고대상자 등과의 협의도 거치지 않고 근로자들을 해고하였으며, 해고대상자를 선정함에 있어서도 해고로부터 보다 많은 보호를 받아야 할 장기 근속자를 우선적인 해고대상자로 정한 것은 합리성과 공정성을 결여한 것이다(대법원 1993.12.28 선고 92다34858 판결).

☞ 경영의 효율화를 위하여 일부 업무를 외부에 도급을 주고 해당직제를 폐지하는 경우도 긴박한 경영상 사정이 있다(서울고법 2005.11.24 선고 2004누23669 판결).

☞ 기업이 경영상의 사정에 의하여 근로자를 해고하는 이른바 정리해고가 근로기준법 제27조 제1항에 규정한 정당한 이유가 있다고 하기 위하여는 긴박한 경영상의 필요성이 있어야 하는 것인 바, 이는 기업이 일정 수의 근로자를 정리해고하지 않으면 경영악화로 사업을 계속할 수 없거나 적어도 기업재정상 심히 곤란한 처지에 놓일 개연성이 있을 경우를 뜻한다고 할 것이다(대법원 1990.1.12 선고 88다카34094 판결).

⑤ 협의의 주체

☞ 근로기준법 제31조 제3항이 정리해고의 절차적 요건을 규정한 것은 같은 조 제1, 2항이 규정하고 있는 정리해고의 실질적 요건의 충족을 담보함과 아울러 비록 불가피한 정리해고라 하더라도 협의과정을 통한 쌍방의 이해 속에서 실시되는 것이 바람직하다는 이유에서라고 할 것이므로, 근로자의 과반수로 조직된 노동조합이 없는 경우에 그 협의의 상대방이 형식적으로는 근로자 과반수의 대표로서의 자격을 명확히 갖추지 못하였더라도 실질적으로 근로자의 의사를 반영할 수 있는 대표자라고 볼 수 있는 사정이 있다면 위 절차적 요건도 충족하였다고 보아야 할 것이다(대법원 2006.1.26 선고 2003다69393 판결).

☞ 정리해고가 실시되는 사업장에 근로자의 과반수로 조직된 노동조합이 있는 경우 사용자가 그 노동조합과의 협의 외에 정리해고의 대상인 일정 급수 이상 직원들만의 대표를 새로이 선출케 하여 그 대표와 별도로 협의를 하지 않았다고 하여 그 정리해고를 협의절차의 흠결로 무효라 할 수는 없다(대법원 2002.7.9 선고 2001다29452 판결).

☞ 희망퇴직을 실시하였다는 사실만으로 해고회피노력을 다하였다고 보기 어렵고, 장기근속자인 4급 이상의 직원들을 정리하기 위하여 사전에 직제의 책임자의 직급을 낮춘 후 개편된 직제의 책임자를 가능한 가장 낮은 직급지로 보직하고 보직자보다 높은 지위에 있는 직원을 모두 비보직자로 선정하였으므로, 이는 장기근속자를 합리적인 근거 없이 우선적인 정리해고대상자로 정한 것이어서, 정리해고대상자 선정에 있어서 공정성과 합리성을 결하였으며, 정리해고와 관련하여 협의하였다고 하는 근로자대표는 신○○를 제외하고는 모두 5급 이하의 직원들로 구성되어 있는 점을 고려하면 근로자대표와 성실한 협의를 다하였다고 보기 어려우므로 이 사건 해고는 정리해고로서의 요건을 갖추지 못하여 위법하다(대법원 2005.9.29 선고 2005두4403 판결).

☞ 비록 ○○화학이 조합원이 아닌 원고들과 해고에 앞서 성실한 협의를 거치지 않았다고 하더라도 조합원들을 대표한 노동조합과 합의를 거쳤으며, 나머지 정리해고의 유효요건인 인원삭감을 하여야 할 긴박한 경영상의 필요성이 있어야 하고, 해고회피를 위한 노력을 하였어야 하며, 합리적이고 공정한 정리기준에 의하여 해고대상자를 선정하여야 한다는 요건을 충족시키는 이 사건에 있어서는 ○○화학이 원고들과 사전협의를 거치지 아니하였다고 하더라도 전체적으로 고려하여 보면 정리해고는 유효하다고 보아야 할 것이다(대법원 1992.8.14 선고 92다16973 판결).

☞ 단체협약에 노동조합의 해고 동의 · 합의조항이 존재하는 경우

- 인사권이 원칙적으로 사용자의 권한에 속한다고 하더라도 사용자는 스스로의 의사에 따라 그 권한에 제약을 가할 수 있는 것이므로, 사용자가 노동조합과 사이에 체결한 단체협약에의하여 조합원의 인사에 노동조합의 관여를 인정하였다면 그 효력은 협약 규정의 취지에 따라 결정된다고 할 것이고(대법원 1992.9.25 선고 92다18542 판결; 1993.9.28 선고 91다30620 판결), 노동조합과 합의하도록 규정하고 있는 경우, 이는 사용자가 인사처분을 함에 있어 노동조합의 사전 동의나 승낙을 얻어야 한다거나 노동조합과 인사처분에 관한 논의를 하여 의견의 합치를 보아 인사처분을 하도록 한 취지이기 때문에 그 절차를 거치지 아니한 인사처분은 무효라고 할 것이다(대법원 1992.12.8 선고 92다32074 판결; 1993.7.13 선고 92다45735 판결; 1993.7.13 선고 92다50263 판결; 1993.8.13 선고 92다44725 판결; 1993.8.24 선고 92다34926 판결; 1993.9.28 선고 91다30620 판결).

• 그러나 위와 같이 단체협약의 해고동의조항에 의해 노조에게 합의권이나 동의권이 부여된 경우라도 노동조합이 합의권을 포기하거나 남용하였다고 인정되는 때에는 동의를 거치지 않고 행한 해고가 정당하다고 봐야 할 것이다(대법원 1993.9.28 선고 91다30620 판결).

⑥ 사용자의 해고회피노력

☞ 정리해고의 요건 중 해고를 피하기 위한 노력을 다하여야 한다는 것은 경영방침이나 작업 방식의 합리화, 신규채용의 금지, 일시휴직 및 희망퇴직의 활용 및 전근 등 사용자가 해고 범위를 최소화하기 위하여 가능한 모든 조치를 취하는 것을 의미하고, 그 방법과 정도는 확정적 · 고정적인 것이 아니라 당해 사용자의 경영위기의 정도, 정리해고를 실시하여야 하는 경영상의 이유, 사업의 내용과 규모, 직급별 인원상황 등에 따라 달라지는 것이다(대법원 2004.1.15 선고 2003두11339 판결).

☞ 사용자가 정리해고를 실시하기 전에 다하여야 할 해고회피노력의 방법과 정도는 확정적 · 고정적인 것이 아니라 당해 사용자의 경영위기의 정도, 정리해고를 실시하여야 하는 경영상의 이유, 사업의 내용과 규모, 직급별 인원상황 등에 따라 달라지는 것이고, 사용자가 해고를 회피하기 위한 방법에 관하여 노동조합 또는 근로자대표와 성실하게 협의하여 정리해고 실시에 관한 합의에 도달하였다면 이러한 사정도 해고회피노력의 판단에 참작되어야 한다(대법원 2002.7.9 선고 2001다29452 판결).

☞ **정리해고 후 승진인사를 단행하고, 신규 근로자를 채용하였다면 해고회피노력을 다하였다고 볼 수 없다.**

정리해고 조치를 취한 2001.9.26. 당시에는 이미 원고의 경영상태가 호전되어 가고 있었을 뿐만 아니라, 특히 원고가 위와 같은 명예퇴직 직후에 고임금 인력구조에 해당하는 4급 이상의 직원 41명의 승진인사를 단행하고 대졸사원을 26명이나 신규채용하는 방식으로 3급 이상 직원 18명을 보충하였고, 김○○이 3급 이상 명예퇴직 권고대상자 중 18위로 선정되었던 점 등에 비추어 볼 때, 원고회사가 김○○을 정리해고 함으로써 추가인원 삭감조치를 한 것은 객관적으로 보아 그 합리성이 있다고 보기 어려울 뿐만 아니라 해고를 피하기 위한 노력을 다한 경우에 해당한다고 할 수 없다(대법원 2004.1.15 선고 2003두11339 판결).

⑦ 합리적이고 공정한 기준에 의한 대상자 선정

☞ 직원들이 상호간 업무능력과 대인관계 등을 잘 알고 있는 상황 하에서는 직제개편 위원들이 노동조합의 동의 아래 선발된 이상 그 선발이 위원회의 개최 하루 전일에 이루어졌다는 사정만으로는 동 위원회에 의한 해고대상자 선정이 불합리하다고 볼 수 없다(대법원 2002.7.9 선고 2000두9373 판결).

☞ 합리적이고 공정한 해고의 기준 역시 확정적 · 고정적인 것은 아니고, 당해 사용자가 직면한 경영위기의 강도와 정리해고를 실시하여야 하는 경영상의 이유, 정리해고를 실시한 사업 부문의 내용과 근로자의 구성, 정리해고 실시 당시의 사회경제상황 등에 따라 달라지는 것이고, 사용자가 해고의 기준에 관하여 노동조합 또는 근로자대표와 성실하게 협의하여 해고의 기준에 관한 합의에 도달하였다면 이러한 사정도 해고의 기준이 합리적이고 공정한 기준인지의 판단에 참작되어야 한다(대법원 2002.7.9 선고 2001다29452 판결).

☞ **노사합의로 선정기준을 마련한 경우 합리성과 공정성을 인정**

참가인 회사는 추가적인 구조조정 없이는 생존이 희박한 상황이었으며, 채권단의 강력한 요청으로 구조조정에 의하여 정리해고한 것이므로, 이 사건 정리해고 당시 정리해고를 단행하기 위한 긴박한 경영상의 필요성이 있었다. 긴박한 경영상의 필요성이란 기업의 일부 영업부문 내지 영업소의 수지만을 기준으로 할 것이 아니라, 기업 전체의 경영사정을 종합적으로 검토하여 결정되어야 한다. 참가인 회사는 노사간 합의하여 마련한 정리해고 대상자 선정기준에 따라 정리해고 대상자를 선정한 것이고, 그 선정기준이 합리성이나 공정성을 결하였다고 보기 어렵다(대법원 2004.10.29 선고 2004두8699 판결).

☞ **단체협약에 정리해고 대상자 선정기준이 규정되어 있음에도 불구하고 이에 따르지 아니한 대상자 선정은 부당하다.**

원고는 단체협약상 정리해고 시 정리해고대상 근로자의 순위가 규정되어 있음에도 불구하고, 이러한 규정에 의하지 않고 협력계약이 해지된 제1열연 공장 크레인 운전자 전원을 정리해고하였는 바, 이는 합리적이고 공정한 기준에 따른 것이라고 할 수 없고, 또한 원고가 해고를 회피하기 위한 방법과 해고의 기준 등을 근로자의 과반수로 조직된 노조에게 해고 실시일 60일 전까지 통보하고 성실하게 협의하였다고 인정하기 어려운 점 등에 비추어 볼 때, 이 사건 정리해고조치는 위법하다(대법원 2006.7.28 선고 2004두1001 판결).

⑧ 경영상 정리해고와 부당노동행위

☞ 근로자의 노동조합업무를 위한 정당한 노동조합행위를 실질적인 해고사유로 한 것인지의 여부는 사용자측이 내세우는 해고사유와 근로자가 한 노동조합업무를 위한 정당한 행위의 내용, 사용자와 노동조합과의 관계, 해고의 시기, 기타 부당노동행위 의사의 존재를 추정할 수 있는 제반사정을 비교, 검토하여 종합적으로 판단하여야 할 것이다(대법원 1991.2.22 선고 90누6132 판결; 1991.4.23 선고 90누7685 판결).

☞ 참가인이 정리해고를 함에 있어 급박한 경영상의 필요성이나 합리적인 정리기준의 적용 등 그 요건을 갖추지 못하여 정당한 이유가 없다는 등 사정은 위 해고의 무효사유는 될 수 있어도 부당노동행위인 여부를 결정하는 표준이 될 수는 없는 것일 뿐만 아니라 원심은 이 사건 정리해고가 중기사업소의 경영난 등 그 요건을 갖추어 정당한 이유가 있다고 판단한 것도 아니므로 논지는 모두 이유 없다 (대법원 1990.10.23 선고 89누336 판결).

☞ 불황으로 인한 경영합리화를 위한 인원조정책으로 감원을 함에 있어 그 감원기준이 객관적으로 합리성이 결여되거나 형평을 벗어난 것이 아니라면 이에 따른 부득이한 해고조치는 부당노동행위가 아니다(대법원 1987.5.12 선고 85누690 판결).

제4절 직권면직과 정당성 요건

1. 의 의

직권면직은 근로자의 비위행위가 중대하고 그 증거가 명백한 경우로서 취업규칙 등에 징계사유와 별도로 규정된 직권면직사유에 의해 징계절차 없이 해고하는 것을 말한다.

취업규칙에 규정된 직권면직사유로는 무단결근이 계속하여 7일 이상인 경우, 또는 업무와 관련하여 유죄판결이 확정된 경우 등이 있다.

2. 당연퇴직 · 징계해고와의 구분

가. 취업규칙에 별도 규정

직권면직사유는 주로 무단결근 또는 유죄판결 확정 등과 같이 근로과정에서 발생한 비위행위가 그 대상인 반면, 당연퇴직사유는 업무에 필요한 자격의 취소나 업무능력의 저하 등과 같이 근로자의 자질이나 능력 등을 대상으로 하고 있다. 통상 취업규칙에서 징계사유와 별도로 규정하고 있다.

그러나 양자를 구분할 실익이 없기 때문에 노동위원회나 법원에서도 특별히 구분하지 않고, 취업규칙 등에 규정된 취지를 고려하여 정당성 여부를 판단하고 있는 경향이다.

나. 징계절차 규정의 준수 여부

직권면직과 징계해고의 근본적인 차이점은 징계해고는 취업규칙에 규정하고 있는 징계절차를 반드시 거쳐야 하지만, 직권면직은 징계절차를 거칠 필요가 없다.[284)]

그러나 근로자의 비위행위가 당연퇴직사유에 해당한다고 하더라도 사용자가 그 비위행위를 이유로 징계위원회에 회부한 경우에는 반드시 징계절차에 관한 규정

---

284) 대법원 2002.7.12 선고 2002다23 판결; 2005.10.13 선고 2005두6522 판결.

을 준수해야 한다.[285)]

징계절차의 준수여부와 관련하여 법원은 다음과 같은 입장을 보이고 있다.

① 직권면직이 징계처분의 하나로 규정되어 있지 아니한 이상, 직권면직의 대상자에게 진술의 기회를 부여하는 등 징계처분과 같은 절차를 거칠 필요는 없다.[286)]

② 징계대상자의 비위사실이 징계사유 이외 당연퇴직사유에 해당한다고 하더라도 사용자가 징계위원회에 회부한 이상, 취업규칙 등의 징계절차에 관한 규정을 준수하여야 하며, 그 비위사실을 이유로 징계를 하려면 징계사유에 해당하여야 한다.[287)]

③ 당연퇴직사유가 근로자의 사망이나 정년, 근로계약기간의 만료 등과 같이 근로관계의 자동소멸인 경우를 제외하고, 이에 따른 당연퇴직처분은 근로기준법의 해고 제한을 받는다 할 것이므로 근로관계를 종료시킨다는 사용자의 의사표시가 있어야 근로관계가 종료된다.[288)]

3. 정당성 요건

직권면직이나 당연퇴직 등도 근로계약의 해지에 관한 사용자의 일방적인 의사표시라는 점에서 해고의 한 종류이므로 징계해고와 같이 그 사유와 양정의 정당성을 갖추어야 한다. 만약, 인사위원회나 징계위원회 심의를 거치도록 규정하고 있는 경우에는 그 규정을 준수해야 한다.

가. 사유의 정당성

취업규칙 등에 직권면직 사유로 규정되어 있더라도 그 규정의 의미는 그 규정의 취지나 다른 당연퇴직사유의 내용 등에 비추어 합리적으로 판단해야 한다.[289)]

이를 테면, 단체협약에서 '형사상 금고 이상의 유죄판결을 받은 경우'를 당연퇴직사유로 규정하고 있더라도 단체협약 체결 시에 '사내 노동조합 활동'에 국한되

285) 대법원 1994.12.27 선고 93다52525 판결.
286) 대법원 2002.7.12 선고 2002다21233 판결.
287) 대법원 1994.12.27 선고 93다52525 판결.
288) 대법원 2008.2.29 선고 2007다85997 판결.
289) 대법원 1995.3.24 선고 94다42082 판결.

는 의미로 알고 체결하였다면 사외 노동조합 활동으로 유죄판결이 확정되었더라도 이를 이유로 당연면직 조치를 할 수 없다.[290)]

나. 재량권 남용여부

법원은 직권면직이나 당연퇴직이 그 사유의 정당성이 인정되면 사용자의 재량권을 징계해고보다 넓게 인정하는 경향이 있다.[291)]

그러나 직권면직의 경우 징계절차를 거칠 필요가 없다고 하여 그 양정도 고려할 필요가 없는 것으로 오해함으로써 단순히 직권면직사유에 해당한다는 이유만으로 퇴직처리를 하면 징계권 남용에 해당한다.[292)]

특히, 직위해제 또는 정직 후 일정기간이 경과하도록 보직을 부여받지 못하는 경우를 당연퇴직사유로 규정하고 있더라도 전후 제반사정을 종합적으로 고려하여 더 이상 근로관계를 지속시킬 수 없을 때에 당연퇴직 처리를 하여야 정당성을 인정받을 수 있다.[293)]

4. 직권면직 유형별 정당성 요건

가. 직권면직 사유가 징계사유와 별도로 규정되어 있으며, 징계와 실질적으로 구분되는 경우

직권면직사유가 형식적으로 발생하였는지 여부와 근로기준법 제23조에 따른 인사권의 정당한 범위 내에 있는지 여부를 판단한다.

그리고 징계절차 규정이 없을 경우에는 징계절차를 거칠 필요는 없으나, 인사위원회 등 직권면직에 고유한 절차가 있을 때는 이를 준수하여야 한다. 예컨대, 취업규칙에 징계사유로 '무단결근(1일 내지 6일)' 을 규정하면서, 이와는 별도로 '무단결근 월 7일 이상' 을 면직사유로 들고 있는 경우에는 그 복무질서를 해치는 정도가 달라 별개의 사유에 해당하므로 사용자는 징계절차 없이 직권면직처분이 가

290) 대법원 2005.2.17 선고 2004두12582 판결.
291) 대법원 2005.11.25 선고 2003두8210 판결.
292) 대법원 1996.10.29 선고 95누15926 판결.
293) 대법원 2004.10.28 선고 2003두6665 판결.

능하고, 징계양정에 구속 받을 필요가 없다.[294]

나. 직권면직 사유가 징계사유와 별도로 규정되어 있으나, 징계와 실질적으로 동일한 경우

'직권면직사유가 징계사유와 실질적으로 구분되는 경우'와 같으나, 징계절차는 따라야 한다.

예컨대, 징계해고사유에 '형사상 유죄판결 받은 자(벌금형 이하제외)'로 규정되어 있고, 당연퇴직사유에 '금고 이상 형의 확정'이 규정된 경우에는 전자는 헌법상 무죄추정 원칙에 따라 '형사상 유죄확정 판결을 받은 자'로 해석하고, '벌금형 이하'만 제외되므로 '금고 이상 형의 확정'을 포함하여 형사상 자격정지나 자격상 실형의 확정까지 포함되어야 한다.

후자는 당연퇴직사유에 공민권 정지나 박탈 등이 규정되어 있는 것으로 볼 때 반드시 '금고 이상의 실형'만을 의미하는 것은 아니고, 집행유예 등도 포함되는 것으로 해석되어야 한다. 그러므로 당연퇴직사유는 징계해고사유에 모두 포함되어 위 당연퇴직사유는 동일하게 징계해고사유로도 규정되어 있는 것이기 때문에 당연퇴직처분을 할 때에는 징계절차를 거쳐야 한다.[295]

다. 직권면직사유가 징계사유와 별도로 규정되어 있지 않고, 징계종류로 되어 있는 경우

이러한 경우 직권면직은 징계해고에 해당하므로 징계해고의 정당성 판단기준인 사유와 절차, 양정에 있어서 정당성 여부를 판단한다.

라. 대기발령 후 직권면직에 처분한 경우

대기발령 기간에 직무수행능력의 향상 또는 근무태도가 개선되지 않는 등 대기발령 이후 아무런 사정변경이 없다면, '대기발령 후 3개월 동인 직위를 부여받지 못한 경우 직권면직된다'는 규정에 따라 직권면직처분은 정당성을 인정할

294) 대법원 1995.6.30 선고 94다35350 판결.
295) 대법원 2011.12.27 선고 2011두25753 심리불속행 판결.

수 있다.

그러나 대기발령에 이은 직권면직의 정당성이 인정되기 위해서는 선행된 대기발령이 정당해야 한다. 만일, 대기발령 그 자체가 사유 부존재로 정당성이 없다면 직권면직 역시 정당성을 결여하는 것으로 무효에 해당한다.[296)]

296) 대법원 1995.12.5 선고 94다43351 판결.

관련판례

① 직권면직(당연퇴직) 시 당연퇴직사유가 징계사유로 동일하게 규정되고 있지 않는 한 징계절차규정을 준수할 필요가 없고, 징계시효 등도 적용되지 않는다.

☞ 취업규칙 등에서 당연퇴직 사유에 대하여 다른 징계해고 등과는 달리 아무런 절차규정을 두고 있지 아니한 경우에는, 당연퇴직 사유가 동일하게 징계사유로도 규정되어 있는 경우와는 달리 당연퇴직 처분을 함에 있어서 징계 등에서 정한 절차를 거쳐야 한다고 할 수는 없다 할 것이다(대법원 1995.7.14 선고 95다1767 판결; 2009.10.15 선고 2009두12952 판결).

☞ 직권면직이 징계처분의 하나로 규정되어 있지 아니한 이상, 직권면직의 대상자에게 진술의 기회를 부여하는 등의 징계절차를 거칠 필요가 없다(대법원 2002.7.12 선고 2002다21233 판결).

☞ 당연퇴직이 징계에 해당하지 아니하므로, 포상으로 인한 감경규정도 적용되지 아니한다. 단체협약 제31조에는 징계에 대한 시효만 규정하고 있고, 단체협약상의 징계에는 당연퇴직이 포함된다고 할 수 없으므로, 인사규정에 의한 당연퇴직의 경우 단체협약에서 규정한 징계시효는 적용되지 않는다(대법원 2010.2.12 선고 2009두22171 심리불속행 판결).

☞ 사용자가 어떤 사유의 발생을 당연퇴직 사유로 규정하고 그 절차를 징계해고와 달리 한 경우에 그 당연퇴직 사유가 근로자의 사망이나 정년, 근로계약기간의 만료 등 근로관계의 자동소멸사유로 보여지는 경우를 제외하고는 이에 따른 당연퇴직처분은 근로기준법의 제한을 받는 해고라고 할 것이고, 이와 같이 당연퇴직을 해고로 보는 이상에는 퇴직처분 등 근로관계를 종료시킨다는 사용자의 의사표시가 있어야만 비로소 근로관계가 종료된다(대법원 2008.2.29 선고 2007다85997 판결; 1998.12.8 선고 98다31172 판결).

☞ 징계대상자의 비위사실이 징계사유 외에 취업규칙 등 소정의 당연퇴직사유에 해당한다고 하더라도 사용자가 징계대상자를 그 비위사실을 이유로 징계위원회에 회부한 이상 취업규칙 등 소정의 징계절차에 관한 규정을 준수하여야 할 뿐 아니라 그 비위사실을 이유로 징계를 하려면 그것이 징계사유에 해당하여야 한다(대법원 1994.12.27 선고 93다52525 판결).

② 징계권의 남용

☞ 대기발령기간 중 원고의 직무수행능력이 부족하거나 근무성적이 불량하다는 직위해제 사유가 계속 존재한다고 볼 만한 증거가 없음에도 불구하고 3개월의 기간이 만료하였다는 사유만으로 이 사건 당연면직처분을 한 것은 징계권의 남용에 해당한다(대법원 2004.10.28 선고 2003누6665 판결).

☞ **직장 동료를 무고하여 유죄판결(징역 8월, 집행유예 2년)을 받은 것을 이유로 한 직권면직은 정당하다.**

원고(근로자)가 유죄판결을 받은 범죄의 내용은 같은 직장의 동료직원을 무고한 것이라는 점에서 다른 직원과의 신뢰관계나 인간관계가 손상되어 직원들간의 인화에 좋지 않은 영향을 미칠 수 있을 뿐만 아니라 참가인 학원의 명예나 신용과 무관하다고 볼 수는 없는 점, 원고가 해고무효소송에서 승소하였다는 것이 이 사건 무고행위를 정당화시키거나 그에 대한 비난가능성을 감소시킬 사유로 될 수는 없는 점 등을 아울러 참작하면, 원고와 참가인 학원간에 신뢰를 바탕으로 한 고용관계의 계속이 어렵게 된 데에 원고의 책임이 있다(대법원 2005.6.10 선고 2004두10548 판결)

☞ **당연해고를 규정한 단체협약의 취지를 고려하여 사외노조활동으로 인한 유죄판결을 이유로 한 당연해고는 부당하다.**

합의 당시 참가인 회사와 노조는 모두 이 사건 원고(근로자)의 위법한 행위와 흡사한 국○○이 처벌받은 행위를 사외조합활동으로 알고 합의한 것이라고 보는 것이 상당한 점에 비추어 볼 때 조합원에 대하여 집행유예 이상의 형을 선고한 판결이 확정되었더라도 그것이 사외조합활동 과정에서 저질러진 행위에 대한 판결인 경우에는 그 행위의 반 사회성의 정도에 불구하고 징계절차에 따라 징계를 할 수 있을 뿐 당연해고 사유에서는 제외하는 것이 이 사건 단체협약 제31조 제1호 단서의 취지라고 할 것이다.

따라서 사외조합활동 과정에서 저질러진 원고의 행위에 대하여 집행유예 판결이 확정되었다고 하더라도 원고에 대하여 이 사건 단체협약 제31조 제1호에 의한 당연해고를 할 수는 없다고 할 것이고, 이 사건 해고는 절차상 하자로 인하여 무효이다(대법원 2005.2.17 선고 2004두12582 판결).

☞ **정당한 직위해제처분 후 직위해제사유가 소멸되지 아니하여 직권면직 조치를 한 것은 정당하다.**

원고가 2002.3.26.부터 2002.4.22.까지 정신증으로 병원에 입원하여 치료를 받다가 계속 치료받기 위하여 2002.4.23.부터 2002.5.21.까지 병가를 신청한 상태였던 점에 비추어 볼 때 직장생활을 하는데 지장이 없을 것이라는 내용의 2002.5.8.자 진단서만으로 직위해제사유가 소멸되었다고 보기 어렵고, 취업규칙 제51조는 참가인 공단이 필요하다고 인정할 경우 직원들에게 교육훈련을 시킨다는 취지일 뿐 직위해제자에 대하여 근무성적향상을 위한 교육훈련 등의 조치를 취하여야 할 의무를 참가인 공단에게 부여한 것으로 보이지 아니하고, 참가인 공단의 인사규정에는 직권면직처분과 징계처분이 따로 규정되어 있으면서 직권면직처분에 대하여는 징계처분과 달리 아무런 절차규정을 두고 있지 아니하므로 참가인 공단이 직권면직처분을 함에 있어 당해 근로자에 대한 소명기회부여 등 일반적인 징계절차를 거칠 필요가 없다(대법원 2005.10.13 선고 2005두6522 판결).

☞ **대기발령이 부당하다면 대기발령에 이은 직권면직 처분도 부당하다.**

참가인이 입사한 이래 2002년도 전까지 직무수행에 특별한 문제가 없었음에 비추어 2002년도에 시행한 근무성적 평가에서 최하위를 하였다고 하여 이 사건 대기발령 사유에 기재된 바와 같이 직무수행능력이 현저히 부족하다고는 할 수 없다. 또 상급자 지시명령을 태만히 하였다는 사유는 그 지시방법과 관련하여 문제가 있다 할 것이어서 그 책임을 순전히 참가인에게만 돌릴 수 없다.

정해진 기한 내에 정해진 분량을 모두 제출한 이상 그 연구가 부실하였다는 사정만으로 참가인을 비난할 수는 없고, 상급자의 야근지시에 복종하지 아니한 채 퇴근을 하는 등의 사정이 있기는 하였으나 그와 같은 지시가 정당한 직무명령에 해당한다고 보기 어렵다(대법원 2005.11.25 선고 2005두9217 판결).

제5절 통상해고와 정당성 요건

1. 의 의

근로기준법에는 통상해고에 관하여 규정되어 있지 않으며, 판례에서 통상해고를 다루고 있다.

통상해고는 취업규칙 등에 규정한 징계해고 · 경영상 해고 · 직권면직 · 당연퇴직 이외의 사유로 근로계약의 목적달성이 불가능하거나 경영상 장애 등으로 인하여 더 이상 근로관계를 지속시키기 어려운 상태에서 사용자가 일방적으로 근로계약을 해지하는 것이라 할 수 있다.

2. 유형과 사유

통상해고는 근로자측의 사유에 의한 경우, 사용자측의 사유에 의한 경우, 그 밖의 사유에 의한 경우로 분류할 수 있다.

가. 근로자측 사유에 의한 통상해고

취업규칙에 규정된 징계해고사유나 직권면직 또는 당연퇴직사유에 해당하지 않지만, 근로자의 일신상 또는 행태상 사유로 인하여 더 이상 근로관계를 지속시킬 수 없는 상태에서 근로계약을 해지하는 것을 말한다.

(1) 근로자의 일신상 사유에 의한 통상해고

근로자가 업무상 또는 업무 외 부상 · 질병 등으로 인하여 정상적인 업무수행이 더 이상 근로관계를 지속시키거나 근로계약의 목적을 달성할 수 없는 경우 통상해고 사유가 된다.

(2) 근로자의 행태상 사유에 의한 통상해고

근로자의 업무능력 저하에 따라 업무를 감당할 수 없거나 동료직원들과 조화를 이루지 못하여 직장분위기를 크게 해치는 등 더 이상 근로관계를 지속시키기 어려운 경우 통상해고 사유가 된다.

나. 사용자측 사유에 의한 통상해고

기업의 파산선고에 따른 파산절차, 폐업이나 해산결의에 의한 청산절차, 정리절차 등의 진행과정에서 근로계약을 해지하는 경우 통상해고사유에 해당한다.

(1) 파산절차 과정에서의 통상해고

파산회사가 해산한 후에 사업폐지를 위하여 행하는 해고는 정리해고가 아니라 통상해고에 해당하는 것으로, 정리해고에 관한 근로기준법 규정이 적용될 여지가 없다. 또한 파산관재인의 근로계약 해지는 해고만을 목적으로 한 위장파산이나 노동조합의 단결권 등을 방해하기 위한 위장폐업이 아닌 한 원칙적으로 부당노동행위에 해당하지 않는다.[297)]

(2) 청산절차 과정에서의 통상해고

만성적인 적자누적 등으로 인해 자금난 해소를 위해 다각적인 방법을 모색하던 중 폐업이 가장 합리적인 방법이라는 판단에서 해산결의를 하게 된 것으로, 그 해산이 위장폐업이 아닌 실질적인 폐업으로서 유효하므로 정당한 이유가 있다.[298)]

다. 그 밖의 사유에 의한 통상해고

근로계약의 본질이나 사회적 상당성에 비추어 근로계약을 해지하는 것이 합리적이라고 인정되는 경우 통상해고로 볼 수 있다.

예컨대, 근로계약상 근로자가 사용자를 위하여 국내에서 수행하기로 한 업무가 종료된 것을 이유로 해고한 경우 이는 정리해고가 아니라 통상해고로서 정당한 사유가 있다.[299)]

3. 정당성 요건

통상해고는 징계위원회를 개최하고 근로자에게 소명기회를 부여하는 등 징계해고와 같은 절차를 거칠 필요가 없다.[300)]

---

297) 대법원 2004.2.16 선고 2003두13656 판결.
298) 대법원 2007.4.13 선고 2007두3701 판결.
299) 대법원 1996.10.29 선고 96다22198 판결.
300) 대법원 1991.9.24 선고 91다13533 판결.

그러나 통상해고의 경우에도 사용자의 일방적인 의사표시에 의해 근로관계를 종료시키는 것이므로 근로기준법의 규율을 받게 된다. 따라서 근로자에게 서면으로 그 이유와 시기를 반드시 통지하여야 하며, 30일전에 예고를 하거나 30일분 이상의 통상임금을 지급하여야 한다.[301)]

특히, 근로자의 일신상 또는 행태상 사유에 의한 통상해고의 경우에는 그 사유가 근로관계를 더 이상 지속시킬 수 없을 정도에 이르지 아니하였음에도 근로계약을 해지한다면 관리남용에 해당하여 그 정당성을 인정받기 어렵다.

가. 통상해고와 징계절차

단체협약에서 정신적 또는 육체적 장애로 업무를 감당하지 못하는 경우 의사의 진단서를 발급받도록 되어 있으나, 그 취지는 장애정도에 대하여 객관적인 의학적 근거 없이 함부로 조합원을 퇴직처분하지 못하게 하려는 것이다. 따라서 법원에서 진행된 손해배상청구소송에서 제시된 신체감정촉탁에 의해 후유장애가 확정되어 객관적인 의학적 근거의 요건이 충족되었으므로 이를 이유로 한 퇴직처분은 그 절차나 신의칙에 위배된다고 할 수 없다.[302)]

나. 신체장해로 인한 통상해고

근로자의 업무상 부상에 관한 요양종결에 따라 상당한 신체장해가 남아 있는 상태에서 그 근로자가 종전과 같은 작업강도를 지닌 갱내 기계수리공의 업무를 수행할 수 없다고 보아야 할 것이다. 이러한 경우 근로기준법상 해고금지기간에 해당하지 않는 한 해고를 하기 전에 장해근로자에 대하여 일정기간 유예기간을 두고 배치전환 등을 통하여 관찰하여야 하는 것은 아니다.[303)]

이러한 판례의 취지에 따르면 신체장해가 있더라도 그 장해가 해소 또는 완화될 가능성이 있는 경우라면 일정기간 유예기간을 두고 배치전환 등의 근무를 하면서 관찰하는 것이 필요하다.

---

301) 대법원 1993.5.11 선고 92다20712 판결.
302) 대법원 1996.12.6 선고 95다45934 판결.
303) 대법원 1996.11.12 선고 95누15728 판결.

제6절 해고의 서면통지와 해고예고

1. 해고의 서면통지

가. 관련 규정

사용자는 근로자를 해고하려면 해고사유와 해고시기를 서면으로 통지하여야 하며, 그렇지 않은 해고는 무효이다. 다만, 근로기준법 제26조에 따른 해고예고를 해고사유와 해고시기를 명시하여 서면으로 한 경우 서면통지로 본다(근기법 §27).

나. 법적 성격

해고의 서면통지를 해고의 효력발생요건으로 규정한 것은 사용자가 해고를 보다 신중하게 결정하도록 하고, 해고의 사유와 시기 등을 명확하게 하여 해고 관련 분쟁의 해결을 용이하게 하는 한편, 근로자의 방어권을 보장하기 위한 취지의 강행규정이다.

다. 서면통지의 내용

(1) '서면'의 의미

해고의 서면통지에서 '서면'이란, '종이로 된 문서'를 의미하므로 휴대폰 문자, 이메일, 회사 홈페이지 등을 이용하여 통지한 것은 원칙적으로 해고의 서면통지로 볼 수 없다.

다만, 회사가 전자결재체계를 완비하여 전자문서로 모든 업무의 기안 · 결재 · 시행 과정을 관리하는 경우, 또는 근로자가 원거리에 있는 등의 사정으로 이메일을 통하여 모든 업무를 처리한 경우와 같이 장소적 · 기술적으로 이메일 이외의 의사연락 수단이 마땅히 없는 경우에는 이메일 등 전자문서를 이용한 해고의 서면통지를 인정할 수 있다.[304)]

---

304) 근로자의 해외연수 기간 동안 회사와 이메일로 교신하여 왔고, 회사가 해고의 사유가 담긴 '인사위원회 의결통보서'를 첨부하여 이메일로 해고사실을 발송하였으며, 근로자가 이를 종전과 같이 정상적으로 수신하여 확인하였다면 해고의 서면통지를 한 것으로 인정하였고(대법원

(2) 해고사유의 기재

해고사유는 해고의 동기 또는 원인을 말하며, 진정한 해고사유가 기재되어야 한다.[305) 이는 해고 관련 분쟁의 용이한 해결과 근로자의 방어권 보장이 해고의 서면통지 제도의 입법취지이므로 근로자의 입장에서 해고의 사유가 무엇인지를 구체적으로 알 수 있어야 한다.

특히, 징계해고의 경우 해고의 실질적 사유가 되는 비위내용을 기재해야 하며, 징계대상자가 위반한 단체협약이나 취업규칙의 조문만을 나열하는 것만으로는 부족하다.[306) 다만, 징계통지서나 징계위원회를 거쳐 징계가 확정되는 경우에는 징계위원회 결과 통보서 등을 해고의 서면통지로 볼 수 있다.

(3) 해고시기의 기재

해고시기는 해고의 효력을 발생시키고자 하는 시기를 발하며, 적어도 연월일을 기재하여야 한다. 해고사유만 명시하고 해고시기에 대하여 명시하지 않았다면 그 해고의 효력이 인정될 수 없다.

해고는 상대방 있는 단독행위이므로 사용자의 근로계약 해지의 의사표시가 상대방에게 도달한 때에 효력이 발생하는 것이 원칙이나(민법 §111), 서면에 기재된 해고시기와 도달시기가 다른 경우, 특히 서면에 기재된 해고시기를 도과하여 근로자에게 도달된 경우에는 기재된 해고시기에 해고의 효력이 발생한다.[307)

2010.8.6 선고 2010다33279 심리불속행), 하급심에서는 "근기법 제27조제2항의 서면이란 종이로 된 문서뿐만 아니라 회사가 전자결재 체계를 완비하여 전자문서로 모든 업무의 기안, 결재, 시행 과정을 관리하는 등 특별한 사정이 있는 경우의 전자문서도 포함된다."라고 하면서 회사 내부 인트라넷을 이용한 해고 통지를 '서면'에 의한 통지로 판단하였다(서울행정법원 2014.1.23 선고 2013구합79 판결).

305) 업무상 횡령을 이유로 근로자를 징계해고하면서 "회사경영상의 악화"를 해고사유로 기재하여 통지한 경우 해고의 서면통지 위반에 해당한다(서울행정법원 2010.6.3 선고 2009구합52844 판결).

306) 징계위원회 출석요구서 등에서 근로자의 징계사유를 구체적으로 기재하였다면 해고의 서면통지에서 해고사유를 간략하게 기재한다고 하더라도 해고의 서면통지가 있는 것으로 본다는 취지를 포함하고 있다.

307) 대법원 2012.1.27 선고 2011두27843 심리불속행 판결.

(4) 서면통지의 방법

해고의 서면통지 방법 등에 관한 규정은 없으나, 해고사유와 해고시기가 구체적으로 기재되어야 하고, 사용자가 발송한 것임을 입증할 만한 서명, 날인 등이 있어야 한다.

통지의 방법은 근로자에게 도달하였다는 사실이 입증될 만한 등기우편, 내용증명우편, 직접교부 등의 방식을 사용하는 것이 혼선을 줄일 수 있을 것이다. 그렇지 않으면 해고의 유효요건인 서면통지 이행여부에 대하여 불필요한 분쟁의 소지가 있기 때문이다.

라. 부당한 수령거부

해고의 서면통지는 해고의 의사표시가 근로자에게 서면으로 도달하는 것을 의미하고, 여기서 도달은 사회통념상 상대방이 통지의 내용을 알 수 있는 객관적 상태에 놓여 있는 경우를 말한다.

따라서 근로자가 정당한 사유 없이 해고의 서면통지 수령을 거절하는 경우 근로자가 그 통지의 내용을 알 수 있는 객관적인 상태에 놓여 있는 때 해고의 서면통지가 있는 것으로 보아야 한다.[308)]

2. 해고의 예고

가. 관련 규정

사용자는 근로자를 해고(경영상 해고 포함)하고자 할 때에는 30일 전에 그 예고를 하여야 하며, 그렇지 아니한 경우 30일분 이상의 통상임금을 지급하여야 한다. 다만, 천재 · 사변 기타 부득이한 사유로 사업계속이 불가능한 경우 또는 근로자가 고의로 사업에 막대한 지장을 초래하거나 재산상 손해를 끼친 경우에는 그러하지 아니하다(근기법 §26).

---

308) 대법원 2008.6.12 선고 2008다19973 판결.

나. 입법 취지

해고예고는 해고의 정당성 여부와 관계없이 해고된 근로자에게 새로운 직장을 구할 수 있는 시간적 또는 경제적 여유를 주려는 취지에서 설정된 제도이다.

다. 해고예고의 적용제외

근로기준법 제26조에서는 해고예고의 적용제외에 대하여 규정하고 있다.

천재 · 사변 기타 '부득이한 사유'로[309] 사업계속이 불가능한 경우이거나 근로자의 귀책사유로 인한 경우(근기법시행규칙 §5별표), 단기취업자의 경우에는(근기법 §35) 해고예고 없이 즉시 해고가 가능하다.

여기서 단기취업자는 ① 일용근로자로서 3월을 계속근로하지 아니한 자, ② 2월 이내의 기간을 정하여 사용된 자, ③ 월급근로자로서 6월이 되지 못 한자, ④ 계절적 업무에 6월 이내의 기간을 정하여 사용된 자, ⑤ 수습 중(3월 이내)의 근로자 등이다.

3. 해고의 서면통지와 해고예고와의 관계

근로기준법 제26조의 해고예고는 근로자에게 해고사실을 알린다는 점에서 해고의 서면통지와 유사하나, 적어도 30일 전에 하여야 하고, 방식에는 제한이 없으며, 해고의 효력에 영향이 없다는 점에서 구별된다.

사용자가 해고시기 30일 전에 해고사유와 해고시기를 기재하여 해고의 서면통지를 하였다면 해고예고로서의 효력도 있다고 볼 것이므로 별도의 해고예고는 필요하지 않는다.

---

309) '부득이한 사유'라 함은 천재 · 지변 외에 예기치 못한 악천후로 인한 작업의 중단, 홍수 · 폭설 · 지진 등으로 인한 공장의 멸실과 판례에서는 불법파업으로 인한 휴업도 포함되는 것으로 본다(대법원 2000.11.24 선고 99두4280 판결).

제7장

해고 이외 근로관계 종료와 정당성

제1절 총 설

제2절 해고 이외 근로관계 종료의 유형

제3절 당사자 의사에 의한 근로관계 종료와 정당성 요건

제4절 기한의 도래에 의한 근로관계 종료와 정당성 요건

제5절 당사자 소멸로 인한 근로관계 종료와 정당성 요건

제1절 총 설

1. 의 의

해고 이외 근로관계 종료는 사직 · 합의해지, 기간제 근로계약 만료 · 정년도래, 당사자 소멸, 기업변동에 따른 고용승계와 같이 근로자의 의사에 반하지 아니한 사유로 근로관계가 종료되는 것을 말한다.

〈해고 이외 근로관계의 종료사유〉

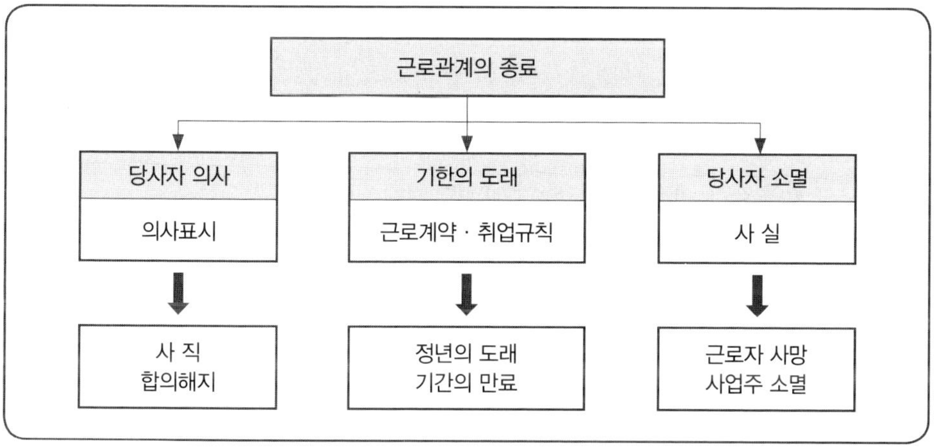

2. 적용 법리

해고 이외 근로관계가 겉으로는 해고로 볼 수 없다 하더라도 사용자의 일방적인 의사에 의한 근로관계를 종료시킨 경우에는 해고에 해당되어 해고제한의 법리가 적용되어야 한다.

이와 관련하여 근로기준법에서는 아무런 규정을 두고 있지 아니하므로 근로계약, 취업규칙이나 단체협약 등에 규정이 있으면 그 규정을 따라야 하며, 명시적인 규정이 없는 경우에는 민법과 상법의 법리를 원용하여야 할 것이다

3. 해고와의 관계

해고 이외 근로관계 종료라 하더라도 아래와 같이 실제 그 내용에 있어 해고에 해당하는 경우에는 정당성 요건을 갖추어야 한다.

(1) 사직에 따른 퇴직을 해고로 인정한 경우

전직승인을 위해 제출한 사직원을 수리하여 근로자를 퇴직처리한 것은 해고에 해당하며 지각을 이유로 한 것이므로 지나친 처사로 정당성을 인정할 수 없다.[310)]

(2) 정년퇴직을 해고로 인정한 경우

사용자가 직제개편을 하고 개편된 직제에 따라 낮아진 정년규정을 적용하여 정년퇴직 처리한 것은 결과적으로 여성근로자를 승진 및 정년에 있어서 차별하여 정당한 이유 없이 해고한 것이다.[311)]

(3) 근로계약기간 만료를 해고로 인정한 경우

근로계약체결 시 근로계약기간을 정하였지만 상당기간 반복 갱신됨으로써 계속 근무할 수 있다는 기대가 형성되었으므로 그 근로계약기간은 형식에 불과하여 갱신계약 체결을 거절하기 위해서는 근로기준법 제23조의 정당한 이유가 있어야 한다.[312)]

---

310) 대법원 2005.9.29 선고 2005두10392 판결.
311) 대법원 2006.7.28 선고 2006두3476 판결.
312) 대법원 2003.11.8 선고 2003두9336 판결.

제2절 해고 이외 근로관계 종료의 유형

1. 당사자의 의사에 의한 근로관계 종료

가. 사 직

사직이란 임의퇴직에 해당하며, 근로자 일방의 의사표시로 근로계약을 종료시키는 것을 말한다. 민법 제660조에 의하여 계약기간을 정하지 않은 근로자는 언제든지 사직을 통고할 수 있다.

나. 합의해지

합의해지는 의원면직 또는 권고사직에 해당한다. 의원면직은 근로자의 근로계약관계 해지에 대한 청약을 사용자가 승낙함으로써 근로관계가 종료되는 것이고, 권고사직은 사용자의 근로계약관계 해지의 청약을 근로자가 받아들임으로써 근로관계가 종료되는 것을 의미한다.

2. 기한의 도래에 의한 근로관계 종료

가. 정년도래

기간의 정함이 없는 근로계약에 있어 취업규칙 등에서 규정하고 있는 일정 연령에 도달하면 근로자의 의사나 근로능력에 관계없이 근로계약이 종료된다.

나. 기간제 근로계약의 만료

기간을 정한 근로계약에 있어 근로계약기간 만료일이 도래함으로써 근로관계가 종료된다.

3. 당사자 소멸로 인한 근로관계 종료

근로자나 개인이나 사업주의 사망, 법인의 청산종료로 인하여 별도 조치 없이 근로계약관계가 자동적으로 종료된다.

제3절 당사자 의사에 의한 근로관계 종료와 정당성 요건

1. 사 직(임의사직)

가. 의 의

사직이란 근로자의 일방적인 '사직의 의사표시'로 근로계약을 해지하는 것을 의미한다. 여기에서 일방적인 '사직의 의사표시'는 근로계약을 종료시키는 취지의 해약고지(해지의 통지)에 해당한다.[313)]

사직과 쌍방의 의사합치에 의해 이루어지는 합의해지는 근로관계의 종료시점이나 철회의 가능성 등에서 차이가 있으므로 구별해야 할 실익이 있다.

나. 적용 법리

해고는 근로기준법 제23조의 '정당한 이유'라는 요건을 갖추어야 한다. 반면, 사직과 합의해지의 경우 근로기준법 등에 규정된 바가 없으므로 근로계약, 취업규칙 또는 단체협약에 따라야 하며, 근로계약, 취업규칙 등에 규정되어 있지 않으면 민법을 적용받게 된다.

〈민법 규정〉

제660조【기간의 약정이 없는 고용의 해지통고】
① 고용기간의 약정이 없는 때에는 당사자는 언제든지 계약해지의 통고를 할 수 있다.
② 전항의 경우에는 상대방이 해지통고를 받은 날로부터 1월이 경과하면 해지의 효력이 생긴다.
③ 기간으로 보수를 정한 때에는 상대방이 해지통고를 받은 당기 후(當期後)의 1기(期)를 경과함으로써 해지의 효력이 생긴다.

제661조【부득이한 사유와 해지권】
고용기간의 약정이 있는 경우에도 부득이한 사유가 있는 때에는 각 당사자는 계약을 해지할 수 있다. 그러나, 그 사유가 당사자 일방의 과실로 인하여 생긴 때에는 상대방에 대하여 손해를 배상하여야 한다.

---

313) 대법원 2001.1.19 선고 2000다51919 판결.

다. 사직의 의사표시와 법적 효과

근로자의 '사직의 의사표시'가 명확하지 않은 경우 사직서의 기재내용, 사직서 작성 · 제출의 동기와 경위, 사직의 의사표시의 철회동기 등을 고려해서 그 의사를 확정해야 한다.[314]

만일, 근로자가 사용자에게 사직승낙을 구하거나, 명예퇴직의 신청 또는 사직서 수리 등과 같이 사용자의 의사합치를 요청하는 취지가 확인될 경우 사직이 아닌 합의해지로서 청약의 의사표시로 보아야 한다.

대부분의 판례는 근로자의 사직서 제출에 대하여 근로계약의 합의해지를 위한 청약으로 판단하는 입장이다.[315]

(1) 일방적인 근로계약의 해지통고

근로자의 일방적인 근로계약 해지통고의 경우 근로관계는 사직서 제출 후 민법 제660조에서 정한 소정기간(1개월)이 경과한 때 종료된다. 그러나 사직의 의사표시가 사용자에게 도달한 이후에는 사용자의 동의가 없으면 철회할 수 없다.

(2) 근로계약 합의해지에 대한 청약

근로계약 합의해지의 청약에 해당하는 경우 근로관계는 사용자의 승낙 의사가 형성되어 근로자에게 도달한 때 종료된다. 기한이나 조건이 부가된 경우에는 기한의 도래나 조건이 성취된 때 근로관계가 종료된다.

사용자의 승낙 의사표시가 근로자에게 도달되기 전까지 철회할 수 있으나, 그로 인해 사용자에게 예측할 수 없는 손해를 초래하게 되는 등 신의칙에 반한다고 인정될만한 사정이 있는 경우에는 철회가 허용되지 않는다.[316]

---

314) 대법원 2000.9.5 선고 99두8657 판결.
315) 대법원 1992.12.8 선고 91다43015 판결; 1995.6.30 선고 94다17994 판결.
316) 대법원 1992.4.10 선고 91다43138 판결.

2. 합의해지

가. 의 의

합의해지는 근로자나 사용자의 근로계약 해지에 대한 청약의 의사표시를 사용자 또는 근로자가 승낙하여 근로관계를 종료시키는 것을 의미한다.

사직이나 해고는 일방의 의사표시에 의하여 근로계약이 해지되므로 단독행위이고, 합의해지는 청약과 승낙이라는 쌍방의 의사합치에 의해 이루어지므로 민사상 계약에 해당한다.

나. 적용 법리

합의해지는 민사상 계약의 일종이므로 근로기준법의 해고에 관한 규정은 적용되지 않는다.

따라서 근로자가 근로계약의 해지를 요청한 후 이를 철회하거나 사용자의 속임수 또는 강요에 의해 사직서를 제출한 것이라고 주장하는 경우에는 민법(§107~ §111)이 적용된다.

다. 합의해지의 유형

(1) 의원면직

근로자가 스스로의 의사에 따라 사직의 의사를 표시하고 사용자가 이를 승낙함으로써 근로관계가 해지되는 것을 의미한다.

사용자가 근로자의 사직서 제출에 따른 사직의 의사표시를 수락함으로써 근로관계가 합의해지에 의해 종료되는 것이므로 사용자의 의원면직처분을 해고라고 볼 수 없다.[317)]

근로자의 사직서에 대한 사용자의 승낙의사표시가 근로자에게 도달하기 전에는 철회할 수 있다. 다만, 그 사직의사표시의 철회가 사용자에게 예측할 수 없는 손해를 주는 등 신의칙에 반한다고 인정되는 특별한 사정이 있는 경우에 한하여 그 철회가 허용되지 않는다.

---

317) 대법원 2001.1.19 선고 2000다51919 판결.

(2) 권고사직

사용자가 근로자에게 사직을 권고하고, 근로자가 이를 받아들임으로써 근로관계가 합의해지되는 것을 의미한다.

통상적으로 권고사직은 근로자가 사용자의 사직권고를 받아들이는 경우에도 실제로는 근로자가 사직서를 제출하고 사용자가 승낙하는 의원면직 형식을 취한다.

특히, 권고사직의 경우 사용자의 강요에 의해서 사직서를 제출하게 되었다는 이유로 노동위원회에 구제신청을 제기하는 사례가 빈번하다.

취업규칙에 '1개월 이내 사직원을 제출하지 않을 때에는 징계해고한다' 고 규정되어 있는 경우, 소위 '징계해고조건부 권고사직' 에 있어서 권고사직은 징계해고를 하기 위한 전 단계의 독립된 절차가 아니고, 징계해고로서 하나의 징계조치에 해당한다.[318)]

(3) 명예퇴직

가장 전형적인 합의해지에 해당하는 명예퇴직은 사용자가 고용조정이나 승진적체 해소 등을 위하여 미리 마련된 요건에 따라 퇴직희망자를 모집하고, 심사를 거쳐 승인함으로써 근로관계를 종료시키는 것을 말한다.[319)]

사용자가 명예퇴직 희망자를 모집하는 것은 '청약의 유인' 이고, 근로자의 사직원 제출은 명예퇴직신청으로서 '근로계약해지의 청약' 이며, 사용자의 승인은 '청약의 승낙' 에 해당한다.

명예퇴직은 명예퇴직일에 그 효력이 발생하므로, 명예퇴직을 하기 전에 단체협약, 보수규정 등이 개정되는 경우 명예퇴직대상자에게도 그 효력이 있다.[320)]

또한, 명예퇴직 예정일이 되기 이전에 근로자에게 근로관계를 계속하게 하는 것이 곤란할 정도의 중대한 비위행위가 있는 경우에는 명예퇴직의 승인을 철회할 수 있다.[321)]

---

318) 대법원 1991.11.26 선고 91다22070 판결.
319) 대법원 2003.4.22 선고 2002다11458 판결.
320) 대법원 2000.7.7 선고 98다42172 판결.
321) 대법원 2002.8.23 선고 2000다60890 판결.

라. 합의해지와 부당해고

합의해지는 원칙적으로 근로자와 사용자의 의사합치에 의해 근로계약이 종료되는 것이나, '사직의 의사표시' 에 하자가 존재하는 경우에는 그 법률행위는 무효로서 부당해고에 해당한다. 즉, 사용자가 사직의 의사표시가 진의 아님을 알았거나 알 수 있었을 경우, 또는 사직서의 제출이 강요에 의한 경우에는 부당해고에 해당한다.

예컨대, 합의해지에 의해 근로관계가 해지되었으나, 사직의 의사표시의 하자로 인해 해고의 정당성 여부가 문제된 경우를 보면, ① 월급 압류를 피하기 위해 서류상으로 퇴직처리하기로 하였는데, 실제 사직서를 수리한 경우, ② 업무상 횡령으로 고소하겠다는 협박으로 어쩔 수 없이 사직서를 제출하였는데, 이를 수리한 경우, ③ 사직서를 제출한 후 사용자로부터 그 승낙이 도달되기 전에 사직의사표시를 철회하였음에도 사직서를 수리한 경우 등이 있다.

3. 사직 · 합의해지의 정당성 요건

가. 민법 규정

사직과 합의해지에 있어서 고용의 해지통고 등은 민법 제660조와 제661조, 의사표시 등은 민법 제107조 내지 제110조 등을 적용한다.

〈민법 규정〉

제107조【진의 아닌 의사표시】

① 의사표시는 표의자가 진의아님을 알고한 것이라도 그 효력이 있다. 그러나 상대방이 표의자의 진의아님을 알았거나 이를 알 수 있었을 경우에는 무효로 한다.

② 전항의 의사표시의 무효는 선의의 제삼자에게 대항하지 못한다.

제108조【통정한 허위의 의사표시】

① 상대방과 통정한 허위의 의사표시는 무효로 한다.

② 전항의 의사표시의 무효는 선의의 제삼자에게 대항하지 못한다.

제109조【착오로 인한 의사표시】

① 의사표시는 법률행위의 내용의 중요부분에 착오가 있는 때에는 취소할 수 있다. 그러나 그 착오가 표의자의 중대한 과실로 인한 때에는 취소하지 못한다.

② 전항의 의사표시의 취소는 선의의 제삼자에게 대항하지 못한다.

> **제110조 【사기, 강박에 의한 의사표시】**
> ① 사기나 강박에 의한 의사표시는 취소할 수 있다.
> ② 상대방 있는 의사표시에 관하여 제삼자가 사기나 강박을 행한 경우에는 상대방이 그 사실을 알았거나 알 수 있었을 경우에 한하여 그 의사표시를 취소할 수 있다.
> ③ 전 2항의 의사표시의 취소는 선의의 제삼자에게 대항하지 못한다.
> **제390조 【채무불이행과 손해배상】** 채무자가 채무의 내용에 좇은 이행을 하지 아니한 때에는 채권자는 손해배상을 청구할 수 있다. 그러나 채무자의 고의나 과실 없이 이행할 수 없게 된 때에는 그러하지 아니하다.

나. 의사표시의 시기와 철회

(1) 사 직(임의사직)

사직은 사직의 의사표시가 사용자에게 도달하면 의사표시로서의 효력이 발생하므로 도달 이후에는 철회할 수 없다.

(2) 합의해지

합의해지는 상대방의 승낙의사가 형성되어 확정적으로 근로계약종료의 효과가 발생되기 전에는 근로자는 사직의사를 철회할 수 있다.[322)]

따라서 근로자가 유효하게 사직의사를 철회하였음에도 퇴직처리를 하는 경우에는 해고에 해당하며, 그 정당성을 인정받을 수 없다.

다만, 근로자가 사용자와 면담 등을 통해 근로관계를 해지하기로 합의한 경우에는 합의할 당시에 청약과 승낙의사가 확정적으로 형성된 것이므로 그 이후에는 어느 일방 당사자가 이를 철회할 수 없다.[323)]

다. 근로관계의 종료 시기

(1) 기간의 정함이 없는 근로계약

근로계약기간을 정하지 않은 근로자는 언제든지 사직을 통고할 수 있고, 사용

---

322) 대법원 2003.4.22 선고 2002다11458 판결; 2002.8.23 선고 2000다60906 판결; 1992.12.8 선고 91다43015 판결.
323) 대법원 1994.8.9 선고 94다14629 판결.

자가 통지를 받은 날로부터 1개월이 경과하면 해지의 효력이 발생 한다(민법 §660②). 다만, 기간으로 임금을 정한 때에는 당기후 1기를 경과하여야 해지의 효력이 발생한다(민법 §660③).

따라서 시급제나 일급제의 경우에는 민법 제660조제2항이 적용되며, 월급제는 민법 제660조 제3항이 적용된다. 예를 들면, 월급제로서 임금산정 기간이 매월 1일부터 말일까지라면 2014.3.15. 사직서를 제출한 경우 근로계약 해지의 효력은 2014.5.1. 발생하게 된다.

대부분의 기업은 취업규칙에 사직과 관련된 규정을 두고 있는데, 이러한 경우에는 민법보다 취업규칙이 우선하여 적용한다. 근로자가 사직하고자 하는 경우 사직일로부터 20일 전까지 사직서를 제출하도록 취업규칙에 규정되어 있다면 그 20일이 경과함으로써 해지의 효력이 생긴다.

다만, 근로자가 사직서 제출기일을 준수하지 아니하거나 구두로만 사직의사를 표시한 경우에도 사용자가 이를 승인하여 근로자가 희망하는 퇴직일에 퇴직처리를 하는 것은 무방하다.

(2) 기간의 정함이 있는 근로계약

기간의 정함이 있는 근로계약의 경우 근로자는 부득이한 사정이 없는 한 계약기간 중에 근로계약을 해지할 수 없다(민법 §661).

이때 '부득이한 사정'이란 사회통념상 근로관계의 지속이 불가능한 경우로서, 2개월 이상의 임금체불 또는 연장 · 휴일근무의 강요 등 사용자의 중대한 의무위반이 있는 경우도 이에 포함된다.[324)]

만약, 근로자가 계약기간 중에 사직을 한다면 채무불이행으로 인한 손해배상책임이 발생될 수 있다(민법 §390).

라. 의사표시 하자의 유형별 정당성 요건

민법에 규정된 의사표시의 하자는 진의 아닌 의사표시(민법 §107), 통정한 허위의 의사표시(민법 §108), 착오로 인한 의사표시(민법 §109), 사기, 강박에 의한 의사표시(민법 §110) 등이 있다.

---

324) 대법원 2004.2.27 선고 2003다51675 판결.

(1) 진의 아닌 의사표시

근로자가 스스로 사직의 의사가 없음을 인식하면서 사직의 의사표시를 하는 경우를 말한다. 이러한 경우에도 사직의 의사표시는 유효하다.

그러나 사용자가 근로자의 사직의 의사표시가 진의가 아님을 알았거나 알 수 있었을 경우에는 무효가 된다.

따라서 사용자가 진의가 아닌 사직의 의사표시임을 알았거나 알 수 있었음에도 불구하고 의사표시를 근거로 퇴직처리를 한다면 이는 해고에 해당하며 그 정당성은 인정받을 수 없다.

다만, 사용자가 고용조정 계획을 설명하면서 퇴직할 경우 위로금을 지급하겠다고 하면서 사직을 권고하고, 근로자가 이에 따라 사직원을 제출하여 이를 수리한 경우에는 유효한 합의해지로 본다.[325)]

왜냐하면, 진의 아닌 의사표시에서 진의란 특정한 내용의 의사표시를 하고자 하는 표의자의 생각(사직서 제출의사)을 말하는 것이지 표의자가 진정으로 마음에서 바라는 사항을 뜻하는 것이 아니기 때문이다.[326)]

법원은 "근로자들이 선뜻 받아들일 수는 없었다 할지라도 그 당시 경제상황, 사용자의 구조조정계획, 사용자가 제시하는 희망퇴직의 조건, 퇴직할 경우와 계속 근무할 경우에 있어서 이해관계 등을 종합적으로 고려하여 당시의 상황에서는 그것이 최선이라고 판단한 결과 사직원을 제출한 것으로 봄이 상당하므로 이 사건 근로자와 사용자의 근로관계는 근로자들이 사용자의 권유에 따라 사직의 의사를 표시하고 사용자가 이를 받아들임으로써 유효하게 합의해지 되었다."라고 판시하고 있다.[327)]

1) 사직권고에 따른 사직서 제출의 경우

근로자들이 선뜻 받아들일 수는 없었다 할지라도 그 당시 경제상황, 사용자의 구조조정계획, 사용자가 제시하는 희망퇴직의 조건, 퇴직할 경우와 계속 근무할 경우에 있어서 이해관계 등을 종합적으로 고려하여 당시의 상황으로서는 그것이

---

325) 대법원 2003.4.22 선고 2002다65066 판결.
326) 대법원 2001.1.19 선고 2000다51919 판결.
327) 대법원 2003.4.22 선고 2002다65066 판결.

최선이라고 판단한 결과 사직원을 제출한 것으로 봄이 상당하므로 이 사건 근로자와 사용자의 근로관계는 근로자들이 사용자의 권유에 따라 사직의 의사를 표시하고 사용자가 이를 받아들임으로써 유효하게 합의해지 되었다.[328)]

2) 진의 아닌 의사표시를 인정하는 경우

사직원 제출이 근속년수의 기산점은 그대로 둔 채 퇴직금지급을 변경하려는 방침에 따라 중간퇴직금을 받겠다는 의사에 기한 것이지 근로계약을 해지하거나 퇴직금 산정에 있어 근속년수를 제한하려는 내심의 의사에 기한 것으로 볼 수 없어 비진의 의사표시에 해당되고 사용자도 이를 알고 있었으므로 사직원 제출행위는 무효이다.[329)]

3) 진의 아닌 의사표시를 부인하는 경우

사직서를 작성할 당시의 감급, 출근정지 등의 징계처분을 받았고, 징계위원회에서 그 전의 징계전력 등으로 해고되어도 이의가 없으며, 이후 징계사유가 발생하면 사직서를 작성하겠다고 밝혔으며, 이에 작성일자가 공란으로 된 사직서를 제출한 점에 비추어 볼 때, 해고보다는 사직서 제출에 의한 의원면직이 최선이라는 내심의 의사를 반영한 자발적인 것으로 그 효력을 부정할 수 없다.[330)]

(2) 통정한 허위의 의사표시

근로자나 사용자가 사직 또는 퇴직 처리할 의사가 없으면서도 근로자가 제출한 사직서를 수리하여 근로관계를 해지하는 것으로서 사직의 의사표시나 퇴직처리는 모두 무효이다.

따라서 사용자가 퇴직처리를 이유로 근로자에게 업무를 부여하지 아니하거나 근로자의 노무수령을 거부하는 경우에는 해고에 해당하므로 그 정당성을 인정받을 수 없다.

이를 테면, 사용자가 고용보험 등 사회보험의 적용을 피하기 위하여 근로자에게 사직서를 제출토록 하여 근로자가 사직서를 제출하거나, 근로자가 월급압류를 면

---

328) 대법원 2003.4.22 선고 2002다65066 판결.
329) 대법원 1993.1.15 선고 92다37673 판결.
330) 대법원 2006.4.14 선고 2006두1074 판결.

할 생각으로 사용자의 양해에 따라 사직서를 제출하여 사용자가 이를 근거로 퇴직 처리한 경우에는 통정한 허위의 의사표시로서 그 퇴직처리는 무효이다.

(3) 착오로 인한 의사표시

근로자의 실수로 퇴직희망일 등 사직원의 중요 부분에 착오가 있거나, 명예퇴직의 조건을 잘못 이해하여 사직원을 제출하는 경우를 말한다.

이러한 경우 근로자는 사용자에게 착오를 설명하며 의사표시를 취소할 수 있으나, 실제에서 발생한 사례는 거의 찾아보기 어렵다.

(4) 사기 · 강박에 의한 의사표시

사용자가 근로자를 속이거나 강요 · 협박에 의해 근로자가 사직원을 제출토록 하는 경우를 말하며, 이러한 경우 근로자는 사직의 의사표시를 취소할 수 있다.

사기에 의한 의사표시는 사용자가 근로자를 속임수에 의해 착오를 일으키게 하여 사직원 제출 등 사직의 의사표시를 하도록 하는 것이다.

예컨대, 사직서를 제출하면 위로금을 주고 다른 회사에 취업시켜주겠다 약속하면서 사직서 제출을 권유하여 사직서를 제출하게 하고, 약속을 이행하지 아니한 채 퇴직처리를 한 경우, 또는 공장장이 '불량제품 생산으로 사장이 화가 나 있으니 선처를 바라는 뜻에서 모두 사직서를 제출하자' 고 권유하여 전 직원으로부터 사직서를 받고, 선별적으로 수리한 경우 등을 들 수 있다.

강박은 강요와 협박을 포함하는 개념이다. 강요에 의한 의사표시는 사용자의 강력한 요구에 의하여 근로자가 어쩔 수 없이 사직서를 제출하는 것이며, 협박에 의한 의사표시는 근로자 또는 그 가족을 위해를 가하겠다고 하여 이에 두려움을 느낀 나머지 사직의 의사를 표시하는 것을 말한다.

사기 · 강박에 의한 사직의 의사표시는 사용자이 사기 또는 강박으로 인해 착오 또는 두려움으로 사직의 의사표시를 하거나 사직요구를 거부할 수 없는 상황에서 의사표시가 이루어져야 한다.

만약, 사용자의 강요나 협박수준의 회유가 있었다하더라도 그 자리에서 사직서를 제출하지 않고, 근로자가 제반사정을 충분히 고려한 후 사직의 의사표시를 하

였다면 그 의사표시는 유효하다.[331)]

따라서 사직서는 사법상 의사표시가 포함된 법률행위로서 처분문서에 해당하므로 그에 반하여 해고가 되기 위해서는 근로자의 의사결정 자유에 대한 침해의 정도가 강력해야 되고, 침해사실에 대하여 분명하게 증명할 필요가 있다.

1) 일괄사직서 제출과 선별수리의 효력

모든 직원들로 하여금 일괄적으로 사직서를 제출함에 따라 사직의사가 없는데도 다른 직원들과 함께 사직서를 제출하여 선별수리됨으로써 면직되었다면 실질적으로는 해고에 해당한다.[332)]

2) 일괄사직서 제출과 일괄수리의 효력

회사의 대표이사가 부장급 이상 간부들에게 이사장에게 재신임을 묻겠다 하면서 일괄 사직서를 제출하도록 지시하여 사직할 의사 없이 일괄하여 사직서를 제출하였는데, 대표이사가 의원면직을 처리하였다면 실질적으로 해고에 해당한다.[333)]

3) 사직서 제출의 강제성을 인정한 경우

노사합의와 인사위원회 의결에 따라 구조조정 대상자로 선정된 직원들에 대하여 스스로 사직원을 제출하지 아니할 경우 대기발령, 직위해제 및 해고예고절차를 거쳐 직권면직시킨다는 인사방침이 공고되고, 이에 불복하여 사직원을 제출하지 아니하였다는 이유로 대기발령을 받은 후 거듭된 종용에 따라 어쩔 수 없이 사직원을 작성, 제출하여 수리한 것은 실질적으로 해고에 해당한다.[334)]

4) 희망퇴직의 강제성을 부인한 경우

회사가 희망퇴직제를 시행할 당시 국내 경제상황, 업계의 경영상태와 이로 인한 구조조정의 필요성 등이 인정된 이상, 희망퇴직제를 실시하는 과정에서 당시 또는 앞으로 다가올 회사의 상황을 다소 과장하거나 퇴직 권유에 응하지 않을 경우

---

331) 대법원 2005.4.14 선고 2005두1398 판결.
332) 대법원 1993.2.9 선고 91다44452 판결.
333) 대법원 1994.4.29 선고 93누16185 판결.
334) 대법원 2002.6.14 선고 2001두11076 판결.

어떤 불이익을 입을 수도 있다는 취지의 설명을 하였다는 사정만으로 기망행위나 강박행위를 하였다고 보기 어렵다.[335)]

4. 사직의 의사표시에 대한 증명책임[336)]

법원은 구두에 의한 의사표시, 그 행동이나 정황(출근거부, 퇴직금 수령, 구직활동, 물품반납)을 통해서 근로관계를 지속하고자 하는 의사가 없다고 판단되는 경우에는 사직의 의사표시를 인정하는 입장이다.

다만, 사직과 합의해지 또는 해고인지 여부를 다투는 상황에서 근로자의 구두에 의한 의사표시, 그 행동이나 정황까지 검토하였으나, 사직의 의사표시가 명확하지 않은 경우에는 사용자가 근로자에게 사직의 의사표시가 있었음을 증명해야 한다.

그러나 사직의 의사표시가 존재하는 상황에서 그 의사표시가 비진의 의사표시로서 무효인지 또는 강요에 의한 사직서 제출인지 여부에 대한 증명 책임은 근로자가 증명해야 한다.[337)]

---

335) 대법원 2001.1.19 선고 2000다51919, 51926 판결.

336) 근로자의 일방적인 근로계약 해지의 통고와 합의해지에 대한 청약의 의사표시를 모두 포함하는 의미로서의 의사표시를 의미한다.

337) 사직서의 작성 · 제출이 강요에 의한 것이라는 점에 대하여 근로자에게 주장 · 증명책임이 있다(서울행정법원 2008.12.4 선고 2008구합33587 판결).

관련판례

Ⅰ. 임의사직

① 사직서 제출의 법적 의의 및 효과

☞ **근로자가 사직서를 작성하여 사용자에게 제출하는 경우 특별한 사정이 없는 한 사직서 제출에 따른 사직의 의사표시를 수락하여 합의해지(의원면직)가 성립하거나 민법 제660조 소정의 일정기간의 경과로 그 사직서 제출에 따른 해지의 효력이 발생함으로써 근로관계는 종료된다.**

근로자가 사직서를 작성하여 사용자에게 제출한 경우에 있어서는 그 사직서에 사직의 의사표시라고 볼 수 없는 단순한 농담만을 기재한 것으로 인정되는 등의 특별한 사정이 없는 한 그 사직서는 사용자와의 근로계약관계를 해지하는 의사표시를 담고 있다 할 것이고, 따라서 사용자가 사직의 의사 없는 근로자로 하여금 어쩔 수 없이 사직서를 작성 · 제출하게 한 후 이를 수리하는 이른바 의원면직의 형식을 취하여 근로계약관계를 종료시키는 경우처럼 근로자의 사직서 제출이 진의 아닌 의사표시에 해당하는 등으로 무효이어서 사용자의 그 수리행위를 실질적으로 사용자의 일방적 의사에 의하여 근로계약관계를 종료시키는 해고라고 볼 수 있는 경우가 아닌 한, 당사자 사이의 근로계약관계는 사용자가 그 사직서 제출에 따른 사직의 의사표시를 수락하여 합의해지(의원면직)가 성립하거나 민법 제660조 소정의 일정기간의 경과로 그 사직서 제출에 따른 해지의 효력이 발생함으로써 종료된다(대법원 1996.7.30 선고 95누7765 판결; 2000.4.25 선고 99다34475 판결).

② 사직서 제출과 근로관계의 종료시기

☞ 민법 제660조는 근로자의 해약의 자유를 보장하는 규정으로서 근로자에게 불리하지 않는 한 그 기간이나 절차에 관하여 취업규칙에서 이와 달리 규정하는 것도 가능하다고 할 것이므로, 근로자가 사직할 때에는 일정한 기간 내에 사용자의 승인을 얻도록 하고 있는 경우 근로자가 사직원을 제출하였으나 사용자가 승인을 거부할 합리적인 이유가 없는데도 승인을 하지 아니하고 있을 때에는 위 법조 소정의 기간(취업규칙에서 이보다 짧은 기간을 규정한 때에는 그 기간)이 경과함으로써 근로관계는 종료된다(대법원 1997.7.8 선고 96누5087 판결).

③ 근로계약 해지통고로서의 사직 의사표시의 철회 요건

☞ 사직의 의사표시는 특별한 사정이 없는 한 당해 근로계약을 종료시키는 취지의 해약고지로 볼 것인바, 원심이 확정한 사실관계 및 기록상 나타난 바와 같은 사직서의 기재내용, 사직서 작성 · 제출의 동기 및 경위, 사직 의사표시 철회의 동기 기타 여러 사정을 참작하면 원고의 위 사직서 제출은 원칙적 형태로서의 근로계약의 해지를 통고한 것이라고 볼 것이지, 근로계약의 합의해지를 청약한 것으로 볼 것은 아니며, 이와 같은 경우 사직의 의사표시가 참가인에게 도달한 이상 원고로서는 참가인의 동의 없이는 비록 민법 제660조 제3항 소정의 기간이 경과하기 전이라 하여도 사직의 의사표시를 철회할 수 없다 할 것이므로, 원고의 사직 의사표시 철회로써 참가인과의 근로계약이 여전히 존속중이라는 원고의

주장을 배척한 원심의 판단은 결과적으로 정당하다 할 것이다(대법원 2000.9.5 선고 99두8657 판결).

II. 합의해지

① 의원면직(합의해지)의 법적 성격

☞ 사용자가 근로자로부터 사직서를 제출받고 이를 수리하는 의원면직의 형식을 취하여 근로계약관계를 종료시킨 경우, 사직의 의사 없는 근로자로 하여금 어쩔 수 없이 사직서를 작성, 제출하게 하였다면 실질적으로 사용자의 일방적인 의사에 의하여 근로계약관계를 종료시키는 것이어서 해고에 해당한다고 할 것이나, 그렇지 않은 경우에는 사용자가 사직서 제출에 따른 사직의 의사표시를 수락함으로써 사용자와 근로자 사이의 근로계약관계는 합의해지에 의하여 종료되는 것이므로 사용자의 의원면직처분을 해고라고 볼 수 없다(대법원 1997.8.29 선고 97다12006 판결; 2001.1.19 선고 2000다51919, 51926 판결).

② 합의해지의 청약으로서의 사직의사 철회의 요건

☞ 근로자가 사직원을 제출하여 근로계약관계의 해지를 청약하는 경우 그에 대한 사용자의 승낙의사가 형성되어 그 승낙의 의사표시가 근로자에게 도달하기 이전에는 그 의사표시를 철회할 수 있고, 다만 근로자의 사직 의사표시 철회가 사용자에게 예측할 수 없는 손해를 주는 등 신의칙에 반한다고 인정되는 특별한 사정이 있는 경우에 한하여 그 철회가 허용되지 않는다(대법원 2000.9.5 선고 99두8657 판결).

☞ 근로자가 사직원을 제출하여 근로계약관계의 해지를 청약하는 경우 그에 대한 사용자의 승낙의사가 형성되어 그 승낙의 의사표시가 근로자에게 도달하기 이전에는 그 의사표시를 철회할 수 있는 것이나, 근로자와 사용자가 근로계약관계를 해지시키기로 합의하였다면 그 합의 시에 근로자의 근로계약관계 해지의 청약의 의사표시에 대하여 사용자의 승낙의 의사가 확정적으로 형성, 표시되어 해지의 의사의 합치가 있었다고 할 것이므로 이러한 경우 어느 일방 당사자가 임의로 이를 철회할 수는 없다 할 것이고, 이는 근로자와 사용자가 위 합의 시 특별히 근로계약관계를 일정기간 경과 후 종료키로 약정하였다고 하여도 마찬가지라 할 것이다(대법원 1994.8.9 선고 94다14629 판결).

③ 사직서에 기재된 퇴직희망일에 앞서 퇴직처리한 경우 그 효력

☞ 근로자가 8.26. 회사에게 "9.25.자로 사직서를 제출하니 승낙을 바란나."는 요시의 사직원을 제출하였는데 회사가 8.28.자로 그 근로자를 해직처리하였다면 그 해직처리는 근로자의 사직의사표시와 불일치하여 바로 효력을 발생할 수는 없다(대법원 1995.6.30 선고 94다17994 판결).

④ 합의해지의 성립을 인정

☞ 참가인 회사가 권고사직을 권유하는 과정에서 원고에게 퇴직 권유에 응하지 않을 경우 어떠한 불이익을 입을 수도 있고 해고의 대상이 될 수도 있다는 취지의 설명을 하였다거나 선산방 자난이 이루어졌나는 사정만으로는 원고가 참가인 회사의 기망, 협박, 강요로 인하여 어쩔 수 없이 사직서를 제출하였다고 볼 수 없으므로 원고와 참가인 회사 사이의 근로계약

관계는 원고의 사직서 제출과 이에 따른 참가인 회사의 수리로써 합의해지에 의하여 적법하게 종료되었다(대법원 2005.4.14 선고 2005두1398 판결).

⑤ 징계의 종류로서의 권고사직

☞ 징계의 종류로서 징계해고와 권고사직 등이 있고 권고사직은 권고로 사직원을 제출케 하여 퇴직 처리하되 1개월 이내에 사직원을 제출하지 않은 경우에는 징계해고한다고 되어 있는 경우, 징계조치로서의 권고사직과 이에 따른 자동징계해고는 권고사직조치일로부터 1개월 이내에 사직원을 제출하여 퇴직 처리되지 아니함을 조건으로 하여 효력을 발생하는 징계해고이거나 서로 불가분의 관계에 있는 것으로서 1개의 징계조치로 볼 것이지, 권고사직조치가 징계해고를 하기 위한 전 단계의 독립된 단순한 절차라고 볼 것은 아니다(대법원 1991.11.26 선고 91다22070 판결).

Ⅲ. 명예퇴직(의의와 효력)

☞ 명예퇴직은 근로자가 명예퇴직의 신청(청약)을 하면 사용자가 요건을 심사한 후 이를 승인(승낙)함으로써 합의에 의하여 근로관계를 종료시키는 것이고, 이러한 합의가 있은 후에는 당사자 일방이 임의로 그 의사표시를 철회할 수 없으며, 이 합의에 따라 명예퇴직예정일이 도래하면 근로자는 당연히 퇴직되고 사용자는 명예퇴직금을 지급할 의무를 부담하게 되는 것이다(대법원 2002.8.23 선고 2000다60890, 60906 판결; 2000.7.7 선고 98다42172 판결).

☞ **경영합리화를 위하여 일정한 수의 근로자를 퇴직권고 대상자로 삼기는 하였으나, 일방적으로 해고하지 아니하고 상당한 금전적 보상대책을 제시하면서 그들의 의사를 물어 그 명시적 또는 묵시적 의사표시에 기하여 의원면직처분을 한 것은 해고가 아니다.**

피고회사가 경영합리화를 위하여 원고를 비롯한 일정한 수의 근로자를 퇴직권고 대상자로 삼기는 하였으나, 피고회사는 이들을 일방적으로 해고하지 아니하고 상당한 금전적 보상대책을 제시하면서 그들의 의사를 물어 그 명시적 또는 묵시적 의사표시에 기하여 의원면직처분을 한 것으로서 위 의원면직처분은 정리해고에 해당하지 아니할 뿐만 아니라 징계의 일종에 해당하는 조건부해고라거나 정리해고를 회피하기 위한 조건부해고라고 볼 수 없다(대법원 1996.2.9 선고 94다45972 판결).

☞ **명예퇴직은 대상자로 확정시가 아니라 명예퇴직일자에 그 효력이 발생한다.**

명예퇴직 대상자로 확정되었다고 하여 그 때에 퇴직의 효력이 발생하는 것이 아니라 명예퇴직일자에 비로소 퇴직의 효력이 발생한다 할 것인바, 명예퇴직 대상자로 확정된 후 명예퇴직을 하기 전에 단체협약이나 이에 따른 보수규정의 개정이 있으면 명예퇴직 대상자들에게도 그 효력이 미치는 것이라고 보아야 한다(대법원 1997.9.12 선고 96다56306 판결; 2000다60890, 60906 판결; 2000.7.7 선고 98다42172 판결).

☞ **근로자의 비위행위로 인한 명예퇴직의 승인철회가 가능하다.**

명예퇴직 합의 이후 명예퇴직 예정일 도래 이전에 근로자에게 근로관계를 계속하게 하는 것이 곤란할 정도의 중대한 비위행위가 있는 경우에는 사용자는 명예퇴직의 승인을 철회할 수 있다(대법원 2002.8.23 선고 2000다60890, 60906 판결).

Ⅳ. 비진의 의사표시(사직서 제출의 진의)

☞ 진의 아닌 의사표시에 있어서의 진의란 특정한 내용의 의사표시를 하고자 하는 표의자의 생각(사직서 제출의사)을 말하는 것이지 표의자가 진정으로 마음 속에서 바라는 사항(사직)을 뜻하는 것은 아니므로, 표의자가 의사표시의 내용을 진정으로 마음 속에서 바라지는 아니하였다고 하더라도 당시의 상황에서는 그것을 최선이라고 판단하여 그 의사표시를 하였을 경우에는 이를 내심의 효과의사가 결여된 진의 아닌 의사표시라고 할 수 없다(대법원 2001.1.19 선고 2000다51919, 51926 판결; 2000.4.25 선고 99다34475 판결).

☞ 사직서 제출에 있어서 진의란 "사직서 제출 의사(특정한 내용의 의사표시를 하고자 하는 표의자의 생각)"를 말하는 것이지 "사직의 의사(표의자가 진정으로 마음에서 바라는 사항)"를 뜻하는 것이 아니므로 이 사건 근로자는 면담 시에는 사직의 의사가 없었으나 회사의 권유, 경영사정, 명예퇴직금등을 종합적으로 고려하여 자유로운 의사형성에 의해 현재 상황에서 사직서 제출이 최선이라고 판단한 결과 사직서를 제출한 것으로 볼 수 있으며, 회사 측이 사직서를 수리하면 퇴직의 효과가 발생된다(대법원 2003.4.22 선고 2002다65066 판결).

☞ **사직권고 후 사직서 제출이 진의에 의한 것으로 인정**

근로자들이 선뜻 받아들일 수는 없었다 할지라도 그 당시 경제상황, 사용자의 구조조정계획, 사용자가 제시하는 희망퇴직의 조건, 퇴직할 경우와 계속 근무할 경우에 있어서 이해관계 등을 종합적으로 고려하여 당시의 상황으로서는 그것이 최선이라고 판단한 결과 사직원을 제출한 것으로 봄이 상당하므로 이 사건 근로자와 사용자의 근로관계는 근로자들이 사용자의 권유에 따라 사직의 의사를 표시하고 사용자가 이를 받아들임으로써 유효하게 합의해지 되었다(대법원 2003.4.22 선고 2002다65066 판결).

☞ **사직원 제출이 퇴직금지급을 변경하려는 방침에 따라 중간퇴직금을 받겠다는 의사에 기한 것인 경우 비진의 의사표시에 해당되고 사용자도 이를 알고 있었으므로 사직원 제출행위는 무효이다.**

사직원 제출이 근속년수의 기산점은 그대로 둔 채 퇴직금지급을 변경하려는 방침에 따라 중간퇴직금을 받겠다는 의사에 기한 것이지 근로계약을 해지하거나 퇴직금 산정에 있어 근속년수를 제한하려는 내심의 의사에 기한 것으로 볼 수 없어 비진의 의사표시에 해당되고 사용자도 이를 알고 있었으므로 사직원 제출행위는 무효이다(대법원 1993.1.15 선고 92다07073 판결).

☞ **과거의 징계전력으로 다음 징계사유 발생 시 스스로 사직서를 작성하겠다고 하며, 작성일자가 공란인 사직서를 제출한 경우 사직의 효력을 부정할 수는 없다.**

사직서를 작성할 당시에는 이미 4회의 감급, 출근정지 등 감급 이상의 징계처분을 받은 점, 참가인은 2003.3.4. 진행된 징계위원회에서 그 이전의 징계전력 등으로 해고되어도 이의가 없으며, 다음에 징계사유가 발생하면 본인 스스로 사직서를 작성하겠다고 분명히 밝혔으며, 이에 작성년월일이 공란인 사직서를 제출한 점, 이 사건 사직서는 노동조합 지부장과 노동조합 일산영업소 분실장과 상의 후 작성한 점 등에 비추어 볼 때, 이 사건 사직서의 제출은 해고보다는 사직서 제출에 의한 의원면직이 최선의 조치라는 내심의 의사를 반영한 자발적 인 것으로 그 효력을 부정할 수 없다(대법원 2006.4.14 선고 2006두1074 판결).

V. 사기 · 강박에 의한 사직의 의사표시

① 강요의 의미

☞ 해외근로자가 업무상 재해의 치료를 위하여 중도 귀국함에 있어 미리 사직의 뜻이 담긴 귀국청원서를 제출하지 아니하면 귀국시켜 줄 수 없다는 회사의 강요에 어쩔 수 없이 본의에 반하여 귀국청원서를 제출한 것이라면, 그 사직의 의사표시는 진의 아닌 의사표시이고 당시 회사도 그러한 점을 잘 알고 있었다고 보아야 하므로 무효이고, 따라서 그에 따른 회사의 의원면직처분은 실질상 해고에 해당되어 달리 정당한 이유가 있다는 주장 · 입증이 없는 한 부당해고로서 무효라고 할 것이다(대법원 1992.9.1 선고 92다26260 판결).

② 일괄사직서 제출

☞ **일괄사직서 징구 후 선별수리의 효력(강요 · 기망행위에 의한 해고)**
모든 직원들로 하여금 일괄적으로 사직서를 제출하도록 하므로 사직할 의사가 없으면서도 부득이 다른 직원들과 함께 사직서를 제출하여 선별수리됨으로써 면직되었다면 이는 실질적으로는 사용자의 일방적 의사에 의하여 근로관계를 종료시키는 것이어서 해고에 해당한다(대법원 1993.2.9 선고 91다44452 판결).

☞ **일괄사직서 제출 후 일괄 수리의 효력(기망행위에 의한 해고)**
회사의 대표이사가 부장급 이상 간부들에게 공제회 이사장에게 재신임을 묻겠다고 하면서 일괄하여 사직서를 제출하도록 지시를 하여 간부들은 모두 사직할 의사 없이 일괄하여 사직서를 제출하였는데 회사의 대표이사가 의원면직 처리하였다면 이는 실질적으로 대표이사의 일방적 의사에 의하여 근로계약관계를 종료시킨 것으로서 해고에 해당한다(대법원 1994.4.29 선고 93누16185 판결).

③ 강요에 의한 사직서 제출의 법적 효력

☞ 사용자가 근로자로부터 사직서를 제출받고 이를 수리하는 의원면직의 형식을 취하여 근로계약관계를 종료시킨다 할지라도, 사직의 의사 없는 근로자로 하여금 어쩔 수 없이 사직서를 작성 제출하게 한 경우에는, 실질적으로 사용자의 일방적 의사에 의하여 근로계약관계를 종료시키는 것이어서 해고에 해당한다(대법원 2002.6.14 선고 2001두11076 판결).

④ 사직서 제출의 강제성을 인정

☞ 노사간 합의 및 인사위원회의 의결에 따라 구조조정대상자로 선정되는 문제직원들에 대하여 스스로 사직원을 제출하지 아니할 경우 총무관리처로의 대기발령, 직위해제 및 해고예고절차를 거쳐 직권면직시킨다는 인사방침이 확정, 공고되었고, 원고가 문제직원으로 선정된 후 이에 불복하여 사직원을 제출하지 아니하였다는 이유로 총무관리처로 무보직 대기발령을 받고 위 공사의 거듭된 종용에 따라 사직서를 작성, 제출한 점에 비추어 보면, 원고는 원래 사직의 의사가 없었음에도 위 공사가 자신을 문제직원으로 확정하여 무보직 대기발령을

내리고 명예퇴직신청을 하지 아니할 경우 직권면직하겠다는 의사를 거듭 표시하면서 사직원의 제출을 종용함에 따라 어쩔 수 없이 사직원을 작성, 제출하였다고 보여지고, ○○○ 공사가 이를 수리하여 퇴직처리한 것은 실질적으로 사용자의 일방적 의사에 의하여 근로계약관계를 종료시키는 것이어서 해고에 해당한다(대법원 2002.6.14 선고 2001두11076 판결).

⑤ 희망퇴직 실시에 있어 강제성을 부인

☞ 피고 회사가 희망퇴직제를 시행할 당시 우리나라의 경제상황과 피고 회사 및 보험업계 일반의 경영상태와 이로 인한 피고 회사의 구조조정과 인력감축의 필요성 등이 원심이 인정한 바와 같은 이상, 피고 회사가 희망퇴직제를 실시하는 과정에서 당시 또는 앞으로 다가올 피고 회사의 어려운 상황을 다소 과장하거나 퇴직 권유에 응하지 않을 경우 어떤 불이익을 입을 수도 있다는 취지의 설명을 하였다는 사정만으로는 피고 회사가 원고들에게 기망행위나 강박행위를 하였다고 보기 어렵고, 원고들이 이로 인하여 사직의 의사표시를 하였다고 볼 수도 없다고 할 것이다(대법원 2001.1.19 선고 2000다51919, 51926 판결).

☞ 원고가 당초 참가인 학원 측의 사직권유를 거절하였다가 응급실 간호사들 대다수의 명의로 원고의 교체를 요구하는 탄원서가 제출된 뒤 사직원을 제출한 점, 원고가 참가인 학원 측의 사직권유를 받고 변호사를 찾아가 사직원의 작성에 따른 불이익에 대하여 충분히 조언을 들은 점, 원고가 2002.11.30.자로 퇴직하기로 하였다가 나중에 개인사정을 이유로 참가인 학원 측에 2003.1.31.자로 퇴직하게 해 달라고 요청하고, 그러한 요청이 받아들여진 다음 사직원을 작성한 점에 비추어 보면 참가인 학원측이 구조조정과 결근 등을 이유로 원고에게 사직을 권유한 적이 있다는 사정만으로는 원고의 사직원 제출이 참가인 학원 측의 강요에 의하여 이루어졌다고 단정할 수 없다(대법원 2006.2.24 선고 2005두7914 판결).

제4절 기한의 도래에 의한 근로관계 종료와 정당성 요건

1. 기간제 근로계약의 종료

가. 의 의

근로자와 사용자가 근로계약을 체결할 때 계약기간을 정하는 경우에는 일반적으로 근로계약서에 근로계약 시기와 종기를 표시한다.

'근로계약이 시작되는 날'은 시기이고, '근로계약이 끝나는 날'은 종기이다(민법 §152).[338)]

따라서 시기와 종기를 정한 계약이기 때문에 '기한부 계약'에 해당하나, 근로계약의 경우 노무제공과 임금수령이 일정기간 계속적으로 이루어질 것을 내용으로 하는 계약이므로, '기간의 정함이 있는 근로계약' 또는 '기간제 근로계약'이라고 한다.

나. 적용 법리

판례에는 기간제 근로자를 보호하기 위한 두 가지의 보호법리가 형성되어 있다. 사실상 '기간의 정함이 없는 근로계약'으로 볼 수 있는 경우, 사용자의 계약갱신 거절은 근로기준법 제23조가 적용되어 '정당한 이유'가 있어야 하고, '기간의 정함이 있는 근로계약'이라 하더라도 갱신기대권이 인정되면 사용자의 계약갱신 거절에 '합리적 이유'가 있어야 한다는 법리이다.

한편, 기간제법이 2007.7.1.부터 시행됨에 따라 2년 이상 계속고용된 기간제 근로자의 경우 무기계약 근로자로 전환하도록 되어 있다.[339)] 따라서 기간만료를 이유로 한 퇴직처리의 정당성 여부는 판례의 기간제 보호법리와 근로기준법, 기

338) 제152조【기한도래의 효과】① 시기 있는 법률행위는 기한이 도래한 때로부터 그 효력이 생긴다. ② 종기 있는 법률행위는 기한이 도래한 때로부터 그 효력을 잃는다.

339) 기간제법 제4조【기간제근로자의 사용】① 사용자는 2년을 초과하지 아니하는 범위 안에서(기간제 근로계약의 반복갱신 등의 경우에는 그 계속 근로한 총기간이 2년을 초과하지 아니하는 범위 안에서) 기간제근로자를 사용할 수 있다. ② 사용자가(…)2년을 초과하여 기간제근로자로 사용하는 경우에는 그 기간제 근로자는 기간의 정함이 없는 근로계약을 체결한 근로자로 본다.

간제법 등의 규정에 의해서 판단하여야 한다.

다. 기간만료와 갱신거절의 법적 효과

기간제 근로계약은 그 기간이 만료되면 종료되는 것이 원칙이나, 기간의 정함이 단순한 형식에 불과하여 기간의 정함이 없는 근로계약으로 볼 수 있는 경우에는 그 근로계약은 계약기간 만료에도 불구하고 종료되지 않으며, 사용자가 근로계약을 해지하는 것은 해고에 해당한다.[340)]

또한, 취업규칙 등에 계약갱신 절차가 마련되어 있거나, 근로계약을 반복적으로 갱신해 온 관행이 있어 근로자들이 갱신에 대한 기대감을 갖게 된 경우에는 사용자가 근로계약 갱신을 거절하려면 해고에 준하는 합리적인 이유가 있어야 한다.[341)]

따라서 기간제 계약기간이 만료된 경우 취업규칙 등에 갱신절차가 있을 때는 반드시 그 절차를 준수하여야 하며, 판례의 기간제 보호법리 또는 근로기준법의 해고제한 취지에 의해 근로계약의 종료 여부를 결정하여야 한다.

라. 정당성 요건

(1) 원 칙

기간제 근로계약을 체결한 경우 특별한 사정이 없는 한 근로계약 기간은 존속기간이므로 그 기간이 만료됨에 따라 사용자의 해고 등 별도 조치를 기다릴 것 없이 근로관계는 당연히 종료되는 것이 원칙이다.[342)]

이러한 경우 사용자의 근로계약 갱신거절은 해고가 아니므로 근로기준법 제23조의 '정당한 이유' 가 필요 없게 된다.

(2) 정당성 판단순서

먼저 근로계약의 기간이 형식에 불과한지 여부를 판단하여 사실상 기간의 정함이 없는 근로계약으로 볼 수 있는 경우라면 사용자의 계약갱신 거절에 근로기준

340) 대법원 1998.5.29 선고 98두625 판결.
341) 대법원 2005.7.8 선고 2002두8640 판결; 2005.9.9 선고 2005두6003 판결.
342) 대법원 1997.7.25 선고 96누10331 판결.

법 제23조의 '정당한 이유'가 있는지 여부를 판단한다.

다음으로 계약갱신에 대한 정당한 기대권이 존재하는지 여부를 판단하여 갱신기대권이 인정되면 갱신거절의 합리적 이유를 판단한다. 갱신기대권이 인정되지 않으면 기간도래로 인한 갱신거절은 정당하게 된다.

법원은 기간제 근로계약이 처분문서[343)]로서 이루어진 것에 주목하여 사실상 기간의 정함이 없는 근로계약으로 쉽사리 인정하지 않는 입장이기 때문에 결국 계약갱신 기대권이 존재하는지 여부와 사용자에게 계약갱신 거절의 합리적 이유가 있는지 문제로 귀결된다.

(3) 무기계약의 전환 여부

기간제 근로계약이라 하더라도 사실상 기간의 정함이 없는 무기계약으로 볼 수 있는 경우라면 사용자의 계약갱신 거절은 해고와 동일하다.

즉, '계약서의 내용과 근로계약이 이루어지게 된 동기 및 경위, 기간을 정한 목적과 당사자의 진정한 의사, 동종의 근로계약 체결방식에 관한 관행, 근로자 보호법규' 등을 종합적으로 고려하여 그 기간의 정함이 단지 형식에 불과하다는 사정이 인정되는 경우, 근로계약서의 문언에 반하여 기간의 정함이 없는 근로계약으로 인정될 수 있고, 이에 사용자가 '정당한 이유' 없이 근로계약 갱신을 거절하는 것은 부당해고로 평가된다.[344)]

이러한 판례는 기간제근로자를 근로기준법상 해고제한의 영역으로 편입하기 위한 보호법리의 성격을 갖고 있으나, 근로계약서는 처분문서이고, 법원은 근로계약서를 당사자의 합의 내용을 판단하는 가장 중요한 증거로 보기 때문에 근로계약서의 내용에 반하여 기간의 정함이 없는 근로계약이 체결되었다고 인정될 여지는 많지 않다.

343) 처분문서란 증명하고자 하는 법률상 행위가 그 문서 자체에 의하여 이루어진 경우의 문서를 뜻하는 것으로 행정처분서, 판결문, 어음 · 수표 등의 유가증권, 계약서 · 차용증서, 유언서 등을 그 예로 들 수 있다. 처분문서는 그 진정 성립이 인정되는 이상, 반증이 있거나 믿을 수 없는 합리적인 이유가 없는 한, 그 기재 내용대로 법률행위의 존재를 인정하여야 한다.

344) 대법원 2006.2.24 선고 2005두5673 판결 등.

1) 무기계약 전환을 부인한 경우

근로자와 사용자 사이의 근로계약이 반복갱신되었고 그간 재계약 신청이 거부된 사례가 없으며, 기존 근로자의 경우에는 기간만료 2개월 전까지 재계약을 신청하면 자동으로 계약갱신된다는 조항이 포함되었다는 사정만으로는 사실상 기간의 정함이 없는 근로자의 지위에 있다고 보기는 어렵다.[345] 또한, 채용된 촉탁사원들이 모두 계약갱신의 사실이 있다고 하더라도 회사와 처음 근로계약을 체결할 때 계약이 갱신되어 계속근무할 수 있다는 기대관계가 형성되어 있다거나 관행이 성립되어 있다고 볼 수 없고, 계약갱신의 의무가 있다고 단정할 수도 없으므로 기간의 정함이 형식에 불과하다 할 수 없다.[346]

2) 예외적으로 무기계약 전환을 인정한 경우

단기 근로계약이 장기간에 걸쳐 반복하여 갱신됨으로써 그 정한 기간이 단지 형식에 불과하게 된 예외적인 경우에 한하여 비록 기간을 정하여 채용된 근로자라 할지라도 사실상 기간의 정함이 없는 근로자와 다를 바가 없다. 그 경우에 사용자가 정당한 이유 없이 갱신계약의 체결을 거절하는 것은 해고와 마찬가지로 무효이다.[347]

(4) 갱신기대권의 존재 유무

근로자에게 계약갱신에 대한 정당한 기대권이 인정되는 경우 사용자가 '합리적 이유' 없이 계약갱신을 거절하면 부당해고와 같이 아무런 효력이 없고, 이 경우 기간만료 후 근로관계는 종전의 근로계약이 갱신된 것과 동일하다.[348]

갱신기대권은 근로계약 · 취업규칙, 단체협약 등에 기간만료에도 불구하고 일정한 요건이 충족되면 당해 근로계약이 갱신된다는 취지의 규정을 두고 있거나, 그러한 규정이 없는 경우 근로계약의 내용, 계약체결의 동기 및 경위, 계약갱신의 기준 등 갱신요건이나 절차의 설정 여부 및 실태, 업무내용 등 당해 근로관계를 둘러싼 여러 사정을 종합하여 볼 때, 근로계약 당사자 사이에 일정한 요건이 충족

---

345) 대법원 1998.1.23 선고 97다42489 판결.
346) 대법원 1998.5.29 선고 98두625 판결.
347) 대법원 1994.1.11 선고 93다17843 판결.
348) 대법원 2011.4.11 선고 2007두1729 판결.

되어 근로계약 갱신에 대한 신뢰관계가 형성되어 있는 경우에 인정된다.[349)]

이와 같이 갱신기대권의 근거를 계약갱신에 대한 '신뢰관계의 형성'에 두고 있으므로, 근로관계를 둘러싼 여러가지 환경을 고려하여 신뢰관계의 형성여부를 판단하여야 할 것이나, 적어도 '일정요건을 충족하면 계약이 갱신된다'는 요건과 결과의 관계가 인정되어야 하고, 근무평가의 규정 등 재계약에 관한 요건이 있다고 하더라도 결국 계약갱신이 사용자의 재량에 의한 것일 때에는 갱신기대권이 인정될 수 없다.[350)]

한편, 갱신기대권 인정에 있어 근로계약이나 취업규칙 등에서 계약갱신 의무나 갱신절차 내지 요건에 관한 근거규정이 있는지 여부는 매우 중요한 기준이 될 수 있는데, 단순히 재계약이 가능하다는 규정만으로는 갱신기대권이 인정될 수 없고 구체적인 계약갱신의 요건이나 절차 규정이 있어야 할 것이다.

1) 갱신기대권을 인정하는 경우

근무실적을 평가하여 일정 수준 이상이면 재계약이 가능하다는 취지의 규정인 경우에도 재계약의 관행, 사업 · 업무의 계속성 등이 인정되고, 일정 수준 이상의 평가점수를 받았다면 계약갱신의 신뢰관계가 형성된 것으로 보아 갱신기대권이 인정될 수 있으며,[351)] 전체 직원에서 기간제 근로자의 구성 비율을 일정 정도로 유지하여 왔으며, 재계약을 거절할 당시 특별히 인원을 감축할 필요가 없었던 사정을 고려하면 갱신기대권이 인정된다.[352)] 매년 갱신절차를 거치지 아니하고, 근로계약을 체결하였으며, 노후복지서비스 업무가 일정 수준의 업무량을 유지하고 있는 점으로 볼 때 갱신기대권이 인정된다.[353)]

2) 갱신기대권을 부인하는 경우

근로계약서에 '성실 근로자에 대하여는 재계약할 수 있다'고 되어 있고, 사용자가 '성실히 근로한다면 재계약 하겠다'는 말을 하였으며, 대부분의 근로자들과 재계약한 사실이 있음에도 일정한 요건이 충족되면 계약갱신된다는 취지의 규정

349) 대법원 1998.1.23 선고 97다42489 판결; 2011.4.11 선고 2007두1729 판결.
350) 대법원 2013.4.11 선고 2012두28193 판결.
351) 대법원 2011.7.28 선고 2009두2665 판결.
352) 대법원 2011.7.28 선고 2009두2665 판결,
353) 서울고법 2012.8.16 선고 2012누7570 판결.

이나 계약갱신과 관련한 요건이나 절차에 관한 규정을 두고 있지 않다면 갱신기대권이 인정되지 않는다.[354] 1년의 계약기간이 종료된 근로자들의 90%가 정규직으로 채용되었으나, 이는 회사의 고유권한에 속하고, 정규직으로 채용되지 않은 근로자의 수가 적지 않는 것으로 보아 갱신기대권을 인정 하기는 어렵다.[355] 은행장 또는 상근 감사위원이 정년까지 근무할 수 있도록 하겠다는 등의 발언을 하였다고 하여 근로계약 갱신체결에 대한 기대권이 생겼다고 볼 수 없다.[356]

3) 기간제법 제정과 갱신기대권

기간제법이 시행된 2007.7.1. 이후 근로계약이 체결되거나 갱신 또는 연장된 기간제 근로자의 경우 그 사용기간이 2년을 초과하면 같은 법 제4조 제2항에 의하여 기간의 정함이 없는 근로자로 전환된다.

이와 같은 기간제법의 시행에 따라 갱신기대권의 법리가 계속 적용될 수 있는지 여부에 대하여 법원은 그 적용을 긍정하고 있는 입장이다. 즉, 갱신기대권은 채용근거가 된 법령 또는 계약기간이나 재계약에 관련된 규정에 의해 발생하는 권리인데, 기간제법에서 이 같은 법령이나 규정에 대하여 특별히 제한하고 있지 않으므로 기간제법의 시행이 갱신기대권의 형성을 막거나 형성된 갱신기대권을 소멸시키지 않는다고 판단하였다.[357]

다만, 기간제법의 시행 이후에는 갱신기대권에 대한 인정범위를 달리 보아야 한다는 견해도 있다. 기간제법 시행 이후에 기간제 근로계약이 신규로 체결되었다면 기간제 근로계약은 근로관계가 2년 기간 내에 종료될 것이 예정되어 있으므로 근로자에게 총 사용기간이 2년을 초과하는 갱신기대권이 인정될 수 없다. 또한, '계약기간 만료를 이유로 비정규직을 해고할 수 없다' 는 단체협약 규정과 계약직으로 채용 후 정규직으로 전환하는 인사관행도 기간제법 시행 이후에는 그 의미가 제한되어야 한다는 판례가 발견된다.[358]

---

354) 대법원 2011.11.10 선고 2010두7628 판결.
355) 대법원 2013.4.11 선고 2012두28193 판결.
356) 대법원 2011.11.10 선고 2010두24128 판결.
357) 서울행정법원 2011.4.1 선고 2010구합 36220 판결 등.
358) 대법원 2012.4.30 선고 2012두3156 심리불속행 판결.

(5) 갱신거절의 합리적 이유

기간제 근로자에게 계약갱신기대권이 인정되는 경우에는 사용자가 계약갱신을 거절하는데 있어서는 사회통념상 상당하다고 인정되는 합리적인 이유가 있어야 한다. 여기에서 '합리적 이유'는 '정당한 이유'라는 해고 제한의 기준보다 완화된 기준이므로 그 유효성은 해고보다 더 넓게 인정되는 것으로 보아야 한다.

법원은 사용자의 근로자 채용 여부 내지 그 방식에 대한 결정은 근본적으로 경영상의 자유로운 판단에 맡겨져 있다고 보아 근무평정의 기준과 그에 따른 평가가 자의적이지 않고 합리성·객관성이 있다면 근무평정 기준 미달을 이유로 한 갱신거절에 합리적 이유가 있다고 판단한다.

따라서 근무평정을 함에 있어 근로자를 직접 지켜보는 상급자만이 평가자가 되어야 할 필요는 없고, 근무평가·인사평가의 항목과 방법이 다소 추상성을 띠거나 평가자의 주관적 의견이 반영되는 것도 인정되며, 이를 점수부여 방식으로 할 수도 있으므로 평가항목과 방법에 관하여 세세한 기준이 마련되어 있거나 점수부여의 이유를 기재할 필요는 없다.[359)]

이러한 계약갱신 거절에 합리적 이유가 있는지 여부에 대한 입증책임은 사용자에게 있다.[360)]

1) 합리적 이유를 인정하는 경우

근로계약의 성질상 근로의 양과 질에 대한 평가는 사용자의 고유권한에 속하는 것이고, 평정을 부여함에 있어 수치로 계량되는 객관적 실적뿐만 아니라 기업조직에의 융화 정도 등 수치로 계량할 수 없는 부분에 대한 주관적인 평가도 포함된다.[361)]신규임용자 평정의 평가항목이 전문성, 직무수행능력, 책무성, 협동성, 기관발전 기여 가능성 등이므로 신규임용자에 대한 평정자가 전인격적, 복합적 평가를 통해 평정할 수 밖에 없는 경우 평정자의 재량권은 더욱 더 보장되어야 하며, 사후

359) 대법원 2013.1.24 선고 2012두21710 심리불속행 판결.

360) 근로자는 계약갱신의 정당한 기대권이 있음을 입증해야 하고, 사용자는 계약갱신 거절에 합리적인 이유가 있음을 입증해야 한다. 이는 갱신기대권이 인정되는 경우 해고제한의 법리가 유추적용되므로 갱신거절의 정당성은 해고의 정당성에 상응하기 때문이다(서울고등법원 2012.8.16 선고 2012누7570 판결).

361) 대법원 2011.1.13 선고 2010두22948 심리불속행 판결.

사법심사를 통하여 평정결과를 뒤집는 것은 가능한 한 자제되어야 한다.[362]

2) 합리적 이유를 부인하는 경우

근로자들과 접근도가 높은 1, 2차 평정자들은 높은 점수를 부여하였고, 접근도가 낮은 3, 4차 평정자들은 낮은 점수를 부여하였는데, 평정자들 사이에서 특별한 이유없이 큰 폭의 점수편차가 발생한 것은 계약거절의 사유로 삼기 위한 형식적인 근무평정으로 밖에 볼 수 없다. 이같이 공정성과 합리성이 결여된 근무평정 결과를 이유로 한 갱신거절은 부당해고에 해당한다.[363] 사용자의 계약 갱신 여부에 대한 심사가 객관적이고 정확한 자료를 토대로 이루어졌는지 의문이고, 일부 심사항목은 평가자의 자의적 평가가 개입될 여지가 있을 뿐아니라 심사대상자 전원에 대하여 일률적으로 적용되지 않아 그 객관성 및 공정성이 결여되었다고 볼 수 있다. 이 같이 공정성과 객관성이 결여된 심사과정을 거쳐 갱신기준 점수 미만을 이유로 계약갱신을 거절한 것은 그 효력이 없다.[364]

2. 정년의 도래

가. 의 의

정년제는 취업규칙 또는 근로계약의 규정에 따라 근로자가 일정 연령에 도달하면 근로자의 계속 근로의 의사나 능력에 불문하고 근로계약을 종료시키는 제도이다.

정년제는 일정연령까지 근로자의 신분을 보장해줌으로써 조직 몰입도와 이로 인한 경영의 효율성을 높이는데 그 의미가 있다.

나. 적용 법리

노동위원회나 법원은 취업규칙이나 단체협약에서 정년에 대하여 규정하고 있는 경우 취업규칙과 단체협약의 일반원칙에 따라 해석하는데, 그 규정이 헌법, 근로기준법 또는 남녀고용법 등에 위배되는지 여부를 판단한다.

---

362) 서울행정법원 2012.11.2 선고 2012구합5053 판결.
363) 대법원 2011.7.28 선고 2009두2665 판결.
364) 대법원 2011.4.14 선고 2007두1729 판결.

다. 정년도래와 법적 효과

근로자가 정년에 도달한 경우 사용자의 별도 의사표시 없이 정년도달의 사실만으로 근로관계가 종료된다.

사용자가 정년규정에 따라 근로자에게 근로관계의 종료를 통보하는 것은 '근로관계의 종료'를 알려주는 사실행위에 불과하고 근로계약 해지의 의사표시에 해당하지 않는다.

그러나 정년규정에 의한 근로관계의 종료가 인정되지 않을 경우 정년의 도래를 통지하는 것은 실질적으로 해고에 해당하게 된다. 이를 테면, 정년도래의 시기에 대한 해석이 잘못되거나, 남녀차별의 적용으로 인한 남녀고평법에 위배되는 경우, 노동조합 가입자격이 없는 직원에 대하여 노동조합 대표자의 동의만을 얻어 정년단축을 내용으로 하는 취업규칙을 불이익하게 변경하는 경우, 정년이 도래된 후에도 별다른 조치 없이 계속근무를 시키다 갑자기 정년을 이유로 퇴직처리한 경우 등은 모두 부당한 해고에 해당한다.

라. 정당성 요건

(1) 취업규칙 · 단체협약의 해석 원칙

취업규칙은 노사간 집단적인 법률관계를 규정하는 법 규범의 성격을 갖는 것이므로 명확한 증거가 없는 한 그 문언의 객관적 의미를 무시하거나 그 사실인정을 신중하고 엄격하게 해석하여야 하고,[365]단체협약의 경우에도 근로자의 근로조건 유지 · 개선과 복지증진으로 그 경제적 · 사회적 지위를 향상시킬 목적으로 노동조합과 사용자가 단체교섭을 통하여 이루어지는 것이므로 그 명문 규정을 근로자에게 불리하게 해석해서는 안 된다.[366]

(2) 정년도래의 시점

회사의 취업규칙이나 단체협약에서 정년에 관하여 특정 연령만 규정해 놓고 정년에 따른 퇴직 시기를 구체적으로 규정하지 아니한 경우에는 만(滿) 나이로 해당

---

365) 대법원 2003.3.14 선고 2002다69631 판결.
366) 대법원 1996.9.20 선고 95다20454 판결; 1987.4.14 선고 86다카306 판결.

연령에 도달하는 때에 정년이 도래하는 것으로 보아야 한다.[367]

(3) 정년 후 계속근로에 대한 계약 해지

대부분의 기업에서는 정년이 도래한 근로자에 대하여 일단 퇴직처리를 하고, 1년 단위의 '촉탁근로계약'을 체결하거나 기간의 정함이 없이 근로관계를 계속 유지하여 온 경우에는 사용자가 단순히 당해 근로자가 정년이 지났다거나 고령이라는 이유만으로 근로관계를 해지할 수는 없고, 해당 근로자를 해고하기 위해서는 근로기준법 제23조 제1항의 정당한 이유가 있어야 한다.[368]

(4) 생년월일의 정정에 따른 기준

근로자가 입사할 때 표기한 생년월일이 호적관서에서 호적부를 옮기는 과정에 착오로 인해 잘못 등재된 것으로, 이를 실제에 맞게 정정한 경우에는 입사할 때 표기한 생년월일만을 기준으로 근로자를 처우하기로 약정하였다고 인정할만한 자료가 없다면, 입사서류에 표기한 생년월일을 기준으로 한 정년퇴직처분은 부당하다.[369]

(5) 성별 · 직종간 정년차별의 효력

정년규정은 해당 사업장에 있어서 근로자가 제공하는 근로의 성질, 내용, 근무형태 등 제반여건에 따라 합리적인 기준을 둔다면 같은 사업장 내에서도 직책 또는 직급에 따라 서로 차이가 있을 수 있다.[370]

그러나 성별의 작업구분이나 근로조건의 구분을 명확히 하지 아니한 채 남녀를 차별하여 정년을 규정한 것은 합리적인 이유 없이 남녀의 차별적 대우를 하지 못하도록 한 근로기준법 제5조와 근로자의 정년에 관하여 여성인 것을 이유로 남성과 차별해서는 아니된다고 규정한 남녀고평법 제8조 등 강행법규에 위배되어 무효이다.[371]

---

367) 서울행정법원 2001.7.12 선고 2001구14432 판결.
368) 대법원 2003.12.12 선고 2002두12809 판결.
369) 대법원 1992.7.28 선고 92다11824 판결.
370) 대법원 1991.4.9 선고 90다16245 판결.
371) 대법원 1993.4.9 선고 92누15765 판결.

관련판례

Ⅰ. 형식적 근로계약기간

① 기간의 정함이 없는 근로계약으로 인정하지 아니한 경우

☞ 근로자와 사용자 사이의 임용계약이 반복되어 갱신되었고 그동안 재계약 신청을 거부당한 사례가 없으며, 임용계약서에 기존의 근로자가 기간만료 전 2개월 전까지 재계약 신청을 하면 자동으로 임용계약이 갱신된다는 조항이 포함되어 있다는 사정만으로는 사실상 기간의 정함이 없는 근로자의 지위에 있었다고 보기는 어렵다(대법원 1998.1.23 선고 97다42489 판결).

☞ 참가인보다 먼저 채용된 촉탁사원들은 계약기간이 만료되고서 모두 원고 회사와 계약을 갱신한 사실이 있다고 하여 원고 회사와 처음 이 사건 근로계약을 체결한 참가인도 계약이 갱신되어 계속 근무할 수 있다는 기대관계가 형성되어 있다거나 원고 회사에 의한 계약갱신거절로 근로계약이 종료되지 않는다는 관행이 성립되어 있다고 볼 수 없고, 원고 회사에게 참가인에 대한 계약갱신의 의무가 있다고 단정할 수도 없으므로, 이 사건 근로계약에서 고용기간의 정함이 형식에 불과하다고 할 수 없다. 근로계약기간을 정한 경우에는 특별한 사정이 없는 한 그 기간이 만료됨에 따라 별도의 조처를 기다릴 것 없이 근로계약 당사자 사이의 근로관계는 당연히 종료되는 것이므로, 계약기간 만료 전에 원고 회사가 참가인에게 한 계약기간 만료일 및 계약생신 거절 의사의 통지는 근로계약의 해약 즉 해고라고 할 수 없다(대법원 1998.5.29 선고 98두625 판결).

② 예외적으로 기간의 정함이 없는 근로계약으로 인정한 경우

☞ 단기의 근로계약이 장기간에 걸쳐서 반복하여 갱신됨으로써 그 정한 기간이 단지 형식에 불과하게 된 예외적인 경우에 한하여 비록 기간을 정하여 채용된 근로자일지라도 사실상 기간의 정함이 없는 근로자와 다를 바가 없게 되는 것이고, 그 경우에 사용자가 정당한 사유 없이 갱신계약의 체결을 거절하는 것은 해고와 마찬가지로 무효로 된다(대법원 1994.1.11 선고 93다17843 판결 등).

Ⅱ. 갱신기대권

① 갱신기대권과 권리구제 이익(소의 이익)

☞ 임용의 근거가 된 법령이나 계약 등에서 임용권자에게 임용기간이 만료된 근로자를 재임용할 의무를 지우거나 재임용절차 및 요건 등에 관한 근거규정을 두고 있어 근로자에게 소정의 절차에 따라 재임용될 수 있으리라는 정당한 기대권이 인정되는 경우, 근로자는 임용기간이 만료된 후에도 재임용에서 제외한 조치의 유효 여부를 다툴 법률상 이익을 가진다(대법원 2005.7.8 선고 2002두8640 판결).

② 사용자의 재량에 의한 계약갱신과 갱신기대권

☞ 인사고과 및 기타 평가 등을 참작하여 원고와 재계약을 할 수 있다고 정하고 있을 뿐 일정한

요건이 충족되면 ○○여객에게 원고와 재계약을 체결할 의무가 있다는 등의 취지의 규정을 정하고 있지 않고, 취업규칙에도 일정 요건을 충족하면 재계약한다는 의무규정을 두고 있지 아니하고 재계약을 위한 요건이나 절차를 규정하고 있지 않다면 갱신기대권이 인정될 수 없다(대법원 2013.4.11 선고 2012두28193 판결).

③ 갱신기대권이 부정된 경우

☞ 근로자와 이미 5차례 계약갱신을 하였고, 대부분의 계약직 근로자들과 계약갱신을 하였으나, 사고현장 출동서비스 업무의 성격상 인력 채용이 탄력적으로 이루어져야 할 필요성이 커 대부분의 근로자들을 계약직 직원으로 채용하고 있는 점에 주목하여 갱신기대권을 인정하기 어렵다(대법원 2011.9.8 선고 2009두9765 판결).

☞ 1년 동안 계약직으로 근무하게 한 다음 업무적합성과 회사의 인력수급 문제 등을 고려하여 정규직 채용여부를 결정하였으므로 정규직 채용 여부가 회사의 고유한 인사권한에 속한다(대법원 2013.4.11 선고 2012두28193 판결).

☞ 계약서에 '성실 근로자에 대하여는 재계약할 수 있다' 고 되어 있고, 사용자가 '성실한 근로한다면 재계약 하겠다' 는 말을 하였고, 대부분의 근로자들과 재계약 한 사실이 있음에도 일정한 요건이 충족되면 계약이 갱신된다는 취지의 규정이나 계약갱신과 관련한 요건이나 절차에 관한 규정을 두고 있지 않다는 점을 들어 갱신기대권이 인정되지 않는다(대법원 2011.11.10 선고 2010두7628 판결).

☞ '1년간의 근무평가 후 정규직 전환여부를 결정' 한다는 내부 결재문서가 있고, 채용 당시 연구소 소장이 같은 취지의 말을 한 사실이 있다고 하더라도 갱신기대권을 인정할 수 없다(서울행정법원 2012.11.1 선고 2012구합10352 판결).

☞ 회사 은행장이나 상근 감사위원이 정년까지 근무할 수 있도록 하겠다는 등의 발언을 하였다고 하여 근로계약 갱신체결에 대한 기대권이 생겼다고 볼 수 없다(대법원 2011.11.10 선고 2010두24128 판결).

☞ 비록 1년의 계약기간이 종료된 근로자들 중 90%를 정규직으로 채용하였으나, 이는 회사의 고유권한에 속하고, 1년의 계약기간이 종료된 근로자 중 정규직으로 채용되지 않은 자의 수가 적지 않다는 점에 비추어 갱신기대권을 인정하기 어렵다(대법원 2013.4.11 선고 2012두28193 판결).

☞ 사업의 계속성이 인정되고 회사가 다른 생산직 직원과 근로계약을 갱신하고, 아르바이트 직원을 고용하였다는 사정만으로 갱신기대권 인정의 근거가 되지 못한다(서울고법 2012.12.27 선고 2012누25103, 2012누25110 판결).

☞ 회사의 석면관리 사업이 모두 종료한 것은 아니나 사업의 종료시까지 원고를 계속하여 고용하여야 한다고 볼 수 없고, 원고가 수행하였던 업무를 다른 인력으로 하여금 대체하도록 하는 것이 허용되지 않는다고 볼 수도 없다(서울행정법원 2012.8.24 선고 2012구합7585 판결).

④ 갱신기대권이 긍정된 경우

☞ 전체 직원 중 기간제 근로자의 구성 비율을 일정 정도로 유지하여 왔고, 이 사건 재계약 거절 당시 특별히 인원을 감축할 필요가 없었던 점을 들어 갱신기대권이 인정된다(대법원 2011.7.28 선고 2009두2665 판결).

☞ 시의 노인종합복지관의 물리치료 업무는 상시적, 계속적 사업의 성격을 가지고 있고, 계약직 대다수와 계약을 갱신하여 왔고, 직무가 존속하지 않아 재계약을 체결하지 못한 경우에도 일용직 직원으로 재채용 한 점에 비추어 갱신기대권이 인정된다(대법원 2012.6.14 선고 2010두8225 판결).

☞ 매년 갱신절차를 거치지 아니하고 근로계약을 체결하였고, 시의 노후복지서비스 업무가 일정 수준의 업무량을 유지하고 있는 점에 비추어 갱신기대권이 인정된다(서울고법 2012.8.16 선고 2012누7570 판결).

☞ 이 밖에 법원은 장애인 콜택시 사업(대법원2011.4.14 선고 2007두1729 판결), 방송국관리업무(서울고법 2010.11.16 선고 2010누11674 판결), 시립예술단 운영(대법원 2013.4.12. 자 2013두871 심리불속행 판결), 경륜 · 경정 사업(대법원 2011.1.13 선고 2010두22948 심리불속행 판결)도 상시적, 계속적 사업 내지 업무로 보아 갱신기대권을 인정하는 근거로 삼았다.

Ⅲ. 기간제법 시행 이전의 갱신기대권

☞ 사용자가 기간제법 시행 이전에 이미 근로자에게 인정되는 계약갱신 기대권을 배제 또는 제한하기 위하여 근로자 평가요건과 절차 등을 취업규칙 등에서 마련하였으나, 그러한 요건과 절차 및 실행 행위가 객관성, 합리성 및 공정성이 없는 때에는 그러한 근로계약 갱신 거절은 부당해고와 마찬가지로 효력이 없다(서울고법 2012.7.18 선고 2011누27799 판결).

☞ 기간제법 시행 이전에 근로계약 등에 의해 재계약 체결 기대권이 인정되는데도 불구하고 사용자가 기간제법 시행 후에 계약기간만 바꿀 뿐 근로자들의 기대권을 배제 내지 제한하는 조치를 별도로 취하지 않았고, 오히려 참가인들과 같은 전문직 직원의 신분 안정을 위해 전문직 직원운영세칙을 개정하면서까지 기간제 근로계약을 종전과 동일하게 체결하였다면 참가인들의 재계약 체결 기대권은 기간제법 시행 후에 배제 또는 제한되었다고 볼 수 없다(서울고법 2011.11.23 선고 2011누398 판결).

☞ 1년 이상의 기간을 정한 기간제 계약이 기간제법 공포일 이전에 체결되어 기간제법 시행일 이후 만료되고, 이어 재계약 기대권이 인정된 결과 재계약이 체결되면 결국 기간제법 제4조에 의하여 사용기간이 2년을 초과하는 시점에서 무기계약으로 전환되어 계약 당사자가 의도하지 아니하였던 계약을 강제하는 불합리한 결과가 초래될 수도 있으나, 무기계약 전환이라는 결과는 재계약 기대권 법리의 직접적 귀결이 아니라 기간제법 제4조에 의한 것이므로, 그와 같은 사정을 들어 이미 발생한 재계약 기대권을 제한하거나 소멸시킬 수는 없고, 기간제법 제4조 제1항 단서 또는 적법한 절차에 따른 정리해고, 근로계약의 합의해지 등의 방법으로 불합리함이 해결될 것으로 보이고, 그러한 수단을 통하여도 불합리성이 해소되지 아니할 경우 이는 결국 기간제법 제4조 및 같은 법 부칙 제2조의 축소해석으로 해결될 문제로 보인다(서울행정법원 2010.12.3 선고 2010구합5943 판결).

Ⅳ. 기간제법 시행 이후의 갱신기대권

☞ 근로계약서와 운용준칙에 최장 2년을 초과하여 근무할 수 없다고 규정되어 있으므로 설령 2009.5.27.자 근로계약서를 포함한 원고와 참가인간의 근로계약서에 모두 재계약의 절차에 관한 규정이 있고, 운용준칙에도 재계약에 관한 규정이 있다고 하더라도, 기간제법 시행

이후 최초로 갱신된 계약일인 2007.11.27.로부터 사용기간 2년이 되는 날이 근로계약기간에 포함되어 있는 2009.5.27.자 계약에 관하여는 참가인에게 재계약 체결의 기대권이 인정되지 않는다(서울고법 2011.10.21 선고 2011누14144 판결).

☞ 기간제 근로계약이 기간제법 시행 이후에 체결되었고, 유사직역 근로자의 채용공고에서 무기계약 전환대상이 아님을 명시하였으며, 근로자 고용에 있어 법령과 예산의 엄격한 제한을 받는 공공기관이라는 점을 고려하면 근로자에게 사용자가 자신들을 2년을 초과하여 사용함으로써 기간제법에 따른 무기한 고용의 부담을 안으리라고 기대하였다고 보기 어렵다. 규정들의 내용과 체계 및 입법취지, 기간제법이 기간제근로자의 총 사용기간을 원칙적으로 2년으로 제한할 뿐 다른 나라의 입법례처럼 기간제 근로계약의 재체결에 정당한 객관적 사유의 존재를 요구하거나 기간제 근로계약의 반복적 체결이 가능한 횟수를 제한하고 있지 않는 점 등에 비추어 볼 때, 기간제법 시행 이후에는 사용자는 원칙적으로 기간제 근로계약을 2년의 기간 내에서 계약기간을 자유롭게 정할 수 있음은 물론 동일한 내용으로 반복하여 체결할 수도 있지만 총 사용기간이 2년을 초과하는 때에는 해당 기간제근로자에게 근로계약기간의 정함이 없는 근로자로서의 지위가 인정되므로, 기간제법 시행 이후에 신규로 체결되는 기간제 근로계약은 근로관계가 2년의 기간 내에 종료될 것이 예정되어 있는 반면 근로자에게 총 사용기간이 2년을 초과하는 재계약이 체결될 수 있으리라는 기대권이 인정될 수 없다고 봄이 타당하다(대법원 2011.11.24. 자 2011두23061 심리불속행 판결).

☞ 계약직 근로자에 대한 근무평가 및 재계약 등에 관한 규정은 기간제법의 취지 및 '유기계약직은 2년을 초과하지 않는 범위 내에서 근로계약을 체결한다' 는 규정에 비추어 총기간 2년의 범위 내에서 재계약하는 경우 및 기간제법에서 예외적으로 2년 이상의 근로기간을 정한 때에 해당할 경우에 제한적으로 적용되는 것으로 보아야 한다(서울고법 2013.2.27 선고 2012누22180 판결).

☞ '계약기간 만료를 이유로 비정규직을 해고할 수 없다' 는 단체협약 규정과 계약직으로 채용한 후 정규직으로 전환하는 인사관행도 기간제법 시행 이후에는 그 의미가 제한되어야 한다(대법원 2012.4.30. 자 2012두3156 심리불속행 판결).

V. 갱신거절의 합리적 이유 판단

① 합리적 이유 판단 시 평가자의 주관적 평가도 포함된다.

☞ 근로계약의 성질상 근로의 양과 질에 대한 평가는 사용자의 고유권한에 속하는 것이고, 평정을 부여함에 있어 수치로 계량되는 객관적 실적뿐만 아니라 기업조직에의 융화 정도 등 수치로 계량할 수 없는 부분에 대한 주관적인 평가도 포함된다(대법원 2008.11.27. 자 2008두17066 심리불속행 판결; 2011.1.13 선고 2010두22948 심리불속행 판결).

☞ 신규임용자 평정의 평가항목이 전문성, 직무수행능력, 책무성, 협동성, 기관 발전 기여 가능성 등이어서 신규임용자에 대한 평정자가 전인격적, 복합적 평가를 통해 평정을 할 수 밖에 없는 경우 평정자의 재량권은 더욱더 보장되어야 하며, 사후적인 사법심사를 통하여 평정결과를 뒤집는 것은 가능한 한 자제되어야 한다(서울행정법원 2012.11.2 선고 2012구합5053 판결).

② 합리적 이유 판단

☞ 근로자들과 접근도가 높은 1, 2차 평정자들은 높은 점수를 부여하였으나, 접근도가 낮은 3, 4차 평정자들은 낮은 점수를 부여하였는데, 평정자들 간에 점수에 큰 폭의 편차가 발생할 만한 사정을 발견할 수 없고 오로지 계약거절의 사유로 삼기 위하여 형식적으로 근무평정을 한 것으로 보이는 경우, 이러한 공정성과 합리성이 결여된 근무평정결과를 이유로 한 갱신거절은 부당해고에 해당한다(대법원 2011.7.28 선고 2009두2665 판결).

☞ 2회차 계약갱신을 할 경우 기간의 정함이 없는 고용형태로 판단될 것이 우려된다는 것은 계약갱신 거절의 합리적 이유로 인정될 수 없고, 수년간 상사와 동료들에 의한 다면평가 결과가 우수하였는데 특별한 사유 없이 근로자가 노동조합 활동을 시작한 이후로 상사에 의한 점수가 하락하기 시작하여 최하위 점수까지 받게 되었다면 다면평가의 타당성 및 신뢰성에 의심이 가므로 합리적 이유가 있는 계약 갱신 거절로 보기 어렵다(서울고법 2010.11.16 선고 2010누11674 판결).

☞ '1일 평균 운행횟수'라는 객관적 심사항목 대신 '기타 계약서 위반'이라는 포괄적인 심사항목을 포함시켜 위반행위의 경중이나 경위에 대한 고려 없이 획일적으로 감점하도록 하고 계약갱신 기준 점수를 10점이나 상향조정하여 노동조합원인 근로자들의 계약갱신을 거절한 경우 합리적 이유가 없다(서울고법 2009.11.20 선고 2009누11524 판결).

☞ '중과실' 개념 자체가 포괄적이고 불명확하여 사용자의 자의적 판단이 개입될 소지가 매우 커 객관적 심사항목으로 보기 어렵고, 노동조합원이 근로자에 대하여만 중과실 감점을 포함한 심사항목을 적용한 경우 계약갱신 거절에 합리적 이유가 없다(서울고법 2009.11.26 선고 2009누11531 판결).

☞ 사용자의 계약갱신 여부 심사가 객관적이고 정확한 자료를 토대로 이루어졌는지 의문이고, 심사항목 중 일부는 평가자의 자의적 평가가 개입될 여지가 있어 그 객관성 및 공정성이 결여되었다고 볼 수 있으며, 일부 심사항목은 심사 대상자 전원에 대하여 일률적으로 적용되지 않아 불공평한 결과가 초래되었다고 인정한 다음, 이와 같이 공정성 및 객관성이 결여된 심사과정을 거쳐 근로자들에 대하여 갱신 기준 점수 미만을 이유로 계약갱신을 거절한 것은 정당성을 결여하여 효력이 없다(대법원 2011.4.14 선고 2007두1729 판결).

☞ 근무평정에 따라 계약갱신을 결정하도록 하는 내부규정이 있음에도 이에 반하여 특정 근로자에 대하여 다른 근로자들과는 다른 심사항목을 적용하여 근무평정을 하고 계약갱신을 거절하였다면 합리성을 결여한 것이다(서울고법 2009.11.26 선고 2009누11531 판결; 2009.11.17 선고 2009누12015 판결).

Ⅵ. 정년의 도래

① 정년에 관한 취업규칙은 객관적이고, 신중하며 엄격하게 하여야 한다.

☞ 취업규칙은 노사간의 집단적인 법률관계를 규정하는 법규범의 성격을 갖는 것이므로 명확한 증거가 없는 한 그 문언의 객관적 의미를 무시하는 해석이나 사실인정은 신중하고 엄격하여야 하므로 합리적인 자료 없이 취업규칙의 문언 상 '만 61세가 종료되는 날의 그 해

말일' 의 의미를 '만 61세가 되는 날의 그 해 말일' 로 인정할 수는 없다(대법원 2003.3.14 선고 2002다69631 판결).

② 정년도래 후 계속 근로 시 정년도래만을 이유로 근로계약을 해지 할 수 없다.

☞ 근로자가 정년이 지난 후에도 사용자의 동의 아래 기간의 정함이 없이 사용자와의 근로관계를 계속 유지하여 온 경우, 사용자가 단순히 당해 근로자가 정년이 지났다거나 고령이라는 이유만으로 근로관계를 해지할 수는 없고, 당해 근로자를 해고하기 위해서는 근로기준법 제23조 제1항 소정의 정당한 이유가 있어야 한다(대법원 2003.12.12 선고 2002두12809 판결).

③ 정년차별의 정당성

☞ **직종 · 직급 간 정년차별의 효력**

정년규정은 당해 사업장에 있어서 근로자가 제공하는 근로의 성질, 내용, 근무형태 등 제반 여건에 따라 합리적인 기준을 둔다면 같은 사업장 내에서도 직책 또는 직급에 따라 서로 차이가 있을 수 있는 것이다(대법원 1991.4.9 선고 90다16245 판결).

☞ **합리적인 이유 없는 남녀 간 정년차별은 무효다.**

성별 작업구분이나 근로조건의 구분을 명확히 하지 아니한 채 남녀를 차별하여 정년을 규정한 것은 합리적인 이유 없이 남녀의 차별적 대우를 하지 못하도록 한 근로기준법 제5조와 근로자의 정년에 관하여 여성인 것을 이유로 남성과 차별해서는 아니된다고 한 남녀고평법 제8조 등 강행법규에 위배되어 무효이다(대법원 1993.4.9 선고 92누15765 판결).

제5절 당사자 소멸로 인한 근로관계 종료와 정당성 요건

1. 근로자의 사망

근로계약은 일신전속적 계약이므로 근로계약으로 말미암은 근로관계는 근로자 또는 사업주가 소멸함으로써 당연히 종료된다.

따라서 근로자가 사망하면 그 근로계약은 자동 종료되고, 근로자의 상속인에게 고용이 승계되지 않는다(민법 §657).

다만, 고용승계 이외의 근로관계로 인한 임금채권이나 손해배상채권은 상속인에게 승계된다.

2. 사업주의 소멸

가. 개인 사업주

사업주가 법인이 아닌 자연인으로서 개인 사업주인 경우, 그 사업주의 사망으로 근로관계는 원칙적으로 소멸된다.

그러나 사업체가 상속인에게 상속되어 계속 운영되면서 사업주와 근로자 사이에 인적관계가 문제되지 않는 경우에는 근로관계는 종료되지 않는 것으로 보아야 한다.

나. 법인 사업주

사업주가 법인인 경우에는 임의해산, 파산선고 또는 회사 정리절차의 개시결정에 따라 청산절차가 종료되는 시점에서 소멸한다.

따라서 단순히 폐업신고만이 이루어진 경우는 사업주의 소멸이 아니므로 폐업을 이유로 한 해고통지의 경우 부당해고구제신청이 가능하나,[372] 폐업 후 법인사업체가 청산절차를 종료하면 구제신청의 실익은 부인된다.[373]

---

372) 대법원 2005.7.8 선고 2002두8640 판결.
373) 대법원 2000.8.22 선고 99두6910 판결.

다만, 회사의 청산절차가 개시된 후 청산작업의 일환으로 근로자를 해고하는 것은 통상해고에 해당되므로 합리성이 인정되는 경우 그 정당성은 인정받을 수 있으나, 진실한 사업폐지의 의사 없이 노동조합을 혐오하여 모든 근로자를 해고한 후 비조합원인 근로자를 상대로 사업을 계속한다면 위장폐업으로서 부당해고 및 부당노동행위에 해당한다.[374)]

374) 서울행정법원 2006.1.6 선고 2005구합17577 판결.

제8장

기업변동과 근로관계 이전

제1절 총 설

1. 의 의

기업변동은 기업의 합병, 분할, 사업양도 등과 같이 기업조직이 변경되는 경우를 통틀어서 일컫는 말이다.

기업변동은 법률 용어 또는 학술적으로 널리 통용되는 개념이 아니지만, 그로 인해 근로관계의 이전 등 근로관계 존속에 영향을 미치게 된다.

따라서 기업변동에 대하여 '근로자의 근로관계 존속에 영향을 미칠 수 있는 기업조직 또는 경영상 변화를 초래하는 것' 이라고 할 수 있다.[375)]

2. 유 형

근로관계의 이전 등에 영향을 미치는 기업변동으로는, ① 기업합병, ② 기업분할, ③ 영업양도, ④ 영업임대, ⑤ 경영위임, ⑥ 경영손익분배 등을 들 수 있다.

가. 기업 합병

기업합병은 인적 · 물적 자원이 유기체로서 그 동일성을 유지하면서 흡수되거나 합쳐지는 것을 말하며, 신설합병과 흡수합병으로 구분된다.

따라서 경영활동이 중단된 청산기업에 대한 물적자산만을 경매를 통하여 인수하는 자산인수와 구별된다.

기업합병과 관련하여 1997년 IMF 외환위기 이후 등장한 'M&A' 는 조직통합을 의미하는 'Merger' (혼합, 융합)와 경영권 획득을 의미하는 'Acquisition(인수, 획득)의 첫 글자를 조합하여 만든 단어로써 일반적으로 ' 인수합병 '으로 해석하고 있다.

이러한 사업인수는 법인의 경우 주식매수 등을 통해 경영권을 획득하게 되는데, 경영담당자만 바뀌므로 근로관계의 이전 등의 법적문제는 발생하지 않는다. 개인

---

375) 김형배 「노동법」, 2006. 505쪽.

사업체의 경우에는 영업재산의 매도 · 매수를 통하여 개인 사업주가 변경되므로 매도사업주와의 근로관계를 맺고 있던 근로자들의 고용승계 문제가 발생한다.

민법 제657조에는 "사용자는 노무자의 동의 없이 그 권리를 제3자에게 양도하지 못한다."라고 규정하고 있으므로 근로자들의 근로관계가 매수사업주에게 이전되려면 매도사업주가 근로자들의 동의를 얻어 매수사업주와 고용승계계약을 체결해야 한다.

나. 기업 분할

기업의 일부가 인적 · 물적 조직의 동일성을 유지하면서 떨어져 나가 별도 독립된 기업을 설립하는 것을 말하며, 기업을 분할하면서 다른 기업과 합병하는 분할합병을 포함한다.

다. 영업 양도

영업양도는 영업의 동일성을 유지하면서 인적 · 물적 조직을 포함한 영업재산 일체를 다른 기업에게 이전하는 것을 말한다. 영업양도는 물적자산만을 양도하는 자산양도와 흡수기업만이 존속하는 기업합병과 차이가 있다.

라. 영업 임대(경영위임)

영업임대(경영위임)는 기업이 물적자산의 소유권을 양도하지 아니하고, 인적 · 물적조직이 일체로서 동일성을 유지하면서 일정기간 동안 다른 기업에게 빌려주거나 경영을 맡기는 것을 말한다.

상법 제374조 제1항 제2호에서는 영업의 양도양수와 구별되는 또 다른 기업변동의 형태로서 영업임대, 경영위임, 영업손익분배의 계약에 대하여 규정하고 있다. 영업임대(경영위임)는 임대기업이 계속 존립하고 인적 · 물적조직의 동일성을 유지하면서 임차인 또는 수탁인에게 맡긴다는 점에서는 영업양도와 동일하나, 물적조직의 소유권은 양도하지 않는다는 점에서는 영업양도와 구분된다.

3. 기업변동과 법적효과

기업변동에 따라 발생하는 노동법적 문제는 기업변동에 의해 근로관계가 당연히 이전되는지, 근로관계의 이전에 대하여 이의를 제기할 수 있는지, 근로관계가 이전되는 경우에는 종전기업에서 적용된 근로계약 · 취업규칙, 단체협약의 효력은 유효한지 여부 등이 있을 수 있다.

이를 테면, ① 기업합병 · 분할에 있어 근로관계가 신설 또는 흡수회사에 이전되는지, 신설회사가 소멸회사의 근로자 일부에 대한 고용승계를 거절하는 경우 노동법적 효과는 어떠한지, ② 영업양도에 있어 근로관계의 이전 여부, 양도 · 양수회사 간 특정근로자에 대한 고용승계 배제특약의 효력, 양수기업으로의 근로관계 이전을 거부할 수 있는지, 영업양도 등을 이유로 정리해고를 하는 경우 어느 기업에서 하는 것인지, ③ 기업합병 · 분할, 영업양도에 있어 종전 회사와 체결한 근로계약, 단체협약의 효력이 계속 유지되는지 등이다.

〈상법규정에 따른 기업변동의 형태〉

구 분	상법 규정	내 용
① 기업합병	제230조~제240조 제522조~제530조	· 신설합병: 두 개의 회사를 합쳐서 새로운 하나의 회사를 설립하는 것 · 흡수합병: 하나의 회사가 다른 하나의 회사를 흡수하여 흡수한 회사만 존속하는 것
② 기업분할	제530조의2~제530조의12	· 기업분할: 하나의 회사를 분할하여 다른 1개 또는 수개의 회사를 설립하는 것 · 분할합병: 하나의 회사를 분할하면서 다른 1개 또는 수개의 회사와 합병하는 것
③ 영업양도	제41조~제45조, 제374조, 제375조의2, 제576조	영업의 동일성을 유지하면서 영업재산(인적 · 물적 조직 포함)일체를 이전하는 것
④ 영업임대 ⑤ 경영위임		· 영업임대: 영업재산의 소유권은 임대인이 보유하면서 영업의 전부 또는 일부를 타인에게 임대하는 것 · 경영위임: 영업의 전부 또는 일부의 경영을 타인에게 위임하는 것으로 수임인이 경영권행사의 주체로서의 지위 및 영업이윤의 제1차적 귀속자로서의 지위를 가짐 · 경영관리: 수임인이 경영권행사의 주체로서의 지위만 가짐
⑥ 경영손익분배		· 영업의 전부 또는 일부의 경영을 타인에게 위임하고 손익을 일정비율로 나누는 것으로 경영위임의 일종

제2절 기업변동과 근로관계 이전의 적용법리

1. 기업변동과 노동관계법

현행 노동관계법에는 기업변동 시 근로관계의 이전 및 근로계약 내용, 취업규칙 · 단체협약의 효력 등에 관하여 아무런 규정도 두고 있지 않다.

2. 기업변동과 민법

민법 제657조 제1항에서 "사용자는 노무자의 동의 없이 그 권리를 제3자에게 양도하지 못한다."라고 규정하고 있는데, 이는 사용자가 근로계약에 의해서 가지고 있는 노무지급청구권의 양도를 제한하는 규정에 불과하다.

또한, 민법의 채권양도와 채무인수에 대한 규정에서 권리 · 의무의 개별적인 이전을 인정하고 있으나, 이 규정에 따르면 양도인, 양수인 및 개별 근로자의 3자의 합의가 있는 경우에 한하여 근로관계의 이전이 인정될 수 있다(민법 §449~ §459).

따라서 민법에는 기업변동에 따른 근로관계 이전 및 근로계약의 내용, 취업규칙의 효력 등에 관한 규정을 두고 있지 않다.

3. 기업변동과 상법

상법 제235조에 합병의 효과로서 "합병 후 존속한 회사 또는 합병으로 인하여 설립된 회사는 합병으로 인하여 소멸된 회사의 권리의무를 승계한다."라고 규정하고 있을 뿐 근로자의 근로관계 이전 등에 대하여 명시적으로 규정하고 있지 않다.

상법 개정 시(1998.12.28.) 신설회사의 분할에 관한 규정(§530의2 내지 §530의12) 및 영업양도, 영업임대, 경영위임 등에 관한 규정(§41 내지 §45, §374)에서도 근로자의 근로관계 이전 등에 대하여 명시하고 있지 않다.

이것은 상법이 노동법적 규율 대상인 기업내부의 법률관계까지 포괄하는 것이 아니라, 대외적인 관계만을 대상으로 하는 협의의 기업법으로서의 지위를 가지고 있기 때문이다.

따라서 기업변동에 따른 근로관계의 이전 등 노동법적 문제는 상법상 제 규정이 기업 내부적인 관계에도 영향을 미치게 되므로 노동법과 관련하여 그 적용 법리를 도출하여야 한다.

4. 적용 법리

노동관계법에는 기업변동에 따른 근로관계의 이전 등에 대하여 아무런 규정이 없으며, 그간 학계에서 다양한 학설과 연구논문이 발표되어 왔다.

사용자가 이러한 학설과 논문 등을 통해서 기업변동과 관련된 제반 근로관계에 적용할 수 있는 법리를 도출하기란 현실적으로 어려운 문제이다.

따라서 상법 규정과 민법의 기본원리, 그간의 판례 등을 중심으로 기업변동에 있어서 발생하는 제반 근로관계의 법리를 모색해 보기로 한다.

제3절 기업변동과 근로관계 이전의 정당성 요건

1. 기업 합병

가. 의 의

기업합병은 두 개의 기업이 인적자원과 물적자원에 대한 일체의 동일성을 유지하면서 하나의 기업으로 합쳐지는 것이며, 신설합병과 흡수합병이 있다.

신설합병은 두 개의 기업이 하나로 합쳐지면서 기존 두개의 기업은 모두 소멸하고, 새로운 하나의 기업으로 탄생하는 것이며, 흡수합병은 두 개의 기업 중에서 하나의 기업이 다른 기업에 대하여 인적자원과 물적자원의 동일성을 유지한 채 흡수함으로써 흡수기업이 소멸하고 합병기업만 존재하는 경우를 말한다.

나. 관련 규정

상법 제235조에는, "합병 후 존속하는 회사 또는 합병으로 신설된 회사는 합병으로 인하여 소멸된 회사의 권리관계를 승계한다."라고 규정하고 있다.

다. 기업합병과 고용승계

기업합병에 있어서 근로관계는 포괄적으로 당연히 승계한다. 대법원은 기업합병에 대한 판결에서 상법 제235조를 명시하지 않았으나, "회사합병의 법리에 비추어 보면 회사합병이 있는 경우에는 피합병회사의 권리의무는 사법상 관계나 공법상 관계를 불문하고, 그 성질상 이전을 허용하지 않는 것을 제외하고 모두 합병으로 인하여 존속한 회사에 승계"되며, "회사합병에 의하여 근로관계가 승계되는 경우 종전의 근로계약상 지위가 그대로 포괄적으로 승계된다."라고 판시하고 있다.[376]

비록, 판례에는 상법 규정이 명시되지 않았다 하더라도 사용자와 근로자 사이의 근로관계 역시 피합병회사의 권리관계에 포함되는 것이므로 기업합병에 의한 근로관계의 승계는 상법 제235조에서 그 근거를 찾는 것이 타당하다고 할 것이다.[377]

---

376) 대법원 1994.3.8 선고 93다1589 판결; 1994.10.25 선고 93누21 판결.

377) 노동법학자들은 기업합병 시 근로관계가 승계된다는데 일치된 견해를 보이고 있으며, 그 근거

라. 정당성 요건

(1) 고용승계의 거부

기업합병으로 인하여 근로관계는 당연히 승계되므로, 만약 기업합병 이후 존속회사 또는 합병에 의한 신설회사가 소멸회사의 근로자에 대하여 고용승계를 거부하는 경우에는 부당해고에 해당한다. 반면, 근로자 역시 기업합병 또는 기업분할에 따른 근로관계 이전을 거부할 수 없다.

(2) 해고효력을 다투고 있는 근로자의 고용승계

기업합병 당시 해고의 효력을 다투고 있는 근로자의 권리의무도 합병의 경우에는 당연히 승계되는 것으로 보아야 한다.

다만, 영업양도의 경우 해고의 효력을 다투고 있는 근로자의 권리의무는 당연히 승계되지 않는다. 그 이유는 양도기업은 소멸하지 아니하고 잔존사업부문이나 또는 새로운 사업부문에 진출하여 경영을 계속하게 되므로 해고 효력을 다투고 있는 근로자의 권리의무가 양도기업에 그대로 귀속될 수 있기 때문이다.

2. 기업 분할

가. 의 의

기업의 일부가 인적 · 물적 조직의 동일성을 유지하면서 떨어져 나가 별도로 하나 또는 수 개의 독립된 기업을 설립하는 것을 말한다. 그리고 하나의 기업을 분할하면서 다른 하나 또는 수 개의 회사와 합병하는 분할합병도 기업분할에 포함된다.

나. 관련 규정

상법 제530조의10에는, "분할 또는 분할합병으로 인하여 신설되는 회사 또는 존속하는 회사는 분할하는 회사의 권리와 의무를 분할계약서 또는 분할합병계약

로서는 대다수의 학자들이 상법 제235조를 들고 있다.

서가 정하는 바에 따라서 승계한다."라고 규정하고 있다.

다. 기업분할과 고용승계

대법원은 "기업의 일부가 분리 · 독립하여 새로운 회사가 설립되었다고 하더라도 신설회사와 종전 회사 사이에 기업의 동일성을 유지하고 있다면 종전 회사에 속한 근로자에 대한 근로관계는 신설회사에 포괄승계되어 근로의 계속성이 유지된다."라고 판시함으로써 기업분할의 경우도 기업합병과 같이 근로관계의 당연승계를 인정하고 있다.[378)]

라. 정당성 요건

(1) 특정근로자에 대한 고용승계배제의 특약

상법 제530조의10에는 분할계약에 따라 권리의무를 승계한다고 명시적으로 규정하고 있기 때문에 분할하기 전 회사가 존속하는 경우에는 신설회사에서 특정근로자의 고용승계를 배제하는 고용승계배제 특약을 분할 계약에 정할 수 있다고 보아야 한다.

(2) 해고효력을 다투고 있는 근로자의 고용승계

기업을 분할할 때 해고 효력을 다투고 있는 근로자에 대한 권리의무도 상법 제530조의10의 규정에 비추어 볼 때 분할계약에 정하면 될 것이다. 다만, 분할계약에서 정하지 않았다면 분할하기 전 회사가 존속하는 경우 영업양도와 같이 승계되지 않는 것으로 보아야 할 것이고, 분할하기 전 회사가 소멸하는 경우 기업합병과 같이 당연히 승계된다고 할 것이다.

(3) 신설회사에 신규 입사하는 경우

대법원은 "근로자가 자유로운 의사에 따라 구 회사를 퇴직하고 소정의 퇴직금을 수령한 후 신설회사에 새로이 입사하는 방법을 취하였다면 구 회사와의 근로

---

378) 대법원 1997.6.27 선고 96다38551 판결; 1993.6.11 선고 92다19316 판결; 1994.11.18 선고 93다18938 판결.

관계는 단절되었다"고 판시하고 있다.[379)]

3. 영업 양도

가. 의 의

영업양도는 하나의 기업에 대하여 그 일부의 인적 · 물적 조직을 동일성을 유지하면서 다른 기업에게 넘겨주는 경우를 말한다.

영업양도는 인적 · 물적 조직이 유기체로서 그 동일성을 유지하면서 양수기업에 이전된다는 점에서 물적자산만을 양도하는 자산양도와 구별된다.

또한, 영업양도는 양도기업이 잔존부문이나 다른 사업부문으로의 진출을 통하여 사업을 계속한다는 점에서 기업이 소멸하는 합병과 다르다.

나. 관련 규정

상법에는 영업양도의 경우 기업합병이나 분할에서와 같은 일반적인 권리의무승계에 관한 규정이 없다.

다. 법적 성격

영업양도는 양도계약에 의해 성립하고, 영업양도계약은 채권계약의 일종이다. 영업양도계약이 체결되면 민법상 매매계약과 같이 양도인은 양수인에게 영업(영업재산과 경영자 지위)을 이전할 의무를 부담하고 양수인은 양도인에게 양수대금을 지급할 의무를 진다.

이와 같이 영업양도계약의 이행으로서 영업재산과 함께 경영자의 지위가 이전함에 따라 근로관계도 이전하게 되는 것이므로 근로관계의 이전은 영업양도의 성립요건이 아니라 영업양도의 효과에 해당한다.

다만, 영업양도는 인적 · 물적조직을 그 동일성을 유지하면서 일체로서 이전하는 것이므로 근로관계의 승계는 동일성과 일체성이 판단의 중요한 요소 내지 징표가 된다.

---

379) 대법원 1997.6.27 선고 96다38551 판결.

라. 영업양도와 고용승계

대법원은 "영업양도라 함은 일정한 영업목적에 의하여 조직화된 업체, 즉, 인적·물적조직이 그 동일성은 유지하면서 일체로서 이전하는 것으로 영업일부의 양도도 가능하다. 이러한 영업양도가 이루어진 경우에는 원칙적으로 해당 근로자들의 근로관계가 양수기업에 포괄적으로 승계"된다고 판단함으로써 영업양도의 경우 근로관계는 원칙적으로 승계된다는 입장을 취하고 있다.[380]

또한, "영업의 양도에 관한 계약에는 원칙적으로 근로관계의 포괄적인 승계합의가 있는 것으로 사실상 추정된다는" 등의 논거를 들고 있다.[381]

이 같은 '원칙적 승계' 라는 대법원 판례의 논지는 양도기업과 양수기업이 특정 근로자의 근로관계 승계를 배제하기로 하는 특약이 있다면 그 근로자의 근로관계는 승계되지 않는다는 취지로 이해될 수도 있다.

다만, "영업양도 당사자 사이에 근로자 일부를 승계대상에서 제외하기로 하는 특약이 있는 경우에는 근로관계가 승계되지 않을 수 있으나, 그러한 특약은 실질적으로 근로기준법 제23조 제1항의 '정당한 이유' 가 있어야 한다."라고 함으로써 결과적으로 영업양도에 있어 근로관계의 승계를 기업 합병의 당연승계와 똑같이 취급하고 있다.[382] 한편, 근로자는 영업양도에 따른 근로관계 이전을 거부할 수가 있다.

마. 정당성 요건

(1) 자산양도·법률양도와 고용승계

양도기업의 인력구조나 운용상 문제가 있다고 판단되는 경우 근로자를 배제하고, 자산양수를 하고자 하는 경우, 양도기업은 자산매각을 통해서 경영상 어려움을 타개하고자 양도기업의 근로자들을 최대한 배려한다는 조건을 붙여 자산양도계약을 체결하게 된다.

---

380) 대법원 1991.8.9 선고 91다15225 판결; 1994.6.28 선고 93다33173 판결; 1994.11.18 선고 93다18938 판결; 1995.7.14 선고 94다20198 판결; 1997.6.24 선고 96다2644 판결; 2001.7.27 선고 99두2680 판결.

381) 대법원 1994.6.28 선고 93다33173 판결.

382) 대법원 1994.6.28 선고 93다33173 판결.

영업양도는 "인적 · 물적 조직을 그 동일성은 유지하면서 일체로서 이전하는 당사자 사이에 명시적 또는 묵시적 계약"으로 고용승계를 인정하고 있다. 그러나 영업양도가 아닌 단순한 물적자산의 양도, 즉 자산양도거나 또는 동일성이 유지되지 아니한 인적 · 물적조직의 이전, 계약이 아닌 법률에 의한 인적 · 물적 조직의 이전은 근로관계의 승계를 인정하지 않고 있다.

1) 자산양도와 고용승계

운수업자가 운수업 폐지자로부터 운수업면허와 물적시설만을 양수하면서 일부 종업원만을 신규채용 형식으로 고용한 경우에는 영업양도가 아니다.[383] 영업재산의 일부를 유보한 채 영업시설을 양도한 경우라도 그 양도된 부분에서 종래의 조직이 유지되고 있다면 영업양도에 해당되고, 반면 영업재산의 전부를 양도했더라도 그 조식을 해제하여 양도했다면 영업양도로 볼 수 없다.[384]

2) 법률양도와 고용승계

금융감독위원회가 '구 금융산업구조개선법' 제14조 제2항에 의해 내린 계약이전 결정은 금융감독위원회의 결정에 의하여 금융거래상의 지위가 이전되는 사법상 법률효과를 가져오는 행정처분으로서 부실금융기관의 자산 및 부채 중 일부만을 선택적으로 제3자인 인수금융 기관에게 양도 및 인수하게 함으로써 부실금융기관을 정리하는 것은 영업양도가 아니다.[385]

(2) 해고효력을 다투고 있는 근로자의 고용승계

영업양도의 효과로서 승계되는 근로관계는 그 계약체결일 현재 실제로 그 영업부문에서 근무하고 있는 근로자와의 근로관계만을 의미하고, 계약체결일 이전에 해당 영업부문에서 근무하다가 해고나 면직된 근로자로서 그 해고 및 면직처분의 효력을 다투는 근로자와의 근로관계까지 승계하는 것은 아니다.[386]

다만, 노동위원회의 부당해고구제명령이 확정된 후에도 복직을 시키지 않고, 임금도 지급하지 않기 때문에 별도 임금청구소송을 제기하여 영업양도계약 체결 전

383) 대법원 1995.7.25 선고 95다7987 판결.
384) 대법원 2001.7.27 선고 99두2680 판결.
385) 대법원 2002.4.12 선고 2001다38807 판결.
386) 대법원 1996.5.31 선고 95다33238 판결; 1996.4.26 선고 95누1972 판결.

에 승소판결이 확정되었다면 비록 현실적인 복직조치가 없었다 하더라도 양도회사와의 근로관계는 양수회사에 승계된다.[387)]

4. 영업 임대

가. 의 의

상법상 영업임대의 의미는 영업재산의 소유권은 임대인이 그대로 보유한 채 영업의 전부 또는 일부를 타인에게 임대하는 것을 말한다.

나. 관련 규정

상법에는 영업임대의 경우 영업양도와 같이 일반적인 권리의무의 승계에 관한 규정이 없다.

다. 영업임대와 고용승계

영업임대는 영업재산의 소유권에 아무런 변동이 없고, 단지 경영주체만 일정기간(임대차 기간)동안 바뀌는데 불과하므로 영업임대하는 사업주와 근로자들과의 근로관계에도 아무런 변동이 없다고 보아야 한다.

따라서 영업임대의 경우에는 사업의 합병 · 흡수 또는 영업양도와 달리 근로자들의 근로관계가 임차인 회사로 이전되지 아니하고 영업을 임대한 사업주와 근로관계가 지속된다.

5. 경영 위임(경영관리)

가. 의 의

상법상 '경영위임'이란 일반적으로 영업의 전부 또는 일부의 경영을 타인에게 위임하는 것을 말하며, 경영관리도 경영위임에 포함된다.

---

387) 대법원 1994.6.28 선고 93다33173 판결.

즉, 경영위임은 수임인이 경영권행사의 주체로서의 지위 및 영업이윤의 제1차적 귀속자로서의 지위를 가지는 것이고, 경영관리는 수임인이 단지 경영권행사의 주체로서의 지위만을 가지게 된다.

나. 관련 규정

상법에는 경영위임 또는 경영관리의 경우 영업임대와 같이 권리의무의 승계에 관하여 규정하고 있지 않다.

다. 경영위임과 고용승계

대법원에서는 경영위임 또는 경영관리에 대하여 근로자들의 근로관계가 이전되지 않는다는 입장이다.[388]

라. 정당성 요건

경영관리는 민사상 위임계약에 해당하며, 통상적으로 산업현장에서 '용역계약', '위수탁관리계약' 등의 명칭으로 사용되고 있다. '용역계약'은 구내식당을 직영에서 제3자에게 위탁하는 경우이고, '위수탁관리계약'은 아파트입주자대표회의가 아파트를 자치관리하다가 주택관리업체에게 위탁하는 경우를 들 수 있다.

특히, 노동위원회에 부당해고구제신청이 빈번하게 제기되고 있는 아파트관리형태의 변경과 근로관계 이전의 정당성 판단기준에 대하여 설명한다.

(1)「아파트 관리형태」의 변경과 근로관계 이전

통상적으로「아파트 관리형태」는 입주자대표회의가 구성될 때까지 그 아파트의 시공업체가 관리하는 사업주체관리,[389] 입주자대표회의에서 직접관리하는 자치관리, 제3의 전문업체에 위탁하는 위탁관리가 있다. 이러한 아파트 관리형태의 변경은 상법상 경영관리에 속하고, 민법상 위임계약에 해당하므로, 권리의무의 설정행위로서 소유권 이전을 수반하는 영업양도와 달리 근로자들의 근로관계는 변

388) 대법원 2000.12.22 선고 99다10806 판결
389) 사업주체 관리는 아파트 시공업체가 입주자대표회의가 구성될 때까지 아파트를 관리하는 것으로서 주택법상 의무사항으로 되어 있다.

동이 없다.

다만, 고용노동부는 행정해석을 통해 위탁관리업체 상호간의 변경을 제외한 관리형태 변경은 영업의 양도 · 양수로 보아 근로관계가 이전되는 것으로 해석하고 있으나(근로기준과-4766, 2004.9.8.), 이는 관리형태의 변경에 따른 취약근로자들의 고용안정을 위한 취지에서 비롯된 오류라 하겠다.

(2)「아파트관리형태」의 변경과 고용승계 여부

법원은 사업주체관리에서 자치관리로 변경된 것은 영업양도로 볼 수 없어 관리주체 변경으로 인하여 고용승계가 되지 않는다고 판시하였다.[390)]

「아파트 관리형태」는 사업주체관리에서 자치관리, 자치관리에서 위탁관리, 위탁관리에서 자치관리, 위탁관리에서 위탁관리 등 다양한 형태로 변경되는데, 어느 경우에도 고용승계의 법리는 적용되지 않는다.

다만, 관리형태의 변경에 따른 근로관계를 이전하기 위해서는 관리주체가 변경될 당시 소속 근로자들의 동의가 있어야 한다. 이것은 근로계약이 일신전속성을 갖고 있으므로 사용자가 근로자의 동의 없이 근로계약에 관한 권리의무를 제3자에게 임의로 양도할 수 없기 때문이다(민법 §657).

특히, 위탁관리에서 또 다른 관리업체로 변경되는 경우 민사상 채권의 양도 · 양수인 · 채무자의 3자합의와 같이 입주자대표회의 · 수탁자 · 근로자간의 3자 합의가 필요하다 할 것이다(민법 §449~ §459).

(3)「아파트관리형태」의 변경과 사직서 제출 권고

「아파트관리형태」의 변경에 따라 새로운 관리주체에서의 채용을 전제로 한 근로자에 대하여 사직서 제출을 권고할 수 있다. 다만, 사직서 제출을 강요하거나 채용 약속을 이행하지 아니한 경우에 그 사직서의 제출은 사기 또는 강박에 의한 의사표시에 해당하여 근로자가 사직 의사표시를 취소할 수 있다.

---

390) 서울행정법원 2008.7.24 선고 2008구합8857 판결.

6. 경영손익분배

가. 의 의

상법상 '경영손익분배'란 경영위임의 일종으로 영업의 전부 또는 일부의 경영을 타인에게 위임하고 손익을 일정비율로 나누기로 하는 것이다.

경영위임(경영관리)의 경우 영업재산의 소유권에는 아무런 변동이 없고, 단지 경영주체만 일정기간 동안 바뀌는데 불과하므로 경영위임하는 사업주와 근로자들과의 근로관계는 아무런 변동이 없다.

나. 관련 규정

상법에는 경영손익분배의 경우 경영위임(경영관리)과 같이 권리의무의 승계에 관하여 아무런 규정을 두고 있지 않다.

다. 경영손익분배와 고용승계

경영위임의 계약에 따라 수임인은 위임인 사업주의 기업재산과 근로자를 활용하여 일정기간 경영을 하고, 그 대가로서 경영관리비 또는 일정한 수익금을 위임인으로부터 받거나, 수임인이 근로자를 새로 채용하여 위탁업무를 수행할 수도 있다.

수임인이 새로 근로자를 채용하여 위탁받은 업무를 수행하는 경우에는 위임인은 그로 인하여 발생한 잉여인력을 다른 부서에 배치하거나 또는 경영상 해고의 절차에 따라 감원하게 된다.

라. 정당성 요건

일반적으로 경영관리계약을 체결하면서 위임인은 수임인이 근로자들을 대부분 고용하기로 했다면서 소속 근로자들에게 사직서 제출을 요구하게 된다. 이러한 경우 위임인 소속 근로자들이 사직서 제출을 거부한 경우 또는 수임인이 고용을 약속하였다는 위임인의 설명을 신뢰하여 사직서를 제출하였으나, 수임인이 채용하지 않는 경우 해고문제가 발생한다.

근로계약은 일신전속성을 가지고 있으므로 기업합병 또는 영업양도와 같이 근로관계가 다른 권리와 함께 포괄적으로 승계되는 경우를 제외하고 근로관계를 임의로 양도할 수 없다. 설사 수임인이 위임인의 근로자들을 고용하기로 약정한 경우에도 근로자들의 동의가 없으면 그 효력을 인정받을 수 없다(민법 §657).

따라서 위임인 사업주가 사직서 제출을 거부한 근로자에 대하여 경영상 해고의 절차를 거치지 않고, 해고하는 경우 부당해고에 해당한다.

또한, 수임인이 고용을 약속하였다는 위임인의 설명을 신뢰하여 사직서를 제출하였으나, 수임인이 채용하지 아니한 경우 사직서 제출은 사기에 의한 의사표시에 해당하여 근로자가 이를 취소할 수 있다.

〈기업변동의 형태와 고용승계〉

구 분	고용승계	근 거
기업합병	당연승계	· 상법 제235조(합병의 효과)
기업분할	당연승계	· 상법 제530조의10(분할 또는 분할합병의 효과) · 판례(대법원 1997.6.27 선고 96다38551판결)
영업양도	원칙승계	· 판례(대법원 2001.7.27 선고 99두2680 판결)
영업임대	×	· 영업임대도 민법상 위임계약의 일종으로 위수탁관리계약에 관한 판례(대법원 2000.12.22 선고 99다10806 판결)의 법리 적용
경영위임 경영관리	×	· 판례(대법원 2000.12.22 선고 99다10806 판결)
영업손익분배		

관련판례

① 영업양도에 해당 여부

☞ 단순한 물적 자산의 양도는 영업양도에 해당되지 아니하여 근로관계가 승계되지 아니한다(대법원 2001.7.27 선고 99두2680 판결; 2003.11.14 선고 2003두4287 판결).

☞ 동일성이 유지된 채 양도 받았다고 볼 수 없으므로 상법상 영업의 양도를 인정할 수 없다(대법원 2005.7.22 선고 2005다602 판결).

☞ 운수업자가 운수업 폐지자로부터 운수업 면허 및 물적 시설만을 양수하면서 그 종업원들 중 일부만을 신규채용 형식으로 고용한 경우, 영업양도가 아니다(대법원 1995.7.25 선고 95다7987 판결).

☞ 한국수자원공사는 대한민국과의 기중기선단에 대한 보관위탁계약 기간이 종료됨에 따라 기중기선단에 대한 보관사업을 폐지하고 이에 따라 그 사업 부문에 종사하던 원고 등의 관리요원을 면직하였고, 피고는 대한민국과의 사이에 새로이 기중기선단에 대한 보관위탁계약을 체결하고 그 보관사업의 수행을 위하여 원고 등 22명을 신규 채용하였을 따름이지, 한국수자원공사의 기중기선단 보관사업이 영업양도에 의하여 피고에게 포괄적으로 이전되었다고 할 수 없다(대법원 1997.6.24 선고 96다2644 판결).

☞ 한국방송공사법에 따라 국가의 방송사업이 한국방송공사로 이관된 경우 한국방송공사법 또는 한국방송공사의 정관 · 취업규칙에 근로관계의 승계에 관한 규정이 없는 경우에 해당 공무원들의 근로관계는 승계되지 않는다(대법원 2005.3.25 선고 2003다39644 판결).

☞ 영업재산의 일부를 유보한 채 영업시설을 양도했어도 그 양도한 부분만으로도 종래의 조직이 유지되어 있다고 사회관념상 인정되면 그것을 영업의 양도라 볼 것이지만, 반면에 영업재산의 전부를 양도했어도 그 조직을 해체하여 양도했다면 영업의 양도로 볼 수 없는 것이다(대법원 2001.7.27 선고 99두2680 판결).

② 법률에 따른 인적 · 물적조직의 양도양수

☞ 금융감독위원회가 구 금융산업의구조개선에관한법률(1998.9.14. 법률 제5549 호로 개정되기 전의 것, 아래에서는 '구 금융산업구조개선법' 이라고 한다) 제14조 제2항에 의하여 내린 계약이전결정은 금융감독위원회의 일방적인 결정에 의하여 금융거래상의 계약상의 지위가 이전되는 사법상의 법률효과를 가져오는 행정처분으로서 부실금융기관의 자산 및 부채 중 일부만을 선택적으로 제3자인 인수금융기관에게 양도 및 인수하게 함으로써 부실금융기관을 정리하는 방법이다(대법원 2002.4.12 선고 2001다38807 판결).

… 따라서 부실금융기관의 정리와 예금자보호를 위하여 그 부실금융기관의 일부 우량자산만을 다른 금융기관에게 이전시킨 구 금융산업구조개선법 제14조 제2항에 의한 계약이전결정에 의하여 고용승계를 수반하는 영업양도의 효과가 발생하였다고 볼 수 없음은 물론(대법원 2000.11.28 선고 2000다43932 판결), 그 후 피고가 경기은행과의 별도 약정에

의하여 경기은행에 남은 일부 고정자산을 양수하고 경기은행 소속 직원의 일부를 새로 채용하여 종전 경기은행 지점 일부에서 피고의 지점으로서 은행업무를 재개하였다고 할지라도 이는 경기은행의 은행업 인가가 취소되어 그 조직이 해체되는 과정에서 이루어진 것으로서 영업양도라고 할 수 없는 것이다(대법원 2003.5.30 선고 2002다23826 판결).

③ 근로관계 일부를 승계대상에서 제외하는 특약의 유효여부

☞ 영업의 양도라 함은 일정한 영업목적에 의하여 조직화된 업체 즉 인적 물적 조직을 그 동일성은 유지하면서 일체로서 이전하는 것을 말하고 영업이 포괄적으로 양도되면 반대의 특약이 없는 한 양도인과 근로자간의 근로관계도 원칙적으로 양수인에게 포괄적으로 승계된다 할 것이고(대법원 1992.7.14 선고 91다40276 판결; 1991.11.12 선고 91다12806 판결; 1991.8.9 선고 91다15225 판결),

☞ 영업양도 당사자 사이에 근로관계의 일부를 승계의 대상에서 제외하기로 하는 특약이 있는 경우에는 그에 따라 근로관계의 승계가 이루어지지 않을 수 있으나, 그러한 특약은 실질적으로 해고나 다름이 없다 할 것이므로, 근로기준법 제27조 제1항 소정의 정당한 이유가 있어야 유효하다 할 것이며, 영업양도 그 자체만을 사유로 삼아 근로자를 해고하는 것은 정당한 이유가 있는 경우에 해당한다고 볼 수 없다 할 것이다(대법원 1994.6.28 선고 93다33173 판결).

④ 영업양도에 있어서 '영업의 동일성'

☞ 영업의 양도라 함은...(중략)..., 여기서 영업의 동일성 여부는 일반 사회관념에 의하여 결정되어져야 할 사실인정의 문제이기는 하지만, 문제의 행위(양도계약관계)가 영업의 양도로 인정되느냐 안 되느냐는 단지 어떠한 영업재산이 어느 정도로 이전되어 있는가에 의하여 결정되어져야 하는 것이 아니고 거기에 종래의 영업조직이 유지되어 그 조직이 전부 또는 중요한 일부로서 기능할 수 있는가에 의하여 결정되어져야 하는 것이다(대법원 1989.12.26 선고 88다카10128 판결; 1997.11.25 선고 97다35085 판결; 1998.4.14 선고 96다8826 판결; 2001.7.27 선고 99두2680 판결).

⑤ 영업의 일부양도

☞ 영업재산의 전부를 양도했어도 그 조직을 해체하여 양도했다면 영업의 양도는 되지 않는 반면에 그 일부를 유보한 채 영업시설을 양도했어도 그 양도한 부분만으로도 종래의 조직이 유지되어 있다고 사회관념상 인정되면 그것을 영업의 양도라 볼 것이다(대법원 1989.12.26 선고 88다카10128 판결; 1997.11.25 선고 97다35085 판결; 1998.4.14 선고 96다8826 판결; 2001.7.27 선고 99두2680 판결).

☞ 남부여객, 대경교통, 금강여객 및 참가인은 1993.9.13. ○○여객으로부터 버스만을 양수한 것에 불과하여 영업을 일부 양수하였다고 할 수 없고, 참가인이 1993.9.27. ○○여객의 일반버스 영업을 양수하였다고 할 것인데 원고들과의 근로관계를 승계의 대상에서 제외한 것은 실질적인 해고와 다름이 없다고 할 것인바(대법원 1995.9.29 선고 94다54245 판결 참조), 원고 이○○, 유○○, 이○○이 승무하던 시내버스가 위 XX여객, XX교통, ○○여객에게 각 양도되었다는 사정만으로는 참가인이 위 원고들과의 근로관계를 승계의 대상에서 제외

(실질적인 해고에 해당)할 정당한 이유가 된다고 할 수 없고, 달리 기록을 살펴보아도 참가인이 원고들과의 근로관계를 승계의 대상에서 제외할 정당한 이유를 찾아볼 수 없으므로 참가인은 위 영업양수에 의하여 원고들과의 근로관계를 승계한다고 할 것이다.
그리고 가사 감천여객이 1993.11.2. 원고들에게 해고의 통지를 하였다고 하더라도, 참가인이 1993.9.27. 영업양수에 의하여 원고들과의 근로관계를 승계한 이상 감천여객의 위 해고 통지는 아무런 효력이 없는 것이다(대법원 1997.4.25 선고 96누19314 판결).

⑥ 위탁협약 시 근로관계의 승계여부

☞ 소외 공사(수임인)와 피고 공사(위임인) 사이에 체결된 위탁협정에 따르면 소외공사는 피고공사의 방송 송신소 및 중계소, 장거리 전송시설, 비상송신시설 등 위탁시설의 운영 및 유지 · 보수와 위탁시설에 대한 경비 및 보안업무를 피고공사로부터 위탁받기로 하였는바, 위탁협정에 따른 법률관계는 이관되는 물적 시설의 소유권을 위탁자가 계속 보유하고 있고 그에 관한 권리의무도 포괄적으로 승계되지 않았다는 점으로 볼 때 영업양도나 기업합병에 해당하지 아니함은 물론 기업의 일부가 분리 독립한 경우나 계열기업사이의 조직변경이나 사업의 이관이 있었던 경우 등과 같이 근로관계가 포괄적으로 승계되는 법률관계에 해당한다고 볼 수 없다(대법원 2000.12.22 선고 99다10806 판례).

제9장

휴직·승진과 정당성

제1절 휴직과 정당성 요건

제2절 승진과 정당성 요건

제1절 휴직과 정당성 요건

1. 의 의

휴직은 일시적으로 근로자가 직무에 종사하는 것이 곤란하거나 적당하지 아니한 사유가 발생하는 경우 근로관계를 유지하면서 일정기간 동안 근로제공을 면제 또는 금지시키는 인사조치를 말한다.[391)]

2. 종 류

가. 신청휴직

근로자의 신청에 대해 사용자가 승낙의 의사표시를 함으로써 이루어지는 휴직을 말한다.

나. 명령휴직(직권휴직)

근로자의 의사와 관계없이 사용자가 일방적으로 행사하는 인사권으로서 휴직을 말한다.

3. 법적 효과

휴직은 그 자체로는 근로자가 입게 되는 불이익이 크지 않고 취업규칙 또는 단체협약에 정한 사유와 절차에 따라 행해지므로, 그 정당성 여부가 다투어지는 경우가 많지 않다.

신청휴직은 사용자가 근로자의 휴직신청을 거부하는 것이 정당한지 여부만이 다투어진다. 이를테면, 근로자가 상사 · 동료의 폭행 · 협박으로 직장생활을 감당할 수 없음을 이유로 휴직신청을 했으나 회사가 이를 승인하지 않자 계속 그 승인을 요구하면서 무단결근한 경우, 그에 대한 징계면직처분은 징계권의 남용이나

---

391) 대법원 1992.11.13 선고 92다16690 판결.

형평의 원칙에 반하여 무효이다.[392)]

4. 정당성 요건

근로기준법 제23조는 정당한 이유 없는 휴직을 금지하고 있으나, 정당성 요건에 대해서는 명시하지 않고 있으므로 휴직의 정당성 요건은 법원의 판례에 따라야 한다.

법원은 "사용자의 취업규칙 또는 단체협약 등 휴직의 근거규정에 의하여 사용자에게 휴직사유의 발생에 따른 휴직 명령권을 부여하고 있다 하더라도 정해진 사유가 있는 경우 해당 휴직규정의 설정목적과 실제 기능, 휴직명령권 발동의 합리성 여부 및 그로 인하여 근로자가 받게 될 신분상, 경제상의 불이익 등 구체적인 사정을 모두 참작하여 근로자가 상당한 기간에 걸쳐 근로제공을 할 수 없거나 근로제공을 함이 매우 부적당하다고 인정되는 경우에만 정당한 이유가 있다"라고 판단하고 있다.[393)]

가. 형사사건으로 구속 기소된 경우

근로자가 형사사건으로 구속되었다가 불구속 기소된 이상 사용자의 인사규정에서 정한 명령휴직의 사유 그 자체는 발생하였다할 것이고 근로자가 석방되기 전까지는 상당한 기간에 걸쳐 근로제공을 할 수 없으므로 사용자의 명령휴직처분에는 정당한 이유가 있으나, 구속취소로 석방된 후에는 상당기간에 걸쳐 근로제공을 할 수 없는 것이 아니고, 명령휴직규정의 설정 목적 등 제반 사정에 비추어 볼 때 근로자가 근로를 제공함이 매우 부적당한 경우라고 볼 수 없어 명령휴직처분을 계속 유지하는 것은 정당한 이유가 없다.[394)]

나. 경영상 사유에 의한 경우

노동조합과 감축대상인원과 정리기준에 관하여 합의한 후 희망퇴직 실시기간

392) 대법원 1997.7.22 선고 95다53096 판결.
393) 대법원 1992.11.13 선고 92다16690 판결.
394) 대법원 2005.2.18 선고 2003다63029 판결.

중 희망퇴직신청자에 대하여 희망퇴직을 실시하고, 유일하게 희망퇴직을 신청하지 않은 근로자에 대한 정리해고 방침을 세운 후 정리해고절차를 마무리할 때까지 근로자를 현직에 근무시키기 곤란하다고 판단하여 인사관리지침을 적용하여 휴직명령 한 것이라면, 인사권을 남용한 것으로 보기 어렵다.[395)]

다. 휴직 후 복직원을 제출하지 않은 경우

(1) 취업규칙상 '복직원 미제출 시 자진퇴직 간주'의 의미

회사의 취업규칙과 인사규정이 "복직원을 제출하지 아니한 때에는 자진퇴직으로 간주하고 면직시킬 수 있다"라고 규정한 취지는, 휴직한 직원이 복직원을 제출하지 아니하면 회사가 퇴직처분을 할 수 있고 퇴직처분을 하였을 때 회사와 직원 사이의 근로계약관계가 종료된다는 의미로 해석하여야 할 것이지, 이와 달리 "자진퇴직으로 간주한다."는 문구에 구애되어 근로관계의 당연종료사유를 규정한 것으로 보아서는 안 된다.[396)]

(2) 휴직기간 만료 후 "복직원 미제출 시 자진퇴직 간주"의 의미

근로자의 휴직이 본인의 귀책사유로 인한 것이 아닌 회사의 귀책사유로 인한 것인데도, 휴직기간이 만료되어도 기간 내에 복직하지 아니하는 때에는 퇴직처리할 수 있다는 취업규칙상의 규정을 형식적으로 적용하여 그 근로자를 퇴직처리한 것은 인사권의 남용 내지 신의칙과 형평에 반하는 것이다.[397)]

395) 대법원 2002.7.9 선고 2001다20452 판결.
396) 대법원 1993.11.9 선고 93다7464 판결.
397) 대법원 1991.10.11 선고 91다19883 판결.

제2절 승진과 정당성 요건

1. 의 의

승진은 사용자가 근로자의 직급, 직책, 호봉을 상향시킴으로써 근로자에 대하여 경제적 · 신분적으로 이익이 되는 인사조치를 말한다.

2. 법적 효과

승진은 근로자에게 이익이 되는 인사권의 행사이므로 그 정당성 여부를 다투는 경우가 드물게 일어난다.

승진의 정당성 여부는 사용자가 승진인사를 단행하면서 특정 근로자를 승진시키지 아니한 경우 승진하지 못한 근로자가 승진누락이 부당하다며 문제를 제기하는 경우가 있다.

또한, 사용자가 노동조합의 간부나 노동조합에서 중요한 역할을 하는 근로자를 승진시킴으로써 조합원 자격을 잃게 된 경우에는 노동조합활동을 방해할 목적으로 행한 것이라며 부당노동행위구제신청을 제기하는 사례가 있다.

3. 정당성 요건과 부당노동행위

근로자에 대한 승진은 사용자의 고유권한에 속하는 것으로서 승진여부의 결정은 사용자의 재량사항이다.

따라서 사용자가 승진시키지 아니한 것이 근로자에게 불이익을 끼치려는 의도에서 행하는 등 재량권을 현저히 남용하지 아니하였다면 부당하다고 할 수 없다.

그러나 사용자가 근로자의 노동조합활동을 혐오하거나 노동조합활동을 방해하려는 의사로 노동조합의 간부나 노동조합활동에 적극적으로 관여한 근로자를 승진시켜 조합원 자격을 잃게 한 경우에는 노동조합활동을 하는 근로자에게 불이익을 주는 행위로서 부당노동행위가 성립될 수 있다.

가. 승진탈락과 부당노동행위

업무능력, 근무성적, 상위직에 대한 적격성 등의 반영에 의하여 승진이 이루어지는 이른바 능력주의 승진제도 하에서 조합원이 노동조합에 가입하고 있음을 이유로 비조합원과 비교하여 승진에 있어서 불이익한 취급을 받았다고 하기 위해서는 특별한 사정이 없는 한 해당 조합원이 비교대상으로 된 비조합원과의 사이에 업무능력, 근무성적, 상위직에 대한 적격성 등에 있어 차이가 없어야 할 것이고, 조합원과 비조합원을 전체적으로 비교하여 승진격차가 있다고 하더라도 바로 노동조합법 제81조 제1호의 부당노동행위에 해당한다고 단정할 수 없다.[398)]

나. 승진발령과 부당노동행위

근로자의 승진은 근로자 개인에게 경제적 · 신분적 이익이 되는 것으로서 승진 여부의 결정은 원칙적으로 사용자의 권한과 재량에 속하지만, 사용자가 근로자의 노동조합활동을 혐오하거나 노동조합활동을 방해하려는 의사로 노동조합의 간부거나 노동조합활동에 적극적으로 관여하는 근로자를 승진시켜 조합원 자격을 잃게 한 경우에는 노동조합활동을 하는 근로자에게 불이익을 주는 행위로서 부당노동행위가 성립될 수 있을 것이다.

이러한 경우에 근로자의 승진이 사용자의 부당노동행위 의사에 의하여 이루어진 것인지 여부는 승진시기와 조합활동과의 관련성, 업무상 필요성, 능력의 적격성과 인선의 합리성 등의 유무와 해당 근로자의 승진이 조합활동에 미치는 영향 등 제반 사정을 고려하여 판단하여야 한다.[399)]

398) 대법원 1998.2.10 선고 96누10188 판결.
399) 대법원 1998.12.23 선고 97누18035 판결.

제3편

노동위원회 구제절차와 심판실무

제1장 총 설

제1절 노동위원회의 제도

1. 의 의

노동위원회는 노동관계를 둘러싼 당사자의 분쟁을 노사관계의 특성을 반영하여 간결한 절차에 따라 신속하면서도 합목적적으로 처리하기 위하여 설치한 제3의 분쟁해결기구이다.

2. 목 적

노동위원회는 노동관계에 있어서 판정 · 조정업무의 신속 · 공정한 수행을 통하여 노동관계의 안정과 발전에 이바지함을 목적으로 한다(노위법 §1).

노동위원회에 의한 분쟁해결률은 2009년부터 대체적으로 96%를 상회하고 있으며, 구제신청사건이 크게 증가한 2013년에도 전체 구제신청사건의 96.1%를 해결함으로써 중추적인 분쟁해결기관으로서의 역할을 수행하고 있음을 보여주고 있다.[400)]

3. 성 격

가. 준사법적 기관

노동위원회는 단순히 법령을 집행하는 기관이 아니라, 해당 사건의 사실관계나 법률관계에 관하여 노동관계 당사자가 준수하여야 할 규범을 판단하고, 적용하는 기능을 가진 준사법적 행정기관이다.

나. 합의제 행정기관

노동위원회는 근로자위원 · 사용자위원 · 공익위원의 3자에 의해 구성된 합의제 행정기관이다. 근로자위원과 사용자위원은 해당 사건에 의견진술권을 갖고 있으

400) 노동위원회의 분쟁해결률은 지방노동위원회에 접수된 사건이 행정소송까지 가지 않고 해결된 비율로서 [(초심구제 신청건수-행정소송 제기건수)/초심구제 신청건수]로 산정된다.

며, 공익위원 3명으로 이루어진 심판위원회에서 공익위원 합의에 의해 판정이 내려진다는 의미에서 합의제라고 볼 수 있다.

다. 독립적 기관

노동위원회는 직제상 고용노동부장관의 소속이지만, 업무는 독립적으로 수행하여야 하는 행정기관이다.

4. 노동위원회와 심판구조[401)]

가. 법원의 소송구조

(1) 직권탐지주의

직권주의 또는 직권탐지주의는 법원에 소송의 주도적 지위를 인정하여, 판사가 당사자의 주장에 구속받지 않고 적극적으로 유·무죄를 심판하는 대륙법 소송구조이다.

법원은 당사자가 제출한 증거뿐 아니라 직권으로 증거를 수집·조사하는 직권조사를 하는 등 소송을 주도함으로써 실체적 진실을 발견하기 용이하지만, 법원의 독단적 사건심리로 인해 피고인의 주체성이 형식화되고, 방어권 보장에 어려움이 있다.

현행 형사소송구조는 직권주의를 기본구조로 하면서 피고인의 방어권을 보장하기 위하여 당사자주의 요소를 도입하고 있다.

(2) 당사자주의

당사자주의 또는 변론주의는 소송의 당사자에게 소송의 주도적 지위를 인정하는 영미법 소송구조이다. 당사자가 대등한 위치에서 소송의 청구, 증거의 수집과 제출, 심리(공격과 방어)를 진행하게 된다.

법원은 중립적인 위치에서 당사자의 주장과 입장을 판단하는 역할만을 수행하는데, 민사소송은 신청요건과 관련한 관할권, 당사자 능력, 소송능력, 대리권, 제

---

401) 조정구, "노동위원회의 심판구조와 직권조사", 전남지방노동위원회, 2012, 1~5쪽.

척기간 등에 대한 법원의 직권조사를 제외하고, 당사자주의를 채택하고 있다.

당사자주의는 당사자가 동등한 지위에서 충분한 증거제출이 가능하므로 법원은 제3자의 입장에서 공정한 재판이 가능하나, 형사소송의 경우 국가형벌권의 행사가 타협과 거래대상이 될 위험이 있다.

나. 노동위원회의 심판구조

노동위원회의 목적은 공정하고 신속한 사건처리를 통한 노사관계의 안정과 발전에 있다. 노동위원회는 해당 위원회 또는 부문별위원장 · 주심, 조사관에게 사건조사지휘권, 직권조사 및 심문권 등을 부여하고 있는데, 이는 직권주의적 본질에 부합한다.

다만, 당사자의 구제신청권(초심: 근로자, 재심: 초심에서 패소한 근로자 · 사용자), 당사자의 증거수집과 제출 등을 통한 공격과 방어를 골간으로 하고 있어 표면적으로는 당사자주의 형태를 띠고 있다.

따라서 노동위원회의 심판구조는 직권탐지주의를 기본구조로 한 당사자주의를 보충함으로써 현행 형사소송구조와 유사한 직권탐지주의적 당사자주의에 해당한다.

〈직권탐지주의와 당사자주의 관련 규정〉

구 분	직권탐지주의 요소	당사자주의 요소
노동위원회법	① 공인노무사의 권리구제대리권(§6의2) ② 위원장, 부문별위원장 · 주심의 조사지휘권과 조사관의 조사권 및 의견진술권(§14의3) ③ 위원장 · 부문별위원장의 부의사항에 대한 위원 또는 조사관으로부터 보고 및 노사위원 의견청취권(§18) ④ 위원장의 위원 제척결정권(§21③) ⑤ 관계행정기관에 대한 협조요청권(§22①) ⑥ 당사자 또는 관계자에 대한 서류제출명령권 및 사업장의 현장조사권(§23①)	① 당사자의 위원기피신청권(§21③) ② 당사자의 재심신청권(§26①),
근로기준법	① 위원회의 당사자 심문권 및 직권조사권, 직권증인신청 · 심문권(§29①②)	① 당사자의 증인신청권(§29 및 노조법 §83①) ② 부당해고등 구제신청권(§28조) ③ 당사자의 증거제출권 및 증인신청 · 반대심문권(§29③)
노동조합법	① 위원회의 당사자 심문권 및 직권조사권, 직권증인신청 · 심문권(§83①②)	① 부당노동행위구제신청권(§82) ② 당사자의 증인신청권(§83①) ③ 당사자의 증거제출권 및 증인신청 · 반대심문권(§83③)

제2절 노동위원회 종류와 소관 사무

1. 종 류

노동위원회는 중앙노동위원회 · 지방노동위원회 및 특별노동위원회로 구분된다(노위법 §2①).

특별노동위원회는 특정한 사항을 관장하기 위하여 필요한 경우에 해당 특정사항을 관장하는 중앙행정기관의 장 소속하에 둔다.

현재 운영되고 있는 특별노동위원회는 국토교통부장관 소속의 선원노동위원회가 있다(선원법 §4).

2. 소관 사무

노동위원회에서 수행하는 업무는 크게 심판업무, 차별시정업무, 조정업무, 교섭대표결정업무로 나눌 수 있다(노위법 §2의2).

가. 심판 · 차별시정 · 교섭대표결정 업무

「노동조합 및 노동관계조정법」·「근로기준법」·「근로자참여 및 협력증진에 관한 법률」·「교원의 노동조합설립 및 운영 등에 관한 법률」·「공무원의 노동조합설립 및 운영 등에 관한 법률」·「기간제 및 단시간근로자 보호 등에 관한 법률」 및 「파견근로자보호 등에 관한 법률」에 따른 판정 · 결정 · 의결 · 승인 · 인정 또는 차별시정 등에 관한 업무, 복수노조 하에서의 교섭창구단일화절차에 관한 교섭대표결정업무

나. 조정 업무

「노동조합 및 노동관계조정법」·「교원의 노동조합 설립 및 운영 등에 관한 법률」 및 「공무원의 노동조합설립 및 운영 등에 관한 법률」에 따른 노동쟁의 조정 · 중재 또는 관계 당사자의 자주적인 노동쟁의 해결지원에 관한 업무

3. 사건 관장

각 노동위원회는 다음과 같이 사건을 관장하여 처리한다(노위법 §3).

가. 관장 원칙

구 분	관장사건
지방노동위원회	· 해당 관할구역에서 발생하는 사건 · 2 이상의 관할구역에 걸친 심판 · 차별시정사건은 주된 사업의 소재지를 관할하는 지방노동위원회에서 관장
중앙노동위원회	· 지방노동위원회 및 특별노동위원회의 처분에 대한 재심사건 · 2 이상의 지방노동위원회의 관할구역에 걸친 노동쟁의 조정사건 · 다른 법률에 의하여 그 권한에 속하는 것으로 규정된 사건
특별노동위원회	· 관계 법률이 정하는 바에 따라 그 설치목적으로 규정된 특정사항에 관한 사건

나. 관장 지정

중앙노동위원회 위원장은 효율적인 사건처리를 위하여 필요하다고 인정하는 경우에는 지방노동위원회를 지정하여 해당 사건을 처리하게 할 수 있다.

또한, 중앙노동위원회위원장은 2 이상의 관할구역에 걸친 사건의 주된 사업장을 정하기 어렵거나 주된 사업장의 소재지를 관할하는 지방노동위원회에서 처리하기 곤란한 사정이 있는 경우에는 직권으로 또는 관계당사자나 지방노동위원회 위원장의 신청에 따라 지방노동위원회를 지정하여 해당 사건을 처리하게 할 수 있다.

다. 사건 이송

노동위원회는 접수된 사건이 다른 노동위원회 관할 사건인 때에는 즉시 해당 사건과 일체의 서류를 관할 노동위원회로 이송해야 하며, 사건을 이송할 때는 그 사실을 지체 없이 신청인에게 통지한다(노위규칙 §32①②).

이송된 사건은 이송 받은 노동위원회에서 처음부터 접수된 것으로 본다(노위규칙 §32⑤).

〈지방노동위원회의 명칭 · 위치 및 관할구역〉

명칭	위치	관할구역
중앙노동위원회	세종시	전국
서울지방노동위원회	서울특별시	서울특별시
부산지방노동위원회	부산광역시	부산광역시 · 울산광역시
경기지방노동위원회	경 기 도	경기도 · 개성공단
충남지방노동위원회	대전광역시	대전광역시 · 충청남도 · 세종시
전남지방노동위원회	광주광역시	광주광역시 · 전라남도
경북지방노동위원회	대구광역시	대구광역시 · 경상북도
경남지방노동위원회	경상남도	경상남도
인천지방노동위원회	인천광역시	인천광역시
강원지방노동위원회	강 원 도	강 원 도
충북지방노동위원회	충청북도	충청북도
전북지방노동위원회	전라북도	전라북도
제주특별자치도지방노동위원회	제주특별자치도	제주특별자치도

〈선원위원회의 명칭 · 위치 및 관할구역〉

명 칭	위 치	명 칭	위 치
인천선원노동위원회	인천광역시	울산선원노동위원회	울산광역시
군산선원노동위원회	전라북도 군산시	포항선원노동위원회	경상북도 포항시
목포선원노동위원회	전라남도 목포시	동해선원노동위원회	강원도 동해시
여수선원노동위원회	전라남도 여수시	대산선원노동위원회	충청남도 서산시
마산선원노동위원회	경상남도 마산시	평택선원노동위원회	경기도 평택시
부산선원노동위원회	부산광역시		

제3절 노동위원회의 구성

1. 구성 원칙

노동위원회는 근로자를 대표하는 근로자위원과 사용자를 대표하는 사용자위원 및 공익을 대표하는 공익위원 등 3자로 구성한다(노위법 §6①).

2. 위원 위촉

가. 근로자 · 사용자위원

근로자위원은 노동조합이 추천한 자 중에서 위촉하고, 사용자위원은 사용자단체가 추천한 자 중에서 위촉하되, 중앙노동위원회의 경우에는 고용노동부장관의 제청으로 대통령이, 지방노동위원회의 경우에는 지방노동위원회위원장의 제청으로 중앙노동위원회위원장이 각각 위촉한다(노위법 §6③).

나. 공익위원

공익위원은 해당 노동위원회위원장 · 노동조합 및 사용자단체가 각각 추천한 자 중에서 노동조합과 사용자단체가 순차적으로 배제하고 남은 자를 위촉대상 공익위원으로 한다. 그 위촉대상 공익위원 중에서 중앙노동위원회의 공익위원은 고용노동부장관의 제청으로 대통령이, 지방노동위원회의 공익위원은 지방노동위원회위원장의 제청으로 중앙노동위원회위원장이 각각 위촉한다(노위법 §6④⑤).

3. 위원의 임기

노동위원회 위원의 임기는 3년으로 하되, 연임할 수 있다(노위법 §7).

4. 공익위원의 자격

공익위원은 부당해고 등 구제신청사건에 있어서 심판위원회 위원으로서 심문 및 판정을 수행하여야 하기 때문에 높은 전문성이 요구되므로 다음과 같은 자격이 있어야 한다(노위법 §8).

구 분	지방노동위원회	중앙노동위원회
심판·차별시정	가. 노동문제와 관련된 학문을 전공한 자로서 공인된 대학에서 조교수 이상으로 재직한 자 나. 판사 · 검사 · 군법무관 · 변호사 또는 공인노무사의 직에 3년 이상 재직한 자 다. 노동관계업무에 3년 이상 종사한 자로서 3급 또는 3급 상당 이상의 공무원이나 고위공무원에 속하는 공무원으로 재직한 자 라. 노동관계업무에 10년 이상 종사한 자로서 4급 또는 4급 상당 이상의 공무원으로 재직한 자 마. 기타 노동관계업무에 10년 이상 종사하여 전문적 지식과 경험을 갖춘 자로서 심판담당공익위원 또는 차별시정담당공익위원으로 적합하다고 인정되는 자	가. 노동문제와 관련된 학문을 전공한 자로서 공인된 대학에서 부교수 이상으로 재직한 자 나. 판사 · 검사 · 군법무관 · 변호사 또는 공인노무사의 직에 7년 이상 재직한 자 다. 노동관계업무에 7년 이상 종사한 자로서 2급 또는 2급 상당 이상의 공무원이나 고위공무원단에 속하는 공무원으로 재직한 자 라. 기타 노동관계업무에 15년 이상 종사하여 전문적 지식과 경험을 갖춘 자로서 심판담당공익위원 또는 차별시정담당공익위원으로 적합하다고 인정되는 자
조 정	가. 공인된 대학에서 조교수 이상 재직한 자 나. 판사 · 검사 · 군법무관 · 변호사 또는 공인노무사의 직에 3년 이상 재직한 자 다. 노동관계업무에 3년 이상 종사한 자로서 3급 또는 3급 상당 이상의 공무원이나 고위공무원단에 속하는 공무원으로 재직한 자 라. 노동관계업무에 10년 이상 종사한 자로서 4급 또는 4급 상당 이상의 공무원으로 재직한 자 마. 기타 노동관계업무에 10년 이상 종사한 자 또는 사회적 덕망이 있는 자로서 조정담당공익위원으로 적합하다고 인정되는 자	가. 공인된 대학에서 부교수 이상으로 재직한 자 나. 판사 · 검사 · 군법무관 · 변호사 또는 공인노무사의 직에 7년 이상 재직한 자 다. 노동관계업무에 7년 이상 종사한 자로서 2급 또는 2급 상당 이상의 공무원이나 고위공무원단에 속하는 공무원으로 재직 한 자 라. 기타 노동관계업무에 15년 이상 종사한 자 또는 사회적 덕망이 있는 자로서 조정담당공익위원으로 적합하다고 인정되는 자

제4절 심판위원회 구성과 운영

1. 종 류

노동위원회는 근로자위원 · 사용자위원 · 공익위원 전원으로 구성된 전원회의, 그 권한에 속하는 업무를 부문별로 처리하기 위하여 '부문별위원회(심판위원회 · 차별시정위원회 · 조정위원회 · 특별조정위원회 · 중재위원회 · 교원노동관계조정위원회 및 공무원노동관계조정위원회)'를 두고 있다(노위법 §15).

2. 심판위원회 구성과 소관업무

심판위원회는 심판담당공익위원 중 위원장이 지명하는 3인(위원장 또는 상임위원 1인을 포함)으로 구성한다.

심판위원회는 부당해고 등 구제신청사건, 부당노동행위 구제신청사건 등 「노동조합 및 노동관계조정법」·「근로기준법」·「근로자참여 및 협력증진에 관한 법률」 그 밖의 법률에 따라 노동위원회의 판정 · 의결 · 승인 또는 인정 등을 받도록 규정된 사항을 처리한다(노위법 §15).

3. 심판위원회의 운영

부당해고 등 구제신청사건이나 부당노동행위 구제신청사건에 대하여 조사관의 조사가 완료되면 심판담당 공익위원 3인, 근로자위원, 사용자위원 각 1인이 참여하여 심문회의를 진행한다.

심문회의가 끝나면 심판위원회는 근로자위원, 사용자위원의 의견을 들은 후 공익위원의 과반수의 찬성으로 판정을 한다(노위규칙 §59).

제5절 '부당해고 등' 및 부당노동행위 구제제도

1. 제도 취지

부당해고 등 구제제도는 근로자가 사용자로부터 인사상 불이익조치를 당한 경우 노동위원회를 통하여 신속하게 구제받음으로써 시간과 비용을 절약할 수 있도록 도입한 것이다.[402)]

부당노동행위구제제도는 노동위원회를 통하여 집단적 노사관계에 관한 분쟁을 노사관계의 특성을 고려하여 신속 · 유연하고 합목적적으로 해결함으로써 노사관계의 안정과 발전을 도모하기 위하여 도입하였다.

2. 제도 연혁

1953년 노동관계법령 시행과 더불어 노사관계의 공정한 조정을 위하여 노동위원회를 설치하고, 노동쟁의조정사건을 처리하게 하였다.

부당해고 등에 대해서 형사적 구제방법을 취하여 오다가, 1989.3.29. 근로기준법을 개정하여 원상회복주의를 병행하게 되었는데, 2007.1.26. 근로기준법 개정 시 부당해고 등 구제명령에 대하여 이행강제금 제도를 도입하면서 형사적 구제방법을 폐지하였다.

한편, 부당노동행위는 징벌주의에 의한 형사적 구제방법을 취하여 오다가 1963년부터 노동위원회에 의한 부당노동행위 구제제도를 도입하면서 원상회복주의를 병행하게 된 것이다.

3. 구제방법과 성격

가. 구제 방법

부당해고 등 및 부당노동행위에 대한 구제방법은 ① 노동위원회에 의한 행정적

---

402) 대법원 1992.11.13 선고 92누11114 판결.

구제, ② 민사법원에 무효확인 · 손해배상 소송 등을 통한 민사적 구제, ③ 고용노동부 지방노동관서를 통한 형사적 구제가 있다.

근로기준법 개정(2007.1.26.)으로 부당해고 등에 관하여 처벌규정이 삭제됨으로써 2007.7.1. 이후 부당해고 등에 대해서는 행정적 구제와 민사적 구제만 가능하게 되었다.

다만, 노동위원회에서 구제명령이 확정되는 경우 구제명령을 불이행한 사업주를 고발할 수 있도록 함으로써 형사적 구제가 가능하다(근기법 §111, §31③).

나. 제도 성격

노동위원회의 구제절차와 법원의 소송은 당사자의 신청 또는 청구에 의하여 절차가 개시된다는 점은 같으나, 조사절차와 판정 · 판결의 효력이 근본적으로 다르다.

법원은 사실의 주장과 증거수집 · 제출의 책임을 당사자에게 맡기고 당사자가 수집하여 변론에서 제출한 소송자료만을 재판의 기초로 삼고 있으나, 노동위원회는 신청취지의 범위 내에서 직권으로 사실을 조사하고 증거를 수집하여야 한다.

또한, 법원은 권리의무관계의 존재 여부와 범위를 확정하는데 주안점을 두는 반면, 노동위원회는 당사자 간의 자주적 분쟁해결을 촉진 · 지원하고, 노사관계의 특성을 반영한 합목적적인 결론을 내리는데 주안점을 둔다는 근본적인 차이가 있다.

〈구제 방법별 차이〉

구 분	행정적 구제	민사적 구제	형사적 구제
절차의 개시	신 청	소 제기	고소 · 고발, 인지수사
주장 또는 입증책임	노동위원회+당사자	당사자	법원, 검사, 근로감독관
직권조사사항	구제신청 요건, 절차유지 요건	소송(상소)요건, 소송계속 요건	공소권, 공소유지요건
미확정판정(판결)의 효력	공정력 (취소 전)	없 음	없 음 (무죄추정)

4. 제도의 장점

노동위원회를 통한 부당해고 등 및 부당노동행위 구제제도의 장점은 근로자 위원 · 사용자위원들의 노동조합 활동 및 사업장 근무경험과 근로감독관으로서 근무활동 등 다양한 현장경험을 가지고 있는 조사관들이 사업장의 특성에 따라 당사자가 수용할 수 있는 자주적인 해결방안을 제시하며 분쟁해결을 촉진함으로써 화해를 도모하고, 판정에 있어서도 합목적적인 결론을 기대할 수 있다.

노동위원회는 그 제도적 장점을 충분히 활용함으로써 노사관계의 분쟁에 대하여 96% 이상에 이르는 높은 분쟁해결률을 유지하고 있다.

제2장 노동위원회와 구제절차

제1절 구제신청서 접수
제2절 사건관할과 이송
제3절 신청서 보정과 진행안내
제4절 구제신청 요건조사
제5절 구제신청 당사자와 대상 적격
제6절 사실조사
제7절 조사보고서
제8절 심문회의
제9절 판정회의와 금전보상명령
제10절 화해와 단독심판
제11절 판정에 대한 불복
제12절 이행강제금제도와 고발
제13절 중앙노동위원회의 재심

〈노동위원회 심판사건 처리 흐름도〉

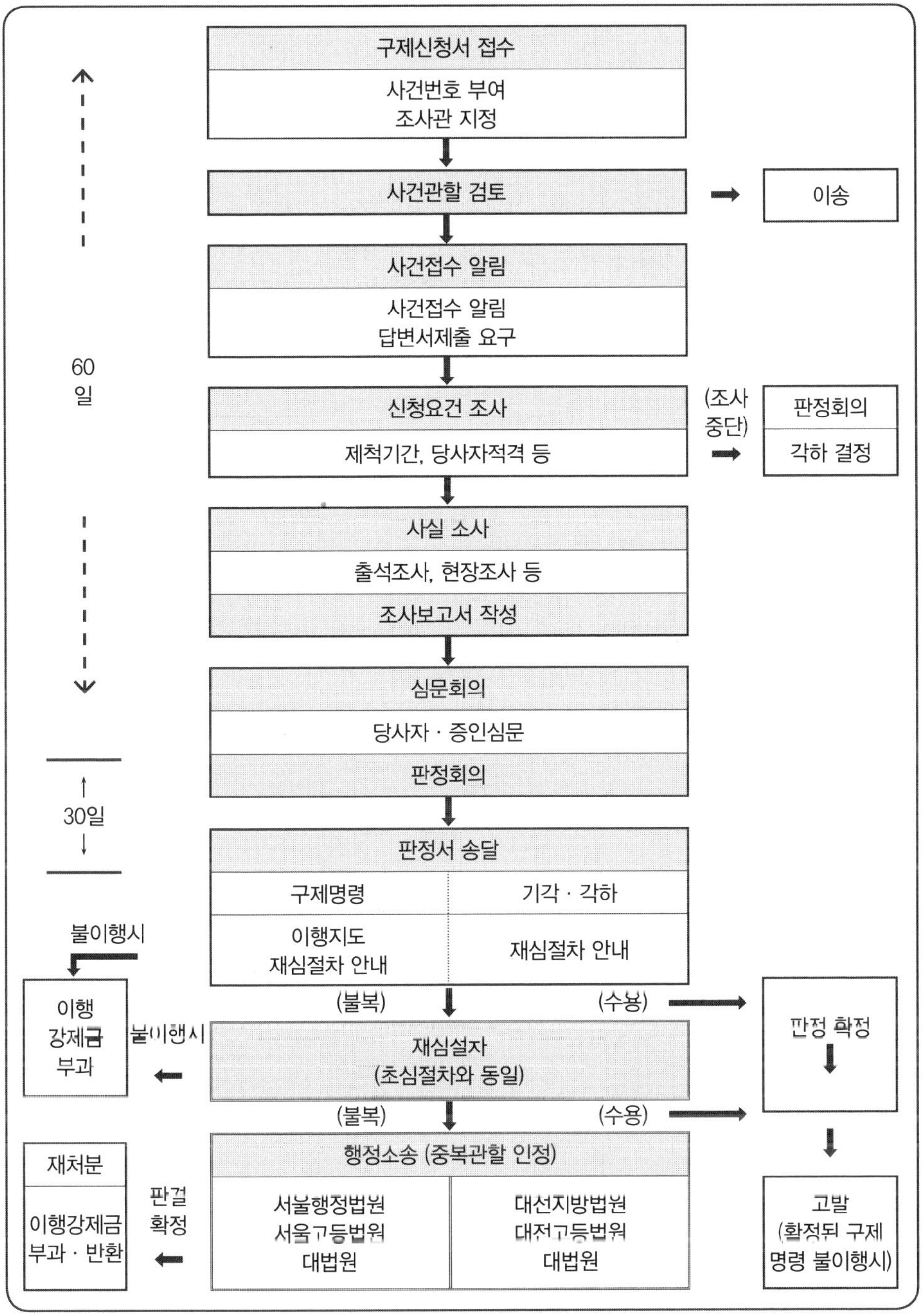

제1절 구제신청서 접수

1. 사건번호 부여

근로자 또는 노동조합이 부당해고 등 및 부당노동행위가 있었던 날(부당노동행위는 그 행위가 종료된 날)부터 3개월 이내 노동위원회에 구제신청을 접수하면(근기법 §28 · 노조법 §82②), 노동위원회는 접수순대로 사건번호와 사건명칭을 부여한다.

2. 담당 조사관 지정

노동위원회는 정해진 순서에 따라 담당 조사관을 지정하게 된다. 다만, 필요한 경우 지정된 사건을 재지정하거나, 동일지역 또는 동일사업장에서 발생한 다수사건 등에 대하여 일관성있는 처리를 위해 전담조사팀을 구성하거나 전담 조사관을 지명하여 사건을 담당하게 할 수 있다.

중앙노동위원회는 「심판사건 접수 및 조사관 지정에 관한 지침」과 「중앙노동위원회 심판위원회 구성 및 사건배정 지침」을 통하여 사건처리에 대한 공정성을 도모하기 위한 노력을 기울이고 있다. [403)]

---

403) 중앙노동위원회는 사건 접수일자 · 사건명에 따른 조사관 배정기준을 정한 「심판사건 접수 및 조사관 지정에 관한 지침(2013.1.14.)」과 심판담당 공익위원들에게 심판위원회의 참여 기회를 균등하게 보장하기 위한 「중앙노동위원회 심판위원회 구성 및 사건배정 지침(2014.6.16.)」을 시행하고 있다.

제2절 사건관할과 이송

1. 관할 원칙

부당해고 등의 구제신청사건은 사업장 소재지를 관할하는 지방노동위원회가 관장함을 원칙으로 한다. 다만, 2개 이상의 관할구역에 걸친 사건은 근로자가 불이익을 당할 당시의 사업장 소재지를 관할하는 지방노동위원회가 관장한다(노위규칙 §30②).

지방노동위원회의 구제신청사건에 대한 재심사건은 중앙노동위원회가 관장한다(노위법 §3①1).

2. 관할 예외

전국 각지에 사업장을 둔 사업체에서 동시다발로 유사한 내용의 구제신청사건이 사업장 관할 지방노동위원회에 각각 접수되는 경우에는 사건의 효율적인 처리를 위하여 필요하다고 판단되는 경우 지방노동위원회 위원장은 중앙노동위원회에 관장지정을 신청할 수 있다(노위법 §3⑤, 노위규칙 §31①).

또한, 2개 이상의 관할구역에 걸친 사건에서 주된 사업장을 정하기 어렵거나 주된 사업장을 관할하는 지방노동위원회에서 처리하기 곤란하다고 판단되거나 또는 관계 당사자가 이와 같은 사정을 들어 해당 지방노동위원회에 관할지정을 신청하는 경우 지방노동위원회는 중앙노동위원회에 관장지정을 신청한다(노위법 §3⑤, 노위규칙 §31②).

3. 사건이송과 통지

노동위원회는 접수사건이 다른 노동위원회 관할인 경우에는 그 사건과 서류일체를 관할 노동위원회로 이송한다. 다만, 이송할 지방노동위원회가 2개 이상이면 중앙노동위원회에 관장지정을 신청하고, 그 결과에 따라서 이송한다(노위규칙 §32①).

사건을 이송할 때는 그 사실을 지체 없이 당사자에게 통지하여야 한다(노위규칙 §32②).

노동위원회는 사건조사 또는 심문을 개시한 후 그 관할이 잘못된 것으로 확인되면 즉시 사건조사, 심문을 중지하고, 사건이송이나 관장지정 절차를 취하여야 한다(노위규칙 §32③).

사건 이송은 이송 받은 노동위원회에 처음부터 접수된 것으로 보며, 제척기간의 도과여부는 최초 구제신청을 접수한 시점을 기준으로 판단하여야 한다(노위규칙 §32⑤).

제3절 신청서 보정과 진행안내

1. 신청서 보정

담당 조사관이 구제신청서를 검토하고, 기재사항의 누락이나 그 내용이 명확하지 않은 경우 신청인에게 신청서 접수를 알리면서 기간을 정하여 보정을 요구하게 된다(노위규칙 §41).

통상 2차까지 보정을 요구하며, 2차 보정요구에도 따르지 아니한 경우에는 신청의사가 없는 것으로 간주하여 신청을 각하한다(노위규칙 §60).

2. 사건진행 안내

사건접수와 진행사항을 안내하는 것은 당사자로 하여금 사건진행 절차를 이해하고, 사건진행에 협조할 수 있도록 함으로써 신속하고 원활한 사건 처리를 도모하는데 있다.

또한, 관계 당사자로 하여금 위원제척 · 기피 신청권, 증인신청권 등 근로기준법 내지 노동위원회법 등에서 규정하고 있는 권리를 행사할 수 있는 기회를 제공하여 사건처리의 공정성을 확보하는데 그 목적이 있다.

특히, 법원에 제기하는 소송의 경우 법률구조공단 등 법에 의한 구조를 받을 수 있는 제도가 있는데, 노동위원회에서도 근로자의 월 평균임금이 고용노동부장관이 고시하는 금액 미만(2014년 월 170만 원)에 해당하는 경우에는 노동위원회에 권리구제대리인을 신청하여 무료로 공인노무사를 선임 받을 수 있다.

제4절 구제신청 요건조사

1. 의 의

구제신청사건이 신청요건을 갖추지 못하였거나 사건진행 중 신청요건을 상실한 경우에는 해고나 부당노동행위 등의 사실 및 그 정당성 여부를 판단할 필요 없이 구제신청은 각하대상이 된다(노위규칙 §60①).[404]

만약, 노동위원회가 이를 간과하여 구제신청을 각하하지 아니하고 구제명령을 한다면 재심 또는 행정소송에서 취소사유가 된다(노위규칙 §94①).

민사소송과 마찬가지로 구제신청요건 또는 구제절차유지요건 구비 여부는 당사자의 주장이 없더라도 노동위원회가 직권으로 조사하여야 한다(노위규칙 §45③).

2. 구제신청 기간

부당해고 등 및 부당노동행위의 구제신청은 그 사유가 있은날(부당노동행위는 그 행위가 종료된 날)부터 3개월 이내에 하여야 하며(근기법 §28 · 노조법 §82②), 이러한 경우 구제신청기간의 기산일은 ① 해고의 경우에는 근로기준법 제27조에 따라 근로자가 받은 해고통지서에 기재된 해고일. 다만, 해고통지서에 기재된 해고일이 해고통지서를 받은 날보다 이전인 때에는 해고통지서를 받은 날, ② 해고 이외의

---

404) 노위규칙 제60조제1항【구제신청 각하 대상】

1. 관계 법령의 규정에 따른 신청기간을 지나서 신청한 경우,
2. 제41조에 따른 보정요구를 2회 이상 하였음에도 보정을 하지 아니한 경우,
3. 당사자 적격이 없는 경우,
4. 구제신청의 내용이 노동위원회의 구제명령 대상이 아닌 경우,
5. 같은 당사자가 같은 취지의 구제 신청을 거듭하여 제기하거나 같은 당사자가 같은 취지의 확정된 판정(법 제16조의3에 따른 화해조서를 포함한다)이 있음에도 구제 신청을 제기한 경우나 판정이 있은 후 신청을 취하하였다가 다시 제기한 경우,
6. 신청하는 구제내용이 법령상이나 사실상 실현할 수 없거나 신청의 이익이 없음이 명백한 경우,
7. 신청인이 2회 이상 출석에 불응하거나 주소불명이나 소재불명으로 2회 이상 출석통지서가 반송되거나 그 밖의 사유로 신청 의사를 포기한 것으로 인정될 경우

징벌은 그 징벌에 관한 통지(구술통지를 포함)를 받은 경우 그 통지를 받은 날, 통지를 받지 못한 때에는 근로자가 징벌이 있었음을 안 날, ③ 부당노동행위가 계속되는 경우에는 그 행위가 종료된 날, ④ 단체협약이나 취업규칙 등에 징계재심 절차가 규정된 때에는 원처분일 등이 된다(노위규칙 §40).

가. '부당해고 등'의 의미

근로기준법 제23조에는 "해고, 휴직, 정직, 전직, 감봉, 그 밖의 징벌"을 '부당해고 등'의 예시로 들고 있으며, 이러한 '부당해고 등'에 대하여 근로자는 노동위원회에 구제신청을 할 수 있다.

특히, '그 밖의 징벌'에 대해서 판례와 노동위원회의 판정예를 보면, 근속승진 누락,[405] 평가 등급에 영향을 미치는 주의처분,[406] 근무편정에 영향을 미치는 경고,[407] 배차변경[408] 근무평정에 영향을 미치는 경고처분,[409] 정기승급 감호조치,[410] 직위해세[411] 등과 같이 명칭에 관계없이 사용자가 근로자에게 행한 인사상 불이익 조치를 말한다.

나. '부당해고 등...이 있은 날'의 의미

인사상 불이익조치는 법적으로는 근로계약을 해지 또는 변경하는 법률행위라고 할 수 있으므로 상대방이 있는 의사표시의 형태로 이루어지며, 그 의사표시가 근로자에게 도달한 때로부터 효력이 발생된다. 따라서 사용자가 해고 등 인사조치를 즉시 시행하는 경우에는 근로자가 통지를 받은 날이 부당해고 등이 있었던 날이 된다.[412]

다만, 해고 등의 불이익처분이 일정한 기간이 경과한 후에 그 효력을 발생하도

405) 서울행정법원 2009.7.1 선고 2008구합47494 판결.
406) 중노위 2012.9.5 판정 2012부해584.
407) 중노위 2011.3.24 판정 2010부해1330.
408) 중노위 2011.6.23 판정 2011부해341.
409) 중노위 2011.10.20 판정 2011부해694.
410) 중노위 2012.4.16 판정 2012부해188,190.
411) 중노위 2008.11.5 판정 2008부해616.
412) 서울행정법원 2011.3.25 선고 2010구합39250 판결.

록 한 경우에는 그 효력발생일이 부당해고 등이 있었던 날이다.[413)]

다. 사건유형별 기산일

노동위원회규칙 제40조 각호의 기산일 규정은 근로기준법상 "부당해고 등이 있었던 날"을 구체적으로 해석해 놓은 규정이다.

여기서 해고와 해고 이외의 징벌을 구분한 것은 해고의 경우 근로기준법 제27조에 "서면으로 통지해야 효력이 있다."라고 명시적으로 규정하고 있기 때문이다.

'부당노동행위가 있은 날'에 있어서 불이익취급의 부당노동행위(노조법 §81제1호, 제5호)의 경우에는 사용자의 해고 등 인사상 불이익조치가 전제되므로 '부당해고 등'과 같이 해석하면 되고, 나머지 부당노동행위의 경우에는 원칙적으로 그 해당행위가 있은 날을 기준으로 기산한다.

노조법 제82조 제2항의 '계속되는 행위'란 사용자가 한 행위의 효과가 계속된다는 의미가 아니라 동일한 부당노동행위 의사에 근거하여 계속되는 행위를 말하며, 이러한 경우 계속되는 행위의 종료일이 구제신청 기간의 기산일이 된다.

예컨대, 무기정직,[414)] 대기발령[415)]은 그 처분과 동시에 처분행위가 종료되는 것인 반면, 직장폐쇄와 같은 행위는 그 행위가 완결되지 아니하고 일정기간 계속되는 행위에 해당한다.

라. 서면통지에 의하지 아니한 해고의 기산일

(1) 사직서 수리

근로자의 사직서 제출이 진의 아닌 의사표시[416)] 또는 사기나 강박 등[417)]에 의하여 이루어진 경우에는 그 사직서 제출은 무효이고, 사용자가 수리한 것은 실질적으로 부당해고에 해당한다고 주장하며 구제신청을 제기하는 경우 구제신청기간의 기산일은 사직서 수리일이다.

---

413) 대법원 2002.6.14 선고 2001두11076 판결.
414) 대법원 1993.3.23 선고 92누15406 판결.
415) 서울행정법원 2008.5.29 선고 2007구합45712 판결.
416) 대법원 1994.4.29 선고 93누16185 판결.
417) 대법원 2006.10.26 선고 2006두15172 판결.

즉, 근로자의 사직서 제출이 유효하다고 판단된 경우에는 근로기준법의 적용을 받는 해고가 아니라 민법의 적용을 받는 고용계약 해지통고(민법 §660) 규정의 적용을 받게 된다.

(2) 기간제 근로계약의 기간만료

기간제 근로계약의 경우 약정된 기간이 만료된 때에는 사용자의 해고 등 별도의 조치를 기다릴 것 없이 근로관계가 종료되는 것이 원칙이다.[418] 다만, 기간제 근로계약에서 근로자가 갱신을 거절당하고 사용자가 근로계약기간 만료일에 근로관계를 청산한 것은 부당해고라고 주장하며 구제신청을 제기한 경우에는 근로계약 종료통보 여부와 관계없이 그 기간만료일이 기산일이 된다.

한편, 근로계약기간 만료일로부터 상당한 기간이 지나서 근로관계를 청산한 경우에는 그 청산일이 기산일이 되며, 근로계약기간 만료일로부터 상당한 기간이 지난 시점에서 장래의 어느 날 근로관계를 종료할 것임을 통보하는 경우에는 장래의 어느 날을 기산일로 보아야 할 것이다.

(3) 착오에 의한 정년퇴직 처리

사용자가 착오에 의하여 정년일을 잘못 계산하여 이를 기초로 부당하게 퇴직처리를 한 경우 이는 실질상 해고에 해당하므로 정년퇴직 처리일이 기산일이 된다.

3. 구제신청 기간의 계산

구제신청기간의 산정은 "기간의 계산은 법령, 재판상의 처분 또는 법률행위에 다른 정한 바가 없다면 본 장의 규정에 의한다."라고 규정한 민법 제155조의 규정에 따라 민법 제155조 내지 제161조를 적용한다.[419]

---

418) 대법원 2006.2.24 선고 2005두5673 판결.

419) 민법 제6장

제155조【본 장의 적용범위】 기간의 계산은 법령, 재판상의 처분 또는 법률행위에 다른 정한 바가 없으면 본 장의 규정에 의한다.

제156조【기간의 기산점】 기간을 시, 분, 초로 정한 때에는 즉시로부터 기산한다.

제157조【기간의 기산점】 기간을 일, 주, 월 또는 연으로 정한 때에는 기간의 초일은 산입하지 아니한다. 그러나 그 기간이 오전 영시로부터 시작하는 때에는 그러하지 아니하다.

구제신청 기간산정을 예시하면 다음과 같다.

1) 해고일 2014.1.28. 경우

월에 의한 기간계산의 경우 초일불산입원칙(민법 §157)이 적용되므로 기산점은 2014.1.29.이고, 그로부터 3개월이 되는 마지막 날인 2014.4.28. 24:00까지 구제신청이 가능하다.

다만, 징계는 보통 장래의 일정시기를 효력발생시점으로 명시하는 경우가 대부분이며, 그 기간계산이 오전 0시부터 시작하는 경우에는 초입을 산입하므로(민법 §157), 2014.1.5. 해고를 하면서 해고일을 2014.1.25.로 설정하였다면 2014.1.25. 0시부터 해고의 효력이 발생하기 때문에 그 기산일은 2014.1.25.이며, 2014.4.24.까지 구제신청 가능일이 된다.

2) 해고일 2013.11.30. 경우

해고효력이 2013.11.30. 0시에 발생하는 경우 3개월 후인 2014.2.30.까지 구제신청이 가능하나, 월력상 2월의 말일인 2014.2.28.이 구제신청기간 마지막 날이 된다(민법 §160③).

3) 해고일 2014.1.14. 경우

해고효력이 2014.1.14. 0시에 발생하는 경우 3개월 후인 2014.4.13.까지 구제신청이 가능할 것이나, 2014.4.13.은 휴일이므로 그 익일인 2014.4.14.이 마지막 날이 된다(민법 §161).

민법 규정상 마지막 날이 휴일인 경우에는 제161조가 적용되고, 초일이나 중간일이 휴일인 경우는 적용되지 아니한다.

제159조【기간의 만료점】 기간을 일, 주, 월 또는 연으로 정한 때에는 기간말일의 종료로 기간이 만료한다.

제160조【력에 의한 계산】 ① 기간을 주, 월 또는 연으로 정한 때에는 력에 의하여 계산한다.

② 주, 월 또는 연의 처음으로부터 기간을 기산하지 아니하는 때에는 최후의 주, 월 또는 연에서 그 기산일에 해당한 날의 전일로 기간이 만료한다.

③ 월 또는 연으로 정한 경우에 최종의 월에 해당일이 없는 때에는 그 월의 말일로 기간이 만료한다.

제161조【공휴일 등과 기간의 만료점】 기간의 말일이 토요일 또는 공휴일에 해당한 때에는 기간은 그 익일로 만료한다.

4. 재심징계사건의 구제신청 기산일

가. 법적 성격

법원은 징계처분에 대한 재심절차는 징계처분에 대한 구제 내지 확정절차로서 원래의 징계절차와 함께 전부가 하나의 징계처분절차라고 보면서, 재심절차는 근로자에 대한 구제절차에 불과하고 징계해고는 즉시 효력을 발생한다는 입장이다.

나. 구제신청 기산일

원칙적으로 원징계처분을 기준으로 제척기간을 기산한다. 즉, 근로기준법에 따른 부당해고 등 구제신청기간은 사용자의 해고 등 불이익처분이 있은 날로부터 기산된다 할 것이고 해고 등 불이익 처분에 대하여 근로자가 취업규칙 등의 규정에 따라 재심절차를 밟았다 하더라도 그 결론을 달리 할 것은 아니다.[420]

다만, 재심절차에서 원징계처분이 직권취소되어 재징계처분은 존재하지 않게 되고, 재심처분의 내용이 원징계처분을 감경하는 것으로 다른 내용이며, 재심처분에 대해 구제신청한 경우에는 재심징계처분을 기준으로 제척기간을 계산하여야 한다.[421] 또한, 단체협약에 재심청구한 경우 원처분의 효력이 정지된다고 명시되어 있는 때에는 제척기간의 기산일은 재심징계처분일이 된다.[422]

5. 기간도과 사건의 처리

노동위원회는 구제신청기간이 지나서 신청서가 접수된 것이 명백한 경우에는 해당 심판위원회를 통해서 인사상 불이익조치의 정당성 여부를 판단하지 아니하고, 각하판정을 하게 된다.

420) 대법원 1996.8.23 선고 95누11238 판결; 1997.2.14 선고 96누5926 판결.
421) 대법원 2012.2.23 선고 2011두31505 판결.
422) 서울고등법원 2013.10.24 선고 2013누11644 판결.

심층정리 재심 징계절차와 제척기간 기산점

노위규칙 제40조에 의하면 단체협약이나 취업규칙 등에 징계 재심절차가 규정된 때에는 원처분일을 구제신청기간의 기산일로 규정하고 있다. 그러나 최근 일정한 요건 하에 징계 재심처분을 기준으로 기산일을 산정하여야 한다는 판례가 선고된 바 있고, 이에 노위규칙에 대한 해석과 개정 필요성에 대해 활발한 논의가 진행되고 있다.

법원은 징계처분에 대한 재심절차는 징계처분에 대한 구제 내지 확정절차로서 원래의 징계절차와 함께 전부가 하나의 징계처분절차라고 보면서, 재심절차는 근로자에 대한 구제절차에 불과하고 징계해고는 즉시 효력을 발생한다는 입장을 보이고 있다.

즉, 근로기준법상 해고라 함은 징계해고이든 정리해고이든 사용자가 근로자의 의사와는 관계없이 일방적으로 근로계약 내지 근로관계를 종료시키는 단독행위이고, 단체협약에 징계처분을 받은 자가 재심을 청구할 수 있도록 규정하고 있다 하더라도 재심절차는 근로자에 대한 구제절차에 불과하고 징계해고는 즉시 효력을 발생하여 사용자와 징계해고된 근로자와의 근로관계는 종료된다. 다만, 재심에서 징계해고처분이 취소되는 경우에는 소급하여 해고되지 아니한 것으로 볼 뿐이라는 것이다(대법원 1993.5.11 선고 91누11698 판결; 1996.8.23 선고 95누11238 판결).

예외적으로 재심절차에서 원징계처분이 직권 취소되어 재징계처분은 존재하지 않게 되고, 신청인이 원징계처분이 아니라 재심처분에 대해 구제신청을 한 경우에는 재심징계처분을 기준으로 제척기간을 계산하여야 한다고 판단한 사례(대법원 2012.2.23 선고 2011두31505 판결)가 있으며, 단협에 재심을 청구할 경우 원처분의 효력이 정지된다고 명시되어 있는 경우 제척기간의 기산일은 재심징계일자로 판단한 사례(서울고법 2013.10.24 선고 2013누11644 판결)도 있다.

재심절차에 의해 원징계처분이 취소된 경우나 재심청구가 있을 경우 원징계처분의 효력이 정지된다는 규정을 두고 있는 경우 등 실질적으로 징계의 효력이 재심징계결정에 의해 발생하는 경우에 관해서 재심 징계결정일 또는 그 효력발생일을 제척기간의 기산일로 하는 내용의 법 개정논의가 활발하게 진행 중이다.

재심결정일을 구제신청기간의 기산일로 판단한 판례는 대법원의 전원합의체 판결이 아니므로 원칙적인 판례는 그대로 유효한 판례의 입장으로 보아야 할 것이다. 따라서 관련 규정이 개정되지 않고 있는 상황에서는 재심절차를 거치는 경우에도 원징계를 기초로 기산일을 판단하여야 하고, 원징계가 재심절차에 의해 취소되거나 재심절차중 원징계의 효력정지 규정이 있는 경우에는 재심징계를 기초로 구제신청의 기산일을 판단하여야 할 것으로 보인다.

제5절 구제신청 당사자와 대상 적격

1. 당사자 적격

가. 의 의

당사자 적격이란 노동위원회 구제신청절차에 있어서 신청인 또는 피신청인이 될 수 있는 자격을 말한다.

근로기준법상 근로자 또는 사용자이거나 노동조합법상 노동조합인 경우 노동위원회 구제신청의 당사자가 될 수 있다.

나. 신청인 적격

부당해고 등 구제신청사건은 근로기준법상의 근로자, 부당노동행위구제신청사건은 노조법상 근로자 또는 노동조합이 그 신청인 적격이 있다.

법원은 근로자에 해당하는지 여부는 계약 형식에 관계없이 실질적으로 근로자가 임금을 목적으로 종속적 관계에서 사용자에게 근로를 제공했는지에 따라 판단해야 한다는 입장이다.[423)]

직업의 종류를 불문하므로 예컨대, 임금목적으로 근로를 제공하면, 교육 · 훈련과 근로제공을 겸할 수 있는 위탁실습생[424)]이나 수련의[425)]도 근로자에 해당할 수 있고, 회사 이사 등 임원도 지위가 형식적 · 명목적일 뿐, 실질적으로 대표이사 등의 지휘감독 아래 일정한 근로를 제공하고 대가로 보수를 받아온 경우[426)]에는 근로자에 해당할 수 있다.

결국, 근로자성 판단에서 가장 본질적이고 중요한 요소는 직종이나 직위가 아닌 사용종속성의 인정 여부라 할 것이다.

노조법상 노동조합은 행정관청에 설립신고한 노동조합을 말하며, 노동조합의 내부조직에 불과한 노동조합의 지부 · 분회 등은 신청인 적격이 없다. 다만, 노동

423) 대법원 2012.1.12 선고 2010다50601 판결.
424) 대법원 1987.6.9 선고 86다카2920 판결.
425) 대법원 1991.11.8 선고 91다27730 판결.
426) 대법원 2003.9.26 선고 2002다64681 판결.

조합의 내부조직인 지부 · 분회로서 노조법 시행령 제7조에 의하여 설립신고한 경우 또는 명칭은 지부 · 분회이지만, 단위노동조합 형태로 설립신고 후 활동하는 노동조합은 신청인 적격이 있다.

(1) 사용종속성의 판단요소

① 업무내용이 사용자에 의하여 정해지는지 여부
② 취업규칙 또는 복무규정 등의 적용을 받는지 여부
③ 업무수행과정에서 사용자로부터 상당한 지휘감독을 받는지 여부
④ 사용자에 의해 근무시간과 근무장소가 지정되고, 이에 구속받는지 여부
⑤ 근로자 스스로가 제3자를 고용하여 업무를 대행하게 하는 등 업무의 대체성 유무
⑥ 보수성격이 근로 자체의 대상적 성격이 있는지 여부
⑦ 기본급이나 고정급이 정하여 있는지 여부
⑧ 비품 원자재나 작업 도구 등의 소유관계
⑨ 근로소득세의 원천징수 여부 등 보수에 관한 사항
⑩ 근로제공 관계의 계속성과 사용자에의 전속성의 유무와 정도
⑪ 사회보장제도에 관한 법령이나 다른 법령에 의해 근로자로서의 지위를 인정받는지 여부
⑫ 양 당사자의 경제 사회적 조건

다만, 기본급이나 고정급이 정하여졌는지, 근로소득세를 원천징수하였는지, 사회보장제도에 관하여 근로자로 인정받는지 등의 사정은 사용자가 경제적으로 우월한 지위를 이용하여 임의로 정할 여지가 크기 때문에, 그러한 점들이 인정되지 않는다는 것만으로 근로자성을 쉽게 부정하여서는 아니된다.[427)]

(2) 근로자성이 인정되는 경우

1) 외근형 노무제공자

신문사의 광고 외근원, 방송사 시청료 위탁징수원, 신문판매확장 요원, 채권추심원, 영상취재요원(VJ) 등은 근로자성이 인정된 반면, 전기요금 위탁수금원, 생

427) 대법원 2006.12.7 선고 2004다29736 판결.

명보험회사 외무사원, 학습지 교사, 보험설계사, 방문판매회사 판매대리인 등은 근로자성이 부인된다.

2) 차량 운전자

수영장 전속기사, 오토바이소유 퀵서비스 택배종사자 등은 근로자성이 인정된 반면, 지입차주 겸 운전사, 회사소유 차량운전 레미콘 운전기사, 레미콘 차주겸 운전기사 등은 근로자성이 부인된다.

3) 전문직 종사자, 강사, 예술인

학술용역계약형태의 노무제공자, 전공의 인턴 · 레지던트, 공중보건의사로 일반병원에 근무하는 자, 대학교 언어교육연구원의 시간강사, 방송사 소속 관현악단원 등은 근로자성이 인정된 반면, 입시학원단과반 강사, 유흥업소가수 등은 근로자성이 부인된다.

4) 특수형태 노무제공자

방송사 드라마제작국 외부제작요원, 초등학교과학실험 조교, 안마시술사, 애니메이션 채화작업자 등은 근로자성이 인정된 반면, 향토예비군 중대장, 골프장캐디, 신문사 지사장, 재봉공 등은 근로자성이 부인된다.

5) 기업체 간부와 임원

법인의 이사, 조합 등에서 대표자나 집행기관의 지위에 있는 자는 근로자가 아니며, 감사는 위임관계로 보는 것이 원칙이다. 다만, 명칭이 전무이사, 이사, 감사, 부사장이라도 근로자에 관한 사항에 대한 실질적인 업무집행권이 없고, 인사노무관리 등 회사 경영책임이 없으며, 종속적인 관계에서 근로를 제공하면 근로자에 해당한다.

법인 등기이사,[428] 또는 법인의 '대표이사'로 등재되어 있다고 하더라도 그 실질에 있어서는 사업주의 지휘감독 아래 담당직무를 수행하는 것이라면 근로자에 해당한다.[429]

---

428) 대법원 2002.9.4 선고 2002다4429 판결 등.
429) 대법원 2006.9.22 선고 2006두12180 판결.

〈근기법상 근로자와 노조법상 근로자 개념〉

노조법(제2조 제1호)에는 "직업의 종류를 불문하고 임금, 급료 기타 이에 준하는 수입에 의하여 생활하는 자"를 근로자 개념으로 정의하고 있어 "직업종류와 관계없이 임금을 목적으로 사업이나 사업장에서 근로를 제공하는 자"라고 표현한 근기법의 근로자 정의규정과 다소 차이가 있다.

근기법상 근로자와 노조법상 근로자 개념의 관계에 대하여는 양자가 실질적으로 동일하여 판단기준에 차이가 없다는 견해와 양법의 목적과 규정이 다르므로 판단기준도 다를 수밖에 없다는 견해[16]가 있으나, 후설이 다수설이다.

법원은 종래 노조법상 근로자 판단요소로 근기법상의 근로자와 마찬가지로 '사용종속성'을 중요시하다가, 여성노조사건[17]에서 "현실적으로 취업하고 있는 자뿐만 아니라 일시적 실업자 또는 구직 중인 자도 노조법상 근로자에 해당한다."라고 함으로써 노조법상 근로자 개념을 근기법보다 넓게 해석한 바 있다.

또한, 대법원[18]은 골프장 캐디와 관련한 사건에서 캐디의 근로기준법상 근로자성은 부정하면서 노조법상 근로자에는 해당된다고 판시하였다.

근기법상 근로자	노조법상 근로자
직업의 종류를 불문하고	직업의 종류와 관계없이
임금, 급료 기타 이에 준하는 수입	임금을 목적으로 사업이나 사업장에서 근로를 제공

다. 피신청인 적격

(1) 사업주

근로기준법이나 노조법에는 피신청인에 대한 명시적인 규정이 없으며, 판례에서 "피신청인으로서 '사용자'라 함은 법률상 독립한 권리의무의 귀속주체일 것을 요한다"라고 함으로써, 사용자 중에서 '사업주'만을 당사자 적격으로 인정하고 있다.[433]

따라서 부당해고 등 구제신청사건의 경우에는 신청인 근로자와 근로계약관계에 있는 사업주이며, 부당노동행위 구제신청사건은 조합원 근로자와 근로계약관계에

---

430) 노조법이 근로자를 넓게 정의한 취지는 사업(장)에 고용되어 있지 않거나 종속적 근로를 제공한다고 보기 어려워 근기법상의 보호는 받을 수 없더라도 사업(장)에 고용될 의사를 가진 자 또는 이에 준하여 생활하고 있거나 그렇게 할 의사를 가진 자들이 스스로 단결하여 그 노동조건을 개선할 수 있는 길을 열어줄 필요가 있기 때문이라는 견해(임종률, 노동법, 2009, 30면).

431) 대법원 2004.2.27 선고 2001두8568 판결.

432) 대법원 2014.2.13 선고 2011다78804 판결.

433) 서울고등법원 1995.10.17 선고 95구2410 판결.

있거나 노동조합과 단체교섭의무가 있는 사업주이다.

다만, 법원은 부당노동행위 구제신청사건에 있어서 근로계약관계에 있지 않더라도 노동조건을 실질적이고 구체적으로 지배 · 결정할 수 있는 지위에 있다면 당사자 적격이 인정될 수 있다는 입장이다.[434)]

사업주는 개인사업체의 경우 그 대표자이고, 법인사업체는 법인 그 자체이다. 법인은 법인으로 설립등기를 하였거나, 등기는 하지 아니하였지만 정관 · 대표자 등 법인으로서 실질을 갖추고 있는 단체(권리능력이 없는 사단 또는 재단)도 포함된다(민소법 §52).

피신청인 적격을 인정하는 권리능력 없는 사단은 아파트입주자대표회의, 종친회, 학회, 동창회, 노동조합, 직장 · 지역주택조합, 불교신도회, 문중, 종중, 천주교, 일반교회, 상가번영회, 설립 중에 있는 회사 등이고, 재단으로는 사회사업을 위해 모금한 기부재산, 육영회, 대학교장학회 등이다.

사용사성이 결여된 자를 피신청인으로 한 구제신청은 당사자직격 불비로 각하 대상이 된다(노위규칙 §60조①제3호).

(2) 그 밖의 사업주

1) 법인이 설치한 공장, 지점 등 하부기관

공장, 지점 등 법인이 설치한 하부기관 또는 그 기관의 장은 사업주가 아니므로 구제신청의 상대방이 될 수 없다. 다만, 지점, 지부, 분회 명칭에도 불구하고 별도의 설립등기를 하였거나 별도의 정관 등 독립적인 단체로서의 실질을 갖추고 있는 경우에는 피신청인이 될 수 있다.[435)]

2) 국가와 그 하부기관

① 국가 또는 그 소속기관이 행정상 사법활동을 할 때는 사법상의 권리주체로서 사법상의 법인과 같은 사인으로 취급되고, 사인으로서의 국가는 공권력과 공법의 규율을 받을 수도 있으므로, 노동위원회가 행정청으로서 사인의 지위에 있는 국가에 대하여 구제명령이 가능하다.

434) 대법원 2010.3.25 선고 2007두8881 판결.
435) 대법원 2008.10.23 선고 2007다7973 판결.

② 공무원의 자격, 임용, 복무, 신분보장, 권익의 보장, 징계 기타 불이익처분에 대한 행정심판 등의 불복절차에 관한 규정이 준용되지 아니하는 국가 또는 지방자치단체가 채용한 전문직공무원에 대하여는 근로기준법상 해고제한에 관한 규정이 적용된다.[436)]

③ 국립대학교나 또는 국립대학교병원 등 국가 소속기관의 경우 노동위원회 구제절차의 피신청인과 구제명령의 명의를 국가(대한민국)로 하고, 하단에 소속기관을 명시한다.[437)]

④ 공무원노조 및 교원노조에 대한 부당노동행위 사건

공무원노조법 제17조제2항에서, 노조법 중 '사용자'(같은 법 제30조의 '사용자'를 제외)는 "기관의 장, 공무원에 관한 사항에 대하여 기관의 장을 위하여 행동하는 자"라고 규정하고 있고, 교원노조법 제14조 제1항에서, 노조법 중 '사용자'는 "교육기술과학부장관, 시 · 도 교육감, 사립학교를 설립 · 경영하는 자 또는 교원에 관한 사항에 대하여 교육기술과학부장관, 시 · 도 교육감, 사립학교를 설립 · 경영하는 자를 위하여 행동하는 자"로 규정하고 있으므로 공무원노조 또는 교원노조와 관련된 부당노동행위 구제신청사건에서 해당 법률의 특별한 규정에 따라 '해당 기관의 장' 등을 사용자로 보아야 한다.

3) 지방자치단체와 그 하부기관 · 시설

지방자치단체는 지방자치법 제3조 제1항에 따라 법인으로서 사업주에 해당하고, 공립학교, 공립학교 병설유치원, 도립국악원, 읍사무소 등은 하부기관 또는 시설에 불과하다. 다만, 공립학교 사업장 사건의 경우 사업주는 해당 (광역)지방자치단체이나 「지방교육자치에 관한 법률」 제18조에 따라 대표자는 교육감으로 한다(시 · 도교육청 주소 기재).

4) 도급 · 위임계약에 의한 수급인 · 수임인

① 도급 또는 위임계약에 따라 수급인 · 수임인이 근로자를 채용하여 사업을 하는 경우 구제신청의 상대방인 사용자는 수급인 · 수임인이다.

다만, 도급인 · 위임인이 수급인 · 수임인의 근로자에 대하여 직접 작업지시 · 감

436) 서울행정법원 2008.8.30 선고 2007구합290 판결.
437) 대법원 2008.9.11 선고 2006다40935 판결.

독을 하는 등 도급 · 위임계약이 형식에 불과하게 된 경우에는 도급인 · 위임인이 수급인 · 수임인 및 그 근로자에 대하여 근로기준법상 사용자 지위에 있다.

즉, 원고용주에게 고용되어 제3자 사업장에서 제3자의 업무에 종사하는 자를 제3자 근로자라 할 수 있으려면 원고용주는 사업주로서의 독자성이 없거나 독립성을 결하여 제3자의 노무대행기관과 동일시 할 수 있는 등 그 존재가 형식적 · 명목적인 것에 지나지 아니하고, 사실상 그 피고용인은 제3자와 종속적인 관계에 있으며, 실질적으로 임금을 지급하는 자도 제3자이고, 근로제공의 상대방도 제3자이어서 당해 피고용인과 제3자간에 묵시적 근로계약관계가 성립되어 있다고 평가될 수 있어야한다.[438)]

② 원청기업의 사용자 지위

형식적으로는 피고 회사와 도급계약을 체결하고 소속 근로자들인 원고들로부터 노무를 제공받아 자신의 사업을 수행한 것과 같은 외관을 갖추었다고 하더라도, 실질적으로는 업무수행의 독자성 또는 사업경영의 독립성을 갖추지 못한 채 피고 회사의 일개 사업부서로서 기능하거나, 노무대행기관의 역할을 수행하였을 뿐이고, 오히려 피고 회사가 원고들로부터 종속적인 관계에서 근로를 제공받고, 임금을 포함한 제반 근로조건을 정하였다고 봄이 상당하므로, 원고들과 피고 회사 사이에는 직접 피고 회사가 원고들을 채용한 것과 같은 묵시적인 근로계약관계가 성립되어 있었다고 보는 것이 옳다.[439)]

③ 부당노동행위사건에서 원청기업을 병존적 사용자 지위 인정

원청기업과 하청기업이 도급계약관계를 맺었지만 통상적인 도급과 달리 원청기업이 하청기업에 대해 실질적인 지배력을 행사해 왔고, 지배력을 행사하여 하청기업의 폐업을 유도함으로써 하청기업 소속 근로자들로 조직된 노동조합의 활동을 방해한 경우에는 원청기업은 하청기업과 병존하여 사용자 지위에 있다.[440)]

라. 당사자 적격 없는 사건처리

노동위원회는 신청인이 구제신청서에 사업주가 아닌 자를 피신청인으로 기재한

438) 대법원 1999.11.12 선고 97누19946 판결.
439) 대법원 2008.7.10 선고 2005다75088 판결.
440) 서울행정법원 2006.5.18 선고 2005구합11951 판결.

경우에는 신청인에게 당사자 표시를 변경하도록 권고하고 있다.

예컨대, 인사부장을 피신청인으로 하는 경우 피신청인을 사업주로 변경하도록 권고하게 될 것이나, 당사자적격에 대한 위험부담은 종국적으로 사건 당사자가 지게 된다.

한편, 형식적 사용자와 실질적 사용자가 다를 경우 피신청인은 실질적 사용자가 되어야 한다. 근로자는 어느 당사자가 사용자 적격이 있는지 여부에 대해 확신하기 어려운 경우 형식적 사용자와 실질적 사용자라고 생각되는 사용자 모두 피신청인으로 하는 것이 위험부담을 줄일 수 있다.

이러한 경우 노동위원회는 사실관계를 조사하여 실질적 사용자에 대하여 본안판단을 하게 될 것이다.

2. 구제대상의 적격

가. 노동위원회 심판범위

노동위원회는 근로자가 사용자의 부당한 인사권 행사에 대한 구제를 원하는 경우 인사권 행사의 종류와 성격을 불문하고 판단해야 한다.

이와 관련하여 근로기준법 제23조에는 부당해고 등 구제신청 대상으로 "해고, 휴직, 정직, 전직, 감봉, 그 밖의 징벌"을 명시하고 있다.

'그 밖의 징벌'에 대하여 그 동안 법원은 본채용 거절, 전보, 전적, 직위해제, 대기발령, 기간제근로자의 갱신거절, 사직서 수리, 근속승진유보 등 징계가 아닌 명백한 인사조치를 노동위원회의 심판권한으로 인정해 오고 있다.

따라서 인사권 행사를 둘러싼 노사분쟁에 대하여 민사소송보다 적은 비용과 신속한 해결을 위하여 1989.3.29. 노동위원회에 의한 부당해고 등에 대한 구제절차 제도가 도입된 것이므로 법원과 노동위원회의 심사범위를 달리할 이유가 없다.[441]

나. 구제명령 대상

구제신청사건에 대한 구제명령 대상은 사용자의 '정당한 이유 없는 해고 등 징

441) 대법원 1992.11.13 선고 92누11114 판결.

벌' 과 부당노동행위 이므로 노동위원회는 구제신청의 내용이 노동위원회의 구제명령 대상이 되는지 여부를 확인하되(노위규칙 §60①제4호), 근로자가 주장하는 '모든 불이익한 인사상 조치' 를 구제명령 대상으로 하여야 한다.

노동위원회 규칙 제16조의 규정에 의한 노동위원회가 심판위원회에서 처리할 사항은 아래와 같다.

〈심판위원회 처리사항〉

1. 근로기준법 제19조 제2항에 따른 근로조건의 위반에 대한 손해배상
2. 근로기준법 제28조에 따른 부당해고 등의 구제
3. 근로기준법 제33조에 따른 이행강제금 결정
4. 근로기준법 제46조 제2항에 따른 기준 미달의 휴업수당 지급에 대한 승인
5. 근로기준법 제81조에 따른 휴업 또는 장해보상의 예외 인정
6. 근로기준법 제89조에 따른 재해인정 등의 이의에 관한 심사나 중재(지노위)
7. 근로기준법 제112조에 따른 확정된 구제명령 등을 이행하지 아니한 자에 대한 고발
8. 노조법 제18조 제3항에 따른 노동조합 회의 소집권자의 지명 의결(지노위)
9. 노조법 제21조 제1항에 따른 노동조합 규약의 시정명령 의결(지노위)
10. 노조법 제21조 제2항에 따른 노동조합 결의나 처분의 시정명령 의결(지노위)
11. 노조법 제28조 제1항 제4호에 따른 노동조합의 해산 의결(지노위)
12. 노조법 제29조의2에 따른 교섭창구 단일화 절차 중 다음 각 목의 사항에 대한 결정
가. 교섭요구 사실의 공고에 대한 시정 신청
나. 교섭요구 노동조합 확정공고 이의신청 사실의 공고에 대한 시정 신청
다. 과반수 노동조합에 대한 이의 신청
라. 공동교섭대표단 구성 결정 신청
마. 공동교섭대표단 구성 결정에 대한 이의 신청
13. 노조법 제29조의3에 따른 교섭단위 분리에 대한 결정
14. 노조법 제29조의4에 따른 공정대표의무 위반 시정에 대한 결정
15. 노조법 제31조 제3항에 따른 단체협약의 시정명령 의결(지노위)
16. 노조법 제34조에 따른 단체협약의 해석 또는 이행방법에 관한 견해의 제시
17. 노조법 제36조 제1항에 따른 단체협약의 지역적 구속력 결정에 대한 의결(지노위)
18. 노조법 제42조 제3항과 제4항에 따른 안전보호시설의 정상적 유지 · 운영의 정지 · 폐지 또는 방해하는 쟁의행위의 중지명령에 대한 사전결의나 사후승인(지노위)
19. 노조법 제82조 제1항에 따른 부당노동행위 구제
20. 노조법 제85조 제5항에 따른 구제명령의 이행신청(중앙노동위원회에 한함)
21. 근로자참여 및 협력증진에 관한 법률(이하 "근로자참여법"이라 한다) 제24조 제1항에 따른 중재

다. 구제명령 대상이 아닌 경우

구제신청의 내용이 구제명령 대상 또는 심판위원회에서 처리할 사항이 아닌 것이 명백한 경우에는 노동위원회는 조사를 중단하고, 단독심판위원(공익위원 1인)이 심문회의를 개최한다(노위규칙 §67).

이 때 신청인이 그 기초사실을 인정하는 경우에는 심문회의를 생략할 수 있으며, 심문회의를 생략하기로 한 때에는 판정회의 개최 10일 전까지 당사자에게 회의개최 사실을 통보해야 한다(노위규칙 §57).

〈노위규칙〉

제60조【단독심판위원 처리사건】
① 각하사유(제1호, 제2호, 제4호, 제5호, 제7호)
1. 관계 법령의 규정에 따른 신청기간을 지나서 신청한 경우
2. 제41조에 따른 보정요구를 2회 이상 하였음에도 보정하지 아니한 경우
4. 구제신청 내용이 노동위원회 구제명령 대상이 아닌 경우
5. 같은 당사자가 같은 취지의 구제신청을 거듭하여 제기하거나 같은 당사자가 같은 취지의 확정된 판정(법 제16조에 따른 화해조서 포함)이 있음에도 구제 신청을 제기한 경우, 판정이 있은 후 신청을 취하하였다 다시 제기한 경우
7. 신청인이 2회 이상 출석에 불응하거나 주소불명 · 소재불명으로 2회 이상 출석통지서의 반송, 그 밖의 사유로 신청 의사를 포기한 것으로 인정될 경우
② 당사자 쌍방의 신청이 있거나 동의를 얻은 사건

라. 중복제기, 재 제기

같은 당사자가 같은 취지의 구제신청을 거듭하여 제기하거나, 같은 당사자가 같은 취지의 확정된 판정(화해조서를 포함)이 있음에도 구제신청을 제기한 경우 또는 판정이 있은 후 신청을 취하하였다가 다시 제기한 경우에는 각하대상이 된다(노위규칙 §60①제5호).

(1) 중복제기

'같은 당사자' 란 신청인과 피신청인이 동일하다는 주관적 동일성을 의미하고, '같은 취지' 란 당사자가 다투고 있는 인사권 행사가 동일하다는 객관적 동일성을

의미한다. 그리고 '거듭하여 제기' 한다는 것은 어느 신청인이 제기한 구제신청사건이 진행 중에 있음에도 그 신청인이 동일한 내용의 구제신청사건을 진행 중에 있는 지방노동위원회 또는 다른 지방노동위원회에 중복적으로 구제신청을 하는 경우를 말한다.

(2) 재(再)제기

'판정이 있은 후' 동일한 지방노동위원회 또는 다른 지방노동위원회의 판정이 있었던 사건과 주관적, 객관적 동일성이 인정되는 동일한 구제신청을 제기하는 경우를 의미한다.

이때 '판정이 있은 후' 란 심판위원회의 심문회의와 판정회의가 종료된 때부터 판정서가 당사자에게 도달한 시점을 말한다.

(3) 중복제기 또는 재 제기사건 처리

노동위원회는 구제신청이 중복제기 또는 재 제기된 사실이 확인되면, 조사를 중단하고, 공익위원이 단독으로 신청을 각하하는 판정을 한다.

마. 판정 후 구제신청 취하

노동위원회규칙 제75조는 "신청인은 판정서가 도달되기 전까지" 구제 신청을 취하할 수 있도록 규정하고 있다. 이는 구제신청의 재신청과 관련하여 해석하면 판정서가 송달되기 전까지는 취하가 가능하나, 판정회의가 끝난 후에는 취하한 구제신청과 동일한 구제신청은 각하대상이 된다는 것이다(노위규칙 §60①제5호).

이러한 경우 노동위원회에서 판정이 있은 후 당사자에게 '지체 없이' (노위법 §17이2①, 노위규칙 §28에는 '이인' 로 규정) 판정결과를 고지하여야 할 의무가 있고, 판정서는 실무상 판정 후 30일 내에 발송하면 되므로 판정결과를 통지받은 신청인은 자신에게 불리한 판정결과에 대하여 신청을 취하함으로써 그 판정을 무효화할 우려가 있다.

그러나 이것은 당사자의 의사(신청)에 의해서 절차가 개시되고, 종료될 수 있는 당사자주의적 요소를 갖고 있는 노동위원회 구제절차의 성격상 불가피하게 발생할 수 밖에 없다.

3. 구제 이익

가. 의 의

구제 이익이란 부당해고 등이나 부당노동행위사건에 있어서 노동위원회의 판단(구제명령)을 구하기 위하여 가지고 있어야 하는 구체적 이익 내지 필요[442]를 말하며, 노동위원회규칙 제60조 제1항 제6호에서 각하사유 중의 하나로 규정하고 있다.

소(訴)의 이익이란 중앙노동위원회 재심판정에 대하여 행정소송을 제기하는 경우에 해당 구제명령이나 처분의 취소를 구할 법률상 이익을 의미한다.[443]

구제 이익과 소의 이익은 그 판단시기가 노동위원회 판정 시인지 법원의 사실심 변론종결 시인지에 따라 구별된다. 즉, 구제 이익이나 소의 이익이 그 시기가 구제절차 단계이면 구제 이익, 소송단계이면 소의 이익으로 구별한다.

구제 이익 또는 소의 이익은 "이익 없으면 소 없다"는 법언과 같이 구제제도 및 소송제도에 필연적으로 내재하는 것으로, 이에 의해 노동위원회 또는 법원에서는 본안판단을 필요로 하는 사건에만 집중할 수 있게 된다. 즉, 국가적 · 공익적 견지에서 무익한 소송제도의 이용을 통제하는 원리로 작용하고 있다.

나. 판 단

구제 이익 유무의 판단은 그 존재를 적극적으로 밝혀내는 방식에 의하는 것이 아니고, 구제 이익을 소멸하게 하는 특별한 사유(근로계약기간의 만료로 인한 근로관계의 종료, 복직사업체의 소멸 등)가 없으면 구제 이익을 긍정하는 소극적 과정을 거쳐

---

442) 근로자가 부당해고구제신청을 하여 해고의 효력을 다투던 중 근로계약기간의 만료로 근로관계가 종료되었다면 근로자로서는 비록 이미 지급받은 해고기간 중의 임금을 부당이득으로 반환하여야 하는 의무를 면하기 위한 필요가 있거나 퇴직금 산정 시 재직기간에 해고기간을 합산할 실익이 있다고 하여도 그러한 이익은 민사소송절차를 통하여 해결될 수 있어 더 이상 구제절차를 유지할 필요가 없게 되었으므로 구제 이익은 소멸한다고 보아야 할 것이다(대법원 1991.12.24 선고 91누2762 판결).

443) 중앙노동위원회의 재심판정에 대하여 근로자나 사용자 등 관계당사자가 행정소송을 제기하여 그 취소를 구하려면 일반의 취소소송과 마찬가지로 사실심 변론종결 당시를 기준으로 하여 그 취소를 구할 구체적인 법률상의 이익, 즉 소의 이익이 있어야 한다(서울고등법원 2006.11.2 선고 2005누27811 판결).

판단한다.

판례는 구제 이익과 소의 이익에 관하여 '재심판정의 취소를 구할 법률상 이익',[444] 근로자 측면에서는 '구제절차를 유지할 이익',[445] 사용자 측면에서 '노동위원회의 결정에 따를 공법상 의무를 면하기 위한 이익'[446]이라고 표현하고 있다.

부당해고 등 및 부당노동행위 구제사건에서 구제 이익 유무에 대한 판단시점은 노동위원회의 판정시점[447]이고, 소의 이익은 법원에서 사실심 변론종결 시점[448]이다.

〈구제 이익〉

구 분	신 청 인		구제 이익
초심절차	근로자 또는 노동조합		구제명령을 받을 법률상 이익
재심절차	초심신청이 기각 · 각하된 경우	근로자 또는 노동조합	구제명령을 받을 법률상 이익
	초심신청이 인용된 경우	사용자	초심구제명령에 의해 부과된 공법상 의무를 면하기 위한 법률상 이익

다. 구제 이익이 없는 사건처리

노동위원회에서는 구제 이익이 없는 사건에 대하여 그 신청을 각하처리를 하여야 한다(노위규칙 §60①제6호).[449] 중앙노동위원회의 재심판정 후 법원에서 사실심 변론종결 전에 발생한 사유라면 법원은 근로자의 소 제기인 경우에는 소의 이익이 없음을 이유로 각하판결하고, 사용자가 불복하여 소 제기한 경우에는 본안판단을 한다.

444) 대법원 1995.12. 5 선고 95누12347 판결.
445) 대법원 2001.4.24 선고 200두7988 판결.
446) 대법원 1993.4.27 선고 92누13196 판결.
447) 대법원 1990.2.27 선고 89누6501 판결.
448) 서울고등법원 2006,11,2 선고 2005누27811 판결.
449) 노동위원회 규칙 제60조 제1항 제6호에는 "신청하는 구제의 내용이 법령상 · 사실상 실현할 수 없거나 신청의 이익이 없음이 명백한 경우"로 규정하고 있다.

라. 구제 이익이 인정되는 경우

(1) 사용자의 위장폐업

사용자의 폐업이 위장폐업으로 밝혀지거나 또는 근로자가 위장폐업임을 주장하며 다투는 경우에는 구제 이익이 인정되고,[450] 사용자가 전부폐업이 아닌 사업의 일부를 폐업한 경우에도 구제 이익은 인정된다.[451]

(2) 복직대상 직제의 폐지

근로자가 복직할 직제가 폐지되었다 하더라도 구제 이익은 인정된다.[452]

(3) 하나의 사건에 대한 구제명령

근로자가 하나의 해고에 대해 부당해고 등 및 부당노동행위 구제신청사건을 모두 제기한 경우 부당해고 등의 구제명령이 있었다는 사정만으로 부당노동행위구제신청에 대한 구제 이익 또는 그 구제신청을 받아들이지 않은 중앙노동위원회의 재심판정에 대한 취소소송에서의 소의 이익마저 소멸하는 것은 아니다.[453]

---

450) 사업체가 폐업되었다 하더라도 그 폐업이 위장폐업으로서 해고의 유효성을 다투며 회사로 복귀하고자 하는 근로자들의 해고무효 주장을 봉쇄하기 위한 성격이라면, 중앙노동위원회에 대하여 해고의 유효성을 다투는 근로자로서는 원래 사업체의 폐업에도 불구하고 여전히 소로써 부당해고 구제신청을 기각한 중앙노동위원회의 재심판정의 취소를 구할 이익이 있다(서울고등법원 2007.11.27 선고 2007누6009 판결 등).

451) 사용자가 모든 사업을 그만두고 폐업한 것이 아니라 그 일부인 ㅇㅇ식물원과 관련한 사업만을 폐업한 것이어서 나머지 사업이 남아 있고, 이와 같은 사업 양도에 있어서 근로자에게는 그 근로관계가 양수인에게 이전되는데 대하여 거부권을 갖고 있다 할 것인데, 근로자들이 복직을 원하고 있으므로 일부 사업의 폐지를 들어 그 근로자 가운데 근로관계의 승계를 거부하는 자들을 경영상 해고할 수 있음은 별론으로 하고, 사업부분을 폐지하였다는 이유만으로 원상회복의 가능성이 없어 원고들이 구제 이익이 소멸하였다고 할 수 없다(서울행정법원 2006.5.19 선고 2005구합30181 판결).

452) 사용자는 근로자가 직제규정상 폐지된 시설관리과장으로 복직될 수 없고, 직제규정상 근거가 없는 원장 보좌역으로 복직될 수도 없으므로 결국 근로자는 소를 제기할 권리보호의 이익이 없다 할 것이어서 부적법하다고 주장하나, 폐지된 시설관리과장이나 직제규정상 근거가 없는 원장 보좌역만 직위부여 대상으로 한정하여 원고의 복직이 불가능하다고 볼 근거가 없다(서울행정법원 2007.4.26 선고 2006구합26158 판결).

453) 대법원 1998.5.8 선고 97누7448 판결.

(4) 관련한 별개 소송의 진행

부당해고 등 구제사건에 대한 구제절차가 진행되는 중 근로자가 별도 제기한 「해고 등 무효확인 청구의 소」 등에서 패소판결이 선고되었다고 하더라도 근로자의 상소제기로 인하여 확정되지 않고 진행 중인 경우 여전히 구제 이익이 인정된다.[454)]

마. 구제 이익이 부인되는 경우

(1) 구제목적의 달성

사용자가 임의로 해고처분을 취소하고 근로자를 복직시킨 경우에는 근로자는 구제신청 목적을 달성하였으므로 더 이상 구제절차를 유지할 필요가 없게 된다.[455)] 즉, 사용자가 근로자에게 복귀를 명한 경우에는 특별한 사정이 없는 한 그 해고는 취소 또는 철회된 것으로 보아야 하므로 근로자로서는 이를 다툴 구제 이익이 소멸된다.

(2) 근로관계의 종료

근로자가 구제신청을 통하여 처분의 효력을 다투던 중 근로계약기간의 만료, 정년도래 등으로 근로관계가 종료되면 구제 이익은 소멸한다.[456)]

다만, 기간제 근로계약이 만료하였더라도 근로자에게 재임용 내지 갱신될 수 있으리라는 정당한 기대권이 인정되는 경우에는 재계약 거부 등을 다툴 법률상 이익을 가지므로 이러한 경우에는 구제 이익이 있다고 할 것이다.[457)]

---

454) 서울고등법원 2007.6.22 선고 2006누31763 판결 등.

455) 소의 이익에 관한 판결이지만 노동위원회 구제 이익의 경우도 마찬가지이다. 즉, 부당해고구제신청을 하여 판정 시까지 사용자가 원직복직시키면 구제의 목적이 달성되므로 더 이상 구제 이익이 존재하지 않아 각하 판정하게 된다(대법원 1997.7.8 선고 96누5087 판결). 만일, 사용자가 원직이 아닌 다른 직에 복지시키거나 그간의 임금을 미지급하여 완전한 의미의 원상회복을 한 것이 아니라 할지라도 위 판례 취지에 비추어 볼 때 복직명령을 한 이상 구제 이익은 소멸했다고 봄이 맞고, 근로자는 부당전보구제신청으로 다투거나 민사상 임금지급청구 등의 방법을 이용해야 할 것이다.

456) 대법원 2001.4.24 선고 2000두7988 판결.

457) 대법원 2005.7. 8 선고 2002두8640 판결.

(3) 사업체의 소멸

사용자가 실질적으로 폐업하여 법인격까지 소멸함으로써 근로자가 복귀할 사업체의 실체가 없어졌다면 구제 이익은 소멸한다.[458)]

그러나 일부폐업, 위장폐업을 하였거나 근로자가 사용자의 위장 폐업을 주장하며 다투는 경우에는 구제 이익은 존재한다.

(4) 민사소송에서 패소 확정

근로자에 대한 구제절차가 진행되는 중 근로자가 별도로 제기한 「해고등 무효확인 청구의 소」등에서 청구기각 판결이 선고되어 확정된 경우에는 구제 이익이 소멸한다.[459)]

바. 사정변경과 구제 이익

(1) 의 의

근로자가 구제신청 이후 행정소송 변론종결 전까지 사직 · 사망, 정년도래, 근로계약기간만료, 사용자의 폐업 등 근로관계 종료에 관한 사정변경이 발생하는 경우 각 구제절차 및 소송단계에서의 노동위원회와 법원의 처리가 문제된다.

지방노동위원회 초심단계에서 사정변경이 발생한 경우 근로자의 구제신청의 이익 유무만이 문제되고, 원직복직이 불가능한 사유가 발생한 경우 지방노동위원회는 구제 이익이 없음을 이유로 각하결정을 하게 된다.

중앙노동위원회 재심단계에서는 근로자가 재심신청한 경우 재심신청을 각하하고, 초심 구제명령에 대하여 사용자가 재심신청한 경우 초심판정을 취소하고 근로자의 초심구제신청을 각하하는 판정을 하게 된다. 초심판정을 취소하지 않으면 초심 구제명령이 여전히 유효하고, 사용자에 대한 이행강제금이 계속 부과되기 때문이다.

그리고 행정소송 단계에서는 근로자가 초 · 재심에서 구제받지 못해 소 제기한 경우 소의 이익 없으므로 각하 판결을 하고, 구제명령에 따라 사용자가 불복해서 소 제기한 경우에는 본안 판단을 하게 된다.

---

458) 대법원 1990.2.27 선고 89누6501 판결; 2000.8.22 선고 99두6910 판결 등.
459) 대법원 1996.4.23 선고 95누6151 판결 등.

〈구제단계별 구제 이익 처리〉

구 분	구제신청 이후 근로관계 종료*	신청사건 처리
1	초심단계	· 각하판정(원직복직 불가로 구제 이익 없음)
2	재심단계	· 초심 기각판정으로 근로자가 재심신청한 경우 재심 각하 · 초심 구제명령으로 사용자가 재심신청한 경우 원직복직 불가하므로 초심취소 및 구제신청 각하
3	소송 단계	· 초 · 재심 기각으로 근로자가 소를 제기한 경우 소의 이익 없으므로 각하 판결 · 초 · 재심 구제명령으로 사용자가 소를 제기한 경우 소의 이익 있으므로 본안 판단 · 재심 구제명령에 대해 사용자가 소를 제기하고, 소송 도중 근로자가 정년도래한 경우 사용자의 소의 이익 문제이며, 근로자의 구제 이익의 문제는 아님[460)

* 근로자의 사직, 폐업, 기간만료, 정년도래 등을 포함

(2) 근로관계 종료와 구제 이익

근로자가 구제절차나 행정소송 진행 중에 근로관계가 종료된 경우에는 구제 이익 또는 소의 이익에 관해서 법원은 사용자와 근로자를 구별하여 판단하고 있다. 즉, 근로자의 구제신청이나 소는 원직복직이 불가능하게 된 이상, 임금상당액의 지급은 집행력이 인정되는 민사소송절차에 따라야 한다는 전제 하에서 구제 이익이나 소의 이익은 없다는 입장이다.

반면, 사용자의 경우 일단 노동위원회의 구제명령(임금상당액 지급명령)을 이행하여야 하는 의무는 근로관계의 종료를 불문하고 인정되므로 사용자가 제기한 구제신청이나 행정소송은 그 이익이 있음을 전제로 본안 판단을 하고 있다.[461)]

460) 구제 이익은 구제명령 당시를 기준으로 판단하여야 하며, 구제명령 당시 근로자에게 구제 이익이 있다고 인정되는 이상, 사용자가 제기한 소송 도중에 정년도래 등으로 원직복귀가 불가능하다고 하더라도 이러한 사정은 소의 이익의 문제에 불과할 뿐이고, 더 이상 근로자의 구제 이익 문제는 발생할 여지가 없다고 할 것이다. 따라서 근로자의 정년도래로 인하여 구제 이익이 없다는 사용자의 주장은 그 스스로 소의 이익이 없음을 주장하는 취지에 불과함에도, 근로자에게 구제 이익이 필요하다는 취지에서 그 판단한 것은 잘못된 것이라고 보이지만, 구제 이익이 더 이상 문제되지 않는 이 사건에 있어 사용자의 주장을 배척한 그 결론은 판결 결과에 영향을 준 것은 아니라고 할 것이다(대법원 2004.1.15 선고 2003두11247 판결).

461) 지방노동위원회에서 구제명령 발령된 이후 사업장이 폐업되거나 근로관계가 종료되어 원직복직 의무는 소멸한다 할지라도 임금상당액 지급의무는 소급하여 소멸하는 것이 아니어서 사용

(3) 원직복직 명령과 사용자의 구제 이익

사용자가 근로자에게 원직복직을 명하는 경우 근로자의 구제 이익은 소멸하게 된다. 그러나 사용자는 노동위원회의 구제명령을 일단 수용하여 복직명령 하였으나, 인사권 행사의 정당성을 주장하며 노동위원회의 판정 취소를 구할 이익은 여전히 존재한다.

사용자가 구제명령에 따라 이행강제금 등을 피하기 위해 공법상 의무를 이행한 경우에는 잠정적으로 종전의 해고처분의 효력을 정지시키고 복직시킨다는 뜻이지 근로자에 대한 해고처분을 종국적으로 취소한다는 뜻이 아니므로 이러한 경우까지 구제 이익 내지 소의 이익이 부정되는 것은 아니기 때문이다.

실제로 지방노동위원회 구제명령 후 잠정적으로 복직시킨 이후 사용자가 재심 내지 행정소송까지 다투는 경우가 많기 때문에 이와 같은 잠정적인 복직은 외관상 원직복직이 되었다는 이유로 구제신청을 각하할 수 없다고 할 것이다.

(4) 기간제 근로계약 만료와 구제 이익

법원은 기간만료의 경우 근로자의 구제 이익이나 소의 이익이 없다고 판단하고 있다. 그러나 기간제 근로자에게 계약갱신기대권이 존재한다면 계약기간이 종료되었다고 하더라도 계약기간의 연장가능성이 있는 것이므로 기간만료에 의해 구제 이익이 소멸하였다고 쉽사리 판단할 것은 아니다.

따라서 기간제 근로자의 구제절차가 진행되는 도중 근로계약기간이 만료되는 경우에는 갱신기대권이 존재하는지 여부를 먼저 판단한 후 갱신기대권이 인정되면 징계의 정당성 여부를 판단하여야 한다.

(5) 임금상당액 지급명령과 구제 이익

근로자가 구제절차를 진행하는 중 계약기간 만료, 정년도래, 사업장 폐업 등의 사유로 근로관계가 종료된 경우에는 근로자의 원직복직 자체가 불가능하다. 그러나 부당해고기간 동안 받지 못한 임금상당액 지급명령은 가능하므로 근로자가 행

자는 여전히 임금상당액을 지급할 공법상 의무를 부담하게 된다. 따라서 사용자는 공법상 의무를 면하기 위하여 재심신청이나 행정소송을 통하여 구제명령을 취소할 필요가 있다(대법원 1994.4.29 선고 93누16680 판결).

정적 구제절차를 통해서 임금지급을 요구할 수 있는지 여부가 문제된다.

법원은 원직복직이 불가능한 경우 근로자는 민사소송절차를 통해서 임금상당액을 청구할 수 있으므로 노동위원회에 의한 구제 이익이나 소 이익은 부정하고 있다.

다만, 사용자의 경우 노동위원회의 구제명령을 이행할 의무에서 벗어날 이익은 여전히 존재하기 때문에 사업주가 폐업한 경우에도 구제 이익은 존재하는 것으로 판단하고 있다.

1) 기간만료로 인한 근로관계 종료에 대하여 노동위원회가 내린 원직복직 및 임금상당액 지급명령에 사용자가 불복하여 소 제기한 경우

판례는 임금상당액 부분에 대한 구제 이익을 부정하고 있다. 즉, 부당해고 구제신청에 대한 중앙노동위원회의 재심판정 이전에 근로자의 근로관계가 기간만료로 인해 종료된 경우 근로자의 구제 이익이 소멸하였으므로 구제신청을 인용한 재심판정은 위법하다고 하였다.[462)]

2) 구제 이익의 소멸을 이유로 한 노동위원회 각하판정에 불복하여 근로자가 소를 제기한 경우

근로자가 법원에서 부당해고를 다투던 중 사실심 변론종결일 이전 기간만료로 퇴직됨에 따라 근로자의 지위회복이 불가능한 이상, 명예회복이나 임금을 지급받기 위한 것이라는 사유는 재심판정 취소를 구할 법률상 이익에 해당하지 않으므로 소를 각하하였다.[463)]

3) 노동위원회가 원직복직이 구제 이익 소멸사유에 해당한다고 판단하여 원직복직 부분은 각하하고, 임금상당액 지급만 명령한 경우

근로자가 불복하여 법원에서 부당해고를 다투던 중 복귀할 사업체가 폐업하여 원직에 복직할 수 없게 된 이상, 구제 이익은 소멸하였으므로 재심판정은 적법하고,[464)] 근로자가 지방노동위원회의 구제명령(원직복직 및 임금지급명령) 후 사직서를 제출함에 따라 중앙노동위원회가 원직복직 부분을 제외한 사직 시까지의 임금상당

---

462) 대법원 2001.4.24 선고 2000두7988 판결 등.
463) 대법원 1995.12.5 선고 95누12347 판결.
464) 서울행정법원 2005.11.7 선고 2005구합18341 판결.

액을 지급하도록 초심주문을 변경하고, 이에 사용자가 중앙노동위원회를 상대로 재심판정의 취소를 구하는 소송에서 대법원은 근로관계의 종료와 동시에 구제 이익이 소멸하였다고하여 임금지급명령에 대한 독자적 구제 이익을 부정하였다.[465)]

4. 적용대상 사업장

가. 법 적용 대상

노동위원회의 해고 등에 관한 판정은 근로기준법 제11조에 의해 상시 5명 이상의 근로자를 사용하는 사업인 경우에 가능하다.

그리고 속지주의 원칙에 따라 국내에서 운영되는 사업에 적용하며, 본사가 국내에 있고, 외국의 지점 · 출장소에 근무하는 내국인 근로자에게도 적용된다.[466)]

'사업' 이란 '하나의 활동주체가 유기적인 관련 아래 업(業)으로서 계속적으로 행하는 작업' 을 말하며, 사업의 목적 · 허가 유무 · 업종을 불문한다.

따라서 업(業)으로서 계속하려는 의도가 있는 이상, 사업이 1회 또는 일시적이더라도 적용되며, 다만, 개인이 목수를 고용하여 자기 소유의 주택을 수리하는 경우에는 사회적 활동성 내지 계속성이 충족된다고 보기 어렵기 때문에 근로기준법의 적용이 배제된다.

'상시' 란 평상상태를 말하므로 일시적으로 5명 미만이 되더라도 일정한 기간을 평균하여 5명 이상이면 상시 5명 이상에 해당되며, 국가나 지방 자치단체는 공무원이 아닌 근로자가 단 1명만 있어도 근로기준법이 적용된다.

다만, 동거(同居)의 친족만을 고용하는 사업, 사업장과 가사사용인에 대해서는 적용대상에서 제외되나, 동거의 친족 이외 근로자가 1명이라도 포함되어 총 5명 이상이면 근로기준법이 적용된다. 여기서 동거의 친족은 세대를 같이 하면서 생활을 공동으로 하는 8촌 이내의 혈족, 4촌 이내의 인척, 배우자를 의미한다(민법 §777).

---

465) 이와 반면, 임금상당액 지급명령만의 구제 이익을 인정하여야 한다는 하급심 판례가 있으나(서울행정법원 2011.4.21 선고 2010구합45415 판결), 중앙노동위원회가 위 하급심 판례를 원용하여 대법원에 상고한 결과 대법원에서 기각(대법원 2012.6.20 선고 2012두4036 판결)함으로써 판례는 임금상당액의 독자적 구제 이익을 인정하지 않는다는 입장을 분명히하였다.

466) 근로기준 68207-1002, 1999.12.31.

나. 상시근로자 수 산정방법

'상시 사용하는 근로자 수'는 해당 사업 또는 사업장에서 법 적용사유의 발생일 전 1개월(이하 '산정기간') 동안 사용한 근로자의 연인원을 같은 기간 중의 가동 일수로 나누어 산정한다(근기법시행령 §7의2, 2008.6.25.).

즉, 상시근로자 수 산정은 [산정기간 1개월 동안 사용한 근로자 연인원÷산정기간 중 가동일수=상시근로자 수]로 산정한다.

예컨대, 근로기준법 적용사유의 발생일이 2008.9.15.이고, 그로부터 1개월 전(8.15.~9.14.) 산정기간 동안의 사용근로자 연인원이 132명, 그 기간 중 가동일수가 24일인 경우 상시근로자 수는 [산정기간 연인원 132명÷1개월 산정기간 중 가동일수 24일 = 5.5명]이므로 법 적용 대상이 된다.

여기서 외국인근로자(불법 취업자 포함)와 단시간근로자는 상시근로자 수에 포함되며, 파견근로자는 그 대상에서 제외된다.

상시근로자 수 산정결과 5명 미만인 경우에도 1개월의 산정기간 중 5명 이상인 날이 과반수가 넘으면 5명 이상 사업으로 간주하되, 5명 미만인 날이 과반수가 넘는 경우에는 법 적용에서 제외된다.

다. 상시근로자 수가 5명 미만인 경우

노동위원회는 상시근로자 수가 5명 미만인 경우 사실조사를 중단하고 심판위원회를 개최하여 구제신청을 각하하는 판정을 한다.

제6절 사실 조사

〈노위규칙〉

제46조【사실조사 등】
① 노동위원회는 구제신청사건에 대한 증거자료가 필요하다고 판단하는 경우 당사자에게 관련 자료의 제출을 요구할 수 있다.
② 노동위원회는 당사자의 주장이 일치하지 아니하는 때에는 당사자와 증인 또는 참고인을 출석시켜 조사할 수 있다. 이 경우 진술서를 작성·제출하는 것으로 조사를 대신할 수 있다.
③ 위원이나 조사관은 사실관계 확인을 위하여 사업장 등을 방문하여 업무현황, 서류 그 밖에 물건을 조사할 수 있다. 이 경우 그 권한을 증명하는 증표를 관계인에게 제시하여야 한다.
제47조(문서열람 등)
조사관은 조사 과정에서 확보한 자료에 대하여 당사자의 요구가 있는 경우 노동위원회의 결정으로 이를 열람하도록 하거나 그 사본을 교부할 수 있다.

1. 의 의

법원은 변론주의에 입각하여 사실의 주장과 증거 수집·제출의 책임을 당사자에게 맡기고 당사자가 수집하여 변론에서 제출한 소송 자료만을 재판의 기초로 삼고 있으나, 노동위원회는 구제신청에 대한 처분 등을 하기 위하여 신청취지의 범위 내에서 직권으로 사실을 조사하고 증거를 수집할 수 있다.

2. 법적 근거

가. 근로기준법과 노조법

근로기준법에서 "노동위원회는 제28조(부당해고 등의 구제신청)에 따른 구제신청을 받으면 지체 없이 필요한 조사를 하여야 하며 관계 당사자를 심문하여야 한다.", "심문을 할 때에는 관계 당사자의 신청이나 직권으로 증인을 출석하게 하여 필요한 사항을 질문할 수 있다."라고 규정하여 노동위원회에 직권조사의 의무 및 권한을 부여하고 있다(근기법 §29). 또한, 노조법 제83조에서도 노동위원회에 직권조사의 의무 및 권한을 부여하고 있다.

나. 노동위원회법

노동위원회법에는, "노동위원회는... 그 사무집행을 위하여 필요하다고 인정하는 때에는 사용자·사용자 단체·노동조합 기타 관계인에 대하여 출석·보고 또는 필요한 서류의 제출을 요구하거나... 사업 또는 사업장의 업무상황·서류 기타 물건을 조사하게 할 수 있다."라고 규정하여 조사권을 부여하고 있다(노위법 §23).

또한, "조사관은 위원장,··· 주심위원의 지휘를 받아 노동위원회 소관사무 수행에 필요한 조사를 하고, 부문별위원회에 출석하여 의견을 진술할 수 있다."라고 규정하여 조사관에게 조사권 및 심판위원회에서의 의견진술권을 부여하고 있다(노위법 §14의3).

아울러, "노동위원회는 그 사무집행을 위하여 필요하다고 인정할 때에는 관계 행정기관에 협조를 요청할 수 있으며···"라고 규정하여 필요한 경우 관계행정기관을 통한 증거 확보가 가능하도록 하고 있다(노위법 §22).

3. 조사범위와 방법

가. 조사 범위

사실조사의 범위에 대하여 노동관계 법령이나 노동위원회 규칙에 명시된 바는 없지만, 노동위원회법 제23조와 제14조의3의 내용 및 취지에 비추어 볼 때 구제신청 취지의 범위 내에서 필요하다고 판단하는 사항에 대하여 조사할 수 있다.

나. 조사 방법

사실조사의 방법에 관하여 근로기준법 제29조, 노조법 제83조, 노동위원회법 제22조 및 제23조를 종합하면, 당사자 또는 관계인을 출석하게 하여 심문할 수 있고, 사업장에 출장하여 심문을 하거나 서류·물건 등을 조사할 수 있으며, 당사자 또는 관계인에게 필요한 서류 제출을 요구하는 등 노동위원회가 업무수행을 위하여 필요하다고 인정되는 모든 방법들을 활용할 수 있다.

4. 조사유형과 자료제출 명령

가. 출석 조사

노동위원회는 신청인으로부터 이유서가 제출되면 피신청인에게 입증자료 등을 첨부한 이유서를 보내면서 답변서 제출을 요구한다.

피신청인으로부터 답변서가 제출되면 이유서와 답변서를 검토하고, 검토결과를 바탕으로 당사자에게 확인할 사항이 있으면 서면으로 제출하도록 요청하거나, 자료를 지참하여 참고인과 함께 출석하도록 요청한다.

조사방법은 사건 내용, 당사자의 수 등에 따라 달리할 수 있으나, 일반적으로 당사자를 함께 참석시켜 당사자의 주장이 서로 다른 사항, 신청요건 등에 대하여 문답형태의 진술조서를 작성하게 된다.

(1) 진술조서 작성

조사관이 작성하는 진술조서에는 당사자의 인적사항, 사업장 또는 노동조합의 명칭과 소재지, 업종, 근로자수 · 조합원수 등과 같은 기초사실, 그리고 신청취지(신청인의 경우), 사건의 동기와 원인, 발생일자, 경위와 배경, 수단 · 방법, 그 결과 등이 포함된다.

또한, 그 사건의 발생이 노사관계나 당사자간에 미치는 영향과 증인 · 참고인의 경우 해당 사건에 대하여 알게 된 동기 · 방법 등도 포함하게 된다.

(2) 구제유형과 입증책임

1) 행정적 구제의 입증책임

당사자주의가 가미된 직권탐지주의를 취하고 있는 노동위원회의 행정적 구제절차는 노동위원회가 조사를 통하여 사실을 입증하되, 입증되지 않는 부분에 대해서는 당사자가 임의 제출한 자료를 보충적으로 판정의 기초로 삼을 수 있다.

2) 민사절차의 입증책임

당사자주의를 취하고 있는 민사소송은 원고와 피고가 소송의 주체로서 사실의 주장과 증거의 수집 · 제출에 대하여 책임을 지며, 법원은 당사자가 수집하여 변론에서 제출한 소송자료만을 재판의 기초로 삼는다.

3) 형사절차의 입증책임

직권탐지주의를 취하고 있는 형사절차는 조사 주체에게 그 입증책임이 있으며, 조사의 주체가 입증을 하지 못하는 경우에는 형벌을 부과할 수 없다.

(3) 사건유형별 조사

사건 유형에 따른 사실조사 내용은 결국 노동위원회에서 인사권행사의 정당성 여부를 판단할 때 검토하는 내용이므로, 사용자는 이러한 요건을 충실히 준수함으로써 올바른 인사권이 행사되도록 하여야 하고, 근로자 입장에서는 사용자의 인사권이 적법한 요건을 갖추었는지 검토하여 인사상 불이익을 받는 일이 없도록 하여야 할 것이다.

사건유형	조 사 내 용
대기발령	· 업무상 필요성과 근로자의 불이익 비교 · 대기발령 기간의 명시 여부
전보 · 전근	· 업무상 필요성과 근로자의 생활상 불이익 비교 · 근로자와의 성실한 협의 여부
전직 · 전적	· 근로계약 · 취업규칙상 전직규정 존재여부 · 근로자와의 성실한 협의 여부(규정 없으면 근로자 동의 여부)
징계위원회 해고등 징벌	· 징계사유의 존재 여부 및 그 정당성 · 징계양정의 적정성 – 비위정도와 징벌의 비례성 – 다른 근로자와의 형평성 – 징벌의 목적 등 – 사업성격 · 비위행위가 사업에 미친 영향 · 징계절차의 정당성(소명기회 부여 · 징계위원회 구성의 적정성 등) · 징계시효의 경과 여부
대기발령 후 자동면직	· 대기발령 시에 해고사유 존재 여부
기간제 근로자 갱신거절	· 사업성격상 유기계약의 필요성 존재 여부 · 근로계약 갱신의 관행 · 갱신절차의 존재 및 절차준수 여부 · 갱신기대권 형성 여부 · 갱신거절의 합리적인 이유 여부

사건유형	조 사 내 용
경영상해고	· 긴박한 경영상 필요성 여부 · 근로자 대표와의 성실한 협의 및 해고회피 노력 · 공정하고 합리적인 대상자 선정기준 및 그 기준에 의한 선정 여부
사직서 수리	· 사직서 제출의 진의나 강박 여부 · 사용자가 사직서 제출의 진의를 알았는지 여부, 강박의 존재 여부 · 사직의사 철회와 사직서 수리 시기

나. 자료제출명령과 자료제출 협조요청

노동위원회는 당사자의 상반된 주장에 대하여 확인이 필요하거나 추가 입증자료가 필요한 경우에는 노동위원회법 제22조 및 제23조에 따라 자료제출명령권과 협조요청권을 활용하여 사실을 규명하게 된다.

자료제출명령은 당사자 · 관계인에게 할 수 있으며, ① 제출기간, ② 제출 요청사유, ③ 제출서류, ④ 제출서류의 반환여부, ⑤ 제출거부에 대한 제재, ⑥ 그 밖의 필요한 사항 등을 서면으로 통지하여야 한다(행정조사기본법 §10, §17).

만일, 당사자가 문서제출 명령을 받고 정당한 이유 없이 제출하지 아니하는 경우에는 노동위원회는 노동위원회법 제23조 및 제31조에 의해 500만 원 이하의 벌금에 처할 수 있다.

또한, 당사자 주장의 내용이나 제출자료의 진위에 대하여 확인이 필요한 경우에는 국가기관 · 지방자치단체 및 그 하부기관 등 관계 행정기관에 사실 유무 확인 또는 자료송부 등 협조를 요청할 수 있고, 협조를 요청 받은 관계 행정기관은 특별한 사유가 없는 한 이에 응하여야 한다.

민사소송법에는 소송 당사자에게 문서제출명령 신청권 및 문서송부촉탁 신청권을 부여하고 있어 문서가 확보되면 당사자에게 열람토록 하고 있다. 이와 관련하여 노동위원회법 및 노동위원회규칙에 그 근거규정이 없으나, 당사자 일방이 이를 신청하는 경우에는 보통 다음과 같이 처리하게 된다.

(1) 문서제출명령 신청

당사자 일방이 노동위원회로 하여금 상대방이 보유하고 있는 문서제출을 명령해 주도록 신청하는 경우 필요하다고 판단되는 때에는 노동위원회법 제23조에 근거하여 문서를 확보할 수 있다. 다만, 조사의 필요성이 없다고 판단되면 그 이유를 명시하여 문서로 회신한다.

(2) 문서송부촉탁 신청

당사자가 노동위원회로 하여금 제3기관이 보유하고 있는 자료를 노동위원회로 보내도록 제3기관에 협조를 의뢰하도록 신청하게 되는데, 이러한 경우에는 신청인이 직접 관계기관에 행정정보 공개요청을 하여 필요한 자료를 확보하도록 한다.

(3) 제출문서의 열람

조사과정에서 확보한 자료에 대하여 당사자의 요구가 있는 경우에는 행정정보공개절차를 통하여 이를 열람하도록 하거나 그 사본을 교부할 수 있다(노위규칙 §47).

다. 현지조사

집단해고, 위장폐업, 단체교섭 또는 쟁의행위 기간 중 발생한 집단징계 · 부당노동행위사건 등 근로자의 권리보호와 노동관계의 안정을 위하여 보다 신속한 조치가 필요하다고 판단되는 사건은 사업장을 방문하여 조사하기도 한다.

조사관은 사실관계 확인을 위하여 필요한 자료나 물건이 있는 경우에는 신분을 증명할 수 있는 증표를 제시하고 사본 등의 교부를 요구할 수 있다(노위규칙 §46③).

5. 기록 관리

가. 초 · 재심관리 일원화

당사자가 지방노동위원회 초심판정에 불복하여 중앙노동위원회에 재심을 신청하는 경우에는 초심과정에서 누락되었거나 추가된 사실 이외에는 초심자료를 재심절차 과정에서 별도 제출하지 않아도 된다. 이는 자료의 중복제출로 인한 당사자의 불편과 자원낭비, 사건의 복잡화 · 방대화로 인한 행정력 낭비, 재심절차에서 당사자에 의한 사건 본질의 왜곡 가능성을 방지하기 위하여 초 · 재심기록을 일원화하여 합제관리하고 있기 때문이다.

나. 입증자료와 참고자료

노동위원회는 당사자에게 사건진행 안내문을 통하여 당사자가 제출하는 자료에 대하여 입증자료와 참고자료로 나누어 제출순서대로 고유번호를 자료에 표시하도록 권고한다.

입증자료에 대한 일련번호는, 근로자의 경우 "노 제1호증, 노 제2호증, 노 제3호증…"으로, 관련 있는 입증자료는 "노 제1호증의 1, 노 제1호증의 2…"로 한다. 사용자의 경우 "사 제1호증, 사 제2호증, 사 제3호증…"으로, 관련 있는 입증자료는 "사 제1호증의 1, 사 제1호증의 2…"로 부여한다.

여기서 '관련되는 입증자료'라 함은 판단요소가 되는 하나의 사실에 대해 생산주체가 동일한 일련의 문서로서 징계위원회 개최결과 보고, 징계위원회 회의록, 징계의결서 등을 말한다.

참고자료는 자신의 주장을 뒷받침하기 위한 행정해석, 유사사례에 대한 판결문, 일간지의 보도내용 등으로 별도로 분류한다.

한편, 조사관이 직접 수집한 증거자료는 수집한 일자 순서에 따라 "노위 제1호증, 노위 제2호증"으로 표시한다.

6. 당사자 신청과 처리

가. 쌍방합의 관장이전

당사자가 쌍방 합의로 사건을 다른 지방노동위원회에서 관장해 줄 것을 요청하는 경우 민사소송법과 달리 노동위원회법에는 합의관할에 관하여 명시적인 규정이 없다.

다만, 노동위원회규칙 제31조제1항 "효율적인 노동쟁의 조정과 심판사건 등의 처리를 위하여 필요하다고 인정하는 때"에는 중앙노동위원장의 직권이나 지방노동위원회위원장의 신청에 따라 따로 지방노동위원회를 지정하여 사건을 처리하게 할 수 있도록 규정하고 있으므로, 이를 이용하여 처리할 수 있다. 이것은 중앙노동위원회위원장의 재량사항이기 때문에 당사자의 신청에 기속되지 않는다.

나. 당사자 표시정정 등

(1) 당사자 표시 정정

구제신청서에 당사자 성명 · 주소 등을 잘못 기재한 것을 이유로 당사자 표시를 정정해 주도록 요청하는 경우 노동위원회는 신청내용에 따라 당사자 표시를 정정하고 그 결과를 신청인과 그 상대방에게 회신해야 한다.

(2) 피신청인 경정

노동위원회법 또는 노동위원회 규칙은 이에 관한 명시적인 규정을 두고 있지 아니하나 피고의 경정을 허용하는 민사소송법(§260)의 취지와 노동분쟁의 신속 · 경제적 해결이라는 노동위원회 제도의 취지를 고려하여 피신청인의 경정 신청에 합리적인 이유가 있다고 판단될 때에는 신청을 수용할 수 있을 것이다.

피신청인의 경정은 구제신청서상에 피신청인을 사업주가 아닌 그 사업장 또는 대표자로 기재하였다가 사업주로 변경하거나 추가해 주도록 요청하는 경우에 허용하고 있다.

다만, 여러 근로자가 한 건으로 구제신청한 후 일부 근로자들이 누락된 것을 이유로 신청인의 추가를 요구하는 것은, 당사자의 표시 정정이 아니므로 일정요건하에서 법원의 허가로 피고의 경정 만을 허용하는 민사소송법(§260)과 행정소송법(§14)의 취지에 비추어 볼 때 '신청인의 추가 · 변경' 은 허용되지 않는다.

(3) 당사자 지위승계

노동조합이 부당노동행위 구제신청 후 합병이나 조직형태의 변경이 있는 경우에는 합병 후 설립 또는 존속되는 노동조합 또는 조직형태를 변경한 후의 노동조합이 당사자의 지위를 승계한다(노위규칙 §34).

또한, 구제신청이 제기된 후 사용자 측에 사업인수나 합병 등의 사유가 발생하면 사업인수자 또는 합병 후 신설 내지 존속하는 법인이 당사자의 지위를 승계하며, 「채무자 회생 및 파산에 관한 법률」에 따른 채무자 회생절차나 파산절차가 개시된 경우에는 관리인이나 파산관재인이 그 지위를 승계한다(노위규칙 §34).

당사자의 지위가 승계된 경우에는 당사자는 노동위원회와 상대방에게 통지하여야 하며, 노동위원회가 조사과정에서 확인한 경우에도 당사자에게 통지한다.

다. 신청취지 추가와 변경

(1) 초심절차

근로자 또는 노동조합은 부당해고 등 및 부당노동행위 구제신청 후 누락된 신청취지를 추가하거나 징계처분 변경 등으로 신청취지를 변경하고자 하는 경우에는 노동위원회의 승인을 얻어 신청취지를 추가 · 변경할 수 있다(노위규칙 §42).

신청취지의 추가 · 변경은 당초의 신청취지와 관련이 있거나 신청취지의 근본적인 성격이 바뀌지 않는 범위 내에서 할 수 있으며, 서면으로 신청하여야 하고, 신청자는 그 서면을 상대방에게도 송달하여야 한다(노위규칙 §42).

예컨대, 부당해고 구제신청을 부당노동행위구제신청으로 변경하거나 그 반대의 경우 신청취지와 관련되어 허용되지만, 부당해고를 당한 근로자 중 일부가 구제신청한 후 나머지 근로자를 신청인으로 하는 것은 그 신청취지의 추가 · 변경이 아니므로 별도의 구제신청을 하여야 한다.

신청취지를 새롭게 추가하는 것은 제척기간 내에서만 허용되고, 나머지 경우에는 심문회의 개최 전까지 할 수 있다. 다만, 구제절차를 현저하게 지연시키는 경우에는 허용할 수 없다.

(2) 재심절차

재심절차의 성격상 노동위원회규칙 제42조의 적용을 배제할 이유가 없으므로 재심절차에서도 신청취지의 추가 · 변경은 허용된다. 다만, 재심절차에서는 재심신청인이 초심의 불복 범위 내에서만 신청취지를 추가 · 변경할 수 있다.

라. 위원 제척 · 기피 · 회피

(1) 의 의

〈노위법〉

제21조제1항 【제척사유】

1. 위원 또는 그 배우자나 배우자이었던 자가 당해 사건의 당사자가 되거나 당해 사건의 당사자와 공동권리자 또는 의무자의 관계에 있는 경우
2. 위원이 당해 사건의 당사자와 민법 제777조의 규정에 따른 친족의 관계에 있거나 있었던 경우
3. 위원이 당해 사건에 관하여 진술이나 감정을 한 경우

4. 위원이 당해 사건에 관하여 당사자의 대리인으로서 관여하거나 관여하였던 경우
5. 위원이 당해 사건의 원인이 된 처분 또는 부작위에 관여한 경우

제척이라 함은 위원이 해당 사건과 직접 이해관계가 있는 경우에 심의 · 의결에 관여할 수 없는 것을 말한다.

기피라 함은 제척사유에 해당하지는 아니하나 심의 · 의결의 공정을 기대하기 어려운 위원이 있을 경우에 당사자가 그 위원을 심판위원회의 구성에서 배제시켜 주기를 희망하는 것을 말한다.

회피라 함은 심판위원회의 구성원으로 지명된 위원이 제척사유에 해당하거나 심의 · 의결 · 조정을 공정하게 하기 어려운 사정이 있어서 스스로 심판위원회의 구성에서 배제시켜 주기를 희망하는 것을 말한다.

(2) 신청 방법

노동위원회는 사건접수 알림 시 당사자에게 공익위원 명단 및 제척 · 기피신청서를 첨부하여 위원에 대한 제척 · 기피신청을 할 수 있음을 알려야 한다(노위법 §21⑤, 노위규칙 §22①).

당사자는 제척사유에 해당하는 위원이 있거나 심의 · 의결의 공정을 기대하기 어려운 위원이 있을 경우에는 심문일정 통지를 받은 후 5일 이내에 별지 제6호 서식에 따라 제척 또는 기피신청서에 기피사유를 객관적으로 증명할 자료를 첨부하여 제출하여야 한다(노위법 §21②④, 노위규칙 §22조④).

(3) 결정과 효과

제척사유에 대한 당사자의 주장이 있으면 위원회는 해당 위원에게 제척사유가 존재하는지 여부를 확인하여야 하며, 기피신청이 있으면 신청자에게 기피사유에 대한 소명자료의 제출을 요구할 수 있다.

노동위원회위원장은 위원이 제척사유에 해당하는 사실이 확인되면 제척의 결정을 하여야 하며, 기피신청의 경우 기피신청자가 제출한 소명자료에 의하여 심의 · 의결의 공정을 기대하기 어려운 객관적인 사정이 있다고 판단되면 기피를 결정할 수 있다.

노동위원회 위원장이 제척 또는 기피의 결정을 한 때에는 해당 위원을 다른 위

원으로 교체하여야 하며, 심판위원회가 구성되기 전에 제척 · 기피신청이 있는 경우에는 해당 위원을 지명할 수 없다.

다만, 근로자위원과 사용자위원은 해당 사건에 대하여 의견만 제시할 수 있을 뿐이고, 판정회의에는 참여하지 않으므로(노위규칙 §59②) 원칙적으로 제척 · 기피의 대상은 아니다.

(4) 결정 통지

노동위원회는 제척 · 기피신청을 받아들이지 아니한 경우 그 사유를 명시하여 제척 · 기피신청자에게 통지한다.

제척 · 기피신청을 받아들여 제척 · 기피를 결정하면 그 결정 내용을 제척 · 기피신청자와 그 상대방에게 통지한다. 다만, 제척 · 기피의 결정에 따라 해당 위원을 다른 위원으로 교체한 때에는 교체사유를 기재한 위원변경 통지로 갈음하기도 한다.

마. 증인 · 참고인 신청

〈근기법〉

제29조【조사 등】

① 노동위원회는 제28조에 따른 구제신청을 받으면 지체 없이 필요한 조사를 해야 하며 관계 당사자를 심문해야 한다.

② 노동위원회는 제1항에 따라 심문을 할 때에는 관계 당사자의 신청이나 직권으로 증인을 출석하게 하여 필요한 사항을 질문할 수 있다.

③ 노동위원회는 제1항에 따라 심문을 할 때에는 관계 당사자에게 증거 제출과 증인에 대한 반대심문을 할 수 있는 충분한 기회를 주어야 한다.

④ 제1항에 따른 노동위원회의 조사와 심문에 관한 세부절차는 노동위원회법에 따른 중앙노동위원회(이하 "중앙노동위원회"라 한다)가 정하는 바에 따른다.

당사자는 심문회의에서 자기 주장을 입증하기 위하여 심문회의 개최일을 통보받기 전까지 증인을 신청할 수 있다.

증인을 신청할 때는 증인심문사항을 반드시 기재하여 제출하여야 한다.

증인신청서가 접수되면 노동위원회는 신청사유 등을 검토하여 증인 채택여부를 결정하고, 그 결과를 당사자에게 통지한다. 이때 증인 신청자의 상대방이 반대심문을 준비할 수 있도록 증인신청자가 제출한 증인심문 사항을 송부한다.

바. 사건분리와 병합

〈노위규칙〉

제48조【사건의 분리 또는 병합】
① 노동위원회는 다음 각 호의 어느 하나에 해당하는 경우 노동위원회위원장의 결정으로 사건을 분리 또는 병합하여 처리할 수 있다.
1. 한 사람이 신청한 여러 개의 사건
2. 여러 사람이 신청한 같은 사건
3. 그 밖에 노동위원회가 필요하다고 인정한 사건

사건의 분리 · 병합은 사건을 합리적으로 처리하면서 일관성 · 효율성을 제고하기 위한 것이다. 노동위원회가 필요하다고 판단하거나 당사자의 신청에 따라 결정하여 사건을 분리하거나 병합하여 처리할 수 있다.

한 사람이 신청한 여러 개의 사건이나 여러 사람이 각각 신청한 같은 유형의 사건은 병합을 원칙으로 하며, 하나의 신청서로 해고 등 징벌이 부당하며, 불이익처분의 부당노동행위라고 주장하는 경우에는 병합한다.

다만, 사건 병합에 따라 사건내용의 복잡성으로 인해 조사에 어려움이 있는 경우에는 병합하지 아니한 채 조사하되, 심문은 동일한 심판위원회가 일괄하여 진행할 수 있다.

여러 사람이 하나의 신청서로 신청한 사건이 내용이 복잡하거나 이질적인 내용이 있어서 한 건으로 처리하는 경우 오히려 효율성이 저해될 우려가 있으면 사건을 분리하여야 한다. 노동위원회는 사건분리 또는 병합하기로 결정한 때는 당사자 등에게 지체 없이 서면으로 통지해야 한다(노위규칙 §48②).

사. 선정대표자

선정대표자라 함은 공동의 이해관계가 있는 당사자들이 공동으로 신청한 사건의 경우 그 중에서 모두를 위해 사건수행당사자로 선정된 자이고, 선정대표자를 선정한 자들을 선정자라 한다.

선정자와 선정대표자 사이는 신청사건을 대리한 것이 아니라 심판수행을 신탁

한 것이므로 선정대표자는 당사자 본인의 지위에서 신청사건을 수행하게 된다.

신청사건의 당사자들이 다수인 경우 선정대표자를 선정할 것인지는 당사자들이 자율적으로 결정할 사항이나, 조사관은 당사자의 편의와 조사 등 효율적인 사건처리를 위하여 선정대표자를 선임하도록 권고할 수 있으며(노위규칙 §35②), 이 때 선정대표자의 수는 3명 이하로 하는 것이 원칙이다(노위규칙 §35①).

선정대표자가 있는 경우 선정자들은 심판절차에서 임의로 탈퇴하는 것이므로 선정대표자를 해임하기 전까지는 심판사건의 대리인 선임, 이유서 · 답변서 및 증거제출, 조사를 위한 출석, 각종 문서 수령 등 일체의 행위는 선정대표자만이 할 수 있다.

따라서 선정대표자가 있는 경우 선정자들은 선정대표자를 통해서 해당 사건에 관한 행위를 할 수 있으며(노위규칙 §35③본문, ④), 구제신청을 취하하는 경우에는 선정자들의 동의서를 첨부해서 제출하여야 한다(노위규칙 §35③단서).

하나의 선정자들이 복수(최대 3명)의 선정대표자를 두는 경우 그 심판절차는 선정대표자들이 공동으로 수행하며, 선정자들은 필요하다고 인정할 때는 선정대표자를 해임하거나 변경할 수 있다. 이 경우 그 사실을 지체 없이 노동위원회에 통지하여야 한다(노위규칙 §35⑤).

아. 심판사건의 대리

신청사건 당사자는 대리인으로 하여금 심판절차를 수행하고자 하는 경우 노동위원회규칙 제36조 각 호의 어느 하나에 해당하는 자를 대리인으로 선임할 수 있다.

당사자가 대리인을 선임하는 경우에는 위임사실과 범위 등을 직접 또는 대리인을 통하여 서면으로 증명하여야 하며, 대리권을 수여받은 자는 지체 없이 별지 제8호 서식의 대리인 선임신고서를 노동위원회에 제출하여야 한다.

당사자가 대리인 선임범위 제1호 내지 제4호까지 규정된 자 이외의 자를 대리인으로 선임할 경우에는 노동위원회위원장의 승인을 얻어야 하며, 당사자는 대리인 선임신고서 이외에 대리인 승인을 신청하는 서면을 함께 제출해야 한다. 노동위원회위원장은 신청사건의 사실관계 주장을 원활하게 할 수 있는지 등을 고려하여 심판대리인의 승인 여부를 판단한다.

예컨대, 근로자의 사실혼 배우자, 사용자의 전직 임 · 직원으로서 해당 사건의 사실관계 등을 잘 알고 있는 자, 개인기업의 경우에는 사업주의 배우자 등을 들 수 있다.

대리인이 대리할 수 있는 범위에 관하여 당사자와 대리인 사이에 별도의 제한이 없으면 심판사건 수행에 관한 일체의 권한을 행사할 수 있다(노위규칙 §37).

이와 같이 당사자가 대리인을 선임한 경우에는 노동위원회는 판정서 등은 원칙적으로 대리인에게만 송달한다.

〈노위규칙〉

제36조【심판대리인의 선임 등】
① 당사자는 다음 각 호의 어느 하나에 해당하는 사람을 대리인으로 선임할 수 있다.
1. 당사자가 근로자인 경우 그 배우자, 직계 존 · 비속이나 형제자매
2. 당사자가 노동조합인 경우 그 조합의 임원이나 조합원
3. 당사자가 사용자나 사용자단체인 경우 그 사업의 임원이나 직원
4. 변호사, 공인노무사와 다른 법률에 따라 심판사건을 대리할 수 있는 자
5. 제1호에서 제4호까지 이외의 자로서 노동위원회위원장의 승인을 받은 자
② 당사자는 위임사실과 범위 등을 직접 또는 대리인을 통하여 서면으로 증명하여야 하며, 대리권을 수여받은 자는 지체 없이 별지 제8호 서식의 대리인 선임 신고서를 노동위원회에 제출하여야 한다.
③당사자들이 대리인 선임을 철회하거나 다른 대리인으로 변경한 경우에는 그 사실을 노동위원회에 서면으로 통보한 이후에 그 효력이 발생한다.

제37조【대리의 범위】
제36조에 따른 대리인은 당사자를 위하여 심판사건에 대한 사실 관계와 주장, 노동위원회에서 송달한 문서의 수령 등 일체 행위를 할 수 있다. 다만, 대리권의 범위를 명시한 경우에는 그 범위 안에서 대리행위를 할 수 있다.

제38조【대리의 흠과 추인】
대리권에 흠이 있는 대리인의 행위에 대하여 대리권을 수여한 당사자가 추인한 경우에는 대리권의 흠이 없어진다.

(1) 공인노무사의 판정서 수령권한

노동위원회 구제절차에서 대리인으로 선임된 공인노무사는 명시적인 권한부여 여부를 불문하고 판정서 수령권한이 당연히 인정되는 것이고, 공인노무사 사무실(노무법인)의 직원이 판정서를 수령한 경우에는 공인노무사가 수령한 것으로 본다(공인노무사법 §11①②).

공인노무사가 중앙노동위원회로부터 재심판정서 정본을 송달받는 것은 재심신청과 밀접한 관계에 있는 것이므로, 부당해고구제 재심신청에 관한 대리권을 수여받은 공인노무사는 별도로 재심판정서 정본을 수령할 권한을 명시적으로 부여받지 아니하였다고 하더라도 그 재심판정서 정본을 송달받을 권한이 있다.[467)]

(2) 공인노무사 무료지원 제도

근로자의 경우 경제적 부담 등으로 인해 노동위원회로부터 권리구제를 받는데 있어서 공인노무사를 대리인으로 선임하기가 현실적으로 어렵다.

이러한 취약 근로자를 위하여 노동위원회는 구제절차를 신청한 근로자 중 월 평균임금이 일정금액(2014년 월 170만원) 미만의 경우 공인노무사를 대리인으로 선임하는 무료법률지원서비스를 제공하고 있다(노위법 §6의2, 공인노무사법 §26의2).

대리인의 대상 업무는 노동위원회 소관사무 중 판정 · 결정 · 승인 · 인정 또는 차별시정 등에 관한 사건이다.

앞으로 근로자들이 노동위원회 제도를 활발하게 이용할 수 있도록 그 지원대상 근로자의 범위를 보다 확대할 필요가 있다.

---

467) 대법원 1995.7.28 선고 95누5349 판결.

제7절 조사보고서

〈노위규칙〉

제49조【조사보고서의 작성】
① 조사관은 사실조사를 완료하였을 때에는 별지 제10호 서식의 조사보고서를 작성하여야 한다.
② 제1항에 따른 조사보고서를 작성함에 있어서 사실관계와 쟁점사항별 당사자의 주장 등을 객관적이고 공정하게 기재하여야 한다.

제50조【조사보고서의 내용】
① 조사보고서의 표지에는 다음 각 호의 사항을 기재한다.
1. 사건번호와 사건명
2. 당사자(대리인이 있을 경우 대리인 표시)
3. 신청취지
4. 신청일

② 조사보고서의 본문에는 다음 각 호의 사항을 기재한다.
1. 사건개요(당사자, 사건경위, 구제신청 경위)
2. 당사자 주장의 요지
3. 주요쟁점사항
4. 주요쟁점사항별 당사자 주장과 조사결과
5. 그 밖의 직권조사결과(당사자간에 다툼이 없는 신청요건 조사결과, 조사과정에서 화해가 추진되어 온 경우 화해추진 경위와 당사자의 입장, 금전보상 신청이 있는 경우 임금상당액의 산정 등 포함)

③ 구제신청기간이 지난 경우 등과 같이 각하 사유가 명백하고 이에 대하여 당사자의 이의가 없는 경우에는 제2항 제3호와 제4호를 생략할 수 있다.

1. 의 의

조사보고서는 조사관이 사건접수 이후 조사완료 시까지 당사자가 제출한 이유서·답변서 및 자료, 조사관의 확보 자료, 진술조서 등을 기초로 사건개요·내용, 당사자 주장과 조사결과, 관련법령·판례 등을 종합적으로 정리한 것이다.

조사보고서는 심문회의 개최 7일 전에 사건기록 일체와 함께 심판위원들에게 송부하여 위원들이 사건의 본질 및 쟁점사항을 정확히 이해하고 효율적인 심문과 정확한 판정을 할 수 있도록 돕는 기능을 한다.

2. 기재사항

조사보고서 표지에는 ① 사건번호와 사건명, ② 당사자, ③ 구제신청일, ④ 신청취지를 기재하고, 본문에는 ① 당사자, 사건경위 및 구제신청에 이른 경위를 포함한 사건개요, ② 당사자 주장의 요지, ③ 주요쟁점사항, ④ 주요쟁점별 당사자 주장과 조사결과, ⑤ 그 밖의 직권조사 결과(조사과정에서 화해가 추진된 경우 화해추진경위와 당사자의 입장, 금전보상 신청이 있는 경우 임금상당액의 산정 등 포함), ⑥ 참고사항(유사사례에 대한 판정 · 판례 등)을 기재한다(노위규칙 §50).

3. 사건 배정

노동위원회는 구제신청서가 접수되면 60일 이내에 심판위원회를 통해서 심문회의와 판정회의 과정을 거쳐 해당 사건에 대한 판정을 할 수 있도록 사건조사의 완료와 함께 지체 없이 심판위원회를 구성하여 위원들에게 통보하여야 한다.

노동위원회위원장이 지명하는 심판담당 공익위원 3인으로 심판위원회를 구성하며(노위규칙 §44), 해당 심판위원회에 참여할 근로자위원과 사용자위원을 지명하여 사건을 배정한다.

[노위규칙 별지 제10호 서식]

(표 지)

○ ○ 노 동 위 원 회
조 사 보 고 서

(심문일시: , 담당 조사관:)

사 건

근 로 자

노동조합

사 용 자

구제신청일

신청취지

위 사건에 대하여 조사하고 그 결과를 다음과 같이 보고합니다.

(본 문)

Ⅰ. 사건개요

1. 당사자
2. 이 사건(해고) 등의 경위
3. 구제신청에 이른 경위

Ⅱ. 당사자의 주장 요지

1. 근로자(노동조합)의 주장 요지
2. 사용자의 주장 요지

Ⅲ. 주요쟁점사항

Ⅳ. 주요 쟁점별 당사자 주장 및 조사 결과

Ⅴ. 그 밖의 직권조사 결과(화해 추진경위, 금전보상 신청이 있는 경우 임금상당액 산정 등)

Ⅵ. 참고자료(유사사안에 관한 판정 · 판결례 등)

제8절 심문회의

1. 심문회의 개최

가. 조사 완료

조사관은 접수일로부터 60일 이내에 심문회의가 개최되도록 사건조사를 신속히 진행하고, 조사가 완료되면 조사보고서를 작성한다.

조사보고서 작성을 마무리하기 전 당사자에게 추가자료를 제출할 의사가 있는지 여부를 확인하여 이유서 · 답변서 제출이 완료되도록 한다.

나. 일정 통지

노동위원회는 당사자에게 심문회의 개최일 7일 전까지 노동위원회규칙 별지 제11호 서식에 의한 심문일정 통지서를 송부한다.

통지서에는 사건명, 심판위원회 위원, 참여위원, 당사자, 심문일시 및 장소를 명시하고, 당사자가 출석하여야 한다는 뜻을 기재한다.

심문일정을 통보할 때에는 당사자에게 심문회의 참석자 명단 서식(노위규칙 별지 제12호)을 송부하여 당사자로 하여금 심문회의 개최 전까지 심문회의 참석자 명단을 제출하도록 요청한다.

다. 회의연기 · 불참

(1) 연기신청과 보완

심문일정을 통지 받은 당사자가 심문회의를 연기하고자 하는 경우에는 심문회의 개최 3일 전까지(노위규칙 제53조 제1항 제6호 내지 제8호는 심문회의 개최 전까지) 노동위원회규칙 별지 제13호 서식의 심문회의 연기신청서를 제출하여야 한다(노위규칙 §53①).

조사관은 연기신청서가 접수되면 지체 없이 연기신청사유와 그 사유에 대한 입증자료 등을 검토하여 입증자료가 없거나 부족할 경우에는 보완을 요청한다.

(2) 연기 처리

당사자의 연기신청 또는 불참으로 심문회의가 진행되지 못한 경우 향후 심판위원회에서 우선적으로 배정하되, 당초 구성된 심판위원회의 공익위원 3인 중 1인 이상이 참여할 수 있도록 한다.

아울러, 당사자 쌍방이 불참한 경우에는 해당 심판위원회의에서 회의 연기 여부, 차기일정을 결정하고 동일한 심판위원회에서 처리하는 것을 원칙으로 한다.

노동위원회는 연기신청서가 접수되는 경우에는 다음과 같이 처리한다.

구 분	당연연기	승인연기
연기사유	노위규칙 제53조 제1항 제1호~제8호	노위규칙 제53조 제1항 제9호~제10호
인정요건	제1호~제8호에 해당	심판위원회위원장의 승인
연기인정, 결과통보	· 조사관이 「연기신청 승인 여부 결정서」를 작성하여 해당 심판위원장 또는 주심위원에게 보고하고 노동위원회위원장 명의로 당사자에게 통보 · 보고방법은 유 · 무선전화, 전자메일, FAX 등 모두 가능	· 조사관이 「연기신청 승인 여부결정서」를 작성하여 당해 심판위원장 또는 주심위원에게 보고 · 보고방법은 유 · 무선 전화, 전자메일, FAX 등 모두 가능 · 조사관은 심판위원장의 결정내용을 「연기신청 승인 여부 결정서」에 기재하여 심판과장의 확인결재를 받고, 노동위원장의 명의로 연기신청 처리결과를 당사자에게 통보 · 추후 「연기신청 승인 여부 결정서」를 심판위원장에게 확인결재를 받음

한편, 노동위원회규칙 제53조 제10호의 연기사유인 '그 밖의 사유'로는 신청인이 노동조합 또는 노동조합 임원으로서 총회 · 대의원회, 단체교섭이 심문회의 개최예정일로부터 2~3일 후 예정되어 있거나 피신청인의 주주총회 · 이사회, 단체교섭이 역시 심문회의 개최예정일로부터 2~3일 후로 예정되어 있는 경우 심문회의 준비에 차질이 초래될 우려가 있을 때를 말한다.

라. 소집 통보

조사관은 심문회의 개최 7일 전까지 해당 심판위원회의 위원들에게 조사보고서 및 사건기록 일체를 송부하여야 한다(노위규칙 §54①).

2. 심문회의 진행

가. 심문 개시

〈노위규칙〉

제54조【심문의 개시】

① 조사관은 심문회의 개최일 7일 전까지 제49조의 조사보고서와 관련 기록을 당해 심판위원회 위원에게 송부하여야 한다.

② 심문회의는 당사자 쌍방이 참석한 가운데 진행한다. 다만, 당사자 일방이 정당한 이유 없이 참석하지 아니한 경우에는 그러하지 아니하다.

③ 당사자가 심문회의에 참고인과 함께 참석하고자 하는 경우에는 심문회의 개최 전에 당해 심판위원회위원장의 승인을 얻어야 한다.

④ 노동위원회위원장은 심문회의에 근로자위원과 사용자위원 각 1인을 참여하게 하여야 한다. 다만, 단독심판의 경우에는 그러하지 아니하다.

심문회의는 공익위원 3인이 모두 참석하여야 개시할 수 있으며, 근로자위원 · 사용자위원 각 1인은 심문회의에 참여하게 한다.

다만, 단독심판위원이 처리하는 사건이나 근로자위원 또는 사용자위원이 정당한 이유 없이 참여하지 아니한 경우에는 그러하지 아니하다.

심문회의는 당사자가 모두 출석한 가운데 진행하는 것이 원칙이나, 당사자 일방이 정당한 이유 없이 출석하지 아니하였을 경우에는 일방 당사자만을 상대로 심문회의를 진행할 수 있다.

심문회의는 공개로 진행함을 원칙으로 하나 심판위원회의 결의에 의하여 비공개로 할 수 있다(노위법 §19).

당사자가 심문회의에 참고인과 함께 참석하고자 하는 경우에는 심문회의 개최 전에 당해 심판위원회위원장의 승인을 얻어야 한다.

나. 심문 순서

심문회의는 의장이 위원 성원여부, 당사자 출석확인 · 개회선언, 조사관의 유의사항 낭독 및 조사결과 보고, 위원들의 당사자 심문순서로 진행한다.

심문은 공익위원, 근로자위원 · 사용자위원 순서로 하며, 공익위원 중 주심위원으로 지명된 경우에는 주심위원이 먼저 심문한다. 조사관의 경우 심판위원장의 승인을 얻어 진술할 수 있다.

심판위원장이 참고인 출석을 승인한 경우 공익위원, 근로자위원 · 사용자위원은 참고인을 심문할 수 있고, 참고인은 의장의 승인을 얻어 발언할 수 있다.

증인이 출석한 경우 신청 당사자, 그 상대방, 위원의 순서로 심문한다. 당사자가 증인을 심문하고자 할 때는 의장에게 요청하여야 한다(노위규칙 §56⑤).

다. 회의질서 유지

심판위원장은 회의의 공정한 집행을 방해하거나 질서를 문란하게 하는 자에 대하여 퇴장명령 기타 질서유지에 필요한 조치를 할 수 있으며(노위법 §20). 또한, 심판위원장은 심문회의의 신속 · 공정한 진행을 위하여 필요하다고 인정되는 경우 당사자, 위원, 조사관 또는 참관인 등에 대하여 필요한 지시를 할 수 있다(노위규칙 §27①②).

이러한 지시에 불응하는 자에게는 해당 심판위원회의 결정으로 과태료 부과를 결정할 수 있으며, 이에 노동위원회위원장은 100만원 이하의 과태료를 부과 · 징수할 수 있다(노위법 §33①, 노위규칙 §27③).

3. 심문회의 전후 자료제출

당사자의 입증자료는 조사보고서 작성 이전까지 노동위원회에 제출하는 것을 원칙으로 하되, 조사보고서가 작성된 후 심문회의 전후에 제출되는 추가자료에 대해서는 아래와 같이 처리한다.

〈심문회의 전후 자료제출 처리〉

① 조사보고서 작성 후 심문회의 개최일 전 자료제출한 경우
상대방에게 모사전송 또는 메일 등으로 신속하게 송부하여 석명권 행사에 지장 없도록 하며, 각 위원들에게 신속하게 송부한다.

② 심문회의 개최 전 또는 심문회의 중 자료제출한 경우
상대방에게 사본 전달 등으로 상대방이 석명권 행사에 지장없음을 전제로 하여 해당 심판위원장의 결정으로 증거로서 채택한다.

③ 심문회의 종료 후 판정회의 연기 시 자료제출한 경우
증거로서 채택하지 아니한다. 다만 추가자료가 판정결과에 중대한 영향을 미칠 수 있다고 주장하는 자료는 해당 심판위원장에게 보고 · 송부하고, 상대방에게 송부하여 석명기회를 부여 한다.
추가 심문회의 개최를 결정한 경우에는 심문회의 개최 전에 상대방에게 석명할 수 있는 기회를 제공한다.
④ 당사자의 입증자료는 노동위원회 사무국에 제출되는 것에 대해서만 증거로서 채택하여야 하고, 공익위원에게 직접 제출하는 경우 해당 공익위원은 수령을 거부하거나 노동위원회 사무국에 제출하도록 요구한다.
⑤ 위원은 사건에 대하여 심문회의 개최 전에 당사자, 참고인 등을 개별적으로 접촉하여 자료를 받거나 조사하는 것을 지양하고, 조사관을 통해 조사 · 자료제출을 받도록 하여야 한다.

4. 심문회의 생략

〈노위규칙〉

제57조【심문회의 생략】
① 노동위원회는 구제신청사건이 제60조 제1항 제1호, 제2호, 제4호, 제5호, 제7호에서 규정한 각하 사유에 해당하고 근로자나 노동조합이 그 사실을 인정하는 경우에는 심문회의를 생략하고 판정회의를 개최할 수 있다.
② 제1항의 경우 노동위원회는 판정회의 개최일 10일 전까지 당사자에게 이 사실을 서면으로 통지하여야 하며 관계 당사자는 당해 판정회의 개최 전일까지 서면으로 의견을 제출할 수 있다.

노동위원회는 노동위원회규칙 제57조 제1항에 해당하고, 신청인이 그 사실을 인정하는 경우 심문회의를 생략하고 판정회의를 개최할 수 있다.

심문회의를 생략하는 경우에는 판정회의 개최 10일 전까지 당사자에게 서면으로 통보하고 당사자에게 의견제출의 기회를 부여한다.

심판위원회는 화해가 추진되고 있는 사건의 경우 당사자의 동의를 얻어 심문을 하지 않고 화해를 위한 회의를 개최할 수 있다.

제9절 판정회의와 금전보상명령

1. 판정회의

가. 의 의

판정은 당사자의 구제신청에 대하여 조사 · 심문결과를 토대로 구제신청의 인정 또는 기각(각하 포함)에 대한 법률적인 판단을 내리는 것을 말한다.

노동위원회의 판정과 법원의 판결은 노사 간 권리분쟁에 관한 판단이라는 점에서 공통점이 있으나, 노동위원회의 판정은 노사관계의 특성을 반영한 합목적성을 중시하는 반면, 법원의 판결은 구체적 타당성 · 합리성을 중시한다는 점에서 차이가 있다.

구제신청에 대한 판정은 근로자나 노동조합이 구제를 신청한 범위(재심신청의 경우 불복의 범위)안에서 판정한다(노위규칙 §58).

이때 '구제를 신청한 범위' 라 함은 구제신청의 취지의 범위를 말한다.

나. 회의 개시

노동위원회는 심문을 종결하였을 때에는 판정회의를 개최한다. 다만, 심문회의에서 새로운 주장에 대한 사실의 확인 또는 증거보완 등이 필요하다고 판단되거나 화해만을 위한 회의로서 추가 사실심문이 필요한 경우에는 추후 심문회의를 다시 개최할 수 있다(노위규칙 §59③).

판정회의는 공익위원 전원 참석으로 개의하고, 심판위원장은 근로자위원 · 사용자위원에게 해당 사건에 관한 의견진술 기회를 부여한다(노위규칙 §59②).

나. 판 정

〈노위규칙〉

제60조 【판정】

① 심판위원회는 심판사건이 다음 각 호 중 어느 하나에 해당하는 경우에는 각하한다.

1. 관계법령의 규정에 따른 신청기간을 지나서 신청한 경우
2. 제41조에 따른 보정요구를 2회 이상 하였음에도 보정하지 아니한 경우

3.당사자 적격이 없는 경우 4. 구제신청의 내용이 노동위원회의 구제명령 대상이 아닌 경우 5. 같은 당사자가 같은 취지의 구제 신청을 거듭하여 제기하거나 같은 당사자가 같은 취지의 확정된 판정(법 제16조에 따른 화해조서를 포함한다)이 있음에도 구제신청을 제기한 경우나 판정이 있은 후 신청을 취하하였다가 다시 제기한 경우 6. 신청하는 구제의 내용이 법령상이나 사실상 실현할 수 없거나 신청의 이익이 없음이 명백한 경우 7. 신청인이 2회 이상 출석에 불응하거나 주소불명이나 소재불명으로 2회 이상 출석통지서가 반송되거나 그 밖의 사유로 신청 의사를 포기한 것으로 인정될 경우 ② 심판위원회는 구제 신청의 전부나 일부가 이유 있다고 인정할 때에는 구제명령을, 구제신청의 이유가 없다고 인정할 때에는 기각하는 결정을 하여야 한다.

공익위원은 근로자위원과 사용자위원의 의견, 판정회의에서 제시된 의견 등을 충분히 고려하여 최종적인 결론에 대한 자신의 의견을 개진하고, 과반수의 찬성으로 판정내용을 결정한다.

심판위원회는 구제신청사건이 신청요건을 결여하였거나 구제절차 요건을 상실한 경우 구제신청의 각하를 결정한다.

구제신청의 전부나 일부가 이유 있다고 인정할 때에는 구제명령을 하며, 구제신청의 이유가 없다고 인정할 때에는 기각하는 결정을 한다(노위규칙 §60②).

다만, 사실 확인이나 증거의 보완 등이 필요하다고 판단되는 경우 심판위원회 결의로 판정을 유보하고 추후 판정회의를 다시 개최할 수 있다.

또한, 임금상당액 지급명령을 할 때 근로자가 해고일로부터 중간수입을 얻은 사실이 확인되면 이러한 점을 고려하여 의결해야 하며, 중간수입을 공제한 후 임금상당액은 근로기준법 제46조에 따른 휴업수당에 상당하는 금액을 하한액으로 한다.[468)]

라. 결과 통지

노동위원회는 심판위원회의 의결결과를 의결일 다음 날까지 전화, 자동문자 메시지 등을 통하여 당사자에게 알려야 한다(노위법 §17의2①, 노위규칙 §28). 그러나 판정결과의 알림에도 불구하고 판정의 효력은 판정서를 받은 날부터 발생한다(노위법 §17의2②).

468) 대법원 1993.11.9 선고 93다37915 판결.

2. 판정서 작성과 송부

> 〈노위규칙〉
>
> 제62조【판정서 작성】
> ① 심판위원회는 의결 사항을 토대로 별지 제16호 서식에 따른 판정서를 작성하여야 한다.
> ② 제1항의 판정서에는 다음 각 호의 사항이 포함되어야 한다.
> 1. 사건명, 2. 당사자, 3. 판정일, 4. 주문, 5. 신청취지, 6. 이유(당사자개요, 구제신청 경위, 당사자 주장요지, 인정사실, 판단), 7. 결론, 8. 위원회 명칭과 심판위원
> ③ 부당해고등에 대한 구제명령을 하는 경우에는 제2항 제4호의 주문에 30일 이내에서 정한 이행기한을 명시하여야 한다.
> ④ 노동위원회는 판정서 정본을 당사자에게 송부하여야 한다.

가. 판정서 작성

심판위원회는 판정회의 의결사항을 토대로 구제사건에 대한 처분 또는 거부처분의 내용을 담은 판정서를 작성하여야 한다.

판정서는 당사자의 신청과 노동위원회의 권한에 따라 판정서, 의결서, 결정서 등으로 구분된다.

(1) 판정서

부당해고등 구제신청사건과 부당노동행위 구제신청사건은 의결내용(구제명령·기각·각하)과 관계없이 판정서로 한다.

(2) 의결서

단체협약·규약·노동조합의 운영과 관련하여 행정관청이 노동위원회에 의결을 요청하는 사건은 의결서로 한다. 즉, 노동조합 회의소집권자 지명 의결요청, 노동조합 규약의 시정명령 의결요청, 노동조합 결의·처분의 시정명령 의결요청, 노동조합의 해산 의결요청, 단체협약에 대한 시정명령 의결요청, 단체협약의 지역적 구속력결정 의결요청, 안전보호시설의 정상적 유지·운영의 정지·폐지 또는 방해하는 쟁의행위의 중지 통보에 대한 사전의결 또는 사후승인요청 등에 관한 의결요청 등이 있다.

(3) 결정서

판정서 · 의결서로 표시하는 사건 이외 심판사건은 결정서로 한다. 즉, 단체협약의 해석 또는 이행방법에 대한 견해의 제시요청, 노사협의회 의결사항의 결렬 · 해석 · 이행방법에 관한 중재요청, 근로조건 위반에 대한 손해배상신청, 기준에 못 미치는 휴업수당 지급 승인신청, 휴업 또는 장해보상의 예외 인정신청, 재해보상의 심사 또는 중재요청, 부당노동행위 긴급이행명령의 신청 요청, 이행강제금 부과결정 등이 있다.

나. 판정서 송부

사건을 종결할 때에는 '사건처리결과 알림' 공문에 판정서 정본을 첨부하여 당사자에게 송부하여야 한다(노위규칙 §62④).

사건의 대리인, 선정대표자가 있는 경우에는 원칙적으로 대리인, 선정대표자에게 송부하고, 공문에는 판정결과에 불복하면 재심신청이나 행정소송을 제기할 수 있다는 내용이 포함된다.

판정서가 정상적으로 도달하였으나, 당사자가 판정서의 미송달 등을 이유로 재발급을 요구하는 경우에는 송부한 판정서의 사본을 교부하여야 하며, 정본은 이미 송달하였으므로 재발급하는 것은 아니다.

대리인을 포함한 송달받을 사람(당사자, 대리인이 있는 경우 대리인)의 주소 등을 통상의 방법으로 확인할 수 없는 경우나 송달이 불가능한 경우 공시송달을 할 수 있고(노위규칙 §97①), 공시 송달은 노동위원회의 게시판이나 인터넷 홈페이지에 게시하는 방법으로 하며(노위규칙 §97②), 게시한 날로부터 14일이 지난 때에 그 효력이 발생한다(노위규칙 §97③).

다. 판정서 경정

〈노위규칙〉

제63조【판정서의 경정】
① 노동위원회위원장은 판정서가 당사자에게 교부된 후 당사자 표시나 내용의 오기, 누락 등 표현상의 잘못이 명백한 경우에는 사건 당사자의 신청이나 직권으로 당해 심판위원회의 의결을 거쳐 이를 경정할 수 있다.

> ② 노동위원회위원장은 제1항에 따라 경정한 판정서를 지체 없이 당사자에게 송부하여야 한다.
> ③ 제1항의 판정서 경정은 구제명령 이행기간, 재심신청기간, 행정소송 제기기간의 산정에 영향을 미치지 아니한다.

판정서가 당사자에게 교부된 후 당사자 표시내용의 오기, 누락 등 표현상의 잘못이 명백한 경우에는 사건 당사자의 신청이나 직권으로 해당 심판위원회의 의결을 거쳐 이를 경정할 수 있다(노위규칙 §63①).

경정한 판정서는 지체 없이 당사자에게 송부하여야 하며, 경정의 경우 구제명령 이행기간, 재심신청기간, 행정소송 제기기간의 산정에 영향을 미치지 않는다(노위규칙 §63②③).

심층정리 노동위원회 판정과 행정행위의 공정력

노동위원회의 판정에 있어서 '불이익처분의 부당성과 부당노동행위 인정' 부분은 확인행위이고, 사용자에게 일정한 행위를 명하는 '원직복직 및 임금상당액 지급명령' 부분은 형성적 효력이 있는 하명으로서 행정처분에 해당한다.

확인행위는 노동위원회의 판정을 통해 공법상 침해된 권리에 대한 원상회복이 의제된다. 따라서 처분의 취소를 명하는 것은 사용자에게 원처분을 사법적으로 원상태로 돌리라는 과도한 명령이므로 부적절하다.

그리고 하명행위는 원상회복의 집행을 위하여 공법상 의무를 부과하는 행정처분으로서 공정력이 인정되기 때문에 중대하고 명백한 하자로 인하여 무효가 되지 않는 이상, 해당 판정을 취소할 수 있는 기관이나 법원의 취소가 있기 전까지 유효하다.

당사자가 지방노동위원회 판정에 대하여 재심 또는 재심판정에 행정소송을 제기한 경우에도 그 효력이 정지되지 않으므로(근기법 §33), 구제명령을 이행하지 않으면 이행강제금이 부과된다. 다만, 중앙노동위원회의 재심판정에 대하여 행정소송을 제기하면서 행정소송법에 따른 집행정지를 신청할 수는 있다(대법원 1991.3.27.자 90두24 결정).

따라서 노동위원회에서 사용자의 해고가 부당하다고 판단하여 부당해고구제 명령을 내리면, 그 구제명령이 취소되기 전까지는 사용자가 해고무효확인 소송에서 승소하였다고 하더라도 이후 이행강제금을 납부하여야 하고, 확정된 구제명령을 이행하지 않는 경우 근로기준법 제111조에 따른 형사처벌을 받게 된다.

3. 금전보상명령

〈근로기준법〉

제30조 【구제명령 등】
① 노동위원회는 제29조에 따른 심문을 끝내고 부당해고등이 성립한다고 판정하면 사용자에게 구제명령을 해야 하며, 부당해고등이 성립하지 않는다고 판정하면 구제신청을 기각하는 결정을 해야 한다.
③ 노동위원회는 제1항에 따른 구제명령(해고에 대한 구제명령만을 말한다)을 할 때에 근로자가 원직복직(原職復職)을 원하지 아니하면 원직복직을 명하는 대신 근로자가 해고기간 동안 근로를 제공했더라면 받을 수 있었던 임금 상당액 이상의 금품을 근로자에게 지급하도록 명할 수 있다.

〈노위규칙〉

제64조 【금전보상명령의 신청】
① 근로자는 부당해고 구체신청 사건에 있어서 원직 복직을 원하지 아니하는 경우에는 금전보상명령을 신청할 수 있다.
② 제1항에 의한 금전보상명령을 신청하고자 하는 근로자는 심문회의 개최일을 통보받기 전까지 별지 제17호 서식의 금전보상명령신청서를 제출하여야 한다.
제65조 【금전보상 금액의 산정】
① 노동위원회는 근로자가 금전보상명령을 신청한 경우에는 당사자에게 근로계약서, 임금대장 등 금액 산정에 필요한 자료를 제출하도록 명할 수 있다.
② 보상금액의 산정기간은 해고일로부터 당해 사건의 판정일까지로 한다.
제66조 【금전보상명령의 방법】
노동위원회가 금전보상명령을 하는 때에는 그 보상금액과 구제명령을 한 날로부터 30일 이내에서 정한 이행기한을 명시하여야 한다.
제91조 【근로자의 지위승계】
지방노동위원회의 부당해고 금전보상 명령에 대한 재심 신청 후 재심피신청인인 근로자가 사망한 경우에는 그 상속인이 재심피신청인의 지위 승계를 중앙노동위원회에 신청할 수 있다.

가. 제도 취지

노동위원회에서 부당해고로 판단하는 경우 원직복직 및 해고기간 동안의 임금상당액을 지급하도록 명령하고 있으나, 근로자가 원직복직을 원하지 않을 때에는 효과적인 구제방법이 되지 못한다.

이에 근로자가 원직복직을 원하지 않는 경우에는 원직복직에 대신하여 보상금을 지급하고 근로관계를 종료할 수 있게 하기 위하여 2007.1.26. 근로기준법 개정을 통하여 금전보상명령제도를 도입하였다.

나. 신청권자와 기간

금전보상명령은 부당해고구제신청을 한 근로자 또는 그 대리인만 신청할 수 있다. 사용자에게 신청권을 부여할 경우 복직회피 수단으로 악용될 소지가 있기 때문에 근로자에게만 신청권을 부여한 것이다.

금전보상명령 신청기간은 구제신청서를 제출한 후 심문일정 통지를 받기 전까지 하여야 한다. 다만, 신청기간이 지나서 제출된 금전보상명령신청에 대해서는 해당 심판위원회가 그 수용 여부를 결정한다.

다. 신청사건과 방법

금전보상명령 신청사건은 부당해고 구제신청사건에 대해서만 허용된다.

여기서 '해고'라 함은 징계해고, 경영상해고, 직권면직, 자동면직, 기간제 근로자에 대한 계약갱신거절 등 명칭에 관계없이 근로자에 대한 사용자의 일방적인 근로관계의 종결조치를 의미한다.

따라서 정직, 감봉, 견책, 휴직, 전직, 전적 등 그 밖의 징벌에 대해서는 금전보상명령신청은 허용되지 않는다.

원직복직명령 대신 금전보상명령을 원하는 근로자는 노동위원회규칙 별지 제17호 서식의 금전보상명령신청서를 노동위원회에 제출하여야 한다.

이 때 근로자는 신청서에 근로자가 원하는 보상금액과 그 산출내역을 기재하고, 근로계약서 · 임금명세서 등을 첨부하여야 한다.

라. 금액산정과 명령

노동위원회는 당사자에게 보상금액 산정에 필요한 자료제출 및 소명을 요구하거나 필요한 경우 당사자를 출석조사 또는 출장조사를 할 수 있다.

당사자에게 요구하는 자료로는 근로자의 경우 임금명세서(통장입금 내역), 근로계약서, 각종 비용지출 영수증 등이고, 사용자의 경우 임금대장, 취업규칙, 단체협약서 등이다.

보상금액 산정기간은 해고일부터 해당 사건의 판정일까지로 하며, 보상금액은 임금상당액과 부당해고로 인한 위로금 · 비용 등으로 한다.

임금상당액은 근로자가 해고일부터 판정일까지 정상적으로 근로를 제공하였더라면 받을 수 있었던 금액이며, 정상적인 근로제공에는 사용자의 휴업 등 조업상황을 고려한다.

심판위원회는 해고의 부당성 정도, 근로자의 귀책 정도, 근로자가 해고일부터 판정일까지 얻은 중간수입, 근로계약의 형태 등을 종합적으로 고려하여 결정한다.

금전보상을 명령하는 때에는 판정서 주문에 보상금액과 이행기한(구제 명령일로부터 30일 이내)을 명시한다.

한편, 지방노동위원회의 부당해고 금전보상명령에 대하여 재심신청 후 재심 피신청인 근로자가 사망한 경우에는 그 상속인이 재심 피신청인의 지위 승계를 중앙노동위원회에 신청할 수 있다(노위규칙 §91).

마. 금전보상명령 불이행

금전보상명령은 부당해고 구제명령에 대신하여 하는 것이므로 이행기일 내에 이행하지 아니하면 이행강제금 부과대상이 된다.

또한, 금전보상명령도 구제명령의 일종이므로 금전보상명령이 확정된 경우 노동위원회에서 이행강제금을 부과하는 것 이외에 노동위원회의 고발에 의하여 징역 1년 이하 또는 벌금 1,000만 원 이하의 형사처벌 대상이 된다(근기법 §111).

심층정리 금전보상명령과 임금상당액 지급명령

1. 임금상당액 지급명령과의 관계

임금상당액의 경우 "정상적으로 근로하였다면 받을 수 있었던" 금액이므로 원직복직이 이루어지지 않는 한 그 금액이 계속해서 늘어나게 된다. 그러나 금전보상명령의 경우 그 금액이 '해고일로부터 판정일' 로 제한되므로 실질적으로 임금상당액보다 적게 보상되게 되는 불합리한 결과가 도출될 수 있다.

따라서 금전지급명령의 경우에도 일정한 금액으로 특정을 하되, 그 금액이 지급되지 않는 동안 동일한 산출방식에 의한 증액이 가능하도록 구제명령을 행할 수 있는 방안을 모색할 필요가 있다.

즉, 초심지노위에서 금전보상명령을 인정받았음에도 사용자가 재심을 신청하는 경우 재심기간 또는 행정소송이 제기된 경우 행정소송이 진행되는 기간 동안에도 금전보상액수를 증액할 수 있는 제도적 상치가 마련되어야 할 것으로 보인다.

2. 금전보상금액 산정

금전보상은 '임금상당액 이상' 의 금전을 받을 수 있도록 규정하고 있으나, 실무상 그 금액이 임금상당액에 해당하는 평균임금의 지급을 명하는 수준에 머물고 있다. 이러한 현실이 금전보상명령에 대한 규정이 있음에도 제대로 활용되지 못하는 이유 중의 하나이다.

3. 금전보상 액수에 대한 불복

초심지노위에서 근로자가 금전보상명령을 신청한 금전보상액 중 일부만이 인정된 경우 나머지 인정받지 못한 부분에 대한 재심신청이 인정될 수 있는지 여부가 문제된다.

금전보상액수 중 일부만 인정되었다고 하더라도 초심에서 부당해고임을 인정받았으므로 근로자로서는 재심신청을 할 수 없다는 주장도 가능하기 때문이다. 그러나 금전보상의 경우 금액이 특정되는 특수성을 가지므로 실질상 민사소송의 금전지급청구에서 일부만 인정되는 경우 일부인정으로 보아 인정받지 못한 부분에 대해서 항소가 가능한 것처럼 신청된 액수 중 일부만 인정받은 근로자는 그 액수에 대한 산정이 잘못됨을 이유로 재심신청을 할 수 있어야 한다.

제10절 화해와 단독심판

1. 당사자 화해

〈노위법〉

제16조의3【화해의 권고 등】
③ 노동위원회는 관계 당사자가 화해안을 수락한 때에는 화해조서를 작성하여야 한다.
④ 화해조서에는 관계 당사자와 화해에 관여한 위원 전원이 서명 또는 날인하여야 한다.
⑤ 제3항 및 제4항의 규정에 따라 작성된 화해조서는 「민사소송법」에 따른 재판상 화해의 효력을 갖는다.

〈노위규칙〉

제70조【화해안의 작성 등】
① 심판위원회나 단독심판위원은 화해신청서와 당사자의 화해 조건 등을 충분히 검토하여 별지 제21호 서식의 화해안을 작성하여야 하며, 그 취지와 내용을 당사자에게 충분히 설명하여야 한다.
② 심판위원회나 단독심판위원은 필요하다고 인정되는 경우 화해회의를 별도로 개최할 수 있다.
제71조【화해 성립】
① 심판위원회는 당사자가 화해안을 수락하거나 화해 조건에 합의한 경우에는 별지 제22호 서식의 화해조서를 작성하여야 한다.
② 화해는 당사자와 화해에 관여한 심판위원이 서명이나 날인함으로써 성립되며 화해가 성립된 후 당사자는 이를 번복할 수 없다.

가. 의 의

노동위원회는 사건접수 알림 시에 화해제도를 안내하고, 화해신청서 양식을 송부하여 관계 당사자가 화해를 원하는 경우 화해신청서를 작성 · 제출하거나 구술로 신청할 수 있도록 하고 있다.

나. 화해조서 작성

노동위원회는 구제신청서와 사실조사를 토대로 사건유형 · 사건발생 동기 등을 참작하여 화해가능성이 있는 경우 화해에 필요한 일정 기간을 부여하면서 화해를 권고한다. 그리고 해당 심판위원회 의장은 심문회의 과정에서 화해 가능성이 있거나 당사자가 화해를 희망하는 경우 판정을 유보하고, 화해를 주선할 수 있다.

화해가 성립한 경우 합의내용을 토대로 화해조서를 작성하고, 관계 당사자와 화해에 참여한 위원이 서명 또는 날인한다(노위규칙 §71②).

다. 화해성립과 효력

화해는 당사자가 화해조서에 서명함으로써 성립하고, 성립 후에는 번복할 수 없다. 또한, 화해조서는 민사소송법상의 확정된 판결과 같은 효력을 갖는다.

과거에는 화해조서에 심판상 효력만 부여되었으나, 2007.1.26. 노동위원회법 제16조의3을 신설하여 재판상 효력을 부여하였다.

라. 화해조서 송달

화해조서는 작성일로부터 5일 이내에 그 정본을 배달증명우편으로 관계 당사자에게 송달하고, 원본은 보관한다(노위규칙 §72).

당사자 일방이 화해조건을 이행하지 아니하여 법원에 강제집행신청 등을 이유로 화해조서 정본의 재교부 또는 수(數)통을 교부하고자 신청하는 경우 재발급하거나 수(數)통을 교부할 수 있다.

또한, 민사집행 관할법원(화해조서를 작성한 노동위원회의 소재지 관할지방법원 본원)으로부터 집행문 부여를 위한 화해조서 등본에 대한 송부 촉탁을 받은 때는 해당 법원에 화해조서 등본을 송부한다(각종분쟁조정위원회 등의 조정조서 등에 대한 집행문 부여에 관한 규칙 §6).

마. 화해와 이행강제금 부과

(1) 이행강제금 부과결정 전 화해성립

구제명령을 받은 사용자가 구제명령 이행기한 내에 화해를 한 경우에는 완선이행에 해당하는 것으로 판단하여 이행강제금을 부과하지 않는다.

(2) 이행강제금 부과 후 화해성립

이행강제금 부과결정 후 이행강제금 부과고지서가 도달하기 전에 화해가 성립되는 경우에는 부과결정을 취소하고, 이행강제금 부과고지서가 도달 후 화해가 성립되면 이행강제금을 납부하여야 한다.

(3) 이행강제금 납부 후 화해성립

이행강제금을 납부한 후 화해성립을 이유로 이행강제금 반환을 요구하는 경우가 있으나, 이행강제금은 이행강제금 결정자체 또는 이행강제금 부과근거인 판정이 취소되지 않는 한 반환되지 않는다.

2. 단독심판제도

〈노위법〉

제15조의2【단독심판 등】
위원장은 다음 각 호의 어느 하나에 해당하는 경우에는 심판담당공익위원 또는 차별시정담당공익위원 1인을 지명하여 사건을 처리하게 할 수 있다.
1. 신청기간을 넘기는 등 신청의 요건을 명백하게 갖추지 못한 경우
2. 관계 당사자 쌍방의 신청이 있거나 동의를 얻은 경우

가. 의 의

노동위원회는 해당 사건이 노동위원회법 제15조의2에 규정된 '신청요건을 명백하게 갖추지 못한 경우'로서 노동위원회규칙 제60조 각하사유(제1호 · 제2호 · 제4호 · 제5호 · 제7호)에 해당하거나 쌍방의 신청 또는 동의를 얻은 경우에는 단독심판으로 처리할 수 있다.

나. 신 청

당사자가 단독심판을 신청하려면 쌍방합의를 통해 단독심판 신청서를 제출하거나 노동위원회가 해당사건을 단독심판으로 처리하는 것이 바람직하다고 판단하는 경우에는 별지 제23호 서식 단독심판 동의서에 쌍방동의를 얻어야 한다.

다. 화해제도와 연계

노동위원회는 노동위원회위원장 또는 노동위원회위원장이 지명하는 상임위원을 단독심판위원으로 하여 단독심판회의를 상시적으로 운영할 수 있다(노위규칙 §6④).

또한, 당사자 쌍방동의를 얻어서 심문회의 없이 화해만을 위한 단독심판회의를 개최할 수 있다(노위규칙 §70②).

제11절 판정에 대한 불복

1. 사건 종결

노동위원회는 취하, 화해성립, 판정 등이 있는 때에는 사건을 종결하며, 심판위원회의 판정이 있는 경우에는 판정서를 작성하여 30일 이내에 당사자에게 서면으로 송부해야 한다.

다만, 화해가 성립된 경우에는 당사자에게 화해가 성립된 날(화해조서 작성일)로부터 5일 이내에 화해조서 정본을 송부한다.

노동위원회의 처분(구제명령, 기각, 각하)은 당사자가 판정서를 수령할 때로부터 발생한다. 신청인은 판정서를 받기 전까지 신청을 취하할 수 있으나, 판정이 있은 후에 동일한 취지로 다시 구제신청을 하는 경우에는 신청이 각하된다(노위규칙 §60 ①제5호).

2. 불복 절차

노동위원회는 사건처리결과를 통보할 때에 당사자가 판정결과에 불복할 경우 중앙노동위원회 재심신청 또는 행정소송을 제기할 수 있음을 알려 줘야 한다.

당사자는 판정서를 수령한 날로부터 10일 이내에 중앙노동위원회에 재심신청을 할 수 있고, 중앙노동위원회의 재심판정에 불복하는 경우에는 15일 이내에 관할 행정법원에 소송을 제기할 수 있다.

3. 행정소송 관할법원

중앙노동위원회 재심판정에 대한 행정소송은 그동안 서울행정법원에서 관할하여 왔으나, 중앙행정부처의 세종시 이전에 따라 2014.5.20. 중복관할을 인정하는 내용으로 행정소송법이 개정되어 서울행정법원과 함께 세종시를 관할하는 대전지방법원(행정부) 등에서도 재판을 받을 수 있게 되었다.

행정소송법 개정으로 중앙행정기관, 중앙행정기관의 부속기관과 합의제행정기관, 공공단체 또는 그 장이 피고인 경우에는 대법원 소재지 또는 해당 중앙행정기관 등의 소재지를 관할하는 행정법원에서 재판 받을 수 있도록 한 것이다.

즉, 취소소송의 1심 관할법원은 피고의 소재지를 관할하는 행정법원으로 하되, 중앙행정기관(부속기관 포함), 합의제행정기관, 공공단체 등은 서울행정법원의 중복관할을 인정하고 있다.

따라서 중앙노동위원회 재심사건 당사자는 서울행정법원 또는 대전지방법원(행정부)을 선택하여 행정소송을 제기할 수 있다.

제12절 이행강제금제도와 고발

1. 이행강제금 제도

가. 제도 취지

이행강제금 제도는 부당해고 등 구제명령에 대한 이행을 강제하여 구제 명령의 실효성을 높이기 위한 방안으로 도입되었다.

근로기준법 개정 시(2007.1.26.) 이행강제금제도가 도입되면서 근로기준법 제23조의 부당해고 등에 대한 처벌규정은 삭제되었고, 확정된 구제명령 불이행에 대한 처벌규정이 신설되었다(근기법 §111).

노동위원회는 구제명령(재심 구제명령 포함) 이후 이행기한까지 구제명령을 이행하지 아니한 사용자에게 2천만원 이하의 이행강제금을 부과할 수 있다. 최초 구제명령을 한 날을 기준으로 매년 2회 범위에서 구제명령이 이행될 때까지 반복하여 최대 2년간 부과 · 징수할 수 있다(근기법 §33①④).

〈이행강제금 부과업무 흐름도〉

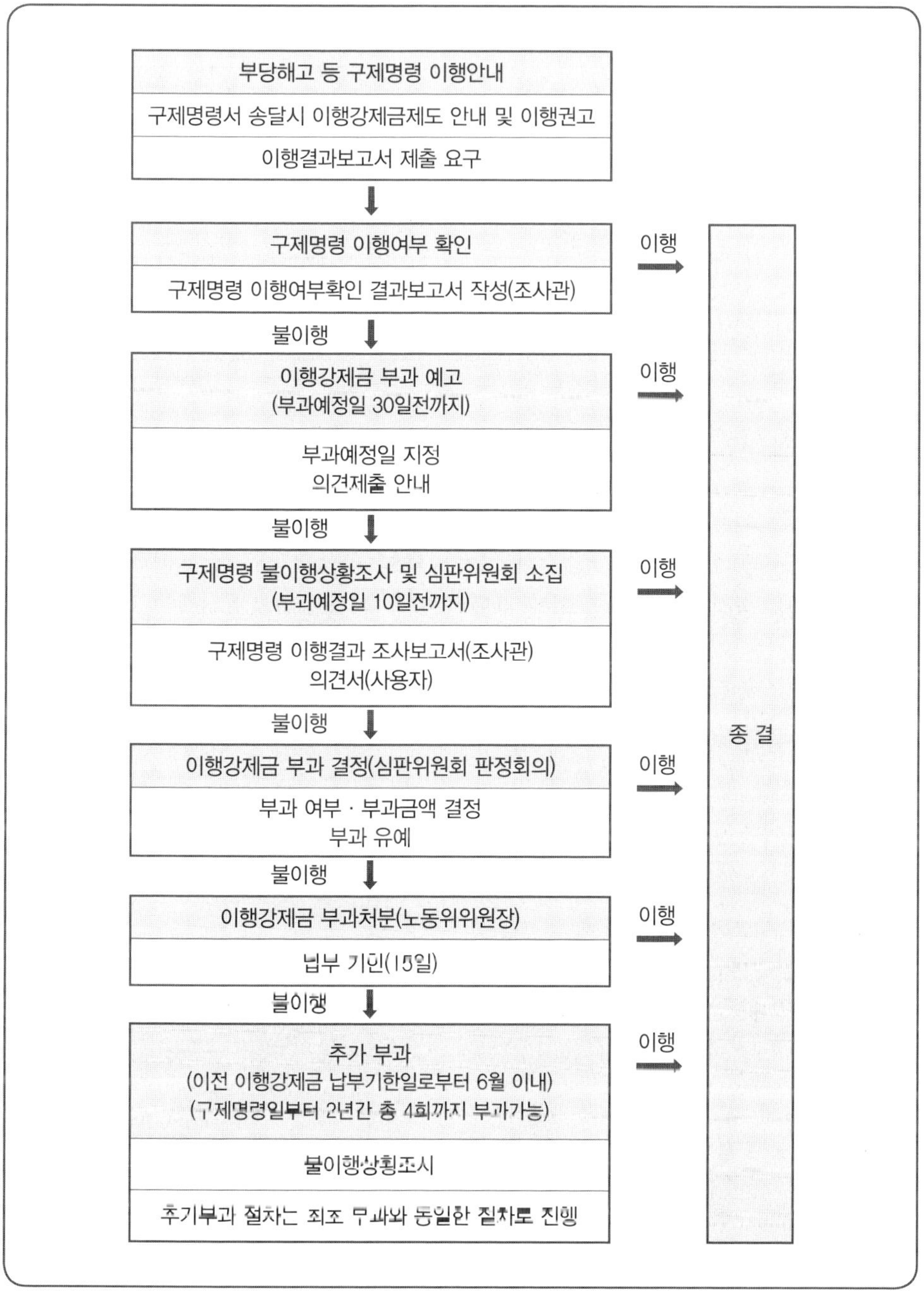

나. 부과 절차

〈이행강제금 부과진행 시기〉

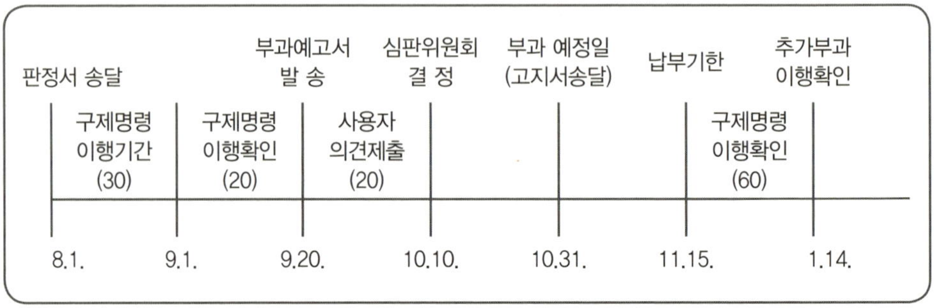

(1) 이행 안내

노동위원회는 부당해고 등에 대한 구제명령을 할 경우 통상 판정서 송달일로부터 30일 이내로 정한 이행기한까지 구제명령을 이행하도록 권고하면서, 노동위원회규칙 별지 제24호 서식에 의해 부당해고 등 이행결과보고서를 제출하도록 한다.

(2) 이행 확인

노동위원회는 구제명령의 이행기한이 지나면 지체 없이 이행여부를 확인하며, 구제명령의 이행 여부는 다음 기준에 따라 판단한다.

〈노위규칙〉

제79조【구제명령 이행기준】
부당해고 등 구제명령의 이행 여부는 다음 각 호의 기준에 따라 판단한다. 다만, 당사자가 부당해고 등 구제명령과 다른 내용으로 합의한 경우에는 그 구제명령을 이행한 것으로 본다.

1. 원직복직의 이행은 당해 근로자에게 해고 등을 할 당시와 같은 직급과 같은 종류의 직무를 부여하였거나 당해 근로자의 동의를 얻어 다른 직무를 부여 하였는지 여부. 다만, 같은 직급이나 직무가 없는 등 불가피한 사유가 발생한 때에는 유사한 직급이나 직무를 부여하였는지 여부
2. 임금상당액 지급의무 이행은 구제명령의 이행기한까지 지급하였는지 여부
3. 금전보상을 내용으로 하는 구제명령은 주문에 기재된 금액을 전액 지급 하였는지 여부
4. 그 밖의 구제명령의 이행은 그 주문에 기재된 대로 이행하였는지 여부

1) 전부지급의 원칙

해고처분이 무효인 경우에는 그간 근로관계가 유효하게 계속되고 있었음에도 불구하고, 사용자의 귀책사유로 인해 근로제공하지 못한 것이므로 근로자는 계속 근로하였을 때에 받을 수 있는 임금 전부를 청구할 수 있다.[469)]

2) 임금상당액

지급을 청구할 수 있는 임금(임금상당액)은 근로기준법 제18조(현행 제2조 제5호)에서 규정하는 임금을 의미하므로 같은 법 제19조에서 말하는 평균임금산정의 기초가 되는 임금의 총액에 포섭될 임금이 전부 포함된다.[470)]

3) 근로자의 귀책이나 사용자의 책임 없는 사유로 근로제공이 불가능한 경우

해고가 없었다고 하더라도 취업이 사실상 불가능한 상태가 발생하거나, 사용자가 정당한 사유에 의하여 사업을 폐지한 경우에는 사용자의 귀책사유로 인하여 근로제공을 하지 못한 것이 아니므로, 그 기간 중에는 임금을 청구할 수 없다.[471)]

4) 해고 이후 임금인상

단체협약서에 매년 단체교섭을 통하여 임금인상을 결정 · 시행하도록 되어 있으며, 이에 따라 매년 임금인상을 해 왔다면 부당해고기간 동안의 근로자의 임금도 해고처분 이후 체결된 단체협약서에 의하여 인상된 임금에 따라 산정하여야 한다.[472)]

5) 중간수입공제

근로자가 해고기간 중에 다른 직장에 종사하여 얻은 수입, 이른바 중간수입은 공제할 수 있다. 근로기준법 제38조(현행 제46조)는 근로자의 최저생활을 보장하려는 취지에서 사용자의 귀책사유로 인하여 휴업하는 경우에는 휴업기간 중 해당 근로자에게 그 평균임금의 100분의 70 이상의 수당을 지급하여야 한다고 규정하고 있다. 여기서 '휴업'은 근로자가 근로계약에 따라 근로제공할 의사가 있음에

---

469) 대법원 1992.12.8 선고 92다39860 판결.
470) 대법원 1993.12.21 선고 93다11463 판결.
471) 대법원 1995.1.24 선고 94다40987 판결.
472) 대법원 1993.9.24 선고 93다21736 판결.

도 불구하고 그에 반하여 취업이 거부되거나 불가능하게 된 경우까지 포함되므로 근로자가 사용자의 귀책사유로 인해 해고된 경우에도 휴업수당에 관한 근로기준법이 적용될 수 있다. 이러한 경우 근로자가 지급받을 수 있는 해고기간 중의 임금액 중 위 휴업수당의 한도에서 중간수입의 공제대상으로 삼을 수 없고, 그 휴업수당을 초과하는 금액 범위에서만 공제하여야 할 것이다.[473)]

(3) 부과예고와 결정

노동위원회는 사용자가 구제명령 불이행 또는 불완전 이행 · 부분이행 등으로 구제명령 이행기준에 미달하는 경우에는 이행강제금 부과예고를 해야 한다.

사용자가 부과예고에도 불구하고 이행을 하지 아니하면 노동위원회는 심판위원회를 개최하여 이행강제금 부과결정을 한다.

심판위원회는 해고 등에 있어서 그 동기 · 고의 · 과실 등 사용자의 귀책 정도, 구제명령 이행노력, 구제명령 불이행 기간 등을 고려하여 근로기준법 시행령 제13조 별표3의 산정기준에 따라 부과금액을 결정한다.

〈이행강제금 산정 기준(근기법시행령 §13 별표3)〉

위반행위	금 액
정당한 이유 없는 해고에 대한 구제명령을 이행하지 아니한 자	500만원 이상 2,000만원 이하
정당한 이유 없는 휴직, 정직(停職)에 대한 구제명령을 이행하지 아니한 자	250만원 이상 1,000만원 이하
정당한 이유 없는 전직(轉職), 감봉에 대한 구제명령을 이행하지 아니한 자	200만원 이상 500만원 이하
정당한 이유 없는 그 밖의 징벌(懲罰)에 대한 구제명령을 이행하지 아니한 자	100만원 이상 500만원 이하

※ 비 고: 구체적인 이행강제금의 금액은 위반행위의 종류에 따른 부과금액의 범위에서 위반행위의 동기, 고의 · 과실 등 사용자의 귀책 정도, 구제명령 이행을 위한 노력의 정도, 구제명령을 이행하지 아니한 기간 등을 고려하여 결정.

---

473) 대법원 1993.11.9 선고 93다37915 판결 등.

(4) 부과처분과 추가부과

노동위원회위원장은 심판위원회 결정에 따라 부과통지를 받은 날로부터 15일 이내의 납부기한을 정하여 이행강제금을 부과한다.

노동위원회는 사용자가 계속하여 구제명령을 이행하지 아니할 경우 최초 구제명령일부터 1년에 2회 범위 내에서 총 4회까지 이행강제금을 부과할 수 있다.

다. 불복제기와 부과

이행강제금은 부당해고 등에 관한 구제명령을 토대로 부과하는 것이고, 구제명령은 재심신청이나 행정소송에 의하여 그 효력이 정지되지 아니하므로 재심신청 또는 행정소송 제기와 관계 없이 이행강제금을 부과할 수 있다(근기법 §32).

초심 지방노동위원회 구제명령이 중앙노동위원회에서 유지된 경우 초심지방노동위원회가 이행강제금을 계속 부과하며, 중앙노동위원회가 초심 지방노동위원회의 기각결정을 취소하고, 구제하는 명령을 하는 경우에는 중앙노동위원회가 이행강제금을 부과한다.

초심 지방노동위원회의 기각(각하 포함)결정이 중앙노동위원회에서 유지되었다가 법원에서 취소판결이 확정된 경우에는 중앙노동위원회는 해당 사건에 대하여 재처분한 후 이행강제금을 부과한다.

라. 부과 유예

사용자의 객관적인 노력에도 불구하고 근로자의 소재불명 등으로 구제명령을 이행하기 어려운 것이 명백하거나, 또는 천재 · 사변 등 그 밖의 부득이한 사유로 구제명령을 이행하기 어려운 경우에는 부과를 유예할 수 있으며(근기법시행령 §14), 부과유예 사유가 소멸되면 부과한다.

이행강제금 부과 유예는 사용자의 신청이나 심판위원회의 직권으로 할 수 있으며, 사용자가 신청하는 때에는 부과유예사유에 관한 입증자료를 첨부하여 서면으로 하여야 한다(노위규칙 §82②)

마. 징수와 반환

노동위원회는 심판위원회에서 이행강제금의 부과결정을 하는 경우에는 사용자에게 부과결정서를 송달하고, 국고금관리법 등에서 정한 절차에 따라 이행강제금을 징수한다.

초심 지방노동위원회의 구제명령이 중앙노동위원회에서 취소되면, 중앙노동위원회는 지체 없이 지방노동위원회에 통보하여야 하며, 해당 지방노동위원회는 이행강제금을 반환하여야 한다.

초심 지방노동위원회의 구제명령이 중앙노동위원회에서 유지되었다가 법원의 취소판결이 확정된 경우 또는 중앙노동위원회의 구제명령에 대하여 법원의 취소판결이 확정된 경우에는 중앙노동위원회가 이행강제금을 반환하여야 한다.

심층정리 이행강제금 부과결정과 불복

1. 이행강제금 부과결정에 대한 불복

노동위원회의 이행강제금 부과결정에 대하여 사용자가 불복하는 방법에는 ① 구제명령을 내린 판정에 불복하거나, ② 이행강제금 부과결정 자체에 불복할 수 있다. ①과 ②는 불복절차와 가산금 지급에서 구별된다.

①의 방법은 판정에 불복하는 것이므로 중앙노동위원회의 재심과 행정소송의 절차를 거치고, ②는 중앙행정심판위원회(임의적 행정심판) 또는 행정소송의 절차를 밟으면 된다.

노동위원회의 이행강제금 부과결정은 준사법적 판단인 판정과 달리 처분의 실효성확보 수단이라는 일반처분의 성격을 지니고 있기 때문에 이행강제금 부과결정에 대한 불복은 중앙노동위원회가 아닌 중앙행정심판위원회를 통한 행정심판이나 행정소송을 직접 제기할 수 있다.

노동위원회 판정이 취소된 경우에는 이행강제금을 납부한 날부터 반환하는 날까지의 기간에 대하여 고용노동부령으로 정하는 이율(국세기본법시행규칙 제13조의2에 따른 국세환급가산금의 이율)을 곱한 금액을 가산하여 반환하며, 중앙행정심판위원회의 취소결정으로 이행강제금을 반환하는 경우에는 이자를 가산하지 않는다.

부과에 대한 근로자의 이의제기 여부가 문제될 수 있다. 즉, 이행강제금 부과액수가 기대보다 낮게 결정되면, 근로자는 불만을 제기하며, 더 높은 부과금액이 결정되기를 주장하기도 한다. 그러나 이행강제금은 근로자의 법률상 이익을 위한 제도가 아니고, 구제명령에 대한 실효성확보 수단이므로 이에 대하여 근로자가 다툴 수 없다고 할 것이다.

2. 이행강제금 부과가능 여부

사용자의 재심신청이나 행정소송의 제기로 인해 노동위원회의 구제명령은 중지되지 않으므로(행소법 §23①), 이행강제 부과결정 집행정지신청에 의한 집행정지결정(행소법 §23②)이 있지 않는 한 부과중지되거나 부과유예되지 않는다.

노동위원회의 구제명령과 다른 내용의 당사자 간의 합의가 있었던 경우에도 구제명령의 이행으로 보아(노위규칙 §79), 이행강제금은 부과되지 않는다. 다만, 합의 이전에 이미 부과된 이행강제금에 대해서는 납부하여야 한다.

구제명령 후 회사의 조직개편이나 인사이동 등으로 인해 해고 이전 직위로 복귀가 불가능하여 이와 유사한 직위에 근무하도록 하는 경우에는 구제명령을 이행한 것으로 판단해야 할 것이다.

사용자가 해고되었던 근로자를 복직시키면서 해고 이후 복직 시까지 해고가 유효함을 전제로 이미 이루어진 인사질서, 사용자의 경영상 필요, 작업환경의 변화 등을 고려하여 복직 근로자에게 그에 합당한 일을 시킨다면 그 일이 비록 종전 일과 다소 다르더라도 이는 사용자의 고유권한인 경영권의 범위에 속하는 것이므로 정당하게 복직시킨 것으로 보아야 한다(대법원 1997.5.16 선고 96다47074 판결).

3. 이행강제금 부과금액과 부과 단위

부당해고 구제명령을 이행하지 않은 경우 1차 이행강제금 부과는 대체적으로 하한액(500만 원)에서 결정되는 것이 일반적이다. 그러나 사용자의 동기나 고의 · 과실 여부, 구제명령 이행노력 등을 감안하여 사안에 따라서는 1차에 상한액 2,000만원이 부과되는 사례도 있다.

근로기준법시행령상 해고의 경우 500~2000만원의 범위 내에서 이행강제금을 부과하도록 되어 있는데, 여기서 상 · 하한액은 각 회차마다 부과되는 한도이고, 4차 부과까지 총액의 한도가 아니다.

따라서 부당해고의 경우 1차 500만원, 2차 700만원, 3차 1,000만원, 4차 2,000만원이 부과될 수 있으며, 사안에 따라서는 매 회차 상한액인 2,000만원이 부과되어 4차에 걸쳐 총 8,000만원까지 부과될 수 있다.

이행강제금의 부과단위는 판정에 있어서 근로자 수와 징계건수 등에 대하여 각각 계산한 그 총액으로 한다.

하나의 판정에서 근로자 한 명에게 해고, 견책 등 복수의 구제명령이 내려진 경우에는 해고, 견책에 대하여 각각 이행강제금을 부과하며, 다수의 근로자에게 하나의 구제명령이 내려진 경우에는 각 근로자에 대하여 이행강제금을 부과한다.

즉, 하나의 판정으로 부당해고 근로자 1, 2에게 구제명령이 내려진 경우에는 근로자 1, 2의 해고에 대하여 각각 이행강제금을 부과하며, 또한 하나의 판정으로 근로자 한 명에게 견책, 해고의 구제명령이 내려진 경우에는 그 근로자의 견책, 해고에 대하여 각각 부과한다.

2. 고 발

가. 의 의

근로기준법 개정으로 고발제도가 시행된 2007.7.1. 이후 발생한 부당해고 등에 대하여 확정된 구제명령을 이행하지 않으면 1년 이하의 징역 또는 1천만 원 이하의 벌금에 처한다(근기법 §111). 노동위원회의 고발이 있어야 공소를 제기할 수 있으며(근기법 §112①), 검사는 노동위원회에 고발을 요청할 수 있다(근기법 §112②).

나. 고발대상

고발대상으로서 구제명령이 확정되는 경우는, ① 사용자가 부당해고 등에 관한 구제명령 내용이 포함된 초심 지방노동위원회 판정서를 수령한 날로부터 10일이 경과될 때까지 재심신청을 제기하지 아니한 경우, ② 사용자가 부당해고 등에 관한 구제명령 내용이 포함된 초심 지방노동위원회 판정서를 수령하고 10일 이내에 재심신청을 제기하였다가 재심신청을 취하한 경우, ③ 사용자가 부당해고 등에 관한 구제명령 내용이 포함된 재심 중앙노동위원회 판정서를 수령한 날로부터 15일이 경과될 때까지 행정소송을 제기하지 아니한 경우, ④ 사용자가 법원에 제기한 부당해고 등에 관한 구제명령 내용이 포함된 재심 중앙노동위원회 판정에 대한 취소소송이 기각되고 10일 이내에 상소를 포기하였거나, 소송진행 중 소(訴)를 취하한 경우, ⑤ 사용자가 제기한 부당해고 등에 관한 구제명령 내용이 포함된 중앙노동위원회 재심판정에 대한 취소소송이 대법원에서 기각된 경우 등이다.

다. 고발 절차

노동위원회는 부당해고 등 구제명령이 확정되었음에도 불구하고 사용자가 구제명령을 이행하지 아니하는 때에는 심판위원회를 개최하여 고발여부를 결정하고, 심판위원회에서 고발하기로 결정한 경우에는 근로기준법 제112조에 따라 사업장 소재지 관할 지방고용노동관서에 고발한다.

심층정리 이행강제금 부과와 고발

노동위원회의 구제명령에 대하여 사용자가 이를 이행하지 아니할 때 이를 강제하는 방법에는 이행강제금과 구제명령 불이행죄(근기법 §111)를 이유로 한 고발(같은 법 §112)이 있다.

이행강제금 제도는 구제명령이 확정되었는지에 관계없이 사용자가 구제명령을 이행하지 아니할 때 부과하는 행정행위 실효성 확보수단의 하나인 반면, 구제명령 불이행죄를 이유로 한 고발은 구제명령이 확정되었음에도 불구하고 사용자가 구제명령을 이행하지 아니할 경우 할 수 있는 형사제재로서 양자는 절차의 성질 및 요건이 상이하다.

즉, 이행강제금과 고발은 구제명령의 실효성 확보에 기여하는 면에서는 유사한 면이 있으나, 이행강제금의 경우 구제명령을 장래에 이행하라는 행정처분의 실효성 확보수단이지 처벌이 아니고, 고발(근로기준법 위반죄)의 경우 구제명령 확정 당시 이를 이행하지 않은 과거의 행위에 대한 제재(처벌) 성격을 갖는 행정형벌 절차이므로 제도의 취지와 성격이 서로 달라 확정된 구제명령을 이행하지 않는 경우 이행강제금 부과와 고발조치가 동시에 이루어 질 수 있고, 이중처벌(헌법 §13①)에 해당되지 않는다.

따라서 사용자가 구제명령을 이행하지 아니할 경우 위 두 가지 제재를 모두 가하여도 헌법상 이중처벌 금지 원칙에 어긋나는 것은 아니며 이러한 점은 대법원의 판례에서도 확인된다.

개발제한구역 내의 건축물에 대하여 허가를 받지 않고 한 용도변경행위에 대한 형사처벌과 건축법 제83조 제1항에 의한 시정명령 위반에 대한 이행강제금의 부과는 그 처벌 내지 제재대상이 되는 기본적 사실관계로서의 행위를 달리하며, 또한, 그 보호법익과 목적에서도 차이가 있으므로 이중처벌에 해당한다고 할 수 없다(대법원 2005.8.19. 자 2005마30 결정).

제13절 중앙노동위원회의 재심

〈노위법〉

제26조 【중앙노동위원회의 재심권】
① 중앙노동위원회는 당사자의 신청이 있는 경우 지방노동위원회 또는 특별노동위원회의 처분을 재심하여 이를 인정 · 취소 또는 변경할 수 있다.
② 제1항의 규정에 의한 신청은 관계법령에 특별한 규정이 있는 경우를 제외하고는 지방노동위원회 또는 특별노동위원회가 행한 처분을 통지받은 날부터 10일 이내에 하여야 한다.
③ 제2항의 기간은 불변기간으로 한다.〈개정 2007.1.26.〉

〈노위규칙〉

제89조 【재심의 범위】
당사자의 재심 신청은 초심에서 신청한 범위를 넘어서는 아니되며, 중앙노동위원회의 재심 심리와 판정은 당사자가 재심신청한 불복의 범위 안에서 하여야 한다.
제90조 【재심신청】
① 당사자가 지방노동위원회의 부당해고등 · 부당노동행위 사건의 판정에 불복하는 경우에는 별지 제31호 서식의 구제재심신청서에 따라 중앙노동위원회에 재심을 신청할 수 있다.
② 제1항에 따른 재심 신청이 지방노동위원회에 접수된 경우에는 당해 접수일을 중앙노동위원회에 재심을 신청한 날로 본다.
제94조 【재심판정】
① 중앙노동위원회는 재심신청이 요건을 충족하지 못한 경우 재심신청을 각하하고, 재심신청이 이유 없다고 판단하는 경우에는 기각하며, 이유 있다고 판단하는 경우에는 지방노동위원회의 처분을 취소하고 구제명령이나 각하 또는 기각결정을 하여야 한다.

1. 의 의

중앙노동위원회 재심절차는 지방노동위원회(특별노동위원회 포함)에서의 초심처분이 위법 또는 부당하다고 주장하는 관계 당사자가 그 처분의 취소를 신청한 경우 이에 대한 수용여부를 결정하여 처분이나 거부처분을 하는 절차이다.

이러한 점에서 재심절차는 행정쟁송의 일종으로 지방노동위원회의 초심처분을 그 대상으로 한다는 점에서 항고쟁송의 성격이 일부 있으나, 재심 상대방을 지방노동위원회로 하지 않고 상대방 당사자로 한다는 점(당사자쟁송의 성격)에서 행정청을 피신청인으로 하는 행정심판법에 따른 행정심판 절차와는 성격이 다소 다르다.

지방노동위원회 초심판정에 대하여 불복할 경우 중앙노동위원회 재심을 거치지 않으면 행정소송을 제기할 수 없다. 따라서 중앙노동위원회 재심절차에 있어서는 노동위원회법 · 시행령, 근로기준법, 노동조합법, 노동위원회법 · 규칙 등이 적용되며, 여기에서 정하지 아니한 사항에 대하여는 행정심판법의 법리를 참고할 수 있다.

2. 재심 신청

당사자가 지방노동위원회의 부당해고 등 및 부당노동행위 국제사건의 판정에 불복하는 경우에는 중앙노동위원회에 재심을 신청하여야 한다.

관계 당사자는 지방노동위원회의 초심 판정서를 받은 날로부터 10일 이내에 재심신청서를 중앙노동위원회에 제출하여야 한다(노위규칙 §90).

다만, 중앙노동위원회의 인터넷 홈페이지에서 재심신청을 하는 경우에는 서면에 의한 신청으로 보며, 해당 지방노동위원회에 재심신청서를 제출한 경우에는 지방노동위원회에 재심신청서를 접수한 날이 중앙노동위원회에 재심신청한 날이 된다.

중앙노동위원회 재심신청의 대상은 지방노동위원회의 초심처분으로서 구제명령, 기각판정 및 결정 등이다. 따라서 노동위원회법 제16조의3에 따른 화해성립에 불복하는 경우에는 재심을 신청할 수 없다.

또한, 지방노동위원회 초심의 원직복직명령을 내용으로 하는 구제명령에 대하여 사용자가 재심을 신청한 경우에는 근로자가 초심 구제명령을 금전보상명령으로 변경해 달라는 재심신청을 할 수 없고, 아울러 초심의 금전보상명령에 대하여 근로자가 금전보상금액을 증액해 달라는 취지의 재심신청도 허용되지 않는다.

3. 재심 범위

당사자의 재심신청은 지방노동위원회 초심에서 신청한 범위를 넘어서는 아니되며, 중앙노동위원회의 심리와 판정은 당사자의 불복범위 안에서 하게 된다.

여기서 '초심에서 신청한 범위'라 함은 초심 지방노동위원회의 신청취지 범위를 말하며, '당사자의 불복 범위'라 함은 재심신청서에 기재된 재심 신청취지의 범위를 말한다.

만약, 당사자가 지방노동위원회 초심의 신청범위를 넘어서는 재심신청을 하는 경우에는 중앙노동위원회가 심리·판정할 권한이 없으므로 노동위원회규칙 제60조제1항 제6호에 따라 각하 처리된다.

4. 기록 관리

중앙노동위원회의 재심기록은 지방노동위원회 초심기록을 그대로 이어서 관리한다.

따라서 당사자는 초심절차에 제출한 자료를 재심절차에서는 다시 제출할 필요가 없으며, 새로운 입증자료를 제출할 경우의 입증자료 번호는 초심기록에 연속하여 부여하면 된다.

아울러 지방노동위원회 초심이유서 및 답변서를 통해서 주장한 내용에 대하여도 재심과정에서 다시 주장할 필요는 없으며, 추가되거나 변경된 내용을 중심으로 주장하면 된다.

5. 사건 조사

중앙노동위원회는 초심에서와 마찬가지로 사실조사에 앞서 재심신청기간 준수, 재심신청의 이익 등 재심신청요건이나 또는 재심절차의 유지요건이 구비되어 있는지 여부를 검토한다.

따라서 검토한 결과, 신청요건(초심신청요건 포함)이 결여되었거나 절차유지요건(초심 절차유지요건 포함)이 상실되었음이 확인되는 경우에는 심판위원회를 개최하여 각하처리하게 된다.

중앙노동위원회의 재심사건 조사는 초심사건의 조사결과를 토대로 초심판정서에서 입증이 미진한 사항이나 재심절차에서 당사자 주장이 달라진 부분을 중심으로 다양한 방법을 통하여 조사를 진행한다.

〈초 · 재심신청요건 미비 또는 상실에 따른 처리〉

구 분	초심판정	재심판정
재심신청요건 미비 또는 재심절차유지요건 상실	구제명령, 기각,각하	· 재심신청 각하
초심구제신청요건 미비, 초심절차 유지요건 상실	각 하	· 재심신청 기각
	구제명령	· 초심판정 취소 및 초심구제신청 각하
	기 각	· 재심신청 기각 · 구제신청을 배척한다는 점에서는 결론이 같으므로 초심판정을 취소하지 아니하고 재심신청을 기각한다는 내용을 기재(대법원 1993.7.13 선고 92 다48857 판결)

6. 재심 판정

가. 유 형

중앙노동위원회는 재심신청요건이 충족되지 못한 경우에는 각하하여야 하고, 재심신청이 이유 없다고 판단할 때에는 기각하며, 이유 있다고 판단하는 경우에는 지방노동위원회 초심판정을 취소하고 구제명령이나 각하 또는 기각결정을 한다.

나. 초심 구제명령 후 사정변경

〈노위법〉

제26조【중앙노동위원회의 재심권】
① 중앙노동위원회는 당사자의 신청이 있는 경우 지방노동위원회 또는 특별노동위원회의 처분을 재심하여 이를 인정 · 취소 또는 변경할 수 있다.
제94조【재심판정】
②중앙노동위원회는 근로관계의 소멸이나 사업장 폐쇄 등으로 초심의 구제명령 내용을 그대로 유지하는 것이 적합하지 않다고 판단하는 경우에는 그 내용을 변경할 수 있다.

중앙노동위원회는 지방노동위원회 초심에서 구제명령을 한 이후 근로관계의 종료나 사업장 폐업 등으로 초심구제명령 내용을 그대로 유지하는 것이 적합하지 않다고 판단하는 경우에는 그 내용을 변경할 수 있으며(노위규칙 §94②), 이는 노동위원회법 제26조 규정의 '초심판정 변경권'을 구체화한 규정이다.

지방노동위원회 초심에서 근로자의 구제신청이 기각된 경우에는 그 재심신청인은 근로자 또는 노동조합이므로 재심신청의 이익은 근로자 또는 노동조합을 중심으로 파악하여야 한다. 따라서 지방노동위원회 초심기각결정 이후 근로관계의 소멸이나 사업장 폐쇄 등으로 인하여 중앙노동위원회가 구제명령을 하여도 그 실현이 사실상 불가능하게 된 경우에는 재심신청을 각하하게 된다.[474)]

다. 결과통보와 불복

〈노위법〉

제27조【중앙노동위원회의 처분에 대한 소】

① 중앙노동위원회의 처분에 대한 소는 중앙노동위원회위원장을 피고로 하여 처분의 통지를 받은 날부터 15일 이내에 이를 제기하여야 한다.

② 이 법에 의한 소의 제기로 처분의 효력은 정지하지 아니한다.

③ 제1항의 기간은 불변기간으로 한다.

재심판정서는 별지 제32호 서식에 따라 작성하되, 초심판정서의 작성 방법을 준용한다.

중앙노동위원회는 당사자에게 재심판정서 정본을 첨부하여 재심사건의 처리결과를 통지해야 한다.

당사자가 중앙노동위원회의 재심판정에 불복하는 경우에는 재심판정서를 받은 날로부터 15일 이내에 서울행정법원 또는 대전지방법원(행정부)에 재심사건 상대방이 아닌 중앙노동위원회위원장을 피고로 하여 재심판정의 취소를 구하는 행정소송을 제기할 수 있다.

474) 대법원 2004.1.15 선고 2003두11247 판결.

제3장 구제절차 단계별 심판실무

제1절 구제신청 단계

1. 신청요건 충족

근로자가 노동위원회에 구제신청서를 제출하면 노동위원회는 구제신청서 사본을 구제신청의 상대방인 사용자측에 보내며, 구제절차의 진행에 관한 안내와 함께 답변서 제출을 요구한다.

구제신청 당사자는 구제신청기간의 준수, 당사자 적격, 신청의 이익 등 신청요건을 갖추고 있는지 여부, 사건관할 노동위원회가 적정한지 여부를 먼저 살펴야 한다.

만약, 구제신청 사건이 2개 이상의 시 · 도에 걸치거나 그 관할이 잘못된 경우에는 특정 노동위원회에 대하여 관상지정 또는 다른 노동위원회로의 사건이송을 요청한다.

특히, 신청요건이 결여된 것으로 판단되면 피신청인은 답변서에서 그 신청요건이 결여되었음을 구체적인 이유와 근거를 들어 주장할 수 있다.

〈신청요건이 결여된 경우(예시)〉

구 분	사 례
신청기간 경과	인사상 불이익조치를 당한 날로부터 3개월이 지나서 구제신청
신청인 부적격	근로기준법상 근로자가 아닌 자가 구제신청
피신청인 부적격	근로자가 근로계약관계에 있지 아니한 사업주를 상대로 구제신청
신청대상 부적격	인사상 불이익조치가 아닌 것(퇴직금 등)에 대하여 구제신청
구제 이익 없음	원상회복(원직복귀, 임금상당액) 이외의 목적으로 구제신청

2. 이유서와 답변서 작성

가. 의 의

이유서와 답변서는 노동위원회에 제기된 구제신청사건에 있어서 해당 심판위원회 위원들이 그 인사권 행사의 정당성 여부를 판단할 수 있도록 기술하는 서면이다.

이유서와 답변서는 그 수령인이 조사관과 해당 심판위원회 위원이고, 구제신청 사건에 대한 올바른 판단을 그 목적으로 하는 것이기 때문에 객관성과 적합성, 명료성을 갖추는 것이 무엇보다 중요하다.

따라서 상대방의 주장에 대한 반박 뿐 아니라, 사업성격이나 규모, 인사조치의 배경 · 과정 등을 객관적이고 구체적으로 기술한다.

나. 이유서와 답변서 구성

이유서와 답변서에 대하여 일정한 형식이 존재하지 않는다. 다만, 당사자가 자신의 주장을 일목요연하게 작성하여 해당 심판위원회에서 올바른 판단을 받을 수 있도록 작성하면 된다.

따라서 노동위원회 조사관이 해당 사건에 대하여 작성하는 조사보고서와 판정서의 구성방식을 참고하여 객관적인 사실관계와 적합한 판례법리를 토대로 구성하면 좋은 이유서와 답변서가 될 수 있을 것이다.

(1) 이유서 구성

[이유서 표지서식]

이 유 서

사 건	서울2014부해○○○ 주식회사 ○○○ 부당해고구제 신청
근 로 자	김○○ (○○○○○○-2******)
(신청인)	주 소
	대리인 노무법인 ○○
	담당 공인노무사 조○○ (전화: ○○-○○○-○○○○)
☞ 무료지원 노무사인 경우 대리인 표시	
	대리인 공인노무사 조○○(무료 선임)
사 용 자	주식회사 ○○○
(피신청인)	소재지
	대표이사 이○○

위 사건에 대하여 이 사건 근로자 김○○(또는 이 사건 근로자 김○○의 대리인)는 다음과 같이 이유서를 제출합니다.

2014.○○.○○.

근로자(신청인) 김○○ (인)

「또는 신청인의 대리인 노무법인 ○○

담당 공인노무사 조○○ (인)」

[이유서 내용서식]

이 유 서

사　　건

근 로 자

사 용 자

위 사건에 대하여 이 사건 근로자 김○○(또는 이 사건 근로자 김○○의 대리인)는 다음과 같이 이유서를 제출합니다.

신 청 취 지

1. 이 사건 사용자가 2014.○○.○○. 이 사건 근로자에 대하여 행한 해고는 부당해고임을 인정한다.
2. 이 사건 사용자는 이 판정서를 송달받은 날부터 30일 이내 이 사건 근로자를 원직에 복직시키고, 해고기간 동안 정상적으로 근로하였다면 받을 수 있었던 임금상당액을 지급하라.

라는 판정을 구합니다.

신 청 이 유

1. 당사자 개요
2. 이 사건 해고의 경위

【관련 규정】

3. 이 사건 해고가 부당한 이유
4. 결 론

2014.○○.○○.

위 근로자(신청인) 김○○ (인)

(2) 답변서 구성

[답변서 표지서식]

답 변 서

사　건	서울2014부해○○○ 주식회사○○ 부당해고구제 신청
근 로 자 (신청인)	김○○ (000000-2******) 주 소
사 용 자 (피신청인)	주식회사 ○○ 소재지 대표이사 이○○ 대리인 노무법인 ○○ 담당 공인노무사 조○○ (전화: ○○-○○○-○○○○)

위 사건에 대하여 이 사건 사용자 (주)○○○(또는 이 사건 사용자 주식회사○○○의 대리인)는 다음과 같이 답변서를 제출합니다.

2014.○○.○○.

위 사용자(피신청인) 이○○

[피신청인의 대리인 노무법인 ○○

담당 공인노무사 조○○ (인)]

[답변서 본문서식]

답 변 서

사　건

근 로 자

사 용 자

위 사건에 관한 신청인측의 신청이유서에 대하여 다음과 같이 답변합니다.

답 변 취 지

이 사건 근로자의 구제신청을 기각한다는 판정을 구합니다.

(만일, 신청요건이 결여된 경우)

1. 이 사건 근로자의 구제신청을 각하한다.
2. 만약, 신청요건이 결여되지 아니하였다면 이 사건 근로자의 구제신청을 기각한다.

라는 판정을 구합니다.

이　　유

1. 당사자 개요
2. 이 사건 해고의 경위

【관련 규정】

3. 이 사건 해고가 정당한 이유
4. 신청인의 주장에 대한 반론
5. 결 론

2014.○○.○○.

위 사용자(피신청인) 주식회사 ○○

대표이사　△△△ (직인)

3. 항목별 작성방법

가. 당사자 개요

(1) 근로자(답변서인 경우 '사용자')

입사일, 부서 · 직책, 담당직무, 인사처분일, 인사처분 당시의 사업장 명칭 등을 기재하며, 부당노동행위 구제신청사건의 경우에는 노동조합 내 지위 등을 기재한다. 근로자가 여러 명인 경우에는 표로 정리하는 것이 바람직하다.

(2) 노동조합(부당노동행위 구제신청사건)

노동조합설립일, 상급단체, 조직형태, 조합원수 등을 기재한다.

(3) 사용자(이유서인 경우 '근로자')

사업체 설립일, 상시근로자수, 사업종류 및 주요 생산품, 사업장 현황 등을 기재한다.

[작성 예시]

1. 당사자 개요

가. 근로자

① △△△(이하 '이 사건 근로자1' 이라 한다)은 1993.12.28. 입사하였고, 2급 사원 (차장급)으로서 일선 영업부서인 ◇◇본부 동부총국장으로 근무하다가 2004.4.1. 경영기획실 인사팀 대기발령을 받은 사람이고,

② ㅁㅁㅁ(이하 '이 사건 근로자2' 라 한다)은… 이하 생략…사람이다.

나. 사용자

주식회사 ○○(이하 '이 사건 사용자' 라 한다)은 1983.3.21. 설립되었으며, 위 수소지에 본사를 두고 상시 근로자 2,200여명을 사용하여 학습교재 출판 및 판매업을 경영하고 있는 법인이다.

나. 이 사건 해고 등의 경위

해고 등 인사처분의 배경과 경위에 대하여 그 발단에서 처분에 이르기까지 시간 흐름의 순서에 따라 정리하여 서술형으로 기재한다.

'해고 등의 경위' 는 사건의 발단에서 인사처분에 이르는 사실을 빠짐 없이 기재

하는 것이 아니라, 사건경위를 파악하기 용이하도록 판단의 요소가 되는 요건사실을 중심으로 정리하여야 한다.

요건사실은 사건유형(근로자성 유무, 해고, 대기발령, 전보 등)과 징계사유(폭행, 횡령, 업무지시 불이행, 성희롱 등)에 따라 다를 수 있다. 또한, 관련 입증자료는 가장 중요한 판단근거의 하나이므로 각 항목의 말미에 명시하여 사실인정의 근거를 명확히 하고, 취업규칙 등의 관련 규정도 사건경위 말미에 기재한다.

〈사건유형별 판단요소〉

사건 유형	판단요소
대기발령	· 업무상 필요성과 근로자의 불이익 비교 · 대기발령 기간 명시 여부
전보,전근	· 업무상 필요성과 근로자 생활상의 불이익 비교 · 근로자와의 성실한 협의 여부
전직,전적	· 근로계약 · 취업규칙상 전직규정 존재여부 · 근로자와의 성실한 협의 여부(규정이 없는 경우 근로자의 동의 여부)
징계위원회 결정을 통한 해고 등 징벌	· 징계사유 존재 여부 및 그 정당성 · 징계양정의 적정성 – 비위의 정도와 징벌의 비례성 – 다른 근로자와의 형평성 – 징벌의 목적 등 – 사업의 성격 · 근로자의 비위행위가 사업에 미친 영향 · 징계절차의 정당성(소명의 기회 부여 · 징계위원회 구성의 적정성 등) · 징계시효 경과 여부
대기발령 후 자동면직	· 대기발령 당시에 해고할 만한 사유 존재 여부
기간제 근로자의 갱신거절	· 사업의 성격상 유기계약의 필요성 존재 여부 · 근로계약 갱신의 관행 · 근로계약 갱신 절차의 존재 및 절차 준수 여부 · 갱신에 대한 기대감 형성 여부 · 갱신거절의 합리적인 이유 존재 여부
경영상 해고	· 긴박한 경영상 사정 존재 여부 · 근로자 대표와의 성실한 협의 및 해고회피 노력 · 공정하고 합리적인 대상자 선정기준 및 그 기준에 의한 선정 여부
사직서 수리	· 사직서 제출의 진의 여부 · 사용자가 사직서 제출의 진의를 알았는지 여부 · 사직의사 철회와 사직서 수리 시기

(1) 근로자성 유무에 대한 구제사건

근로자로서 업무상 역할 · 업무내용, 모집 · 채용 · 교육, 업무수행 과정에 있어서의 지휘 · 감독 여부, 근무시간 · 장소의 지정 및 구속 여부, 업무의 대체성 · 구속성 유무 및 정도, 비품 · 작업도구의 소유 · 이용관계, 보수 산정 및 임금지급형태, 사회보장제도의 적용여부, 다른 법령의 규정 등 근로자성 여부에 대한 판단기준을 시간의 흐름에 따라 기재한다.

[작성 예시]

2. 이 사건 해고의 경위

가. 이 사건 근로자를 채용할 때 월 250만 원의 임금과 영업이익의 10%를 성과급으로 주기로 하였음[사제3호증 근로계약서].

나. 이 사건 근로자는 입사 후 영업업무를 담당해 오면서 2014.4.23. 임시 주주총회에서 이사로 선임되었고, 대내외적으로 이사로 불려 왔으며, 2014.5.6. 법인등기부등본에 이사로 등재되었음[사제4호증 법인등기부등본].

다. 이 사건 근로자는 법인등기부등본에 이사로 등재된 사실에 대하여 이의를 제기하지 아니하였고, 업무용차량 및 법인카드를 교부받아 영업 관련 업무를 수행 하였음[사제5호증 법인카드 사용내역서].

라. 이 사건 근로자는 2014.4.26. 협력업체에 '영업관리이사 김○○' 명의로 대외적 문서 발송, 거래선 대표자간 간담회, 같은 달 30일경 ○○철강 등 대표자들이 참석한 가운데 회사 영업방침, 자재공급계획 의견수렴, 같은 해 5.11. 영업이사 명의로 △△공업사에 업무협조건 발송, 같은 해 7.13. 00산업에 납품단가에 관한 영업담당이사로서 전결한 견적서 제출 등 업무수행 영업이사의 직함을 사용하며 영업업무를 총괄해 왔음[사제2호증 업무연락 · 견적서].

마. 이 사건 근로자는 2014.5.1.부터 같은 해 7.11.까지 거래처인 ▽▽산업 등 5개사로부터 받은 납품대금 5,000만 원을 회사에 입금하지 아니하고 개인용도로 유용하여 오다가 같은 달 20일 감사실의 감사에서 적발되었음[사제6호증 공금유용 내역].

바. 2014.8.26. 개최된 임시주주총회에서 이 사건 근로자에 대하여 공금횡령 · 유용을 이유로 해임결의를 하였으며, 이를 근거로 같은 달 30일 해임처분을 하였음[사제7호증 임시주주총회의록, 사제8호증 해임통보].

(2) 계약기간 만료에 대한 구제사건

계약기간의 정함이 있는 경우에도 그 기간의 정함이 형식에 불과하여 사실상 기간의 정함이 없는 근로자나 다를 바가 없으면 사용자가 정당한 사유 없이 갱신계

약의 체결을 거절하는 것은 해고와 마찬가지로 무효가 된다.[475)]

또한, 기간의 정함이 형식에 불과한 정도에 이르지는 아니하였더라도 사업의 성격, 갱신관행, 계약갱신에 관한 근로계약서 또는 취업규칙의 규정 등을 종합할 때 근로자가 갱신기대를 가질만한 이유가 있으면 근로계약기간은 갱신을 위한 기간으로 볼 수 있으므로 갱신거절의 합리적인 이유가 있어야 한다.[476)]

따라서 모집광고의 내용, 근로계약서 작성 유무, 근로계약서의 내용, 회사의 규정, 갱신 관행, 갱신거절이유 등에 관한 사실관계를 기재한다.

[작성 예시]

2. 이 사건 해고의 경위

가. 이 사건 사용자는 2012.12.17. 서울특별시와 「서울시립 000청소년수련관 관리운영 위 · 수탁 협약서」(이하 '협약서' 라 한다)를 체결하고 수련관을 운영하고 있음[사제1호증 서울시립 ○○○ 청소년수련관 관리운영 위 · 수탁 협약서].

나. 이 사건 사용자는 수련관 운영을 위하여 2013.9.부터 2014.4.까지 지인의 소개 또는 서울특별시 청소년시설협의회 인터넷게시판 및 인터넷 잡뱅크 등을 통한 공개모집으로 이 사건 근로자들을 채용하였음[사제2호증 이사장이 작성한 추가자료, 사제3호증 수영강사 구인정보, 사제4호증 관장모집 공고문].

보고일	직원 성명	임용일	임용직급 · 호봉	보고자
2004.3.2.	이○○	2004.3.2.	4급14호	관 장 우○○
2004.5.15.	김○○	2004.5.17.	2급	이사장 우○○
2004.5.28.	한○○	2004.4.19.	5급	관 장 김○○
2004.5.28.	이○○	2004.4.8.	6급	관 장 김○○

다. 이 사건 사용자는 2014.3.2, 5.15, 5.28. 서울시에 직원채용 사실을 보고하였는바, 보고서의 임용직급란에 2급, 5급, 6급, 7급, 기능직으로 표시하였음[노제5호증 직원 임 · 면사항 보고, 노제6호증 관장 임명사항 보고].

라. 이 사건 사용자는 직원들의 호봉책정에 관한 서울시의 시정지시에 따라 2014.4.6. 직원들의 호봉 재획정 내역을 보고하였는바, 당시 근무 중인 이 사건 근로자 이00은 14호봉으로 기재되었음[사제8호증 2004년도 직원호봉 재획정].

마. 수련관의 인사관리규정 제5조제1항은 「직원」을 "일반직과 기능직 · 고용직으로 구분"하고 있고, 같은 규정 제30조에서는 직원의 정년을 "1 · 2급-만60세, 3-7급-만57세, 기능직 · 고용직-만55세"로 규정하고 있으며, 제25조는 "호봉승급"은 "매년 1월 1일과 7월 1일"로 규정하고 있음[사제9호증 인사관리규정].

475) 대법원 1998.1.23 선고 97다42489 판결 등.

476) 대법원 2005.9.9 선고 2005두6003 판결.

바. 이 사건 근로자들은 입사 시에 근로계약서를 작성하지 아니하고, 이00은 2014.3.30., 이△△은 2014.4.18., 김00은 2014.6. 중순경, 한00은 2014.7.13.에 입사일로부터 2014.8.31.까지 계약기간으로 하는 연봉근로계약서에 각각 서명하였음[사제10호증 연봉근로계약서 및 서약서].

사. 이 사건 근로자들이 작성한 연봉근로계약서 제2조에는 계약기간은 입사일로 부터 '2014년 8월 31일까지' 로 기재되어 있고, 제6조(재계약 및 계약만료)는 "근로계약기간 만료 후 재계약이 가능하며, '갑' 이 고용의사가 없거나 '을' 이 근로의사가 없을 시는 기간만료 1개월 전에 사전통보하고 계약기간 만료와 동시에 자동종료 퇴직되며, 이에 대하여 하등의 이의를 제기하지 않는다"고 규정 하고 있음[사제10호증 연봉근로계약서 및 서약서].

아. 이 사건 사용자의 이사장은 이 사건 근로자들에게 "근로계약이 2014.8.31.자로 종료되며, 우리 법인으로서는 귀하를 2014.9.1. 이후 재임용할 뜻이 없음"을 알린다는 내용의 근로계약 종료 통지를 이메일로 발송하였고, 이 사건 근로자 한00, 이00, 이△△은 이사장을 면담하여 이에 대하여 항의하였음[사제11호증 근로계약 종료 통지].

자. 이 사건 근로자들은 2014.8.20. 우00 이사장에게 2014.8.29. 노동조합이 설립되었음을 통보, 단체교섭을 요청하였으며, 계약종료일 이후로 수련관에 출근하지 아니하였음[사제14호증 단체협약 체결을 위한 단체교섭요청].

(3) 전보 · 전직 · 대기발령에 대한 구제사건

원칙적으로 사용자의 권한에 속하므로 업무상 필요한 범위 내에서는 사용자는 상당한 재량을 가지나 권리남용에 해당되는 등 특별한 사정이 있는 경우에는 부당하다. 업무상 필요성과 전보 등에 따른 생활상 불이익을 비교교량, 본인과의 협의 등 신의칙상 요구되는 절차 준수 여부, 근로계약상 근무장소의 특정여부 등을 판단기준으로 삼고 있으므로 이러한 판단요소들에 관한 사실관계를 기재한다.

[작성 예시]

2. 이 사건 전보 및 대기발령의 경위

가. 이 사건 사용자는 학습지 시장의 포화로 지속적인 수익 창출을 기대할 수 없다는 경영진단 결과에 따라 새로운 수익구조 창출을 위해 2010.3.1. "신사업 추진 TFT"를 구성하였음[사제3호증 신사업 추진 TFT 구성].

나. 당시 교문본부 동부총국장으로 근무하고 있던 이 사건 근로자가 영업실적이 부진(근로자가 총국장으로 있던 동부총국은 2010.12.~2011.3. 영업실적이 전체 32총국 중 30위를 차지)하여 본부 경영기획실 인사팀원으로 인사발령을 하였음[사제4호증 영업실적현황].

다. 이 사건 사용자는 2011.7.1. "신사업 추진 TFT"를 해체하고, 근로자를 포함한 12명으로 "2기 신사업 추진 TFT"를 구성하여 근로자를 그 팀원으로 전보 발령하였음[사제5호증 인사발령 품의].

라. 이 사건 사용자는 2011.7.19. "2기 신사업 추진 TFT"에 '신사업추진 계획'을 수립할 것을 지시하였음[사제6호증 신사업 TFT 업무부여 내역].
마. 이 사건 사용자는 2011.10.11. 신사업개발 업무 등이 경영기획실 인사팀에서 전략기획팀으로 이관됨에 따라 "2기 신사업 추진 TFT"를 해체하고, 이 사건 근로자외 1명을 인사팀에 대기발령하였음(4명은 권고사직, 6명은 타부서 배치)[사제7호증 인사발령, 사제8호증 TFT 팀원이동현황].
바. 이 사건 사용자는 이 사건 근로자에게 인사대기 명령 이후 3차례(2011.10.21., 2011.11.9., 2011.11.22.)에 걸쳐 이메일을 통하여 대전물류센터 근무를 권고하였으나, 이 사건 근로자가 권고를 수용하지 아니하여 2012.2.1. 근로자를 사업지원본부 대전물류센터 팀원으로 발령하였음[사제9호증 이메일 출력물, 사제10호증 인사발령].
사. 대전물류센터에는 숙소가 마련되어 있으며, 임금은 이 사건 근로자가 동부총국장으로 근무하던 때와 비교하면 직책수당 30만원을 제외하고는 차이가 없음[사제11호증 임금대장(2004.3.~2005.3.].

(4) 징계에 대한 구제사건

징계에 대한 정당성 요건은 징계사유의 정당성, 징계절차의 적법성, 징계양정의 적정성 등이다.

통상 징계사유의 존재 여부와 그 정당성, 징계절차의 적법성, 징계양정의 적정성 순서로 정리하면 징계쟁점을 누락하는 오류를 줄일 수 있다.

다만, 징계해고 등 징계절차에 있어서 사소한 하자가 있더라도 그 징계처분은 부당하다는 것이 법원의 일관된 입장이므로 절차적 하자가 명백한 경우에는 이와 관련된 사실을 먼저 정리하는 것이 바람직하다.

[작성 예시]

2. 이 사건 정직 및 해고의 경위

가. ○○노동조합 지부는 회사와 2013년도 임금협약과 고용안정협약 및 특별단체 교섭이 결렬되자, 중앙노동위원회 조정절차를 거쳐 2013.4.16.부터 쟁의행위에 돌입하였음[사제4호증 노조파업소식 제20, 21, 23호].
나. 지부 조합원들은 2013.6.24. 00회사건물 22층과 23층의 계단출입문, 철제간이문 등을 망치, 쇠톱 등으로 부수고 들어가 약 50여 일 동안 사무실을 점거하였음[사제5호증 계단 출입문 · 철제 간이문 파손 사진].
다. 지부 쟁의행위 과정에서 2013.6.26. 회사건물 23층 O/A실 소화가스 폭발사고가 발생하였는바(검찰조사결과 조합원 김00의 행위로 확인), 이에 대하여 지부는 같은 해 6.30.경 사실관계 확인 없이 회사 대표이사 등 6명을 살인미수혐의로 고소하였고, 회사도 같은 해 7.28. 지부장 홍○○를 무고 등의 혐의로 고소하였음 [사제6호증 소화가스폭발 사고현장 사진].

[형사고소사건 처리경과]

2013.9.8. 노사간 임금협약 합의를 하면서 쌍방간 고소고발을 취하하기로 합의함에 따라 같은 해 11.20.경 고소를 취하하였으나, 서울중앙지검은 고소취하와 관계없이 2014.3.16. 홍○○가 ○○○○ 대표이사 등 7명을 노동조합 및 노동관계조정법위반으로 고소한 사건은 불기소 처분한 반면, 2014.3.31. 살인미수사건에 대해서는 홍00에 대해 무고죄를 인정하고 벌금 3백만 원의 구약식 처분을 하였으며, 이에 홍○○가 정식 재판을 신청하여 현재 계류 중임[공소부제기이유고지, 사건처분결과 증명원].

라. 회사는 2013.7.7. 쟁의행위과정에서 발생한 취업규칙 위반행위에 대하여 지부 간부들에 대하여 징계처분을 하였는바, 홍00에 대하여는 '집단 주거침입 및 퇴거불응, 재물손괴, 사무실 장기간 불법점거, 업무방해, 대외공신력 실추, 협정근로자 파업참가 지시' 등의 사유로, 홍▽▽에 대하여는 '집단 주거침입 및 퇴거불응, 재물손괴, 사무실 장기간 불법점거, 업무방해 및 대외 공신력 실추, 직원품위 손상' 등의 사유로 각각 면직처분을 하였음[사제7호증 징계처분].

마. 회사와 지부는 2013.9.8.2013년 임금협약을 체결하면서 쟁의행위 기간중 발생한 민 · 형사, 징계관련 사항에 대하여 합의하였음[사제8호증 2013년 임금협약합의서].

[2013년 임금협약의 민 · 형사, 징계 관련 합의내용]

① 민형사상의 고소 · 고발은 노사 쌍방이 타결과 동시에 일체를 취하한다.

② 징계는 면직자 2명을 제외하고 사면한다. 면직자는 중앙노동위원회 판정에 따른다.

③ 회사는 본 합의서 체결 이후 파업에 참가한 조합원에 대하여 인사상 불이익 및 차별대우 등 여하한 명목으로든 부당노동행위를 하지 않는다.

바. 회사는 2013.9.15. 위 합의서에 따라 홍○○, 홍▽▽을 제외한 나머지 징계자들에 대한 징계조치를 모두 취소하였음[사제9호증 징계처분 취소의 건].

사. 한편, 위 2013.7.7.자 징계면직에 대한 홍00, 홍▽▽의 부당해고 구제신청에 대하여 초심지노위는 징계양정이 과다함을 이유로 부당해고 판정하였으며, 이에 중앙노동위원회도 2014.6.16. 쟁의행위 과정에서 사용자 의사에 반해 무단으로 사무실을 점거하고 업무를 방해하였으며, 일부 폭력행위 및 재물손괴가 초래된 사실이 인정되나, 이는 개인적인 비위행위가 아닌 노조의 쟁의행위과정에서 발생한 제반행위로서, 이에 대해 지부장 및 조직국장인 홍○○, 홍▽▽에게만 모든 책임을 물어 면직한 것은 그 양정이 지나치다고 판단하여 재심신청을 기각하였음[중앙노동위원회 재심판정서(2013부노○○, 2013부해○○)].

아. 회사는 2014.6.28.경 위 중앙노동위원회의 판정을 토대로 홍00, 홍▽▽에 대한 면직처분을 취소하였으며, 2013.7.7.자 면직처분과 동일한 사유로 재양정하여 홍▽▽는 2014.8.20. 정직 3월, 홍00는 같은 해 8.27. 정직 6월의 징계조치를 하였음[사제10호증 인사위원회 징계심의 통보서, 사제11호증 인사위원회 심의 결과서, 사제12호증 징계처분 통보].

(5) 경영상 해고에 대한 구제사건

기업의 경영합리화 · 조직개편 · 외부용역화 · 시설매각 · 사업물량 감소 · 업종변경 · 특정업무의 폐지 · 생산시설자동화 등 긴박한 경영상 필요성과 해고회피

노력, 합리적이고 공정한 선발기준, 근로자 대표와의 협의 등 경영상 해고에 대한 정당성 요건을 중심으로 정리한다.

[작성 예시]

2. 이 사건 경영상 해고의 경위

가. 이 사건 사용자는 경영적자의 누적으로 원자재 구매 대금을 지급하지 못하여 회사자산에 대하여 법원으로부터 60억 원 상당의 가압류 또는 압류결정을 받는 등 경영사정이 악화되자 2012.4.부터 회사 임원의 임금동결 및 퇴직금 반납, 근로자들의 3월분 임금인상 소급분 반납, 생산부서의 통폐합, 직영식당의 외주 등 자구노력을 전개하였음[사제1호증 가압류결정서, 사제2호증 조직개편, 사제3호증 재무제표, 사제4호증 임원의 임금동결, 사제5호증 임원의 퇴직금 반납, 사제6호증 식당용역계약서].

나. 그러나 2013.5.30. 주거래은행인 기업은행으로부터 '부실징후기업'으로 평가되어 추가 금융이 어렵게 되고 경영개선계획을 수립 · 시행할 것을 요구받는 상황에 이르게 되었음[사제7호증 경영개선계획].

다. 이 사건 사용자는 2013.6.23. 회사 구조조정 방침을 노동조합에 통보하고, 이날 열린 노사협의회에서 향후 매주 2회씩 구조조정방안에 관하여 논의하기로 합의하였음[사제8호증 구조조정계획 통보, 사제9호증 노사협의록(1차)].

라. 2013.7.1, 같은 달 3. 열린 노사협의회에서 (주)○○○○은 60명 감원의 필요성을 주장하고, 노동조합은 25명 선을 주장하며 인원감축 이전에 토요일의 무급화, 상여금 반납, 연월차 휴가 사용 등을 선행할 것을 주장하였으나 의견을 좁히지 못하였음[사제10호증 노사협의록(2차)].

마. 2013.7.7. 열린 노사협의회에서 감원에 앞서 희망퇴직을 실시키로 합의하고, 희망퇴직자에게 2개월분 평균임금을 위로금으로 지급하며 희망퇴직자 모집은 2013.7.8.부터 같은 달 18.까지 하기로 합의하였음[사제11호증 노사협의록(3차)].

바. 이 소식이 사내에 전해지자 그 날 17:30경 "00전기민주노동자회 한마음" (현 노조 집행부에 반대하는 12여 명의 노동조합원이 민주노조 건설 및 구조조정 무산 등을 목표로 2012.10.26. 결성한 노동조합 내조직으로 "이하 '한마음회'라 한다) 회원 12명이 정리해고에 반대하며 원고 회사 공장 건물 옥상을 점거하여 농성에 돌입하였음[사제12호증 한마음회 회보, 사제13호증 옥상점거 사진].

사. 2013.7.29. △△경찰서 등 지역 유관기관의 중재로 한마음회는 농성주동자 2명 자진퇴사, 나머지 농성자에 대한 징계철회, 민형사상면책, 한마음회가 참여하는 비상대책위원회 구성 등에 합의하였음[사제14호증 합의서].

아. 2013.7.30.부터 회사 측, 노동조합 측, 한마음회 측이 참여한 비상대책위원회를 4차례 개최하여 구조조정 방안을 논의하였으나 합의점을 찾지 못하였음[사제15호증 회의일지].

자. 2013.8.11. 열린 제5차 비상대책위원회에서 한마음회 대표인 신청외 이○○가 감원 대신 임금 6% 삭감 및 순환휴직을 제안하였으나 회사 측이 이를 수용할 수 없다고 하자 한마음회 측 위원들이 회의도중 퇴장하였고, 노조측이 사용자 측의 감원 방침에 따르기로 함에 따라 해고대상자 15명을 선정하여 그 대상자들에게 2013.9.15.자 해고한다고 각각 통보하였음[사제16호증 해고통보].

다. 관련규정

사건의 판단에 기준이 될 수 있는 관계법령, 단체협약, 취업규칙 등 사업체의 인사 관련 규정 중 필요한 부분을 발췌하여 사건경위 말미에 기재한다.

다만, 기재할 관련규정이 많은 경우에는 이유서나 답변서의 전체적인 논리흐름에 방해가 될 수 있으므로 서면 마지막에 별첨으로 붙이는 것이 바람직하다.

[작성 예시]

[관련 규정]

《단체협약》

제23조 【조합간부에 대한 대우】 조합간부(임원 및 운영위원)에 대한 대우는 다음 각 호와 같다.
4. 회사는 조합간부라는 이유로 인사상 부당한 대우나 불이익처분을 하지 않는다.

《상벌규정》

제14소 【징계사유】 직원이 다음 각호의 1에 해당하는 행위를 한 때에는 징계처분 할 수 있다.
7. 회사의 공신력을 손상시켰거나 직원으로서의 품위를 상실한 행위를 한 때
10. 기타 징계조치함이 타당하다고 인정된 때
제15조 【징계의 종류 및 효력】 징계의 종류 및 그 효력은 다음과 같다.
1. 면직
2. 감급
3. 정직

라. 해고의 정당성 여부

(1) 작성방법

해고(징계)의 정당성 여부를 다투는 이유서 · 답변서는 ① 징계사유의 정당성, ② 징계절차의 적법성, ③ 징계양정의 적정성이라는 체계 안에서 주장을 펴나가야 한다.

각각의 정당성 요건에 대하여 사건경위를 토대로 한 사실관계와 입증자료, 유사 판례 및 판정사례 등을 제시하면서 명료하게 기술하되, 객관성과 설득력을 갖추는 것이 무엇보다 중요하다.

(2) 해고의 부당성

근로자는 사용자의 해고처분이 정당성 요건을 갖추지 못하여 부당하다는 내용으로 이유서를 정리하여야 한다. 해고사유의 부당성은 해고사유로 삼고 있는 비위혐의사실의 부존재 · 허위과장 · 사실왜곡, 사측의 원인제공, 업무상 불가피한 사정, 근거부족, 취업규칙의 징계사유 비해당 등을 중심으로 기술하면서 적절한 입증자료와 판례사례를 제시한다.

징계절차의 부당성은 징계절차 과정에 있어 취업규칙 등에 규정된 절차위반과 이를 뒷받침하는 판례, 절차하자 치유에 해당되지 않는다는 내용까지 포함하여 정리한다.

그리고 징계양정의 부당성은 징계사유와 징계종류와의 비례성, 다른 근로자와의 형평성, 징계전력이 없거나 표창 등에 따른 참작성 등을 위배하였는지 여부를 기술한다.

[작성 예시]

3. 이 사건 징계해고가 부당한 이유

가. 해고사유의 부당성

(1) 서 설

이 사건 근로자는 5년 전 이 사건 사용자에게 정당한 이유 없는 사유로 해고를 당하였으나, 당시 노동위원회에서 그 부당성을 인정받아 복직하여 성실하게 근로해 왔습니다.

금번 해고는 이에 대한 보복을 위해 특정기간 동안 이 사건 근로자를 집중 조사함으로써 지휘감독 소홀이라는 이유를 들어 보복성 해고를 감행한 것으로 명백하게 부당한 해고입니다.

이 사건 사용자가 주장하는 징계사유는 14년 동안 성실히 근로하고 있는 이 사건 근로자와 조직의 근로관계를 단절시킬만한 징계사유로 볼 수 없기에 마땅히 취소되어야 합니다.

(2) 직원부정행위를 방조 및 관리 · 감독소홀에 대하여

신청외 박○○은 입사과정에서 자격증을 위조하여 채용되었는데, 이에 대해 이 사건 사용자는 이 사건 근로자에게 책임을 묻고 있으나, 당시 채용을 결정하는 주체는 경영지원팀 인사부서이므로 이 사건 근로자와는 무관합니다.

이 사건 근로자는 신청외 박○○이 경영지원팀이 주관하는 공개채용 절차를 거쳐 입사를 하였기에 당연히 해당 자격증을 취득한 것으로 신뢰하였고, 이에 대하여 의심을 품을 이유가 없었으므로 자격증이 없는 것을 이미 알고 있었다거나 방조하였다는 것은 전혀 사실이 아닙니다. 신청외 박○○도 이 사건 근로자가 본인의 부정행위와 전혀 관련이 없으며, 어떠한 도움을 받은 적이 없음을 확인하고 있습니다(노 제3호증 신청외 박○○ 확인서).

이 사건의 경우 오히려 채용 전반을 담당하고 지원자의 자격증을 조회하는 책임은 인사담당자에게 있음에도 불구하고 이 사건 근로자에게 있지도 아니한 방조행위를 이유로 해고처분한 것은 그 정당성을 인정할 수 없습니다.

(3) 부적절한 수의계약에 따른 지방계약법 위반에 대하여

해당 수의계약은 공단 내부 감사부서의 지시에 따라 회계파트 전문직원이 협조한 사항으로서 회계 규정 및 적법절차를 거쳐 추진한 사안입니다(노 제4호증 ○○○ 발생장치 교체 및 정비계획).

이 사건 발주방법이 공개경쟁입찰에서 수의계약으로 변경된 것은 애초에 이 사건 근로자가 속한 ○○사업팀의 의사에 따른 것도 아니었으며, 최종적으로 승인 및 결재한 것은 이 사건 근로자가 아닌 사업본부장과 이사장이므로, 이 사건 근로자에게 수의계약의 책임을 묻는 것은 부당합니다.

또한, 법적 요건을 갖춘 이 사건 수의계약은 발주방법을 수의계약으로 함에 있어서 어떠한 사적인 목적도 없었으며, 이 사건 근로자가 이로 인해 이익을 얻은 바도 전혀 없습니다.

(4) 정기재물조사 등 관리 · 감독책임의 소홀에 대하여

정기재물조사 결과, 망실된 물품들은 이 사건 근로자가 ○○사업팀 팀장으로 재직하기 훨씬 전부터 관리되지 않던 물품입니다. 체육시설 자산관리는 '자산담당 직원'을 따로 두어 수행되어 왔던 업무이고, 망실 물품 중 상당수가 1994~2006년 사이에 취득된 물품으로서 이미 이 사건 근로자가 ○○사업팀 팀장으로 부임하기 한참 이전에 망실되었다고 추정되는 물품들입니다.

따라서 물품망실의 책임을 이 사건 근로자에게 돌리는 것은 부당합니다.

(5) 소속직원 근태관리 소홀에 대하여

해당 사건은 이 사건 사용자 인사규정 제59조에서 정한 2년의 징계시효를 도과한 건으로, 이 사건 사용자는 이를 이유로 징계할 수 없습니다.

설사, 징계시효가 도과하지 아니하였다고 하더라도 이 사건 근로자가 ○○사업팀으로 부임하고 불과 1달 안에 벌어진 직원 1명의 근태불량으로, 이는 해고사유로 볼 수 없는 사안입니다.

또한 이 사건 이후 해당 근로자는 매주 정기적인 직원교육 및 관찰을 통하여 현재까지 사업장 내에서 단 1명의 근로자의 근무지 이탈사건이 발생하지 않는 철저한 조직관리를 해왔습니다.

나. 징계절차의 부당성

(1) 취업규칙상 사전통지 및 진술권 부여 위반

대법원은 "단체협약 등에서 조합원의 징계 시에 사전통지와 진술권 부여를 의무조항으로 규정하고 있다면 이는 징계의 객관성과 공정성을 확보하기 위한 것으로 징계의 유효요건이라고 할 것이므로, 그 징계사유의 내용이 객관적으로 명확하다거나 징계대상자가 다른 절차에서 자신의 행위의 정당성을 이미 주장한 바 있다고 하여도 사전통지를 결한 이상 그 징계는 무효라고 할 것이고, 또 징계대상자가 구속 중이라고 하여도 서면 또는 대리인을 통하여 징계절차에서 변명을 하고 소명자료를 제출할 이익이 있는 것이므로 사전통지를 하지 아니함으로써 이러한 기회가 박탈되었다면 그 징계는 효력이 없다고 볼 수밖에 없다(참고자료: 대법원 1992.7.28 선고 92다14786 판결)"라고 판시하고 있습니다.

사용자의 취업규칙 제28조 2항, 제29조 등에 의하면 직원을 징계하고자 할 때에는 징계내용 등을 피징계자에게 통지하고, 서면 또는 구두로 소명할 기회를 부여하도록 규정되어 있습니다(노 제3호증 취업규칙).

그런데 이 사건 사용자는 이 사건 근로자에 대한 징계위원회가 개최되기 바로 전날에서야 근로자에게 징계위원회 개최사실을 이메일로 통지하였습니다(노 제4호증 이메일 사본). 더 나아가 이메일 통지가 신청인에게 도달하였거나 구두통보가 이루어졌음을 인정할 증거가 없으며, 실제 이 사건 근로자는 서면이나 구두로 징계위원회에 소명한 사실이 없습니다.

따라서 이 사건 해고는 이 사건 근로자의 징계절차 참여권을 보장하지 아니한 위법한 해고라고 할 것입니다.

(2) 해고의 서면통지 위반

근로기준법 제27조는 사용자가 근로자를 해고하려면 해고사유와 해고시기를 서면으로 통지하여야 효력이 있다고 규정하고 있습니다. 이는 해고사유 등의 서면통지를 통해 사용자로 하여금 해고하는 데 신중을 기하게 함과 아울러, 해고의 존부 및 해고시기와 그 사유를 명확하게 하여 사후에 이를 둘러싼 분쟁이 적정하고 용이하게 해결될 수 있도록 하고, 근로자에게도 해고에 적절히 대응할 수 있게 하기 위한 취지입니다.

그런데 이 사건 사용자는 이 사건 근로자에게 전화하여 신청인의 자리가 없어진다고 구두 통보하였을 뿐 해고사유와 해고시기를 기재한 서면으로 해고를 통지한 사실이 없어 절차적 하자가 존재하므로 해고사유의 정당성에 대하여 더 살펴볼 필요도 없이 이 사건 해고는 부당하다고 할 것입니다.

다. 징계양정의 부당성

이 사건 해고사유는 표적감사로 정당성이 인정되기 어려울 뿐 아니라, 설사 징계사유로 인정된다 하더라도 다음과 같은 이유에서 징계양정이 과한 재량권을 일탈 · 남용한 징계권 행사입니다.

첫째, 신청외 박○○ 채용부정은 다른 근로자의 자격증 위조행위일 뿐 이 사건 근로자와 관련되어 있다고 볼 수 없는 행위이며, 채용전반에 대한 책임을 담당하는 인사부서는 이와 관련하여 어떠한 징계도 받지 않았다는 점에서 징계형평성에 비추어 부당한 징계권 행사입니다

둘째, ○○투입기 교체의 건은 노후 시설물 유지관리를 위한 불가피한 교체로서 발주방법의 결정은 내부감사의 지시에 따른 것으로 적법한 회계심사 및 협조를 거쳤으며, 그 결재는 이 사건 근로자뿐 아니라 사업본부장, 이사장의 승인을 득하고 시행된 점에서 전혀 위법하지 않은 정당한 행위입니다. 설사, 징계사유로 인정된다고 하더라도 이러한 행위를 지시하거나 승인한 사업본부장 등은 징계를 받지 않았음에도 이 사건 근로자만 해고한 것은 심히 부당합니다.

셋째, 정기재물조사의 건 역시 재물 망실의 원인은 원격사업장 관리의 어려움 및 자산관리 직원의 잦은 이직으로 인해 현장관리가 구조적으로 어려웠던 시스템이 원인이었으며 망실물품 다수가 그 취득일이 10년도 더 된 것으로 이 사건 근로자가 팀장으로 부임하기 이전에 망실된 것으로 추정됩니다.

넷째, 소속직원인 신청외 서○○의 총 3회에 걸친 업무장소의 일탈은 해당 직원을 징계해야 하는 건이며, 이 사건 근로자는 관리감독자로서 간접적인 책임만을 부담하는 점, 그렇다고 하더라도 이미 이 사건 회사 인사규정에 따른 징계시효 2년이 도과한 것이므로 이 사건 해고의 처분은 그 양정이 과도하다고 할 것입니다.

4. 결 론

위에서 살펴본 바와 같이, 이 사건 사용자의 이 사건 근로자에 대한 해고처분은 그 사유의 정당성, 징계절차의 적법성, 징계양정의 적정성 요건 어느 하나도 충족시키지 못하는 부당한 인사권 행사로 반드시 취소되어야 합니다.

(3) 해고의 정당성

사용자는 근로자에 대한 해고처분이 정당성 요건을 갖추고 있다는 내용으로 답변서를 정리하여야 한다. 해고사유의 정당성은 해고사유로 삼고 있는 비위혐의사실의 존재, 근로자의 중대한 고의 · 과실, 명확한 근거, 취업규칙 등의 징계사유 해당 등을 중심으로 기술하면서 객관적인 입증자료와 판례 등을 제시한다.

징계절차의 정당성은 징계절차 과정에 있어 취업규칙 등에 규정된 절차 준수와 이를 뒷받침하는 판례, 절차하자 치유에 해당하는 내용을 정리한다.

그리고 징계양정의 적정성은 징계사유와 징계종류와의 비례성, 다른 근로자와의 형평성, 징계전력 또는 표창 받은 사실 등이 없는 점 등을 종합적으로 고려하여 적정하다는 내용을 기술한다.

[작성 예시]

3. 이 사건 징계해고가 정당한 이유

가. 징계사유의 정당성

(1) 비행근무 12시간 전 음주행위는 FOM 음주제한규정 위반으로 징계사유에 해당합니다.
비행 근무시간과 쇼업타임을 정한 바에 따라 알코올 성분의 음료복용 후 12시간 이내 항공임무부여를 금하고 있음에도 이 사건 근로자는 20**.9.25.19:30분 음주를 종료하였으므로, 12시간 이내 음주제한 규정을 명백히 위반하였습니다(사 제5호증 FOM 발췌).

(2) 이 사건 근로자는 20**.12.19. 인사위원회에 출석해서 임무시간은 쇼업시간이라며, 규정위반을 스스로 인정하였습니다(사 제10호증 2013.12.19. 인사위원회 회의록 발췌).
이러한 음주제한규정을 위반하여 12시간 이내 음주를 한 사실은 취업규칙 제73조와 인사규정 제39조에 해당하는 비위행위로써 정당한 징계사유입니다(사 제11호증 취업규칙, 제12호증 인사규정).

(3) 이 사건 근로자 주장의 부당성
① 국토교통부의 음주측정에서 혈중 알코올이 전혀 검출되지 않았다는 주장에 대하여
"알코올 성분의 음료복용 후 12시간 이내"는 알코올 검출 여부와 관계 없이 비행근무 시간인 쇼업타임으로부터 12시간 이내 음주 자체를 금지하고 있는 규정 위반입니다.
이 같은 규정을 둔 취지는 운항기장은 신체상 컨디션을 최상으로 유지하여 안전운항을 해야 할 최우선적인 의무가 있으므로 운항 전 음주 자체를 금지하기 위함입니다.
② 이 사건 근로자는 정상적으로 운항업무를 수행하였고, 이 사건 사용자 역시 이 사건 근로자의 항공업무 수행 과정에서 이를 문제 삼지 않았다는 주장에 대하여
이 사건 사용자는 운항 전 음주제한을 누차 강조해 왔으며, FOM 규정을 위반해 운항 전 음주 사실이 확인된 경우 엄격하게 징계처분을 해 왔습니다. 이 사건 사용자는 이 사건 근로자에게 중징계를 검토하였으나, 정상적으로 운항업무를 수행한 점을 고려해 최대한 선처하여 항공업무정지 2월로 감경된 징계처분을 결정한 것입니다.

(4) 소 결

위와 같이 FOM은 취업규칙과 목적, 적용대상, 작성주체가 다를 뿐만 아니라, 승객의 비행안전을 위해 각종 전문지식과 비상상황 대응방법 등이 총 망라된 규정으로써 그 변경에 있어서 불이익 여부가 판단될 수 있는 성질의 것이 아니며, 이 사건 사용자와 노동조합 사이에서도 FOM을 취업규칙으로 볼 수 없다는 신뢰가 형성되어 왔습니다.

따라서 FOM은 취업규칙으로 보기 어려우며 특히나 음주제한규정은 승객안전을 위한 취지인 점을 살펴볼 때 불이익 변경 논의 대상에 해당되지 않음이 분명하며, 가사 불이익 변경이라 하더라도 사회통념상 합리성이 충분히 인정될 수 있으므로 그 적용을 부정할 수 없습니다.

나. 징계절차의 적법성

(1) 이 사건 근로자에 대한 징계심의를 위해 20**.10.7. 운항본부 인사소위원회를 개최키로 하고 같은 해 9.30. 이 사건 근로자에게 유선 연락하여 인사소위원회에 회부된 사실과 인사소위원회 출석 안내를 위해 같은 해 10.1. 운항지원팀 사무실로 출석할 것을 전달하였습니다.

(2) 이 사건 사용자는 20**.10.7.로 예정된 인사소위원회 개최사실과 참석할 것을 재차 알렸고, 이에 이 사건 근로자는 위 같은 날 운항본부 인사소위원회에 참석하여 소명을 하였습니다.

(3) 이 사건 사용자는 이 사건 근로자가 종전의 입장을 바꿔 스스로 비위행위를 인정하는 등 개전의 정을 보인 점을 감안해 항공업무정지 2월로 그 양형을 감경해 징계처분을 결정하고, 20**.12.31. 이 사건 근로자에 대한 징계처분 내용을 사내 인트라넷에 게시하는 등(노 제1호증 인사발령), 취업규칙과 인사규정상 징계절차를 적법하게 준수하였습니다(사 제23호증: 20**.12.13.자 인사(본)위원회 출석 통보 이메일).

다. 징계양정의 적정성

(1) 음주제한규정의 위반행위는 이 사건 사용자의 대외공신력을 유지하고 고객에 대한 신뢰확보 차원에서라도 보다 엄격하게 다루어져야 할 필요가 있습니다.

20**.9월 이 사건 사용자의 모 부기장이 전날 과음으로 비행출발 직전까지 공항에 나타나지 않는 사건이 발생하여 해당 기장에 대한 해고처분을 하였음에도 불구하고 여론의 거센 비판을 받는 등 음주사건으로 인한 이 사건 사용자의 대외 공신력이 실추된 사건이 발생하였습니다. 이로 인해 이 사건 사용자는 20**.7.29.부터 같은 해 8.31.까지 크루월드에 국토교통부의 음주측정계획 강화공지를 게시하며 음주규정준수를 당부하였으며, 20**.9월 4차례에 걸쳐 자체단속을 하며 강도 높게 음주규정준수를 관리해 왔습니다. 그럼에도 불구하고 이 사건 근로자는 이 같은 회사 사정과 분위기를 전혀 아랑곳하지 않고 음주제한시간이 비행근무시간인 쇼업타임으로부터 12시간 이내라는 점을 분명히 알고 있었음에도 이를 위반하였던 것입니다(사 제22호증: 20**.7.29.자 크루월드 공지문)

(2) 대법원은 "사회통념상 당해 근로자와의 고용관계를 계속할 수 없을 정도인지는 당해 사용자의 사업의 목적과 성격, 사업장의 여건, 당해 근로자의 지위 및 담당직무의 내용, 비위행위의 동기와 경위, 이로 인하여 기업의 위계질서가 문란하게 될 위험성 등 기업질서에 미칠 영향, 과거의 근무태도 등 여러 가지 사정을 종합적으로 검토하여 판단하여야 한다"라고 판시하고 있습니다(대법원 1998.11.10 선고 97누18189 판결 등).

이에 비추어, 이 사건 근로자가 비행운항의 총책임을 지는 기장임에도 음주제한규정을 위반한 행위는 승객의 안전에 크나큰 위협을 가할 수 있는 중대한 비위행위인 점, 고액연봉의 기장으로 비행에 적합한 최상의 컨디션을 유지하고 있어야 함에도 불구하고 규정까지 위반하며 운항전 음주를 하며 그 의무와 책임을 위반한 점, 이 사건 근로자가 사전에 음주제한규정을 인지하고 있어 규정위반을 단순 실수로 볼 수 없는 점, 이 사건 근로자의 항공업무정지 2월은 견책 다음 단계의 징계로 비위행위에 비해 그 양정이 매우 가볍다는 점, 이 사건 사용자가 유사 음주제한규정 위반에 대해 정직, 감급 등 엄중한 제재를 해 온 점 등을 모두 고려해 본다면, 이 사건 근로자에 대한 항공업무정지 2월은 그 양정에 있어서 적절하다고 할 것입니다.

4. 결 론

이 사건 근로자는 비행운항의 전체를 책임지는 기장으로 그 누구보다 안전에 대한 높은 인식과 책임이 요구되는 자입니다. 더욱이 이 사건 근로자는 음주제한에 관한 규정을 알고 있는데도 이를 위반하여 탑승승객 전원을 위험에 노출시킬 수도 있는 비위행위를 저질렀으며 이는 중징계 처분도 넉넉히 인정될 수 있는 중차대한 비위행위입니다.

다만, 이 사건 근로자의 비위의 도가 매우 중함에도 불구하고 이 사건 근로자가 징계과정에서 비위행위를 인정하고 개전의 정을 보임에 따라 징계양형을 항공업무정지 2개월로 감경하여, 그 양정에서도 매우 적정하고, 여타 유사사례에 비추어 형평성이 어긋나지 않습니다.

따라서 이 사건 항공업무정지 2월 징계처분은 그 사유, 양정, 절차에 있어서 모두 정당하므로 이 사건 근로자의 구제신청을 모두 기각하는 판정을 하여 주시기 바랍니다.

제2절 사실조사 단계

1. 조사권의 법적근거

〈노위법〉

제14조의3【조사관】

② 조사관은 위원장, 제15조의 규정에 따른 부문별위원회의 위원장 또는 제16조의2의 규정에 따른 주심위원의 지휘를 받아 노동위원회의 소관 사무수행에 필요한 조사를 하고 부문별위원회에 출석하여 의견을 진술할 수 있다.

제22조【협조요청 등】

① 노동위원회는 그 사무집행을 위하여 필요하다고 인정할 때에는 관계행정 기관에 협조를 요청할 수 있으며 협조를 요청 받은 관계 행정기관은 특별한 사유가 없는 한 이에 응하여야 한다.

제23조【위원회의 조사권 등】

① 노동위원회는 제2조의2의 규정에 따른 소관 사무(제3호의 업무를 제외한다)와 관련하여 사실관계의 확인 등 그 사무집행을 위하여 필요하다고 인정할 때에는 사용자 · 사용자단체 · 노동조합 기타 관계인에 대하여 출석 · 보고 또는 필요한 서류의 제출을 요구하거나 위원장 또는 부문별위원회위원장이 지명한 위원 또는 조사관으로 하여금 사업 또는 사업장의 업무상황 · 서류 기타 물건을 조사하게 할 수 있다.

〈근기법〉

제29조【조사 등】

① 노동위원회는 제28조에 따른 구제신청을 받으면 지체 없이 필요한 조사를 하여야 하며 관계당사자를 심문하여야 한다.

② 노동위원회는 제1항에 따라 심문을 할 때에는 관계당사자의 신청이나 직권으로 증인을 출석하게 하여 필요한 사항을 질문할 수 있다.

〈노조법〉

제83조【조사 등】

① 노동위원회는 제82조 규정에 의한 구제신청을 받은 때에는 지체 없이 필요한 조사와 관계 당사자의 심문을 하여야 한다.

② 노동위원회는 제1항의 규정에 의한 심문을 할 때에는 관계 당사자의 신청에 의하거나 그 직권으로 증인을 출석하게 하여 필요한 사항을 질문할 수 있다.

〈기간제법〉

제10조【조사 · 심문 등】

① 노동위원회는 제9조의 규정에 따른 시정신청을 받은 때에는 지체 없이 필요한 조사와 관계당사자에 대한 심문을 하여야 한다.

② 노동위원회는 제1항의 규정에 따른 심문을 하는 때에는 관계당사자의 신청 또는 직권으로 증인을 출석하게 하여 필요한 사항을 질문할 수 있다.

〈파견법〉

제21조【차별적 처우의 금지 및 시정 등】

③ 제2항의 규정에 따른 시정신청 그 밖의 시정절차 등에 관하여는「기간제 및 단시간근로자 보호 등에 관한 법률」제9조 내지 제15조 및 제16조(동조 제1호 및 제4호를 제외한다)의 규정을 준용한다.

2. 직권 조사

가. 진술조서와 화해권고

근로기준법 제29조, 노조법 제83조는 노동위원회가 "구제신청을 받으면 지체 없이 필요한 조사를 하여야 하며, 관계당사자를 심문하여야 한다."라고 규정하여 노동위원회에 직권조사권을 부여하고 있다.

또한, 사실조사를 위하여 노동위원회법 제14조의3에서 노동위원회에 조사관을 두도록 규정하고 있으며, 제23조에서 노동위원회가 필요하다고 인정할 때에는 사용자 · 사용자단체 · 노동조합 기타 관계인에 대하여 출석 · 보고 또는 필요한 서류의 제출을 요구하거나 사업장에 출장하여 업무상황 · 서류 등을 조사하도록 규정하고 있다.

이와 같이 직권조사 규정에 따라 노동위원회 또는 조사관으로부터 출석요구나 보고요구, 자료제출 요구를 받을 때에는 성실하게 응해야 한다.

따라서 직권조사 등에 의하여 작성되는 진술조서는 유력한 증거로 활용될 수 있으므로 사전에 이유서와 답변서, 관련 자료를 면밀히 검토하는 것이 필요하다.

또한, 조사관이 사실조사를 전후하여 당사자에게 화해를 권고하는 것에 대비하여 화해의사 여부, 화해조건에 대하여 준비하는 것도 필요하다.

나. 직권조사의 활용

조사관은 위원장, 부문별위원장 또는 주심위원의 지휘가 있거나 노동위원회에서 조사가 필요하다고 판단할 경우에는 지체 없이 조사를 하도록 규정되어 있는 것으로 보아 직권조사에 대하여 재량권이 부여되어 있다고 보기는 어렵다.

따라서 노동위원회법이나 규칙에는 다른 당사자가 보유하고 있는 문서 제출을 명령할 수 있는 근거규정은 없으나, 당사자가 조사의 필요성을 적시하면서 직권조사를 요구하는 경우 조사관은 직권조사를 행사함으로써 필요한 문서를 확보하는 방법으로 활용할 수 있을 것이다.

다. 허위자료 등에 대한 처벌

노동위원회의 출석요구 · 보고요구 · 자료제출요구를 따르지 아니하거나 허위로 진술 · 보고 · 자료제출을 하는 경우에는 근로기준법(§116), 노동 위원회법(§31)에 따라 과태료 또는 벌금이 부과될 수 있다.

여기서 서류의 범위는 '객관적 사실'에 관한 서류이고, 자신의 주장을 담은 답변서 등은 포함되지 않는다.[477)]

또한, 허위서류의 제출은 법에 따라 노동위원회로부터 서류제출을 요구받은 자가 이에 응하여 허위서류를 제출하는 경우만을 의미하고, 그러한 서류제출요구를 받지 않고 스스로 제출한 서류가 허위인 경우까지 이를 처벌하는 취지로 해석할 수는 없다.[478)]

결국, 노동위원회로부터 제출을 요구받은 객관적 사실에 관한 서류에 한하여 처벌받을 수 있다.

3. 주장과 입증책임

가. 의 의

구제신청 당사자가 주장내용에 대한 사실 인정을 받기 위해서는 어느 정도까지 입증이 필요하고, 위원은 어느 정도의 심증을 얻어야 그 사실을 인정할 수 있는지 여부가 주장과 입증책임의 문제이다.

노동위원회에서의 입증은 그 제도 취지로 보아 증거방법의 제한과 증거법칙 등을 채용하고 있지 않으므로 해당 위원이 '확실하다고 믿는 일단의 심증'을 갖는 정도를 말한다. 즉, 추측하는 정도로는 부족하고 대부분의 구제신청사건에 관하

---

477) 대법원 2004.7. 8 선고 2003도6413 판결.

478) 대법원 2008.4.10 선고 2008도553 판결.

여 위원이 '확신에 이를 정도의 입증'이면 충분하다 할 것이다.

실제 사건에 있어서는 입증책임이 없는 당사자측에서 적극적으로 주장, 입증을 하기 때문에 입증책임의 분배원칙이 엄격하게 지켜지지 않으나, 당사자간 주장이 첨예하게 대립되고, 입증에 성공하지 못할 경우 입증책임이 있는 자가 패하는 불이익을 당하게 되므로 입증책임의 주체판단이 중요하다.

나. 부당해고 등 구제사건

신청인은 부당해고 등 구제신청사건에 대하여 피신청인이 행한 해고 등 인사권 행사가 근로기준법 제23조 혹은 제24조에 위반되어 무효라는 취지의 주장책임을 지고 있다.

피신청인은 해고 등 인사권 행사에 있어서 신청인의 특정한 비위행위의 존재, 취업규칙 등 징계사유에 해당하는 사실, 징계절차의 적법성과, 징계양정 및 형평의 적정성 등에 관한 1차적인 입증책임을 부담한다.[479)]

또한, 기간제법 제9조에 의해 신청인이 차별처우의 내용을 주장하면, 피신청인이 차별의 정당성을 입증하여야 한다.

통상적으로 신청인은 주장사실에 대한 이유서를, 피신청인은 답변서와 그 이유를 입증하는 증거자료를 제출하여 주장과 입증책임을 부담한다.

다. 부당노동행위 구제사건

부당노동행위성립에 관하여 사용자의 부당노동행위의 의사, 불이익 처분, 지배·개입행위의 존재 등에 대한 1차적인 입증책임은 근로자 또는 노동조합에게 있다.[480)]

(1) 직접사실에 의한 입증

1) 불이익 취급

신청인은 조합활동 사실과 그로 인한 불이익취급 사실에 대하여 입증한다. 조합활동 사실은 노동조합의 조합원이라는 점, 노동조합에 가입 혹은 결성하려고 하

---

479) 대법원 1992.8.14 선고 91다29811 판결.
480) 대법원 2007.11.15 선고 2005두4120 판결.

였던 점, 노동조합의 정당한 행위를 한 점 등이다.

불이익취급의 사실은 조합활동의 사실을 이유로 불이익취급을 받은 것이다. 이는 사용자의 내심에 관련된 것으로서 직접적인 사실에 의해서 입증하기 불가능하므로 간접사실에 의해 입증한다.

2) 단체교섭의 거부

단체교섭을 요구하였으나, 사용자가 정당한 이유 없이 단체교섭을 거부한 것이다. 조합임원의 증언, 단체교섭요구서, 회사의 회신공문 등에 의하여 입증한다.

3) 지배 · 개입

사용자의 행위가 '노동조합을 결성 혹은 운영을 지배하거나 개입'에 해당하는 것이다. 조합자치에 개입하는 내용의 회사문서, 조합탈퇴를 권유 받은 조합원의 증언 등에 의하여 입증한다.

4) 보복적 불이익취급

근로자가 노동위원회에 일정한 행위를 한 것을 이유로 불이익 취급한 것이다. 부당노동행위 구제신청, 재심신청, 증거제출 혹은 발언 등과 이에 따른 불이익취급한 사실에 의하여 입증한다.

(2) 간접사실에 의한 입증

사용자의 내심에 관련된 입증은 사용자가 스스로 인정하지 아니하는 한 신청인이 직접적인 사실로써 입증하기는 사실상 불가능하다. 따라서 부당노동행위 의사에 관한 입증은 간접사실에 의한 입증이 전형적이다.

1) 시 기

① 조합활동과 불이익취급 · 처분시기의 근접

노동조합위원장의 징계해고가 파업직전에 이루어지거나 파업이 결의된 다음 날에 이루어진 경우 또는 복수노동조합에 가입한 날에 승차거부 행위가 이루어진 경우

② 처분원인과 처분시기의 장기간 경과

배치전환 명령거부를 장기간 방치하다가 조합임원 선거공고일에 해고하거나, 피케팅할 때 조용히 있다가 쟁의행위 이후 상당기간 경과된 시점에서 징계한 경우

③ 노사가 긴장관계에 있는 시기

노사가 긴장시기에 있을 때 인사노무부장이 주소확인이라는 이유로 조합원 가정을 방문한 것은 상급단체 탈퇴를 의도한 지배 · 개입에 해당하고, 또한, 처음으로 행해진 쟁의행위 시기에 회사 간부의 조합활동 규제에 관한 발언은 지배 · 개입으로서의 의사로 추정

④ 조합임원 선거 시기에 사용자의 행위

선거직전 또는 선거시기에 후보자인 조합장이나 조합임원의 배치전환은 불이익취급과 지배개입에 해당하는 행위

2) 처분의 태양

① 이례적인 처분

노조위원장과 여직원과의 관계에 대한 소문을 이유로 징계해고하거나 무단결근을 이유로 한 견책처분이 종전에 비하여 이례적인 경우

② 가혹한 처분

상사에 대한 사소한 발언을 이유로 한 조합활동의 중심적 역할을 하고 있는 조합원에 대하여 출근정지한 경우

③ 다른 사람과의 불균형

직장이탈을 하였다 하여 다른 사람은 처분하지 않고 조합원만을 징계처분하기나 업무명령 위반으로 조합임원 2명을 해고하고, 다른 사람은 처분을 내리지 않은 경우

④ 정리해고, 대량 배치전환에서 조합원이 차지하는 비율

인원정리 과정에서 조합원과 조합임원이 차지하는 비율을 높게 한 것은 조합활동 방해 및 조합파괴, 원격지 배치전환자 중에서 조합간부를 포함한 조합원이 대

다수를 차지하고 있는 것은 지배 · 개입에 해당

3) 사용자의 태도

① 반 조합적 태도

단체교섭을 거부하는 등 조합을 혐오하고 있던 사용자의 평상시 태도에 기인한 행위이거나, 노동조합을 결성한 이래 여러 가지 분쟁을 야기하고 있는 사정에 비추어 조합임원들에 대한 상여금 차별은 불이익취급에 해당

② 절차의 이상

공식적으로 단체교섭을 요구하기 전날 배치전환을 위해 책상을 옮기고, 단체교섭에 응하지 않으면서 배치전환하거나, 조합간부들에 대한 해고가 징계위원회에서 변명의 기회도 부여하지 않고 신속하게 이루어진 경우

4) 행위의 결과로서 조합원의 감소 등 조합조직의 약화

투쟁기간의 장기화 후에 대규모 과장직 승격으로 인한 조합원의 감소와 투쟁력 저하는 지배개입에 해당

4. 입증방법과 증거력

가. 의 의

입증자료는 증거력이 있어야 하며, 증거력은 입증자료에 의해 사실을 증명할 수 있는 증거로서의 힘을 말한다.

법원은 서증, 인증, 감정, 검증 등 네 가지 증거방법을 정하고 있으며, 서증의 경우에는 문서가 아닌 문자 · 도면 · 사진정보와 음성 · 영상자료 등이 있다.

노동위원회는 법원의 소송절차와 같은 엄격한 증거법칙을 채택하고 있지 않으므로 어떠한 문서라도 서증으로 제출할 수 있을 것이다.

실무에서 '서증이 인증보다 우월하다' 는 말이 있듯이, 서증이 다른 입증자료에 비해 비교적 중요한 증거라 하겠다.

나. 서 증

서증은 문서 그 자체를 가리키는 것으로 처분문서와 보고문서로 나뉜다. 처분문서는 실질적인 증거력을 나타내지만, 보고문서인 경우에도 증언보다 증거력에서 뛰어난 면이 있다.

(1) 공문서와 사문서

1) 공문서

공문서는 공무원이 그 권한에 기해 직무상 작성한 문서를 말한다. 공무원이 작성한 것으로 인정될 때에는 진정성립이 추정된다. 노동위원회의 판정서, 법관이 작성하는 판결서, 공증인이 작성한 증명서, 등기필증, 우체국의 배달증명서 또는 송달증명서, 인감증명서 등이다.

2) 사문서

공문서 이외의 문서는 사문서이다. 사문서는 작성자의 서명과 날인(혹은 무인)이 되어 있는 경우가 많으며, 그 서명과 날인이 작성자의 의사에 기한 경우에는 그 문서의 성립이 추정된다.

3) 사문서와 공문서의 결합문서

하나의 문서에서 일부는 공문서, 다른 일부는 사문서인 경우를 의미한다. 이러한 경우 사문서 부분은 사문서, 공문서 부분은 공문서로 다루게 된다. 예컨대, 내용증명우편은 증명부분은 공문서, 그 외의 부분은 사문서이다.

(2) 처분문서와 보고문서

1) 처분문서

처분문서는 증명하고자 하는 법률적 행위가 그 문서 자체에 의하여 이루어진 문서로서 각종 계약서 · 유언서 · 해약통고서 등을 말한다. 처분문서는 형식적 증거력, 즉 처분문서로서 성립이 인정되면 특별한 사정이 없는 한 기재되어 있는 법률행위의 존재가 인정된다.

2) 보고문서

보고문서는 문서작성자가 보고 듣고 느끼고 판단한 내용을 기재한 문서로서 정본 · 등본과 같은 증명문, 행위가 있었던 당시에 작성된 영수증 · 수령서, 장부 · 일기 등이다.

보고문서는 문서자체의 성립이 인정되더라도 문서에 기재된 사실이 진실인지 아닌지는 별개이며, 실질적 증거력은 그 문서의 성질에 따라 다르다.

① 영수증, 수령증

영수증이나 수령증은 그 입증취지가 해당 문서에 기재된 돈이나 물품을 수령한 경우 그 성립이 인정되면 특별한 사정이 없는 한 기재된 대로의 사실이 인정된다.

② 장부

장부는 그 기재행위가 관례화되어 있는 것은 증거로서 신빙성이 높다. 이러한 장부의 증거력을 배척하기 위해서는 합리적인 이유가 필요하다.

③ 일기와 수첩

일반적으로 작성자에게 불이익한 사실을 내용으로 하는 일기장이나 수첩, 편지는 증거로서의 신빙성이 높다. 일기, 수첩 등에 있어서는 해당 특정일, 특정항목의 기재뿐 아니라 다른 날, 다른 사항에 대한 기재상황도 신빙성 판단에 중요한 의미가 있다. 그러나 일기나 수첩은 휴일을 이용하여 한꺼번에 기재되거나 다른 날에 기재한 내용이 같은 필기구로서, 동일한 상태의 필체로 쓰여 있는 경우에는 신중하게 판단하여야 한다.

④ 진술서

진술서는 구제신청을 제기하거나 그 이후에 당사자나 제3자의 진술을 기재한 것으로서 그 성질은 보고문서이다. 진술서는 자기에게 유리한 사실을 선택해서 구성하는 면이 있기 때문에 진술서 자체의 증명력은 준비서면 또는 당사자의 주장과 같은 정도이다.

⑤ 내용증명 우편

내용증명 우편은 당사자의 주장에 불과한 측면을 가지고 있으므로 실질적인 증거력은 부족하다. 다만, 당사자의 주장이 조금씩 달라진 경우 또는 초기단계에서 자신에게 불리한 사실을 인정하고 있는 내용을 포함하고 있는 경우에는 유리한 근거로 이용될 수 있다.

(3) 원본 · 정본 · 등본 · 초분

원본, 정본, 등본, 초본은 작성자를 기준으로 구별되는 개념이다.

원본은 맨 처음에 확정적으로 작성된 문서이다. 보통 한 통이지만, 계약서와 같이 수 통씩 작성되기도 한다.

정본은 등본과 마찬가지로 원본 모두를 복사한 것인데, 원본을 대신해서 원본과 같은 효력을 갖도록 공증권한 있는 자가 작성하는 것이다.

등본은 원본의 존재와 내용을 증명하기 위해 원본내용 전부를 복사한 것이다. 특히, 공증권한이 있는 자가 공증하였다는 내용을 부기한 등본을 인증등본이라 한다. 초본은 그 일부분을 복사한 것이다.

문서를 서증으로 제출하는 경우에는 원본, 정본 또는 인증등본으로 하는 것은 정본이나 인증등본은 원본과 동일한 효과가 주어지기 때문이다.

(4) 원본과 등본(사본)의 상대적 구분

컴퓨터에서 정보를 저장관리하는 전자적 기록관리가 일상화됨으로써 원본과 등본(사본)의 구별이 상대화하고 있다.

전산정보처리시스템에 의해 발급되는 등기부등본과 같이 컴퓨터로부터 출력되는 문서의 경우 전자적 기록자체를 원본으로 하는 초본으로 볼 수 있으나, 원본상 기록에 접근 · 프린트할 권한을 가지고 있는 자가 원본의 기재내용을 보고한 문서로 보아 그 자체를 원본으로 본다(민소법 §374 및 민소규칙 §120)

또한, 팩시밀리를 이용한 경우 통상적으로 수신문서에는 통신에 관하여 발신자 · 전화번호 · 수신처 · 통신일시 등이 함께 자동적으로 타전되어 본문과 같이 출력되므로 수신자가 출력한 문서 자체를 원본으로 보아야 한다.

다. 인 증

증인과 당사자 본인을 인증(人證)이라 하며, 당사자에 대한 심문과 증인심문이 있다. 인증에 있어서 그 진술내용이 처음부터 끝까지 정확하거나 모두 허위인 경우는 없고, 정확한 부분과 허위 · 과장 · 부정확한 부분이 혼재되어 있는 경우가 대부분이다.

노동위원회에서는 당사자 심문이 큰 비중을 차지하고 있다. 증거가 명백하지 않은 구제사건의 경우 당사자 심문이 그 사건의 판단을 좌우할 수 있을 정도로 비중이 크다.

증인심문은 노동위원회 직권이나 당사자의 신청에 의해 이루어진다. 실제 노동위원회에서 직권으로 증인신청한 사례는 많지 않으며, 당사자의 신청에 의한 경우가 대부분이다.

라. 문자 · 도면 · 사진 정보

컴퓨터용 자기디스크를 비롯한 이와 비슷한 정보저장매체(자기디스크 등)에 기억된 문자정보를 증거자료로 제출하는 경우에는 읽을 수 있도록 출력문서 원본을 제출하여야 한다. 출력문서의 진정성립과 정확성을 담보하기 위하여 정보를 입력한 사람과 일시, 출력한 사람과 일시를 밝혀야 한다.

마. 음성 · 영상자료

녹음 · 녹화테이프, 컴퓨터용 자기디스크 · 광디스크, 그 밖의 이와 비슷한 방법으로 음성이나 영상의 녹음 또는 녹화자료는 음성 또는 영상 녹음된 사람, 녹음한 사람 및 일시 · 장소를 밝혀야 하며, 녹음테이프는 녹취서와 그 밖의 내용을 설명하는 서면을 제출하여야 한다.

제3절 심문회의 단계

1. 사전준비와 답변

가. 사전 준비

노동위원회는 사실조사가 완료되면 심판위원회를 구성하고, 심문회의 개최일 이전에 조사관이 작성한 조사보고서, 당사자의 이유서와 답변서, 관련자료 등 사건기록 일체를 디지털전자시스템을 통하여 위원들에게 제공한다.

심문회의는 공익위원 3명과 근로자위원, 사용자위원 각 1명이 참여하여 1시간여 동안 당사자를 상대로 질문형식으로 진행하며, 심문이 끝나면 당사자에게 최종진술의 기회를 부여한다.

따라서 당사자 또는 그 대리인은 심문회의에 앞서 사전 준비를 철저히 하여야 하는데, 사전준비 사항에 대하여 소개한다.

① 사건기록을 잘 읽고, 충분히 이해할 것
② 사건 전체의 그림을 머리에 넣어 둘 것
③ 블록 다이어그램으로 주요사실을 일목요연하게 정리해 둘 것
④ 상대방 서면에서 사실과 다르거나 법리오해 부분을 확인할 것
⑤ 상대방의 불리한 사실을 체크해서 반론제기의 기회를 가질 것
⑥ 상대방의 입장에서 사건을 바라볼 것
⑦ 조사활동에 최선의 노력을 기울일 것
⑧ 증거자료와 증인을 적시에 확보할 것
⑨ 증인과 참고인 등 관계자를 만날 것
⑩ 증서와 기록은 찾기 쉽게 정리할 것

나. 답변 요령

심문회의는 조사보고서와 사건기록에 나타난 사실관계를 당사자에 대한 질문을 통하여 확인함으로써 심증을 형성하는 과정이다.

위원들은 심증형성을 위하여 사건기록에서 명확하게 나타나 있는 사실, 또는 당

사자에게 불리한 사항에 대하여 집중적으로 질문을 하게 되므로 답변 태도나 요령 등은 판정에 중대한 영향을 미칠 수 있다.

따라서 자신에게 불리하다고 생각되는 질문에 대하여 장황하게 변명을 하기보다는 솔직하게 시인하고, 위원들과 논쟁을 벌이거나 설득 또는 이해시키려는 노력은 좋은 방법이 아니다. 노동위원회 위원들이 말하는 심문회의에서의 바람직한 답변요령을 소개한다.

① 위원들의 질문에 간단명료하게 답변할 것
② 목소리는 정확하고 또렷이 들리도록 할 것
③ 답변 속도는 보통 대화보다 좀 늦게 할 것
④ 위원들과 논쟁 또는 토론을 벌이지 말 것
⑤ 위원들에게 의견이나 평가를 구하지 말 것
⑥ 질문의 취지나 의도에서 벗어나지 않을 것
⑦ 대리인과 사전에 역할분담을 적절히 할 것
⑧ 상대방의 답변내용에 신빙성을 확인할 것
⑨ 상대방의 답변내용에 이의 기회를 가질 것
⑩ 지엽말단적인 내용에 너무 집착하지 말 것

2. 증인면담과 심문

증인심문의 주된 목적은 증인이 알고 있는 내용을 정확하게 확인하는 일이다. 확인 결과에 따라 무엇을 어떤 순서에 따라 어떤 방법으로 심문할 것인지 결정한다. 증인에 대한 면담과 심문방법은 아래와 같다.

가. 증인 면담

① 사실관계를 모두 말하게 한다.
② 증언에 관한 기억을 환기시킨다.
③ 중요한 쟁점사항을 이해시킨다.
④ 증인심문방식에 대하여 설명한다.
⑤ 직접적으로 경험한 사실을 듣는다.

⑥ 증인의 성격을 파악해야 한다.
⑦ 반대심문에 대비하여 논의한다.

나. 심문 방법

① 질문템포는 약간 빠르게 한다.
② 증인의 타입에 따라 달리한다.
③ 대답이 "예, 아니오"로 나오게 한다.
④ 증언의 근거나 이유는 묻지 않는다.
⑤ 너무 장황하게 심문을 하지 않는다.
⑥ 준비 없이 심문에 임하지 않는다.
⑦ 사건 전체에 대하여 하지 않는다.
⑧ 이의를 제기 당하지 않도록 한다.
⑨ 어디에서 심문을 마칠지 기준을 정한다.
⑩ 실패하면 포기하고, 다음 심문으로 간다.

심층정리 심판사건에 있어서 바람직한 대리인의 역할

① 의문 나는 점은 반드시 당사자에게 물어라.

당사자의 주장에 의문이 발견되면 당사자에게 그 이유를 물어 보고, 답변을 통해서 의문을 해소하여야 한다.

② 당사자와 주장에 대하여 사전 조정하라.

정확한 사실관계와 적정한 법리적용을 위해서는 당사자 주장에 대한 조정이 필요하다. 당사자로부터 정확한 주장을 이끌어 내고, 그 주장에 합리성과 근거가 있는지 확인한다.

③ 모든 증거를 종합적으로 판단하라.

중요한 증거뿐 아니라, 가벼운 증거도 결합하여 종합하면 강력하고 움직일 수 없는 결정적인 증거가 될 수 있다.

④ 진술서 내용을 꼼꼼하게 확인하라.

참고인 등의 진술서 내용이 부자연스럽거나 의문 나는 점이 있으면 반드시 확인하여야 한다.

⑤ 큰 줄거리를 파악하라.

당사자의 사소한 논의에 끌려가면 대국적인 줄거리를 그르치게 되므로 전체 흐름을 파악하여야 한다.

⑥ 중요한 증인은 반드시 조사하라.

증거가 불충분하다고 생각되는 부분이 있을 경우 그와 관련된 중요한 증인에 대해서는 증인신청이나 진술서를 확보하여야 한다.

⑦ 사전에 섣부른 예단을 배제하라.

나쁜 사람이라는 선입견은 위험하다. 그러면 모두 나쁜 방향으로 생각하게 되고, 그렇게 되면 좋은 쪽에 있는 모순점을 놓쳐버릴 위험이 있다.

⑧ 기록을 입체적으로 읽어라.

기록전체를 평면적으로 읽지 말고, 입체적으로 읽는 것이 효율적이다. "이러한 경우에는 이러한 증거가 있어야 될 것"이라는 생각을 하면서 기록을 읽으면 빨리 파악할 수 있다.

⑨ 일람표 등을 작성하라.

복잡한 사건은 주장과 증거를 대비하여 그 일람표를 작성하면 도움이 된다. 사안에 따라 시간 순서별 일람표를 작성해서 증거를 대조하면 사건 줄거리를 이해하는데 도움이 된다.

⑩ 화해를 염두에 두라.

화해절차는 사건의 쟁점과 그 해법을 이해하고, 상대방이 내심으로 요구하는 것이 무엇인지 등을 경험할 수 있는 기회이다.

⑪ 사건의 핵심을 당사자에게 전하라.

사건 핵심에 대하여 조사관이나 위원들이 무엇을 어떻게 판단하고 있을지를 당사자가 알 수 있도록 하라. 그러면 심문회의에서 답변사항 중 빠뜨리거나 잘못된 부분이 있으면 필요한 증거를 제출하고, 그 잘못을 방지할 수가 있다.

⑫ 진실은 세세한 부분에 숨어 있다.

사안을 대국적으로 보는 것도 중요하지만, 사소하게 주고 받은 말이나 행동에서 중요한 단서가 발견된다. 결정적 증거가 있었다면 구제신청이 제기되지 않았을 것이다.

⑬ 어떤 거짓말에도 진실의 그림자가 있다.

완전한 거짓말을 하는 것은 어렵다. 거짓말 속에서 진실을 끄집어낼 생각을 갖고 있다면 반드시 진실에 접근할 수 있다.

⑭ 증거나 간접사실의 전부를 설명할 수 있어야 한다.

어떤 사실이라도 그에 적합한 증거를 모아서 증명할 수 있어야 한다. 따라서 반대의 간접사실이나 반대증거를 모두 합리적으로 설명할 수 있는지 여부를 검증하는 일이 중요하다.

⑮ 기각과 인정의 두 가지 판정에 대하여 정리해 보라.

희박한 증거나 사실관계로부터 정확한 판단을 하기는 사실상 어렵다. 그러한 경우에는 증거의 의미가 180도 바뀔 수도 있다. 따라서 상대방 입장과 본인 입장에서 각각 판정해 보는 것도 좋다.

⑯ 논리적인 결론이 항상 이기는 것은 아니다.

논리적으로 생각하여 내린 결론의 위험성은 상존한다. 인간의 행동은 반드시 논리적으로만 설명할 수 없는 부분이 많기 때문이다.

⑰ 중간지점에 진실이 있다.

상대방이 거짓말을 하고 있다고 조급하게 단정해서는 안된다. 입장에 따라서 그 내용이 다르다는 관점도 필요하다. 중간 지점에 진실이 있다는 생각으로 객관적인 입장에서 평가를 하면 합리적인 사실이 발견된다.

⑱ 핵심적인 사실에 대하여 정리해 보라.

사실에 관하여 무엇을 어떻게 알고, 또는 모르고 있는지 그 자체를 살 모르는 경우가 있다. 그러한 경우에는 우선 어디까지 알고 있는지를 한번 정리해서 써보는 것도 하나의 방법이다.

⑲ 사실관계 확인을 그르쳐서는 안 된다.

중요한 증거 또는 사실을 빠뜨리거나 개별사안에 대하여 예단하면 안 된다. 사안 또는 사안해결에 대한 진지한 자세의 부족 또는 법적 지식의 부족은 사건을 그르치는 첩경이다.

⑳ 상대방 주장에 의문을 제기하고, 진실을 발견하라.

당사자 주장과 제출된 증거에 대한 적절한 의문을 가지고, 그것을 해명하기 위한 노력이 필요하다. 의문은 지식과 경험이 늘어날수록 깊어지고, 그 폭도 넓어진다.

심층정리 노동위원회 심문진행 사례

◐ 사 건: ㈜ ***부당해고 및 부당노동행위구제신청

◐ 위 원

공익위원: (의장)김○○, 곽○○, 박○○
근로자위원: 박○○, 사용자위원: 이○○

◐ 당사자

신 청 인: 근로자 장○○
피신청인: 주식회사 ***

◐ 참석자

1) 신청인(근로자)
장○○
조○○ 공인노무사
배○○ 민주○○비대위원장
성○○ 전 코○○노조부위원장
2) 피신청인(사용자)
윤○○ 상무이사
조○○ 인력지원팀장
김○○ 조직개발팀장
천○○ 공인노무사

Ⅰ. 성원확인

(의장) 회의시작에 앞서 참석하신 당사자 확인하겠습니다.

Ⅱ. 개회선언

(의장) 지금부터 (주)*** 부당해고 및 부당노동행위 구제 재심신청사건에 관한 심문회의를 시작하겠습니다.

Ⅲ. 유의사항낭독

조사관(조○○) 유의사항 낭독

Ⅳ. 사건개요 설명 및 보고

조사보고서 참고

Ⅴ. 심문진행

(의장) 지금부터 심문에 들어가겠습니다. 심문순서는 공익위원 근로자위원 사용자위원 순으로 진행되겠습니다. 심문내용을 잘 들으시고, 답변은 간단히 해주시되, 특별히 별도로 하실 말씀이 있으시면 나중에 최종진술시간에서 같이 말씀해 주시기 바랍니다.

(공익 1) 신청인에게 묻습니다. 회사에서 형사고소를 해가지고 재판을 받고 있나요?

(근로자) 예.

(공익 1) 1심은 안 끝났나요?

(근로자) 끝났습니다.

(공익 1) 그 고소에 공동피고인이 있나요, 단독으로만 됐나요?

(근로자) 공동피고인이 있습니다.

(공익 1) 몇 명인가요?

(근로자) 8명입니다.

(공익 1) 8명 중에 장○○씨 빼고 7명은 최초 해고의결된 12명에 다 포함되어 있어요?

(근로자) 다 포함됐을 겁니다. 그 8명 중에 처음에 해고의결할 때 포함된 사람이 있고 해고의결을 안 받은 사람도 있습니다.

(공익 1) 공동피고인 중에서 해고 의결됐던 사람이 몇 명이에요? 장○○씨 빼고, 공동피고인으로 피소된 사람이 몇 명인가? 그게 좀 불명확해서. 장○○씨가 같이 재판 받았으니까. 그 중에 구속 피고인은 장○○씨 혼자였나요?

(근로자) 예.

(공익 1) 나머지는 불구속으로...

(근로자) 예.

(공익 1) 나머지 7명 중 회사로부터 해고의결된 사람이 몇 명이에요? 부위원장도 거기 포함되어 있었나요?

(노측참고인) 예.

(공익 1) 집행부가 몇 명 기소되었어요? 위원장, 부위원장, 그리고 다른 분들...

(노측노무사) 사무국장 이○○, 기타 상집부서장들 포함되어 있습니다.

(공익 1) 회사가 볼 때 주동자라고 한 사람은 다 들어갔네요.

(근로자) 예.

(공익 1) 그리고 그 사람들 대부분은 1차 징계의결 시 해고의결이 됐던 사람들이고...

(근로자) 예.

(노측노무사) 그 8명 중 사무국장 이○○만 빼고 나머지 거의 다 들어갔습니다.

(공익1) 사무국장은 기소가 안 됐던 모양이죠?

(근로자) 사무국장도 들어갔습니다.

(노측노무사) 기소는 됐는데 해고는 아닙니다.

(근로자) 해고에도 다 들어갔습니다.

(공익 1) 1차 해고의결할 때 들어간 사람인지 여부를 묻는 겁니다. 판결은 언제 받았나요?

(근로자) 9월 23일.

(공익 1) 판결 내용 중 무죄부분은 없었나요?

(근로자) 벌금형하고 집행유예하고 나눠서 받았습니다.

(공익 1) 집행유예는 몇 명?

(근로자) 3명.

(공익 1) 장○○씨는 물론 집행유예이시고.

(근로자) 집행부에서는 2명이고 나머지 한 사람은 지역에 근무하는 사람입니다. 집행부는 저하고 부위원장 2명, 나머지는 벌금형으로.

(공익 1) 단협조항 제23조 제3항에 의하면 '조합원에 대한 징계는 사전에 조합과 합의하여 정한다' 라고 되어 있는데 합의는 성립된 것을 의미하지는 않고, 이 경우에는 협의 정도만으로 족할 것 같은데. 장○○씨 주장은 인사위원회 개최하기 이전에 합의가 없었고, 사전협의조차 없었다는 얘기죠?

(근로자) 예.

(공익 1) 일방적으로 인사위원회를 개최해서 해고의결해 놓고 나서 그걸 통보 전에 노조에 합의하자고 요청을 했다?

(사측노무사) 예.

(공익 1) 8월 25일 세 번의 합의. 하나는 노사확인서라고 되어 있고, 같은 날짜에 두 개는 합의서이고...

(노측노무사) 예.

(공익 1) 같은 날짜에 하나의 확인서와 두 개의 합의서가 있는데, 징계를 최소화한다는 그 합의내용이 들어있는 확인서에 회사도 날인을 했죠? 날인을 안한 것도 있기 때문에 묻는 겁니다.

(사측노무사) 그 서류에는 날인이 되어 있습니다.
(공익 1) 그리고 8월25일 세 가지 합의를 하고, 나머지 두 가지 합의서는 처음에 쟁점으로 삼았던 그런 것에 대한 합의가 들어 있는 것 같고, 그 다음날부터 업무에 복귀를 했죠?
(근로자) 예.
(공익 1) 위원장은 업무에 복귀하더라도 전임자이기 때문에 전임자 일을 계속 하는 것이 복귀인가요?
(근로자) 예.
(노측노무사) 노사 협상의 주체로서 계속 인사위원회 등에서 대표성을 인정받았습니다.
(공익 1) 그러자 26일 종전 업무에 복귀를 하고, 회사는 같은 날 해고통고를 했구요.
(근로자) 예.
(공익 1) 원래 징계위원회에서 해고의결된 12명 중 11명은 정직 30일로 감경을 하고, 장○○씨만 해고를 유지하게 됐다 이거죠?
(근로자) 예.
(공익 1) 회사에서 정직 중 가장 무거운 정직은 몇 개월짜리죠?
(사측노무사) 30일입니다.30일 이내에서 하도록 되어 있습니다.
(공익 1) 해고 바로 밑에가 정직이고요?
(사측노무사) 그렇습니다.
(공익 1) 정직 아래에는 몇 가지가 더 있어요?
(사측노무사) 감봉과 견책.
(공익 1) 상당히 단순하네요. 장○○씨 주장은 위원장으로서, 집행부와 함께 주도했던 쟁의행위는 절차와 목적에 있어서 하등 위배됨이 없다. 다만, 쟁의행위 과정에서 부분적인 위법이 있고 과다함이 있었던 것은 사실이다. 그러나 전체적으로 보면 정당성은 인정해야 될 것이 아니냐, 쟁의행위인 이상은... 그런 주장이지요?
(근로자) 예. 그렇습니다.
(공익 1) 유독 대표자한테만 해고처분한 것은 과도한 것이라는 주장이죠?
(근로자) 예.
(공익 1) 그리고 그것은 8월 25자 노사합의서 정신에도 반하는 것이다.
(근로자) 예.
(공익 1) 사전에 합의는 하지 못했다 하더라도 협의는 거쳐야 되는데 그 절차가 무시됐다?

(근로자) 예.

(공익 1) 그런데 회사의 주장은 여러 가지가 있습니다. 주로 쟁의행위의 방법에 있어서 업무방해행위가 지나쳤다, 시설을 무단점거하고, 협정근로자를 참여케 했으며, 회사와 경영진 비방하는 대자보 내용이 너무 과도했다. 그리고 회사 물품을 무단탈취한 내용, 이런 것들은 쟁의행위로써는 지나친 것 아니냐... 그걸 가지고 고소 · 고발한 것이 업무방해이다. 그래서 12건이나 되고, 그게 다 모아서 기소되어 판결결과가 아까 말한 대로 났다.

그런데 회사측은 8월 25일자 합의가 있음에도 불구하고 형식적으로라도 절차를 밟았어야 되는데 사전 합의하자고 통보하지 않고 인사위원회를 개최한 이유가 무엇인가요?

(사측 노무사) 사전합의조항은 8월 25일 합의하고는 무관한 내용입니다. 단체협약 23조에 의해서 조합임원에 대해서는 사전합의토록 규정되어 있는 그 조항에 의거한 부분이고, 단협 23조에 있는 사전징계의 의미는 조합임원의 징계는 사전 조합과 합의하도록 되어 있기 때문에 '사전'이라는 의미는 징계위원회 개최 전에 합의를 의미하는 것은 아니고 징계를 결정 통보하기 전의 합의이고...

(공익 1) 절차를 개시하기 전을 말하는 것이 아니라 징계처분 통보 이전에만 하면...

(공익 2) 초심에서 부당노동행위는 각하가 됐지요?

(근로자) 예. 그렇습니다.

(공익 2) 부당해고하고 구제신청을 시기적으로 달리 했던데요. 특별한 이유가 있나요? 보통은 동시에 하는데...

(노측노무사) 본인들이 신청을 직접 하다 보니까... 특별한 이유는 없습니다.

(공익 2) 합의서가 두 개가 있어요. 면책불이행 합의를 해놓고 이행을 안했다는 취지 아닙니까?

(노측노무사) 예.

(공익 2) 작년에 있었던 합의는 최소화한다는 그런 것이기 때문에 법적으로 문제가 별로 없을 것같은데. 올해 2월1일도 합의한 게 있어요. 그 문헌을 보면, 2월1일 했는데 초심은 2월3일 났어요. 그런데 2월3일 결정문은 되어 있는데 실제 지노위의 심리는 언제 했나요?

(노측노무사) 결정문이 2월12일 나왔습니다.

(공익 2) 그러면 3일 판정했고, 그 이틀 전에 합의했던 모양이죠?

(노측노무사) 예. 그렇습니다.

(공익 2) 그러면 왜 그 당시 주장을 안하셨어요?

(노측노무사) 저희들은 포괄적으로 했었습니다.

(공익 2) 이틀 전에 합의를 했는데, 이 주장은 왜 안하셨어요?

(노측노무사) 주장했습니다.

(공익 2) 초심 판단에 이게 안 나오는데요. 사측! 면책불이행 합의에 관해서 징계를 최소화하겠다는 것이 있고, 올해 지노위 판정 이틀 전인 2월1일 '경영위기 확보를 위한 ○○공장' 해가지고 '회사는 인원조정 기간에 발생했던 사규위반에 대한 징계조치를 철회하며 이 기간 중에 발생하였던 사항에 책임을 묻지 않는다' 이렇게 되어 있어요. 이것이 신청인의 징계하고 전혀 관련이 없는 겁니까?

(사측노무사) 아무런 관련이 없습니다. 시기적으로 우선 근본적으로 2월 1일자 합의는 구조조정에 관한 내용이고, 합의입니다. 신청인의 경우 징계가 이미 20**년도 8월에 이루어졌습니다. 구조조정 문제는 훨씬 그 이후 일이고요.

(공익 2) 회사는 그런 주장을 당연히 하실 것이고, 그런 의미로 합의했다는 취지이죠?

(사측노무사) 예.

(공익 2) 신청인! 장○○씨가 위원장으로 사인이 되어 있어요. 해고는 됐지만 아마 회사측에서 노조법 때문에 부당노동행위에 대하여 중노위 재심판정 시까지 근로자로 인정되어 그러는지 모르지만. 해고는 되었지만 노동조합 위원장으로서 권한을 행사했거든요. 그래서 합의를 한 것 같아요. 회사측에서는 2월1일 합의서 4항은 결국 인원조정에 관련된 것이지, 신청인의 해고하고는 관련 없는 것이다. 이러한 취지로 주장하고 있어요.2월3일 판단을 하는 심리가 잡혔을텐데 이틀 전 합의를 했거든요. 신청인 것은 명시적으로 기재는 안 되어 있어요. 그러면 신청인은 제외되나요, 제외되지 않나요?

(근로자) 전체적으로 다 포함되는 것으로...

(공익 2) 인원조정기간 동안에 이렇게 되어 있지만 신청인은 결국 노사분규과정에서 발생했던 대부분 문제는 이것으로 철회한다. 이러한 취지로 사인을 했다는 말이죠?

(근로자) 예.

(공익 2) 그런 점이 좀 문제일 수 있겠네요. 신청인의 얘기도 나름대로... 그 당시 합의할 때 자기 것이 포함됐다는 얘기하는 것이고, 회사측에서는 인원조정에 관한 문제이지 작년 8월에 있었던 해고에 관한 것은 제외된다는 것이고... 회사측 대리인! 2월1일 합의서는 신청인 것은 제외되었다는 것 아닙니까?

(사측노무사) 그렇습니다.

(공익 2) 정리해고는 언제 했죠?

(사측노무사) 2월28일입니다.

(공익 2) 이 합의가 있고 난 다음에 정리해고를 했다.

(사측노무사) 예.

(공익 2) 문헌으로 보면 신청인의 해고 건이 포함되었는지 제외되었는지 명확하지 않아요. 그런데 만약에 명시적으로 회사측에서 말하는 것처럼 신청인이 제외됐다고 제기했으면 신청인이 합의 안 해 줬을텐데요. 결국 회사는 신청인에게 이런 문건으로 합의하고, 그 합의에 의해서 정리해고를 단행했어요. 이 합의가 있었기 때문에 정리해고를 하는 하나의 수단이 된 것이 아닙니까?

(노측노무사) 예.

(공익 2) 신청인! 그 당시 노무사님의 조력을 받으셨어요?

(근로자) 받았습니다.

(공익 2) 그러면 노무사님에게 해석상 의문이 있게 하지 말고 본인 것도 이렇게 명확하게 넣어달라고 하지 왜 안했어요? 신청인 얘기는 신청인 것도 포함되었다는 얘기 아니에요. 문헌에는 명확하지 않거든요. 왜 넣어달라고 얘기를 안했어요?

(근로자) 그때 포괄적으로 다 이야기를…

(공익 2) 요구를 했습니까?

(근로자) 예.

(공익 2) 문헌이 그냥 하루 아침에 작성하는 게 아닌데, 어느 단계에서 신청인이 신청인도 넣어달라고 했느냐는 겁니다. 처음 시작부터?

(근로자) 심리할 적에도 그때 이야기를 했습니다.

(공익 2) 피신청인! 상식적으로 보면 어쨌든 신청인이 합의를 하고 신청인은 합의할 당시 해고를 당해서 지노위의 판단 이틀 전이고 일반 사법적인 문제도 있거든요. 그럼에도 불구하고 이런 문건이 들어있다. 그러면 보는 사람에 따라서는 어떨까요?

(사측노무사) 2월1일 합의서에는 '인원구조조정 기간 중에 관련된 위반자' 라고, '인원구조 조정' 이라는 표현이 거기들어가 있습니다. 만약 신청인 문제가 거론됐다면 노사 분규라고…

(공익 2) 신청인! 작년에 노사분규는 주로 무엇 때문에 일어난 거죠?

(노측노무사) 전체적인 고용안정 때문에 일어났습니다.

(공익 2) 피신청인! 여기는 분명히 고용조정이라고 나와 있어요. 작년에 분규가 임금인상이나 이런 것 때문에 일어났다면 또 별개인데. 결국 구체적인 내용은 해

고 이후 일어났지만 작년 노사분규를 보면 고용조정에 관한 불안감을 가진 근로자들이 단체교섭 과정에서 일어난 건데. 잘 한번 생각해보십시오.

(사용자위원) 회사측! 20**년도 875억 적자, 20**년도 1500억 적자 예상... 실제로 적자가 얼마 났습니까?

(사측노무사) 그대로입니다.

(사용자위원) 실제로는 1500억으로 되어 있는데 얼마인지요?

(사측대리인) 20**년도에 실제로 그 예상치만큼 적자가 났습니다.

(사용자위원) 그러면 509명을 조기퇴직하겠다 그랬는데 78명만 했잖아요. 그러면 1500억원 적자로 해서 509명을 내보내야겠다고 했는데 실제 78명만 내보냈다는 것은 여력이 있어서 그런 것이 아닌가요?

(사측노무사) 전체적으로 그만둔 사람은 509명이 맞습니다. 다만 저희가 그 509명 전체를 정리해고 하기 전 조기퇴직우대제를 실시해서 대부분 사직을 하고 509명에 미달하는 인원이 78명이었다. 그래서 78명에 대해서 정리해고한 것입니다.

(사용자위원) 신청인측 주장에 의하면 반복적인 합의 파기로 인해서 장기파업사태를 불러일으켰다고 되어 있어요. 그러면 회사는 이에 대해서 노조와 실제로 그렇게 처리를 하고 있었는지, 단지 기간이 경과했다고 그런 답변만 하고 있는데 어떻게 처리해서 이와 같은 일이 생겼나요?

(사측노무사) 20**년 파업의 본질은 단체협약 임금협약이 유효기간이 끝난 겁니다. 갱신체결해야 되는데 그 갱신 체결과 관련해서 교섭이 결렬돼서 분규가 일어난 겁니다. 분규 원인은 합의파기라든가 또는 불이행 이런 게 아닙니다. 아까 신청인 주장은 2월1일 합의와 관련해서 분규원인이 고용안정과 관련된 거라고 주장했는데 그게 아니죠. 목적이 정당했다라고 보는 이유도 단체협약 갱신체결 결렬, 임금협약 결렬, 이 부분입니다.

(사용자위원) 협정근로자라고 되어 있잖아요, 208명 맞습니까?

(사측노무사) 28명입니다.

(사용자위원) 그 중에서 실제로 파업에 참가한 인원은 몇 사람입니까?

(사측대리인) 28명에서 30명 정도 됩니다.

(사용자위원) 그날 한번 나온 인원, 그 인원만 했나 이거죠?

(사측대리인) 예.

(사용자위원) 28명 파업에 참가했는데 하루에 1억원씩 손해가 난 건가요?

(사측노무사) 아닙니다. 그 부분은 파업을 하면서 코○○의 ○○공장 출입문을 전부

봉쇄 했습니다.

(사용자위원) 모두 그 정도 금액이 나왔다 그렇게 보고 있는 겁니까?

(사측노무사) 생산한 제품도 출고가 전혀 안되고 사람과 차량 자체가 전혀 출입 자체가 안됐습니다.

(사용자위원) 그러면 하루에 1억원씩 계산해서 64일이면 640억이다. 이렇게 보는 겁니까?

(사측노무사) 하루 10억입니다. 제품 출고 자체가 전혀 안됐었기 때문에 그렇습니다.

(사용자위원) 그만큼 원료도 안나간 것 아니에요? 신청인!
어떻게 생각하세요? 그렇게 해서 안나간 부분도 있지만 실제로 나중에 그걸 회복을 했을 것 아닙니까?

(노측노무사) 20**년 상반기에 흑자경영을 했다는 사실이 신문에 보도가 됐습니다.

(사용자위원) 그러면 640억 중에서 인정하는 부분이 일부 있다는 그 얘기죠?

(사측노무사) 일부 인정합니다.

(사용자위원) 회사 물품을 무단탈취했다고 하는데 나중에 반납이 됐습니까?

(노측노무사) 움막을 설치하기 위해서 판넬 같은 것을 갖다놓고 하는데 나중에 끝나면 다 원위치됩니다.

(사용자위원) 회사측! 맞습니까?

(사측대리인) 일부 내구성 물품은 반납이 됐고, 자리에 까는 것들은 소비가 돼서 없어진 것들도 있습니다.

(사용자위원) 그게 640억 중에 들어가 있는 것은 아니죠?

(사측대리인) 예, 안 들어가 있습니다.

(사용자위원) 회사측! 7월 5일부터 8월 2일까지 '청불투쟁'으로 본사 엘리베이터가 점거되어 17층을 걸어갔다. 그래서 업무방해다. 그런데 다른 회사도 이 안에 들어있습니까?

(사측대리인) 그 안에 10여개 이상 회사가 들어가 있습니다.

(사용자위원) 그 회사는 아무 말도 안했어요?

(노측노무사) 별 다르게 손해배상이 들어오거나 기타 법률적인 문제가 없었습니다.

(사용자위원) 정식으로 제기하지 않았어요?

(노측노무사) 예. 그렇습니다.

(사용자위원) 20**년도 8월25일 징계를 최소화하자고 해서 ○○노동사무소장, 공장장, 회사대표, 노조, 이렇게 다 협의를 했잖아요. 그 장소에 장위원장 있었습니까?

(근로자) 먼저 결정이 되고, 제가 마지막에 확인하고 결정을 해서...

(사용자위원) 다른 분이 하고 나중에 그 내용만 추인했다는 얘기죠? 그 자리에 있었던 것은 아니고...

(근로자) 예.

(사용자위원) 징계위원회를 하고 나서 여러 차례 협의요청을 했지 않습니까?

(사측노무사) 예.

(사용자위원) 3차례 해고 결의 후 노사합의를 요청했는데, 그때마다 문서를 받았습니까?

(사측노무사) 회사쪽에서 문서를 보냈고 그 문서에 대한 대답이나 참석, 그런 것은 전혀 없었습니다.

(사용자위원) 신청인! 그때 문서로 입장이나 그런 것을 얘기를 했습니까?

(노측노무사) 예. 그렇습니다. 노동조합에서는 파업 중인 상태에 있고 징계도 받을 테니까 현재 시기를 피하는 것이 좋겠다는 취지의 문서를 매일 보냈습니다. 또한 피신청인이 인정하듯이 그 당시 합의를 위하거나 심의를 위한 노동조합 대표자가 참석할려고 하면 대표자는 참석하지 말라는 내용을 부기해서 계속 보냈습니다.

(사용자위원) 징계 당사자는 참여하지 말고...

(노측노무사) 예. 그렇습니다. 그 당시 노조 간부들이 대부분이 다 해고된 상태였습니다. 더군다나 임단협 기간에 대표자의 권한을 인정할 수 없다고 하면서 참석을 하지 못하도록 해서 협의나 합의를 할 수 없도록 만들었습니다.

(사용자위원) 참석을 해가지고 동의를 안한다든지 명기를 해두면 더욱 좋았을텐데...

(노측노무사) 그래서 공문서를 발송해서 상호 차분한 상태에서 추후 심도있게 논의하자는 취지의 노동조합 문서를 발송했습니다.

(사용자위원) 회사측! 그런 내용이 들어 있었습니까? 대표자나 징계당사자를 참여하지 말라는 그런 내용...

(사측노무사) 신청인이 징계대상자이니까 조합측에서 다른 대표성을 가진 다른 임원이 참석해 달라는 내용을 부기해서 보냈습니다.

(사용자위원) 노조측 대표가 참여를 하지 않도록 제외한 그런 내용은 아니다...

(사측노무사) 그렇습니다.

(의 장) 피신청인! 8월25일 합의할 때 관계기관 전부 참여하고 노사가 참여했는데, 거기에서 신청인을 제외하고 다른 사람들은 감경한다는 얘기가 거기에서 나왔던 겁니까?

(사측대리인) 저는 그 자리에 있지 않았습니다. 제가 듣기로는 그렇게 합의가 됐다고...

(의 장) 그 문제에 대해서 아까 참고인 중에 얘기하시려고 했던 분, 얘기하세요.

(노측참고인) 저는 코○○ 노조의 상급단체 위원장으로 현장에 있었습니다. 코○○ 노조의 작년 임단협 합의정신이 실질적으로는 회사가 어렵다는 이유로 구조조정이 가장...

(공익 1) 위원장을 제외한다는 합의가 있었냐고 묻습니다.

(노측참고인) 없었습니다.

(공익 1) 그 이외 다른 하고 싶은 말씀 있어요, 이 사건과 관련해서...

(노측참고인) 아까 박○○ 위원님께서 지적하신 대로 장○○ 위원장이 문서상으로 최소한의 징계를 한다고 되어 있는 상태에서 해고가 됐고, 해고된 당사자하고 구조조정 537명에 대해 합의를 했죠. 그리고 5월까지 위원장으로 인정을 해서 계속 문서를 보내고 그래요. 이 내용을 잘 판단해 주십시오. 필요에 따라서 위원장으로서 해고가 안되고, 필요하지 않을 때는 해고되었고... 이렇게 되거든요.

(공익 1) 2월1일 서면에는 '노사합의안' 이라고 되어 있어요. 회사가 이를 받아들여서 실제로 합의가 이루어진거죠?

(사측노무사) 예. 그렇습니다.

(공익 1) 노조위원장의 합의안에 대해서 회사가 수락하고 합의가 이루어진거죠?

(노측노무사) 예.

(공익 1) 그 합의내용을 보면 징계철회 운운하는 말이 있어요. 징계를 철회한 사람 수는 몇 명이나 돼죠? 20**년 2월 1일 합의에 의해 합의내용에 들어 있는대로 징계를 철회한 일이 있었는가요?

(사측노무사) 있습니다.

(공익 1) 몇 명인가요?

(사측노무사) 바로 확인을 해서...

(공익 1) 상당히 중요한 얘기인데요. 종전에 징계 받은 사람이 해고에서 정직 30일로 감경된 사람이 11명 있잖아요. 11명에 대한 징계는 계속 유지되었는가요, 징계를 철회했는가요?

(사측대리인) 감경한 징계는 계속 유지됐습니다.

(공익 1) 그러면 징계철회는 안 했네요?

(노측노무사) 아닙니다. 징계철회가 없었습니다. 별 다른 징계철회 사항이 없었습니다.

(사측대리인) 합의내용이 다릅니다. 2건입니다. 2월 25일 합의에 대해서 징계를 최소

화...

(공익 1) 20**년 2월 1일 노사합의에 의한 징계철회는 이 건 징계하고는 전혀 관계가 없다?

(사측대리인) 예. 관계없습니다.

(공익 1) 거기에 해당되는 사람은 어떤 사람인가요?

(사측대리인) 5 내지 6명 되는데요. 희망퇴직을 하고 사원들을 평가해서 관리자들이 면담을 하니까 그 면담에 반항해서 근무지를 이탈하고...

(공익 1) 그러면 이 건 쟁의행위하고는 전혀 관계가 없는 사람들이라는 뜻인가요?

(노측노무사) 그 당시 사규위반에 따라 징계에 회부된 사람이 없었습니다. 피신청인께서 주장하듯 그 사람들이 해당한다는 뜻이 아니라 근본적으로 2월1일 합의한 것을 해석할 때 광범위하게 해석해야 된다는 취지로 말씀드리고 있습니다. 그러한 측면에서 문장에 적시된 대로 징계에 회부된 사람이 철회되어야 되는데, 그 당시 그렇게 좁게 봤을 때 징계에 회부된 사람이 아무도 없었다. 징계철회 대상지를 한정해서 봤을 때는 있을 필요가 없는 문장이라는 겁니다.

(사측대리인) 사실하고 다릅니다.

(공익 1) 이 파업행위하고는 관계가 없다?

(사측대리인) 예.

(공익 1) 장○○씨! 그것은 맞는 모양이죠? 파업과 관계가 없는 징계철회다?

(근로자) 예.

(공익 2) 신청인! 대답을 잘못하는 것 같아요. 위원님이 여쭤보는 것은, 징계철회의 대상이 아까 신청인은 본인도 포함된 것이라고 하는 것이고, 회사측에서는 작년 파업은 아니고 인원조정에 관련된 것이다. 신청인이 결국 합의를 해줘서 그걸 근거로 했는데, 신청인이 해고된 사람이 합의서에 사인을 해가지고 정리해고에 하나의 근거가 됐다고 하면 그 이후라도 좀 해줘야지... 그렇지 않으면 누가 위원장이 자기 동료근로자가 잘리는데 합의를 해줄 것이며, 우리나라 법구조가 그래요. 동의는 해줘야 되지만, 차라리 자기가 잘리는 것이 낫다. 잘린 근로자들 때문에 신청인의 해고를 계속 유지하는 건지는 잘 모르겠습니다만 제가 볼 때 신청인 입장에서 곤란한 점도 있을 겁니다. 그런 점도 회사측에서 고려를 해주셔야 될 겁니다.

(사용자위원) 회사측! 신규투자 관련해서 별도합의하고 나서 2개월 이내에 노사간 별도 합의해야 한다고 되어 있거든요. 했습니까?

(사측노무사) 예. 했습니다.

(사용자위원) 그래서 어떻게 정했습니까?
(사측대리인) 별도 합의가 이루어졌고 그 합의내용 대로 다 지켜졌습니다.

Ⅵ. 최종진술

(근로자) 저도 재판이나 심리를 몇 번 받아봤지만, 노사관계에 대하여 그대로 한 가지를 놓고 이야기가 되어야 하는데, 실제는 2가지, 3가지로 나옵니다. 지금 이 자리에서도 서로 반박하고 틀린 주장을 하듯이 앞에 계시는 위원님들이 들어서 혼동이 될 수 있는 쪽으로 주장되고 있습니다. 지금도 코○○ 내부에서는 선거가 끝났음에도 불구하고 회사에서 선거관리위원들을 매수해서 선거를 조작하고 저한테 아직까지 대표자격으로 공문이 날라옵니다. 제가 해고된 지 1년이 지났는데 아직도 날라옵니다. 필요할 때는 위원장이고 필요 없을 때는 해고자이다. 이것이 회사의 인사권 남용, 노조탄압으로 노조 무력화를 만들어가는 이러한 것으로 사용되고 있단 말이죠. 이러한 것이 개인의 문제가 아니라, 제대로 판단되고 결정이 되어 앞으로 이런 것이 만들어지지 않도록 밑바탕이 되어줬으면 좋겠습니다.

(사측노무사) 신청인이 해고자신분이지만 중앙노동위원회의 판정이 끝날 때까지는 조합원 신분을 보유하기 때문에 그 부분은 저희가 어쩔 수 없는 입장입니다. 그 점을 좀 양지해 주셨으면 좋겠습니다.

합의서 관계가 자꾸 논란이 되는데, 20**년 8월25일 합의서는 64일 동안 있었던 노사분규를 마무리짓는 합의이고, 2월 1일 합의는 ○○공장의 인원조정 정리해고 관련한 합의입니다. 그래서 2월 1일 합의서 4항 표현 자체도 인원조정기간 동안에 발생했던 징계철회라고 되어 있습니다. 신청인의 주장이 정당화되려면 인원조정 기간이라는 표현이 아니라 노사분규기간도 당연히 포함이 되어야 하겠죠. 노사분규기간과 인원조정기간을 분명히 구분 짓고 그 범위를 명확하게 정하기 위해서 굳이 '인원조정기간 동안' 이라는 특정한 표현을 쓴 겁니다.

Ⅶ. 폐회선언

(의장) 이상으로 주식회사 ○○○ 부당해고 및 부당노동행위 구제재심신청사건에 관한 심문회의를 마치겠습니다.

제4절 구제명령 이행과 불복단계

심문회의가 끝나면 근로자위원과 사용자위원으로부터 의견을 듣고, 쟁점사항에 대한 토론을 거쳐 공익위원 3인이 다수결로 판정한다.

판정에 있어서 중요한 입증자료의 확인이 필요한 경우 판정회의를 추후 개최하거나 원만한 화해성립을 위하여 판정결과를 일정기간 비공개하기로 의결하는 등 특별한 사정이 없는 한 판정결과를 다음 날 당사자에게 통보한다.

판정서는 판정일로부터 30일 이내에 당사자에게 송부되는데, 판정서를 수령하면 판정내용을 면밀히 검토하여, ① 화해 또는 구제명령의 수용, ② 징계처분취소와 재징계, ③ 중앙노동위원회의 재심신청 또는 행정소송을 제기할지 여부를 선택하는 것이 필요하다.

1. 화해 또는 구제명령의 수용

우선, 판정내용이 당사자 어느 일방의 중대하고 명백한 잘못으로 보기 어렵거나 또는 비위행위에 대한 입증정도가 희박하여 시각에 따라 달리 판단될 수 있는 때에는 화해를 통해서 원만하게 해결하는 방법이 바람직할 것이다.

특히, 이와 같은 사건에 있어서는 재심신청 또는 행정소송을 제기한다고 하더라도 그 결과를 예측하기 어려울 뿐만 아니라, 대립과 갈등관계가 장기간 지속되는 경우 근로자는 생존권을 위협받게 되고, 사용자는 노사관계에 악영향을 끼치게 되므로 당사자 모두에게 불이익만을 초래할 것이기 때문이다.

한편, 근로자의 구제명령을 내용으로 하는 판정에 있어서는 사용자가 그 구제명령을 수용하는 것이 최선이 될 수 있다. 이러한 사건은 근로자의 비위행위에 대한 사용자의 원인제공 또는 관리책임이 인정되고, 반증이 명확하지 않기 때문에 불복절차를 밟는다 하더라도 기존 판정을 번복할 새로운 사실이나 증거를 제시하기 어려운 경우가 대부분이다.

더구나, 사용자는 재심신청 또는 행정소송과 관계 없이 구제명령에 따라 근로자의 신분상 또는 경제상 불이익에 대한 원상회복 조치라는 공법상 의무를 부담하고, 이행하지 아니할 경우 이행강제금이 부과되므로 이러한 부분을 고려하여 구제명령의 수용 여부를 신중히 검토할 필요가 있다.

이 처럼 사용자가 구제명령을 수용하였다 하여 사용자의 인사권이 약화되거나 무력화로 이어지는 것이 아니라, 올바른 인사권 행사로 평가받게 되며, 근로자의 비위행위에 대하여는 차후 징계사유가 발생할 경우 징계양정의 참작사유로 삼을 수 있다.

2. 징계처분 취소와 재징계

판정내용이 사용자의 징계절차 하자 또는 징계양정 과다의 경우에는 그 징계처분을 취소하고, 징계절차 하자를 치유하거나 종전보다 감경된 징계양정을 적용하여 재징계할 수 있다.

즉, 사용자의 징계처분은 근로자의 기업질서 위반행위에 대한 제재벌이고, 자체 재심절차에서도 징계처분을 취소할 수 있으므로 징계절차의 하자나 징계양정의 부당 등에 잘못이 있음을 스스로 인정한 때에는 노동위원회의 구제명령이나 법원의 해고 무효확인판결을 기다릴 것 없이 징계처분을 취소할 수 있고, 새로이 적법한 징계처분을 하는 것도 가능하다.[481)]

이와 같이 징계해고가 취소되면 해고무효 확인판결이 확정된 것과 마찬가지로 소급하여 해고되지 아니한 것으로 보게 되어, 그 후 같은 사유 또는 새로운 사유를 추가하여 다시 징계처분을 한다고 하여 일사부재리의 원칙이나 신의칙에 위배된다고 볼 수는 없다. 또한, 해고무효 확인판결이 선고된 뒤에 징계처분을 취소해도 법원의 판결을 잠탈하는 것도 아니다.[482)]

3. 재심신청 또는 행정소송 제기

판정내용을 검토한 결과, 화해 또는 구제명령을 수용하는 것이 적절하지 않거나 징계처분취소와 재징계하는 방법을 선택할 수 없는 경우에는, 중앙노동위원회에 재심신청 또는 행정소송을 제기하여야 할 것이다.

---

481) 대법원 1992.8.14 선고 91다43558 판결
482) 대법원 1993.5.11 선고 91누11698 판결

가. 중앙노동위원회 재심신청

(1) 당사자

재심신청인이 될 수 있는 자는 지방노동위원회의 초심명령에 불복하는 관계 당사자이다. 초심의 구제명령에 대해서 피신청인(사용자)이, 초심의 각하결정이나 기각결정에 대해서 신청인(근로자 또는 노동조합)이, 일부 구제명령에 대해서는 초심의 당사자 쌍방이 재심을 신청할 수 있다.

(2) 신청기간

지방노동위원회의 초심 구제명령이나 기각결정에 불복하는 사용자 또는 근로자는 초심판정서(구제명령 또는 기각결정)를 통지받은 날부터 10일 이내에 중앙노동위원회에 재심을 신청하되, 재심신청기간은 불변기간이므로 반드시 준수하여야 한다.

재심신청으로 지방노동위원회의 구제명령, 기각결정의 효력이 정지되는 것은 아니므로, 해당 지방노동위원회는 구제명령을 이행하지 않은 사용자에게 이행강제금을 부과하게 된다.

(3) 재심 및 재심명령

당사자의 재심신청은 초심에서 신청한 범위를 넘어서는 아니되고, 중앙노동위원회의 재심 심리와 판정은 재심 신청한 불복범위 안에서 하게 된다.

중앙노동위원회는 재심신청이 요건을 충족하지 못한 경우 재심신청을 각하하고, 재심신청이 이유 없다고 판단하는 경우에는 기각한다.

재심신청이 이유 있다고 판단하는 경우에는 지방노동위원회 초심처분을 취소하고 구제명령이나 각하 또는 기각결정을 한다.

또한, 근로관계의 소멸이나 사업장 폐쇄 등으로 초심의 구제명령내용을 그대로 유지하는 것이 적합하지 않다고 판단하는 경우에는 그 내용을 변경할 수 있다.

나. 행정소송 제기

(1) 당사자

행정법원에 소송을 제기할 수 있는 자는 중앙노동위원회의 재심명령에 불복하는 관계 당사자이다.

사용자측이 취소소송을 제기하는 경우에는 구제명령의 명의인 사용자가 당사자가 된다. 그러나 구제명령이 공장 · 지점 등 사용자인 법인의 일부 조직에 대하여 행하여졌거나, 회사사장 · 공장장 · 지점장 등 경영자 또는 관리자에 대하여 행하여진 경우에는 사용자인 법인에 대하여 행하여진 것으로 보아 해당 법인만이 원고적격을 갖는다.[483)]

근로자 또는 노동조합이 제기한 경우에는 중앙노동위원회에 구제명령을 신청한 해당 근로자 또는 노동조합이 원고적격으로서 당사자가 된다. 다만, 해당 부당노동행위의 상대방이면서도 신청인이 아닌 근로자 또는 노동조합도 원고적격을 가진다는 해석론이 있다.[484)]

행정소송에서 피고는 해당 재심명령 또는 결정을 내린 중앙노동위원회 위원장이다. 행정소송법 제13조 제1항에서는, "취소소송은 다른 법률에 특별한 규정이 없는 한 그 처분 등을 행한 행정청을 피고로 한다."라는 특별한 규정을 두고 있으며, 여기서 행정청이란 국가 또는 공공단체의 기관으로서 대외적 구속력 있는 의사를 결정 · 표시할 수 있는 권한을 가진 기관을 말한다.

통상 공정거래위원회, 토지수용위원회, 공직자윤리위원회 등 합의제 행정기관의 처분은 그 합의체의 대표가 아닌 합의제 행정기관 자체가 피고가 되는 것이 원칙이나, 중앙노동위원회의 재결에 관한 소는 노동위원회법 제27조에 의하여 중앙노동위원회위원장이 피고가 되도록 규정하고 있다.

한편, 사용자가 취소소송을 제기한 경우 그 상대방인 근로자 또는 노동조합이, 근로자 또는 노동조합이 소송을 제기한 경우에는 그 상대방인 사용자가 그 소송에 참가를 할 수 있다.

(2) 신청 기간

중앙노동위원회의 재심처분에 대한 행정소송은 중앙노동위원회위원장을 피고로 하여 통지를 받은 날부터 15일 이내에 제기하여야 한다.

행정소송의 실무상 부당해고등 구제신청에 대한 불복의 소는 '부당해고구제재

---

483) 김형배, 「노동법」, 2009, 976면.
484) 김형배, 「노동법」, 2009, 976면.

심판정취소', '부당전직구제재심판정취소', 그리고 부당노동행위구제신청에 대한 불복의 소는 '부당노동행위구제재심판정취소' 라는 사건명을 사용하는 것이 일반적이다.

(3) 재결주의

노동위원회법 제26조, 제27조의 해석상 지방노동위원회 처분은 소송의 대상이 되지 아니하고, 그에 대한 행정심판의 재결에 해당하는 중앙노동위원회의 재심판정만이 소송대상이 된다.[485)]

법원은 "노동위원회법 제19조의2 제1항의 규정은 행정처분의 성질을 가지는 지방노동위원회의 처분에 대하여 중앙노동위원장을 상대로 행정소송을 제기할 경우 전치요건에 관한 규정이라 할 것이므로 당사자가 지방노동위원회의 처분에 대하여 불복하기 위해서는 처분 송달일로부터 10일 이내에 중앙노동위원회에 재심을 신청하고 중앙노동위원회의 재심판정서 송달일로부터 15일 이내에 중앙노동위원장을 피고로 하여 재심판정취소의 소를 제기하여야 할 것이다.[486)]"라고 판시하고 있다.

현행 행정소송법은 원처분주의를 채택한 결과, 행정청의 처분이 행정심판을 거쳐 행정소송이 제기된 경우 행정소송은 원처분과 재결에 대하여 모두 소를 제기할 수 있되, 원처분의 위법은 원처분 취소소송에서만 주장할 수 있고, 재결 취소소송에서는 원처분의 하자가 아닌 재결에 고유한 하자에 대해서만 주장할 수 있다.

그런데 노동위원회의 구제절차에 대한 불복소송의 경우에는 원처분에 대해서는 제소 자체가 허용되지 아니하고 재결에 대하여 소를 인정하되, 재결 자체의 위법뿐만 아니라 원처분의 위법도 그 소송에서 주장할 수 있도록 하는 재결주의를 채택하고 있다.

따라서 지방노동위원회의 원처분은 취소소송의 대상이 아니고 그에 대한 행정심판의 재결에 해당하는 중앙노동위원회의 처분만이 취소소송의 대상이 된다. 그 결과 소송물은 중앙노동위원회의 재심판정 자체이고, 법원은 그 재심판정의 사실인정과 판단이 적법한지 여부를 심리 · 판단하게 된다.

---

485) 김철용 · 최광율, 「행정소송법」, 박영사, 567면.
486) 대법원 1995.9.15 선고 95누6724 판결.

제5절 이유서 · 답변서 작성기준

1. 문장구분과 각주

하나의 주어와 서술어로 한 문장을 구성한다. 한 문장으로 작성하는 것이 자연스럽지 못하거나 장황하게 되면 문장을 나누며, 문장을 나눌 때에는 '그리고, 그러나, 따라서, 그리하여, 그럼에도 불구하고' 등의 접속사를 적절히 사용한다.

또한, 간명한 의미전달을 위하여 불가피하게 해당 분야의 전문용어를 사용하는 경우에는 각주 또는 한글표기 뒤에 한자를 병행하여 기재한다.

2. 용지와 글씨

■ 용지여백은 위 20p, 아래 15p, 좌 · 우 25p, 머리 · 꼬리말은 15p로 한다.

■ 글씨체는 휴먼명조체로 하되, 참고사항과 관련규정은 중고딕체로 한다.

■ 글씨 크기는 대제목 15p, 중제목 14p, 소제목 및 본문은 13p, 참고사항과 관련규정은 11p로 한다.

- 대제목: 이유서 · 답변서 표지제목, 신청(답변)취지와 신청이유
- 중제목: 당사자 개요, 사건경위, 해고(징계)의 정당성(또는 부당성), (재심)근로자 또는 사용자의 주장요지, 결론 등

3. 줄 간격과 들여 쓰기

■ 본문 등 기본 줄 간격은 200%로 하고, 표 안의 내용은 160%로 한다.

■ 본문내용은 윗 제목의 첫 글자 아래에 맞추어 들여쓰고, 문장이 이어져 줄이 바뀔 때는 들여쓰기를 하지 않는다. 본문 도중에 문단이 바뀔 때는 글자 한 자(스페이스 바 2회)를 들여 쓴다.

- 한 칸 들여쓰기: 1., 2. 등으로 시작되는 제목과 내용
- 두 칸 들여쓰기: 가.,나. 등으로 시작되는 제목과 내용
- 세 칸 들여쓰기: 1), 2) 등으로 시작되는 제목과 내용

4. 각종 표기 방법

■ 법령과 사람 표기

- 법령 제목과 '조, 항, 호, 목' 등은 한글맞춤법에 맞추어 띄어 쓰되, 복합단어의 법령제목은 낫표 (「 」)로 묶어준다.

  (예) 노동조합및노동관계조정법 → 「노동조합 및 노동관계조정법」
  제5조제4항제4호 → 제5조 제4항 제4호

- 사람을 셀 때 쓰는 '인(人)' 은 '명' 으로 표기한다.

  (예) 징계위원회는 6인으로 구성 → 징계위는 6명으로 구성
  이 신청 외 6인이 구제신청 → 이 신청 외 6명이 구제신청

■ 일시와 개월 표기

- 연월일은 온점(.)을 찍고, 단위마다 한 칸씩 띄어 쓴다. 관행적으로 사용해 온 '같은 해', '동년', '같은 달' 등 표현은 해당 연월일을 확인하기 위해 다시 거슬러 올라가야 하므로 숫자로 표기하되, '같은 날' 과 '다음 날' 은 그대로 사용한다.

(예) 2013년 9월 7일 → 2013.9.7., 2013. 9월 → 2013.9.
2013.3.10.부터 같은 해 12.31.까지 → 2013.3.10.부터 2013.12.31.까지

- 개월 수 "1월, 2월..."은 "1개월, 2개월..."로 표기한다.
  (예) 정직 6월에 처함 → 정직 6개월에 처함

■ 숫자와 도량형 표기

- 숫자와 날짜는 아라비아 숫자로 표기한다. 다만, 금액은 혼동의 여지를 줄이고 읽기 쉽게 하기 위하여 4자리 단위(만 단위)로 한글을 병용하여 표기한다.
  (예) 12,345,678, 2007.8.28. 등
  1,234,567,000원 또는 12억 3,456만 7,000원
- "하나, 둘, 셋,..."을 나타내는 경우 아라비아 숫자로 적지 않는다.
  (예) 징계사유가 2가지 → 징계사유가 두 가지
  2 이상의 시 · 도 → 둘 이상의 시 · 도
- 도량형 단위는 본래의 문자로 표기한다.
  (예) 10킬로미터 → 10㎞, 70킬로그램→ 70㎏, 234제곱미터→ 234㎡

■ 전문용어와 판례 표기

- 둘 이상의 단어로 이루어진 전문용어는 붙여 쓴다.
  (예) 초심지노위, 초심판정서, 재심판정서, 조사보고서
- 판례 인용
  (예) 대법원2007.2.13.선고2006두3214 → 대법원 2007.2.13 선고 2006두3214 판결

■ 따옴표와 쉼표 표기

- 따옴표 사용
  - 큰 따옴표(" ")는 직접 대화 또는 남의 말을 인용할 때 사용한다.
  - 작은 따옴표(' ')는 큰 따옴표 안에 다시 따온 말이 있을 경우, 마음 속으로 한 말을 적거나, 문장 내에서 중요 부분을 강조할 때 사용한다.

  (예) '이 사건 사용자', '이 사건 근로자' 등은 작은 따옴표를 사용
- 접속어와 관련한 쉼표(,)의 사용
  - 문장 첫 머리의 접속이나 연결을 나타내는 말 다음에 쓴다.

  (예) 첫째, 몸이 튼튼해야 한다. 아무튼, 나는 집으로 돌아가겠다.
  - 일반적으로 쓰이는 접속어 뒤에는 쓰지 않는다.

  (예) 그러나, 그리므로, 그리고, 그런데 등에는 쉼표(,)를 생략하다

■ 입증자료 등의 표기

- 신청인, 피신청인 등의 이름은 붙여 쓰고, 글자별로 띄어쓰지 않는다.
  (예) 김√갑√동(660724-1*****) → 김갑동(660724-1*****)
- 입증자료는 대괄호([ ]), '관련규정'은 큰 꺽쇠묶음표(【 】), 규정명은 겹묶음표(《 》)를 사용한다.
- (이하 '이 사건 근로자'라 한다)를 (...근로자'라 함)으로 기재하지 않고, 괄호 안의 문장 끝에는 온점(.)을 사용하지 않는다.
  단, 괄호 안에 둘 이상의 문장을 쓰는 경우 첫 번째, 두 번째 등의 문장 끝에는 온점을 사용하되, 마지막 문장 끝에는 사용하지 않는다.

- 사업장명은 등기부등본 또는 사업자등록증상 명칭을 그대로 표기한다.
  (예) (주)대한운수 → 주식회사 대한운수, 대한교통(합) → 대한교통 합자회사

5. 기타 표기 방법

- 부적절한 어미 사용
  ~인바, 한 바, 하였던 바 → 인데, 하니, 하였더니
  ~하고(사실을 계속 연결시킬 때 사용)→ 하였고, 하였다(시제 일치)
- 조사의 오류
  ~ 한 외→ 한 외에, 외에도
  ~ 에 불구하고→~에도 불구하고
- 부정확한 문장 표현
  (예) 불능케 하고 → 불가능하게 하고, 위 가.항에서 → 위 '가' 항에서

일반판례 심판실무에서 인용되는 판례

Ⅰ. 근로자성 · 구제 이익 · 본채용 거절

① 근로자성 판단기준

근로기준법상의 근로자에 해당하는지 여부는 계약의 형식이 고용계약인지 도급계약인지보다 그 실질에 있어 근로자가 사업 또는 사업장에 임금을 목적으로 종속적인 관계에서 사용자에게 근로를 제공하였는지 여부에 따라 판단하여야 하고, 여기에서 종속적인 관계가 있는지 여부는 업무 내용을 사용자가 정하고 취업규칙 또는 복무(인사)규정 등의 적용을 받으며 업무 수행 과정에서 사용자가 상당한 지휘 · 감독을 하는지, 사용자가 근무시간과 근무 장소를 지정하고 근로자가 이에 구속을 받는지, 노무제공자가 스스로 비품 · 원자재나 작업도구 등을 소유하거나 제3자를 고용하여 업무를 대행케 하는 등 독립하여 자신의 계산으로 사업을 영위할 수 있는지, 노무 제공을 통한 이윤의 창출과 손실의 초래 등 위험을 스스로 안고 있는지, 보수의 성격이 근로 자체의 대상적 성격인지, 기본급이나 고정급이 정하여졌는지 및 근로소득세의 원천징수 여부 등 보수에 관한 사항, 근로 제공 관계의 계속성과 사용자에 대한 전속성의 유무와 그 정도, 사회보장제도에 관한 법령에서 근로자로서 지위를 인정받는지 등의 경제적 · 사회적 여러 조건을 종합하여 판단하여야 한다. 다만, 기본급이나 고정급이 정하여졌는지, 근로소득세를 원천징수하였는지, 사회보장제도에 관하여 근로자로 인정받는지 등의 사정은 사용자가 경제적으로 우월한 지위를 이용하여 임의로 정할 여지가 크기 때문에, 그러한 점들이 인정되지 않는다는 것만으로 근로자성을 쉽게 부정하여서는 안 된다(대법원 2006.12.7 선고 2004다29736 판결).

② 구제 이익

☞ **구제 이익의 존재 여부**

근로자가 부당해고구제신청을 하여 해고의 효력을 다투던 중 근로계약기간의 만료로 근로관계가 종료하였다면 근로자로서는 비록 이미 지급받은 해고기간 중의 임금을 부당이득으로 반환하여야 하는 의무를 면하기 위한 필요가 있거나 퇴직금 산정 시 재직기간에 해고기간을 합산할 실익이 있다고 하여도, 그러한 이익은 민사소송절차를 통하여 해결될 수 있어 더 이상 구제절차를 유지할 필요가 없게 되었으므로 구제 이익은 소멸한다고 보아야 한다. 근로자가 부당징계 구제신청을 하여 징계의 효력을 다투던 중 ○○지방노동위원회의 구제 명령 후 사직서를 제출하여 근로관계가 종료한 사실을 인정한 다음, 참가인으로서는 더 이상 이 사건 구제절차를 유지할 필요가 없게 되어 위 근로관계 종료와 동시에 구제 이익이 소멸하였다고 볼 것이어서, 중앙노동위원회로서는 ○○지방노동위원회가 원고에 대하여 한 구제명령을 전부 취소하고 참가인이 이 사건 구제신청을 각하했어야 함에도 불구하고 ○○지방노동위원회가 구제명령을 일부 유지하는 것으로 변경하였으므로 이 사건 재심판정은 위법하다(대법원 2009.12.10 선고 2008두22136 판결).

☞ **구제 이익의 판단시점**

구제 이익은 구제명령을 할 당시를 기준으로 판단하여야 하는 것으로서 구제명령 발령 당시에 근로자에게 구제 이익이 있다고 인정되는 이상 사용자가 제기한 소송 도중에 정년 도래 등으로 원직에의 복귀가 불가능하다고 하더라도 이러한 사정은 사용자가 제기한 소의 이익의 문제에 불과할 뿐이고, 더 이상 근로자의 구제 이익의 문제는 발생할 여지가 없다(대법원 2004.1.15 선고 2003두11247 판결).

☞ **임금상당액 지급명령 의무의 존속**

중앙노동위원회의 원직복귀명령 및 임금지급명령에 관한 재심결정 중 원직복귀명령이 사정변경으로 인하여 근로계약 종료일 이후부터 효력이 없게 되는 경우 해고 다음 날부터 복직명령이 이행가능하였던 근로계약 종료시까지의 기간 동안에 임금지급명령에 기하여 발생한 구체적인 임금지급의무는 사정변경으로 복직명령이 실효되더라도 소급하여 소멸하는 것이 아니므로 사용자는 사업장이 폐쇄되어 근로계약이 종료한 이후에도 임금 상당액의 지급명령을 포함하는 노동위원회의 결정에 따를 공법상의 의무를 부담하고 있어서 사용자로서는 그 의무를 면하기 위하여 재심판정의 취소를 구할 법률상의 이익이 있다(대법원 1993.4.27 선고 92누13196 판결; 1994.4.29 선고 93누16680 판결).

☞ **구제 이익의 소멸**

근로자가 부당해고구제신청을 하여 해고의 효력을 다투던 중 근로계약기간의 만료로 근로관계가 종료되었다면 근로자로서는 이미 지급받은 해고기간 중의 임금을 부당이득으로 반환하여야 하는 의무를 면하기 위한 필요가 있거나 퇴직금 산정시 재직기간에 해고기간을 합산할 실익이 있다고 하여도, 그러한 이익은 민사소송절차를 통하여 해결될 수 있어 더 이상 구제절차를 유지할 필요가 없게 되었으므로 구제 이익이 소멸한다고 보아야 할 것이다(대법원 2001.4.24 선고 2000두7988 판결).

③ 시용 후 본채용 거절

시용(試用)기간 중에 있는 근로자를 해고하거나 시용기간 만료시 본계약(本契約)의 체결을 거부하는 것은 사용자에게 유보된 해약권의 행사로서, 당해 근로자의 업무능력, 자질, 인품, 성실성 등 업무적격성을 관찰 · 판단하려는 시용제도의 취지 · 목적에 비추어 볼 때 보통의 해고보다는 넓게 인정되나, 이 경우에도 객관적으로 합리적인 이유가 존재하여 사회통념상 상당하다고 인정되어야 한다(대법원 2006.2.24 선고 2002다62432 판결).

II. 대기발령 · 직위해제 · 전보

① 대기발령(인사명령 포함)

대기발령을 포함한 인사명령은 원칙적으로 인사권자인 사용자의 고유권한에 속한다 할 것이고, 따라서 이러한 인사명령에 대하여는 업무상 필요한 범위 안에서 사용자에게 상당한 재량을 인정하여야 하며, 이것이 근로기준법 등에 위반되거나 권리남용에 해당하는 등의 특별한 사정이 없는 한 위법하다고 할 수 없고, 대기발령이 정당한 인사권의 범위 내에 속하는지 여부는 대기발령의 업무상의 필요성과 그에 따른 근로자의 생활상의 불이익과의 비교교량, 근로자와의 협의 등 대기발령을 하는 과정에서 신의칙상 요구되는 절차를 거쳤는지의 여부 등에 의하여 결정되어야 하며, 근로자 본인과 성실한 협의절차를 거쳤는지의 여부는 정당한 인사권의 행사인지의 여부를 판단하는 하나의 요소라고는 할 수 있으나, 그러한 절차를 거치지 아니하였다는 사정만으로 대기발령이 권리남용에 해당되어 당연히 무효가 된다고는 볼 수 없다(대법원 2005.2.18 선고 2003다63029 판결).

② 직위해제

☞ 직위해제의 법적 성질

직위해제는 일반적으로 근로자가 직무수행능력이 부족하거나 근무성적 또는 근무태도 등이 불량한 경우, 근로자에 대한 징계절차가 진행 중인 경우, 근로자가 형사사건으로 기소된 경우 등에 있어서 당해 근로자가 장래에 있어서 계속 직무를 담당하게 될 경우 예상되는 업무상의 장애 등을 예방하기 위하여 일시적으로 당해 근로자에게 직위를 부여하지 아니함으로써 직무에 종사하지 못하도록 하는 잠정적인 조치로서의 보직의 해제를 의미하므로 과거의 근로자의 비위행위에 대하여 기업질서 유지를 목적으로 행하어지는 징벌적 제재로서의 징계와는 그 성질이 다르다(대법원 1996.10.29 선고 95누15926 판결; 2004.10.28 선고 2003두6665 판결).

☞ 직위해제의 정당성

취업규칙 등에 직위해제에 관한 특별한 절차규정이 있는 경우가 아닌 한 직위해제를 함에 있어서 징계에 관한 절차 등을 거쳐야 하는 것은 아니며, 직위해제의 성질 및 근로자의 비위행위에 대하여 여러 종류의 징계처분을 할 수 있도록 되어 있는 징계의 경우와는 달리 사용자로 하여금 직위해제 사유가 존재하는 근로자에 대하여 직위해제처분 외의 다른 처분을 하도록 강제할 수 있는 것이 아닌 점 등에 비추어, 근로자에 대한 직위해제처분의 정당성은 근로자에게 당해 직위해제 사유가 존재하는지 여부나 직위해제에 관한 절차규정을 위반한 것이 당해 직위해제처분을 무효로 할 만한 것이냐에 의하여 판단할 것이고, 단지 당해 직위해제처분이 근로자에게 가혹하고 다른 근로자의 유사한 비위행위에 대한 징계처분 등에 비추어 형평에 어긋난다는 사정만으로 그 정당성이 없는 것이라고 단정할 수 없다(대법원 1996.10.29 선고 95누15926 판결)

③ 전보(전직)의 정당성

☞ 근로자에 대한 전보, 전직 등의 배치전환은 원칙적으로 인사권자인 사용자의 권한에 속하므로 업무상 필요한 범위 내에서는 상당한 재량을 인정하여야 할 것이지만, 그것이 근로기준법 등에 위반하거나 권리남용에 해당하는 등의 특별한 사정이 있는 경우에는 허용되지 않는다고 할 것인바, 전보처분이 정당한 인사권의 범위 내에 속하는 지 여부는 전보명령의 업무상 필요성과 전보에 따른 근로자의 생활상의 불이익과의 비교교량, 근로자 본인과의 협의 등 전보명령을 하는 과정에서 신의칙상 요구되는 절차를 거쳤는지의 여부 등에 의하여 결정되어야 한다(대법원 1997.12.12 선고 97다36316 판결).

☞ 업무상의 필요성은 사용자의 주관적 판단에 의할 것이 아니라 노동력의 적정배치로 인한 업무의 능률증진, 근로자의 능력개발과 근로의욕의 고양 등 기업의 합리적 운영에 기여하는 것인지 여부에 관한 객관적 기준에 의하여 판단하여야 할 것이고, 근로자의 생활상의 불이익에는 물질적 · 시간적 요소 등이 고려의 대상이 된다 할 것이며, 신의칙 위반 여부는 사용자가 근로자를 설득하기 위하여 한 노력여하 및 그 정도, 배치전환의 방법, 다른 근로자와의 형평성 등이 중요한 요소로 작용될 것인데, 이러한 업무상의 필요성과 근로자의 생활상의 불이익, 그리고 신의칙위반은 그 내용과 정도에 따라 상대적 관점에서 사회통념에 따라 종합적으로 판단하여야 할 것이다(대법원 2006.1.27.선고 2005두16772 판결).

④ 전 적

근로자를 그가 고용된 기업으로부터 다른 기업으로 적을 옮겨 다른 기업의 업무에 종사하게 하는 이른바 전적(轉籍)은, 종래에 종사하던 기업과 근로자 사이의 근로계약을 합의해지하고, 이적하게 될 기업과 근로자 사이에 새로운 근로계약을 체결하는 것이거나 근로계약상의 사용자의 지위를 양도하는 것이므로, 동일 기업 내의 인사이동인 전근이나 전보와 달라 특별한 사정이 없는 한 근로자의 동의를 얻어야 효력이 생기고, 나아가 기업그룹 등과 같이 그 구성이나 활동 등에 있어서 어느 정도 밀접한 관련성을 갖고 사회적 또는 경제적 활동을 하는 일단의 법인체 사이의 전적에 있어서 그 법인체들 내에서 근로자의 동의를 얻지 아니하고 다른 법인체로 근로자를 전적시키는 관행이 있어서 그 관행이 근로계약의 내용을 이루고 있다고 인정하기 위하여는, 그와 같은 관행이 그 법인체들 내에서 일반적으로 근로관계를 규율하는 규범적인 사실로서 명확히 승인되거나, 그 구성원이 일반적으로 아무런 이의도 제기하지 아니한 채 당연한 것으로 받아들여 기업 내에서 사실상의 제도로서 확립되어 있지 않으면 아니된다(대법원 2006.1.12 선고 2005두9873 판결).

Ⅲ. 징계해고

① 징계해고의 정당성

해고는 사회통념상 고용관계를 계속할 수 없을 정도로 근로자에게 책임 있는 사유가 있는 경우에 행하여져야 그 정당성이 인정되는 것이고, 사회통념상 당해 근로자와의 고용관계를 계속할 수 없을 정도인지의 여부는 당해 사용자의 사업의 목적과 성격, 사업장의 여건, 당해 근로자의 지위 및 담당직무의 내용, 비위행위의 동기와 경위, 이로 인하여 기업의 위계질서가 문란하게 될 위험성 등 기업질서에 미칠 영향, 과거의 근무태도 등 여러 가지 사정을 종합적으로 검토하여 판단하여야 한다(대법원 2003.7.8 선고 2001두8018 판결).

② 징계양정

☞ 징계양정의 적정성 판단기준

피징계자에게 징계사유가 있어서 징계처분을 하는 경우, 어떠한 처분을 할 것인가 하는 것은 징계권자의 재량에 맡겨진 것이고, 다만, 징계권자가 재량권의 행사로서 한 징계처분이 사회통념상 현저하게 타당성을 잃어 징계권자에게 맡겨진 재량권을 남용한 것이라고 인정되는 경우에 한하여 그 처분을 위법하다고 할 수 있고, 그 징계처분이 사회통념상 현저하게 타당성을 잃어 재량권의 범위를 벗어난 위법한 처분이라고 할 수 있으려면 구체적인 사례에 따라 징계의 원인이 된 비위사실의 내용과 성질, 징계에 의하여 달성하려고 하는 목적, 징계양정의 기준 등 여러 요소를 종합하여 판단할 때에 그 징계 내용이 객관적으로 명백히 부당하다고 인정할 수 있는 경우라야 한다(대법원 2002.8.23 선고 2000다60890, 60906 판결).

☞ **징계양정의 참작 사유**

- 징계처분 이후의 비위행위라 하더라도 그것이 사회통념상 근로계약관계를 계속시킬 수 없을 정도의 비위행위에 해당하는 경우에는 그러한 비위행위도 징계양정의 판단자료로 삼을 수 있다(대법원 1996.4.23 선고 96다2378 판결 등).
- 징계처분에서 징계사유로 삼지 아니한 비위행위라고 하더라도 징계종류 선택의 자료로서 피징계자의 평소의 소행과 근무성적, 당해 징계처분사유 이후에 저지른 비위행위사실 등은 징계양정에 있어서의 참작자료로 삼을 수 있다(대법원 1997.2.14 선고 96누4244 판결; 2004.6.25 선고 2002다51555 판결).

③ 징계절차

☞ **소명기회 부여**

- 취업규칙에 해당하는 개별 근로계약서에 해고 시 인사위원회를 개최하거나 소명의 기회를 부여하도록 하는 등의 절차규정이 마련되어 있지 아니한 경우, 그러한 절차를 거침이 없이 일방적으로 해고를 구두로 통보하였다 하여 절차상의 잘못이 없다(대법원 1998.11.27 선고 97누14132 판결).
- 회사가 조합원을 징계하고자 함에 있어 그 대상자에게 소명의 기회를 주어야 하고 조합대표를 참석시켜 의견을 개진하게 한다는 단체협약의 취지는 그 대상자에게 소명의 기회를 부여하면 되는 것이고 소명 자체가 반드시 있어야 하는 것은 아니므로 그 기회를 주었는데도 소명하지 아니하거나 소명 자체를 요구하지 아니하는 경우에는 통보만으로써 징계절차는 속행할 수 있는 것이고, 조합대표들을 참석시켜 의견을 개진하게 함으로써 부당한 징계처분을 사전에 예방하고 조합이 회사의 일방적인 인사권 행사를 견제케 하여 조합원의 지위를 보장하자는 것이므로 조합대표에게 참석의 기회를 주었는데도 참석하지 아니하는 경우 그들의 참석과 의견개진 없이 징계위원회를 개최할 수 있다(대법원 1993.9.28 선고 91다30620 판결).

④ 해고의 서면통지

근로기준법 제27조는 해고를 둘러싼 분쟁해결에 도움을 주고 해고 시 신중을 기하도록 하기 위하여 해고사유와 해고시기를 서면으로 통지하여야 해고가 유효하도록 규정하여 해고의 형식에 관하여 요식주의를 채택하고 있다. 사용자가 이 사건 해고를 서면으로 통지한 바 없으므로, 이 사건 해고는 근로기준법 제27조 규정에 위반하여 무효로 보아야 할 것이다(서울행정법원 2008.12.4 선고2008구합19628 판결).

⑤ 징계 재심

- 원래의 징계처분에서 징계사유로 삼지 아니한 징계사유를 재심절차에서 추가하는 것은 추가된 징계사유에 대한 재심의 기회를 박탈하는 것으로 되어 특별한 사정이 없는 한 허용되지 않는다(대법원 1998.5.22 선고 98다2365 판결).

- 징계처분에 대한 재심절차는 원래의 징계절차와 함께 전부가 하나의 징계처분절차를 이루는 것으로서 그 절차의 정당성도 징계과정 전부에 관하여 판단되어야 할 것이므로 원래의 징계과정에 절차위반의 하자가 있더라도 재심과정에서 보완되었다면 그 절차위반의 하자는 치유된다고 할 것이다(대법원 1992.9.22 선고 91다36123 판결).
- 징계처분에 대한 재심절차는 징계처분에 대한 구제 내지 확정절차로서 원래의 징계절차와 함께 전부가 하나의 징계처분절차를 이루는 것으로서 그 절차의 정당성도 징계과정 전부에 관하여 판단되어야 하고, 원래의 징계처분이 그 요건을 모두 갖추었다 하더라도 재심절차를 전혀 이행하지 않거나 재심절차에 중대한 하자가 있어 재심의 효력을 인정할 수 없는 경우에는 그 징계처분은 무효가 된다(대법원 1997.9.30 선고 97다10956,10963 판결).

⑥ 징계동의권

사용자가 인사처분을 함에 있어 노동조합의 사전 동의나 승낙을 얻어야 한다거나 노동조합과 인사처분에 관한 논의를 하여 의견의 합치를 보아 인사처분을 하도록 규정된 경우에는 그 절차를 거치지 아니한 인사처분은 원칙적으로 무효라고 보아야 할 것이나, 이 경우에도 근로자나 노동조합 측에서 스스로 이러한 사전 합의절차를 포기하였다는 등의 특별한 사정이 있는 경우에는 그 징계처분은 유효하다(대법원 1994.9.13 선고 93다50017 판결).

Ⅳ. 경영상해고 · 당연면직

① 경영상해고의 정당성

☞ **경영상해고 요건**

사용자가 경영상의 이유에 의하여 근로자를 해고하고자 하는 경우에는 긴박한 경영상의 필요가 있어야 하고, 해고를 피하기 위한 노력을 다하여야 하며, 합리적이고 공정한 기준에 따라 그 대상자를 선정하여야 하고, 해고를 피하기 위한 방법과 해고의 기준 등을 근로자의 과반수로 조직된 노동조합 또는 근로자대표에게 해고실시일 60일(현행 50일) 전까지 통보하고 성실하게 협의하여야 하는바, (중략) 위 각 요건의 구체적 내용은 확정적 · 고정적인 것이 아니라 구체적 사건에서 다른 요건의 충족정도와 관련하여 유동적으로 정해지는 것이므로 구체적 사건에서 경영상 이유에 의한 당해 해고가 위 각 요건을 모두 갖추어 정당한지 여부는 위 각 요건을 구성하는 개별사정들을 종합적으로 고려하여 판단하여야 한다(대법원 2002.7.9 선고 2000두9373 판결).

☞ **긴박한 경영상의 필요**

- 긴박한 경영상의 필요라 함은 반드시 기업의 도산을 회피하기 위한 경우에 한정되지 아니하고, 장래에 올 수도 있는 위기에 미리 대처하기 위하여 인원삭감이 필요한 경우도 포함되지만, 그러한 인원삭감은 객관적으로 보아 합리성이 있다고 인정되어야 한다(대법원 2004.1.15 선고 2003두11339 판결).
- 긴박한 경영상의 필요라 함은 반드시 기업의 도산을 회피하기 위한 경우에 한정되지 아니하고, 장래에 올 수도 있는 위기에 미리 대처하기 위하여 인원삭감이 필요한 경우도 포함되지만, 그러한 인원삭감은 객관적으로 보아 합리성이 있다고 인정되어야 하고, 정리해고의 요건 중 해고를

피하기 위한 노력을 다하여야 한다는 것은 경영방침이나 작업방식의 합리화, 신규채용의 금지, 일시휴직 및 희망퇴직의 활용 및 전근 등 사용자가 해고범위를 최소화하기 위하여 가능한 모든 조치를 취하는 것을 의미하고, 그 방법과 정도는 확정적 · 고정적인 것이 아니라 당해 사용자의 경영위기의 정도, 정리해고를 실시하여야 하는 경영상의 이유, 사업의 내용과 규모, 직급별 인원상황 등에 따라 달라지는 것이다(대법원 2004.1.15 선고 2003두11339 판결).

☞ **해고회피 노력**

사용자가 정리해고를 실시하기 전에 다하여야 할 해고회피노력의 방법과 정도는 확정적 · 고정적인 것이 아니라 당해 사용자의 경영위기의 정도, 정리해고를 실시하여야 하는 경영상의 이유, 사업의 내용과 규모, 직급별 인원상황 등에 따라 달라지는 것이고, 사용자가 해고를 회피하기 위한 방법에 관하여 노동조합 또는 근로자대표와 성실하게 협의하여 정리해고 실시에 관한 합의에 도달하였다면 이러한 사정도 해고회피노력의 판단에 참작되어야 한다(대법원 2002.7.9 선고 2001다29452 판결).

☞ **합리적이고 공정한 해고 기준**

합리적이고 공정한 해고의 기준 역시 확정적 · 고정적인 것은 아니고 당해 사용자가 직면한 경영위기의 강도와 정리해고를 실시하여야 하는 경영상의 이유, 정리해고를 실시한 사업 부문의 내용과 근로자의 구성, 정리해고 실시 당시의 사회경제상황 등에 따라 달라지는 것이고, 사용자가 해고의 기준에 관하여 노동조합 또는 근로자대표와 성실하게 협의하여 해고의 기준에 관한 합의에 도달하였다면 이러한 사정도 해고의 기준이 합리적이고 공정한 기준인지의 판단에 참작되어야 한다(대법원 2002.7.9 선고 2001다29452 판결; 2003.9.26 선고 2001두10776, 10783 판결).

② **당연면직**

☞ **당연면직의 정당성**

사용자가 어떤 사유의 발생을 당연퇴직 또는 면직사유로 규정하고 그 절차를 통상의 해고나 징계해고와 달리한 경우에 그 당연퇴직사유가 근로자의 사망이나 정년, 근로계약기간의 만료 등 근로관계의 자동 소멸사유로 보이는 경우를 제외하고는 이에 따른 당연퇴직처분은 구 근로기준법(2007.4.11. 법률 제8372호로 전문 개정되기 전의 것) 제30조 소정의 제한을 받는 해고라고 할 것이고, 위와 같이 취업규칙 등에 당연퇴직사유로서 근로관계의 자동 소멸사유에 해당하지 아니하는 사유를 규정한 경우 그 의미는 그 규정 취지나 다른 당연퇴직사유의 내용 등에 비추어 합리적으로 판단하여야 한다(대법원 2007.10.25 선고 2007두2067 판결).

☞ **당연면직의 절차적 정당성**

당연퇴직에 대하여 일반의 징계해고와 달리 아무런 규정을 두고 있지 아니한 경우에는 그 당연퇴직 사유가 동일하게 징계사유로도 규정되어 있는 경우를 제외하고는 당연퇴직 처분을 하면서 일반의 징계절차를 거쳐야 한다고 할 수 없으며, 이는 당연퇴직 사유가 실질적으로는 징계사유에 해당하는 경우에도 달리 볼 것은 아니다(대법원 1998.4.24 선고 97다58750 판결; 1995.7.14 선고 95다1767 판결).

Ⅴ. 기간제 근로계약

① 기간제 근로의 효력

근로계약기간을 정한 경우에 있어서 근로계약 당사자 사이의 근로관계는 특별한 사정이 없는 한 그 기간이 만료함에 따라 사용자의 해고 등 별도의 조처를 기다릴 것 없이 근로자로서의 신분관계는 당연히 종료된다. 그렇지만 기간을 정한 근로계약서를 작성한 경우에도 예컨대 단기의 근로계약이 장기간에 걸쳐서 반복하여 갱신됨으로써 그 정한 기간이 단지 형식에 불과하게 된 경우 등 계약서의 내용과 근로계약이 이루어지게 된 동기 및 경위, 기간을 정한 목적과 당사자의 진정한 의사, 동종의 근로계약 체결방식에 관한 관행 그리고 근로자 보호법규 등을 종합적으로 고려하여 그 기간의 정함이 단지 형식에 불과하다는 사정이 인정되는 경우에는 계약서의 문언에도 불구하고 그 경우에 사용자가 정당한 사유 없이 갱신계약의 체결을 거절하는 것은 해고와 마찬가지로 무효로 된다(대법원 2006.2.24 선고 2005두5673 판결; 2007.10.11 선고 2007두11566 판결).

② 갱신기대권

☞ 계약기간을 정하여 임용된 근로자의 경우 그 기간이 만료됨으로써 근로자로서의 신분관계는 당연히 종료되고 재임용계약을 체결하지 못하면 재임용거부결정 등 특별한 절차를 거치지 않아도 당연퇴직되는 것이며, 근로자가 부당해고구제신청을 하여 해고의 효력을 다투던 중 계약기간의 만료로 근로관계가 종료되었다면 더 이상 구제절차를 유지할 필요가 없게 되어 구제 이익이 소멸하는 것이 원칙이기는 하나, 임용의 근거가 된 법령 등의 규정이나 계약 등에서 임용권자에게 임용기간이 만료된 근로자를 재임용할 의무를 지우거나 재임용절차 및 요건 등에 관한 근거규정을 두고 있어 근로자에게 소정의 절차에 따라 재임용될 수 있으리라는 정당한 기대권이 인정되는 경우에는 사용자가 그 절차에 위반하여 부당하게 근로자를 재임용에서 제외하는 것은 실질적으로 부당해고와 동일시할 수 있는 것이므로 근로자로서는 임용기간이 만료된 후에도 재임용에서 제외한 조치의 유효 여부를 다툴 법률상 이익을 가진다(대법원 2005.7.8 선고 2002두8640 판결).

☞ 계약기간을 정하여 임용된 근로자의 경우 그 기간이 만료됨으로써 근로자로서의 신분관계는 당연히 종료되고 재임용계약을 체결하지 못하면 재임용 거부결정 등 특별한 절차를 거치지 않아도 당연퇴직되는 것이 원칙이기는 하나, 임용의 근거가 된 법령 등의 규정이나 계약 등에서 임용권자에게 임용기간이 만료된 근로자를 재임용할 의무를 지우거나 재임용 절차 및 요건 등에 관한 근거규정을 두고 있어 근로자에게 소정의 절차에 따라 재임용될 수 있으리라는 정당한 기대권이 인정되는 경우에는 사용자가 그 절차에 위반하여 부당하게 근로자를 재임용에서 제외하는 것은 실질적으로 부당해고에 해당하여 효력이 없다(대법원 2007.10.11 선고 2007두11566 판결).

Ⅵ. 사 직

① 사직의사의 철회

근로자가 사직원을 제출하여 근로계약의 해지를 청약하는 경우 그에 대한 사용자의 승낙의사가 형성되어 그 승낙의 의사표시가 근로자에게 도달하기 이전에는 청약의 의사표시를 철회할 수 있으나, 근로자와 사용자가 근로계약을 해지시키기로 합의하였다면 합의 시에 근로자의 근로계약해지의 청약의 의사표시에 대하여 사용자의 승낙의사가 확정적으로 형성 · 표시되어 해지의사의 합치가 있었다고 할 것이므로 이러한 경우 어느 일방 당사자가 임의로 이를 철회할 수는 없고, 이는 근로자와 사용자가 합의시 특별히 근로계약관계를 일정기간 경과 후 종료키로 약정하였다고 하여도 마찬가지이다(대법원 1994.8.9 선고 94다14629 판결).

② 사직의사의 발생

☞ 사용자가 근로자로부터 사직서를 제출받고 이를 수리하는 의원면직의 형식을 취하여 근로계약관계를 종료시킨 경우, 사직의 의사 없는 근로자로 하여금 어쩔 수 없이 사직서를 작성, 제출하게 하였다면 실질적으로 사용자의 일방적인 의사에 의하여 근로계약관계를 종료시키는 것이어서 해고에 해당한다고 할 것이나, 그렇지 않은 경우에는 사용자가 사직서 제출에 따른 사직의 의사표시를 수락함으로써 사용자와 근로자 사이의 근로계약관계는 합의해지에 의하여 종료되는 것이므로 사용자의 의원면직처분을 해고라고 볼 수 없다(대법원 1997.8.29 선고 97다12006 판결).

☞ 진의 아닌 의사표시에 있어서의 '진의'란 특정한 내용의 의사표시를 하고자 하는 표의자의 생각을 말하는 것이지 표의자가 진정으로 마음 속에서 바라는 사항을 뜻하는 것은 아니므로 표의자가 의사표시의 내용을 진정으로 마음 속에서 바라지는 아니하였다고 하더라도 당시의 상황에서는 그것이 최선이라고 판단하여 그 의사표시를 하였을 경우에는 이를 내심의 효과의사가 결여된 진의 아닌 의사표시라고 할 수 없다(대법원 1996.12.20 선고 95누16059 판결; 2003.4.25 선고 2002다11458 판결; 2005.9.9.선고 2005다34407 판결 등).

③ 일괄사표 수리

회사의 대표이사가 부장급 이상 간부들에게 이사장에게 재신임을 묻겠다고 하면서 일괄하여 사직서를 제출하도록 지시를 하여 간부들은 모두 사직할 의사 없이 일괄하여 사직서를 제출하였는데 회사의 대표이사가 의원면직 처리하였다면 이는 실질적으로 대표이사의 일방적의사에 의하여 근로계약관계를 종료시킨 것으로서 해고에 해당한다(대법원 1994.4.29 선고 93누16185 판결).

④ 강압에 의한 사직서 제출

사용자가 근로자로부터 사직서를 제출받고 이를 수리하는 의원면직의 형식을 취하여 근로계약관계를 종료시킨다 할지라도, 사직의 의사 없는 근로자로 하여금 어쩔 수 없이 사직서를 작성 제출하게 한 경우에는 실질적으로 사용자의 일방적 의사에 의하여 근로계약관계를 종료시키는 것이어서 해고에 해당한다(대법원 2002.6.14 선고 2001두11076 판결).

Ⅶ. 부당노동행위

① 부당노동행위 증명책임

사용자의 행위가 노동조합 및 노동관계조정법에 정한 부당노동행위에 해당하는지 여부는사용자의 부당노동행위 의사의 존재 여부를 추정할 수 있는 모든 사정을 전체적으로 심리 검토하여 종합적으로 판단하여야 하고, 부당노동행위에 대한 증명책임은 이를 주장하는 근로자 또는 노동조합에게 있으므로, 필요한 심리를 다하였어도 사용자에게 부당노동행위 의사가 존재하였는지 여부가 분명하지 아니하여 그 존재 여부를 확정할 수 없는 경우에는 그로 인한 위험이나 불이익은 그것을 주장한 근로자 또는 노동조합이 부담할 수밖에 없다(대법원 2007.11.15 선고 2005두4120 판결).

② 불이익취급의 부당노동행위 증명책임

노동조합 및 노동관계조정법 제81조 제1호는 '근로자가 노동조합에 가입 또는 가입하려고 하였거나 노동조합을 조직하려고 하였거나 기타 노동조합의 업무를 위한 정당한 행위를 한 것을 이유로 그 근로자를 해고하거나 그 근로자에게 불이익을 주는 행위'를 사용자의 부당노동행위의 한 유형으로 규정하고 있으므로, 같은 법조의 부당노동행위가 성립하기 위해서는 근로자가 노동조합의 업무를 위한 정당한 행위를 하고 사용자가 이를 이유로 근로자에 대하여 해고 등의 불이익을 주는 행위를 한 경우라야 하며, 그 사실의 주장 및 입증책임은 부당노동행위임을 주장하는 근로자에게 있다(대법원 1996.9.10 선고 95누16738 판결).

③ 불이익취급과 징계사유의 경합

근로자에 대한 해고 등의 불이익처분에 정당한 이유가 있는 것으로 인정되는 경우에는 비록 사용자가 근로자의 조합활동을 못마땅하게 여긴 흔적이 있다거나 사용자에게 반 노동조합 의사가 추정된다고 하더라도 당해 불이익처분의 사유가 단순히 표면상의 구실에 불과하다고 할수는 없어 그와 같은 불이익처분이 부당노동행위에 해당하지 않는다(대법원 1997.6.24 선고 96누16063 판결).

④ 단체교섭 거부 및 해태

☞ 단체교섭 거부 · 해태의 부당노동행위는 사용자가 아무런 이유 없이 단체교섭을 거부 또는 해태하는 경우는 물론이고, 사용자가 단체교섭을 거부할 정당한 이유가 있다거나 단체교섭에 성실히 응하였다고 믿었더라도 객관적으로 정당한 이유가 없고 불성실한 단체교섭으로 판정되는 경우에도 성립한다고 할 것이다(대법원 1998.5.22 선고 97누8076 판결).

☞ 단체교섭 거부 · 해태의 부당노동행위는 사용자가 노동조합의 대표자 또는 노동조합으로부터 위임을 받은 자와의 단체협약 체결 기타의 단체교섭을 정당한 이유 없이 거부하거나 해태할 수 없다고 규정하고 있는바, 단체교섭에 대한 사용자의 거부나 해태에 정당한 이유가 있는지 여부는 노동조합 측의 교섭권자, 노동조합측이 요구하는 교섭시간, 교섭장소, 교섭사항 및 교섭태도 등을 종합하여 사회통념상 사용자에게 단체교섭의무의 이행을 기대하는 것이 어렵다고 인정되는지 여부에 따라 판단하여야 한다(대법원 2006.2.24 선고 2005도8606 판결; 1998.5.22 선고 97누8076 판결).

제4편

부 록

부록 목차

1. 관련 법령

[근로기준법]

제2조【정의】 ① 이 법에서 사용하는 용어의 뜻은 다음과 같다.

1. "근로자"란 직업의 종류와 관계없이 임금을 목적으로 사업이나 사업장에 근로를 제공하는 자를 말한다.
2. "사용자"란 사업주 또는 사업 경영 담당자, 그 밖에 근로자에 관한 사항에 대하여 사업주를 위하여 행위하는 자를 말한다.
3. "근로"란 정신노동과 육체노동을 말한다.
4. "근로계약"이란 근로자가 사용자에게 근로를 제공하고 사용자는 이에 대하여 임금을 지급하는 것을 목적으로 체결된 계약을 말한다.
5. "임금"이란 사용자가 근로의 대가로 근로자에게 임금, 봉급, 그 밖에 어떠한 명칭으로든지 지급하는 일체의 금품을 말한다.
6. "평균임금"이란 이를 산정하여야 할 사유가 발생한 날 이전 3개월 동안에 그 근로자에게 지급된 임금의 총액을 그 기간의 총일수로 나눈 금액을 말한다. 근로자가 취업한 후 3개월 미만인 경우도 이에 준한다.
7. "소정(所定)근로시간"이란 제50조, 제69조 본문 또는 「산업안전보건법」 제46조에 따른 근로시간의 범위에서 근로자와 사용자 사이에 정한 근로시간을 말한다.
8. "단시간근로자"란 1주 동안의 소정근로시간이 그 사업장에서 같은 종류의 업무에 종사하는 통상 근로자의 1주 동안의 소정근로시간에 비하여 짧은 근로자를 말한다.

② 제1항제6호에 따라 산출된 금액이 그 근로자의 통상임금보다 적으면 그 통상임금액을 평균임금으로 한다.

제3조【근로조건의 기준】 이 법에서 정하는 근로조건은 최저기준이므로 근로 관계 당사자는 이 기준을 이유로 근로조건을 낮출 수 없다.

제6조【균등한 처우】 사용자는 근로자에 대하여 남녀의 성(性)을 이유로 차별적

대우를 하지 못하고, 국적 · 신앙 또는 사회적 신분을 이유로 근로조건에 대한 차별적 처우를 하지 못한다.

제11조【적용 범위】 ① 이 법은 상시 5명 이상의 근로자를 사용하는 모든 사업 또는 사업장에 적용한다. 다만, 동거하는 친족만을 사용하는 사업 또는 사업장과 가사(家事) 사용인에 대하여는 적용하지 아니한다.

② 상시 4명 이하의 근로자를 사용하는 사업 또는 사업장에 대하여는 대통령령으로 정하는 바에 따라 이 법의 일부 규정을 적용할 수 있다.

③ 이 법을 적용하는 경우에 상시 사용하는 근로자 수를 산정하는 방법은 대통령령으로 정한다.〈신설 2008.3.21〉

제12조【적용 범위】 이 법과 이 법에 따른 대통령령은 국가, 특별시 · 광역시 · 도, 시 · 군 · 구, 읍 · 면 · 동, 그 밖에 이에 준하는 것에 대하여도 적용된다.

제15조【이 법을 위반한 근로계약】 ① 이 법에서 정하는 기준에 미치지 못하는 근로조건을 정한 근로계약은 그 부분에 한하여 무효로 한다.

② 제1항에 따라 무효로 된 부분은 이 법에서 정한 기준에 따른다.

제16조【계약기간】 근로계약은 기간을 정하지 아니한 것과 일정한 사업의 완료에 필요한 기간을 정한 것 외에는 그 기간은 1년을 초과하지 못한다.

제23조【해고 등의 제한】 ① 사용자는 근로자에게 정당한 이유 없이 해고, 휴직, 정직, 전직, 감봉, 그 밖의 징벌(懲罰)(이하 "부당해고등"이라 한다)을 하지 못한다.

② 사용자는 근로자가 업무상 부상 또는 질병의 요양을 위하여 휴업한 기간과 그 후 30일 동안 또는 산전(産前) · 산후(産後)의 여성이 이 법에 따라 휴업한 기간과 그 후 30일 동안은 해고하지 못한다. 다만, 사용자가 제84조에 따라 일시보상을 하였을 경우 또는 사업을 계속할 수 없게 된 경우에는 그러하지 아니하다.

제24조【경영상 이유에 의한 해고의 제한】 ① 사용자가 경영상 이유에 의하여 근로자를 해고하려면 긴박한 경영상의 필요가 있어야 한다. 이 경우 경영 악화를 방지하기 위한 사업의 양도 · 인수 · 합병은 긴박한 경영상의 필요가 있는 것으로 본다.

② 제1항의 경우에 사용자는 해고를 피하기 위한 노력을 다하여야 하며, 합리적이고 공정한 해고의 기준을 정하고 이에 따라 그 대상자를 선정하여야 한다. 이 경우 남녀의 성을 이유로 차별하여서는 아니된다.

③ 사용자는 제2항에 따른 해고를 피하기 위한 방법과 해고의 기준 등에 관하여 그 사업 또는 사업장에 근로자의 과반수로 조직된 노동조합이 있는 경우에는 그 노동조합(근로자의 과반수로 조직된 노동조합이 없는 경우에는 근로자의 과반수를 대표하는 자를 말한다. 이하 "근로자대표"라 한다)에 해고를 하려는 날의 50일 전까지 통보하고 성실하게 협의하여야 한다.

④ 사용자는 제1항에 따라 대통령령으로 정하는 일정한 규모 이상의 인원을 해고하려면 대통령령으로 정하는 바에 따라 고용노동부장관에게 신고하여야 한다.〈개정 2010.6.4〉

⑤ 사용자가 제1항부터 제3항까지의 규정에 따른 요건을 갖추어 근로자를 해고한 경우에는 제23조제1항에 따른 정당한 이유가 있는 해고를 한 것으로 본다.

제25조【우선 재고용 등】 ① 제24조에 따라 근로자를 해고한 사용자는 근로자를 해고한 날부터 3년 이내에 해고된 근로자가 해고 당시 담당하였던 업무와 같은 업무를 할 근로자를 채용하려고 할 경우 제24조에 따라 해고된 근로자가 원하면 그 근로자를 우선적으로 고용하여야 한다.

② 정부는 제24조에 따라 해고된 근로자에 대하여 생계안정, 재취업, 직업훈련 등 필요한 조치를 우선적으로 취하여야 한다.

제27조【해고사유 등의 서면통지】 ① 사용자는 근로자를 해고하려면 해고사유와 해고시기를 서면으로 통지하여야 한다.

② 근로자에 대한 해고는 제1항에 따라 서면으로 통지하여야 효력이 있다.

제28조【부당해고등의 구제신청】 ① 사용자가 근로자에게 부당해고등을 하면 근로자는 노동위원회에 구제를 신청할 수 있다.

② 제1항에 따른 구제신청은 부당해고등이 있었던 날부터 3개월 이내에 하여야 한다.

제29조【조사 등】 ① 노동위원회는 제28조에 따른 구제신청을 받으면 지체 없이 필요한 조사를 하여야 하며 관계 당사자를 심문하여야 한다.

② 노동위원회는 제1항에 따라 심문을 할 때에는 관계 당사자의 신청이나 직권으로 증인을 출석하게 하여 필요한 사항을 질문할 수 있다.

③ 노동위원회는 제1항에 따라 심문을 할 때에는 관계 당사자에게 증거 제출과 증인에 대한 반대심문을 할 수 있는 충분한 기회를 주어야 한다.

④ 제1항에 따른 노동위원회의 조사와 심문에 관한 세부절차는 「노동위원회법」에 따른 중앙노동위원회(이하 "중앙노동위원회"라 한다)가 정하는 바에 따른다.

제30조 【구제명령 등】 ① 노동위원회는 제29조에 따른 심문을 끝내고 부당해고등이 성립한다고 판정하면 사용자에게 구제명령을 하여야 하며, 부당해고등이 성립하지 아니한다고 판정하면 구제신청을 기각하는 결정을 하여야 한다.

② 제1항에 따른 판정, 구제명령 및 기각결정은 사용자와 근로자에게 각각 서면으로 통지하여야 한다.

③ 노동위원회는 제1항에 따른 구제명령(해고에 대한 구제명령만을 말한다)을 할 때에 근로자가 원직복직(原職復職)을 원하지 아니하면 원직복직을 명하는 대신 근로자가 해고기간 동안 근로를 제공하였더라면 받을 수 있었던 임금 상당액 이상의 금품을 근로자에게 지급하도록 명할 수 있다.

제31조 【구제명령 등의 확정】 ① 「노동위원회법」에 따른 지방노동위원회의 구제명령이나 기각결정에 불복하는 사용자나 근로자는 구제명령서나 기각결정서를 통지받은 날부터 10일 이내에 중앙노동위원회에 재심을 신청할 수 있다.

② 제1항에 따른 중앙노동위원회의 재심판정에 대하여 사용자나 근로자는 재심판정서를 송달받은 날부터 15일 이내에 「행정소송법」의 규정에 따라 소(訴)를 제기할 수 있다.

③ 제1항과 제2항에 따른 기간 이내에 재심을 신청하지 아니하거나 행정소송을 제기하지 아니하면 그 구제명령, 기각결정 또는 재심판정은 확정된다.

제32조 【구제명령 등의 효력】 노동위원회의 구제명령, 기각결정 또는 재심판정은 제31조에 따른 중앙노동위원회에 대한 재심 신청이나 행정소송 제기에 의하여 그 효력이 정지되지 아니한다.

제33조 【이행강제금】 ① 노동위원회는 구제명령(구제명령을 내용으로 하는 재심판정을 포함한다. 이하 이 조에서 같다)을 받은 후 이행기한까지 구제명령을 이행하지 아니한 사용자에게 2천만원 이하의 이행강제금을 부과한다.

② 노동위원회는 제1항에 따른 이행강제금을 부과하기 30일 전까지 이행강제금을 부과·징수한다는 뜻을 사용자에게 미리 문서로써 알려 주어야 한다.

③ 제1항에 따른 이행강제금을 부과할 때에는 이행강제금의 액수, 부과 사유, 납부기한, 수납기관, 이의제기방법 및 이의제기기관 등을 명시한 문서로써 하여

야 한다.

④ 제1항에 따라 이행강제금을 부과하는 위반행위의 종류와 위반 정도에 따른 금액, 부과 · 징수된 이행강제금의 반환절차, 그 밖에 필요한 사항은 대통령령으로 정한다.

⑤ 노동위원회는 최초의 구제명령을 한 날을 기준으로 매년 2회의 범위에서 구제명령이 이행될 때까지 반복하여 제1항에 따른 이행강제금을 부과 · 징수할 수 있다. 이 경우 이행강제금은 2년을 초과하여 부과 · 징수하지 못한다.

⑥ 노동위원회는 구제명령을 받은 자가 구제명령을 이행하면 새로운 이행강제금을 부과하지 아니하되, 구제명령을 이행하기 전에 이미 부과된 이행강제금은 징수하여야 한다.

⑦ 노동위원회는 이행강제금 납부의무자가 납부기한까지 이행강제금을 내지 아니하면 기간을 정하여 독촉을 하고 지정된 기간에 제1항에 따른 이행강제금을 내지 아니하면 국세 체납처분의 예에 따라 징수할 수 있다.

⑧ 근로자는 구제명령을 받은 사용자가 이행기한까지 구제명령을 이행하지 아니하면 이행기한이 지난 때부터 15일 이내에 그 사실을 노동위원회에 알려줄 수 있다.

제93조【취업규칙의 작성 · 신고】 상시 10명 이상의 근로자를 사용하는 사용자는 다음 각 호의 사항에 관한 취업규칙을 작성하여 고용노동부장관에게 신고하여야 한다. 이를 변경하는 경우에도 또한 같다.〈개정 2008.3.28, 2010.6.4〉

1. 업무의 시작과 종료 시각, 휴게시간, 휴일, 휴가 및 교대 근로에 관한 사항
2. 임금의 결정 · 계산 · 지급 방법, 임금의 산정기간 · 지급시기 및 승급(昇給)에 관한 사항
3. 가족수당의 계산 · 지급 방법에 관한 사항
4. 퇴직에 관한 사항
5. 「근로자퇴직급여 보장법」 제8조에 따른 퇴직금, 상여 및 최저임금에 관한 사항
6. 근로자의 식비, 작업 용품 등의 부담에 관한 사항
7. 근로자를 위한 교육시설에 관한 사항
8. 산전후휴가 · 육아휴직 등 근로자의 모성 보호 및 일 · 가정 양립 지원에 관한 사항

9. 안전과 보건에 관한 사항

9의2. 근로자의 성별 · 연령 또는 신체적 조건 등의 특성에 따른 사업장 환경의 개선에 관한 사항

10. 업무상과 업무 외의 재해부조(災害扶助)에 관한 사항

11. 표창과 제재에 관한 사항

12. 그 밖에 해당 사업 또는 사업장의 근로자 전체에 적용될 사항

제94조【규칙의 작성, 변경 절차】 ① 사용자는 취업규칙의 작성 또는 변경에 관하여 해당 사업 또는 사업장에 근로자의 과반수로 조직된 노동조합이 있는 경우에는 그 노동조합, 근로자의 과반수로 조직된 노동조합이 없는 경우에는 근로자의 과반수의 의견을 들어야 한다. 다만, 취업규칙을 근로자에게 불리하게 변경하는 경우에는 그 동의를 받아야 한다.

② 사용사는 제93조에 따라 취업규칙을 신고할 때에는 제1항의 의견을 적은 서면을 첨부하여야 한다.

제95조【제재 규정의 제한】 취업규칙에서 근로자에 대하여 감급(減給)의 제재를 정할 경우에 그 감액은 1회의 금액이 평균임금의 1일분의 2분의 1을, 총액이 1 임금지급기의 임금 총액의 10분의 1을 초과하지 못한다.

제96조【단체협약의 준수】 ① 취업규칙은 법령이나 해당 사업 또는 사업장에 대하여 적용되는 단체협약과 어긋나서는 아니된다.

② 고용노동부장관은 법령이나 단체협약에 어긋나는 취업규칙의 변경을 명할 수 있다.〈개정 2010.6.4〉

제97조【위반의 효력】 취업규칙에서 정한 기준에 미달하는 근로조건을 정한 근로계약은 그 부분에 관하여는 무효로 한다. 이 경우 무효로 된 부분은 취업규칙에 정한 기준에 따른다.

제111조【벌치】 제31조제3항에 따라 확정되거나 행정소송을 제기하여 확정된 구제명령 또는 구제명령을 내용으로 하는 재심판정을 이행하지 아니한 자는 1년 이하의 징역 또는 1천만원 이하의 벌금에 처한다.

제112조【고발】 ① 제111조의 죄는 노동위원회의 고발이 있어야 공소를 제기할 수 있다.

② 검사는 제1항에 따른 죄에 해당하는 위반행위가 있음을 노동위원회에 통보하여 고발을 요청할 수 있다.

[노동조합 및 노동관계조정법]

제2조 【정의】 이 법에서 사용하는 용어의 정의는 다음과 같다.

1. "근로자"라 함은 직업의 종류를 불문하고 임금 · 급료 기타 이에 준하는 수입에 의하여 생활하는 자를 말한다.
2. "사용자"라 함은 사업주, 사업의 경영담당자 또는 그 사업의 근로자에 관한 사항에 대하여 사업주를 위하여 행동하는 자를 말한다.
3. "사용자단체"라 함은 노동관계에 관하여 그 구성원인 사용자에 대하여 조정 또는 규제할 수 있는 권한을 가진 사용자의 단체를 말한다.
4. "노동조합"이라 함은 근로자가 주체가 되어 자주적으로 단결하여 근로조건의 유지 · 개선 기타 근로자의 경제적 · 사회적 지위의 향상을 도모함을 목적으로 조직하는 단체 또는 그 연합단체를 말한다. 다만, 다음 각목의 1에 해당하는 경우에는 노동조합으로 보지 아니한다.

가. 사용자 또는 항상 그의 이익을 대표하여 행동하는 자의 참가를 허용하는 경우
나. 경비의 주된 부분을 사용자로부터 원조받는 경우
다. 공제 · 수양 기타 복리사업만을 목적으로 하는 경우
라. 근로자가 아닌 자의 가입을 허용하는 경우. 다만, 해고된 자가 노동위원회에 부당노동행위의 구제신청을 한 경우에는 중앙노동위원회의 재심판정이 있을 때까지는 근로자가 아닌 자로 해석하여서는 아니된다.
마. 주로 정치운동을 목적으로 하는 경우

5. "노동쟁의"라 함은 노동조합과 사용자 또는 사용자단체(이하 "노동관계 당사자"라 한다)간에 임금 · 근로시간 · 복지 · 해고 기타 대우등 근로조건의 결정에 관한 주장의 불일치로 인하여 발생한 분쟁상태를 말한다. 이 경우 주장의 불일치라 함은 당사자간에 합의를 위한 노력을 계속하여도 더이상 자주적 교섭에 의한 합의의 여지가 없는 경우를 말한다.
6. "쟁의행위"라 함은 파업 · 태업 · 직장폐쇄 기타 노동관계 당사자가 그 주장을 관철할 목적으로 행하는 행위와 이에 대항하는 행위로서 업무의 정상적인 운영을 저해하는 행위를 말한다.

제7조【노동조합의 보호요건】 ① 이 법에 의하여 설립된 노동조합이 아니면 노동위원회에 노동쟁의의 조정 및 부당노동행위의 구제를 신청할 수 없다.

② 제1항의 규정은 제81조제1호 · 제2호 및 제5호의 규정에 의한 근로자의 보호를 부인하는 취지로 해석되어서는 아니된다.

③ 이 법에 의하여 설립된 노동조합이 아니면 노동조합이라는 명칭을 사용할 수 없다.

제24조【노동조합의 전임자】 ① 근로자는 단체협약으로 정하거나 사용자의 동의가 있는 경우에는 근로계약 소정의 근로를 제공하지 아니하고 노동조합의 업무에만 종사할 수 있다.

② 제1항의 규정에 의하여 노동조합의 업무에만 종사하는 자(이하 "전임자"라 한다)는 그 전임기간동안 사용자로부터 어떠한 급여도 지급받아서는 아니된다.

③ 사용자는 전임자의 정당한 노동조합 활동을 제한하여서는 아니된다.

④ 제2항에도 불구하고 단체협약으로 정하거나 사용자가 동의하는 경우에는 사업 또는 사업장별로 조합원 수 등을 고려하여 제24조의2에 따라 결정된 근로시간 면제 한도(이하 "근로시간 면제 한도"라 한다)를 초과하지 아니하는 범위에서 근로자는 임금의 손실 없이 사용자와의 협의 · 교섭, 고충처리, 산업안전 활동 등 이 법 또는 다른 법률에서 정하는 업무와 건전한 노사관계 발전을 위한 노동조합의 유지 · 관리업무를 할 수 있다. 〈신설 2010.1.1〉

⑤ 노동조합은 제2항과 제4항을 위반하는 급여 지급을 요구하고 이를 관철할 목적으로 쟁의행위를 하여서는 아니된다.

제24조의2【근로시간면제심의위원회】 ① 근로시간 면제 한도를 정하기 위하여 근로시간면제심의위원회(이하 이 조에서 "위원회"라 한다)를 고용노동부에 둔다.

② 근로시간 면제 한도는 위원회가 심의 · 의결한 바에 따라 고용노동부장관이 고시하되, 3년마다 그 적정성 여부를 재심의하여 결정할 수 있다.

③ 위원회는 노동계와 경영계가 추천하는 위원 각 5명, 정부가 추천하는 공익위원 5명으로 구성된다.

④ 위원장은 공익위원 중에서 위원회가 선출한다.

⑤ 위원회는 재적위원 과반수의 출석과 출석위원 과반수의 찬성으로 의결한다.

⑥ 위원의 자격, 위촉과 위원회의 운영 등에 필요한 사항은 대통령령으로 정한다.

제29조【교섭 및 체결권한】 ① 노동조합의 대표자는 그 노동조합 또는 조합원을 위하여 사용자나 사용자단체와 교섭하고 단체협약을 체결할 권한을 가진다.

② 제29조의2에 따라 결정된 교섭대표노동조합(이하 "교섭대표노동조합"이라 한다)의 대표자는 교섭을 요구한 모든 노동조합 또는 조합원을 위하여 사용자와 교섭하고 단체협약을 체결할 권한을 가진다. 〈신설 2010.1.1〉

③ 노동조합과 사용자 또는 사용자단체로부터 교섭 또는 단체협약의 체결에 관한 권한을 위임받은 자는 그 노동조합과 사용자 또는 사용자단체를 위하여 위임받은 범위안에서 그 권한을 행사할 수 있다. 〈개정 2010.1.1〉

④ 노동조합과 사용자 또는 사용자단체는 제3항에 따라 교섭 또는 단체협약의 체결에 관한 권한을 위임한 때에는 그 사실을 상대방에게 통보하여야 한다. 〈개정 2010.1.1〉

제29조의2【교섭창구 단일화 절차】 ① 하나의 사업 또는 사업장에서 조직형태에 관계없이 근로자가 설립하거나 가입한 노동조합이 2개 이상인 경우 노동조합은 교섭대표노동조합(2개 이상의 노동조합 조합원을 구성원으로 하는 교섭대표기구를 포함한다. 이하 같다)을 정하여 교섭을 요구하여야 한다. 다만, 제2항에 따라 교섭대표노동조합을 자율적으로 결정하는 기한 내에 사용자가 이 조에서 정하는 교섭창구 단일화 절차를 거치지 아니하기로 동의한 경우에는 그러하지 아니하다.

② 교섭대표노동조합 결정 절차(이하 "교섭창구 단일화 절차"라 한다)에 참여한 모든 노동조합은 대통령령으로 정하는 기한 내에 자율적으로 교섭대표노동조합을 정한다.

③ 제2항에 따른 기한내에 교섭대표노동조합을 정하지 못하고 제1항 단서에 따른 사용자의 동의를 얻지 못한 경우에는 교섭창구 단일화 절차에 참여한 노동조합의 전체 조합원 과반수로 조직된 노동조합(2개 이상의 노동조합이 위임 또는 연합 등의 방법으로 교섭창구 단일화 절차에 참여한 노동조합 전체 조합원의 과반수가 되는 경우를 포함한다)이 교섭대표노동조합이 된다.

④ 제2항과 제3항에 따라 교섭대표노동조합을 결정하지 못한 경우에는 교섭창구 단일화 절차에 참여한 모든 노동조합은 공동으로 교섭대표단(이하 이 조에서 "공동교섭대표단"이라 한다)을 구성하여 사용자와 교섭하여야 한다. 이 때 공동

교섭대표단에 참여할 수 있는 노동조합은 그 조합원 수가 교섭창구 단일화 절차에 참여한 노동조합의 전체 조합원 100분의 10 이상인 노동조합으로 한다.

⑤ 제4항에 따른 공동교섭대표단의 구성에 합의하지 못할 경우에 노동위원회는 해당 노동조합의 신청에 따라 조합원 비율을 고려하여 이를 결정할 수 있다.

⑥ 제1항부터 제4항까지의 규정에 따른 교섭대표노동조합을 결정함에 있어 교섭요구 사실, 조합원 수 등에 대한 이의가 있는 때에는 노동위원회는 대통령령으로 정하는 바에 따라 노동조합의 신청을 받아 그 이의에 대한 결정을 할 수 있다.

⑦ 제5항 및 제6항에 따른 노동위원회의 결정에 대한 불복절차 및 효력은 제69조와 제70조제2항을 준용한다.

⑧ 노동조합의 교섭요구 · 참여 방법, 교섭대표노동조합 결정을 위한 조합원 수 산정 기준 등 교섭창구 단일화 절차와 교섭비용 증가 방지 등에 관하여 필요한 사항은 대통령령으로 정한다.

제29조의3【교섭단위 결정】 ① 제29조의2에 따라 교섭대표노동조합을 결정하여야 하는 단위(이하 "교섭단위"라 한다)는 하나의 사업 또는 사업장으로 한다.

② 제1항에도 불구하고 하나의 사업 또는 사업장에서 현격한 근로조건의 차이, 고용형태, 교섭 관행 등을 고려하여 교섭단위를 분리할 필요가 있다고 인정되는 경우에 노동위원회는 노동관계 당사자의 양쪽 또는 어느 한 쪽의 신청을 받아 교섭단위를 분리하는 결정을 할 수 있다.

③ 제2항에 따른 노동위원회의 결정에 대한 불복절차 및 효력은 제69조와 제70조제2항을 준용한다.

④ 교섭단위 분리 신청 및 노동위원회의 결정 기준 · 절차 등에 관하여 필요한 사항은 대통령령으로 정한다.

제29조의4【공정대표의무 등】 ① 교섭대표노동조합과 사용자는 교섭창구 단일화 절차에 참여한 노동조합 또는 그 조합원 간에 합리적 이유 없이 차별을 하여서는 아니된다.

② 노동조합은 교섭대표노동조합과 사용자가 제1항을 위반하여 차별한 경우에는 그 행위가 있은 날(단체협약의 내용의 일부 또는 전부가 제1항에 위반되는 경우에는 단체협약 체결일을 말한다)부터 3개월 이내에 대통령령으로 정하는 방법과 절차에

따라 노동위원회에 그 시정을 요청할 수 있다.

③ 노동위원회는 제2항에 따른 신청에 대하여 합리적 이유 없이 차별하였다고 인정한 때에는 그 시정에 필요한 명령을 하여야 한다.

④ 제3항에 따른 노동위원회의 명령 또는 결정에 대한 불복절차 등에 관하여는 제85조 및 제86조를 준용한다.

제29조의5【그 밖의 교섭창구 단일화 관련 사항】 교섭대표노동조합이 있는 경우에 제2조제5호, 제29조제3항 · 제4항, 제30조, 제37조제2항, 제38조제3항, 제42조의6제1항, 제44조제2항, 제46조제1항, 제55조제3항, 제72조제3항 및 제81조제3호 중 "노동조합"은 "교섭대표노동조합"으로 본다.

제30조【교섭등의 원칙】 ① 노동조합과 사용자 또는 사용자단체는 신의에 따라 성실히 교섭하고 단체협약을 체결하여야 하며 그 권한을 남용하여서는 아니된다.

② 노동조합과 사용자 또는 사용자단체는 정당한 이유없이 교섭 또는 단체협약의 체결을 거부하거나 해태하여서는 아니된다.

제31조【단체협약의 작성】 ① 단체협약은 서면으로 작성하여 당사자 쌍방이 서명 또는 날인하여야 한다.

② 단체협약의 당사자는 단체협약의 체결일부터 15일 이내에 이를 행정관청에게 신고하여야 한다.

③ 행정관청은 단체협약중 위법한 내용이 있는 경우에는 노동위원회의 의결을 얻어 그 시정을 명할 수 있다.

제32조【단체협약의 유효기간】 ① 단체협약에는 2년을 초과하는 유효기간을 정할 수 없다.

② 단체협약에 그 유효기간을 정하지 아니한 경우 또는 제1항의 기간을 초과하는 유효기간을 정한 경우에 그 유효기간은 2년으로 한다.

③ 단체협약의 유효기간이 만료되는 때를 전후하여 당사자 쌍방이 새로운 단체협약을 체결하고자 단체교섭을 계속하였음에도 불구하고 새로운 단체협약이 체결되지 아니한 경우에는 별도의 약정이 있는 경우를 제외하고는 종전의 단체협약은 그 효력만료일부터 3월까지 계속 효력을 갖는다. 다만, 단체협약에 그 유효기간이 경과한 후에도 새로운 단체협약이 체결되지 아니한 때에는 새로운 단체협약이 체결될 때까지 종전 단체협약의 효력을 존속시킨다는 취지의 별도

의 약정이 있는 경우에는 그에 따르되, 당사자 일방은 해지하고자 하는 날의 6월전까지 상대방에게 통고함으로써 종전의 단체협약을 해지할 수 있다. 〈개정 1998.2.20〉

제33조 【기준의 효력】 ① 단체협약에 정한 근로조건 기타 근로자의 대우에 관한 기준에 위반하는 취업규칙 또는 근로계약의 부분은 무효로 한다.

② 근로계약에 규정되지 아니한 사항 또는 제1항의 규정에 의하여 무효로 된 부분은 단체협약에 정한 기준에 의한다.

제34조 【단체협약의 해석】 ① 단체협약의 해석 또는 이행방법에 관하여 관계 당사자간에 의견의 불일치가 있는 때에는 당사자 쌍방 또는 단체협약에 정하는 바에 의하여 어느 일방이 노동위원회에 그 해석 또는 이행방법에 관한 견해의 제시를 요청할 수 있다.

② 노동위원회는 제1항의 규정에 의한 요청을 받은 때에는 그 날부터 30일 이내에 명확한 견해를 제시하여야 한다.

③ 제2항의 규정에 의하여 노동위원회가 제시한 해석 또는 이행방법에 관한 견해는 중재재정과 동일한 효력을 가진다.

제35조 【일반적 구속력】 하나의 사업 또는 사업장에 상시 사용되는 동종의 근로자 반수 이상이 하나의 단체협약의 적용을 받게 된 때에는 당해 사업 또는 사업장에 사용되는 다른 동종의 근로자에 대하여도 당해 단체협약이 적용된다.

제36조 【지역적 구속력】 ① 하나의 지역에 있어서 종업하는 동종의 근로자 3분의 2 이상이 하나의 단체협약의 적용을 받게 된 때에는 행정관청은 당해 단체협약의 당사자의 쌍방 또는 일방의 신청에 의하거나 그 직권으로 노동위원회의 의결을 얻어 당해 지역에서 종업하는 다른 동종의 근로자와 그 사용자에 대하여도 당해 단체협약을 적용한다는 결정을 할 수 있다. 〈개정 1998.2.20〉

② 행정관청이 제1항의 규정에 의한 결정을 한 때에는 지체없이 이를 공고하여야 한다. 〈개정 1998.2.20.〉

제37조 【쟁의행위의 기본원칙】 ① 쟁의행위는 그 목적 · 방법 및 절차에 있어서 법령 기타 사회질서에 위반되어서는 아니된다.

② 조합원은 노동조합에 의하여 주도되지 아니한 쟁의행위를 하여서는 아니된다.

제38조 【노동조합의 지도와 책임】 ① 쟁의행위는 그 쟁의행위와 관계없는 자 또

는 근로를 제공하고자 하는 자의 출입 · 조업 기타 정상적인 업무를 방해하는 방법으로 행하여져서는 아니되며 쟁의행위의 참가를 호소하거나 설득하는 행위로서 폭행 · 협박을 사용하여서는 아니된다.

② 작업시설의 손상이나 원료 · 제품의 변질 또는 부패를 방지하기 위한 작업은 쟁의행위 기간중에도 정상적으로 수행되어야 한다.

③ 노동조합은 쟁의행위가 적법하게 수행될 수 있도록 지도 · 관리 · 통제할 책임이 있다.

제39조 【근로자의 구속제한】 근로자는 쟁의행위 기간중에는 현행범외에는 이 법 위반을 이유로 구속되지 아니한다.

제41조 【쟁의행위의 제한과 금지】 ① 노동조합의 쟁의행위는 그 조합원의 직접 · 비밀 · 무기명투표에 의한 조합원 과반수의 찬성으로 결정하지 아니하면 이를 행할 수 없다. 제29조의2에 따라 교섭대표노동조합이 결정된 경우에는 그 절차에 참여한 노동조합의 전체 조합원(해당 사업 또는 사업장 소속 조합원으로 한정한다)의 직접 · 비밀 · 무기명투표에 의한 과반수의 찬성으로 결정하지 아니하면 쟁의행위를 할 수 없다. 〈개정 2010.1.1〉

② 「방위사업법」에 의하여 지정된 주요방위산업체에 종사하는 근로자중 전력, 용수 및 주로 방산물자를 생산하는 업무에 종사하는 자는 쟁의행위를 할 수 없으며 주로 방산물자를 생산하는 업무에 종사하는 자의 범위는 대통령령으로 정한다.

제42조 【폭력행위등의 금지】 ① 쟁의행위는 폭력이나 파괴행위 또는 생산 기타 주요업무에 관련되는 시설과 이에 준하는 시설로서 대통령령이 정하는 시설을 점거하는 형태로 이를 행할 수 없다.

② 사업장의 안전보호시설에 대하여 정상적인 유지 · 운영을 정지 · 폐지 또는 방해하는 행위는 쟁의행위로서 이를 행할 수 없다.

③ 행정관청은 쟁의행위가 제2항의 행위에 해당한다고 인정하는 경우에는 노동위원회의 의결을 얻어 그 행위를 중지할 것을 통보하여야 한다. 다만, 사태가 급박하여 노동위원회의 의결을 얻을 시간적 여유가 없을 때에는 그 의결을 얻지 아니하고 즉시 그 행위를 중지할 것을 통보할 수 있다. 〈개정 1998.2.20, 2006.12.30〉

④ 제3항 단서의 경우에 행정관청은 지체없이 노동위원회의 사후승인을 얻어야 하며 그 승인을 얻지 못한 때에는 그 통보는 그때부터 효력을 상실한다. 〈개정 1998.2.20, 2006.12.30〉

第45조 【조정의 전치】 ① 노동관계 당사자는 노동쟁의가 발생한 때에는 어느 일방이 이를 상대방에게 서면으로 통보하여야 한다.

② 쟁의행위는 제5장제2절 내지 제4절의 규정에 의한 조정절차(제61조의2의 규정에 따른 조정종료 결정 후의 조정절차를 제외한다)를 거치지 아니하면 이를 행할 수 없다. 다만, 제54조의 규정에 의한 기간내에 조정이 종료되지 아니하거나 제63조의 규정에 의한 기간내에 중재재정이 이루어지지 아니한 경우에는 그러하지 아니하다. 〈개정 2006.12.30〉

第46조 【직장폐쇄의 요건】 ① 사용자는 노동조합이 쟁의행위를 개시한 이후에만 직장폐쇄를 할 수 있다.

② 사용자는 제1항의 규정에 의한 직장폐쇄를 할 경우에는 미리 행정관청 및 노동위원회에 각각 신고하여야 한다. 〈개정 1998.2.20.〉

第81조 【부당노동행위】 사용자는 다음 각 호의 어느 하나에 해당하는 행위(이하 "부당노동행위"라 한다)를 할 수 없다.

1. 근로자가 노동조합에 가입 또는 가입하려고 하였거나 노동조합을 조직하려고 하였거나 기타 노동조합의 업무를 위한 정당한 행위를 한 것을 이유로 그 근로자를 해고하거나 그 근로자에게 불이익을 주는 행위
2. 근로자가 어느 노동조합에 가입하지 아니할 것 또는 탈퇴할 것을 고용조건으로 하거나 특정한 노동조합의 조합원이 될 것을 고용조건으로 하는 행위. 다만, 노동조합이 당해 사업장에 종사하는 근로자의 3분의 2 이상을 대표하고 있을 때에는 근로자가 그 노동조합의 조합원이 될 것을 고용조건으로 하는 단체협약의 체결은 예외로 하며, 이 경우 사용자는 근로자가 그 노동조합에서 제명된 것 또는 그 노동조합을 탈퇴하여 새로 노동조합을 조직하거나 다른 노동조합에 가입한 것을 이유로 근로자에게 신분상 불이익한 행위를 할 수 없다.
3. 노동조합의 대표자 또는 노동조합으로부터 위임을 받은 자와의 단체협약체결 기타의 단체교섭을 정당한 이유없이 거부하거나 해태하는 행위

4. 근로자가 노동조합을 조직 또는 운영하는 것을 지배하거나 이에 개입하는 행위와 노동조합의 전임자에게 급여를 지원하거나 노동조합의 운영비를 원조하는 행위. 다만, 근로자가 근로시간중에 제24조제4항에 따른 활동을 하는 것을 사용자가 허용함은 무방하며, 또한 근로자의 후생자금 또는 경제상의 불행 기타 재액의 방지와 구제등을 위한 기금의 기부와 최소한의 규모의 노동조합사무소의 제공은 예외로 한다.
5. 근로자가 정당한 단체행위에 참가한 것을 이유로 하거나 또는 노동위원회에 대하여 사용자가 이 조의 규정에 위반한 것을 신고하거나 그에 관한 증언을 하거나 기타 행정관청에 증거를 제출한 것을 이유로 그 근로자를 해고하거나 그 근로자에게 불이익을 주는 행위

제82조【구제신청】 ① 사용자의 부당노동행위로 인하여 그 권리를 침해당한 근로자 또는 노동조합은 노동위원회에 그 구제를 신청할 수 있다.

② 제1항의 규정에 의한 구제의 신청은 부당노동행위가 있은 날(계속하는 행위는 그 종료일)부터 3월 이내에 이를 행하여야 한다.

제83조【조사등】 ① 노동위원회는 제82조의 규정에 의한 구제신청을 받은 때에는 지체없이 필요한 조사와 관계 당사자의 심문을 하여야 한다.

② 노동위원회는 제1항의 규정에 의한 심문을 할 때에는 관계 당사자의 신청에 의하거나 그 직권으로 증인을 출석하게 하여 필요한 사항을 질문할 수 있다.

③ 노동위원회는 제1항의 규정에 의한 심문을 함에 있어서는 관계 당사자에 대하여 증거의 제출과 증인에 대한 반대심문을 할 수 있는 충분한 기회를 주어야 한다.

④ 제1항의 규정에 의한 노동위원회의 조사와 심문에 관한 절차는 중앙노동위원회가 따로 정하는 바에 의한다.

제84조【구제명령】 ① 노동위원회는 제83조의 규정에 의한 심문을 종료하고 부당노동행위가 성립한다고 판정한 때에는 사용자에게 구제명령을 발하여야 하며, 부당노동행위가 성립되지 아니한다고 판정한 때에는 그 구제신청을 기각하는 결정을 하여야 한다.

② 제1항의 규정에 의한 판정·명령 및 결정은 서면으로 하되, 이를 당해 사용자와 신청인에게 각각 교부하여야 한다.

③ 관계 당사자는 제1항의 규정에 의한 명령이 있을 때에는 이에 따라야 한다.

제85조【구제명령의 확정】 ① 지방노동위원회 또는 특별노동위원회의 구제명령 또는 기각결정에 불복이 있는 관계 당사자는 그 명령서 또는 결정서의 송달을 받은 날부터 10일 이내에 중앙노동위원회에 그 재심을 신청할 수 있다.

② 제1항의 규정에 의한 중앙노동위원회의 재심판정에 대하여 관계 당사자는 그 재심판정서의 송달을 받은 날부터 15일 이내에 행정소송법이 정하는 바에 의하여 소를 제기할 수 있다.

③ 제1항 및 제2항에 규정된 기간내에 재심을 신청하지 아니하거나 행정소송을 제기하지 아니한 때에는 그 구제명령 · 기각결정 또는 재심판정은 확정된다.

④ 제3항의 규정에 의하여 기각결정 또는 재심판정이 확정된 때에는 관계 당사자는 이에 따라야 한다.

⑤ 사용자가 제2항의 규정에 의하여 행정소송을 제기한 경우에 관할법원은 중앙노동위원회의 신청에 의하여 결정으로써, 판결이 확정될 때까지 중앙노동위원회의 구제명령의 전부 또는 일부를 이행하도록 명할 수 있으며, 당사자의 신청에 의하여 또는 직권으로 그 결정을 취소할 수 있다.

제86조【구제명령등의 효력】 노동위원회의 구제명령 · 기각결정 또는 재심판정은 제85조의 규정에 의한 중앙노동위원회에의 재심신청이나 행정소송의 제기에 의하여 그 효력이 정지되지 아니한다.

제89조【벌칙】 다음 각 호의 어느 하나에 해당하는 자는 3년 이하의 징역 또는 3천만원 이하의 벌금에 처한다. 〈개정 2006.12.30, 2010.1.1〉

1. 제37조제2항, 제38조제1항, 제42조제1항 또는 제42조의2제2항의 규정에 위반한 자
2. 제85조제3항(제29조의4제4항에서 준용하는 경우를 포함한다)에 따라 확정되거나 행정소송을 제기하여 확정된 구제명령에 위반한 자

제94조【양벌규정】

법인 또는 단체의 대표자, 법인 · 단체 또는 개인의 대리인 · 사용인 기타의 종업원이 그 법인 · 단체 또는 개인의 업무에 관하여 제88조 내지 제93조의 위반행위를 한 때에는 행위자를 벌하는 외에 그 법인 · 단체 또는 개인에 대하여도 각 해당 조의 벌금형을 과한다.

[기간제 및 단시간근로자 보호 등에 관한 법률]

제2조【정의】 이 법에서 사용하는 용어의 정의는 다음과 같다.

1. “기간제근로자”라 함은 기간의 정함이 있는 근로계약(이하 “기간제 근로계약”이라 한다)을 체결한 근로자를 말한다.
2. “기간제근로자”라 함은 「근로기준법」 제21조의 단시간근로자를 말한다.
2. “기간제근로자”라 함은 「근로기준법」 제2조의 규정에 의한 단시간근로자를 말한다. (2007.4.11 개정)
3. “차별적 처우”라 함은 임금 그 밖의 근로조건 등에 있어서 합리적인 이유없이 불리하게 처우하는 것을 말한다.

제3조【적용범위】 ① 이 법은 상시 5인 이상의 근로자를 사용하는 모든 사업 또는 사업장에 적용한다. 다만, 동거의 친족만을 사용하는 사업 또는 사업장과 가사사용인에 대하여는 적용하지 아니한다.

② 상시 4인 이하의 근로자를 사용하는 사업 또는 사업장에 대하여는 대통령령이 정하는 바에 따라 이 법의 일부 규정을 적용할 수 있다.

③ 국가 및 지방자치단체의 기관에 대하여는 상시 사용하는 근로자의 수에 관계없이 이 법을 적용한다.

제4조【기간제근로자의 사용】 ① 사용자는 2년을 초과하지 아니하는 범위 안에서(기간제 근로계약의 반복갱신 등의 경우에는 그 계속근로한 총기간이 2년을 초과하지 아니하는 범위 안에서) 기간제근로자를 사용할 수 있다. 다만, 다음 각 호의 어느 하나에 해당하는 경우에는 2년을 초과하여 기간제근로자로 사용할 수 있다.

1. 사업의 완료 또는 특정한 업무의 완성에 필요한 기간을 정한 경우
2. 휴직 · 파견 등으로 결원이 발생하여 당해 근로자가 복귀할 때까지 그 업무를 대신할 필요가 있는 경우
3. 근로자가 학업, 직업훈련 등을 이수함에 따라 그 이수에 필요한 기간을 정한 경우
4. 「고령자고용촉진법」제2조 제1호의 고령자와 근로계약을 체결하는 경우
5. 전문적 지식 · 기술의 활용이 필요한 경우와 정부의 복지정책 · 실업대책 등에 따라 일자리를 제공하는 경우로서 대통령령이 정하는 경우

6. 그밖에 제1호 내지 제5호에 준하는 합리적인 사유가 있는 경우로서 대통령령이 정하는 경우

② 사용자가 제1항 단서의 사유가 없거나 소멸되었음에도 불구하고 2년을 초과하여 기간제근로자로 사용하는 경우에는 그 기간제근로자는 기간의 정함이 없는 근로계약을 체결한 근로자로 본다.

제5조 【기간의 정함이 없는 근로자로의 전환】 사용자는 기간의 정함이 없는 근로계약을 체결하고자 하는 경우에 당해 사업 또는 사업장의 동종 또는 유사한 업무에 종사하는 기간제근로자를 우선적으로 고용하도록 노력하여야 한다.

[노동위원회법]

제1장 총 칙

제1조 【목적】 이 법은 노동관계에 있어서 판정 및 조정업무의 신속·공정한 수행을 위하여 노동위원회를 설치하고 그 운영에 관한 사항을 규정함으로써 노동관계의 안정과 발전에 이바지함을 목적으로 한다.

제2조 【노동위원회의 구분·소속등】 ① 노동위원회는 중앙노동위원회·지방노동위원회 및 특별노동위원회로 구분한다.

② 중앙노동위원회 및 지방노동위원회는 고용노동부장관 소속하에 두며, 지방노동위원회의 명칭·위치 및 관할구역은 대통령령으로 정한다.〈개정 2010.6.4〉

③ 특별노동위원회는 특정한 사항을 관장하기 위하여 필요한 경우에 당해 특정사항을 관장하는 중앙행정기관의 장 소속하에 둔다.

제2조의2 【노동위원회의 소관 사무】 노동위원회의 소관 사무는 다음 각 호와 같다.

1. 「노동조합 및 노동관계조정법」·「근로기준법」·「근로자참여 및 협력증진에 관한 법률」·「교원의 노동조합설립 및 운영 등에 관한 법률」·「공무원의 노동조합설립 및 운영 등에 관한 법률」·「기간제 및 단시간근로자 보호 등에 관한 법률」 및 「파견근로자보호 등에 관한 법률」에 따른 판정·결정·의결·승인·인정 또는 차별시정 등에 관한 업무

2. 「노동조합 및 노동관계조정법」·「교원의 노동조합 설립 및 운영 등에 관한 법률」 및 「공무원의 노동조합설립 및 운영 등에 관한 법률」에 따른 노동쟁의 조정 · 중재 또는 관계 당사자의 자주적인 노동쟁의 해결지원에 관한 업무
3. 제1호 및 제2호의 업무수행과 관련된 조사 · 연구 · 교육 또는 홍보 등에 관한 업무
4. 그 밖에 다른 법률에 따라 노동위원회의 소관으로 규정된 업무

제4조【노동위원회의 지위등】 ① 노동위원회는 그 권한에 속하는 업무를 독립적으로 수행한다.

② 중앙노동위원회위원장은 중앙노동위원회 및 지방노동위원회의 예산 · 인사 · 교육훈련 기타 행정사무를 총괄하며, 소속공무원을 지휘 · 감독한다.

③ 중앙노동위원회위원장은 행정사무의 지휘 · 감독권의 일부를 대통령령이 정하는 바에 의하여 지방노동위원회위원장에게 위임할 수 있다.

제2장 조 직

제6조【노동위원회의 구성등】 ① 노동위원회는 근로자를 대표하는 위원(이하 "근로자위원"이라 한다)과 사용자를 대표하는 위원(이하 "사용자위원"이라 한다) 및 공익을 대표하는 위원(이하 "공익위원"이라 한다)으로 구성한다.

② 노동위원회의 위원의 수는 근로자위원 · 사용자위원은 각 10인 이상 50인 이하, 공익위원은 10인 이상 70인 이하의 범위 안에서 각 노동위원회의 업무량을 감안하여 대통령령으로 정한다. 이 경우 근로자위원과 사용자위원은 동수로 한다.〈개정 1999.4.15, 2006.12.21, 2007.1.26〉

③ 근로자위원은 노동조합이 추천한 자중에서 위촉하고 사용자위원은 사용자단체가 추천한 자중에서 위촉하되, 중앙노동위원회의 경우에는 고용노동부장관의 제청으로 대통령이, 지방노동위원회의 경우에는 지방노동위원회위원장의 제청으로 중앙노동위원회위원장이 각각 위촉한다.〈개정 2007.1.26, 2010.6.4〉

④ 공익위원은 당해 노동위원회위원장 · 노동조합 및 사용자단체가 각각 추천한 자 중에서 노동조합과 사용자단체가 순차적으로 배제하고 남은 자를 위촉대상 공익위원으로 하고, 그 위촉대상 공익위원 중에서 중앙노동위원회의 공익위원은 고용노동부장관의 제청으로 대통령이, 지방노동위원회의 공익위원은 지방노동위원회위원장의 제청으로 중앙노동위원회위원장이 각각 위촉한다.〈개정

2007.1.26, 2010.6.4〉

⑤ 제4항의 규정에 불구하고 노동조합 또는 사용자단체가 공익위원의 추천 또는 추천된 공익위원을 순차적으로 배제하는 절차를 거부하는 경우에는 당해 노동위원회위원장이 위촉대상 공익위원을 선정할 수 있다.〈신설 2007.1.26〉

⑥ 공익위원은 다음과 같이 구분하여 위촉한다.〈개정 2006.12.21〉

1. 심판사건을 담당하는 심판담당공익위원
2. 차별시정사건을 담당하는 차별시정담당공익위원
3. 조정(調整)사건을 담당하는 조정담당공익위원

⑦ 노동위원회 위원의 추천절차, 공익위원의 순차배제의 방법 기타 위원의 위촉에 관하여 필요한 사항은 대통령령으로 정한다.〈개정 2007.1.26〉

제6조의2【공인노무사의 권리구제 대리】 ① 노동위원회는 제2조의2제1호 중 판정·결정·승인·인정 또는 차별시정 등에 관한 사건에 있어서 「공인노무사법」 제26조의2제1항에 따라 사회취약계층을 위하여 공인노무사로 하여금 권리구제업무를 대리하게 할 수 있다.

② 제1항에 따라 사회취약계층을 위한 권리구제업무를 대리하는 경우의 요건, 대상, 공인노무사의 보수에 관한 사항 등 필요한 사항은 고용노동부령으로 정한다.

제7조【위원의 임기등】 ① 노동위원회 위원의 임기는 3년으로 하되, 연임할 수 있다.

② 위원이 궐위된 경우 보궐위원의 임기는 전임자의 잔임기간으로 한다. 다만, 위원장 또는 상임위원이 궐위되어 후임자를 임명한 경우 후임자의 임기는 새로이 개시된다.〈개정 2007.1.26〉

③ 위원은 그 임기가 만료된 경우 후임자가 위촉될 때까지 계속 그 직무를 집행한다.

④ 위원의 처우에 관하여는 대통령령으로 정한다.

제3장 회 의

제15조【회의의 구성등】 ① 노동위원회에는 전원회의외에 그 권한에 속하는 업무를 부문별로 처리하기 위하여 다른 법률에 특별한 규정이 있는 경우를 제외하고는 심판위원회·차별시정위원회·조정위원회·특별조정위원회·중재위원회

(仲裁委員會) · 교원노동관계조정위원회(교원노동관계조정위원회) 및 공무원노동관계조정위원회(공무원노동관계조정위원회)(이하 "부문별위원회"라 한다)를 둔다.

② 전원회의는 당해 노동위원회 소속위원 전원으로 구성하며 다음 각호의 사항을 처리한다.

1. 노동위원회의 운영등 일반적인 사항의 결정
2. 제22조제2항의 규정에 의한 근로조건의 개선에 관한 권고
3. 제24조 및 제25조의 규정에 의한 지시 및 규칙의 제정(중앙노동위원회에 한한다)

③ 심판위원회는 심판담당공익위원 중 위원장이 지명하는 3인(위원장 또는 상임위원 1인을 포함하여야 한다)으로 구성하며, 「노동조합 및 노동관계조정법」·「근로기준법」·「근로자참여 및 협력증진에 관한 법률」 그 밖의 법률에 따라 노동위원회의 판정 · 의결 · 승인 또는 인정 등을 받도록 규정된 사항을 처리한다.〈개정 2007.1.26〉

④ 차별시정위원회는 차별시정담당공익위원 중 위원장이 지명하는 3인(위원장 또는 상임위원 1인을 포함하여야 한다)으로 구성하며, 「기간제 및 단시간근로자 보호 등에 관한 법률」 또는 「파견근로자보호 등에 관한 법률」에 따른 차별시정과 관련된 사항을 처리한다.〈개정 2007.1.26〉

⑤ 조정위원회 · 특별조정위원회 및 중재위원회는 「노동조합 및 노동관계조정법」이 정하는 바에 따라 구성하며 동법의 규정에 의한 조정 · 중재 기타 이와 관련된 사항을 각각 처리한다. 이 경우 공익위원은 조정담당공익위원(위원장 또는 상임위원을 포함한다)중에서 선정한다.〈개정 2007.1.26〉

⑥ 제3항 및 제4항의 규정에 불구하고 위원장은 위원장 또는 상임위원의 업무가 과도하여 정상적인 업무수행이 곤란하게 되는 등 부득이한 사유가 있는 경우에는 위원장 또는 상임위원을 제외한 심판담당공익위원 3인과 차별시정담당공익위원 3인으로 각각 심판위원회와 차별시정위원회를 구성할 수 있다.〈신설 2007.1.26〉

⑦ 위원장은 제3항 내지 제5항의 규정에 불구하고 부문별위원회를 구성함에 있어서 특정 부문별위원회에 사건이 과도하게 집중되는 등 부득이한 사유가 있는 경우에는 심판담당공익위원 · 차별시정담당공익위원 또는 조정담당공익위원의 담당 분야와 관계 없이 위원으로 지명할 수 있다.〈신설 2007.1.26〉

⑧ 교원노동관계조정위원회는 교원의노동조합설립및운영등에관한법률이 정하는 바에 따라 설치 · 구성하며, 동법의 규정에 의한 조정 · 중재 기타 이와 관련된 사항을 처리한다.〈신설 1999.4.15〉

⑨ 공무원노동관계조정위원회는 공무원의노동조합설립및운영등에관한법률이 정하는 바에 따라 설치 · 구성하며, 동법의 규정에 의한 조정 · 중재 그 밖에 이와 관련된 사항을 처리한다.〈신설 2005.1.27〉

제15조의2【단독심판 등】 위원장은 다음 각 호의 어느 하나에 해당하는 경우에는 심판담당공익위원 또는 차별시정담당공익위원 1인을 지명하여 사건을 처리하게 할 수 있다.

1. 신청기간을 넘기는 등 신청의 요건을 명백하게 갖추지 못한 경우
2. 관계 당사자 쌍방의 신청이 있거나 동의를 얻은 경우

제16조의3【화해의 권고 등】 ① 노동위원회는 「노동조합 및 노동관계조정법」 제84조 또는 「근로기준법」 제28조의 규정에 따른 판정 · 명령 또는 결정이 있기 전까지 관계 당사자의 신청 또는 직권에 의하여 화해를 권고하거나 화해안을 제시할 수 있다.

② 노동위원회는 화해안을 작성함에 있어서 관계 당사자의 의견을 충분히 들어야 한다.

③ 노동위원회는 관계 당사자가 화해안을 수락한 때에는 화해조서를 작성하여야 한다.

④ 화해조서에는 관계 당사자와 화해에 관여한 위원 전원이 서명 또는 날인하여야 한다.

⑤ 제3항 및 제4항의 규정에 따라 작성된 화해조서는 「민사소송법」에 따른 재판상 화해의 효력을 갖는다.

⑥ 제1항 내지 제4항의 규정에 따른 화해의 방법, 화해조서의 작성 등에 관하여 필요한 사항은 중앙노동위원회가 따로 정한다.

제17조【의결】 ① 노동위원회의 전원회의는 재적위원 과반수의 출석으로 개의하고 출석위원 과반수의 찬성으로 의결한다.

② 부문별위원회의 회의는 구성위원 전원의 출석으로 개의하고 출석위원 과반수의 찬성으로 의결한다.

③ 제2항의 규정에 불구하고 공무원노동관계조정위원회의 전원회의는 재적위원 과반수의 출석으로 개의하고 출석위원 과반수의 찬성으로 의결한다.

④ 전원회의 또는 부문별위원회의 회의에 참여한 위원은 그 의결 사항에 대하여 서명 또는 날인하여야 한다.[전문개정 2007.1.26]

제17조의2【의결결과의 통지 등】 ① 노동위원회는 부문별위원회의 의결결과를 지체 없이 당사자에게 통보하여야 한다.

② 노동위원회는 그 처분에 관하여 당사자에게 서면으로 통지하여야 하며, 처분의 효력은 명령서 · 결정서 또는 재심판정서를 받은 날부터 발생한다.

제18조【보고 및 의견청취】 ① 위원장 또는 부문별위원회위원장은 소관회의에 부의된 사항에 관하여 구성위원 또는 조사관으로 하여금 회의에 보고하도록 할 수 있다.〈개정 2007.1.26〉

② 심판위원회 · 차별시정위원회는 의결하기 전에 당해 노동위원회의 근로자위원 및 사용자위원 각 1인이상의 의견을 들어야 한다. 다만, 근로자위원 또는 사용자위원이 출석요구를 받고 정당한 이유없이 출석하지 아니하는 경우에는 그러하지 아니하다.〈개정 2006.12.21〉

제19조【회의의 공개】 노동위원회의 회의는 공개한다. 다만, 당해 회의의 결의에 의하여 공개하지 아니할 수 있다.

제20조【회의의 질서유지】 위원장 또는 부문별위원회위원장은 소관회의의 공정한 진행을 방해하거나 질서를 문란하게 하는 자에 대하여는 퇴장명령 그 밖에 질서유지에 필요한 조치를 취할 수 있다.〈개정 2007.1.26〉

제21조【위원의 제척 · 기피 등】 ① 위원은 다음 각 호의 어느 하나에 해당하는 경우에는 당해 사건에 관한 직무집행에서 제척된다.〈개정 2007.1.26〉

1. 위원 또는 그 배우자나 배우자이었던 자가 당해 사건의 당사자가 되거나 당해 사건의 당사자와 공동권리자 또는 의무자의 관계에 있는 경우
2. 위원이 당해 사건의 당사자와 「민법」 제777조의 규정에 따른 친족의 관계에 있거나 있었던 경우
3. 위원이 당해 사건에 관하여 진술이나 감정을 한 경우
4. 위원이 당해 사건에 관하여 당사자의 대리인으로서 관여하거나 관여하였던 경우

5. 위원이 당해 사건의 원인이 된 처분 또는 부작위에 관여한 경우

② 위원장은 제1항의 사유가 있는 때에는 직권 또는 당사자의 신청에 따라 제척의 결정을 하여야 한다.〈신설 2007.1.26〉

③ 당사자는 심의 · 의결 또는 조정의 공정을 기대하기 어려운 위원이 있을 경우에는 위원장에게 그 사유를 적어 기피신청을 할 수 있다.

④ 위원장은 제3항의 기피신청이 이유있다고 인정되는 경우에는 그 위원을 교체하여야 한다.〈개정 2007.1.26〉

⑤ 위원장은 사건이 접수되는 즉시 제2항의 규정에 따른 제척신청 및 제3항의 규정에 따른 기피신청을 할 수 있음을 사건당사자에게 알려야 한다.〈개정 2007.1.26.〉

제22조【협조요청 등】 ① 노동위원회는 그 사무집행을 위하여 필요하다고 인정할 때에는 관계행정기관에 협조를 요청할 수 있으며 협조를 요청받은 관계행정기관은 특별한 사유가 없는 한 이에 응하여야 한다.

② 노동위원회는 관계행정기관으로 하여금 근로조건의 개선에 관하여 필요한 조치를 하도록 권고할 수 있다.

제4장 권 한

제23조【위원회의 조사권등】 ① 노동위원회는 제2조의2의 규정에 따른 소관 사무(제3호의 업무를 제외한다)와 관련하여 사실관계의 확인 등 그 사무집행을 위하여 필요하다고 인정할 때에는 사용자 · 사용자단체 · 노동조합 기타 관계인에 대하여 출석 · 보고 또는 필요한 서류의 제출을 요구하거나 위원장 또는 부문별위원회위원장이 지명한 위원 또는 조사관으로 하여금 사업 또는 사업장의 업무상황 · 서류 기타 물건을 조사하게 할 수 있다.〈개정 2007.1.26〉

② 제1항의 규정에 의하여 조사하는 위원 또는 조사관은 그 권한을 표시하는 증표를 관계인에게 제시하여야 한다.〈개정 2007.1.26〉

③ 노동위원회는 제1항의 규정에 의하여 관계당사자외에 필요하다고 인정되어 출석한 자에 대하여는 대통령령이 정하는 바에 의하여 비용을 변상한다.

제24조【중앙노동위원회의 지시권등】 중앙노동위원회는 지방노동위원회 또는 특별노동위원회에 대하여 노동위원회의 사무처리에 관한 기본방침 및 법령의 해석에 관하여 필요한 지시를 할 수 있다.

제25조【중앙노동위원회의 규칙제정권】 중앙노동위원회는 중앙노동위원회 · 지방노동위원회 또는 특별노동위원회의 운영 기타 필요한 사항에 관한 규칙을 제정할 수 있다.

제26조【중앙노동위원회의 재심권】 ① 중앙노동위원회는 당사자의 신청이 있는 경우 지방노동위원회 또는 특별노동위원회의 처분을 재심하여 이를 인정 · 취소 또는 변경할 수 있다.

② 제1항의 규정에 의한 신청은 관계법령에 특별한 규정이 있는 경우를 제외하고는 지방노동위원회 또는 특별노동위원회가 행한 처분을 통지받은 날부터 10일이내에 하여야 한다.

③ 제2항의 기간은 불변기간으로 한다.〈개정 2007.1.26〉

제5장 보 칙

제27조【중앙노동위원회의 처분에 대한 소】 ① 중앙노동위원회의 처분에 대한 소는 중앙노동위원회위원장을 피고로 하여 처분의 통지를 받은 날부터 15일이내에 이를 제기하여야 한다.

② 이 법에 의한 소의 제기로 처분의 효력은 정지하지 아니한다.

③ 제1항의 기간은 불변기간으로 한다.

제31조【벌칙】 제23조제1항의 규정에 따른 노동위원회의 조사권 등과 관련하여 다음 각 호에 해당하는 자는 500만원 이하의 벌금에 처한다.

1. 노동위원회의 보고 또는 서류제출 요구에 응하지 아니하거나 거짓의 보고 또는 서류를 제출한 자
2. 관계 위원 또는 조사관의 조사를 거부 · 방해 또는 기피한 자

제32조【양벌규정】 법인 또는 단체의 대표자, 법인 · 단체 또는 개인의 대리인 · 사용인 기타의 종업원이 그 법인 · 단체 또는 개인의 업무에 관하여 제31조의 위반행위를 한 때에는 행위자를 벌하는 외에 그 법인 · 단체 또는 개인에 대하여도 동조의 벌금형을 과한다.

제33조【과태료】 ① 제20조의 규정에 따른 퇴장명령에 불응한 자는 100만원 이하의 과태료에 처한다.

② 제1항의 규정에 따른 과태료는 대통령령이 정하는 바에 따라 노동위원회가 부과 · 징수한다.

③ 제2항의 규정에 따른 과태료 처분에 불복하는 자는 그 처분을 고지받은 날부터 30일 이내에 노동위원회에 이의를 제기할 수 있다.
④ 제2항의 규정에 따른 과태료 처분을 받은 자가 제3항의 규정에 따라 이의를 제기한 때에는 노동위원회는 지체 없이 관할 법원에 그 사실을 통보하여야 하며 그 통보를 받은 관할 법원은 「비송사건절차법」에 따른 과태료의 재판을 한다.
⑤ 제3항의 규정에 따른 기간 이내에 이의를 제기하지 아니하고 과태료를 납부하지 아니한 때에는 국세체납처분의 예에 따라 이를 징수한다.

[노동위원회 규칙]

제1장 총칙

제2조【정의】 이 규칙에서 사용하는 용어의 뜻은 다음과 같다.

1. "노동위원회"란 중앙노동위원회 · 지방노동위원회 · 특별노동위원회를 말한다.
2. "부문별위원회"란 심판위원회 · 차별시정위원회 · 조정위원회 · 특별조정위원회 · 중재위원회 · 교원노동관계조정위원회와 공무원노동관계조정위원회를 말한다.
3. "부문별위원회 회의"란 제2호의 부문별위원회가 그 권한에 속하는 업무를 처리하기 위하여 하는 회의를 말한다.
4. "노동위원회위원장"이란 중앙노동위원회 · 지방노동위원회나 특별노동위원회의 위원장을 말한다.
5. "의장"이란 전원회의와 부문별위원회 회의의 의장을 말하며 전원회의는 노동위원회위원장이, 부문별위원회 회의는 부문별위원회위원장이 의장이 된다.
6. "위원"이란 중앙노동위원회 · 지방노동위원회나 특별노동위원회의 근로자위원, 사용자위원, 공익위원(상임위원을 포함한다)을 말한다.
7. "준상근조정위원"이란 노동위원회위원장이 노동쟁의의 예방과 해결 지원 등 제169조제2항 각 호의 업무를 위하여 조정담당위원 중에서 위촉한 자를 말

한다. 〈개정 2012.7.4〉

8. "조사관"이란 노동위원회 사무처나 사무국에서 심판 · 차별시정이나 조정 등에 관한 업무를 담당하는 직원을 말한다.
9. "조정전지원"이란 「노동조합 및 노동관계조정법」(이하 "노조법"이라 한다) 제53조제2항에 따라 조정신청 전에 당사자의 요청이 있거나 노동위원회위원장이 필요하다고 인정하는 경우에 당사자의 자주적인 분쟁해결을 지원하는 활동을 말한다.
10. "사후조정"이란 노조법 제61조의2에 따라 조정종료가 결정된 후에 노동쟁의의 해결을 위하여 하는 조정을 말한다.

제2장 위 원

제8조【공정한 직무수행 등】 ① 위원은 직무를 수행함에 있어 관계 법령을 준수하여야 한다.

② 위원은 관계 당사자의 일방에 편파적이거나 사건처리를 방해하는 등 공정성과 중립성을 훼손하는 행위를 하여서는 아니된다.

③ 위원은 특별한 사정이 없는 한 부문별위원회에 출석하는 등 직무를 성실하게 수행하여야 한다.

④ 위원은 법 제21조제1항에 해당하는 경우에는 노동위원회위원장에게 신고하고 당해 사건에 관한 직무집행에서 회피를 신청하여야 한다.

제3장 회의

제11조【회의의 종류】 노동위원회 회의의 종류는 다음과 같다.

1. 법 제15조제2항에 따라 당해 노동위원회 소속 위원 전원으로 구성하는 회의(이하 "전원회의"라 한다)
2. 법 제15조제3항과 제4항에 따라 심판위원회와 차별시정위원회가 관계 당사자를 심문하기 위하여 하는 회의(이하 "심문회의"라 한다)
3. 법 제16조의3에 따라 관계 당사자의 화해를 위하여 하는 회의(이하 "화해회의"라 한다)
4. 「기간제 및 단시간근로자 보호 등에 관한 법률」(이하 "기간제법"이라 한다) 제11조와「파견근로자 보호 등에 관한 법률」(이하 "파견법"이라 한다) 제21조제3

항에 따라 관계 당사자에게 조정이나 중재를 하기 위하여 하는 회의(이하 "차별시정 조정 · 중재회의"라 한다)

5. 법 제15조제3항과 제4항에 따라 심판위원회와 차별시정위원회가 판정 · 결정 · 의결 · 승인 등을 위하여 하는 회의(이하 "판정회의"라 한다)
6. 법 제15조제5항에 따라 조정위원회가 일반사업의 노동쟁의를 조정하기 위하여 하는 회의(이하 "조정회의"라 한다)
7. 법 제15조제5항에 따라 특별조정위원회가 공익사업 · 필수공익사업의 노동쟁의 조정과 필수유지업무의 유지 · 운영수준 등의 결정을 위하여 하는 회의(이하 "특별조정회의"라 한다)
8. 법 제15조제5항에 따라 중재위원회가 노조법 제62조에 따라 노동쟁의를 중재하기 위하여 하는 회의(이하 "중재회의"라 한다)
9. 법 제15조제8항에 따라 교원노동관계조정위원회가 교원의 노동쟁의를 조정 · 중재하기 위하여 하는 회의(이하 "교원노동관계조정회의"라 한다)
10. 법 제15조제9항에 따라 공무원노동관계조정위원회가 「공무원의 노동조합 설립 및 운영 등에 관한 법률」(이하 "공무원노조법"이라한다) 제15조제2항의 사항을 처리하기 위하여 하는 회의(이하 "공무원노동관계조정위원회 전원회의"라 한다)와 같은 조 제3항의 사항을 처리하기 위하여 하는 회의(이하 "공무원노동관계조정위원회 소위원회"라 한다)

제16조【심판위원회의 처리사항】 심판위원회는 다음 각 호의 사항을 처리한다.

1. 「근로기준법」제19조제2항에 따른 근로조건 위반에 대한 손해배상
2. 「근로기준법」제28조에 따른 부당해고 등의 구제
3. 「근로기준법」제33조에 따른 이행강제금 결정
4. 「근로기준법」제46조제2항에 따른 기준미달의 휴업수당 지급에 대한 승인
5. 「근로기준법」제81조에 따른 휴업이나 장해보상의 예외 인정
6. 「근로기준법」제89조에 따른 재해인정 등의 이의에 관한 심사나 중재(지방노동위원회에 한한다)
7. 「근로기준법」제112조에 따른 확정된 구제명령 등을 이행하지 아니한 자에 대한 고발
8. 노조법 제18조제3항에 따른 노동조합 회의 소집권자의 지명 의결(지방노동위원회에 한한다)

9. 노조법 제21조제1항에 따른 노동조합 규약의 시정명령 의결(지방노동위원회에 한한다)
10. 노조법 제21조제2항에 따른 노동조합 결의 · 처분의 시정명령 의결(지방노동위원회에 한한다)
11. 노조법 제28조제1항제4호에 따른 노동조합의 해산 의결(지방노동위원회에 한한다)
12. 노조법 제29조의2에 따른 교섭창구 단일화 절차 중 다음 각 목의 사항에 대한 결정
 가. 교섭요구 사실의 공고에 대한 시정 신청
 나. 교섭요구 노동조합 확정공고 이의신청 사실의 공고에 대한 시정 신청
 다. 과반수 노동조합에 대한 이의 신청
 라. 공동교섭대표단 구성 결정 신청
 마. 공동교섭대표단 구성 결정에 대한 이의 신청
13. 노조법 제29조의3에 따른 교섭단위 분리에 대한 결정
14. 노조법 제29조의4에 따른 공정대표의무 위반 시정에 대한 결정
15. 노조법 제31조제3항에 따른 단체협약의 시정명령 의결(지방노동위원회에 한한다)
16. 노조법 제34조에 따른 단체협약의 해석이나 이행방법에 관한 견해의 제시
17. 노조법 제36조제1항에 따른 단체협약의 지역적 구속력 결정에 대한 의결(지방노동위원회에 한한다)
18. 노조법 제42조제3항과 제4항에 따른 안전보호시설의 정상적 유지 · 운영을 정지 · 폐지 또는 방해하는 쟁의행위의 중지통보에 대한 사전의결 또는 사후승인(지방노동위원회에 한한다) 〈개정 2012.7.4〉
19. 노조법 제82조제1항에 따른 부당노동행위 구제
20. 노조법 제85조제5항에 따른 구제명령의 이행 신청(중앙노동위원회에 한한다)
21. 「근로자 참여 및 협력 증진에 관한 법률」(이하 "근로자참여법"이라 한다) 제25조제1항에 따른 중재 〈개정 2012.7.4.〉

제19조 【부문별위원회의 구성】 노동위원회위원장은 부당해고 등의 구제 신청, 부당노동행위 구제신청, 차별시정 신청, 노동쟁의 조정 · 중재 신청, 교섭창구 단

일화 절차에 대한 신청, 교섭단위 분리 신청, 공정대표의무 위반 시정신청, 필수유지업무의 유지 · 운영수준 등에 대한 결정 신청 등이 있는 때에는 지체 없이 부문별위원회를 구성한다.

제20조 【위원의 지명】 노동위원회위원장이 부문별위원회를 구성하기 위하여 공익위원을 지명할 때에는 부문별위원회를 담당하는 공익위원 중에서 지명한다. 다만, 특정 부문별위원회에 사건이 과도하게 집중되거나 사건처리에 특별한 전문성이 필요한 경우 등 부득이한 사유가 있는 경우에는 담당분야와 관계없이 위원을 지명할 수 있다.

제21조 【부문별위원회의 회의소집】 ① 제11조제2호에서 제5호까지의 부문별위원회 회의를 소집하고자 할 때에는 특별한 사정이 없는 한 회의개최일 5일전까지 회의일시와 장소를 해당 위원에게 서면으로 통지하여야 한다. 다만, 다음 각 호의 경우에는 해당 위원에게 서면, 모사전송 또는 전자메일 등 정보통신망으로 별도로 통지할 수 있다.

1. 제16조제12호의 경우: 회의개최일 1일전
2. 제16조제13호의 경우: 회의개최일 3일전

② 제11조제6호에서 제10호까지의 부문별위원회 회의를 소집하고자 할 때에는 회의일을 지정하는 즉시 부의사항, 일시와 장소를 해당위원에게 서면으로 통지하여야 한다.

③ 부문별위원회위원장은 부문별위원회의 원활한 운영을 위하여 필요하다고 인정하는 경우 주심위원을 지명하여 사건의 처리를 주관하도록 할 수 있다.

제22조 【위원의 제척 · 기피】 ① 노동위원회위원장은 사건이 접수되면 법 제21조에 따른 제척이나 기피 신청을 할 수 있음을 사건 당사자에게 서면으로 알려주어야 한다.

② 사건당사자는 부문별위원회의 위원이 법 제21조제1항 각 호의 어느 하나에 해당하는 때에는 노동위원회위원장에게 제척 신청을 할 수 있다.

③ 사건당사자는 부문별위원회의 구성원으로 지명된 위원 중에서 심의 · 의결이나 조정의 공정성을 기대하기 어려운 위원이 있을 때에는 노동위원회위원장에게 그 사유를 적어 기피 신청을 할 수 있다.

④ 제2항과 제3항에 따른 제척이나 기피 신청은 조정사건, 교섭창구 단일화 절

차 및 교섭단위 분리 사건의 경우 제1항의 통지를 받은 날로부터 3일 이내에, 심판사건, 공정대표의무 위반 시정사건 및 차별시정사건의 경우 심문일정 통지서를 받은 날로부터 5일 이내에 별지 제6호서식의 위원 제척 · 기피 신청서에 따라 하여야 한다.

⑤ 노동위원회위원장은 제2항과 제3항의 제척이나 기피 신청이 법 제21조제1항의 사유에 해당하거나 이유있다고 인정되는 경우에는 그 위원을 제척하거나 교체하여야 한다.

제23조【위원의 회피】 부문별위원회의 구성원으로 지명된 위원은 법 제21조제1항 각 호의 어느 하나에 해당하는 경우나 심의 · 의결 · 조정을 공정하게 하기 어려운 사정이 있을 때에는 노동위원회위원장의 허가를 얻어 당해 사건의 처리를 회피할 수 있다.

제24조【위원의 결석】 ① 위원이 부문별위원회 회의개최 통지를 받고 질병 기타의 사유로 회의에 참석할 수 없을 때에는 그 사실을 미리 노동위원회위원장에게 통지하여야 한다.

② 노동위원회위원장은 제1항의 사유로 부문별위원회의 운영에 지장이 발생하는 경우에는 다른 위원 중에서 그 직무를 대행할 자를 지명하여야 한다.

③ 노동위원회위원장은 구성된 부문별위원회가 법령상의 의결 · 견해제시 등을 위하여 재개되어야 하나 위원의 사퇴나 임기만료 등의 사유로 당해 부문별위원회가 재개될 수 없는 경우 다른 위원 중에서 그 직무를 대행할 자를 지명하여야 한다.

④ 공무원노동관계조정위원회 소위원회의 경우 제1항에서 제3항까지의 규정을 준용한다.

제25조【담당공무원의 보고 및 의견 진술】 사무처 · 사무국 소속 직원은 각종 회의에 참석하여 의장의 승인을 얻어 소관 회의에 부의한 사항에 관하여 보고하거나 의견을 진술할 수 있다.

제26조【회의록】 ① 노동위원회위원장은 직원으로 하여금 각종 회의의 회의록을 작성하여 보고하도록 하여야 한다.

② 제1항에 따른 회의록 작성 시 의장선출과 의결사항을 제외한 내용은 녹음으로 기록을 대신할 수 있다.

제27조 【회의의 질서유지】 ① 노동위원회위원장이나 부문별위원회위원장은 소관 회의의 신속 · 공정한 진행을 위하여 당사자, 위원, 조사관, 참관인 등에게 필요한 조치를 할 수 있다. 〈개정 2012.7.4〉

② 노동위원회위원장이나 부문별위원회위원장은 회의의 공정한 진행을 방해하거나 질서를 문란하게 한 사람에게 퇴장을 명할 수 있다.

③ 노동위원회위원장은 제2항의 명령에 불응한 자에게 해당 부문별위원회의 결정에 따라 법 제33조의 과태료를 부과 · 징수한다. 다만, 전원회의의 경우에는 노동위원회위원장이 직권으로 결정한다.

제28조 【의결결과 통지 등】 노동위원회는 부문별위원회의 의결 결과를 의결일 다음 날(다음날이 휴무일인 경우 의결일 다음 첫 번째 근무일. 이하 "의결일 다음날" 이라 한다)까지 전화, 모사전송, 전자우편 등 상대방이 알 수 있는 방법으로 알려주어야 한다. 다만, 당사자와 통화가 안되는 등 불가피한 사유가 있는 때에는 의결일 다음날까지 의결 결과를 서면으로 발송할 수 있다.

제5장 심판사건 처리

제33조 【적용범위】 이 장의 규정은 초심부당해고 등의 구제신청사건과 초심부당노동행위 구제신청사건에 적용한다. 다만, 그 이외의 심판사건은 이 장 제11절, 심판재심사건은 이 장 제12절의 규정을 우선 적용하고 나머지 사항은 그 취지에 어긋나지 않는 범위에서 이 장 제1절에서 제9절까지의 규정을 적용한다. 〈개정 2012.7.4〉

제1절 당사자 및 관계인

제34조 【당사자의 지위승계】 ① 노동조합이 부당노동행위 구제신청 후 합병이나 조직형태의 변경이 있는 경우에는 합병 후 설립 또는 존속되는 노동조합이나 조직형태를 변경한 후의 노동조합이 당사자의 지위를 승계한다.

② 구제신청이 제기된 후 사용자 측에 사업인수나 합병 등의 사유가 발생한 때에는 사업인수자나 합병 후 신설 또는 존속하는 법인이 당사자의 지위를 승계하며,「채무자 회생 및 파산에 관한 법률」에 따른 채무자 회생절차나 파산절차가 개시된 경우에는 관리인이나 파산관재인이 그 지위를 승계한다.

③ 제1항과 제2항에 따라 당사자의 지위를 승계한 자는 노동위원회에 서면으로

그 사실을 통지하여야 한다.

제35조 【선정대표자】 ① 근로자나 노동조합 또는 사용자나 사용자단체는 사건의 당사자가 여러 명인 경우에는 3인 이내의 대표자를 선정할 수 있으며, 이 경우 별지 제7호서식의 대표자 선정서를 노동위원회에 제출하여야 한다.

② 노동위원회는 필요하다고 인정할 때에는 당사자에게 대표자의 선정을 권고할 수 있다.

③ 제1항에 따른 대표자는 당해 심판사건 처리에 관한 행위를 할 수 있다. 다만, 구제신청을 취하하는 경우에는 나머지 당사자들의 동의서를 붙인 취하서를 제출하여야 한다.

④ 대표자가 선정된 경우 나머지 당사자들은 그 대표자를 통해서 당해 사건에 관한 행위를 할 수 있다.

⑤ 당사자들은 필요하다고 인정할 때에는 제1항의 대표자를 해임하거나 변경할 수 있으며, 이 경우 그 사실을 지체 없이 노동위원회에 통지하여야 한다.

제36조 【심판대리인의 선임 등】 ① 당사자는 다음 각 호의 어느 하나에 해당하는 사람을 대리인으로 선임할 수 있다.

1. 당사자가 근로자인 경우 그 배우자, 직계존 · 비속이나 형제자매
2. 당사자가 노동조합인 경우 그 조합의 임원이나 조합원
3. 당사자가 사용자나 사용자단체인 경우 그 사업의 임원이나 직원
4. 변호사, 공인노무사와 다른 법률에 따라 심판사건을 대리할 수 있는 자
5. 제1호에서 제4호까지 이외의 자로서 노동위원회위원장의 승인을 받은 자

② 당사자는 위임사실과 범위 등을 직접 또는 대리인을 통하여 서면으로 증명하여야 하며 대리권을 수여받은 자는 지체 없이 별지 제8호서식의 대리인 선임 신고서를 노동위원회에 제출하여야 한다.

③ 당사자들이 대리인 선임을 철회하거나 다른 대리인으로 변경한 경우에는 그 사실을 노동위원회에 서면으로 통보한 이후에 그 효력이 발생한다.

제37조 【대리의 범위】 제36조에 따른 대리인은 당사자를 위하여 심판사건에 대한 사실 관계와 주장, 노동위원회에서 송달한 문서의 수령 등 일체의 행위를 할 수 있다. 다만, 대리권의 범위를 명시한 경우에는 그 범위 안에서 대리행위를 할 수 있다.

제38조【대리의 흠과 추인】 대리권에 흠이 있는 대리인의 행위에 대하여 대리권을 수여한 당사자가 추인한 경우에는 대리권의 흠이 없어진다.

제2절 구제신청

제39조【구제신청서의 기재사항】 부당해고 등의 구제신청이나 부당노동행위 구제신청은 다음 각 호의 사항을 기재한 별지 제9호서식의 구제신청서에 따른다.

1. 근로자의 성명, 주소(노동조합일 경우에는 그 명칭, 대표자의 성명, 주된 사무소의 소재지)
2. 사업주의 성명, 주소(근로자가 본점이나 본사에 소속되어 있지 아니한 경우에는 근로자가 소속되어 있는 사업장의 명칭 · 주소 · 대표자 성명 등도 함께 기재)
3. 신청취지(근로자나 노동조합이 구제받고자 하는 사항) 〈개정 2012.7.4〉
4. 신청이유(부당해고 등의 경위와 부당한 이유를 기재, 해고 사건의 경우 해고통지서 수령일자 포함)
5. 신청일자

제40조【구제신청기간】 구제신청은 부당해고 등이나 부당노동행위가 있은 날부터 3개월 이내에 하여야 한다. 이 경우 그 기산일은 다음 각 호와 같다.

1. 해고의 경우에는「근로기준법」제27조에 따라 근로자가 받은 해고통지서에 기재된 해고일. 다만, 해고통지서에 기재된 해고일이 해고통지서를 받은 날보다 이전인 때에는 해고통지서를 받은 날
2. 해고 이외의 징벌은 근로자가 징벌이 있었음을 안 날. 다만, 그 징벌에 관한 통지(구술통지를 포함한다)를 받은 경우에는 그 통지를 받은 날
3. 부당노동행위가 계속되는 경우에는 그 행위가 종료된 날
4. 단체협약이나 취업규칙 등에 징계 재심 절차가 규정된 때에는 원처분일

제41조【보정요구】 노동위원회위원장은 신청서에 제39조의 기재 사항이 일부 누락되거나 기재 내용이 명확하지 아니한 때에는 기간을 정하여 보정을 요구할 수 있다.

제42조【신청 취지의 추가 · 변경】 ① 근로자나 노동조합은 부당해고 등의 구제신청이나 부당노동행위 구제신청 후 누락된 신청 취지를 추가하고자 하거나 징계처분 변경 등으로 신청 취지를 변경하고자 하는 경우에는 새로운 구제신청을 하는 대신 노동위원회의 승인을 얻어 신청취지를 추가 · 변경할 수 있다.

② 노동위원회는 제1항에 따른 승인을 한 때에는 지체 없이 그 사실을 상대방에게 서면으로 통지하여야 한다.

제3절 사건조사

제43조【조사의 원칙】 노동위원회는 당사자에게 주장의 기회를 충분히 부여하여야 하며 사실조사, 증거자료의 확보 등을 통하여 진실을 규명하도록 노력하여야 한다.

제44조【심판위원회의 구성】 ① 노동위원회위원장은 구제신청서가 접수되면 사건처리를 담당할 심판위원회를 지체 없이 구성하여야 한다.

② 제1항에 따른 심판위원회는 심판담당공익위원 3인으로 구성한다. 다만, 심판담당공익위원에게 사건이 과도하게 집중되는 등 부득이한 사유가 있는 경우에는 차별시정담당공익위원이나 조정담당공익위원 중에서 위원을 지명할 수 있다.

③ 제1항에 따른 심판위원회는 노동위원회위원장이나 상임위원 1명을 포함하여야 한다. 다만, 노동위원회위원장이나 상임위원의 업무가 과도하여 정상적인 업무수행이 곤란하게 되는 등 부득이한 사유가 있는 경우에는 노동위원회위원장이나 상임위원을 제외하고 심판위원회를 구성할 수 있다.

제45조【조사의 개시 등】 ① 노동위원회위원장은 구제신청서가 접수된 후 지체 없이 조사관을 지정하고 관계 당사자에게 이유서 · 답변서 제출 방법, 위원의 제척 · 기피, 단독심판과 화해 절차 등 심판사건의 진행에 관한 사항을 안내하여야 한다.

② 조사관은 당해 사건의 신청인이 제출한 구제신청서 및 이유서를 상대방 당사자에게 송달하고 이에 대한 답변서를 제출하도록 요구하여야 한다.

③ 조사관은 당해 사건이 구제신청 절차를 유지할 수 있는 요건을 갖추었는지 살펴보아야 한다. 이 때에 당해 구제신청이 명백히 제60조제1항에 따른 각하사유에 해당된다고 판단하는 때에는 조사를 중단하고 심판위원회에 보고하여야 한다.

제46조【사실조사 등】 ① 노동위원회는 구제신청사건에 대한 증거자료가 필요하다고 판단하는 경우 당사자에게 관련 자료의 제출을 요구할 수 있다.

② 노동위원회는 당사자의 주장이 일치하지 아니하는 때에는 당사자와 증인 또는 참고인을 출석시켜 조사할 수 있다. 이 경우 진술서를 작성 · 제출하는 것으

로 조사를 대신할 수 있다.

③ 위원이나 조사관은 사실관계 확인을 위하여 사업장 등을 방문하여 업무현황, 서류 그 밖에 물건을 조사할 수 있다. 이 경우 그 권한을 증명하는 증표를 관계인에게 제시하여야 한다.

제47조【문서 열람 등】 조사관은 조사 과정에서 확보한 자료에 대하여 당사자의 요구가 있는 경우 노동위원회의 결정으로 이를 열람하도록 하거나 그 사본을 교부할 수 있다.

제48조【사건의 분리 또는 병합】 ① 노동위원회는 다음 각 호의 어느 하나에 해당하는 경우 노동위원회위원장의 결정으로 사건을 분리하거나 병합하여 처리할 수 있다.

1. 한 사람이 신청한 여러 개의 사건
2. 여러 사람이 신청한 같은 사건
3. 그 밖에 노동위원회가 필요하다고 인정한 사건

② 노동위원회는 제1항에 따라 사건을 분리하거나 병합한 경우에는 그 사실을 당사자 등에게 지체 없이 서면으로 통지하여야 한다.

제49조【조사보고서의 작성】 ① 조사관은 사실조사를 완료하였을 때에는 별지 제10호서식의 조사보고서를 작성하여야 한다.

② 제1항에 따른 조사보고서를 작성함에 있어서 사실관계와 쟁점사항별 당사자의 주장 등을 객관적이고 공정하게 기재하여야 한다.

제50조【조사보고서의 내용】 ① 조사보고서의 표지에는 다음 각 호의 사항을 기재한다.

1. 사건번호와 사건명
2. 당사자(대리인이 있을 경우 대리인 표시)
3. 신청취지
4. 신청일

② 조사보고서의 본문에는 다음 각 호의 사항을 기재한다.

1. 당사자, 사건의 경위, 구제신청 경위를 포함한 사건 개요
2. 당사자 주장이 요지
3. 주요 쟁전사항

4. 주요 쟁점사항별 당사자 주장과 조사결과 〈개정 2012.7.4〉
5. 그 밖의 직권조사결과(조사과정에서 화해가 추진되어 온 경우 화해 추진 경위와 당사자의 입장, 금전보상 신청이 있는 경우 임금상당액의 산정 등) 〈개정 2012.7.4〉
6. 참고자료(비슷한 사안에 관한 판정 · 판결 등) 〈신설 2012.7.4〉

③ 구제신청기간이 지난 경우 등과 같이 각하 사유가 명백하고 이에 대하여 당사자의 이의가 없는 경우에는 제2항제3호와 제4호를 생략할 수 있다.

제4절 심문

제51조 【심문회의 개최】 노동위원회는 사건 접수일로부터 60일 이내에 심문회의를 개최하여야 한다. 다만, 제53조에 따른 연기신청이 있거나 다수인 사건 등 조사에 상당기간이 필요한 경우에는 노동위원회위원장이나 당해 심판위원회위원장의 승인을 얻어 그 기간을 연장할 수 있다.

제52조 【심문일정 통지】 ① 심판위원회는 심문회의 일자를 정하여 별지 제11호서식의 심문일정 통지서를 심문회의 개최일 7일 전까지 당사자에게 송부하여야 한다.

② 제1항의 통지서에는 사건명, 관할 심판위원회, 당사자, 심문일시와 장소, 당사자가 출석하여야 한다는 뜻을 기재하여야 한다.

③ 심문일정을 통지 받은 당사자는 심문회의 개최 전까지 별지 제12호서식의 심문회의 참석자 명단을 노동위원회에 제출하여야 한다.

제53조 【심문회의의 연기 신청】 ① 제52조의 심문회의 일정을 통지 받은 자는 다음 각 호의 어느 하나에 해당하면 심문회의 개최일 3일 전까지 별지 제13호서식의 심문회의 연기신청서에 따라 심문회의의 연기를 신청할 수 있다. 다만, 제6호에서 제8호까지의 경우에는 심문회의 개최 전까지 신청할 수 있다.

1. 노동조합선거 출마자로서 선거일이 심문회의 당일인 경우
2. 사용자의 주주총회일이 심문회의 당일인 경우
3. 당해 구제신청사건과 같은 원인에 따른 소송의 재판기일이 심문회의 당일인 경우
4. 당사자나 대리인이 수행하는 심판사건의 심문회의가 같은 날 다른 노동위원회에서 개최 예정인 경우
5. 당사자나 대리인이 해외출장 중인 경우

6. 중대한 신병치료 중으로 거동이 불편하거나 상해, 급성질병 등이 발생한 경우
7. 「형사소송법」에 따라 체포 · 구속된 경우
8. 본인이나 배우자의 직계존 · 비속과 형제자매의 사망으로 장제기간 중인 경우
9. 당사자가 합의하여 심문회의의 연기를 신청한 경우
10. 그 밖에 이에 준하는 사유

② 제1항제9호와 제10호의 사유로 인한 연기신청은 당해 심판위원회위원장의 승인을 얻어야 한다.

③ 노동위원회위원장은 제2항에 따른 승인 여부를 당사자에게 알려주어야 한다.

제54조 【심문의 개시】 ① 조사관은 심문회의 개최일 7일 전까지 제49조의 조사보고서와 관련 기록을 당해 심판위원회 위원에게 송부하여야 한다.

② 심문회의는 당사자 쌍방이 참석한 가운데 진행한다. 다만, 당사자 일방이 정당한 이유 없이 참석하지 아니한 경우에는 그러하지 아니하다.

③ 당사자가 심문회의에 참고인과 함께 참석하고자 하는 경우에는 심문회의 개최 전에 당해 심판위원회위원장의 승인을 얻어야 한다.

④ 노동위원회위원장은 심문회의에 근로자위원과 사용자위원 각 1인을 참여하게 하여야 한다. 다만, 단독심판의 경우에는 그러하지 아니하다.

제55조 【심문의 진행】 ① 심판위원회위원장은 심문회의를 진행하며, 심문에 참여한 위원은 당사자와 증인을 심문할 수 있다.

② 조사관은 심판위원회위원장의 지시에 따라 조사결과를 보고하며, 필요한 경우에는 심판위원회위원장의 승인을 얻어 의견을 진술할 수 있다.

③ 당사자는 위원의 심문 사항에 대하여 성실하게 답변하여야 하며 심문사항 이외의 진술을 하고자 할 때에는 심판위원회위원장의 승인을 얻어야 한다.

④ 심판위원회위원장은 심문을 종결하고자 할 때에는 당사자가 최종 진술을 할 수 있는 기회를 주어야 한다.

제56조 【증인의 심문】 ① 당사자는 심문회의시 자기의 주장을 입증하기 위하여 심문회의 개최일을 통보받기 전까지 별지 제14호서식의 증인신청서에 따라 증인을 신청할 수 있다.

② 노동위원회위원장은 제1항에 따른 증인신청이 있는 때에는 증인채택 여부를 결정하고 그 결과를 당사자에게 통지하여야 한다.

③ 당사자는 제2항에 따라 채택된 증인과 함께 심문회의에 출석하여야 한다.

④ 심판위원회위원장은 필요한 경우 직권으로 증인을 지정하여 심문회의에 출석하게 할 수 있다.

⑤ 심판위원회위원장은 증인이 출석한 경우 당사자에게 심문이나 반대심문의 기회를 주어야 한다.

제57조【심문회의의 생략】 ① 노동위원회는 구제신청사건이 제60조제1항 제1호, 제2호, 제4호, 제5호, 제7호에서 규정한 각하 사유에 해당하고 근로자나 노동조합이 그 사실을 인정하는 경우에는 심문회의를 생략하고 판정회의를 개최할 수 있다.

② 제1항의 경우 노동위원회는 판정회의 개최일 10일 전까지 당사자에게 이 사실을 서면으로 통지하여야 하며 관계 당사자는 당해 판정회의 개최 전일까지 서면으로 의견을 제출할 수 있다.

제5절 판정

제58조【판정의 범위】 노동위원회는 근로자나 노동조합이 구제를 신청한 범위 안에서 판정할 수 있다.

제59조【판정회의】 ① 심판위원회가 심문을 종결하였을 경우 판정회의를 개최하여야 한다.

② 심판위원회위원장은 판정회의에 앞서 당해 심문회의에 참석한 근로자위원과 사용자위원에게 의견진술의 기회를 주어야 한다.

③ 심판위원회는 심문회의에서의 새로운 주장에 대한 사실 확인이나 증거의 보완 등이 필요하다고 판단되거나 화해만을 위한 회의 진행으로 추가적인 사실심문이 필요한 경우에는 추후에 심문회의나 판정회의를 재개할 수 있다.

제60조【판정】 ① 심판위원회는 심판사건이 다음 각 호 중 어느 하나에 해당하는 경우에는 각하한다.

1. 관계 법령의 규정에 따른 신청기간을 지나서 신청한 경우
2. 제41조에 따른 보정요구를 2회 이상 하였음에도 보정을 하지 아니한 경우
3. 당사자 적격이 없는 경우
4. 구제신청의 내용이 노동위원회의 구제명령 대상이 아닌 경우
5. 같은 당사자가 같은 취지의 구제 신청을 거듭하여 제기하거나 같은 당사자가

같은 취지의 확정된 판정(법 제16조의3에 따른 화해조서를 포함한다)이 있음에도 구제 신청을 제기한 경우나 판정이 있은 후 신청을 취하하였다가 다시 제기한 경우 〈개정 2012.7.4〉

6. 신청하는 구제의 내용이 법령상이나 사실상 실현할 수 없거나 신청의 이익이 없음이 명백한 경우

7. 신청인이 2회 이상 출석에 불응하거나 주소불명이나 소재불명으로 2회 이상 출석통지서가 반송되거나 그 밖의 사유로 신청 의사를 포기한 것으로 인정될 경우

② 심판위원회는 구제 신청의 전부나 일부가 이유있다고 인정할 때에는 구제명령을, 구제 신청의 이유가 없다고 인정할 때에는 기각하는 결정을 하여야 한다.

제61조 【회의록 작성】 ① 조사관은 의장선출, 회의 공개 여부, 근로자위원과 사용자위원의 의견, 토의내용 요지, 의결사항 등을 기재한 별지 제15호서식의 회의록을 작성하여야 한다. 〈개정 2012.7.4〉

② 주심위원은 당해 사건에 대한 판단요지를 작성하여야 한다. 다만, 주심위원이 지명되지 않은 때에는 다른 심판위원이 작성할 수 있다.

③ 심판사건에 참여한 공익위원은 그 의결사항에 대한 회의록에 서명이나 날인하여야 한다.

④ 조사관은 제1항의 회의록에 제2항의 판단 요지를 첨부하여 노동위원회위원장에게 보고하여야 한다.

제62조 【판정서 작성】 ① 심판위원회는 의결 사항을 토대로 별지 제16호서식에 따라 판정서를 작성하여야 한다.

② 제1항의 판정서에는 다음 각 호의 사항이 포함되어야 한다.

1.사건명

2.당사자

3.판정일

4.주문

5. 신청취지

6. 이유(당사자, 구제 신청 경위, 당사자의 주장요지, 인정사실, 판단, 결론) 〈개정 2012.7.4〉

7. 위원회 명칭과 심판위원

③ 부당해고 등에 대한 구제명령을 하는 경우에는 제2항제4호의 주문에 30일 이내에서 정한 이행기한을 명시하여야 한다.

④ 노동위원회는 판정서 정본을 당사자에게 송부하여야 한다.

第63조【판정서의 경정】 ① 노동위원회위원장은 판정서가 당사자에게 교부된 후 당사자 표시나 내용의 오기, 누락 등 표현상의 잘못이 명백한 경우에는 사건 당사자의 신청이나 직권으로 심판위원회의 의결을 거쳐 이를 경정할 수 있다. 〈개정 2012.7.4〉

② 노동위원회위원장은 제1항에 따라 경정한 판정서를 지체 없이 당사자에게 송부하여야 한다.

③ 제1항의 판정서 경정은 구제명령 이행기간, 재심신청기간, 행정소송 제기기간의 산정에 영향을 미치지 아니한다.

제6절 금전보상제도

第64조【금전보상명령의 신청】 ① 근로자는 부당해고 구제신청 사건에 있어서 원직 복직을 원하지 아니하는 경우에는 금전보상명령을 신청할 수 있다.

② 제1항에 의한 금전보상명령을 신청하고자 하는 근로자는 심문회의 개최일을 통보받기 전까지 별지 제17호서식의 금전보상명령신청서를 제출하여야 한다.

第65조【금전보상 금액의 산정】 ① 노동위원회는 근로자가 금전보상명령을 신청한 경우에는 당사자에게 근로계약서, 임금대장 등 금액 산정에 필요한 자료를 제출하도록 명할 수 있다.

② 보상금액의 산정기간은 해고일로부터 당해 사건의 판정일까지로 한다.

第66조【금전보상명령의 방법】 노동위원회가 금전보상명령을 하는 때에는 그 보상금액과 구제명령을 한 날로부터 30일 이내에서 정한 이행기한을 명시하여야 한다.

제7절 단독심판 및 화해

第67조【단독심판 등】 ① 노동위원회위원장은 제60조제1항의 각하사유 중 제1호, 제2호, 제4호, 제5호, 제7호에 해당하는 사건이나 별지 제18호서식의 단독심판 신청 · 동의서에 따라 사건 당사자 쌍방의 신청이 있거나 동의를 얻은 경우에는 법 제15조의2에 따라 심판담당공익위원 1명(이하 "단독심판위원"이라 한다)을 지명하여 처리하게 할 수 있다. 〈개정 2012.7.4〉

② 제1항의 경우 당사자 쌍방이 합의하여 추천한 공익위원이 있는 경우에는 그 공익위원을 단독심판위원으로 지명한다.

③ 조사관은 당사자 사이에 화해가 진행되어온 사건일 때에는 별지 제19호서식의 화해추진 경과 보고서를 단독심판위원에게 제출하여야 한다.

④ 노동위원회는 노동위원회위원장이나 노동위원회위원장이 지명하는 상임위원을 단독심판위원으로 하여 단독심판회의를 상시적으로 운영할 수 있다.

제68조【화해의 신청】 당사자는 화해를 신청하고자 할 때에는 별지 제20호서식의 화해신청서를 제출하여야 한다. 다만, 심문회의에서는 구술로 화해를 신청할 수 있다.

제69조【화해의 권고】 심판위원회는 사건의 조사 과정이나 심문회의 진행 중에 당사자에게 화해를 권고하거나 주선할 수 있다.

제70조【화해안의 작성 등】 ① 심판위원회나 단독심판위원은 화해신청서와 당사자의 화해 조건 등을 충분히 검토하여 별지 제21호서식의 화해안을 작성하여야 하며, 그 취지와 내용을 당사자에게 충분히 설명하여야 한다.

② 심판위원회나 단독심판위원은 필요하다고 인정되는 경우 화해회의를 별도로 개최할 수 있다.

제71조【화해 성립】 ① 심판위원회는 당사자가 화해안을 수락하거나 화해 조건에 합의한 경우에는 별지 제22호서식의 화해조서를 작성하여야 한다.

② 화해는 당사자와 화해에 관여한 심판위원이 서명이나 날인함으로써 성립되며 화해가 성립된 후 당사자는 이를 번복할 수 없다.

제72조【화해조서 송부】 노동위원회위원장은 화해가 성립된 날로부터 5일 이내에 화해조서 정본을 배달증명우편으로 당사자에게 송부하여야 한다.

제73조【화해조서 송달증명서 발급】 노동위원회위원장은 화해조서를 송달받은 당사자가 화해조서 송달증명서 발급을 신청하면 별지 제23호서식의 화해조서 송달증명서를 발급하여야 한다.

제8절 심판사건 종결

제74조【심판 사건의 종결】 ① 노동위원회는 취하, 화해 성립, 판정이 있는 경우

에 심판사건을 종결한다.

② 노동위원회는 심판사건을 종결한 때에는 판정서 등 그 결과를 30일 이내에 당사자에게 서면으로 통보하여야 한다.

③ 제2항에 의한 통보에는 판정결과에 불복하면 재심신청이나 행정소송을 제기할 수 있다는 내용이 포함되어야 한다.

제75조【취하】 ① 신청인은 판정서가 도달되기 전까지 서면으로 신청의 전부나 일부를 취하할 수 있다.

② 노동위원회위원장은 취하서가 접수되면 당해 사건을 종결하고 그사실을 당사자 쌍방에게 서면으로 통지하여야 한다.

제9절 부당해고 등 이행강제금

제77조【구제명령의 이행지도】 노동위원회위원장은 사용자에게 별지 제24호서식의 부당해고 등 구제명령의 이행결과 통보서를 제출하도록 할 수 있다. 이 경우 이행기한까지 부당해고 등 구제명령을 이행하지 아니하면 이행강제금이 부과됨을 알려 주어야 한다. 〈개정 2012.7.4〉

제78조【구제명령의 이행여부 확인】 노동위원회는 부당해고 등 구제명령의 이행기한이 지나면 지체 없이 그 이행 여부를 확인하여야 한다.

제79조【구제명령의 이행기준】 부당해고 등 구제명령의 이행 여부는 다음 각 호의 기준에 따라 판단한다. 다만, 당사자가 부당해고 등 구제명령과 다른 내용으로 합의한 경우에는 그 구제명령을 이행한 것으로 본다.

1. 원직복직의 이행은 당해 근로자에게 해고 등을 할 당시와 같은 직급과 같은 종류의 직무를 부여하였거나 당해 근로자의 동의를 얻어 다른 직무를 부여하였는지 여부. 다만, 같은 직급이나 직무가 없는 등 불가피한 사유가 발생한 때에는 유사한 직급이나 직무를 부여하였는지 여부
2. 임금상당액 지급의무 이행은 구제명령의 이행기한까지 지급하였는지 여부 〈개정 2012.7.4〉
3. 금전보상을 내용으로 하는 구제명령은 주문에 기재된 금액을 전액 지급하였는지 여부
4. 그 밖의 구제명령의 이행은 그 주문에 기재된 대로 이행하였는지 여부

제80조【이행강제금 부과 예고】 ① 노동위원회는 부당해고 등 구제명령을 이행하

지 아니한 사용자에게 이행강제금 부과예정일 30일 전까지 별지 제25호서식의 이행강제금 부과 예고서에 따라 이행강제금 부과 예고를 하여야 한다.

② 제1항의 경우 사용자에게 10일 이내에 서면으로 의견을 제출하도록 기회를 주어야 한다.

③ 제2항의 기한 내에 의견을 제출하지 아니한 경우에는 의견이 없는 것으로 본다.

제81조【이행강제금의 부과】 ① 노동위원회위원장은 제80조제1항의 부과예정일 10일 전까지 이행강제금 부과 결정을 위한 심판위원회를 소집하여야 한다.

② 제1항의 회의소집을 통보하는 때에는 별지 제26호서식의 조사보고서와 사용자의 의견서를 위원들에게 송부하여야 한다. 〈개정 2012.7.4〉

③ 심판위원회는 부당해고 등 구제명령 이행결과 조사보고서를 토대로 해고 등에 있어서의 동기 · 고의 · 과실 등 사용자의 귀책정도, 구제명령 이행노력 정도, 구제명령을 이행하지 아니한 기간 등을 고려하여「근로기준법시행령」제13조 별표3의 산정기준에 따라 부과금액을 결정하여야 한다.

④ 노동위원회위원장은 제3항의 부과금액이 결정되면 별지 제27호서식의 이행강제금 부과 결정서에 따라 이행강제금을 부과하여야 한다. 이 경우 납부기한은 15일 이내로 한다.

⑤ 심판위원회는 천재 · 사변, 그 밖의 부득이한 사유가 발생하여 제4항에 따른 납부기한 내에 이행강제금을 납부하기 어려운 경우에는 그 사유가 없어진 날부터 15일 이내의 기간을 납부기한으로 할 수 있다.

제82조【이행강제금 부과유예】 ① 삭제

② 심판위원회는「근로기준법시행령」제14조에서 규정한 바와 같이 사용자가 구제명령을 이행하기 위하여 노력하였음에도 근로자의 소재불명 등으로 그 이행이 어렵거나 천재 · 사변 등 부득이한 사유로 구제명령을 이행하지 못한 경우에는 사용자의 신청이나 직권으로 이행강제금 부과를 유예하고 그 사유가 없어진 뒤에 이행강제금을 부과할 수 있다.

③ 노동위원회위원장은 심판위원회가 제2항의 결정을 한 때에는 별지 제27호서식의 결정서에 따라 사용자에게 그 사실을 통보하여야 한다.

제83조【이행강제금의 추가 부과】 ① 노동위원회는 사용자가 계속하여 부당해고

등 구제명령을 이행하지 아니할 경우 구제명령일로부터 1년에 2회 범위 내에서 총 4회까지 이행강제금을 부과할 수 있다.

② 이행강제금의 반복 부과는 이전 이행강제금 납부종료일로부터 6월 이내에 하여야 한다. 이 경우 이행 여부의 확인, 이행결과 조사 보고, 심판위원회 개최, 이행강제금의 부과 결정 등 부과 절차에 대하여는 제78조에서 제81조까지의 규정을 준용한다.

제84조【고발】 ① 노동위원회는「근로기준법」제31조제3항에 따라 확정되거나 행정소송을 제기하여 확정된 구제명령(구제명령을 내용으로 하는 재심판정을 포함한다)을 이행하지 않는 때에는 별지 제28호서식에 따라 심판위원회의 결정을 거쳐 관할 지방고용노동관서에 고발하여야 한다. 〈개정 2012.7.4〉

② 제1항에 따른 고발은 제28호의2서식에 따른다. 〈개정 2012.7.4〉

③ 노동위원회는 제1항의 고발을 하기 전에 당해 사용자에게 고발 예정일 등을 알리고 부당해고 등 구제명령의 이행을 촉구할 수 있다.

제12절 재심사건

제89조【재심의 범위】 당사자의 재심 신청은 초심에서 신청한 범위를 넘어서는 아니되며, 중앙노동위원회의 재심 심리와 판정은 당사자가 재심신청한 불복의 범위 안에서 하여야 한다.

제90조【재심신청】 ① 당사자가 지방노동위원회의 부당해고 등 · 부당노동행위 사건의 판정에 불복하는 경우에는 별지 제31호서식의 구제재심신청서에 따라 중앙노동위원회에 재심을 신청할 수 있다.

② 제1항에 따른 재심 신청이 지방노동위원회에 접수된 경우에는 당해 접수일을 중앙노동위원회에 재심을 신청한 날로 본다.

제91조【근로자의 지위승계】 지방노동위원회의 부당해고 금전보상 명령에 대한 재심 신청 후 재심피신청인인 근로자가 사망한 경우에는 그 상속인이 재심피신청인의 지위 승계를 중앙노동위원회에 신청할 수 있다.

제92조【재심사건의 기록관리】 ① 지방노동위원회는 재심신청서를 받은 때에는 지체 없이 초심관계기록을 첨부하여 중앙노동위원회에 송부하여야 한다.

② 중앙노동위원회는 재심신청서를 직접 접수한 때에는 그 사실을 지체 없이 초심지방노동위원회에 통지하여야 하며, 이 경우 당해 지방노동위원회는 당해 사

건의 초심관계기록 일체를 지체 없이 중앙노동위원회에 제출하여야 한다.

③ 중앙노동위원회는 재심신청 사건의 관련 기록을 관리하여야 한다. 〈개정 2012.7.4〉

제93조 【재심 조사보고서 작성】 조사관은 당사자 주장이 초심에서의 주장과 다른 부분이 있는 경우 이를 추가하여 조사보고서를 작성하여야 한다.

제94조 【재심판정】 ① 중앙노동위원회는 재심신청이 요건을 충족하지 못한 경우 재심신청을 각하하고, 재심신청이 이유 없다고 판단하는 경우에는 기각하며, 이유 있다고 판단하는 경우에는 지방노동위원회의 처분을 취소하고 구제명령이나 각하 또는 기각결정을 하여야 한다.

② 중앙노동위원회는 근로관계의 소멸이나 사업장 폐쇄 등으로 초심의 구제명령 내용을 그대로 유지하는 것이 적합하지 않다고 판단하는 경우에는 그 내용을 변경할 수 있다.

제95조 【재심판정서 작성】 ① 재심판정서는 별지 제32호서식에 따라 작성하되 제62조를 준용한다.

② 재심판정이 초심판정과 결론을 같이하고 초심판정의 인정사실, 당사자 주장, 판단 내용 등이 재심판정과 대체로 같은 경우에는 초심판정서를 인용할 수 있다.

제96조 【부당노동행위 구제명령의 이행명령 신청】 사용자가 중앙노동위원회의 부당노동행위 재심판정에 불복하여 행정소송을 제기한 경우 중앙노동위원회는 당해 사건의 근로자나 노동조합의 요청에 의하여 노조법 제85조제5항에 따른 법원에의 구제명령 이행 신청 여부를 결정하여야 한다.

제98조 【재심판정 등의 통지】 ① 중앙노동위원회는 재심판정, 취하, 화해, 법원의 판결에 따른 재처분의 경우에는 그 사실을 초심 지방노동위원회(특별노동위원회)에 통지하여야 한다. 재심판정의 경우에는 재심판정서 사본을 첨부하여야 한다. 〈개정 2012.7.4〉

② 삭제 〈2012.7.4〉

제99조 【재처분】 ① 중앙노동위원회는 재심판정을 취소하는 법원의 판결이 확정된 때에는 심판위원회의 의결을 거쳐 해당 사건을 재처분하여야 한다. 다만, 법원의 확정 판결이 구제명령 등을 취소하는 내용인 경우에는 그러하지 아니하다.

〈개정 2012.7.4〉

② 재처분에 따른 판정서(결정서)는 별지 제34호서식에 따라 재심사건 당사자에게 작성 · 송부한다. 다만, 당사자인 근로자의 정년도래, 사망 등으로 재처분의 실익이 없는 경우에는 별지 제34호의2서식에 따라 작성할 수 있다. 〈개정 2012.7.4〉

③ 제1항에 따라 재처분을 하는 경우에는 심문회의를 개최하지 아니함을 원칙으로 한다. 다만, 본안에 대한 심리 또는 판단이 필요한 경우에는 심문회의를 개최할 수 있다. 〈개정 2012.7.4〉

④ 제1항에 따른 재처분은 당사자의 신청이나 동의가 있는 때에는 단독심판으로 할 수 있다. 〈개정 2012.7.4.〉

제7장 교섭창구 단일화 절차 및 교섭단위 분리 결정에 대한 사건 처리

제1절 통칙

제126조 【심판위원회의 구성】 ① 노동위원회위원장은 교섭창구 단일화 절차 및 교섭단위 분리 결정의 신청서가 접수되면 지체 없이 사건처리를 담당할 심판위원회를 구성하여야 한다.

② 제1항에 따른 심판위원회의 구성에 관하여는 제44조를 준용한다.

제127조 【조사의 개시 등】 ① 노동위원회 위원장은 신청서가 접수되면 지체 없이 담당 조사관을 지정하여야 한다.

② 조사관은 사건을 지정받은 후 지체 없이 사건접수 통지 및 자료제출 방법, 위원의 제척 · 기피 등 사건진행에 관한 사항을 모사전송 등의 방법으로 안내하고 신속하게 조사하여야 한다.

③ 조사관은 해당 사건이 신청 절차를 유지할 수 있는 요건을 갖추었는지 살펴보아야 한다. 이 때에 해당 신청이 명백히 제134조에 따른 각하사유에 해당된다고 판단하는 때에는 조사를 중단하고 심판위원회에 보고하여야 한다.

④ 교섭창구 단일화 절차 및 교섭단위 분리 결정에 대한 신청사건의 사실조사 등에 관해서는 제46조를 준용한다.

제128조 【조사보고서의 작성】 ① 조사관은 사실조사를 완료하였을 때에는 별지 제10호서식을 참고하여 조사보고서를 작성하여야 한다. 이 경우 제49조와 제

50조를 준용한다.

② 조사관은 조사과정에서 당사자간에 합의 등이 있을 경우에는 추진경위와 당사자의 입장 등을 조사보고서에 포함시켜야 한다.

제129조【심문회의의 개최】 심판위원회는 교섭창구 단일화 절차 등 사건의 신청 접수일로부터 처리기간 이내에 심문회의를 개최하여야 한다.

제130조【심문일정 통지】 ① 심판위원회는 심문회의를 개최할 경우 회의일자를 정하여 별지 제11호의2서식의 회의일정 통지서를 다음 각 호의 기간내에 당사자에게 송부하여야 한다. 〈개정 2012.7.4〉

1. 제16조제12호의 경우: 회의 개최일 1일전
2. 제16조제13호의 경우: 회의 개최일 3일전

② 제1항의 통지서에는 사건명, 관할 심판위원회, 당사자, 심문일시와 장소, 당사자가 출석하여야 한다는 뜻을 기재하여야 한다.

③ 심문일정을 통지 받은 당사자는 심문회의 개최 전까지 별지 제12호서식의 심문회의 참석자 명단을 노동위원회에 제출하여야 한다.

제131조【심문의 개시】 ① 조사관은 다음 각 호의 기간 전까지 제129조의 조사보고서와 관련 기록을 해당 심판위원회 위원에게 송부하여야 한다.

1. 제16조제12호의 경우: 회의 개최일 1일전
2. 제16조제13호의 경우: 회의 개최일 3일전

② 심문회의는 당사자 쌍방이 참석한 가운데 진행한다. 다만, 당사자 일방이 정당한 이유 없이 참석하지 아니한 경우에는 그러하지 아니하다.

③ 당사자가 심문회의에 참고인과 함께 참석하고자 하는 경우에는 심문회의 개최 전에 당해 심판위원회위원장의 승인을 얻어야 한다.

④ 노동위원회 위원장은 심문회의에 근로자위원과 사용자위원 각 1인을 참여하게 하여야 한다. 다만, 단독심판의 경우에는 그러하지 아니하다.

⑤ 심판위원회위원장은 심문회의를 진행하고, 심문에 참여한 공익위원은 당사자와 증인을 심문할 수 있으며, 근로자위원과 사용자위원은 심판위원회위원장의 승인을 얻어 질문할 수 있다.

⑥ 조사관은 심판위원회위원장의 지시에 따라 조사결과를 보고하며, 필요한 경우에는 심판위원회위원장의 승인을 얻어 의견을 진술할 수 있다.

⑦ 당사자는 위원의 심문사항에 대하여 성실하게 답변하여야 하며 심문사항 이외의 진술을 하고자 할 때에는 심판위원회위원장의 승인을 얻어야 한다.

⑧ 심판위원회위원장은 심문을 종결하고자 할 때에는 당사자가 최종 진술을 할 수 있는 기회를 주어야 한다.

제132조【심문회의의 생략】 ① 노동위원회는 사건이 다음 각 호에 해당하는 경우 심문회의를 생략하고 판정회의를 개최할 수 있다.

1. 제134조에서 규정한 각하 사유에 해당하고 신청한 노동조합 또는 사용자가 그 사실을 인정하는 경우
2. 제16조제12호 각 목의 사건에 해당하는 경우

② 제1항의 경우 노동위원회는 별지 제38호의2서식에 따라 판정회의 개최일 1일전 까지 당사자에게 이 사실을 서면 등으로 통지하여야 한다.

제133조【판정회의】 ① 심판위원회가 심문을 종결하였을 경우 판정회의를 개최하여야 한다.

② 심판위원회위원장은 판정회의에 앞서 근로자위원과 사용자위원에게 의견진술의 기회를 주어야 한다. 다만, 제132조제1항제2호에 해당하는 경우에는 별지 제38호의3서식에 따라 서면, 모사전송 또는 전자메일 등 정보통신망으로 근로자위원과 사용자위원으로부터 의견진술을 들을 수 있다.

제134조【각하】 심판위원회는 교섭창구 단일화 절차 등의 신청사건이 다음 각 호 중 어느 하나에 해당하는 경우에는 각하한다.

1. 노동조합이 교섭요구 시기가 아닌 기간에 교섭을 요구한 후 교섭요구 사실 및 교섭요구 노동조합 확정공고 이의신청 사실의 공고 등에 대한 시정을 신청한 경우
2. 교섭창구 단일화 절차에 참여하지 아니한 노동조합이 과반수 노동조합에 대한 이의를 신청한 경우
3. 교섭창구 단일화 절차에 참여하지 아니한 노동조합 또는 교섭창구 단일화 절차에 참여한 노동조합의 전체 조합원 100분의 10 미만인 노동조합이 공동교섭대표단 구성 결정을 신청한 경우
4. 신청시기를 벗어난 기간에 교섭단위 분리 결정을 신청한 경우
5. 위 각 호 사항 이외에 제60조제1항 각 호에 해당하는 경우

제135조【결정서 작성 등】 ① 심판위원회는 의결사항을 토대로 제16조제12호와 제13호인 경우 별지 제38호의4서식에 따른 결정서를 작성하여야 한다.

② 제1항의 결정서 등에는 다음 각 호의 사항이 포함되어야 한다.

1. 사건명
2. 당사자
3. 결정일(판정일)
4. 주문
5. 신청취지
6. 이유
7. 위원회 명칭과 심판위원

③ 결정서 등의 경정에 관하여는 제63조를 준용한다.

제136조【신청사건의 종결】 ① 노동위원회는 취하, 결정이 있는 경우에 신청사건을 종결한다.

② 노동위원회는 신청사건을 종결한 때에는 지체 없이 결정서 등 정본을 당사자에게 서면으로 통보하여야 한다.

③ 제2항에 의한 통보에는 결정결과에 불복하면 재심신청이나 행정소송을 제기할 수 있다는 내용이 포함되어야 한다.

④ 제1항의 취하에 관하여는 제75조를 준용한다.

제137조【재심신청】 ① 당사자 등이 지방노동위원회의 교섭창구 단일화 절차 등 사건의 결정에 불복하는 경우에는 결정서를 받은 날부터 10일 이내 다음 각 호의 신청서 서식에 따라 중앙노동위원회에 재심을 신청할 수 있다.

1. 교섭요구 사실의 공고에 대한 결정 재심신청서(별지 제38호의12서식)
2. 교섭요구 노동조합 확정공고 이의신청 사실의 공고에 대한 결정 재심신청서(별지 제38호의13서식)
3. 과반수 노동조합에 대한 이의 결정 재심신청서(별지 제38호의14서식)
4. 공동교섭대표단 구성 결정 재심신청서(별지 제38호의15서식)
5. 교섭단위 분리 결정 재심신청서(별지 제38호의16서식)

② 제1항에 따른 재심 신청이 지방노동위원회에 접수된 경우에는 당해 접수일을 중앙노동위원회에 재심을 신청한 날로 본다.

제138조【준용 규정】 교섭창구 단일화 절차 및 교섭단위 분리 결정에 대한 신청 사건의 처리에 있어서 이 장에 규정한 사항을 제외하고는 그 취지에 어긋나지 않는 범위에서 제5장 제1절부터 제8절까지의 규정과 제12절의 규정을 준용한다. 다만, 제45조제2항, 제53조, 제64조부터 제66조까지, 제68조부터 제73조까지, 제90조, 제91조, 제96조의 규정은 준용하지 아니한다. 〈개정 2012.7.4〉

제2절 교섭요구 사실 공고 등 시정 신청사건

제139조【신청】 교섭요구 사실의 공고 또는 교섭요구 노동조합 확정공고 이의신청 사실의 공고에 대한 시정신청은 다음 각 호의 사항을 기재한 별지 제38호의5서식 또는 별지 제38호의6서식의 시정신청서에 따른다.

1. 신청인 노동조합의 명칭, 대표자, 소재지
2. 피신청인 사용자의 사업장명, 대표자, 소재지
3. 교섭요구일 및 공고일
4. 신청취지 및 이유
5. 신청일자

제140조【신청기간】 교섭요구 사실의 공고에 대한 시정신청 또는 교섭요구 노동조합 확정공고 이의신청 사실의 공고에 대한 시정신청은 노조법 및 같은 법 시행령에서 정한 기간 이내에 하여야 한다.

제141조【결정】 ① 심판위원회는 그 요청을 받은 날부터 10일 이내에 신청의 전부나 일부가 이유 있다고 인정할 때에는 공고 또는 수정공고하는 시정명령을, 신청의 이유가 없다고 인정할 때에는 기각결정을 한다.

② 제1항에 따른 결정서는 해당 노동조합과 사용자에게 지체 없이 통지하여야 한다.

제3절 과반수 노동조합에 대한 이의 신청사건

제142조【신청】 과반수 노동조합에 대한 이의신청은 다음 각 호의 사항을 기재한 별지 제38호의7서식의 이의 신청서에 따른다.

1. 신청인 노동조합의 명칭, 대표자, 소재지
2. 사용자의 사업장명, 대표자, 소재지
3. 이의제기 대상 과반수 노동조합 명칭 및 조합원수

4. 신청취지 및 이유
5. 신청일자

제143조【신청기간】 과반수 노동조합에 대한 이의신청은 사용자가 과반수 노동조합을 공고하는 기간 이내에 하여야 한다.

제144조【결정】 ① 심판위원회는 교섭창구 단일화 절차에 참여한 모든 노동조합에 대한 조합원 수를 조사·확인한 결과에 따라 과반수 노동조합이 있다고 인정하는 경우에는 그 이의 신청을 받은 날부터 10일 이내에 그 과반수 노동조합을 교섭대표노동조합으로 결정하고, 과반수 노동조합이 없다고 인정하는 경우에는 과반수 노동조합이 없음을 결정한다. 다만, 해당 심판위원회위원장은 그 기간 이내에 조합원 수를 확인하기 어려운 경우에는 1회에 한하여 10일의 범위에서 별지 제38호의8서식에 따라 연장을 결정하고 관계 당사자들에게 그 사실을 통지하여야 한다.

② 제1항에 따른 결정서는 교섭창구 단일화 절차에 참여한 모든 노동 조합과 사용자에게 지체 없이 통지하여야 한다.

제4절 공동교섭대표단 구성에 대한 결정 신청사건

제145조【신청】 공동교섭대표단 구성에 대한 결정 신청은 별지 제38호의9서식의 결정 신청서에 따른다.

1. 노동조합의 명칭, 조직형태, 대표자, 조합원수, 주된 사무소 소재지, 설립일, 조직대상
2. 사용자의 사업장명, 대표자, 주소
3. 교섭창구 단일화 절차에 참여한 노동조합 수 및 전체 조합원 수
4. 신청취지 및 이유
5. 신청일자

제146조【신청시기】 공동교섭대표단 구성에 대한 결정을 신청할 수 있는 시기는 노조법시행령 제14조의9제1항에 따른 다음 각 호로 한다.

1. 과반수 노동조합이라는 사실 통지 및 사용자의 과반수 노동조합 공고가 없는 경우: 자율적으로 교섭대표노동조합을 결정하는 기간이 만료된 날부터 10일이 지난 후
2. 과반수 노동조합이 없다고 노동위원회가 결정하는 경우: 노동위원회 결정의

통지가 있은 날부터 5일이 지난 후

제147조 【결정】 ① 심판위원회는 공동교섭대표단 구성에 대한 결정에 참여할 수 있는 모든 노동조합에 대한 조합원 수를 조사 · 확인한 결과에 따라 그 신청을 받은 날부터 10일 이내에 총 10명 이내에서 각 노동조합의 조합원 비율을 고려하여 노동조합별 공동교섭대표단에 참여하는 인원수를 결정한다. 다만, 해당 심판위원회위원장은 그 기간 이내에 결정하기 어려운 경우에는 1회에 한하여 10일의 범위에서 별지 제38호의8서식에 따라 연장을 결정하고 관계 당사자들에게 그 사실을 통지하여야 한다.

② 제1항에 따른 결정서는 공동교섭대표단 구성에 대한 결정에 참여할 수 있는 모든 노동조합과 사용자에게 통지하여야 한다.

제148조 【이의신청 등】 ① 심판위원회는 공동교섭대표단 구성에 대한 결정을 위한 조합원 수 및 비율에 대하여 그 노동조합 중 일부 또는 전부가 별지 제38호의10서식에 따라 이의를 제기하는 경우 노조법시행령 제14조의7제4항부터 제7항까지의 규정을 준용하여 결정한다.

② 제1항에 따른 결정서는 공동교섭대표단 구성 결정에 참여할 수 있는 모든 노동조합과 사용자에게 지체 없이 통지하여야 한다.

제5절 교섭단위 분리에 대한 결정 신청사건

제149조 【신청】 교섭단위 분리의 결정 신청은 별지 제38호의11서식의 결정 신청서에 따른다.

1. 노동조합의 명칭, 조직형태, 대표자, 조합원수, 주된 사무소 소재지, 설립일, 조직대상
2. 사용자의 사업장명, 대표자, 주소, 주된 업종, 사업장 수, 근로자 수
3. 다른 노동조합의 존재 유무
4. 신청취지 및 이유
5. 신청일자

제150조 【신청시기】 교섭단위 분리의 결정을 신청할 수 있는 시기는 다음 각 호의 기간에 하여야 한다.

1. 사용자가 노동조합의 교섭요구 사실을 공고하기 전
2. 교섭대표노동조합이 결정된 날 이후

제151조【결정】 ① 심판위원회는 모든 노동조합과 사용자에 대한 의견 및 조사내용을 종합적으로 검토하여 신청을 받은 날부터 30일 이내에 하나의 사업 또는 사업장에서 현격한 근로조건의 차이, 고용형태, 교섭 관행 등을 고려하여 교섭단위를 분리할 필요가 있다고 인정하는 경우에 교섭단위를 분리하는 결정을 하거나, 인정하지 않을 경우에 기각결정을 할 수 있다.

② 제1항에 따른 결정서는 해당 사업 또는 사업장의 모든 노동조합과 사용자에게 지체 없이 통지하여야 한다.

2. 인사 · 징계관련 표준서식

[제1호 표준서식]

표 준 근 로 계 약 서

아래 당사자는 다음과 같이 근로계약을 체결하고 이를 성실히 이행할 것을 약정한다.

사용자	업체명			
	소재지			
	대표자		사업자등록번호	
근로자	성 명		주민등록번호	
	주 소	☎		

1. 근로계약기간	년 월 일부터 년 월 일까지 ※ 시용(수습)기간:
2. 근무장소	
3. 담당직무	
4. 근무형태 및 근무시간	1) 근무형태: □ 전일제, □ 3조2교대, □ 4조3교대, □ 기타( ) 2) 근무시간: ○○ : ○○ ~ ○○: ○○
5. 휴게시간	○○ : ○○~○○ : ○○
6. 휴 일	매주 ( )요일
7. 임 금	1) 기본급: – 시급: 원 (일급 : 원) – 월급: 원 ※ 수습기간 중 임금: 월 기본급의 ( ) % 2) 상여금: 연 ( ) % 3) 연장, 야간, 휴일근로 시 ( )% 가산
8. 임금산정기간 및 임금 지급일	매월 ( )일에서 ( )까지의 임금을 익월 ( )일 지급 ※ 임금지급일이 공휴일인 경우에는 전일지급
9. 지급방법	"을"의 명의로 된 예금통장에 입금
10. 기 타	1) 기숙사: □ 제공 □ 미제공 2) 식 사: □ 미제공, □ 조식, □ 중식, □ 석식 3) 기타사항:
11. 이 계약에 정함이 없는 사항은 근로기준법 및 취업규칙을 따른다.	

년 월 일

사용자 : (서명 또는 인)

근로자 : (서명 또는 인)

[제2호 표준서식]

인 사 명 령 서

인사 제2014 – ○○호	
대상자	□ 성 명:○○○ (○○○○○○–○○○○○○○) □ 직급 · 직책:3급사원, 구매과장 □ 입사일:
종 류	직위해제 및 대기발령
내 용	– 상기인은 2013.7.1.부터 징계처분 시까지 구매과장 직무를 수행하지 말고, 인사과 사무실에 대기할 것 – 구매과 사무실 출입 시에는 인사과장의 승인을 받을 것
사 유	감사결과 상기인이 20**.1.1.부터 20**.6.30. 사이 원자재를 구매하면서 납품업체로부터 금품을 수수한 혐의가 발견되어 징계에 회부
근 거	취업규칙 제57조(직위해제), 제58조(대기발령)
비 고	

취업규칙 제00조에 따라 위와 같이 명령한다.

년 월 일

주식회사 △△△△

대표이사 ▽▽▽ (직인)

[제3호 표준서식]

<table>
<tr><td colspan="2">징계위원회 출석통지서</td></tr>
<tr><td colspan="2">인사 제2014 - ○○호</td></tr>
<tr><td>대
상
자</td><td>□ 성 명: ○○○ (○○○○○○-○○○○○○○)
□ 직급 · 직책: 3급사원, 구매과장
□ 입사일:</td></tr>
<tr><td>출석
일시
장소</td><td>1. 출석일시: 2008.7.15.15:00
2. 출석장소: 본관 3층 소회의실</td></tr>
<tr><td>징계
혐의
사실</td><td>1. 감사결과 상기인이 2008.1.1.부터 2008.6.30. 사이 원자재를 구매하면서 납품업체로부터 ○○차례 ○○○만원의 금품 수수
2. 같은 기간동안 납품대금 3,000만원 유용</td></tr>
<tr><td>근 거</td><td>취업규칙 제59조(징계사유), 제60조(징계종류)</td></tr>
<tr><td>비 고</td><td>징계위원회 개최 전 또는 징계위원회에 자신을 변명할 자료를 제출할 수 있음</td></tr>
<tr><td colspan="2">취업규칙 제○○조에 따라 위와 같이 징계위원회 출석을 통지합니다.

년 월 일

주식회사 △△△△
대표이사 ▽▽▽ (직인)</td></tr>
</table>

[제4호 표준서식]

<table>
<tr><td colspan="2">징계처분 통지서</td></tr>
<tr><td colspan="2">인사 제2014 – ○○호</td></tr>
<tr><td>대
상
자</td><td>□ 성 명: ○○○ (○○○○○○–○○○○○○○)
□ 직급 · 직책: 3급사원, 구매과장
□ 입사일:</td></tr>
<tr><td>종 류</td><td>징계해고</td></tr>
<tr><td>내 용</td><td>– 상기인을 2008.8.1.자로 징계해고함</td></tr>
<tr><td>사 유</td><td>1. 감사결과 상기인이 2008.1.1.부터 2008.6.30. 사이 원자재를 구매하면서 납품업체로부터 ○○ 차례 ○○○만원의 금품 수수
2. 같은 기간동안 납품대금 3,000만원 유용</td></tr>
<tr><td>근 거</td><td>취업규칙 제57조(직위해제), 제58조(대기발령)</td></tr>
<tr><td>비 고</td><td>위 징계처분에 이의가 있을 경우 이 통지서를 받은 날로부터 10일 이내에 재심을 청구할 수 있음</td></tr>
<tr><td colspan="2">취업규칙 제○○조에 따라 위와 같이 통지합니다.

년 월 일

주식회사 △△△△
대표이사 ▽▽▽ (직인)</td></tr>
</table>

3. 노동위원회규칙 별지서식

■ 노동위원회규칙 [별지 제6호서식]

위원 제척 · 기피 신청서

<table>
<tr><td colspan="2">사건번호 · 사건명</td><td></td></tr>
<tr><td rowspan="3">신
청
인</td><td>성 명</td><td></td></tr>
<tr><td>주 소</td><td>(☎:   )</td></tr>
<tr><td>당사자
지 위</td><td>[ ] 근로자(또는 노동조합) [사용자 (해당란에 ✓표시)</td></tr>
<tr><td rowspan="2">제
척</td><td>대상위원</td><td></td></tr>
<tr><td>사 유
(해당란에
✓표시)</td><td>[ ] 위원 또는 그 배우자나 배우자이었던 자가 당해 사건의 당사자가 되거나 당해 사건의 당사자와 공동권리자 또는 의무자의 관계에 있는 경우
[ ] 위원이 당해 사건의 당사자와 「민법」 제777조에 따른 친족의 관계에 있거나 있었던 경우
[ ] 위원이 당해 사건에 관하여 진술이나 감정을 한 경우
[ ] 위원이 당해 사건에 관하여 당사자의 대리인으로서 관여하거나 관여하였던 경우
[ ] 위원이 당해 사건의 원인이 된 처분 또는 부작위에 관여한 경우</td></tr>
<tr><td rowspan="2">기
피</td><td>대상위원</td><td></td></tr>
<tr><td>사 유</td><td></td></tr>
</table>

「노동위원회법」제21조, 「노동위원회규칙」제22조에 따라 위와 같이 제척 · 기피를 신청합니다.

년 월 일

신청인 (서명 또는 날인)

(대리인) (서명 또는 날인)

○○노동위원회위원장 귀하

구비서류	제척 · 기피 사유에 대한 증명자료

210mm×297mm(백상지 80g/㎡)

■ 노동위원회규칙 [별지 제8호서식]

대리인 선임신고서

<table>
<tr><td colspan="2">사건번호 · 사건명</td><td></td></tr>
<tr><td rowspan="3">위임인</td><td>성 명</td><td></td></tr>
<tr><td>주 소</td><td>(☎ :)</td></tr>
<tr><td>당사자 지위</td><td>[ ] 근로자(또는 노동조합) [ ] 사용자 (해당란에 ✓표시)</td></tr>
<tr><td rowspan="4">대리인</td><td>상 호</td><td>※ 변호사 · 공인노무사가 아닌 경우 위임인과의 관계 기재</td></tr>
<tr><td>성 명</td><td>※ 법인인 경우 법인명 및 법인등록번호 기재</td></tr>
<tr><td>사무소(주소)</td><td>(☎ :)</td></tr>
<tr><td>담당 공인노무사
(법인에 한함)</td><td></td></tr>
<tr><td colspan="2">대리의 범위</td><td></td></tr>
</table>

위 사건에 관하여 위임인으로부터 대리인으로 선임되었으므로 「노동위원회규칙」제36조에 따라 위와 같이 신고합니다.

년 월 일

신고인. (서명 또는 날인)

○○노동위원회위원장 귀하

구비서류	1. 위임장 사본 2. 변호사 · 공인노무사가 아닌 경우 주민등록등본 등 위임인과의 관계를 인증할 수 있는 자료

210mm×297mm(백상지 80g/㎡)

■ 노동위원회규칙 [별지 제9호서식]

[ ] 부당해고 등 / [ ] 부당노동행위 구제 신청서

<table>
<tr><td rowspan="2">노동조합</td><td>명 칭</td><td></td><td>대표자</td><td></td></tr>
<tr><td>소 재 지</td><td colspan="3">(☎ :)</td></tr>
<tr><td rowspan="2">근로자</td><td>성 명</td><td colspan="3">(주민등록번호:)</td></tr>
<tr><td>주 소</td><td colspan="3">(☎ :)</td></tr>
<tr><td rowspan="3">사용자</td><td>사업체명</td><td></td><td>대표자</td><td></td></tr>
<tr><td>소 재 지</td><td colspan="3">(☎ :)</td></tr>
<tr><td>해고 등 또는 부당노동행위 사업장</td><td colspan="3">– 사업장명:
– 소 재 지:
– 대 표 자: 직위 및 성명
※ 해고등 불이익처분 당시의 사업장과 본사가 다른 경우 기재</td></tr>
<tr><td colspan="2">신청 취지</td><td colspan="3">1.
2.</td></tr>
<tr><td colspan="2">신청 이유
(별지기재 가능)</td><td colspan="3">1. 해고 등이나 부당노동행위 경위
2. 부당한 이유</td></tr>
</table>

위 근로자 또는 노동조합은
[ ] 「근로기준법」제28조와 「노동위원회규칙」 제39조
[ ] 「노동조합 및 노동관계조정법」제82조와 「노동위원회규칙」 제39조 에 따라 [ ] 부당해고 등 [ ] 부당노동행위

구제를 위와 같이 신청합니다.

년 월 일

신청인 (서명 또는 날인)

○○지방노동위원회위원장 귀하

구비서류	1. 해고의 경우 해고통지서 2. 부당노동행위에 대한 사실을 증명할 수 있는 자료

210mm×297mm(백상지 80g/㎡)

■ 노동위원회규칙 [별지 제10호서식]

○○ 노 동 위 원 회
조 사 보 고 서

(심문일시: , 담당 조사관:)

사 건

근 로 자 성 명 (700101–1******)
주 소

(노동조합) 명 칭
주 소
대 표 자

사 용 자 사업장명
주 소
대 표 자

구제신청일
신 청 취 지

위 사건에 대하여 조사하고 그 결과를 다음과 같이 보고합니다.

Ⅰ. 사건 개요
1. 당사자
가. 근로자(신청인)
나. 노동조합
다. 사용자(피신청인)
2. 이 사건 (해고 등)의 경위
[관련규정]
3. 구제신청에 이른 경위

Ⅱ. 당사자의 주장 요지
1. 근로자(노동조합)의 주장 요지
2. 사용자의 주장 요지

Ⅲ. 주요 쟁점 사항

Ⅳ. 주요 쟁점별 당사자의 주장 및 조사결과

Ⅴ. 그 밖의 직권조사 결과(조사과정에서 화해가 추진되어 온 경우 화해추진 경위와 당사자 입장, 금전보상 신청이 있는 경우 임금상당액의 산정 등)

Ⅵ. 참고 사료(비슷한 사안에 관한 판성 · 판설 예)

210mm×297mm(백상지 80g/㎡)

■ 노동위원회규칙 [별지 제12호서식]

심문회의 참석자 명단

사　　건	
심문회의 일시	

「노동위원회규칙」제52조제3항에 따라 심문회의 참석자 명단을 아래와 같이 제출합니다.

당사자 지위	성 명	당사자와의 관계 (대리인, 참고인)	직위 · 직책
[　　]근 로 자 [　　]노동조합 [　　]사 용 자 (해당란에 ✓표시)			

붙임: 위임장

년　　월　　일

제출자　　　　(서명 또는 날인)

○○노동위원회위원장 귀하

210mm×297mm(백상지 80g/㎡)

■ 노동위원회규칙 [별지 제13호서식]

심문회의 연기신청서

<table>
<tr><td colspan="2">사 건</td><td></td></tr>
<tr><td rowspan="3">신
청
인</td><td>성 명</td><td></td></tr>
<tr><td>주 소</td><td>(☎ :)</td></tr>
<tr><td>당사자 지위</td><td>[ ] 근로자(또는 노동조합) [ ] 사용자 (해당란에 ✓표시)</td></tr>
<tr><td colspan="2">연기 사유
(해당란에 ✓표시)</td><td>[ ] 근로자가 노동조합 선거 출마자로서 선거일이 심문회의 당일인 경우
[ ] 사용자의 주주총회일이 심문회의 당일인 경우
[ ] 당해 구제신청사건과 같은 원인에 의한 소송의 재판기일이 심문회의 당일인 경우
[ ] 당사자나 대리인이 수행하는 심판사건의 심문회의가 같은 날 다른 노동위원회에서 개최 예정인 경우
[ ] 당사자 또는 대리인이 해외출장 중인 경우
[ ] 중대한 신병치료 중으로 거동이 불편하거나 상해, 급성질병 등이 발생한 경우
[ ] 「형사소송법」에 따라 체포 · 구속된 경우
[ ] 본인이나 배우자의 직계존 · 비속과 형제자매의 사망으로 장제기간 중인 경우
[ ] 당사자가 합의하여 심문회의의 연기를 신청한 경우
[ ] 그 밖의 사유(상세히 기재)</td></tr>
</table>

「노동위원회규칙」제53조제1항에 따라 위와 같이 심문회의 연기를신청합니다.

년 월 일

신청인 (서명 또는 날인)

(대리인) (서명 또인 날인)

○○노동위원회위원장 귀하

구비서류	연기사유에 대한 소명 자료

210mm×297mm(백상지 80g/㎡)

■ 노동위원회규칙 [별지 제14호서식]

증 인 신 청 서

<table>
<tr><td colspan="2">사 건</td><td colspan="6"></td></tr>
<tr><td rowspan="3">신
청
인</td><td>성 명</td><td colspan="6"></td></tr>
<tr><td>주 소</td><td colspan="6">(☎ :)</td></tr>
<tr><td>당사자 지위</td><td colspan="6">[ ] 근로자 (또는 노동조합) [ ] 사용자 (해당란에 ✓표시)</td></tr>
<tr><td rowspan="2">증인
인적
사항</td><td>성 명</td><td></td><td>생년월일</td><td></td><td>성 별</td><td>[ ]남 [ ]여</td></tr>
<tr><td>주 소</td><td colspan="6">(☎ :)</td></tr>
<tr><td colspan="2">신 청 사 유</td><td colspan="6"></td></tr>
<tr><td colspan="2">증인심문 사항</td><td colspan="6"></td></tr>
</table>

「노동위원회규칙」제56조에 따라 위와 같이 증인을 신청합니다.

년 월 일

신청인 (서명 또는 날인)

(대리인) (서명 또인 날인)

○○노동위원회위원장 귀하

구비서류	없 음

210mm×297mm(백상지 80g/㎡)

■ 노동위원회규칙 [별지 제17호서식]

금 전 보 상 명 령 신 청 서

<table>
<tr><td colspan="3">사　　건</td><td></td></tr>
<tr><td rowspan="2">신청인</td><td colspan="2">성　　명</td><td></td></tr>
<tr><td colspan="2">주　　소</td><td>(☎ :　　　　　)</td></tr>
<tr><td rowspan="7">보상금
요 구
금 액</td><td colspan="2">합　　계</td><td>금　　　　원 (₩　　　　)</td></tr>
<tr><td rowspan="2">임금상당액</td><td>금　액</td><td></td></tr>
<tr><td>산출근거</td><td></td></tr>
<tr><td rowspan="2">비　　용</td><td>금　액</td><td></td></tr>
<tr><td>산출근거</td><td></td></tr>
<tr><td rowspan="2">기　　타
(　　)</td><td>금　액</td><td></td></tr>
<tr><td>산출근거</td><td></td></tr>
</table>

위 사건에 관하여 귀 위원회에서 부당해고로 판정할 경우 복직명령에 갈음하여 위와 같이 금전보상을 명령하여 주시기를 「근로기준법」 제30조 제3항 및「노동위원회규칙」제64조에 따라 신청합니다.

년　월　일

신청인　　　　(서명 또는 날인)

(대리인)　　　　(시명 또인 날인)

○○노동위원회위원장 귀하

구비서류	근로계약서, 임금명세서, 그 밖에 비용에 관한 영수증 등 소명자료

210mm×297mm(백상지 80g/㎡)

■ 노동위원회규칙 [별지 제18호서식]

단독심판 신청(동의)서

<table>
<tr><td>사 건</td><td colspan="2"></td></tr>
<tr><td rowspan="2">근 로 자
또는
노동조합</td><td>근 로 자</td><td>성 명:
주 소:
대리인:</td></tr>
<tr><td>(노동조합)</td><td>명 칭: (대표자:)
주 소:
대리인:</td></tr>
<tr><td>사 용 자</td><td colspan="2">명 칭: (대표자:)
주 소:
대리인:</td></tr>
<tr><td>신청유형
(해당란에
✓표시)</td><td colspan="2">[ ] 심문회의 진행을 통하여 판정을 원하는 경우
[ ] 근로자위원과 사용자위원의 참여와 심문 없이 화해만을 위한 회의진행을 원하는 경우</td></tr>
</table>

「노동위원회법」제15조의2, 「노동위원회규칙」제67조에 따라 위와 같이 단독심판을 신청(동의)합니다.

년 월 일

근 로 자 (서명 또는 날인)

(노동조합) (서명 또는 날인)

사 용 자 (서명 또는 날인)

○○노동위원회위원장 귀하

유의사항	이 신청(동의)서는 당사자 쌍방이 신청(동의)하여야 합니다.

210mm×297mm(백상지 80g/㎡)

■ 노동위원회규칙 [별지 제20호서식]

화 해 신 청 서

<table>
<tr><td colspan="2">사 건</td><td></td></tr>
<tr><td rowspan="3">신
청
인</td><td>성 명</td><td></td></tr>
<tr><td>주 소</td><td>(☎:)</td></tr>
<tr><td>당사자
지 위</td><td>[ ] 근로자(노동조합) [ ] 사용자 (해당란에 ✓표시)</td></tr>
<tr><td colspan="2">화 해 취 지</td><td></td></tr>
</table>

「노동위원회법」제16조의3제1항 및 「노동위원회 규칙」 제68조에 따라 위와 같이 화해를 신청합니다.

신청인 (서명 또는 날인)

(대리인) (서명 또는 날인)

○○노동위원회위원장 귀하

구비서류	없 음

210mm×297mm(백상지 80g/㎡)

■ 노동위원회규칙 [별지 제22호서식]

○ ○ 노 동 위 원 회
화 해 조 서

사　　건		
근 로 자	성　　명	(주민등록번호:　　　　　　)
	주　　소	
(노동조합)	명　　칭	
	대 표 자	
사 용 자	사업체 명칭	
	대표자 성명	(주민등록번호:　　　　　　)

화 해 조 항

1.
2.
3.

위 사건에 대하여 위와 같은 조건으로 화해하였음을 확인합니다.

년　월　일

근로자(또는 대리인)　　(서명 또는 날인)

사용자(또는 대리인)　　(서명 또는 날인)

○ ○ 노 동 위 원 회
심 판 위 원 회

(위원장) 공익위원　○ ○ ○ (서명 또는 날인)

(공익위원　○ ○ ○ (서명 또는 날인))

(공익위원　○ ○ ○ (서명 또는 날인))

210mm×297mm(백상지 80g/㎡)

■ 노동위원회규칙 [별지 제24호서식]

구제명령 이행결과 통보서

사 건

1. 근로자 성명:
2. 사용자
   - 사업체명:
   - 소 재 지:
   - 대표자명: (주민등록번호:)
3. 구제명령 이행기일:

위 구제신청에 관한 구제명령을 . . . 다음과 같이 이행하였습니다.

다 음

구제명령의 내용	이행 내역

※ 근로자가 여럿인 경우 별지작성 가능

년 월 일

제출자: (서명 또는 날인)

○○노동위원회위원장 귀하

붙 임	구제명령 이행결과 증빙 자료

210mm×297mm(백상지 80g/㎡)

■ 노동위원회규칙 [별지 제25호서식]

○ ○ 노 동 위 원 회

수신자
(경유)
제 목 이행강제금 부과 예고

사 건		
당 사 자	근로자	
	사용자	
구제명령 내 용		
이행기일		
불 이 행 내 용		
부 과 예 정 일		
비 고		

귀하(업체)가 우리 위원회의 부당해고 등 구제명령을 년 월 일까지 이행하지 아니하여 「근로기준법」 제33조에 따라 이행강제금을 부과할 예정이오니, 위의 내용에 대하여 의견이 있으시면 이 문서를 받은 날로부터 10일 이내에 우리 위원회에 의견을 서면으로 제출하시기 바랍니다. 만약, 이 기간 내에 의견을 제출하지 아니한 경우에는 의견이 없는 것으로 처리하게 됩니다.

○○노동위원회위원장

★조사관
협조자
시행 ( ) 접수
우편 /
전화 /전송 /

210mm×297mm(백상지 80g/㎡)

■ 노동위원회규칙 [별지 제28호서식]

○ ○노동위원회
확정된 구제명령 불이행 고발(유예)결정서

<table>
<tr><td>사 건</td><td colspan="2">○○2012고발○○○ △△△△ 구제명령 불이행 고발 결정
(근거판정: 구제명령이 확정된 판정서와 판결문 사건번호 기재)</td></tr>
<tr><td rowspan="2">당 사 자</td><td>근로자</td><td>성 명:
주 소:</td></tr>
<tr><td>사용자</td><td>사업체명:
소 재 지:
대표자명: (주민등록번호:)</td></tr>
<tr><td>구제명령
내 용</td><td colspan="2">1.
2.</td></tr>
<tr><td>구제명령
확정일 및
사건번호</td><td colspan="2"></td></tr>
<tr><td>이행기일</td><td colspan="2"></td></tr>
<tr><td>결 정</td><td colspan="2">고발(고발 유예, 미고발)</td></tr>
<tr><td>결정사유
및 내용</td><td colspan="2"></td></tr>
</table>

우리 위원회는 이 사건 사용자가 확정된 구제명령을 이행하지 아니하여 「근로기준법」 제112조에 따라 위와 같이 고발(유예)하기로 결정한다.

년 월 일

○ ○ 노 동 위 원 회

심 판 위 원 회

위원장 공익위원 ○ ○ ○

공익위원 ○ ○ ○

공익위원 ○ ○ ○

210mm×297mm(백상지 80g/㎡)

■ 노동위원회규칙 [별지 제31호서식]

[ ] 부당해고 등 / [ ] 부당노동행위 구제재심 신청서

<table>
<tr><td rowspan="2">노동조합</td><td>명 칭</td><td></td><td>대표자</td><td></td></tr>
<tr><td>소 재 지</td><td colspan="3">(☎ :)</td></tr>
<tr><td rowspan="2">근로자</td><td>성 명</td><td colspan="3"></td></tr>
<tr><td>주 소</td><td colspan="3">(☎ :)</td></tr>
<tr><td rowspan="2">사용자</td><td>사업체명</td><td></td><td>대표자</td><td></td></tr>
<tr><td>소 재 지</td><td colspan="3">(☎ :)</td></tr>
<tr><td colspan="2">초심사건</td><td colspan="3">○○지방노동위원회 . . . 판정, 사건번호</td></tr>
<tr><td colspan="2">판정서 수령일</td><td colspan="3"></td></tr>
<tr><td colspan="2">재심신청 취지</td><td colspan="3">1.
2.
3.</td></tr>
<tr><td colspan="2">재심신청 이유
(초심판정의 부당성)</td><td colspan="3"></td></tr>
</table>

위 근로자 · 노동조합 · 사용자는

[ ] 「근로기준법」제 31조와 「노동위원회규칙」제 90조
[ ] 「노동조합 및 노동관계조정법」제 85조와 「노동위원회규칙」 제90조
에 따라
[ ]부당해고 등
[ ]부당노동행위

구제 재심을 위와 같이 신청합니다.

년 월 일

재심신청인 (서명 또는 날인)

중앙노동위원회위원장 귀하

구비서류	없음(다만, 대리인이 신청한 경우 대리인 선임 신고서, 위임장, 직무개시등록증)

210mm×297mm(백상지 80g/㎡)

4. 이유서 · 답변서 작성 사례

가. 부당감봉 구제사건(초심 이유서)

이 유 서

사 건	서울 2**3 부해○○○ ○○연구원 부당감봉 구제신청
근 로 자 (신 청 인)	ㅁㅁㅁ(××××××-1××××××) 서울 ○○구 ○○동 ○○○-○○ 위 대리인 노무법인 **** 담당 공인노무사 ○○○ (전화: 02-○○○-○○○○, FAX: 02-○○○-○○○○)
사 용 자 (피신청인)	○○연구원 서울 ○○○구 ○○○동 ○○○-○○ 대표자 원장 ▽▽▽

위 사건에 대하여 이 사건 근로자 ㅁㅁㅁ의 대리인 노무법인 ****은 다음과 같이 이유서를 제출합니다.

2**3년 월 일

위 근로자(신청인)의 대리인 노무법인 ****
담당 공인노무사 ○○○ (인)

신 청 취 지

1. 이 사건 사용자가 2**3.11.12. 이 사건 근로자에 대하여 행한 감봉 2개월의 징계처분은 부당징계임을 인정한다.
2. 이 사건 사용자는 이 판정서를 송달받은 즉시 징계처분을 취소하고, 감봉기간 동안 근로하였다면 받을 수 있었던 임금상당액을 지급하라.

라는 판정을 구합니다.

신 청 이 유

Ⅰ. 당사자 관계

1. 신청인 ㅁㅁㅁ(이하 '이 사건 근로자' 라 한다)은 19**.7.18. 산업자원부 산하 ○○연구원의 책임연구원으로 입사하였으며, 20**년 3월부터 주력산업실의 선임연구위원으로 근무하던 중, 2007.11.12. 감봉 2월의 징계처분을 받은 사람입니다.
2. 피신청인 ○○연구원(이하 '이 사건 사용자' 라 한다)은 19**년 중동문제연구소라는 명칭으로 설립된 후, 현재 상시근로자 145명을 고용하여 국내외 산업 · 기술과 관련된 실물경제의 동향과 정보연구를 수행하는 「정부출연연구기관 등의 설립 · 운영 및 육성에 관한법률」에 의거 설립된 산업자원부 산하기관입니다.

Ⅱ. 징계처분의 경위

1. 이 사건 근로자는 20**년 3월부터 주력산업실의 선임연구위원으로 근무하던 중 2005.2.17. '한국산업의 발전비전 2020프로젝트: 1차년도 보고서' 의 총괄책임을 맡아 동 연구과제를 성공리에 마무리 하였습니다.
   - 또한, 20**.3.16.부터 '한국산업의 발전비전 2020프로젝트: 2차년도 보고서' (이하 '연구프로젝트' 라 함)라는 초대형 과제의 총괄책임을 다시 맡아 20**.1.22. 연구프로젝트를 완성하였고, 외부기관(국무조정실 경제인문사회이

사회) 및 내부기관(연구심의위원회)에서 우수보고서 평가를 받았습니다.

- 이어 '한국산업의 발전비전 2020프로젝트' 1차년도와 2차년도 보고서의 총괄책임을 맡아 연구과제를 수행하는 2년동안 동 프로젝트의 중요성과 많은 외부 전문가를 비롯한 대규모 인원이 투입됨에 따라 당해 연구프로젝트의 진행상황을 ▽▽▽ 원장에게 직접 보고하였습니다.

2. 한편, 이 사건 근로자는 20**.1.29. 피신청인 연구원의 차기원장 선거에 출마하기 위하여 서류를 제출하였습니다. 그리고 20**.2.14. 차기 원장선거 1차 예선을 통과하여 20**.3.9. 현 원장과 마지막 결선투표를 하였으며, 선거결과 현 원장 ▽▽▽의 재선으로 마무리되었습니다.

- 이 사건 근로자가 원장선거에 출마한 직후인 20**.1.31. 출마 경위와 연구프로젝트의 진행상황을 보고하기 위해 ▽▽▽ 원장 면담을 요청하였으나, 원장은 면담을 거부하였습니다.
- 그리고 20**.3.10. ▽▽▽ 원장에게 당선 축하 인사 및 보고를 겸한 면담을 재차 요청하였으나, 원장은 또다시 이를 거부하였습니다.

3. 원장 선거가 ▽▽▽ 원장의 재선으로 종료된 후, 피신청인 연구원은 이 사건 근로자에게 20**.3.15.~2007.7.6. 기간동안 주력산업실 정◁◁ 실장 및 윤▷▷ 본부장을 통한 4차례의 구두 지시와 혁신 점검팀을 통해 2차례(6.28./7.6.) 서면으로 연구프로젝트의 지연사유 등을 보고하도록 이 사건 근로자를 압박하였습니다.

- 피신청인 연구원은 원장선거가 끝난 후 원장에게 직접 보고하던 이 사건 근로자의 총괄책임 연구프로젝트(한국산업의 발전비전 2020프로젝트: 2차년도 보고서) 진행상황에 대한 보고체계를 뚜렷한 이유 없이 갑자기 변경하여 20**.3.15.부터 주력산업실 정◁◁ 실장을 통해 연구프로젝트의 진행상황을 보고하도록 하였으며, 이 사건 근로자의 직접보고를 차단하였습니다.
- 또한 피신청인 연구원은 2007.6.20. 돌연 혁신점검팀이라는 부서를 신설하여 이 사건 근로자가 총괄하고 있는 연구프로젝드의 추진 내역 및 경비지출 등을 엄격히 조사하였으나, 이에 대하여 이 사건 근로자에게 별도 보고하도

록 하였습니다.

- 뿐만 아니라 외주 용역기관인 GI(Global Insight)의 용역 결과물이 상당히 만족스럽고, 본 연구프로젝트의 질적 수준 제고에 크게 기여하였음에도 불구하고, GI(Global Insight)와의 계약내용 부당성과 GI(Global Insight)의 검수보고서 지연사유 등에 대한 해명까지 요구하였습니다.
- 이 사건 근로자는 연구프로젝트 지연사유와 GI(Global Insight)와의 계약내용에 대해 원장에게 직접 보고하기 위하여 20**.3.10. 원장에게 직접 면담을 요청하였을 뿐 아니라, 5.31. 정◁◁ 실장을 통해, 6.12. 윤▷▷ 본부장을 통해 원장면담 요청을 하였으나, ▽▽▽ 원장은 이를 모두 거절하였습니다.

4. 이에 이 사건 근로자는 총 6차에 걸친 피신청인 연구원의 해명요구에 적극 협조하여 모든 보고를 서면(20**.3.16./3.30./5.31./6.13./7.3./7.11.)으로 작성하여 연구프로젝트 지연사유와 보고태만, GI(Global Insight)와의 계약관계 등에 대하여 설명하였고, 연구 프로젝트의 결과물도 20**.6.18. ▽▽▽ 원장의 최종결제에 따라 무사히 마무리 되었습니다.
   - 피신청인 연구원은 다른 연구프로젝트 진행과정에서는 문제 삼지 않았던 연구프로젝트의 지연 경위와 보고태만 등에 대하여 이 사건 근로자에게만 유독 지속적인 해명을 요구하였습니다.
   - 또한 피신청인 연구원은 본 연구프로젝트 이전 최근 10년간 해외 유명전문기관에 연구프로젝트에 대한 외주용역을 발주한 적이 전혀 없었습니다. 그럼에도 불구하고 외주용역 기관과 체결한 용역계약의 부당성과 용역결과의 연구프로젝트 반영정도에 대한 해명을 요구하며 이 사건 근로자를 압박하였던 것입니다.
   - 외주용역사와의 계약내용에 대해서는 원장에게 최종보고가 이루어진 후 체결된 것으로 체결당시 모든 절차에 따라 정당하게 이루어진 계약입니다. 이에 대한 프로젝트 완료 후 총괄책임자라는 이유로 이 사건 근로자에게 책임을 물어 징계하는 것은 부당한 징계권의 행사입니다.

5. 이후 피신청인 연구원은 이 사건 근로자가 총괄한 프로젝트가 성공리에 종결

된 후 4개월이 지난 20**.11.9. 불분명한 징계사유로 이 사건 근로자를 인사위원회에 회부하였고, 이 사건 근로자는 20**.11.12. 감봉 2개월의 징계처분을 통보받았습니다(노 제1호 증: 징계처분 통지서).

- 피신청인 연구원은 20**.11.1. 윤▷▷ 본부장을 통해 구두로 이 사건 근로자에게 20**.11.2.1차 인사위원회 개최를 통보하였습니다.
- 이 사건 근로자는 20**.11.2. 인사위원회에 참석하여 불분명한 징계사유를 소명하였고, 인사위원회는 이 사건 근로자의 징계양정을 견책으로 결정하였습니다. 그러나 원장은 이를 반려하고, 이 사건 근로자의 징계에 대한 연구원 내부 반발을 차단하기 위해 직원들에 대한 개별면담을 실시하여 이 사건 근로자에 대한 징계당위성을 설명하였습니다.
- 그리고 피신청인 연구원은 20**.11.9. 2차 인사위원회를 개최하여 20**.11.12. 신청인에게 감봉 2월의 징계처분을 통보하였습니다. 이 사건 근로자는 20**.11.13. 재심을 신청하였으나, 피신청인 연구원은 20**.12.3. 신청인의 재심을 기각하고 감봉 2월의 징계 처분을 확정하였습니다.

Ⅲ. 이 사건 징계가 부당한 이유

1. 이 사건 근로자는 피신청인 연구원에서 수행하는 대형 과제의 총괄책임자 임무를 다년간 아무런 문제없이 원만히 수행하여 왔으며, 9년간 부서장을 역임하는 등 피신청인 연구원에서 핵심 연구위원으로 활동하여 왔습니다.
2. 그러나 피신청인 연구원은 신청인이 20**.3.16. ~ 20**.6.18.까지 총괄책임하에 진행하여 무사히 마무리 된 초대형 과제인 '한국 산업의 발전비전 2020 프로젝트: 2차년도 보고서'의 진행과정상 문제점을 제기하며, 프로젝트 완료된 후 4개월이 지나서야 이 사건 근로자를 징계처분 하였습니다.
3. 피신청인 연구원은 이 사건 근로자를 징계함에 있어 '한국산업의 발전비전 2020프로젝트: 2차년도 보고서'와 관련하여, ▲ 과제추진 일정 지연, ▲ 외주용역 업무에 대한 보고 해태, ▲ 총괄책임자 로서의 관리소홀을 징계사유로 들고 있습니다.

4. 그러나 피신청인 연구원이 주장하는 징계사유는 정확한 사실관계 확인도 없이 이루어진 것으로 정당한 징계사유라 할 수 없으며, 이에 대한 피신청인 연구원의 구체적인 입증이 없는 한 이 사건 근로자에 대한 징계의 정당성을 인정할 수 없습니다.
   - 피신청인 연구원은 과거 연구프로젝트의 보고태만이나 외주용역 업체 관리소홀을 이유로 감봉과 같이 징계대상자에게 직접적인 손해를 미치는 징계처분을 한 사례가 전혀 없었습니다. 또한 신청인이 추진하였던 연구프로젝트의 경우 정상적으로 마무리 되어 우수보고서로 평가를 받았기 때문에 피신청인 연구원에서 주장하는 징계사유는 정당성이 인정될 수 없습니다.
   - 즉, 성공리에 마무리 된 연구프로젝트의 진행과정이나 결과물로 인하여 피신청인 연구원에게 손해를 끼치거나 연구프로젝트 진행에 차질이 발생한 것은 일체 없었음에도 피신청인 연구원은 이 사건 근로자를 부당하게 징계한 것입니다.

5. 피신청인 연구원은 2차례의 인사위원회와 1차례의 재심인사위원회를 개최하면서 단 한번도 서면으로 징계사유나 인사위원회 참석을 통지한 바가 없습니다. 따라서 이 사건 근로자는 자신의 징계사유에 대하여 명확히 알 수도 없는 상태에서 인사위원회에 참석하였기에 충분한 소명의 기회를 가지지 못했습니다.

6. 또한 피신청인 연구원은 신청인에게 인사위원회 개최 하루 전에 구두로 출석을 통보하는 등 이 사건 근로자가 징계사유에 대하여 충분히 소명할 수 있는 기회를 제공하지 않는 등 중대한 절차상 하자 있는 징계처분을 하였습니다.

Ⅳ. 결 론

첫째, 피신청인 연구원은 이 사건 근로자가 총괄책임 하에 진행 중이던 과제의 보고태만과 관리소홀 등을 징계사유로 삼고 있으나, 이 사건 근로자가 프로젝트를 수행하면서 감봉처분을 받을 만큼 관리를 소홀히 하거나 보고를 태만하게 한 적이 없습니다. 또한 피신청인 연구원은 과거에도 이와 유사한 사례를 이유로 연구원 직원에게 감봉처분을 한 적이 없었던 바, 이 사건 근로자에 대한 감봉 2월의 징계처분은 명백히 부당한 징계권의 남용입니다.

둘째, 피신청인 연구원은 이 사건 근로자에게 인사위원회 개최 하루 전날 출석을 통보하여 소명할 수 있는 시간적 여유를 전혀 부여하지 않았으며, 징계사유를 구두로 통보하여 신청인이 사유를 명확히 인지할 수도 없게 하는 등 충분한 소명의 기회를 부여하지 않았던 바, 이 사건 근로자에 대한 감봉 2월의 징계처분은 절차상 하자 있는 부당한 징계처분입니다.

셋째, 이 사건 근로자는 피신청인 연구원에서 18년간 연구위원으로 근무하면서 초대형 과제의 총괄책임자 임무를 수년간 원만히 수행하였고, 활발한 대외활동으로 연구원의 발전 뿐 아니라, 국가 경제의 발전에도 일임을 담당하였습니다.

넷째, 따라서 이 사건 근로자에 대한 피신청인 연구원의 부당한 징계 처분은 자신의 분야에서 묵묵히 최선을 다해 온 이 사건 근로 자에게 씻을 수 없는 상처가 될 수 있을 뿐만 아니라, 이 사건 근로자의 경력에 있어서도 치명적인 불이익이 될 수 있는 바, 귀 위원회의 현명한 판단으로 이 사건 근로자의 징계처분이 취소되어 국가 산업연구에 전념할 수 있도록 도와 주시기를 간절히 바랍니다.

그러므로, 이 사건 근로자가 제기한 이 사건 "부당감봉 구제신청"에 대하여 신청취지와 같이 인정하여, "신청인에 대한 부당징계를 취소하고, 부당감봉으로 인한 임금을 지급하라"는 명령을 바랍니다.

첨 부 자 료

1. 대리인선임신고서(위임장 포함) 1부.

2. 입증자료 각 1부.
   노 제1호 증 징계처분 통지서

2**3년 월 일

신청인 ㅁㅁㅁ의 대리인
노무법인 ****
담당 공인노무사 ○○○ (인)

♡♡지방노동위원회 위원장 귀하

나. 부당해고 구제사건(재심 답변서)

재심 답변서

사　　건　중앙2013부해○○○ 부당해고구제 재심신청사건 재심 신청인(근로자) *** 재심 피신청인(사용자) **** 위 대리인 노무법인 ****** 공인노무사 *** 서울 강남 **동 705-9 **빌딩 **호(☏02-3***-81**~9)

위 사건에 대하여 이 사건 사용자의 대리인 노무법인 ****은 다음과 같이 재심 답변서를 제출합니다.

년 월 일

위 사용자 대리인 노무법인 ******
공인노무사 ***

답 변 취 지

이 사건 근로자의 재심신청을 '기각' 한다.
라는 결정을 구합니다.

답 변 이 유

1. 이 사건 면직에 이른 경위

가. 20**년 1월 말경부터 20**년 3월경까지 신청외 *** (중구지회 대리), *** (중구지회 과장), *** (중구지회 대리), *** (중구지회 대리), *** (중구지회 사원), *** (중구지회 과장), *** (성동구 지회 부장)은 신청외 *** 등 음식점주 75명으로부터 관할구청에 영업신고를 함에 있어 반드시 필요한 위생교육 수료증을 허위로 발급해 달라는 부탁을 받고서 당시 중구지회 사무국장이었던 이 사건 근로자에게 허위의 위생교육 수료증 발급 알선을 의뢰하였습니다.
신청외 *** 등으로부터 허위 교육수료증 발급의뢰를 받은 이 사건 근로자는 평소 친하게 지내고 있던 ***중앙회 총무국장 ***에게 ***중앙회 중앙교육원장 명의로 된 ***교육 수료증을 허위로 발급해 줄 것을 부탁하였습니다.

나. 이에 신청외 ***는 ***중앙회 중앙교육원장 명의로 된 허위의 ***교육 수료증을 *** 등 75명에게 발급해 주었으며 그 위조된 수료증을 관할구청에 제출하여 영업신고증을 발급받았습니다.

다. 위 불법행위와 관련하여 서울남부지방법원은 2010.9.6. 위계 공무집행방해, 사문서 위조, 위조 사문서행사죄를 적용하여 이 사건 근로자에게 징역 1년 6월에 집행유예 2년을 선고하였고, 이 사건 근로자의 항소에 대하여 서울남부지방법원은 2010.12.23. 항소를 기각하였으며 그 후 대법원에 상고하지 아니하여 형이 확정되었습니다(사제1호증. 서울남부지방법원 1심 판결문, 사제2호증. 서울남부지방법원 항소심 판결문).

〈허위 ***수료증을 통한 영업신고증 부정발급현황〉

구 분	시 기	횟 수	형사처벌
***과의 공모	2007. 1월 말경	총 18회	징역 8월, 집유 1년
***과의 공모	2007. 5월 초순경	총 15회	징역 6월, 집유 1년
***과의 공모	2007. 2월 중순경	총 14회	징역 6월, 집유 1년
***과의 공모	2007. 6월 중순경	총 14회	징역 6월, 집유 1년
***과의 공모	2008. 6월 중순경	총 7회	벌금 300만원
김종필과의 공모	2007. 2월 중순경	총 5회	벌금 200만원
이 양과의 공모	2009. 3월 중순경	총 2회	벌금 150만원
양성순	2007. 5월 중순경	총 11회	징역 4월, 집유 1년
계		총 86회	

※ 이 사건 근로자는 위 86건 중 75건에 관여하였음(***의 경우 허용무에게 직접 의뢰하였음).

라. ○○○뉴스는 2010.4.5. *** 수료증을 허위로 발급해주고 돈을 받은 혐의로 ***에 대하여 시울남부지검이 압수수색을 벌였고 중앙회 사무국장 이모씨 등 2명은 100여곳의 식당과 유흥주점 업주들에게 위조된 수료증을 발급해 구청의 영업신고증을 받을 수 있게 한 혐의를 받고 있다"고 보도하였습니다(사제3호증. ○○○보도내용).

마. 이 사건 사용자는 2011.2.25. 중앙징계위원회를 개최하여[1] 위 ***수료증 부정발급 사건과 관련하여 재직중인 근로자 7명[2]을 징계회부하여 금고 이상의 형을 선고받은 이 사건 근로자 ***, ***, *** 등 4명에 대하여는 면직처분하고, 벌금형 선고를 받은 *** 등 3명에 대해서는 정직처분 (***: 정직 6개월 / ***: 정직 5개월 / ***: 정직 4개월)하였습니다(사제4호증. 징계심의 의결서, 노제1호증 징계처분장).

바. 이 사건 근로자가 2011.3.21. 장기근속 및 중앙회장 표창에 대한 공로를 감

1) 이 사건 근로자에게 2**3.2.18. 징계위원회에 출석하여 소명하도록 통보하였고, 이 사건 근로자는 2**3.2.25. 개최된 징계위원회에 출석하여 소명하였다.

2) 전체 관련자 9명 중 ***과 ***은 각각 2**2.2.28.과 2**3.4.30. 퇴직하였기 때문에 징계처분에서 제외하였다.

안하여 감경해 달라는 이유로 징계 재심신청을 하여 (사제5호증. 징계 재심청구서) 검토한 결과 사무국장으로서 직원들의 그릇된 행동을 묵인하고 오히려 계획적, 조직적, 주도적으로 범행을 주도한 점, 금전적 목적으로 범행을 하였고, 범행횟수가 제일 많은 점, 형사처벌의 형량이 가장 높은 점 등을 고려할 때 원심 면직처분을 번복할 하등의 이유가 없고 징계면직을 감경할 수 있는 반증자료의 제출도 없어 상벌규정 제20조 제1항 단서조항에 의거 재심청구를 기각키로 결정하고 이 사실을 2011.4.6. 통보해 주었습니다(사제6호증. 재심청구 기각통보).

〈상벌규정 제20조 제1항〉

직원이 징계처분을 받고 불복이 있어 재심을 청구한 경우에는 그 통보를 받은 날로부터 15일 이내에 재심청구서를 상급 징계위원회에 제출하여야 한다. 단, 반증자료가 미비하거나 이유가 없다고 인정할 때에는 징계권자는 재심청구를 기각할 수 있다.

〈위 상벌규정에 제20조 개정과정〉

- 개정이유: 징계재심은 전국 40개 지회장으로 구성된 이사회에서 심의하고 있는데 현실적으로 매번 징계재심시 마다 이사회를 소집하는 것이 어렵고 행정적 낭비 요인이 되었기 때문에 징계재심 청구서를 검토한 결과 반증자료가 미비하거나 이유가 없다고 인정될 때에는 징계권자가 재심청구를 기각 할 수 있다고 개정한 것임.
- 개정절차:

① 2010.5.4. 전국 40개 지회장으로 구성 된 이사회에서 승인

② 2010.5.27. 각 지회에 상벌규정에 개정 동의서 제출공문 시달

규정개정 내용을 직원들에게 자세히 설명(시도지회는 각 지부 단위별로 근로자들을 모아놓고 설명)한 후 찬반의견을 묻는 절차를 거치도록 하였음.

③ 2010.6.10.까지 각 지회단위 별로 근로자들을 모아놓고 개정내용에 대한 설명회 개최한 후 개인별 찬반의견서를 징구하였음.

- 전체 인원 1,362명 중 찬성 928명 (68.1% 찬성)
- 신청인도 찬성의견서 제출

사. 한편, 지회의 요구 (탄원서)와 지회운영의 정상화를 기하기 위하여 상벌규정 제24조 (사면 및 징계취소) 제1항에 의거 *** 등 6명에 대하여 2011.4.7. 사면조치 하였습니다.

〈상벌규정 제24조 (사면 및 징계취소) 제1항〉

징계요구권자는 징계를 받은 자가 개전의 정이 뚜렷하거나 기타 특별한 사유가 있다고 인정할 때에는 징계의 전량 또는 진행 중에 있는 징계의 잔량을 장래를 향하여 그 전부 또는 일부를 감경하거나 면제할 수 있다. 이때, 정직은 월 단위 이하로 감경하지 못한다.

2. 이 사건 면직처분의 정당성

가. 근로자에게 징계사유가 있어 징계처분을 하는 경우 어떠한 처분을 할 것인가는 원칙적으로 징계권자의 재량에 맡겨져 있는 것이므로, 그 징계처분이 위법하다고 하기 위하여서는 징계권자가 재량권을 행사하여 한 징계처분이 사회통념상 현저하게 타당성을 잃어 징계권자에게 맡겨진 재량권을 남용한 것이라고 인정되는 경우에 한하고, 사회통념상 당해 근로자와의 고용관계를 계속할 수 없을 정도인지 여부는 당해 사용자의 사업목적 · 성격 · 종류, 사업장의 여건, 당해 근로자의 지위 · 직종 · 업무의 내용, 비위행위의 동기와 경위, 위계질서 문란 위험을 포함한 기업질서에 미칠 영향, 과거의 근무태도 등의 여러 가지 사정을 종합적으로 검토해야 한다는 것이 판례의 일관된 입장입니다(대법원 2002.5.28 선고 2001두10455 판결 등).

나. 이 사건 근로자는, ▲ 중구지회 사무국장으로서 부하직원의 잘못을 지도감독해야 할 위치에 있음에도 본 건 불법행위를 주도한 점, ▲ 금전적 이득을 목적으로 범행을 한 점, ▲ 그 범행기간이 길고, 총 횟수가 75회나 이르는 점, ▲ 이사건 사용자가 정부로부터 위임받은 ***수료증 발급과 관련하여 불법행위를 저지른 점, ▲ 20**.4.5. ○○○ 방송에 보도 (***수료증 허위발급 해주고 돈을 받은 혐의로 ***에 대해 압수수색 실시 등으로 보도)됨으로써 협회의 명예와 신용을 현저히 실추시킨 점, ▲ 자신의 지위를 남용하여 ***을 위한 행정규제를 무력화시킬 수 있는 범행을 계획적, 조직적으로 저지른 점, ▲ 법원에서 불법행위 사실이 모두 인정되어 징역 1년 6월에 집행유예 2년 처분이 확정된 점, ▲ 이 같은 비위행위는 인사규정 제31조 제1항 제4호에 의거 당연퇴직대상에 해당하고 상벌규정 제12조 및 징계량정 기준에 의거 면직 대상에 해당하는 점 등을 종합적으로 고려할 때 면직처분의 정당성이 충분히 인정됩니다.

3. 이 사건 근로자 주장에 대한 답변

근로자 주장내용	이에 대한 반론 (사용자 답변)
○ 징계위원회의 회의록을 보면, 사건관련 직원들로부터 금품을 수수한 사실이 없음에도 금품수수 비위행위를 근거로 징계처분 함은 원인무효의 그릇된 징계라 할 것임.	– 신청외 ***의 경위서에 의하면 업주로부터 각 10만원 또는 5만원씩을 받아서 신청인에게 모두 전달하였다는 것이고, 형사재판 과정에서도 금품전달 사실을 시인하였음 (사제7호증. 장대원 경위서.) – 신청인이 작성한 경위서에도 "직원 일부가 약간의 금품을 가지고 와서 그것으로 식사나 회식을 하였다", "3년간 약 250만원 정도 받았다"고 금품수수 사실을 스스로 시인하였음 (사제8호증. 신청인 작성 경위서). – 법원의 판결문에도 "금전적 이득을 목적으로 신청인과 ***가 범행을 주도하였다"고 기재되어 있음(사제1, 2호증. 법원판결문).
○ 20**년 2. 동대문 지회 사무국장 ***이 징역 4월에 집행유예 1년의 형사처벌을 받았음에도 감봉 6개월 경징계를 처분한 사례가 있음에도 이 사건 근로자에 대하여 당연면직 처분한 것은 인사규정 31조에 따른 당연면직 적용에 있어서 자의적이고, 편파적 처분을 행한 것임.	– 신청외 ***의 경우 20**년 3월 당시 피신청인 회장이었던 ***의 지시에 따라 사무총장실의 시건 장치를 보안카드를 이용하여 풀어주었던 것이고 결국 심부름센터 직원이 사무총장실에 들어가 감청을 하도록 도와주었다는 이유로 징역4월에 집행유예 1년 처분을 받았는 바, 이것은 당시 회장의 지시에 따라 이루어진 점과 그 심부름센터 직원이 도청을 하기 위한 것임을 알지 못한 상태에서 문을 열어준 점, 자신의 이익을 위하여 이 같은 행위를 한 것이 아닌 점 등을 감안할 때 고의성이 없다고 판단되어 2010.2월 감봉 6개월 처분한 것으로 이 사건 근로자의 비위행위의 유형과 정도와는 전혀 다른 사항으로 형평성 비교대상에 해당되지 아니함. – ***의 비위행위는 당시 피신청인 내부의 문제였던 반면, 이 사건 근로자의 비위행위는 대외적인 문제를 야기하였고 행정기관의 정당한 업무수행을 저해한 것으로써 김태곤의 비위행위와는 그 성격을 완전히 달리하는 것이므로 징계형평성 비교대상에 해당하지 아니함. – 신청인이 저지른 위계공무집행방해, 사문서위조 및 동문서 행사죄는 중앙회가 정부로부터 위임받아 실시하는 법정의무교육인 *** 교육으로 정상적인 ***교육을 대행해주고 법정교육비를 받고 있는 바, 신청인은 이를 ***중앙회로 하여금 불법으로 이를 처리케 함으로써 중앙회가 교육하고 받아야 할 법정교육비 손실을 초래한 동시에 중앙회의 법정 ***교육에 대한 대내외 위신과 명예를 실추시킨 점을 감안할 때 ***의 비위행위 만은 그 성격과 정도에 있어서 현격한 차이가 있으므로 신청인의 징계 형평성 주장은 이유 없다 할 것임. – 신청인과 유사한 비위행위를 저질러 금고이상의 형을 받은 서초구지회 ***, *** 등에 대하여 2010.2. 면직조치 한 사실이 있는 바, 이에 비추어 보아도 징계 형평성에 있어서 아무런 흠결이 존재하지 아니함.

근로자 주장내용	이에 대한 반론 (사용자 답변)
○ *** 등 6명에 대해서는 모두 사면조치 하였음에도 신청인만 특정하여 특별히 가혹한 해고 처분한 결과로 징계 형평성이 어긋남. ○ *** 등 3명의 직원은 금고이상의 형을 받아 2011.2.25. 당연면직 처분되었고, 재심청구 기간을 도과하여 당연퇴직되었다 할 것임에도 이사건 사용자가 2011.4.7. 신규채용으로사면했다고 주장하는 것은 국가의 확정된 형별 책임까지 면제치는 못한다 할 것이며, 재량권 행사가 그 내재적 한계로써 인사규정에 반하는 남용이나 일탈은 허용치 못함을 살펴보면, 신청인만 편파적으로 배제하고 가혹한 징계책임을 지우는 인사권 (사면권) 남용에 해당함.	- 상벌규정 제24조 제1항에 따르면 징계요구권자는 특별한 사유가 있다고 인정될 경우 징계의 전부 또는 일부를 감경하거나 면제할 수 있도록 규정하고 있어 이 사건 불법행위에 중구지회에 근무하는 모든 근로자들이 연루되어 면직 또는 정직 처분을 받음에 따라 사실상 업무마비 상태가 초래되었고 이 때문에 지회장, 회원들이 탄원서를 제출하여 중구지회의 정상적인 운영을 기하기 위하여 하위직 근로자들에 대하여 사면조치한 것임. - 사면권 행사는 징계처분을 확정한 이후에 인사권자가 제반사정을 감안하여 그 확정된 징계처분을 면제 또는 감경하는 제도로써 그 행사여부는 인사권자의 자유재량에 속하는 것으로써 이 사건 근로자에 대해서 사면하지 아니하였다는 이유로 징계형평성 위반으로 볼 수는 없다할 것임. - 이사건 사용자가 *** 등에 대하여 사면권을 행사하였다 하여 국가의 확정된 형사책임을 면제한 것은 아니며, *** 등의 경우 징계처분이 확정된 이후 사용자가 관련규정에 의거 사면권을 행사한 것으로서 이를 인사권 남용이라고 볼 수 없고, 사면권 행사에 있어서 이사건 근로자를 배제시켰다 하여 사면권 남용으로 볼 수 없음. - 이 사건 근로자의 비위행위의 유형과 정도, 이를 주도한 점, 그 직위, 범행횟수가 가장 많은 점, 금전적 이득을 목적으로 한 점, 형사처벌 수위가 가장 높은 점 등을 고려할 때 나머지 근로자 6명의 잘못과는 큰 차이가 있다 할 것이어서 이 사건 근로자에 대해서 사면권 행사 대상에서 제외시킨 합리성이나 타당성이 충분히 인정됨.
○ 징계절차상 하자 - 징계재심 신청을 하였음에도 이사회를 개최하여 심의하지 아니하고 재심을 기각 결정한 것은 절차상 중대한 위법에 해당함.	- 상벌규정 제20조 제1항 단서조항에 따르면 반증자료가 미비하거나 이유가 없다고 인정할 때에는 징계권자가 재심청구를 기각할 수 있다고 규정하고 있는바, 따라서 해당근로자가 징계재심을 신청한 경우 반드시 상급 징계위원회에 회부해야 하는 것이 아니며 원심 징계처분을 취소할만한 반증자료가 미비하거나 이유가 없다고 인정될 경우에는 징계권자가 재심청구를 기각할 수 있는 것이며 이를 이유로 징계절차상 하자로 볼 수 없음. - 이 사건 근로자는 재심청구서에서 장기 근속하고 표창을 받았다는 이유로 징계양정을 감경해 달라는 이유를 적시하였으나, 이 사건 근로자의 비위행위가 법원의 확정판결로 명백하고 그 비위행위의 유형과 정도로 볼 때 더 이상 고용관계를 지속할 수 없는 점, 초심에서 징계대상자 심의자료 내용에 이미 평소의 소행, 상훈사항 등을 참작하여 징계한 점, 아울러 회사 규정상 장기근속 및 표창 받은 사실을 이유로 징계 양정을 감경한다는 별도 규정이 없는 점 등을 고려할 때 원심 징계결정을 취소할만한 반증자료나 이유가 없다고 판단되어 재심청구를 기각한 것이므로 징계절차상 아무런 하자가 없음.

근로자 주장내용	이에 대한 반론 (사용자 답변)
	– 피신청인은 상벌규정 제20조 제1항 단서조항을 2010.6.10. 개정, 신설함에 있어서 각 지회(부) 단위별로 근로자들을 모아놓고 설명회를 개최한 후 개별 근로자들로 하여금 자유롭게 규정개정에 대한 찬반의견서를 제출토록 하였던 것이고, 집계결과 전체 근로자 과반수 이상의 동의절차를 거쳤으므로 동 규정의 적법성이 충분히 인정됨. 〈참고: 중노위 20**.7.17. 판정, 20**부해177〉 회사 취업규칙 등에 징계처분에 대하여 불복한 자는 그 결정을 번복할 수 있는 입증하는 경우에 한하여 재심을 청구할 수 있다고 규정하고 있는 경우 해당 근로자가 재심신청을 하면서 원심 결정을 번복할 수 있는 증빙자료를 추가로 제출하지 아니하였다는 이유로 징계 재심에 회부하지 아니하고 인사권자가 재심신청을 '각하' 한 것은 징계절차상 하자가 있다고 볼 수 없다.

4. 결 론

그러므로 이 사건 근로자에 대한 면직처분은 정당하므로 이 사건 재심신청을 '기각' 한다는 결정을 해 주시기 바랍니다.

20**년 월 일

사용자 대리인 노무법인 ****
공인노무사 ***

중앙노동위원회 위원장 귀하

다. 부당전보 구제사건(재심 이유서)

재심 이유서

사　　　건: 중앙20**부당전보구제재심신청
근　로　자: *** (61○○○○-1○○○○○○)
(재심피신청인) 서울특별시 서초구 ***동 ***아파트 ***호
사　용　자: 주식회사 ***
(재심신청인) 대표이사 ***
위 대리인 ***노무법인
담당 공인노무사 *** (051-***-***0)
부산시 동구 **동 **아파트 111동 2**호

위 사건에 대하여 이 사건 사용자의 대리인은 다음과 같이 재심 이유서(1)을 제출합니다.

20**년　월　일

위 사용자의 대리인
***노무법인
담당 공인노무사 양** (인)

1. 당사자 개요

가. 근로자(재심피신청인)

재심피신청인 ***(이하 '이 사건 근로자'라 한다)는 20**. 9.1. ***주식회사에 입사하여 서울 서초구 *** 소재 *** 주식회사 해외영업팀에서 근무하던중 20**.10.15. 해외영업팀에서 관리팀(부산광역시 강서구 ***동 ***번지 소재)으로 인사발령을 받고 현재 관리팀에서 근무하는 사람입니다.

나. 사용자(재심신청인)

재심신청인 *** 주식회사(이하 '이 사건 사용자'라 한다)는 20**.12. 01. 설립되어 상시근로자 250명을 고용하여 ***의 제조 판매업을 영위하고 있으며,

본사와 주된 생산공장은 부산광역시에, 충청남도 아산시에 생산공장이 있고, 서울특별시에는 서초구 ***, ***빌딩 2층(서초동)에 해외영업팀 사무실이 있습니다.

2. 이 사건 근로자에 대한 인사발령의 경위

가. 이 사건 근로자는 해외 영업업무를 총괄하는 해외영업팀장으로 근무하였으나, i) 국내영업부문에 비해 현저히 영업실적이 부진하여, 2011년도 실적 증감율이 전년대비 -16.5%를 기록하여 회사경영에 큰 어려움을 초래하였고, 2012년도에도 실적이 부진하여 해외 영업 실적액이 3년전 실적액에도 미치지 못하는 점. ii) 이러한 실적부진을 극복하고자 대표이사가 강력히 지시한 신규바이어 발굴을 위한 해외수출관련상사 방문영업에 있어서도 2010년 이후 21차례 미팅 중 단 한건의 실적도 없었다는 점. iii) 상기 이유로 인해 2010년 인사고과, 2011년 인사고과에서 연속 해외영업팀을 포함한 관리팀 직원 중에서 최하위를 기록하였고, 이로 인해 2012년에는 연봉감액 대상자로 선정되어 2011년보다도 감액된 연봉계약이 체결되었습니다.

나. 20**년에도 이러한 상황은 좀처럼 개선되지 않아 2012년 2월부터 5월 사이에 수차례 *** 이사를 통해 이에 대한 개선을 강력히 촉구하였고, 특히

20**.6.20. 동료 근로자 ***, *** 등이 참석한 부산 ***공장 원자재 수급회의에서는 *** 이사를 통해 "이대로는 더 이상 해외영업팀장으로서 역할을 수행할 수 없으므로 본인이 알아서 잘 처신하라"고 특별한 개선이 없다면 인사발령이 있을 것임을 이미 예고하였습니다(사 제17호증 동료근로자 ***, *** 확인서).

다. 그럼에도 불구하고 별다른 개선이 없어 20**.9.20. 이 사건 사용자의 대표이사는 인사관리규정 제20조 및 제21조 제1항 제4호에 근거해 부득이 인사발령(직무이동)을 결심한 것입니다. 그러나 본사와 주된 공장이 부산에 소재하는 특수한 사정으로 인해 이 사건 인사발령을 통해 근로자의 근무지가 부득이 서울에서 부산으로 변경되는 어려움이 예상되어, 인사발령에 앞서 이 사건 근로자의 의사를 확인하기 위해 20**.9.21. *** 이사를 통해 이 사건 근로자와 협의를 시작하였습니다. 협의과정에 있어서 이 사건 근로자도 회사측에 사직 유예기간으로 5개월 내지 6개월을 요구하는 등 전향적으로 협의하여 왔습니다.

라. 그러나 20**.9.24. 이 사건 근로자가 사직의사가 없음을 명확히 표시하여 협의는 종결하였고 이 사건 사용자로서는 이 사건 근로자에게 보다 적합한 업무를 부여하기 위하여 이미 예정된 인사발령을 20**.10.15. 한 것입니다.

3. 이 사건 인사발령의 성격 및 근거규정

(1) 인사관리규정 제20조에 근거 직무이동(**영업팀에서 관리팀으로)

이 사건 인사발령은 인사관리규정 제20조 및 제21조 제1항 제4호에 근거한 직무이동입니다. 즉 ***영업팀에서 관리팀으로의 직무이동입니다. 부장으로서의 직위는 그대로 유지되고 있고, 담당부서만이 ***영업팀에서 관리팀으로 변경된 것입니다. 물론 이 사건 인사발령을 통해 근로자의 근무장소가 서울에서 부산으로 변경되었으나, 이는 서울에 ***영업팀 사무실이외에는 다른 부서가 전혀 없고 부산에 본사와 주된 공장이 있는 특수한 사정에 기인한 부수적인 결과입니다. 만일 서울에 다른 부서가 있었다면 서울 소재 부서로 직무이동도 적극 검토하였겠지만, 서울에는 해외영업팀 이외에는 다른 부서가 없어 부득이 본사와 주된 공장이 있는 부산에서 근무하게 된 것입니다.

〈인사관리규정〉
제20조【직무이동】 대표이사는 업무상 필요한 경우 또는 적재적소 배치로 인력의 효율적 활용을 위하여 필요한 경우 직무이동을 명할 수 있다. **제21조【직무이동원칙】** ① 근로자의 직무이동은 동일 직무에 1년 이상 근무한 자로서, 다음 각 호의 1에 해당할 경우에 한한다. 1. 직원의 진급으로 이동이 불가피한 경우 2. 기구의 해체 또는 개편으로 재보직이 필요한 때 3. 특수교육을 받은 자로서 보직을 변경함이 합리적이라고 판단될 때 4. 기타 회사의 형편이나, 인사고과 결과 필요하다고 인정할 때 ② 대표이사의 지시로 보직을 변경할 수 있다.

(2) 인사관리규정 제20조에 근거한 직무이동의 전례

인사관리규정 제20조에 근거한 직무이동의 인사발령은 이 사건 근로자 *** 이외에도 *** 과장(**.03.01. 영업팀에서 구매팀으로 발령), *** 대리(**.11.01. 관리팀에서 구매팀으로 발령), *** 대리(**.11.01. 구매팀에서 ***팀으로 발령) 외 다수의 전례가 있습니다(사 제18호증 *** 과장 전보발령품의서, 사 제19호증 *** 대리 전보발령품의서).

뿐만 아니라, 인사발령을 통해서 근무지가 변경된 경우도 다음과 같습니다(사 제20호증 *** 차장 전보발령품의서, 사 제21호증 *** 차장 전보발령품의서).

4. ○○지방노동위원회 판정요지 및 부당성

가. 초심지노위는 "이 사건 근로자를 서울영업팀에서 부산 녹산공장 관리팀으로 변경할 만한 업무상 필요성이 부족할 뿐만 아니라, 이 사건 근로자가 받게 되는 생활상의 불이익이 크다고 보이며, 신의칙상 요구되는 절차를 거치지 않았으므로 이 사건 전보발령은 부당하다"고 결정하였습니다.

나. 이는 근로자의 근거없는 주장만을 일방적으로 받아들인 편파적이고, 자의적인 판정이라고 할 것입니다.
특히 초심 지노위는 "이 사건 근로자가 해외영업팀장으로서의 업무능력이 부족(업무실적부진과 인사고과 평가방법에 대한 이 사건 근로자의 이의제기에 대해 이 사건 사용자는 적절한 입증을 못하고 있음)하다고 보아 이 사건 근로자에게 사직을 권고하였으나, 이 사건 근로자가 이를 받아들이지 않자, 이 사건 근로자를 서울 소재 해외영업팀에서 부산 소재 녹산공장의 관리팀으로 전보발령한 것으로 발령지에서 업무필요성이 크다고 볼 수 없는 점" 이라고 판단하고 있으나, 이는 사실관계를 오인한데 따른 심히 부당한 판단입니다.

다. 20**년 이후 ***영업부분의 실적부진을 극복하기 위한 신규바이어(해외수출관련 신규상사) 발굴과 관련 단지 21차례 미팅만 하였을 뿐 실적이 전무하다는 것은 이 사건 근로자 본인도 인정하는 다툼없는 사실이고, 20**년, 20**년 인사고과 최하위점수에 대해서는 사 제11호증, 사 제13호증을 통해 인사고과 결과표를 첨부하였고, 특히 20**년 인사고과 최하위로 인해 20**년도에는 이 사건 근로자 ***에게 감액된 연봉이 제시되었으며, 이 사건 근로자도 이에 수긍하여 감액된 연봉계약서에 서명하였습니다(사 제8호증 이 사건 근로자 2012년 연봉계약서).

라. 그러나 이 사건 근로자는 제대로 된 입증자료 없이 단지 일방적인 주장만으로 일관하고 있는 상황임에도 불구하고, 이 사건 사용자가 업무실적부진에 대한 입증을 못하고 있다고 판단한 것은 현저히 편파적인 판단이라고 할 것입니다. 영업팀장이 20**년 이후 신규바이어(해외수출 관련 상사) 발굴실적이 단 한건도 없다는 것만으로 직무이동의 필요성은 충분하고도 넘친다고 할 것입니다.

마. 또한 인사발령 경위에 관해서도, 먼저 사직을 권유하고 이를 받아들이지 않자 인사발령을 한 것이 아니라, 이미 20**.9.20. 이 사건 사용자의 대표이사는 인사관리규정 제20조, 제21조 제1항 제4호에 근거해 인사발령을 결

심하였으나, 서울에는 ***영업팀 사무실만이 존재하고 본사와 주된 공장이 부산에 소재하는 특수한 사정으로 인해 근로자의 근무지가 서울에서 부산으로 변경되는 어려움이 예상되어, 인사발령에 앞서 이 사건 근로자의 의사를 확인하기 위해 20**.9.21. *** 이사를 통해 이 사건 근로자와 협의를 시작한 것입니다. 협의과정에 있어서 이 사건 근로자도 사직 유예기간으로 5개월 내지 6개월을 요구하는 등 전향적으로 협의하여 왔으나, 20**.9.24. 이 사건 근로자가 사직의사가 없음을 명확히 표시하여 협의는 종결하였고 이미 예정된 인사발령을 20**.10.15.자로 한 것입니다.

5. 인사발령의 업무상 필요성이 크지 않다는 판단에 대하여

(1) 국내영업에 비해 현저히 부진한 해외영업 실적

이 사건 근로자는 해외영업을 총괄하는 **영업팀장으로 직무를 수행하였는데, ***영업부문은 최근 3년간 국내영업부문에 비해 실적이 현저히 부진하였습니다.

20**년도에는 국내영업에 비해 실적증가율이 절반에 거쳤고, 특히 20**년도에는 전년대비 실적증가율이 -16.5%로 사상 최악의 실적을 기록하여 회사경영에 막대한 어려움을 초래하기도 하였습니다.20**년도에도 20**년도의 16.5% 실적 이후 4.9%라는 미미한 실적을 기록하여 실적금액면에서는 3년전 실적금액에도 미치는 못하는 상황이었습니다(사 제10호증 매출실적보고서 사본).

연 도	구 분	국 내	국 외
2010년 실적	전년대비 증감율	17.9%	9.6%
	실적금액	77,942,322	75,374,188
2011년 실적	전년대비 증감율	1.6%	-16.5%
	실적금액	79,225,765	62,950,699
2012년 실적	전년대비 증감율	6.9%	4.9%
	실적금액	84,665,375	66,052,180

이 사건 근로자는 초심 이유서(3)에서 국외부문의 판매단가가 국내부문에 비해 높다고 주장하고 있으나, 이는 이 사건 근로자 민봉기의 해외영업역량과는 전혀 무관한 것입니다. 판매단가가 상대적으로 높은 이유는 전적으로 국내영업대비

경쟁업체 수가 현저히 적음으로 인한 가격경쟁력의 유리함 때문입니다. 그럼에도 불구하고 자신이 회사 이익창출에 지대한 공헌하였다고 주장하는 것은 사실관계를 심히 왜곡하려는 악의적인 주장입니다. 또한 이 사건 근로자는 무역의 날 우수경영인 표창장 상신을 하였으므로 해외영업 실적이 좋았다고 주장하고 있으나 이 또한 사실이 아닙니다. 실제로는 2012년 무역의 날 우수경영인 수상과 관련하여 대표이사 및 해외영업팀 근무자 중 표창 대상자는 없었습니다.

(2) 전무(全無)한 해외수출관련 신규상사(신규 바이어) 발굴실적

상기와 같은 해외영업부분의 실적부진을 극복하고자, 이 사건 사용자의 대표이사는 20**년부터 신규 바이어 발굴을 통한 해외수출확대를 위해 이 사건 근로자에게 해외수출관련 신규상사 방문영업을 강력히 지시했고, 매월 실시되는 **영업팀 회의시마다 실적을 독려하여왔습니다. 그럼에도 불구하고 이 사건 근로자는 2010년 이후 단 한건의 해외수출관련 신규상사(신규바이어) 발굴 실적이 없습니다.

그러나 이 사건 근로자는 초심이유서(3)에서 대표이사의 해외수출확대를 위한 해외수출관련 신규상사 발굴지시에 적극적으로 대응하였다고 주장하면서, 20**년 9월 15일 삼성물산 *** 주임 미팅 등 21가지의 미팅사례를 적시하고 있습니다. 그러나 미팅만 했을 뿐 신규바이어 발굴 실적은 단 한 건도 없었습니다. 단지 21차례 미팅만하고 단 한 건의 실적도 없음에도 불구하고, 대표이사의 업무지시에 적극적으로 대응하였다고 강변하는 것은 영업담당직원으로서의 기본적인 자세가 부족하다고 할 것입니다.

(3) 2010년, 2011년 사내 인사고과 최하위

위와 같이 국내영업부문에 비해 현저한 실적부진 및 전무(全無)한 해외수출관련 신규상사(신규바이어) 발굴실적을 이유로 인사고과에 있어서도 이 사건 근로자는 2010년, 2011년 연속하여 해외영업팀 중에서 최하위였고, 전체 관리직 근로자 중 최하위의 평가를 받았습니다(사 제11호증 2010년 인사고과 결과표).

이 사건 근로자는 초심이유서(3)에서 2011년도 연봉계약 체결에 있어서 자신은 4%가 인상되었고, 해외영업팀 ***대리는 2.7% 인상되었으므로 자신의 연봉인상율이 더 높고 따라서 인사고과에 있어서도 자신의 고과점수가 더 높아야 한다고 주장하고 있으나, 이는 전혀 사실이 아닙니다.

2011년도 관리직원 연봉인상률은 동일하게 차장, 부장급은 4%인상하였고 사원, 대리, 과장은 연봉 5%를 인상하였습니다. 이는 이 사건 사용자의 2011년도 임금인상 품의자료를 통해 충분히 입증가능합니다

(사 제16호증 2011년 임금인상 품의자료).

참고로 초심 이유서(3)에서 언급된 근로자 ***은 월 2,250,000원에서 월 2,363,000원으로 인상되어 5% 인상되었고, ***는 대졸사원 기본급 조정으로 월 1,800,000원에서 월 1,920,000원으로 인상되어 6.67%인상되었습니다. 이 사건 근로자가 2.7%인상 운운하는 것은 서울사무소 직원에 대하여 별도의 식대를 지급하고 있는데 이를 포함한 금액을 계산기준을 삼은 것으로 추측됩니다(사 제13호증 2011년 인사고과 결과표).

유일하게 40점대를 기록하였고, 이러한 인사고과 점수로 인해 2012년 연봉계약 체결시 인사고과 하위 5%의 인원에 해당되어, 2011년에 비해 삭감된 연봉이 제시되었고, 이 사건 근로자도 이를 인정하여 삭감된 연봉계약서에 서명 날인하였습니다.

인사고과 하위 5% 해당자에 대해 삭감된 연봉을 제시하는 제도는 2012년에 처음 도입된 것으로 이러한 제도는 이미 이메일로 전체 근로자에게 통지된 것으로 이 사건 근로자도 충분히 알고 있는 내용입니다.

6. 이 사건 인사발령에 따른 생활상의 불이익에 대해

가. 이 사건 인사발령을 통해 근로자의 생활상 불이익이 다소간 발생한다는 것은 충분히 예견가능한 것입니다. 이 사건 사용자로서도 이러한 어려움을 최소화하고자 전보발령 첫날부터 사택(원룸)과 식사(아침, 점심, 저녁)을 무상으로 제공하여 식사와 주거에 있어서는 아무런 불편이 없도록 배려하고 있고 이에 대하여는 이 사건 근로자도 인정하는 내용입니다.

나. 또한, 이러한 생활상의 어려움은 이 사건 근로자에게 한정된 것이 아닙니다.현재 이 사건 근로자 *** 이외에도 주소와 근무지가 달라 사택(원룸)에서 생활하는 근로자는 23명이고, 대부분의 근로자가 4인 1실을 사용하고 있으나, 이 사건 근로자 ***는 특별히 1인 1실을 사용할 수 있도록 배려하고 있습니다.

7. 이 사건 인사발령에 관한 근로자와의 협의에 대해

가. 이 사건 인사발령은 아무런 협의 없이 갑자기 시행된 것이 아닙니다.
이 사건 사용자로서는 이 사건 근로자가 2010년 이후 단 한건의 해외수출 관련 신규상사(신규바이어) 발굴 실적도 없는 등 해외영업팀장 업무를 수행하는 것이 심히 부적절하다는 내용을 충분히 알려 인식시켜왔고, 이를 시정할 수 있는 기회 또한 2년이상 부여하여 왔습니다.2012년에도 2월부터 5월사이에 수차례 박용복 이사를 통해 이러한 문제점을 지적하고 개선을 강력히 촉구하였습니다(사 제3호증 *** 이사 확인서).

나. 특히 2012.6.20. 녹산공장 원자재 수급회의에서는 *** 이사를 통해 "이대로는 더 이상 해외영업팀장으로서 역할을 수행할 수 없으므로 본인이 알아서 잘 처신하라"고 특별한 개선이 없다면 전보발령이 있을 것임을 이미 예고하였습니다.
이 사건 근로자는 초심이유서(3)에서 이러한 협의과정에 대해 사후에 만들어 낸 이야기라고 주장하였습니다. 그러나 자신에게 유리한 판정을 도출하기 위한 터무니 없는 허위주장입니다.
이러한 내용은 그 당시 회의에 참석했던 동료 근로자 ***, *** 등 다수가 목격한 내용입니다. 또한 이 사건 근로자가 초심 이유서(1)에 첨부한 녹취록 10면에서 ***이사가 이 사건 근로자에게 언급한 "그런데 지금 ***께서도 제가 6월달에도 얘기하고 그랬지만 어느 정도 지금 생각을 하셨을 텐데 솔직히 지금까지 준비가 안됐다는 것은 저로써도 조금 그렇거든요"라는 내용을 통해서도 알 수 있는 것입니다(사 제17호증 동료근로자 *** 확인서).

다. 그럼에도 불구하고 별다른 개선이 없어 부득이 2012.09.20. 이 사건 사용자의 대표이사는 인사관리규정 제20조, 제21조 제1항 제4호에 근거해 인사발령을 결심한 것입니다. 그러나 이 사건 인사발령을 통해 근로자의 근무지가 서울에서 부산으로 변경되는 어려움이 예상되어, 인사발령에 앞서 이 사건 근로자의 의사를 확인하기 위해 2012.9.21. *** 이사를 통해 이 사건 근로자와 협의를 시작한 것입니다. 협의과정에 있어서 이 사건 근로자도 사직 유예기간으로 5개월 내지 6개월을 요구한 사실이 있습니다. 이러한 사정을 고려할 때 이 사건 인사발령과 관련하여 전혀 협의가 없었다는 이 사건 근로자의 주장은 사실이 아닙니다.

또한, 이 사건 사용자는 내부적으로 관리팀, 영업팀, 구매팀, 품질보증팀 등의 부서가 있으나, 이 사건 근로자의 경력을 고려할 때 그 중 관리팀 업무가 가장 적합하다고 판단하여 관리팀으로 인사발령한 것이며, 충남 아산공장의 관리팀은 소규모이고 결원이 없어 본사와 주된 생산공장이 있는 부산으로 인사발령한 것입니다.

8. 결 론

먼저 이 사건 정당성 판단의 대상은 해외영업팀에서 관리팀으로의 직무이동 인사발령입니다. 이 사건 근로자는 업무능력부족으로 인한 현저한 실적부진, 현황파악 부족 등 불성실한 근무태도로 인한 대표이사로부터의 신뢰상실, 최하위의 인사고과점수 등의 문제로 더 이상 해외영업팀 업무를 수행하는 것이 부적합하다고 판단되었고, 이에 이 사건 사용자는 2012.10.15. 이 사건 근로자를 관리팀으로 직무이동 하였습니다.

인사발령 과정에서 근무지가 부득이 본사와 주된 공장이 소재하는 부산광역시로 변경되는 어려움이 있었으나, 이 사건 사용자로서도 이를 최소화하기 위해 무상으로 관사제공 및 식사제공(아침, 점심, 저녁) 등의 배려를 하고 있으며, 특히 숙소문제에 있어서도 다른 근로자에 비해서 1인 1실을 제공하는 등 특별히 배려하고 있습니다.

상기와 같은 사정을 고려할 때, 이 사건 근로자에 대한 해외영업팀에서 관리팀으로의 인사발령은 사용자에게 부여된 정당한 인사권 행사라고 판단되는 바, 재심신청취지와 같은 결정을 하여주시기 바랍니다.

입 증 자 료

1. 사 제11호증 2010년 인사고과 결과표
2. 사 제13호증 2011년 인사고과 결과표
3. 사 제16호증 2011년 임금인상 품의자료
4. 사 제17호증 동료근로자 이○○, 정○○ 확인서
5. 사 제18호증 정○○ 과장 전보발령품의서
6. 사 제19호증 장○○ 대리 전보발령품의서
7. 사 제20호증 이○○ 차장 전보발령품의서
8. 사 제21호증 강○○ 차장 전보발령품의서

붙 임 서 류

1. 위 입증자료 각 1부

20**년 월 일

위 사용자의 대리인

***노무법인

담당 공인노무사 양** (인)

중앙노동위원회 위원장 귀하

라. 부당해고 및 부당노동행위 병합사건(초심 답변서)

답 변 서

사 건	20**부해○○○/부노○○○ 병합학교법인 ○○ 부당해고 및 부당노동행위 구제신청
근 로 자 (신 청 인)	△△△(○○○○○○-2○○○○○○) 경기도
사 용 자 (피신청인)	학교법인 ○○가나대학교 이사장○○○ 위 대리인 노무법인++ 담당 공인노무사 ***

위 사건에 대하여 이 사건 사용자 학교법인 ○○가나대학교의 대리인 노무법인 ++은 다음과 같이 답변서를 제출합니다.

20**년 월 일

위 사용자의 대리인
노무법인 ++ (직인)
담당공인노무사 ***(인)

답변 취지

1. 이 사건 사용자 대학교가 근로계약기간 만료에 따라 이 사건 근로자와 근로관계를 종료한 것은 정당하다.
2. 이 사건 근로자의 구제신청을 모두 기각한다.

라는 결정을 구합니다.

Ⅰ. 당사자 관계

1. 사용자(피신청인)

학교법인 ○○(이하 '이 사건 사용자' 라 한다)는 서울시 ○○○구 ○○동 ○○번지에 주소를 두고 있으며, 가나대학교(이하 '피신청인 대학교' 라 한다) 등을 설치하고 상시 근로자 350여명을 고용하여 교육서비스업을 경영하고 있는 학교법인입니다.

2. 근로자(신청인)

신청인 ○○○(이하 '이 사건 근로자' 라 한다)은 2000.4.14. 상근사환으로 채용되어 피신청인 대학교 학생지원처에서 근무해왔으며, 20**.8.31. 정년 도래로 근로관계가 종료된 후 20**.9.1. 업무보조 임시직으로 3년간 계약기간을 정하여 근무를 계속하다가 후 근로계약기간의 만료로 20**.8.31. 근로관계가 종료된 사람입니다.

Ⅱ. 사건 경위

1. 신청인은 2000.4.14. 피신청인 대학교 OO캠퍼스에 상근사환으로 입사하여 근무하던 중 2003.8.31. 상근사환 정년의 도래로 정년퇴직 하였습니다.

(1) 이 사건 근로자는 피신청인 대학교 별정직등 임용세칙의 제4조【임용】및 제11조【임용기한】에 따라 상근사환으로 피신청인 대학교용인캠퍼스에 입사하여 근무중 상근사환의 정년의 도래로 정년퇴직을 하였습니다(사 제1호증의1: 별정직등 임용세칙;사 제1호증의 2: 상근사환 신규채용 품의서;사 제1호증의3: 상근사환 정년해임 말

령서).

- 이 사건 근로자는 상근사환의 근로조건을 확인하고 상근사환으로 임용되었다가, 상근사환 정년의 도래로 사직서를 제출하고 퇴직금을 수령함으로써 피신청인 대학교와 근로관계를 종료하였습니다(사 제2호증의 1: 근로조건 확인서;사 제2호증의2: 사직서;사 제2호증의 3: 퇴직금 지출결의서).

(2) 피신청인 대학교의 별정직등임용세칙의 제4조【임용】 및 제11조【임용기한】의 내용은 아래 〈표1〉「상근사환 관련 규정」과 같습니다.

〈표 1〉 상근사환 관련 규정

별정직등임용세칙	
제4조 【임용】	별정직 등의 임용자격 및 절차는 다음과 같다. 4. 사환:사무실내의 잡무처리를 위하여 총무과장의 제청으로 총무처장이 임용한다.
제11조 【임용기한】	별정직 등의 임용기한은 다음과 같다. 4. 사환:상근사환은 만 22세가 되는 해당 학기말에, 학생사환은 졸업과 동시에 퇴직한다.

2. 이 사건 근로자는 상근사환 정년퇴직 후 2003.9.1. 피신청인 대학교와 3년의 계약기간을 정하여 업무보조 임시직 임용계약을 체결하였다가, 20**.8.31. 근로계약기간의 만료로 피신청인 대학교와의 근로관계가 종료되었습니다.

(1) 이 사건 근로자는 피신청인 대학교용인캠퍼스에서 운영하는 업무보조 임시직제도에 따라 피신청인 대학교에 업무보조 임시직으로 재임용되었다가 근로계약기간의 만료로 근로관계가 종료되었습니다(사 제3호증의1: 업무보조 임시직제도 운용품의서;사 제3호증의2: 업무보조 임시직 채용품의서;사 제3호증의3: 업무보조 임시직 해임발령서).

- 이 사건 근로자는 피신청인 대학교와 3년의 계약기간을 정하여 업무보조 임시직 임용계약서를 체결하고 임용되었다 근로계약기간의 만료가 도래하여 피신청인 대학교는 약 1개월 전인 20**.7.21. 근로계약 만료통보를 한 후에 신청인과 근로관계를 종료하였습니다(사 제4호증의1: 업무보조 임시직 임용계약서;사 제4호증의 2: 근로계약만료 통보서).

〈표 2〉 업무보조 임시직제도의 주요내용

1. 목 적: 상근사환제도를 폐지하고 아르바이트 제도 운영에 따른 인력수급 차질 극복을 위해 상근사환에 준하는 계약직원 운용 2. 직 급: 업무보조 임시직 3. 기 간: 3년 한정 4. 대 상: 고졸 기준 5. 시 행: 2003.3.20.

(3) 이 사건 근로자와 피신청인 대학교의 근로관계 경과사항은 아래의 〈표3〉「신청인의 근로관계 경과」와 같습니다.

〈표 3〉 신청인의 근로관계 경과

구 분		관련 내용
상근사환 (정년계약)	채용일	2000.4.1.
	월 급여	1,383,000원
	업무내용	업무보조
	만료일(정년)	2003.8.31.
업무보조 임시직 (계약직)	채용일	2003.9.1.
	월 급여	882,000원
	업무내용	업무보조
	만료일	2006.8.31.

Ⅲ. 근로계약 종료의 정당성

1. 이 사건 근로자는 자유의사에 기해 스스로 업무보조 임시직 임용계약을 체결하였으며, 임용계약서에는 계약기간을 3년으로 명확히 정하고 있을 뿐아니라, 근로계약서상에 "근로계약 만료시에는 자동적으로 해임된다."고 규정하고 있습니다.

(1) 이 사건 근로자는 오로지 자신의 자유의사에 따라 피신청인 대학교와 업무보조 임시직 임용계약을 체결하였으며, 이 사건 근로자는 자신의 자유의사에 기해 피신청인 대학교와 업무보조 임시직 임용계약서에 본인이 직접 날인하였습니다(사 제4호증의1: 업무보조 임시직 임용계약서).

(2) 이 사건 근로자와 같이 기간을 정한 근로계약은 계약기간이 만료되면 근로관계가 자동으로 종료되는 것이며, 이 사건 근로자가 체결한 업무보조 임시직 임

용계약서에서도 계약만료와 함께 근로관계는 종료한다고 명시되어 있습니다(사 제4호증의1: 업무보조 임시직 임용계약서).

- 이 사건 근로자가 직접 확인하고 날인한 업무보조 임시직 임용계약서에는 계약기간이 20**.9.1.~20**.8.31.(3년간 근무조건)로 명시되어 있고, "본 계약 만료시까지 갱신계약이 체결되지 않을 경우에는 자동적으로 해임된다"고 명확히 규정하고 있는바, 피신청인 대학교와 이 사건 근로자와의 근로계약은 20**.8.31. 만료되고, 근로관계는 당연히 자동 종료되는 것입니다.

2. 이 사건 근로자와 같이 기간을 정한 근로계약은 계약기간이 만료되면 근로관계가 자동으로 종료되는 것으로서, 법원 판례도 일관되게 이를 판시하고 있습니다.

(1) 근로계약기간과 관련한 대법원 판례는 "근로계약기간을 정한 경우에 있어서 근로계약 당사자 사이의 근로관계는 특별한 사정이 없는 한 그 기간이 만료됨에 따라 사용자의 해고 등 별도의 조치를 기다릴 것 없이 근로자로서의 신분관계는 당연히 종료된다"는 일관된 입장을 견지하고 있습니다(참고자료1: 대법원 2006.2.10 선고 2005두15762 판결; 참고자료2: 1998.1.23 선고 97다42489 판결).

- 피신청인 대학교와 이 사건 근로자는 근로계약기간을 3년으로 정할 것을 합의하고 업무보조 임시직 임용계약서에 명확히 명시하여 임용계약을 체결하였는바, 피신청인 대학교와 신청인의 근로관계는 근로계약기간 만료일의 도래로 당연히 종료되는 것입니다.

(2) 피신청인 대학교에서는 근로계약기간이 만료됨에 따라 별도 조처 없이도 근로관계는 당연히 종료됨에도 불구하고, 계약만료일 약 1개월 전인 20**.7.21. 이 사건 근로자에게 근로계약 만료를 통보를 함으로서 피신청인 대학교가 계약갱신의 의사가 없음을 주지시키고 이 사건 근로자가 새로운 직장으로의 이직을 준비할 수 있도록 적극적으로 배려하였습니다(사 제4호증의 2: 근로계약만료 통보서).

3. 결국 피신청인 대학교와 이 사건 근로자는 상호 합의하여 3년간의 계약기간을 정하여 업무보조 임시직 임용계약을 체결하였는 바, 피신청인 대학교가 근로계약기간의 만료에 따라 이 사건 근로자와 근로 관계를 종료한 것은 정당한 것입니다.

Ⅳ. 신청인의 주장에 대한 반론

1. 이 사건 그노자는 사건과 유사한 사건(20**부해000/부노000)(이하 '과거사건' 이라 한다에 대하여 OO지방노동위원회(이하 '초심지노위' 라 한다)가 부당해고의 판정을 하였기 때문에 부당해고라 주장 하면서 별도의 이유는 제시하지 않고 있습니다.

(1) 이 사건 근로자는 과거사건의 초심지노위 명령서만 제시하면서 부당해고라 주장하고 있으나, 과거사건은 당해 사건과 그 내용에서 일치하지 않으며, 사건 발생 시점의 차이가 있습니다.

- 이 사건 근로자는 구제신청 이유를 별도로 제시하지 않고 있는 바, 피신청인 대학교는 이 사건 근로자가 과거사건에서 주장한 사실을 토대로 하여 그 주장의 허위성에 대하여 반박하겠습니다.

(2) 피신청인 대학교는 초심지노위가 과거사건에 대하여 심리미진, 채증법칙 위반, 법리오인 및 위법적 판단에 대하여 중앙노동위원회에 재심신청을 한 상태에 있습니다(사 제5호증: 부당해고 구제 재심신청서).

2. 이 사건 근로자는 업무보조 임시직과 일반 임시직은 동일시하면서 일반 임시직과 같이 계속고용 관행이 적용되어야 한다고 터무니없는 주장을 하고 있으나, 업무보조 임시직은 일반 임시직과 전혀 별개의 제도로 운영되고 있고, 피신청인 대학교의 노동조합도 이를 구분하고 있을 뿐만 아니라, 피신청인 대학교에는 일반 임시직에 대하여도 근로계약기간이 만료되면 근로관계를 종료하고 있는 바, 피신청인 대학교에는 계속고용 관행이 존재하지도 않습니다.

(1) 피신청인 대학교는 업무에 비하여 급여가 많이 지급되는 상근사환제도를 폐지하고 아르바이트제도를 도입하였습니다. 피신청인 대학교 서울캠퍼스는 아르바이트제도 운영에 문제가 없었으나 용인캠퍼스는 지리적 여건으로 인력수급 차질 발생하여 피신청인 대학교는 인력난을 극복하고자 용인캠퍼스에 한하여 상근사환제도에 준하는 업무보조 임시직제도를 도입하였습니다(사 제6호증: 상근사환제도 변경품의서;사 제3호증의1: 업무보조 임시직제도 운용 품의서).

- 피신청인 대학교의 용인캠퍼스는 계약기간을 장기간(3년)으로 하여 고용을 보장하고, 아르바이트보다 급여수준을 높여 아르바이트 제도에 의한 급박한 인력수급난을 극복하고자 한시적으로 업무보조 임시직제도를 도입 · 운영한 것

입니다.

- 업무보조 임시직제도는 상근사환에 준하여 아르바이트제도의 근로조건을 변경하여 운영한 것인 바, 피신청인 대학교에서 운영하는 일반 임시직과 동일시 할 수 없는 것입니다.

(2) 설혹, 업무보조 임시직이 일반 임시직과 동일하다 하더라도 이 사건 근로자가 피신청인 대학교가 일반 임시직에 대하여 계속고용 관행이 있다고 주장하는 것은 피신청인 대학교가 일반 임시직에 대하여도 근로계약기간의 만료시 근로관계를 종결한 사실까지 무시하는 억지 주장인 것입니다(사 제7호증: 오OO 등 7명 근로계약 만료 통보서).

- 피신청인 대학교는 업무상 필요한 사정이 없는 한 일반 임시직에 대하여도 근로계약기간 만료로 근로관계를 종료시켜 왔는 바, 일반 임시직에 대하여 계속고용 관행이 존재하지도 않습니다.
- 서울행정법원도 "근로계약이 2회 갱신되고 다른 특정 직원들이 대부분 계약갱신이 이루어졌다는 사정만으로 근로계약에서 계약기간을 정한 것이 형식에 불과하다고 할 수 없다", "기간을 둔 근로계약을 체결하고 계약만료로 당연퇴직 사례가 있는 등 근로계약기간이 형식이 아니라면 계약만료에 따른 당연퇴직은 부당해고라 할 수 없다"라는 입장을 취하고 있습니다(참고자료3: 서울행정법원 2003.9.4 선고 2003구합12417 판결; 참고자료4: 2005.12.1 선고 2005구합20283 판결).

(3) 노동조합도 조합원 명부관리에서 일반 임시직은 "임시1", 업무 보조 임시직은 "임시2"로 구분하여 관리하고 있는 바, 일반 임시직과 업무보조 임시직은 공식적으로도 별개의 제도로 운영되고 있는 것입니다(사 제8호증 :노동조합 제14대 대의원 명단).

3. 이 사건 근로자는 계속고용을 전제로 근무평정을 받았고, 근무평정 점수는 정규직 전환시기를 앞당기기 위한 성격이라고 주장하나, 이는 피신청인 대학교의 근무평정 취지를 왜곡하고 피신청인 대학교와 노동조합이 2004년 단체협약에서 합의한 비정규직의 정규직 전환에 관한 사실을 무시한 억지 주장인 것입니다.

(1) 피신청인 대학교는 업무보조 임시직은 근무평정 대상에서 제외하는 것을 방

침으로 하고 있는 바, 근무평정 결과 보고에서도 업무보조 임시직은 전혀 반영되지 않았습니다(사 제9호 증: 2005년 직원근무성적평정결과 보고서).

(2) 이 사건 근로자는 일반 임시직에 대하여 근무평정을 실시하여 계속고용을 유지한다고 주장하나, 이는 피신청인 대학교가 근무평정을 실시하는 취지를 잘못 이해하고 주장하는 것입니다.

- 피신청인 대학교는 정규직에 대하여는 직원근무평정시행규정 제10조【근무성적 평정의 활용】에 따라 근무평정결과를 승진 및 승격에 반영하고 있으나, 일반 임시직에 대하여는 단순히 근태관리에만 활용하고 있는 바, 일반 임시직에 대하여도 근무평정결과에 따라 종료한 사례는 단 1건도 없는 것으로서 근무평정결과는 일반 임시직의 근로관계와 관계없습니다(사 제10호증: 직원근무성적평정시행규정).
- 피신청인 대학교의 정규직에 적용되는 직원근무평정시행규정 제10조【근무성적 평정의 활용】의 내용은 아래 〈표 4〉「근무성적 평정의 활용」과 같습니다.

〈표 4〉 근무성적 평정의 활용

직원근무성적평정시행규정	
제10조 【근무성적 평정활용】	① 직원 승진 인사에 최근 3년간 실시한 근무성적 평정 평점을 적용하되 일반직원은 50%, 주임급 이상 직원은 60%를 반영한다. ② 직원의 승급이 아래 각 호에 해당되는 자를 총장에게 건의하여 인사에 반영 되도록 한다. 다만, 이를 2회 연속 적용할 수는 없다. 1. 3년간 평점이 A등급으로서 95점 이상일 경우 직원인사위원회의 심의를 거쳐 1호급 특진 조치할 수 있다. 2. 근무성적평정 1회 D등급일 경우에는 경고 조치한다. 3. 근무성적평정을 2회 합산하여 평점이 D등급일 경우에는 인사위원회의 심의를 거쳐 차기 승급시 제한 조치를 할 수 있다.

- 피신청인 대학교는 신청인과 이미 3년의 계약기간을 정하여 임용계약을 체결하였고, 근무평정 성적에 따라 해고할 수 있는 근거규정도 없는 상황에서 근무평정 성적을 이유로 해고할 수 있는 여지도 없습니다.

(3) 이 사건 근로자는 근무평정은 임시직의 정규직 전환시기를 앞당기기 위한 성격이라고 주장을 하나, 이는 피신청인 대학교와 노동조합이 2004년도 단체협약 및 약정서에서 정규직으로 전환할 대상을 확정하고 시험을 거쳐 전환하기로 한 것이며, 계속고용을 전제로 하지 않는 대학교의 근무평정 취지를 왜곡하는 터

무니 없는 주장입니다(사 제11호증의1: 2004년 단체협약서;사 제11호증의2: 약정서;제11호증의 3: 비정규직 정규직 전환 대상자 명단).

- 피신청인 대학교와 노동조합은 2004년도 단체협약서 제25조【비정규직 정규직화】에서는 비정규직을 정규직으로 전환하기로 합의하였고, 동 규정에 따라 대학교와 노동조합은 임시직 43명을 정규직 전환 대상으로 확정하여 소정의 전환방법 및 절차를 거쳐 정규직으로 전환한 바 있습니다(사 제12호증의1: 2004년 하반기 신입직원 채용승인 요청서;사 제12호증의2: 2004년도 비정규직 전환 대상자 선발계획서).
- 동 단체협약에 따라 정규직 전환 대상으로 확정된 인원 중에는 업무보조 임시직은 전원 제외 되었을 뿐 아니라, 정규직의 전환 대상자 선발은 논술시험과 면접시험을 거쳐서 시행하기로 약정하였는 바, 근무평정을 정규직 전환과 연계하여 실시하였다는 근로자의 주장은 억지 주장인 것입니다.
- 특히, 이 사건 근로자는 2004.5.10. 노동조합에 가입하였는 바, 스스로가 업무보조 임시직은 정규직 전환 대상에서 제외된 사실을 알았고, 노동조합도 대부분의 일반 임시직을 정규직 전환대상으로 하면서 업무보조 임시직은 전원 제외한 것은 업무보조 임시직을 일반 임시직과 명확히 구분한 것이며, 업무보조 임시직의 지위를 인정한 것입니다.
- 2004년 단체협약에서 합의한 비정규직의 정규직 전환 내용은 아래 〈표 5〉「비정규직의 정규직화 내용」과 같습니다.

〈표 5〉 비정규직의 정규직화 내용

2004년 단체협약	
제25조 【비정규직 정규직화】	대학은 현재 재직하고 있는 비정규직직원 중 합의된 대상인원에 대하여 2009년 12월말까지 정규직으로 전환한다.
별 도 약정서	1. 단체협약 제25조와 관련하여 비정규직의 정규직 전환 대상 방법 및 임금은 다음과 같이 시행한다. ① 합의된 대상인원에 대하여 2009년 12월말까지 정규직으로 전환한다. 대상자는 별첨 인원으로 한다. ② 대학에서는 매년 신입직원을 채용하는 동수의 인원을 정규직화 한다. ④ 대상자 선발은 비정규직 중에서 논술시험과 면접시험을 거쳐서 시행한다.

4. 이 사건 근로자는 형식적으로 근로계약을 반복체결하고, 이 사건 근로자의 담당업무가 상시적 필수업무이므로 계약기간을 정해야만 할 업무가 아니라고 주장하나, 피신청인 대학교는 인력운용의 효율성을 위해 정책을 세우고 그에 따라 이 사건 근로자와 합의하여 새롭게 근로계약을 체결하였으며, 업무내용과 근로관계 형태는 무관한 것인 바, 피신청인 대학교가 근로계약기간의 만료로 신청인과 근로관계를 종료한 것은 정당한 것입니다.

(1) 이 사건 근로자는 형식적으로 근로계약을 반복하여 체결하였다고 주장하나, 피신청인 대학교 별정직등임용세칙 제4조【임용】 및 제11조【임용기한】에 따라 정년제로 임용되어 정년퇴직 후, 피신청인 대학교의 업무보조 임시직제도에 따라 상호간 합의하여 3년의 계약기간을 정하여 재임용된 것으로서 단순히 형식적인 계약관계가 아닌 것입니다.

- 피신청인 대학교에는 업무보조 임시직제도를 상근사환 정년퇴직자를 계속 고용하기 위한 수단이 아니라 효율적인 인력운용을 위해 도입한 것이며, 피신청인 대학교 용인캠퍼스의 인원충원 필요성과 이 사건 근로자의 일자리 필요성에 대한 의견의 합치로 피신청인 대학교와 이 사건 근로자는 업무보조 임시직 임용계약을 체결한 것입니다.
- 대법원 판례도 "1년을 초과하는 기간으로 체결한 근로계약의 효력은 유효하다", "7년간 4회에 걸쳐 임용기간을 갱신했다는 사정만으로 기한의 정함이 없는 근로자라고 볼 수는 없다"는 입장인 바, 피신청인 대학교가 근로계약기간 만료로 신청인과 근로관계를 종료한 것은 정당한 것입니다(참고자료5: 대법원 1996.8.29 선고 95다5783 판결; 참고자료6: 2002.2.8 선고 2001다46365 판결).

(2) 이 사건 근로자는 담당업무 내용상 계약기간을 정할 수 없다고 주장하나, 업무내용과 근로계약의 형태는 전혀 무관하고, 피신청인 대학교는 교육이라는 학교 본연의 목적달성을 위해 일정의 정원을 정하고 효율적인 인력운용제도를 운영하고 있음에도 이 사건 근로자는 터무니 없는 근거로 상호 합의하여 체결한 임용계약서의 효력을 부정하고 있는 것입니다(사 제13호증: 학교법인○○ 정관).

- 피신청인 대학교는 인력운용의 효율성을 위해 업무의 양과 질에 따라 정규직, 기능직, 별정직, 촉탁직, 임시직 등으로 구분하여 인력운용제도를 운영하고 있음에도 불구하고, 이 사건 근로자가 담당하는 업무는 계약기간을 정할 업무가 아니라고 주장하는 것은 인력운용과 계약 기간의 운용에 대한 판단을 근로

자가 하겠다는 것입니다.

- 이 사건 근로자의 주장은 계약기간을 정한 별정직, 촉탁직, 임시직, 등은 모두 근로계약기간을 정함 없이 임용하여 사용하여야 하는 것 으로서, 피신청인 대학교의 인력운용의 재량권을 인정하지 않는 처사입니다.
- 대법원 판례도 "재임용의 의무나 요건을 정함이 없는 것은 임용권자에게 재량권이 부여된 것이다"고 판시하고 있는 바, 피신청인 대학교는 경영여건의 변동, 업무량의 증감 등 형편에 따라 인력운용을 할 수 있는 재량권이 있는 것입니다(참고자료6: 대법원 2002.2.8 선고 2001다46365 판결).

(3) 피신청인 대학교는 학생들이 질 높은 행정서비스 속에서 건실한 교육을 받을 수 있도록 최선을 다하고 있는 바, 피신청인 대학교는 효율적인 인력운용으로 행정서비스의 질을 개선코자 노력하고 있으며, 그러한 인력운용은 형편에 따라 변경될 수 있는 것이며, 인력운용의 재량권은 대학교에 있다고 할 것입니다.

- 피신청인 대학교는 학생들에게 질 높은 행정서비스를 제공하고자 용인캠퍼스의 급박한 인력운영의 난국을 타개하고자 한시적으로 업무보조 임시직제도를 도입하여 신청인을 3년간의 계약기간을 정하여 임용한 것입니다.
- 현재 피신청인 대학교는 한시적으로 운영한 업무보조 임시직제도를 폐지하고 공익근무요원의 투입 및 정규직의 업무흡수 등으로 행정 서비스의 질 확보와 인력운용의 효율성을 꾀하고 있는 바, 3년간 계약기간을 정한 업무보조 임시직에 대하여 근로계약 만료를 이유로 한 근로관계를 종료시킨 것은 정당한 것입니다.

5. 결국 이 사건 근로자는 업무보조 임시직을 일반 임시직과 동일시하면서, 일반 임시직을 계속 고용하는 것을 대학교의 고용관행이기 때문에 자신도 계속고용 되어야 한다고 주장하나, 대학교는 엄연히 업무보조 임시직과 일반 임시직을 별개의 제도로 운영하고 있을 뿐 아니라 대학교에는 일반 임시직에게도 계속 고용관행은 존재하지도 않습니다.

(1) 업무보조 임시직이 일반 임시직과 동일하다면 대학교에서 현재 사용하고 있는 아르바이트도 일반 임시직과 달리 볼 이유가 없으며, 임시직과 정규직을 달리 볼 사정도 없는 것으로서 근로자의 주장은 억지에 불과한 것입니다.

- 대학교의 업무보조 임시직과 일반 임시직과 동일하지 않다는 것은 아래 〈표 6〉「업무보조 임시직과 일반 임시직의 차이점」과 같습니다.

〈표 6〉「업무보조 임시직과 일반 임시직의 차이점」

구 분	주요 차이점
1	– 업무보조 임시직은 사환제도가 변경되어 도입된 제도인 바, 일반 임시직과 전혀 관계가 없다는 점(상근사환제도를 폐지하고 아르바이트제도를 도입하였고, 아르바이트 제도는 업무보조 임시직제도로 대체됨)
2	– 대학교에서는 별정직, 촉탁직, 임시직, 사환 및 아르바이트제도, 근로학생제도 등을 두고 별도의 기준과 근로조건을 정하여 운영하고 있는 점(사환제도는 현재 폐지된 상태임)
3	– 대학교와 노동조합이 2004년 단체협약에서 비정규직의 정규직 전환에 대하여 합의하면서 대부분의 일반 임시직은 포함하면서, 업무보조 임시직은 전원 제외하였다는 점
4	– 대학교의 노동조합도 조합원 현황관리에서 일반 임시직과 업무보조 임시직은 구분하여 관리한다는 점(일반 임시직은 “임시1”, 업무보조 임시직은 “임시2”로 구분)

(2) 대학교는 근로계약기간이 만료된 직원에 대하여는 업무상 필요성 등 특별한 사유가 없으면 근로계약기간 만료로서 근로관계를 종료하여 왔고, 2004년 단체협약 및 약정서에 따라 일반 임시직을 정규직으로 전환하였는 바, 대학교에는 일반 임시직에 대하여도 계속고용을 보장하는 관행은 전혀 없습니다.

(3) 근로자들은 일반 임시직과 동일한 근로관계 형태에 있지도 않았고, 대학교에는 일반 임시직의 계속고용 관행이 존재하지도 않는 바, 대학교가 근로자들과 근로계약기간 만료에 따라 근로관계를 종료한 것은 정당한 것입니다.

- 대학교가 근로자들과 근로계약기간 만료에 따른 근로관계 종료에 대한 정당성의 근거는 아래 〈표7〉「근로계약 종료의 정당성 근거」와 같습니다.

〈표 7〉 근로관계 종료의 정당성 근거

구 분	근로관계 종료의 정당성 주요내용
1	– 업무보조 임시직제도는 피신청인 대학교 용인캠퍼스의 인력수급의 어려움으로 한시적으로 도입된 제도라는 점
2	– 업무보조 임시직과 일반 임시직은 근로계약서의 명칭과 핵심이 되는 근로계약 기간도 전혀 달리하고 있다는 점
3	– 업무보조 임시직 임용계약서에 계약기간과 근로계약기간이 만료시 근로관계는 자동종료 된다고 명확히 명시하고 있는 점

구 분	근로관계 종료의 정당성 주요내용
4	– 업무보조 임시직은 피신청인 대학교의 일반 임시직과 전혀 성격을 달리하는 것으로서, 노동조합도 업무보조 임시직과 일반 임시직을 분명하게 구분하고 있다는 점
5	– 피신청인 대학교가 일반 임시직을 정규직으로 전환시킨 것은 노동조합과 맺은 단체협약을 이행한 것일 뿐이라는 점
6	– 피신청인 대학교는 일반 임시직에 대하여 근로계약기간 만료로 근로관계를 종료하여 왔고, 근무평정은 고용관계와 전혀 관계가 없는 것인 바, 피신청인 대학교에는 계속고용 관행이 존재하지도 않는다는 점
7	– 신청인은 조합원으로서 업무보조 임시직과 일반 임시직이 구별된다는 것을 알고 있었다는 점
8	– 신청인의 상시사환 정년퇴직시 대학교는 퇴직금을 지급하였고, 신청인은 사직서를 제출하고 퇴직금을 이의없이 수령하였던 점
9	– 신청인의 상근사환 정년퇴직 후 상호간 합의에 의하여 3년간 계약기간을 정하여 임용계약을 체결한 점
10	– 업무보조 임시직은 상근사환보다 급여수준이 감소됨에도 불구하고 신청인은 업무보조 임시직 임용계약을 체결한 점

Ⅳ. 부당노동행위의 불해당성

1. 이 사건 근로자는 2006.8.31. 근로관계를 종료한 것은 이 사건 근로자의 노동조합 활동에 대한 보복적 조치이고 계약갱신 거절은 사실상 해고로서 부당노동행위에 해당한다고 주장하나, 피신청인 대학교는 이 사건 근로자와 체결한 임용계약에 기인하여 다른 직원들과 마찬 가지로 근로계약기간의 만료로 근로관계를 종료한 것으로서 해고에 해당하지 않을 뿐만 아니라 이 사건 근로자의 노동조합 활동과 전혀 관계없는 것입니다.

(1) 피신청인 대학교는 신청인과 3년간(2003.9.1.~2006.8.31.) 업무보조 임시직 임용계약을 체결하였는 바, 근로자들의 근로계약기간이 만료 하여 다른 직원들과 마찬가지로 근로관계를 종료한 것입니다.

– "근로계약기간을 정한 경우에 있어서 근로계약 당사자 사이의 근로관계는 특별한 사정이 없는 한 그 기간이 만료됨에 따라 사용자의 해고 등 별도의 조치를 기다릴 것 없이 당연히 종료된다"는 대법원 판례와 같이 피신청인 대학교과 신청인의 근로관계는 근로계약기간의 만료로 당연히 종료되는 것인 바, 이 사건 근로자의 노동조합 활동과 전혀 관계가 없는 것입니다(참고자료1: 대법원 2006.2.10 선고 2005두15762 판결).

(2) 이 사건 근로자는 계약갱신 거절은 해고에 해당하는 것으로서 단체협약에서 정한 해고의 절차를 거치지 않은 것은 노동조합의 권한을 박탈한 것이라고 주장

하나, 대학교가 근로자들과 근로관계를 종료한 것은 근로계약 만료에 의한 것으로서 해고에 해당하지 않는 것입니다.

- 대법원 판례도"계약기간 만료전에 계약기간 만료일 및 계약갱신 거절의사를 통지한 것은 해고라 할 수 없다"는 입장인 바, 피신청인 대학교와 이 사건 근로자의 근로관계 종료는 해고에 해당하지 않는 것으로서 피신청인 대학교가 노동조합의 권한을 박탈한 사실은 전혀 없습니다(참고자료7: 대법원 1998.5.29 선고 98두625 판결).

(3) 서울고등법원은"근로계약기간이 만료함에 따라 사용자의 해고 등 별도의 조처없이 근로계약관계가 당연히 종료되었다면 부당노동행위가 아니다"라는 입장이고, 중노위 재결례도 "재계약을 거부한 것은 근로계약기간 만료에 따른 근로계약 종료일 뿐 부당노동행위가 아니다"라는 입장입니다(참고자료8: 서울고법 2003.7.11 선고 2002누13446 판결; 참고자료9: 중노위 2001.6.22.2001부노42/부해173 판정).

2. 이 사건 근로자는 초심지노위 과거사건의 근로자들과 똑같은 사유로 부당노동행위라고 주장하는 바, 과거사건에서 근로자들이 제기한 부당노동행위 구제신청에 대하여 초심지노위는 "재계약 거절이 부당노동행위라는 근로자의 주장은 받아들일 수 없다"고 판정하였습니다.

(1) 초심지노위는 ▲ 근로자들과의 3년의 근로계약기간이 만료되어 재계약을 거절한 것으로 보일 뿐 부당노동행위 의사에 기하여 한 것으로 어려운 점, ▲ 근로자들은 부당노동행위라고 주장할 뿐 이를 입증하지 못한 점, ▲ 재계약 거절이 부당노동행위라고 볼 수 있는 사정을 발견할 수 없는 점 등을 들어 부당노동행위에 해당하지 않는다고 판정하였습니다.

(2) 초심지노위 결정과 마찬가지로 피신청인 대학교는 이 사건 근로자와 근로계약기간이 만료됨에 따라 근로관계를 종료한 것일 뿐이며, 근로자들의 조합활동에 대한 보복 또는 노동조합의 단결력 약화를 위한 조치는 결코 아닌 것입니다.

V. 결 론

첫째, ▲ 피신청인 대학교와 이 사건 근로자는 3년간의 계약기간을 정하여 임용계약을 체결하였다는 점, ▲ 일반 임시직과 업무보조 임시직은 동일하지 않다는 점, ▲ 피신청인 대학교에는 일반 임시직에 대하여도 계속고용 관행은 존재하지도 않는다는 점 등을 종합적으로 고려해 볼 때, 피신청인 대학교가 근로계약기간 만료에 따라 이 사건 근로자와 근로관계를 종료한 것은 정당합니다다.

둘째, ▲ 피신청인 대학교는 이 사건 근로자의 노동조합 활동과 상관없이 근로계약기간의 만료로 근로관계를 종료시킨 점, ▲ 당해 근로관계 종료는 해고에 해당하지 않으므로 해고의 절차를 이행할 필요가 없다는 점, ▲ 초심지노위도 과거 사건에 대하여 근로관계의 종료는 부당노동행위에 해당하지 않는다고 판정한 점 등을 살펴 볼 때, 피신청인 대학교가 근로자들의 근로계약기간 만료에 따라 근로관계를 종료한 것이 부당노동행위에 해당될 여지가 전혀 없습니다.

셋째, 피신청인 대학교는 노동조합의 장기간(약 260일) 불법파업으로 대학교의 존립의 위기에 직면하면서도 법과 원칙으로 대응하면서 학생들에게 모범이 보이고 학생들에게 학습권을 보장하고 건전한 학습환경 확보를 위해 최선을 다하고 있습니다.

귀 위원회의 현명한 판단으로 피신청인 대학교의 임용 재량권을 보장하여 주시고, 그 재량권을 바탕으로 피신청인 대학교가 최적의 인력 운용정책을 실현하여 학생들에게 최고의 행정서비스를 제공하고 국가 교육발전에 이바지 할 수 있도록 하여 주시기 바랍니다.

따라서 "피신청인 대학교가 근로계약기간 만료에 따라 이 사건 근로자와 근로관계를 종료한 것은 정당한 것이며, 부당해고구제신청은 이유 없으므로 이를 기각한다" 라는 결정을 구합니다.

첨부자료

1. 위임장 1부
2. 입증자료 각 1부

사 제1호증의1 별정직등임용세칙
사 제1호증의2 상근사환 신규채용 품의서
사 제1호증의3 상근사환 정년해임 발령서
사 제2호증의1 근로조건 확인서
사 제2호증의2 사직서
사 제2호증의3 퇴직금 지출결의서
사 제3호증의1 업무보조 임시직 운용 품의서
사 제3호증의2 업무보조 임시직 채용 품의서
사 제3호증의3 업무보조 임시직 해임 발령서
사 제4호증의1 업무보조 임시직 임용계약서
사 제4호증의2 근로계약만료 통보서
사 제5호증 부당해고 구제 재심신청서
사 제6호증 상근사환제도 변경 품의서
사 제7호증 오○○ 등 7명 근로계약만료 통보서
사 제8호증 노동조합 제14대 대의원 명단
사 제9호증 2005년 직원근무평정결과 보고서
사 제10호증 직원근무성적평정시행규정
사 제11호증의1 2004년 단체협약서
사 제11호증의2 약정시
사 제11호증의3 비정규직 정규직 전환 대상자 명단
사 제12호증의1 2004년 하반기 신입직원 채용승인 요청서
사 제12호증의2 2004년 비정규직 전환 대상자 선발 계획서
사 제13호증 학교법인 ○○○○○ 정관

3. 참고자료 각 1부.

참고자료1 대판 2006.2.10, 2005두15762 판결문
참고자료2 대판 1998.1.23, 97다42489 판결문
참고자료3 서울행정법원 2003.9.4, 2003구합12417 판결문
참고자료4 서울행정법원 2005.12.1, 2005구합20283 판결문
참고자료5 대판 1996.8.29, 95다5783 판결문
참고자료6 대판 2002.2.8, 2001다46365 판결문
참고자료7 대판 1998.5.29, 98두625 판결문
참고자료8 서울고법 2003.7.11, 2002누13446 판결문
참고자료9 중노위 2001.6.22, 2001부노42, 부해173 결정문

20**년 월 일

피신청인 학교법인○○가나대학교
이사장 ○○ ○
위 대리인 노무법인++
담당공인노무사 ○○○ (인)

○○지방노동위원회 위원장 귀하